자유민주주의
역사 · 이념 · 과제

구 상 진

法 文 社

머 리 말

대한민국 건국과 함께 도입된 자유민주주의는 대한민국 헌법의 기본질서이고, 문명사회의 공통원리이다.

그러나 오늘날 대한민국에서는 자유민주주의의 정확한 의미와 중요성이 충분히 인식되지 못하고 있고, 심지어는 자유민주주의를 부정하는 활동도 공공연히 자행되고 있으며, 자유민주주의를 주장하는 사람들조차 많은 오류를 범하고 있어, 국가발전에 중대한 지장을 초래하고 있다.

나라의 근본 질서에 이와 같은 큰 문제가 있는데도 불구하고, 많은 국민들이 자유민주주의의 본질과 가치에 대한 논의를 회피하고 있고, 정부나 정치계 교육계 심지어는 법학계 등에서도 말잔치만 하고 있을 뿐, 이 문제를 제대로 다루거나 가르치려고 하지도 아니하고 있어 국가적 우환을 야기하고 있다.

이 책에서는 이러한 문제의식을 가지고, 자유민주주의를 서구에서의 발생·성장과정을 통하여 자세히 살펴보고 자유민주주의를 지키고 발전시켜나가야 하는 이유와 방안을 논하려고 노력하였다.

이 책의 원고는 저자가 2025년 4월 운주사에서 출간한 「한국불교와 자유민주주의」와 일체로 작성하였는데, 분량이 너무 많아져서 2권으로 나누게 되면서 이 책에서는 '제도와 종교의 관계·한국 불교와 불교 자유민주주의론의 필요·불교도 왜 자유민주주의를 지켜야 하며 어떻게 지킬 것인가' 등이 삭제되었고, 후자에서는 '영국·미국·프랑스·독일의 민주주의 역사' 부분이 삭제되었다. 그 결과 서로 보완되지 못하거나 중복되는 부분이 발생하게 되었다.

부족한 점이 많겠지만, 자유민주주의 체제수호가 역사적 과제로 되고 있는 오늘에, 이 책이 대한민국 국민의 삶과 나라 발전에 조금이라도 도움이 되기를 바라는 간절한 마음으로 천학비재에도 불구하고 출판에 붙인다.

엄두가 나지 않던 집필을 권유하고 격려해 주신 (재)대한불교진흥원의 이한구 이사장, 자료 수집에 큰 도움을 주신 신진욱 박사, 그리고 출판을 주선해 주시고 조언 주신 (재)유기천교수기념사업출판재단의 최종고 이사장과 음선필 상임이사·법문사의 배효선 사장님과 영업부 김성주 과장, 편집과 교정 등으로 수고해 주신 배은영님을 비롯한 관계자 여러분께 깊이 감사드린다.

2025. 4.

저자 씀

차 례

제1장

서 론

1. 자유민주주의 대한민국 건국은 혁명이었다.
2. 좌파의 대한민국 건국방해와 자유민주주의 거부
3. 우파의 자유민주주의에 대한 무관심과 오해

제 1 장

서 론

1. 자유민주주의 대한민국 건국은 혁명이었다

1948년의 자유민주주의 대한민국 건국은 반만년 한민족 역사상 최대의 정치·사회 혁명이었고, 세계사 상으로도 서구 이외의 지역에 자유민주주의가 처음으로 이식되어 오늘의 번영의 결과를 있게 하는 출발점이 된 중대하고 귀중한 일이었다.

대한민국 건국이 반만년 민족사상 최대의 정치·사회 혁명이었다고 보는 이유로 이인호 교수는 첫째로 일제와 미군정에서 벗어나 국제사회의 인정을 받는 주권 독립국이 된 것, 다음으로 왕조시대의 백성(百姓)이나 일제하의 차별 받는 식민지의 신민(臣民), 그리고 해방 후 미군정 치하의 '패배한 적국(敵國)의 전(前) 식민지 신민'의 처지로부터 벗어나 국민이 자유롭고 평등한 주인이 되는 민주공화국을 수립한 것, 셋째로 개인의 자유와 존엄성을 최고 가치로 하고 재산권을 존중하는 자유민주주의(自由民主主義) 국가를 세운 것 3가지를 들었다.[1)]

자유대한 건국의 혁명성은 건국의회 의원이 보통·평등·직접·비밀의 자유선거로 선출된 것에서 단적으로 드러난다.[2)] 선거로 국가기관을 선출하는 제도는 서구에서도 장기간의 고난과 희생을 거쳐 이루어진 것이고, 선거제도가 일반적으로 인정된 뒤에도 여성의 투표권은 미국이 1920년,[3)] 영국은 1928년,[4)] 프랑스

1) 이인호(2024), 「대한민국 건국은 혁명이었다」, 도서출판 세이지, 44면.

2) 윤정란(2006), "해방 후 국가건설과정에서 우익 진영 여성들의 의회진출운동", 「역사문화연구」 제24집, 한국외국어대학교 역사문화연구소, 211~248면.

3) 미국 헌법은 초기에 21세 이상의 남성 주민에게만 투표권을 부여하였는데(수정헌법 제14조 제2항), Elizabeth Cady Stanton · Susan B. Anthony 등의 오랜 여성투표권 운동 끝에 수정헌법 제19조(제9차 개헌)가 우드로 윌슨의 지지로 1919.5.21. 하원, 6.4.상원 의결을 거쳐 1920.8.18. 주 3/4의 비준을 마쳤고, 1920.8.26. 공포되었다. 개정조항은 "The right of citizens of the United States to vote shall not be denied or abridged by the United States or by any State on

는 1944년,[5] 스위스는 1971. 2. 7.,[6] 사우디 아라비아는 2019년에야 확립되었고, 아직도 여성투표권이 인정되지 않는 나라가 적지 않다는 점, 공산권 등 아직도 실질적인 자유 · 비밀선거가 이루어지지 않고 있는 나라가 많다는 점에 대비해 볼 때, 대한민국이 1948. 5. 10. 보통 · 평등 · 직접 · 비밀의 자유선거로 제헌의원을 선출하였고, 여성 18명이 후보로 출마하였던 것은 경천동지할 혁명적 분기점이었던 것이다.

혁명이란 용어는 역사적인 급격한 변화를 나타내는 말로 동학혁명 · 4.19 혁명 · 5.16 혁명뿐만 아니라 정치사회문제가 아닌 산업혁명 · 과학기술혁명 · 농업혁명 등 광범한 영역에서도 사용되고 있고, 좌파들은 사회주의 혁명에 유익한 사회현상에 대하여는 무조건 혁명이라는 명칭을 붙이고 찬양하는 경향도 보이고 있다.

그러나 혁명에 관한 전문적 연구결과에 의하면 혁명은 보다 나은 방향으로의 획기적 진전을 목적으로 하는 급격한 변화를 의미하는 말로서, 정치적 현상으로서의 혁명은 권력주체와 지배구조 또는 지배이념의 급격한 교체를 핵심으로 한다.[7] 정치적 혁명에 대하여는 과연 반드시 불가피하거나 바람직한 것인지에 대하여 의문도 제기되고 있다.[8] 브린튼은 17 · 18세기의 시민혁명을 초점으로 하

---

account of sex. Congress shall have power to enforce this article by appropriate legislation."이다. 그러나 흑인 등을 포함하여 미국 전역에 여성투표권이 인정된 것은 1965년이다.

4) 1860년대부터 여성참정권 운동이 벌어졌으나, 1918.2.6. 일정 재산을 가진 30세 이상 여성에게 투표권이 처음 인정되었고, 1928.7.2.의 국민대표법에 의하여 비로소 21세 이상 여성의 투표권이 인정되었다.

5) 1791.9.14. "여성이 단두대에 오를 권리가 있다면 의정단상에도 오를 권리가 있다"는 구절(10. No one should be disturbed for his fundamental opinions; woman has the right to mount the scaffold, so she should have the right equally to mount the rostrum, provided that these manifestations do not trouble public order as established by law.)이 포함된 '여성의 인권과 시민권 선언'을 출간하여 여성 투표권을 주장하였던 '올랭프 드 구주(Olympe de Gouges, 1748~1793)'는 지롱드 당이 1973.10.31. 소탕된 뒤 '자신의 성별에 적합한 덕성을 잃어버린 사람'이라는 비판을 받고, 11월 3일 처형되었다[성일권(2010), "올랭프 드 구주의 말과 글, 그리고 혁명적 페미니즘", 「프랑스 문화 연구」 제21권, 한국프랑스문화학회, 269~289면]. 여성으로서는 왕비 마리 앙투아네트가 10월 16일 먼저 처형되었고, 마담 롤랑(Madame Roland)이 11월 8일, 마담 뒤바리(Madame du Barry)가 12월 7일 처형되었다.

6) 1971년의 연방헌법 개정에도 불구하고 일부 주는 1990년에야 여성투표권을 받아들였다.

7) 자끄 엘륄 저 · 황종대 번역(2013), 「혁명의 해부 – 시대가 원하는 혁명에 메스를 대다–」, 대장간; 크레인 브린튼 저 · 차기벽 번역(1983), 「혁명의 해부」, 학민사 등.

8) 프랑스 혁명 200주년을 기념하기 위해 발표된 연구에도 혁명의 불가피성이나 타당성에 대해 의구

여 '혁명은 잠복해 있던 병세가 발발하고 나면 몸이 일단 악화되었다가 위기를 거친 후 안정을 되찾게 되는 것처럼 자연적인 전개과정'인 것으로 설명하였지만, 1917년의 러시아 혁명 이후의 후진국 혁명들에 초점을 맞춘 다른 연구에서는 '혁명이 계획되고 의도적으로 준비된다는 점'을 중시하기도 한다.[9)]

혁명을 위와 같이 볼 때, 통치이념의 변경과 관련하여 우리 역사에서는 불교의 전래·유교의 도입·기독교를 비롯한 서양 종교 학문과 사상의 도입 등 중대한 변혁이 있었지만, 그것이 직접 지배세력이나 지배구조의 변경에 연결되지는 아니하였고, 북한 지역에 공산주의 사상과 정권이 도입되었지만, 민생조차 해결하지 못하고 국제적 비난을 받는 핵무기로 정권 존속만을 도모하는 구차한 실정이어서 진정한 혁명이라고 보기 어렵다.

왕조시대에도 각종 역모와 민란이 있었고, 동학군은 민본주의에 의한 변혁을 주장하기도 하였으며, 각종 독립운동 단체도 정치적 변혁을 추구하였지만, 위 혁명의 요건을 충족한 것은 없었다.

대한민국 건국 후에도 4.19 의거·권위주의적 정치에 대한 반대 투쟁 등 민주주의 발전에 기여하였다 할 많은 일들이 있었지만 그것들은 모두 대한민국 건국혁명의 이념과 그 혁명으로 만들어진 제도 장치의 보호 하에서 발발하였고, 건국이념이나 제도에 대한 전면적 부정에서 출발한 것은 아니었기 때문에 역시 위 혁명의 요건에는 해당되지 않는다. 흔히 4.19가 혁명이요 민주주의의 시발점이라고 하지만, 부패와 부정선거를 퇴치함으로써 1948년의 건국혁명으로 태어난 자유민주공화국의 이념과 위상을 바로 잡자는 것에 불과한 것이었고 대한민국 헌법체제에 대한 도전이 아니었기 때문에 진정한 의미에서는 의거일 뿐 혁명이라고 할 수는 없다.[10)]

오직 자유민주주의 대한민국의 건국만이 진정한 혁명이었고, 그 가치상의 의미와 그 결과로 달성한 오늘날의 대한민국의 국제적 위상을 볼 때 반만년 민족

심을 표명하는 것, 즉 '급격한 유혈(流血)의 변혁을 거치지 않고도 꼭 같은 방향으로, 어쩌면 더 평화적이고 실속 있는 발전의 방향으로 나가지 않았을까 하는 주장'이 있다고 한다(이인호, 앞의 책, 41면).

9) 이인호, 앞의 책, 36면 등.

10) 김영명(2017), "4.19의 성격", 「한국정치외교사논총」 제39권 제1호, 한국정치외교사학회, 75~111면.

사상 최대의 혁명이며, 세계사적 중대사였던 것이 분명한 것이다.

2. 좌파의 대한민국 건국 방해와 자유민주주의 부정

(1) 좌파의 대한민국 건국 방해

좌파는 독립운동 당시부터 소련 국제공산주의 노선에 따라 소비에트 체제를 취하려 하였고, 이에 정면으로 배치되는 미국식 자유민주주의 건국을 방해하기 위하여 임시정부의 이승만 대통령을 탄핵하고 그들 노선에 지장이 되는 민족지도자들을 살해하는 등 극악한 투쟁을 일삼았다.

해방정국에서도 소련은 1945. 9. 20.자 스탈린의 지령으로 1946년부터 북한지역에 김일성 공산정권을 수립하고서는 남한까지 점령할 의도로 미소공동위원회에서 신탁통치를 반대한 정치사회단체의 참여를 반대하였다. 처음 신탁통치를 반대하던 좌익은 스탈린의 지령으로 하루 아침에 신탁통치 찬성으로 돌아섰고, 1947년 9월 유엔이 총선거를 통한 건국을 결의하자, 좌파들은 이를 방해하기 위하여 동년 10월의 대구 폭동을 위시하여 전국 각지에서 폭동을 일으키고, 제주도에서는 1948. 4. 3.을 기하여 무장폭동을 일으켜서 제헌의원 선거를 방해하고서는 북한 최고인민회의에 대의원을 파견하여 1948. 9. 9. 북한 정권수립에 참여하였다.

소련은 유엔의 대한민국 승인을 방해하려고 1848. 12. 12. 파리에서 열린 제3차 유엔 총회에서 비신스키에게 필리버스터까지 시켰으나 그가 돌발사고로 회기 종료시간을 얼마 앞두고 쓰러져서 대한민국은 기적적으로 찬성 48, 반대 6, 기권 1로 한반도의 유일한 합법정부로 승인된 바도 있다.[11)]

그러자 김일성은 스탈린 · 마오쩌둥과 모의하고 1950. 6. 25.에는 전면 남침을 개시하였고,[12)] 1953. 7. 27. 정전협정이 될 때까지 북한의 공산주의 노선을 선전하고 많은 우익인사들을 살해하거나 납치하였다.

---

11) 정인섭(2022), "UN총회 한국정부 승인결의(제195호) 성립 과정과 의미 분석", 「서울국제법연구」 제29권 제1호, 서울국제법연구원, 241~277면; 반대국가는 소련 · 폴란드 · 우크라이나 · 체코슬로바키아 · 유고슬라비아 · 벨라루스였고, 스웨덴이 기권하였다.

12) 본서 제2장 제4절 3. (1) 공산침략과 자유민주체제 수호 이하 참조.

지금까지도 북한 정권과 이에 부화뇌동하는 좌파세력들은 대한민국은 '미 제국주의의 괴뢰로서, 태어나서는 안 될 나라'라고, '북한식 사회주의'가 나아가야 할 방향이라고 주장하면서 합법·반(半)합법·비합법 온갖 방법으로 대한민국 국정을 혼란시키고, 국민을 세뇌시키고 있다.

좌파들은 대한민국은 1948. 8. 15. 건국된 것이 아니고, 1919년 임시정부 수립일 또는 단군의 개국일 건국된 것이라고 우기는가 하면, 광복절로 기념하는 날이 1948. 8. 15.가 아니라 1945. 8. 15.라는 억지 주장으로 대한민국의 건국도 부정하고 있다.[13] 대한민국이 단군의 개국일이라는 개천절을 국경일로 하고는 있지만, 그렇다고 하여 단군개국 이래 대한민국에 이르기까지 동일한 국가가 법적으로 지속되어 온 것은 아니다. 임시정부는 여러 개가 있었고, 어느 것도 국제적으로 정부승인을 받지 못하였다. 건국헌법 전문에 "기미 3·1 독립운동으로 대한민국을 건립하여 세계에 선포한 위대한 독립정신을 계승하여 이제 민주독립국가를 재건함에 있어서"라는 문구가 들어갔지만, 그 의미는 '임시정부로서 건국하려 하였으나 성공하지 못하였던 대한민국을 다시 건국한다'라는 것이고, 건국헌법은 임시정부 헌장의 개정이 아니라 새 헌법의 제정이었으며,[14] 대한민국은 신생국가로 건국된 것이 명확하다.[15]

---

13) 백기완·김명인(2010), "광복절과 건국절: 보수권력의 역사인식과 식민주의 극복의 과제", 「황해문화」 제68권, 새얼문화재단, 193~227면; 이에 부화뇌동하는 우파도 적지 않지만, 이는 결국 위 좌파들의 계략에 빠져 결국 대한민국 자체를 부정하는 어리석은 짓일 뿐이다.

14) 예컨대 김범주(1988), "대한민국임시정부 헌정사", 「한국헌법사(상)」, 한국정신문화연구원, 275면; 강경선은 "임시정부에서 헌법을 제정하고 5차에 걸쳐 개정했지만, 주권을 상실한 상태였기 때문에 규범력을 가진 헌법은 아니었다"라고 하고 [강경선(2011), "헌법 전문을 통해 본 대한민국의 과거와 미래", 「역사비평」, 역사비평사, 43면], [함재학(2009), "대한민국 헌법사를 어떻게 읽을 것인가?", 「憲法學硏究」 제15권 제2호, 한국헌법학회, 491면]에도 "임정헌법의 개정이 아닌 새 헌법의 제정으로 결정했다"라고 되어 있다.

15) 양동안(2008), "이승만과 대한민국 건국", 「한국학」 통권112호, 한국학중앙연구원, 41~70면; 김영호(2008), "국가론의 관점에서 본 대한민국 건국의 특징과 의의", 「한국정치외교사논총」 제30권, 한국정치외교학회, 5~28면; 성낙인도 "대한민국임시정부의 법통 계승의 의미를 대한민국임시정부의 헌법질서를 계승하는 적법성의 계승이 아니라 정당성 내지 정통성의 계승으로 보아야 한다"라고 하고 있고[최종고·성낙인·김승욱·이헌환(2021), 「자유민주주의와 유기천의 자유사회론」, 법문사, 31면] ; 한미동맹결의안에는 "대한민국 임시정부는 1919.4.11. 수립됐으며 이후 해산돼 1948.8.15. 한국 정부로 전환됐다"라고 되어 있다(www.yna.co.kr view AKR2019 0411001751071). 대일본제국 역시 천황이 유지됨으로써 계속된 것처럼 오인되곤 하지만, 법적으로는 1945년 8월 15일의 무조건 항복으로 국격(國格)이 소멸되었다가, 1947년 5월 3일 시행된 새 헌법과 1951년 9월 8일 체결되고 1952년 4월 28일 발효된 샌프란시스코 종전(終戰)조약에 의하여, 헌법원리는 물론이고, 국민·영

1945. 8. 15.는 일본 천황의 항복선언일이자, 소련군이 북한에 진주하기 시작한 날일뿐이고, 한반도에는 어떠한 주권회복도 없었으므로 광복이라고 할 것은 없었다.[16] 미군은 1945. 9. 2. 일본으로부터 정식 항복문서를 받았고 8일에야 인천에 도착하여 9일 중앙청의 일장기를 내리고 성조기로 바꾸어 개양하였으며, 그 후 1946년까지 한반도를 지배하였던 일본 관료 · 군인 등 일본인들이 순차로 일본으로 돌아갔다.[17] 대한민국이 미군정으로부터 통치권을 회수한 것은 1948. 8. 15. 자정이었다.

(2) 좌파의 자유민주주의 거부

토지 자본 등 생산수단의 사적 소유를 금지하고 프롤레타리아 계급 독재를 주장하는 좌파들은 근본적으로 재산권을 비롯한 기본권을 보장하고 프롤레타리아가 아닌 국민의 인권도 존중하는 자유민주주의를 받아들일 수 없고, 따라서 자유민주주의를 거부하는 입장을 분명히 하고 있다.

국내 좌파들은 6.29 이전에는 거짓으로 자유민주주의를 표방하면서 반정부운동을 하거나, 자유민주주의 반정부세력과 연대하기도 하였지만, 이것은 모두 전략이나 처세술에 불과한 것이고,[18] 근본적으로 공산주의와 자유민주주의는 양

토 · 국가의 보유권익(예컨대 식민지에서의 일체의 권리를 상실하였다) 등 여러 점이 다른, 전후의 새 국가인 일본국으로 전환되었다.

16) 노관범 서울대 규장각한국학연구원 교수의 2020.8.20.자 중앙일보 칼럼에 의하면, 광복(光復)의 뜻은 "빛나게 회복했다"는 것으로서, 중국 후한을 일으킨 광무제의 '광복구물'(光復舊物)이란 구절과 연결돼 이해됐다고 한다. 「고려사」에는 공양왕이 우왕과 창왕이 빼앗은 고려를 빛나게 회복했다는 뜻으로 '광복'을 사용하였고, 임진왜란시 선조가 환도한 것, 인현왕후가 궁궐로 돌아와 국모의 지위를 회복한 것, 영조가 사도세자가 죽은 후 친정을 회복한 것, 고종이 경복궁을 중건한 것을 '광복'이라 불렀다고 한다. 대한제국기에는 '앙천통곡생(仰天痛哭生)'이라는 필명자의 '대한제국 광복' 촉구가 있었고, 유길준이 순종에게 '평화광복책(平和光復策)'을 헌정했다. 임시정부의 임시헌장과 임시헌법에도 '광복운동' '국토광복'이 사용되었다. 그러나 해방 정국에서는 '을유해방'이란 말이 널리 쓰였고, 대전역 광장에 1946.8.15. 세워진 비도 '을유해방기념비'였으며, '해방둥이' 등에서 해방은 사용되어도 '광복'의 용어는 사용되지 아니하였다.; 광복절은 1948.9.21.자 '국경일에 관한 법률' 제정시 초안에 '독립기념일'로 제안되었던 것을 심의결과 광복절로 고친 것인데, 1945.8.15.에는 독립을 기념할 국가는 남북 어디에도 없었다. 시간과 장소를 부정하면 존재가 부정되는데, 좌파들이 대한민국 건국일을 부정하는 것은 대한민국 자체를 부정하기 위한 책략일 뿐이다.

17) 해방 당시 한반도에는 347,000명가량(남쪽에는 23만가량)의 일본군과 16,000명가량의 일본인 경찰이 있었다[공미희(2021), "해방직후 남한 거주 일본인의 귀환양상과 재산처리 과정 고찰", 「인문사회과학연구」 제22권 제1호, 부경대학교 인문사회과학연구소, 53~84면; 변은진(2021), "38도선 이북 일본인의 식민지·귀환 경험과 기억의 표상: 이소가야 스에지의 저술을 중심으로", 제22권 제1호, 부경대학교 인문사회과학연구소, 1~28면].

립할 수 없다.

그들은 건국 당시부터 지금까지 자유민주주의를 집요하게 비난 공격하여 마치 문제가 있는 정치체제인 것처럼 잘못된 선입견을 형성시키고 있다. 대표적으로 자유민주주의를 자유주의와 민주주의의 결합이라고 하면서 자유민주주의에서 자유만 중시하면 민주주의의 평등원리가 침해될 수 있으므로 사회주의도 중요하다는 식의 황당한 주장을 전개하고 있는데, 더러 우파 지도자까지 이와 유사한 표현을 하는 일도 발생하고 있다.[19)]

3. 우파의 자유민주주의에 대한 무관심과 오해

(1) 우파의 자유민주주의에 대한 무관심

우리 사회에는 종교와 정치 문제를 화제로 삼지 않으려는 경향이 있다. 일상의 대화에서는 물론이고, 학술적 논의에서도 그러한 경향이다. 특히 좌파들은 논쟁에서 불리하게 되면 '철지난 이념 논쟁', '우리 민족 끼리'[20)], 중도(中道)통합[21)] 등의 변명으로 탈출구를 구하곤 한다.

---

18) 성낙인은 "「해방전후사의 인식」(해전사) 세대를 중심으로 하는 소위 386운동권 사이에는 오히려 자유민주주의에 대한 부정적 시각이 지배적이었다"라고 한다[앞의 「자유민주주의와 유기천의 자유사회론」, 법문사, 5면].

19) 본서 제3장 1. (5) 자유민주주의 개념에 대한 왜곡 이하 참조.

20) 본서 제3장 1. (4) 대한민국 헌법・법률상의 '자유민주적 기본질서'– 통일・민족과 자유민주적 기본질서 이하 참조.

21) 불교에서 말하는 중도(中道)는 올바른 수행의 방법에 관한 가르침으로서, 쾌락에도 고행에도 빠지지 않는 실천적 길을 말하는 것이고[석진상(1976), "原始佛敎의 中道說", 「석림」 제10권, 동국 대학교 석림회, 453~458면; 임승택(2017), "긍정성 과잉의 문제와 중도(中道): 기불교에 근거한 이 시대의 중도 모색", 「불교학연구」 제51권, 239~272면], 자유민주주의와 공산사회주의의 대립을 화쟁(和爭)시킬 수 있는 제3의 길을 말하는 것이 아니다. 두 이념의 근간에는 개인의 '천부인권' 인정 여부와 '생산수단의 사적(私的) 소유권' 승인 여부에 대한 대립이 있는데, 그것을 얼버무릴 수 있는 중화책은 존재하지 않기 때문에 두 이념은 양립불능의 선택의 문제이고, 따라서 중도라는 정치이념은 존재할 수 없다. 결국 중도론은 자유민주주의를 파괴하는 것을 정당화하거나 손쉽게 하기 위한 속임수에 불과하다. 미제스도 중도란 "지속가능하지 않은, 사회주의의 길(Middle-of-the-Road Policy leads to socialiam)"이라고 명언하였다[「Planning for Freedom and 12 other essays and addresses」 by Ludwig von Mises Memorial Edition(3rd), Libertarian Press, pp. 36~49]. 원효의 화쟁(和爭)은 '장님의 코끼리 묘사' 비유로 표현한 바와 같이 불교의 여러 문파들의 차이와 대립의 원인을 불법의 근본에서 궁극적으로 해명함으로써 서로 부족한 부분을 깨우쳐 완전하게 하는 것이지 선과 악을 뒤섞는 것이 아니다[박태원(2013), "『십문화쟁론(十門和諍論)』 '불성(佛性) 유(有)/무(無) 화쟁'의 해석학적 번역과 논지 분석", 「철학논총」 제72권 제2호, 새한철학회, 87~120면; 김치온(2024), "원효의 불성유무 화쟁과 일심과의 관계에 대한 연구", 「선문화연

대한민국은 좌파세력 중심인 중화인민공화국 · 러시아와 국경을 접하고 있고, 호전적 공산체제인 북한과는 정전(停戰) 중이어서 이념문제가 국민의 생사와 국가의 존망에 직결되어 있는 것이 엄연한 현실인데, 이와 같은 회피적 태도로서는 문제를 해결할 수 없고, 좌파의 세뇌공작에 무방비로 되어 매우 위험하다.

(2) 기독교 측의 기독교 자유민주주의론

한국기독교계 일부는 대한민국의 자유민주주의 체제는 교회가 정립되기도 전에 성령(聖靈)이 이승만을 통하여 역사하여 세운 기독교 체제라고 주장하면서,[22] 제헌의회 개회식 서두에 이윤영목사가 한 기도[23]를 주요 근거로 들고 있다. 서

구」 제37권, 한국불교선리연구원, 161~199면].

22) 이승만은 한성감옥에 5년 7개월 동안 투옥되어 있으면서, 1899년 1~2월경 기독교 신앙을 확립하였고, 이후 수감되어 있던 이상재 · 이원긍 · 홍재기 · 유성준 · 김란 등에게 전도하고 옥중예배를 보았으며, 1904.8.7. 사면으로 출옥할 때까지 「교회경략」, 「독립정신」 등 저술에서 '기독교입국론'을 주장하였는데, 「교회경략」에는 "만국 왕의 왕이신 예수 그리스도로 우리의 왕을 삼아…(중략)…사탄과 세상을 쳐서 이기고 만국을 합하여 한 천국을 만들자"로 되어 있고, 「독립정신」에는 "기독교를 근본으로 삼지 않고는 온 세계와 접촉할지라도 참된 이익을 얻지 못할 것이고…(중략)…그러므로 우리는 마땅히 이 교로써 만사의 근원을 삼아 각각 나의 몸을 잊어버리고 남을 위하여 일하는 자가 되어야 나라를 한마음으로 받들어 영미 등 각국과 동등하게 될 수 있을 것이다. 이후 천국에 가서 다 같이 만납세다"로 되어 있다.

23) 1948.5.31. 중앙청에서의 제헌의회 개원에서, 최연장 의원으로 임시의장이 된 이승만은 "대한민국 독립민주국 제1차 회의를 여기서 열게 된 것을 우리가 하나님에게 감사해야 할 것입니다. 종교 사상 무엇을 가지고 있든지 누구나 오날을 당해 가지고 사람의 힘으로만 된 것이라고 우리가 자랑할 수 없을 것입니다. 그러므로 하나님에게 감사를 드리지 않을 수 없읍니다. 나는 먼저 우리가 다 성심으로 일어서서 하나님에게 우리가 감사를 드릴 터인데 이윤영 의원 나오셔서 간단한 말씀으로 하나님에게 기도를 올려 주시기를 바랍니다."라고 이윤영 의원에게 감사기도를 의뢰하였으며, 종로갑구 의원 이윤영은 전원 기립한 상태로 "이 우주와 만물을 창조하시고 인간의 역사를 섭림하시는 하나님이시여, 이 민족을 도라 보시고 이 땅에 축복하셔서 감사에 넘치는 오날이 있게 하심을 주님께 저희들은 성심으로 감사하나이다. 오랜 시일 동안 이 민족의 고통과 호소를 들으시사 정의의 칼을 빼서 일제의 폭력을 굽피시사 하나님은 이제 세계만방의 양심을 움지기시고 또한 우리 민족의 염원을 들으심으로 이 기쁜 역사적 환희의 날을 이 시간에 우리에게 오게 하심을 하나님의 섭림이 세계만방에 정시(正視)하신 것으로 저희들은 믿나이다. 하나님이시여, 이로부터 남북이 둘로 갈리여진 이 민족이 어려운 고통과 수치를 심원하야 주시고 우리 민족 우리 동포가 손을 같이 잡고 웃으며 노래 부르는 날이 우리 앞에 속히 오기를 기도하나이다. 하나님이시여, 원치 아니한 민생의 도탄은 길면 길수록 이 땅의 악마의 권세가 확대되나 하나님의 거룩하신 영광은 이 땅에 오지 않을 수밖에 없을 줄 저희들은 생각하나이다. 원컨대 우리 조선 독립과 함께 남북통일을 주시옵고 또한 우리 민생의 복락과 아울러 세계평화를 허락하야 주시옵소서. 거룩하신 하나님의 뜻에 의지하야 저희들은 성스럽게 택함을 입어 가지고 글자 그대로 민족의 대표가 되었습니다. 그러하오나 우리들의 책임이 중차대한 것을 저희들은 느끼고 우리 자신이 진실로 무력한 것을 생각할 때 지(智)와 인(仁)과 용(勇)과 모든 덕(德)의 근원이 되시는 하나님 앞에 이러한 요소를 저희들이 강구(講求)하나이다. 이제 이로부터 국회가 성립이 되여서 우리 민족이 염원이 되는 모든 세계만방이 주시하고 기다리는 우리의 모든 문제가 원만히 해결되며 또한 이로부터서 우리의 완전 자주

울시를 하나님께 봉헌하는 행사를 벌인 일도 있다.[24)]

유기천은 "미국 혁명은 상이한 시간과 장소에서 일어난 크롬웰혁명이었다. 크롬웰 혁명이 성공하여 왕국이 재건되지 않았다면 아메리카합중국이 태어날 수 없었고 잉글랜드공화국은 대브리튼 합중국으로 번영하였을 것이다. 하나님의 일이 일어나는 동안에 그러한 일의 배후에 있는 이유들을 우리들이 알기는 불가능하다. 하나님이 왜 크롬웰로 하여금 대서양을 건너 새로 발견한 공화국을 향하여 영국을 떠나지 못하게 하였는가를 알 수 있다. 인간의 상식으로 생각해볼 때 아메리카식민지를 점령하고 있던 영국인들에게 자신들의 모국에 대항하여 싸울 이유가 없었다. 그런데 그들이 왜 지구상에서 가장 강력한 군사조직에 대하여, 승리의 가능성이 거의 없는 대상에 대하여, 전쟁을 선언하게 되었는가?"라고 크롬웰혁명과 미국독립혁명이 하나님의 역사에 의하여 이루어진 일이라고 주장하면서,[25)] 자유민주주의의 기본원리인 인간의 존엄・법의 지배・사회계약 등의 개념이 모두 성경 특히 구약의 하나님과의 계약 사상에서 나온 것이라고 하였다.[26)]

자유민주주의가 기독교가 지배하고 있었던 근세 서구에서 발생・성장하였다는 것, 특히 영국의 칼빈주의 청교도들의 종교적 신념과 관련된 점이 많았다는 것, 대한민국의 자유민주주의는 이승만 등 미국에서 활동한 기독교도 독립운동

독립이 이 땅에 오며 자손만대에 빛나고 푸르른 역사를 저희들이 정하는 이 사업을 완수하게 하야 주시옵소서. 하나님이 이 회의를 사회하시는 의장으로부터 모든 우리 의원 일동에게 건강을 주시옵고 또한 여기서 양심의 정의와 위신을 가지고 이 업무를 완수하게 도와주시옵기를 기도하나이다. 역사의 첫걸음을 걷는 오날의 우리의 환희와 우리의 감격에 넘치는 이 민족적 기쁨을 다 하나님에게 영광과 감사를 올리나이다. 이 모든 말씀을 주 예수 크리스도 이름을 받드러 기도하나이다. 아멘"이라고 기도하였다.

24) 이명박 서울시장은 2004.5.31. 새벽 서울 장충체육관에서 열린 '청년・학생 연합기도회'에서 "흐르는 역사 속에서 서울을 지켜주신 하나님의 사랑과 섭리하심에 감사와 영광을 돌리며, 대한민국의 수도 서울은 하나님이 다스리시는 거룩한 도시이며, 서울의 시민들은 하나님의 백성이며, 서울의 교회와 기독인들은 수도 서울을 지키는 영적 파수꾼임을 선포하며, 서울의 회복과 부흥을 꿈꾸고 기도하는 서울 기독 청년들의 마음과 정성을 담아 수도 서울을 하나님께 봉헌합니다."라는 내용의 <서울을 하나님께 드리는 봉헌서>를 낭독하였는데, 이것은 헌법의 정교분리원칙에 위배된다. 대통령이 국무회의 시작 전, 또는 마칠 때 특정 종교의 방식으로 기도하는 것도 종교적 중립에 위반된다[장영수(2019), "종교인의 정치참여와 정교분리의 원칙", 「고려법학」 제94호, 고려대학교 법학연구원, 9~10면].

25) Paul K. Ryu(劉基天) 저・음선필 역(2014), 「세계혁명」, 지학사, 169~170면.

26) Paul K. Ryu.・Helen Silving, 음선필 역(1995), "민주주의의 기초－그 기원과 본질적 요소", 「저스티스」 제28권 제2호, 한국법학원, 88~110면.

가들을 중심으로 하여 도입되었고[27] 기독교를 탄압하는 공산세력과 격렬한 투쟁을 하면서 건국하였다는 것,[28] 일본의 패망과 대한민국의 건국에는 미국의 역할이 결정적이었고[29] 당시의 미국은 개신교도가 주도적이었다는 것은 현저한 역사적 사실이지만, 그것이 대한민국의 자유민주주의가 기독교에 입각한 정치체제라고 단정할 충분한 자료라고 할 수는 없다.

자유민주주의는 중세 기독교 지배 체제를 혁파하고 세운 제도로서, 그 성립과 발전과정에서 기독교와 많은 갈등을 빚었고, 오늘날 서구 자유민주주의 국가의 법질서 중에는 창조설의 부정 · 이혼을 공인하는 가족법 등 기독교와 부합하지 않는 것도 많으며, 기독교 측에서도 기독교 윤리에 맞지 않는 자유민주주의의 타락상을 비판하면서 기독교 공동체주의는 자유민주주의와 별도로 유지되어야 한다고 주장하는 강력한 신학적 주장까지 펼치고 있다.[30] 오늘날 서구 자유민주주의 각국은 정교분리원칙을 헌법에 명시함으로써 기독교국가로서의 성격을 제한하고 있다.

특히 대한민국과 같이 불교도 기타 기독교도가 아닌 국민이 다수인 국가에서 자유민주주의가 기독교적 질서라고 단정하는 것은 종교의 자유와 정교분리원칙, 그리고 국민주권 원리에 맞지 않을 것이고, 자유민주주의를 공고히 하고 발전시키는 데에도 도움이 되지 않을 것이다.

---

27) 박명수(2019), "3 · 1운동 기독교 그리고 대한민국－대한민국의 기독교적 기원에 대한 소고", 「신학과교회」 제11권, 혜암신학연구소, 177~229면; 허명섭(2010), "한국기독교와 대한민국 정부의 수립", 「神學과 宣教」 제37권, 서울신학대학교 기독교신학연구소, 1~35면.

28) 건국 초기 정동교회의 주일 예배는 미 대사와 주한 미군 간부, 이승만을 비롯한 다수 국가 요인들의 정기적 집회 역할을 하여 국사에 여러 방면으로 큰 영향을 미쳤고, 맥아더 사령관이 크리스마스를 공휴일로 한 것도 기독교세 확장에 크게 기여하였다.

29) 소련은 1941.4.13. 모스크바에서 일본과 중립조약을 체결하고 적대행위를 하지 않고 있던 중 1945년 2월의 얄타회담에서 연합군 참여 합의를 하고도 계속 관망하고 있다가 1945.8.6. 히로시마 원폭 공격으로 일본 패망이 확실해지자 8월 9일 전격적으로 만주로 진격, 북한을 점령하는 등 이득을 챙겼을 뿐 일본 패망에 기여한 바 거의 없다. 중국은 일본의 침략에 저항하였으나 영토 상당부분을 점령당한 상태로 연명에 급급하였고, 특히 마오쩌둥 등 공산군은 국공내전에 더 치중하였다. 일본은 태평양 전쟁에 연인원 780만 이상의 군인이 투입되어, 250만 이상이 전사하였고, 미군은 360만 이상이 투입되어 42만 이상이 사망하였다. 승패는 미군이 결정지었고, 중국 등 그 밖의 군의 영향은 적었으며, 500명가량에 불과하였던 장제스 휘하 한국 광복군의 군사상 기여는 애석하게도 거의 없었다.

30) 이은창 · 이용주(2021), "교회와 자유민주주의 국가의 관계연구 – 하우어워스와 바르트의 비교를 중심으로", 「기독교사회윤리」 제51권, 한국기독교사회윤리학회, 71~100면; 길상엽(2020), "교회와 국가의 관계: 종교의 자유를 중심으로", 「조직신학연구」 제36권, 한국복음주의조직신학회, 82~111면.

제2장

영국 민주주의의 역사

1. 영국 민주주의 역사 개요
2. 대헌장과 의회제도의 발생
3. 청교도 혁명
4. 왕정복고와 명예혁명
5. 영국 민주주의의 발전

제 2 장

영국 민주주의의 역사

1. 영국 민주주의 역사 개요

브리튼 섬은 전체 면적이 209,331km²이고, 그 중 잉글랜드는 면적 130,279km² 인구 5,600만 명가량으로서 남한과 비슷하지만, 세계 민주주의 역사에 주도적 역할을 하였다.

BC 5세기경부터의 켈트(Celts)족의 침공, BC 55년 시저의 원정 이래 410년경까지의 로마의 지배, 597년 아우구스티누스(534~604)[1]의 캔터베리 대주교 부임과 성당 건립, 6세기경의 색슨·앵글·주트 등 게르만인의 침입과 켄트·에식스·서식스·이스트앵글리어·마시어·웨식스·노섬브리어의 7개 왕국 건설, 9세기 전반 웨식스 왕 에그버트가 7개국을 통합하여 잉글랜드 왕국을 이룩한 것, 8세기 말부터 데인인(Danes)이 침입해와 1016년에는 카누트(Canute)가 잉글랜드 왕좌를 차지한 일 등 영국의 고대 역사는 오늘의 영국 민주주의와 연관이 없다.

역사적 분기점은 1066년의 노르만 정복(Norman conquest)이었다. 카누트에게 패퇴한 웨식스 왕 에셀레드 2세는, 노르망디(Nomandie) 공국[2]으로 망명하였는데, 그의 후손 윌리엄(William) 공이 1066년 잉글랜드의 왕위계승권을 주장하고 침공하여 승전하였던 것이다. 정복왕 윌리엄과 그 후계들은 자주 노르망디 공국

1) 성 오거스틴(Augustinus Hipponensis, 354~430)과는 별개의 인물임.

2) 프랑스 지역으로 침입한 바이킹 추장 롤로(Rollo)에게 샤를 3세는 911.7.20. 센강 하류 영국 해협의 프랑스 해안 지대를 양여하여 노르망디 공(公)에 봉(封)하였고(생클레르 조약), 이후 노르만인들이 이주하여 영지를 확장하고, 실질적인 독립국(노르망디 公國)을 만들었다. 롤로의 5대손 윌리엄 1세가 잉글랜드를 정복한 후 영국 왕은 노르망디 公을 칭하고 있으나, 그 지역은 1259년 루이 9세 때 파리조약으로 프랑스 왕국에 정식으로 편입되었으므로 이후에는 대외적 효력이 없다. 1944.6.6. 2차대전 연합군이 상륙한 지역이다. 노르망디 레지옹의 중심 도시는 루앙이고, 2017년의 면적은 29,906㎢, 인구는 3,330,478명이다. 1994.5.6.에 완공된 영불해저터널(Channel Tunnel. 고속철도 Eurostar의 통행로)의 프랑스 측 출구 지역인 칼레(Calais)가 동북방에 인접해 있다.

에 거주하였고 영어에도 미숙하였으므로, 잉글랜드는 앵글로색슨인의 토지를 노르만 제후에게 봉지(封地)로 나누어 주고, 그들로 하여금 왕의 대관(代官)으로 순회재판을 하는 등의 방법으로 다스리게 하였는데, 국왕이 상주(常住) · 친정(親政)하지 아니한 연고로 현지의 제후 등과 여러 가지 통치에 관한 협정을 하게 됨으로써 민주주의의 싹이 움트게 되었다. 특히 1215년의 대헌장(Magna Carta)과 귀족 · 고위승직자 · 시민대표 등의 모임이 의회제도로 성장한 것이 민주주의의 뿌리가 되었다.

두 번째의 전기는 헨리 8세(재위 1509~1547)와 엘리자베스 1세(재위 1558~1603)의 왕권강화, 그 후의 스튜어트 왕조에서 일어난 크롬웰의 'Common Wealth'의 출현이다. 왕위계승권으로 인한 1455년부터의 장미전쟁으로 1485년 헨리 7세의 튜더왕조가 시작되었다. 튜더왕조에서 영국은 역동적으로 성장하였는데, 헨리 8세가 앤 불린과 결혼하기 위하여 교황과 결별하고 성공회를 만든 것, 엘리자베스 1세가 1588년 스페인의 무적함대를 이기고 동인도회사를 만든 것 등은 널리 알려진 대표적 사건이다. 엘리자베스 1세에게 후사가 없었으므로, 상속순위에 의하여 스코틀랜드의 제임스 1세(재위 1603~1625)가 영국 왕을 겸임하여 스튜어트 왕조로 바뀌었다.

제임스 1세의 아들인 찰스 1세는 1628년 의회를 소집하였다가 의회가 공채(公債)나 조세(租稅)는 의회의 찬성을 요한다는 것, 함부로 백성을 체포 · 투옥하지 못한다는 것 등을 주요 내용으로 한 권리청원(the Petition df Right)을 통과시키자 의회를 해산시켰다. 다시 재원조달을 위해 1640년에 의회를 소집하였다가 곧 해산시켰으며(단기의회), 동년 11월 3일 또 다시 소집한 의회(장기의회)와 반목하다가 1642년부터의 내전으로 결국 1649. 1. 30. 처형되었고, 이후 올리버 크롬웰이 호국경(Lord Protector of England)이 되어 1953년부터 Common Wealth를 이끌다가 1658년 사망하였다.

가장 중요한 세 번째의 전기는 왕정복고 후의 불안정을 해결한 명예혁명이고, 이후 영국에는 의회민주주의 체제가 발전하였다. 크롬웰 사후에 찰스 1세의 맏아들 찰스 2세(재위 1660~1685)가 복위하였는데 그의 통치는 비교적 무난하였으나, 그의 후계자인 동생 제임스 2세가 가톨릭을 신봉하여 여러 가지 지나친 정책을 시행한 결과 의회가 반발하여 네델란드 총독 윌리엄 3세를 초빙하자 그는 1688. 12. 11. 프랑스로 도주하였고, 윌리엄 3세(재위 1689~1702)와 부인 메리 2세(재위 1689~1694)가 공동왕으로 추대되었다. 윌리엄 3세는 1689. 12. 16. 의회가 제정한 권리장전(Bill of Rights)을 승인하였다.

이후 왕은 점차 "군림하나 지배하지 않는다"로 표현되는 국가적 상징으로 되었고, 의회와 내각이 실권을 행사하는 전통이 수립되었다. 명예혁명 즈음 왕당파인 토리당과 의회파인 휘그당이 발생하였다가, 1832년의 선거법 개정 이후 보수당·자유당·노동당 등이 만들어져 정당정치도 확립되었다. 최초의 민주주의 제도 아래에서 영국은 부강한 세계 제국을 건설하여 번영을 누렸다.

2. 대헌장과 의회제도의 발생

(1) 대헌장

- 대헌장의 성립

노르만 제6대 왕 존(John 재위 1199~1216)은 무능하여 실지왕(失地王, Lackland)으로 불리지만, 귀족들의 강박에 굴복하여 서명한 대헌장(Magna Charta)은 영국 민주주의의 출발점이 되었다.

존 왕은 제4대 왕 헨리 2세의 8왕자 중 막내로 태어났는데 아버지나 제3왕자로서 제5대 왕이 된 사자왕 리차드 1세는 그를 왕재로 인정하지 않았다. 그는 리차드 1세가 조카 아서(Arthur)를 후계자로 지명하고 십자군전쟁에 나가자, 그 틈을 타서 반역하였다가 리차드 왕이 귀환하자 항복하여 사면을 받았다.[3] 그러나 리차드 왕이 별세하자 곧 바로 선왕의 유지와 잉글랜드 귀족들의 공의를 거역하고 프랑스 왕 필립 2세의 지원을 받아 왕위에 올랐다. 취임 당시 프랑스에는 노르망디 이외에도 조모 마틸다·모친 엘레오노르 등이 가지고 온 브르타뉴·아키텐·가스코뉴 등 프랑스 북부해안으로부터 피레네 산맥에 이르는 프랑스 면적 3/5에 달하는 광대하고 비옥한 영지가 있었는데, 왕위 취득을 지원한 대가로 그리고 그 후에 발생한 프랑스와의 전쟁으로 노르망디[4]까지 영지 대부

3) 그 내용 일부가 아서왕 이야기, 로빈후드 전설에 포함되어 있다.

분을 프랑스에 빼앗겼다. 1209년에는 교황 인노센트 3세로부터 파문을 당했다가 1213년 굴욕적 조건으로 해제받기도 하였다. 이러한 상황에서 전쟁준비를 위하여 가혹한 세금을 징수하고 1212년에는 웨일즈 원정 계획을 세웠다가 귀족들의 반발을 샀고, 1214년에는 프랑스 원정을 감행하였다가 10월 성과없이 귀환하자 잉글랜드의 귀족들이 조직적으로 반항하기 시작하여 1215년 5월에는 내전으로 확대되었다. 추기경 랭턴(Stephen Langton)까지 돌아서자 1215. 6. 19. 템스강 유역의 러니미드(Runnymede) 초원에서 귀족들의 요구사항을 승인하였는데, 이것이 대헌장(Magna Carta; The great Charter of Freedoms)이다. 그러나 그 후 교황의 지원을 얻어[5] 다시 귀족들과 전쟁을 벌이던 중 1216년 병사하였다.

대헌장은 켄터베리 대주교이기도 한 랭턴이 존 왕과 귀족들 사이를 오가며 중재를 하여 작성하였다. 랭턴과 귀족대표들이 존 왕을 처음 만난 5월 31일에도 귀족들은 구체적 요구를 하지 않았는데, 랭턴이 6월 10일부터 15일까지 매일 협상을 진행하여 작성하였고, 15일 존 왕은 합의문 초안에 자신의 인장을 날인한 후, 귀족들에게 이것을 받아들일지 말지 결정하라고 최후통첩을 한 후 자리를 떴다고 한다.[6]

– 대헌장의 내용

대헌장은 전문과 63개조로 구성되어 있는데, 주요 부분은 다음과 같다.[7]

> 제12조 우리 왕국내의 어떠한 군역면제세 또는 특별세도 나라 전체의 협의에 의

4) 영국은 1217년, 1224년, 1230년, 1242년, 1259년 그리고 1337~1453년의 100년 전쟁에서 노르망디 탈환을 시도하였으나 실패하였다.

5) 존 왕은 날인 직후에 헌장을 무효화시켜줄 것을 교황에게 청원하였고, 이 요청에 부응하여 교황이 헌장을 파기하라는 칙령을 내리고, 협상에 참여하였던 40인의 귀족들을 파문하였다[윤정인 · 김선택(2015); "마그나 카르타와 저항권," 한양대법학연구소 「법학논총」 제32집 제4호, 24면].

6) 윤정인 · 김선택의 앞의 글, 25면.

7) 황한식(2019), "마그나 카르타", 「법조」 제68권 제1호, 10~12면; 마그나 카르타의 내용은 잉글랜드법 주석서를 저술한 윌리엄 블랙스톤(William Blackstone)이 1759년 대헌장과 삼림헌장이라는 저서를 통하여 1215년 존왕 판과 1216년 헨리 3세의 첫 번째 판, 1217년 헨리 3세의 두 번째 판 및 1225년의 헨리 3세의 세 번째 판을 각각 비교하고 조항별로 분석하여 판본을 둘러싼 혼란을 정리하여 확정하였다. 삼림헌장(the Charter of the Forest)은 헨리 3세가 1217.11.6. 세인트 폴 대성당에서 조인하였는데, 과일을 딸 권리, 건물을 짓는 등의 목적을 위해 나무를 할 권리, 도구와 집에 필요한 땅을 파고 흙을 사용할 권리, 방목할 권리, 낚시할 권리, 연료용 토탄을 가져갈 권리, 물을 관리할 권리, 꿀을 딸 권리 등 무산자의 공유지사용권을 규정하였다(황한식, 앞의 글 32~36면).

하지 않고서는 징수하지 아니한다. 단 왕이 인질로 잡혀 몸값의 지불을 위한 경우, 왕의 첫 아들을 기사로 만들기 위한 경우, 왕의 첫 딸을 처음 결혼시키는 경우는 예외로 하며 이 각 경우에는 합리적인 특별세만을 징수한다. 런던시가 제공해야 할 특별세도 이와 같다.

제14조 위에 말한 세 가지 경우 외에 군역면제세 또는 특별세의 결정에 필요한 나라 전체의 협의를 구하기 위해서 대주교·주교·수도원장·백작 등에게는 왕이 서신을 개별적으로 보내어 회의참석을 요구하고 왕으로부터 직접 토지를 분봉 받은 나머지 모든 사람들에게는 지방지사와 왕의 대리인들을 통하여 일반적 소집장을 발급함으로써 회의참석을 요구한다. 회의참석 요구시 적어도 40일의 기한을 두고 어느 특정 날짜와 장소를 명시하며 회의 의제를 특정하여야 한다. 회의의 의결은 참석요구를 받은 자가 모두 참석하지 못하더라도 참석자들의 결정에 따라 진행된다.

제16조 아무도 군역·봉토 또는 자유수령 토지로부터 의무에 없는 역무를 수행하도록 강제당하지 않는다.

제20조 자유민의 경우 사소한 범죄에 관하여는 그에 상응하는 벌금만이 부과된다. 중대한 범죄에 관하여는 그 중대성에 상응하는 벌금이 부과되지만 생계가 곤란할 정도의 과한 벌금은 부과되지 않는다. 상인의 경우도 마찬가지이며 그의 상품은 박탈되지 않는다. 농노의 경우도 영농에 필요한 도구는 박탈되지 않는다. 벌금은 그 지역의 신망있는 사람들이 맹세를 하고 그 액수를 산정한다.

제30조 군수·우리의 재산관리인 또는 여타의 자는 자유민의 의사에 반하여 그 자의 말이나 수레를 운반용도로 징발하지 아니한다.

제31조 우리 또는 우리 재산관리인은 목재주인이 자발적으로 동의하지 않는 한 우리 성채나 다른 업무를 위하여 타인의 목재를 징발하지 않는다.

제36조 앞으로 생명이나 신체의 조사를 위한 문서를 발급하는 것과 관련하여 돈을 주고 받지 아니한다. 이 영장은 무상으로 주어질 것이며 거부되는 일은 없을 것이다.

제38조 관리는 앞으로 믿을 만한 증언의 뒷받침 없이 입증도 없는 주장만을 제기함으로써 어떤 사람을 재판에 회부할 수 없다.

제39조 자유민은 그와 지위가 동등한 사람들의 적법한 판정에 의하거나 국법에 의하지 아니하고는 체포 또는 구금되거나 재산이 박탈되거나 법적보호가 박탈되거나 추방되거나 다른 어떠한 방법으로 해를 입어서는 안된다. 왕은 직접 혹은 사람을 보내어 강제로 그에게 법을 집행하지 아니한다.

제40조 분쟁해결이나 사법권을 다른 자에게 매도하거나 그 혜택을 부인하거나 지연하지 않는다.

제41조 모든 상인은 종래의 정당한 관습법에 따라 부당한 통행세 없이 안전하게

영국에 입항하고 영국으로부터 출항할 권리 · 영국에 머물 권리 육로 또는 해로를 이용하여 영국에서 이동할 권리를 가진다. 단 전쟁기간 동안 적국의 상인은 예외이다. 전쟁개시 시점에 국내에서 발견된 적국의 상인은 신체나 재산을 해함이 없이 억류되고 우리 상인들이 그 나라에서 어떻게 대우받는지를 우리 또는 우리의 수석사법관이 알게 될 때까지 억류상태에 놓인다. 우리상인들이 그곳에서 안전하면 그들의 상인도 우리 땅에서 안전하다.

제61조 신의 영광을 위하고 우리 왕국의 향상을 위하며 우리와 우리 귀족 간에 발생한 불화를 보다 나은 방법으로 잠재우고자 여기 말한 모든 것을 허여하는 바 이들을 온전하고 안정적으로 영구히 누릴 수 있도록 하고자 다음과 같은 보증조치를 취하고 허여한다. 즉 왕국의 귀족들이 원하는 바에 따라 25인의 귀족을 선임하여 이들에게 우리가 우리의 이 헌장으로 부여한 평화와 특권을 그들의 수하들을 위하여 준수하고 소지하며 준수하도록 한다. 즉 우리 또는 우리의 재판관 · 재산관리인 기타 우리의 신하들이 어떤 자와의 관계에서든지 어떤 사항을 어긴다거나 어떤 강화조항이나 보증이든 이를 파기하는 경우 이 사실이 앞서 말한 25인의 귀족 중 4인에게 소명되면 그 4인의 귀족은 우리 또는 우리가 외국에 있는 경우에는 우리의 재판관에게 그 위반사실을 설명하고 그 점이 지체없이 시정되도록 요구한다. 만일 우리에게 또는 우리가 외국에 있는 경우 우리의 재판관에게 위반사항이 설명된 후 40일내로 우리가 또는 우리가 외국에 있을 때에는 우리의 재판관이 위반사항을 시정하지 않으면 그 4인의 귀족은 이 사안을 25인의 귀족 중 나머지 귀족들에게 회부하고 이들 25인의 귀족은 전국의 일반인들과 함께 그들이 결정한 방법에 따라 그 위반사항이 시정될 때까지 성채나 토지 기타 재산을 모든 가능한 방법으로 압류하고 손상을 가한다. 단 나와 왕비와 우리 자녀들의 신체는 보호된다. 시정조치가 이루어지면 과거와 같이 우리에게 충성을 바친다. 전국의 누구든지 위에서 말한 응징을 수행함에 있어 앞서 말한 25인의 귀족의 명령에 복종하고 그가 할 수 있는 모든 방법으로 우리를 공격하기로 서약할 수 있으며 우리는 누구든지 그런 서약을 해도 좋다는 허락을 공개적으로 자유롭게 수여하며 어떤 자의 서약도 금지하지 않는다. 우리를 억류하고 공격함에 있어서 25인의 귀족에게 자발적으로 서약하기를 원하지 않는 자가 있으면 그러한 서약을 하도록 우리가 명한다. 25인 귀족 중 사망하거나 출국하거나 다른 이유로 활동하지 못하게 된 자가 있으면 그를 제외한 나머지 귀족들이 자유롭게 그 자를 대신할 자를 선임하여 다른 귀족들과 같은 방법으로 서약하게 할 수 있다. 이 25인의 귀족이 수행하도록 맡겨진 일과 관련하여 출석한 25인간에 의견이 일치되지 않거나 출석을 원하지 않거나 출석할 수 없는 경우 출석자 다수가 결정하거나 지시하면 마치 25인이 모두 동의한 것과 마찬가지로 승인되고 결정된다. 또한 위 25인은 앞서 말한 모든 사항을 성심껏 준수할 것을 서약하고 다른 이들도 이를

그대로 준수하도록 최선을 다한다. 우리 스스로 또는 다른 이로 하여금 여기에 양허된 내용과 특권이 취소되거나 감축되도록 하지 않을 것이다. 만일 그런 조치가 취해지면 그것은 아무 효력이 없고 우리 또는 다른 자가 그런 조치를 원용하지 않도록 한다.[8)]

– 대헌장의 영향

마그나 카르타는 법의 지배(rule of law)의 근원이 되는 문서로 일컬어지고 있지만, 실은 왕과 귀족들의 관계에 관한 대자문회(Commune Consilium)의 관행과 헨리 1세의 즉위헌장(Coronation Charter) 등에 기초하여 귀족의 권리를 재확인한 봉건적 문서였다.[9)]

제3대 왕 헨리 1세(재위 1100~1154)는 윌리엄 1세의 셋째 아들인데, 제2대 왕인 형 윌리엄 2세(재위 1087~1100)가 사냥에서 의문의 화살을 맞고 죽자 부근에 있었던 그가 급히 환궁하여 3일 만에 왕으로 즉위하면서 귀족들을 회유하기 위하여 즉위헌장을 발표하였다. 그 내용은 참회왕 에드워드[10)]의 법률을 준수할 것 · 윌리엄 2세가 제정한 불법적인 관례를 폐기할 것 · 성직에 부수되는 소득을 주인없는 상태로 방치하지 않을 것 · 불법적인 봉건조세를 징수하지 않을 것 등이었다.[11)]

마그나 카르타는 왕도 자신이 한 약속은 위반할 수 없다는 것 그리고 사실상 왕을 제외한 모든 이를 기속하였던 국가법에 왕 자신도 기속된다는 것을 명시적으로 규정함으로써[12)] 종래 아무런 제약없이 행사되어 온 왕권에 '법의 지배(rule of law)'라는 한계를 설정한 최초의 문서라는 점에서 중요한 의미를 가지며, 특히 제39조는 배심재판과 영장주의 등 '법의 적정절차(due process of law)'

---

8) 왕이 대헌장을 위반한 경우 귀족들의 대표기구가 왕을 공격하는 것을 허용, 보장한 제61조는 저항권의 시원으로 주장되기도 한다(윤정인 · 김선택의 앞의 글, 27~33면).

9) 황한식(2019), 앞의 "마그나 카르타", 32~36면.

10) 참회왕 에드워드는 색슨계의 마지막 왕으로서 1042년부터 1066년까지 재위하였고, 그의 후계문제로 윌리엄 정복왕이 진출하여 노르만 왕가를 열었다. 그는 정치에 초연하였고, 강력한 귀족들이 실권을 가졌다. 경건한 신앙심으로 웨스트민스터 성당을 건립하였고, 백성의 지지를 받았다.

11) 앙드레 모루아 · 신용석 역(2017), 「영국사」, 김영사, 123~124면.

12) 13세기 중반에 브랙턴(Bracton)은 '국왕은 신민 아래에 있어서도 안되지만 신과 법 아래에(under God and the Law) 있어야만 한다'고 했다[아이버제닝스경, 안경환 · 이동민 역(1994), "마그나카르타와 그 영향", 「저스티스」 제7권, 한국법학원, 142면].

의 근거조항으로, 제12조 및 제14조는 '의회주의'와 '조세법률주의'의 원천조항으로 주장되어 왔다. 1628년 권리청원을 작성할 때 그 근거로 활용되었고, 근세 각국의 헌법에 반영되었다.

(2) 의회(parliament)의 발생

시몽 드 몽포르 백작은 '의회(parliament)'의 창설자로 불린다.[13] 그는 헨리 3세(재위 1216~1272)의 매제로서 처음에는 왕의 총애를 받는 친위세력이었으나, 왕이 거듭 실정하자 반대파의 지도자가 되어 1258년에는 15명의 대귀족에게 통치권을 양도할 것을 내용으로 하는 옥스퍼드 조례를 승인하게 하였고, 왕이 이를 지키지 않자 1264년 귀족군을 이끌고 왕군과 싸워 왕을 사로잡고 왕권을 빼앗아 상징적인 존재로 만들었으며, 1265년 1월에 귀족 대표 23명, 성직자 대표 120명 그리고 각 주(shire) 2명씩의 기사 대표와 새로 21개 시의 2명씩의 시민대표를 구성원으로 하는 모임을 소집한 것을 두고 하는 말이다. 그러나 그 모임은 대자문회의 전통과 대헌장 61조에 근거한 것이어서, 21개 시의 시민대표를 참여시킨 것 외에는 그가 창설한 것이라고 하기는 어렵다.

게르만부족은 고래로부터 부족의 중대사를 처리하는 부족회의를 운영하는 관습을 가지고 있었는데, 7세기의 앵글로색슨 7개 왕국으로부터 11세기까지는 그 발전된 형태인 현인회의(Witenagemot)가 운영되었다. 현인회의는 왕이 선정한 귀족 · 지방 유력자 · 대주교 · 주교 · 수도원장 등 현인(Witan)이라고 불리는 사람으로 구성되었고, 평시에는 왕의 정책에 대한 자문 · 새로운 법률에 대한 동의 · 대법원의 역할을 수행하였고, 새로운 왕의 선임 · 자격 없는 왕의 폐위 · 전시 등 비상상황에서 미성년 왕을 거부하는 권한도 가졌다.[14]

이것에 유래하여 노르만 왕조에서는 왕정청(Curia regis; King's Court)라는 이름의 봉신회의를 운영하였는데, 봉신들은 왕정청에 출석하여 국왕의 정무에 참여할 의무를 부담하였다. 왕정청에는 대회의와 소회의가 있었는데 후자는 점차

---

13) 박지향(2021), 「클래식 영국사」, 김영사, 100~101면; 'parliament'라는 용어는 프랑스어 parler 영어의 parley(=speak)에서 생긴 말인데, 대자문회에서 왕과 신하들이 정무를 논의한 것을 의미한다고 한다.

14) 앙드레 모루아, 앞의 책, 48면.

로 재무부・왕립(형사)법원・민사법원・재무법원・근세의 내각 등으로 발전하였고, 전자는 대자문회(Commune Consilium)로 되었다가 상원과 하원으로 강화되고 근세에 의회로 발전하였다.[15)]

대자문회의 구성원은 귀족・지방의 유지・고위성직자들이었는데, 헨리 2세가 1254년 각 지역으로부터 2~4명의 기사를 출석시켰고, 시몽 드 몽포르가 1265년에 다시 21개 시의 시민 대표 2명을 포함시켰던 것이다.

몽포르는 자신의 비상권력에 대한 지지를 얻기 위하여 위 회의를 소집하였으나 별 성과가 없었고, 5월 포로로 잡아두었던 헨리 3세의 아들(제8대왕 에드워드 1세, 재위 1272~1307)이 탈출・반격하여 8월 4일 몽포르를 죽였고, 헨리 3세는 왕권을 회복하였다. 에드워드 1세는 왕권 강화를 위해 노력하였으나, 과세를 위하여 1295년 소도시 borough의 대표들도 참석시키는 광범위한 신민대표회의를 소집하였는데, 이를 모범의회(Model Parliament)라고 부르고 있다. 그는 1297년 의회를 과세 비준 기관으로 공인하였다.

제9대왕 에드워드 3세는 1340년 대자문회를 귀족원(House of Lords)과 서민원(House of Commons)으로 나누었는데, 전자는 지방 영주와 승직자 대표로, 후자는 기사와 시민 대표로 구성하였다. 이 기간에 의회는 과세에 대한 승인 외에 입법에 관하여도 지위를 확립하게 되었는데, 처음에는 왕과 그의 가신들이 법안을 작성하면 의회가 승인하는 방식으로 하다가 점차 의회 스스로 법안을 제안하고 확정할 수도 있게 되었다.[16)]

3. 청교도 혁명

(1) 튜더왕조의 절대왕정

장미전쟁으로 종전 왕족과 귀족세력 다수가 쇠퇴한 뒤 왕권을 잡아 튜더왕조를 연 헨리 7세(재위 1485~1509)는 귀족으로부터 가신단(家臣團)을 거느리는 권리와 재판권을 박탈하고, 향신(鄕紳)과 시민을 추밀원(樞密院)에 기용하였으며,

15) 이상희(1989), "영국의회정치의 발전과정", 「사회과학논총」 제4권, 부산외국어대학교 사회과학연구소, 66~67면.

16) 박지향, 앞의 「클래식 영국사」, 103면.

해운법을 제정하여 상인을 규제하고 왕실재정을 튼튼히 하는 등 절대주의 정권의 기초를 확립하였다.

헨리 8세(재위 1509~1547)는 앤 불린(Anne Boleyn)과의 결혼을 위하여 왕비 캐서린[17]과 이혼하려고 1534년 수장령(首長令)을 내려서 영국국교회(성공회)를 창시하였으며, 이에 복종하지 않는 수도원을 해산시키고 그 영지를 몰수하였다. '성청법원(Star Chamber)'이라는 특별 법원을 만들어 보통법의 배심제도를 폐지하고 형평법을 형성시키기도 하였다.

헨리 8세가 여러 번의 결혼으로 얻은 외아들 에드워드 6세가 1553년에 16세의 나이로 별세하였으므로, 캐서린이 낳은 장녀 메리 1세가 37세의 노처녀로 즉위하였다. 그는 가톨릭으로 돌아가 1554년 합스부르크 황가의 스페인 왕자 필립 2세와 결혼하고, 수장령(首長令)을 폐지하고 국교회 대주교 등 300여명을 처형하는 등 국교를 박해하여 '피의 메리(Bloody Mary)'로 불리다가 1558년 별세하였다.

그 결과 폐서인되었던 앤 불린의 딸 엘리자베스 1세(재위 1559~1603)가 즉위하였는데, 에드워드 6세의 정책을 부활시켜, 새로이 수장령과 통일령을 제정하고(1559) '신앙개조(信仰箇條)'를 정비하여 영국국교회를 명실공히 확립하였다. 여왕은 가신단 해체 · 수도원령 몰수 · 인클로저운동 등으로 생긴 빈민에 대한 대책인 구빈법을 제정하고, 도제조례(徒弟條例)도 제정하는 등 국내정책을 충실히 하는 한편 식민사업도 추진하였으며, 러시아회사 · 레반트회사 · 동인도회사의 독점권을 설정하는 등 중상주의(重商主義) 정책을 밀어나갔으며, 1588년에는 에스파냐 필립 2세의 무적함대를 격파하여 절대왕정을 완성하였다.

튜더 시대에는 토마스 모어 · 에라스무스 · 셰익스피어 · 스펜서 등 인재들이 배출되어 잉글랜드의 르네상스 시대로 불리기도 한다.

---

17) 그녀는 아리곤 여왕 이사벨 1세와 카스티야 왕 페르난도 2세의 막내딸로서 독실한 가톨릭인데, 15세이던 1501년에 헨리 7세의 장남 아서 튜더와 결혼하였다. 그런데 이듬해에 아서가 병사하여 7년이나 어렵게 지내다가 1509년에 교황의 허가를 받아 5세 연하인 헨리 8세와 재혼하여 왕비가 되었고, 3남 3녀를 낳았으나 메리만 생존하였으며, 1533년 이혼 당한 후 수녀원에 들어가 1536년 사망하였다.

(2) 스튜어트 왕조와 권리청원(Petition of Rights)

독신으로 지낸 엘리자베스 여왕의 후계는 상속순위에 따라 스코틀랜드 왕 제임스 6세가 잉글랜드 왕으로 초빙되어 제임스 1세(재위 1603~1625)가 되었고, 스튜어트 왕조가 시작되었다.

제임스 1세는 왕의 권력은 국민으로부터가 아니라 신으로부터 받은 것이라는 왕권신수설을 신봉하여, 국왕은 법을 초월해 있지만 국민들에게 시범을 보이기 위하여 법을 준수해야 한다고 주장하면서 의회의 권위를 부정하고 장기간 의회를 소집하지 아니하였다.

차자 찰스 1세(재위 1625~1649)가 뒤를 이었는데, 청교도(Puritan)가 많은 의회와 국왕 간에 갈등이 격화되었다. 그는 가톨릭인 프랑스 왕 루이 13세의 누이 앙리에뜨 마리와 결혼하였지만 프랑스·스페인과도 전쟁하였고, 아르메니우스 파로서 가톨릭의 예배형식은 수용하지만 교황의 권위는 배격한 윌리암 로드를 대주교로 임명하고 칼빈파 청교도를 가혹하게 박해하여 1620년에는 청교도 35명을 포함한 102명이 '메이플라워호(Mayflower)'를 타고 북아메리카로 이민하는 일도 일어났다. 그는 제임스 1세부터 시작된 스페인·프랑스와의 30년 전쟁 자금을 확보하기 위하여 오랫동안 소집하지 아니하던 의회를 부득이 1625년 4월·1626년 그리고 1628년에 세 차례 소집하였다.

분노 속에서 선출된 1628년 의회는 국왕이 요구하는 보조금 지급은 들어주지 않고 국왕으로 하여금 국법을 준수하게 하기 위하여 권리청원을 성안하였고, 찰스 1세는 오랫동안 주저하다가 상원과 하원이 결속하여 승인을 요구하자 1628. 6. 7. 마지못해 이를 수락하였다.

그러나 1629년 의회를 해산하고 그 후 다시 11년간 의회를 소집하지 않고 독단적인 국사 운영·의회 동의 없는 과세·반항자 투옥 등 폭정을 해 나가다가, 올리버 크롬웰이 주도한 '잔여의회(Rump Parliament)'에 의하여 1649. 1. 30. 반역 혐의로 처형되었다.

권리청원의 주요 내용은 '어느 누구도 법률에 의하지 않고 함부로 구속되거나 구금되지 않는다. 민간인은 군법으로 처벌해서는 안 된다. 민간인의 집에 강제로 군대를 숙식하게 할 수 없다. 평화 시에는 계엄령을 선포할 수 없다. 의회의 동의 없이 과세할 수 없다.'이다.

권리청원은 마그나 카르타의 원칙을 다시 확인한 것으로서, 국왕의 권력과 법률의 권위 사이에 명확한 경계선을 설정한 것에 의미가 있다.

(3) 크롬웰과 청교도 혁명

왕은 스코틀랜드와의 전쟁 비용조달을 위해 1640년에 5월에 의회를 소집하였으나 청교도가 다수 포함된 의회가 반대하자 5월 5일 해산해 버렸다. 이를 단기의회라 한다. 왕은 거듭 패전하고서는 동년 11월에 웨스트민스터 사원에 다시 의회를 소집하였는데(장기의회), 의회는 왕의 총신 스트래퍼드를 탄핵하여 처형하였고, 매 3년마다 의회를 개최하고 의원들의 동의없이 의회를 해산할 수 없다는 법안도 승인하게 하였다. 그러고도 의회가 1641. 11. 22. 찰스의 실정을 기록한 대간의서(Grand Remonstrance)를 통과시키자 가톨릭 교도인 왕비가 탄핵될 것을 두려워한 왕은 상원의원 1명과 하원의원 5명을 반역죄로 체포할 것을 명하고 400명을 이끌고 직접 체포에 나섰으나, 의원들이 의사당을 빠져나가 런던 시내로 숨어버려 실패하였다. 왕은 1642. 1. 10. 잉글랜드 북부로 떠났고 양 진영은 전쟁을 준비하기 시작하였으며, 8월 22일 전투가 개시되어 1648년 8월 왕군이 최종적으로 패배하였다.

찰스 1세는 왕당파가 축출된 잔여의회가 주도한 재판을 거쳐 1649. 1. 30. 대역죄와 '왕국에 대한 크나큰 범죄'를 이유로 처형되었고 이후 의회와 군부의 갈등 등 불안정한 상황에서 1653년부터 올리버 크롬웰이 공화정인 'Common Wealth'를 이끌다가 1658년 사망하였다.

이 청교도 혁명으로 상원과 성청법원이 폐지되었고, 장로파와 토지배분을 요구하는 빈농 · 군인 · 직인 등 평등파도 탄압되었다. 크롬웰의 정부는 스코틀랜드와 아일랜드에 대한 원정 · 해운법(The Navigation Act)에 의한 네덜란드의 무역주도권 배제 · 에스파냐 함대의 타파 등 대외정책에서는 성공하였으나, 대내적으로는 엄격한 종교정책과 군사독재로 국민의 불만 또한 커졌다.

올리버 크롬웰(Oliver Cromwell, 1599. 4. 25.~1658. 9. 3.)은 헨리 8세의 수석

장관으로서 수장령을 시행한 토마스 크롬웰의 누이 캐서린 크롬웰의 외증손자이고, 열정적 청교도였다. 케임브리지의 시드니 서섹스 대학[18]에서 청교도적 종교교육을 받았고, Lincoln's Inn으로 추정되는 런던의 법학원에서 법학교육을 받기도 하였다. 그는 1628년의 의회에 처음으로 진출하였고 군사 경력은 없었는데, 왕의 군대에 대항하기 위하여 청교도적 규율로 무장된 기병 철기군(ironside) 등 신형군(New Model Army)을 양성하여 내전을 승리로 이끌었고, 이어서 아일랜드에 있던 찰스 1세 지지세력[19] 및 구교반란군을 토벌하고 찰스 2세를 옹립한 스코틀랜드를 정복하여 통합하였다.

1651년에는 항해조례를 제정, 네델란드가 영국에 대하여는 무역중계를 하지 못하게 하여, 네덜란드와 전쟁이 발생하였으나, 이것도 극복하여 영국의 본격적 식민지 개척시대를 열었다. 1653년에는 상원이 스코틀랜드 장로회와 연관되었다는 이유로 의회를 해산하고, 스코틀랜드와 아일랜드를 강제 병합한 뒤 잉글랜드·스코틀랜드·아일랜드연방 호국경(Lord Protector of the Commonwealth of England, Scotland and Ireland)으로 취임하였고, 12월에는 통치장전(統治章典, Instrument of Government)을 제정하여 최고 통치권과 정부조직권을 호국경에게 위임시켰다.

크롬웰은 1638년 사촌인 세인트 존 부인에게 보낸 편지에 "하나님께서 내 영혼에 주신 것들을 선포하며 나의 하나님께 영광을 돌린다.…(중략)…어둡기만 하던 내 마음에 빛을 비추신 것으로 인하여 그 이름에 찬송이 있으라. 오, 나는 어둠 속에 살며 어둠을 사랑하며 빛을 미워하였도다. 나는 괴수, 죄인 중의 괴수였도다. 거룩함을 미워하였건만, 하나님은 내게 자비를 베푸셨다."라고 썼는데, 회개를 경험한 것으로 알려져 있다.[20] 크롬웰은 1658. 9. 3. 말라리아 또는 독감으로 사망하여 웨스트민스터 사원에서 성대한 장례식을 치르고 안장되었다.

호국경의 자리는 아들 리처드 크롬웰이 승계하였으나 그는 군대와 시민간의

---

18) University of Cambridge Sidney Sussex College; 서섹스 백작 부인 Frances Sidney의 유산으로 1596년 성 발렌타인 데이에 설립됨.

19) 대표적으로 1649년 드로이다(Drogheda) 공성전에서는 가축에 이르기까지 수천 명을 모조리 학살하여 악명을 남겼고, 아일랜드 전역에 광범하게 중대한 피해를 입혔다.

20) 유기천, 앞의 책, 107면.

권력투쟁을 해결할 능력이 없었고 군부지도자들 사이의 알력을 수습할 실력도 없었다. 무정부상태가 약 18개월간 계속되자, 군 지휘자인 조지 멍크 장군과 의회의 반 크롬웰 세력이 연합하여 리처드를 축출하고 유럽에 망명 중이던 찰스 2세를 불러들여 1660년 5월 왕으로 옹립함으로써 왕정이 복고되었다. 왕정복고 후 찰스 2세는 찰스 1세 처형 12주년인 1661. 1. 30. 크롬웰의 시신을 부관참시하였다.

혁명의 원인에 대하여 올리버 크롬웰을 위시한 당대인들은 종교적 신념 때문에 싸운다고 생각하였고, 19세기 휘그 사상가들은 왕과 의회간의 헌정상의 갈등이 원인으로서, 폭정에 대항한 의회의 승리라고 보았으며, 20세기에 와서 좌파 학자들은 왕과 귀족으로부터 상업과 도시 중간계급의 손으로 부와 권력이 옮겨가는 부르주아 혁명이라는 주장을 제기하였다. 그러나 후자의 견해는 실증적 연구결과와 부합하지 않는다, 왕당파와 의회파가 모두 지주층이었고, 북서부출신 왕당파와 동남부 출신 의회파간의 지배 엘리트 내 갈등표출이 진상이었기 때문이다.[21] 혁명의 주된 원인은 종교와 관련된 내정의 실패였다. 장로파가 우세한 스코틀랜드에 잉글랜드 국교의 의식과 기도서를 강제하려다가 스코틀랜드가 군사적으로 항쟁하는 결과를 낳았고, 아일랜드에서 벌어진 신구교도간의 치열한 내전에 군대를 보냈다가 패전하는 등 통제를 하지 못하였다. 잉글랜드에서는 개신교도를 박해하고 의회와의 대립을 계속 악화시켰으며 결정적으로 5명의 의회지도자를 체포하려고 왕이 직접 의회를 침범한 것이 도화선이 되어 총체적 파탄을 야기하였던 것이다.

4. 왕정복고와 명예혁명

(1) 찰스 2세와 정당의 발생

찰스 2세(재위 1660~1685)는 찰스 1세 처형에 주도적으로 개입한 26명만을 사형하고 나머지 사람들에 대하여는 유배 · 징역형 등 가벼운 형벌을 내리거나 사면하였고 가족들도 벌하지 않는 등 상황을 수습하기 위한 노력을 하였으나,

21) 박지향, 앞의 책, 434~435면.

해결되지 아니한 불만이 많았고 과거와 같은 왕권은 회복하지 못하였다. 획일법(Act of Uniformity 1662)을 제정하여 성직자가 국교회의 교리와 기도서를 따르도록 하였는데, 그 결과 9,000명의 성직자 중 2,000명이 축출되었다. 가톨릭으로 개종하고 잉글랜드 전체를 개종시키기로 프랑스의 루이 14세와 비밀조약하고 1662년에는 신교자유령(Declaration of Endulgence)까지 반포하였다가 그 사실이 폭로되어 신교자유령을 철회하였고, 정부관직과 군지휘관직에 가톨릭을 배제하는 심사법(Test Act)을 통과시켰는데, 동생 제임스가 가톨릭 교도임을 부정하지 않고 해군총사령관 직을 사임하여 의회에 도전하였다.

루이 14세가 네델란드에 대하여 전쟁을 벌이자 왕은 루이 14세를 지원하였는데, 의회는 네델란드를 돕고자 위 왕제 제임스가 개신교도인 첫 부인과의 사이에서 낳은 딸인 왕의 4촌 여동생 메리(Mary II, 1662생, 재위 1689~1694)를 네델란드 지도자인 오렌지 공작 윌리엄에게 출가시켰다.

왕은 1679년 의회를 해산하고 새로운 선거를 실시하였는데, 처음으로 왕에게 충성하는 궁정당(Court Party)과 지방당(Country Party)으로 노선을 밝혀 선거하였고, 후자가 절대다수로 당선되었다. 의회에서 제임스의 왕위계승을 막기 위하여 가톨릭 교도의 왕위계승배제법안을 토의하기 시작하자 왕은 의회를 해산하였다. 1680년 새 의회의 선거에서부터 궁정당은 토리(Tory), 지방당은 휘그(Whig)라고 불리기 시작하였다.[22)]

(2) 제임스 2세의 실정과 윌리엄의 출병

제임스 2세(재위 1685~1688)는 찰스 2세의 동생으로서 공공연한 가톨릭 교도인데, 찰스 2세에게 적자가 없었기 때문에, 국교회법을 준수하기로 서약하고 즉위하였다. 그러나 심사법을 위반하여 정부 요직과 군지휘관에 가톨릭 교도를 임명하고 두 차례나 신교자유령을 반포하여 비국교도에 대한 법적 제재를 금지하는 등 국민정서와 반대되는 종교정책을 시행하였다.

1688년 독실한 가톨릭 교도인 2번째 왕비 모데나의 메리(Marie Beatrice d'Este)

22) '토리(Tory)'는 아일랜드어의 'toraidhe'에서 유래된 '불량배', '도적'이라는 말이고, '휘그(Whig'는 스코틀랜드어로 '모반자', '말 도둑'이라는 의미의 말인데, 서로 상대방을 그렇게 비하하여 호칭한 것이 이후 정당의 명칭처럼 불리게 된 것이라고 한다.

가 아들을 낳자 그가 왕위에 올라 가톨릭 정책을 계속할 것을 두려워한 의회는 토리 · 휘그 구분없이 모두 제임스의 맏딸 메리와 그의 남편 오렌지 공작 윌리엄에게 군대를 이끌고 와서 국내문제를 바로잡아줄 것을 요청하였고, 윌리엄이 11월 5일 함대와 15,000 병사를 이끌고 잉글랜드에 상륙하여 서서히 진군하자 제임스 2세는 프랑스로 도주하였다.

(3) 명예혁명

1689. 1. 22. 컨벤션 의회(Convention Parliament)가 소집되었으며 토론을 거친 후 제임스 2세의 국외탈출을 왕위 포기로 간주하고 권리선언에 따라 왕위를 윌리엄과 메리에게 공동으로 이양한다는 데 합의가 이루어졌다. 권리선언의 조건에 따른 왕위계승이 이루어짐으로써, 이후 컨벤션 의회는 진정한 의회로 변모했으며 권리선언은 내용이 보완되어 권리장전으로 바뀌었다.[23)]

권리장전은 윌리엄과 메리 사이에 후손이 없을 경우 메리의 여동생 앤이 왕위를 계승하도록 정했으며, 가톨릭 교도의 왕위계승을 금지했다. 또한 국왕의

23) 권리장전의 주요 내용은 아래와 같다. 권리장전은 먼저 제임스 2세가 혁명의 과정에서 영국을 떠나 도피한 행위를 왕위를 포기한 것이라고 선언하고, 제임스 2세의 불법행위를 열거하면서 이 모든 행위들은 왕국의 법률과 자유에 완전히 그리고 직접적으로 위배된다고 선언하였다. 열거된 제임스 2세의 불법행위로는 의회의 동의없이 법률을 제정하고 법을 집행하거나 정지시키는 권한을 행사한 행위 · 일곱 주교를 기소하고 종교법정을 설치한 행위 · 의회가 그에 관한 권한을 부여한 것처럼 가장하여 왕관(crown)의 사용에 대한 세금을 부과한 행위 · 의회의 동의없이 평화시에 상비군을 만들고 유지한 행위 · 신교도들을 무장해제하게 하고 가톨릭교도들을 무장하게 하거나 법에 반하여 고용한 행위 · 의회의원 선거의 자유를 침해한 행위 · 의회의 관할사건을 왕좌재판소(King's Bench)가 관할하게 한 행위 · 자격없는 자의 배심원 임명 · 과도한 보석금 부과 · 과도한 벌금 혹은 잔인한 형벌 부과 · 판결 이전에 형벌을 벌금으로 대체할 것을 약속하는 행위 등이 열거되었다. 권리장전은 다음으로 고대의 자유와 권리(certain ancient rights and liberties)를 주장하면서 다음과 같이 선언하였다. "의회의 승인없이 법률을 무효 또는 집행정지시키는 행위 · 종교법정을 설치하는 행위 · 의회의 승인없이 세금을 부과하는 행위는 각 위법하다. 왕에 대한 청원은 권리이며 청원을 이유로 형사소추를 제기하는 것은 위법하다. 의회의 동의없이 평화시에 상비군을 유지하는 행위는 법에 반한다. 신교도는 법이 허용하는 조건에 따라 방어를 위한 무장을 할 수 있다. 의회의원선거의 자유는 보장되어야 한다. 의회에서의 발언에 대하여는 의회 밖에서 문제로 삼거나 처벌할 수 없다. 과도한 보석금과 벌금이 부과되어서는 아니 되고 잔인하거나 정상적이 아닌 형벌의 부과는 금지된다. 반역죄의 재판에서 배심원은 자유재산보유자(free holders)이어야한다. 판결이전에 형벌을 벌금으로 대체할 것을 약속하는 행위는 불법이고 무효이다. 모든 불만을 시정하고 법률을 개정하고 강화하며 보존하기 위해 의회를 자주 개회하여야 한다. 권리장전은 또 가톨릭교도 및 가톨릭교도와 혼인한 자는 왕위계승에서 배제되어야하고 그렇지 않을 경우 국민들의 충성의무는 면제된다"고 규정하였으며 1689. 10. 23. 이전에 발령된 특허장(charter) · 권리부여(grant) 또는 특별사면(pardon)은 그 효력이 유지된다고 선언하였다.

법률효력 정지권한을 폐지했으며, 법률에 구애받지 않는 국왕의 특권을 폐지하고, 평화시 상비군 유지를 불법화하는 동시에 의회의 빈번한 소집과 자유선거의 보장을 선언했다. 이것은 휘그당의 상당한 승리였다.

(4) 명예혁명과 권리장전의 의미

명예혁명을 뒷받침한 이론은 로크(John Locke)의 사회계약론이다. 로크는 인간은 자연상태에서 신으로부터 주어진 자연권으로 자유권과 재산소유권을 가지고 있고 국가는 인간의 그러한 권리를 지키기 위하여 사회계약에 의하여 성립되었으므로 국가의 권력은 절대적일 수 없고 위탁되었을 뿐이므로 만약 그 권력의 대행자인 정부 또는 군주가 그 권력을 남용할 경우 계약은 파기되고 권력을 회수할 수 있다고 하면서 혁명권을 인정하여야 한다고 주장하였다. 로크는 권력분립을 주장하면서도 입법권을 중시하여 국가는 입법부가 정한 법률에 의하여 행정부가 통치하여야 한다고 주장하였다. 명예혁명으로 왕권신수설은 영국에서 완전히 폐기되었다.

명예혁명은 해묵은 두 가지 투쟁을 해결하였다. 먼저 국왕과 의회 중 누가 지배할 것인가의 투쟁은 의회의 지배로 결론이 났다. 다음 가톨릭과 국교회 또는 독립파 조합교회 중 어느 교회가 영국인의 영혼을 교화할 종교가 될 것인가의 투쟁은 청교도혁명을 통하여 과격한 신앙의 폐해를 경험한 결과 중도적인 국교회로 결정되었다. 이로써 대내적으로는 왕의 권한이 헌법과 국민의 대표인 의회에 의하여 엄격하게 제한되게 되었고 대외적으로는 영국과 로마교황과의 관계의 단절이 확정되었다.

더불어 스튜어트 왕조의 무모한 처사는 국왕이나 정권에 의한 제정법이나 행정력에 대비되는 관습법의 승리를 가져왔다. 1679년 제정된 인신보호법은 국가적 이유에 의한 사법권발동에 종말을 가져왔다. 프랑스에서는 혁명 이후 설치된 여러 형태의 혁명의회가 왕국 혹은 제국을 타도한 후 강력한 국가를 창설하려고 하였으나 영국의 명예혁명은 민권신장을 위하여 국가의 권력을 제한하려는 목적 외에는 다른 목적이 없었고 이 목적은 성취되었다.

명예혁명은 또한 유산계급의 승리를 의미했다. 신형군대와 수평당이 권세를 장악하고 있던 수년간은 청교도와 평등주의 정권이 탄생한 것처럼 보였으나 이 의구심 때문에 의회지지파인 대영주와 왕당파인 대영주가 결속하게 되었다. 전자는 휘그당 · 후자는 토리당의 구성원이 되었는데, 양자 간에는 과격한 사상을 가진 인물을 절대로 정권에 들이지 말자는 묵계가 성립되었다. 따라서 양심의 권위만을 인정하는 청교도주의는 정치활동에서 소외당했다. 적어도 3년에 한번은 의회가 소집되어야하고 하나의 의회는 3년 이상 계속할 수 없다는 내용의 '3년법'이 1694년 제정되었다.

그것으로 영국은 의회가 통치권을 가지고 '군림하되 통치하지 않는 왕'이 존재하는 입헌군주제의 기본구조를 갖추었다. 마그나카르타와 권리청원 그리고 명예혁명과 권리장전에는 추상적 원칙을 싫어하고 구체적 경험을 존중하며 이성만에 의존하는 것을 지양하고 실제적인 역사와 전통을 존중하는 영국인 특유의 기질이 잘 나타나 있다. 영국인들은 오랜 체험과 경험으로 그들의 기본적 자유를 거창한 혁명이나 피를 부르는 계급투쟁이 아니라 이와 같은 간단한 조치로 얻어냈던 것이다.

그리하여 영국의 전제주의로부터 입헌군주제로의 전환은 국민들의 피나 내부 분열 없이 이루어졌고, 산업혁명과 팍스 브리타니카로 이어지는 번영의 역사를 향해 나아갈 토대가 구축되었다.[24]

5. 영국 민주주의의 발전과 대영제국의 번영

(1) 선거권의 확대와 정당의 변천

명예혁명 후에도 영국 의원 선거는 1430년 헨리 6세 때 제정된 법에 의한 선거구와 투표권 규정으로 시행하고 있었는데, 시간의 경과와 산업혁명으로 시의에 맞지 아니하여,[25] 수차 개정을 시도하였으나, 귀족원의 거부로 무산되어 왔

24) 이상희, 앞의 글, 20~21면; 이지순은 "영국에서 시작된 인간해방의 물결이 세계로 퍼져 나간 덕분에…(중략)…사람들 누구나가 자기 것을 가질 수 있게 되고, 자유롭게 행동할 수 있게 됨으로써…(중략)…자유시장경제와 자유민주주의를 가능하게 만든 결과 수십만 년간 정체되어 있던 경제가 번영을 거듭하게 되었으며, 인류역사상 처음으로 수십억 명의 평상인이 풍요 속에서 자유를 만끽하며 살게 된 것이다."라고 하고 있다 [이한구 · 이돈희 · 이지순 · 이병기 · 최병조 · 안병준 · 이정복 공저(2022), 「민주주의란 무엇인가」, 지학사, 126면].

25) 선거구인 의회자치구(Parliamentary borough) 중에는 투표권자가 수명에 불과한 것, 유력자가 마

다. 제27대 총리[26] 휘그당의 그레이(Charles Grey 재위 1830. 11. 22.~1834. 7. 9.)가 중심이 되어 1832년 추진한 개정안도 귀족원이 거부하였으나, 서민원 해산 청원과 새 서민원에서의 재추진 등 우여곡절 끝에 개정안이 1832. 6. 4. 귀족원을 통과하였고 7월 7일 국왕 윌리엄 4세의 재가를 얻어 선거법개정(Reform Act 1832 또는 Representation of the People Act 1832)이 이루어졌다. 그 개정으로 대단히 불합리하였던 부분이 고쳐졌지만, 유권자 비율은 3%에서 5%가량으로 늘어나는데 불과하였다. 그러나 그 정치적 함의가 지대하였기 때문에 이 개정만을 '대개혁(Great Reform)'으로 부르고 있다

선거법에 대하여는 이후 1867년 제2차, 1884년 제3차, 1918년 제4차, 1928년 제5차, 1948년 제6차, 1970년 제7차 개정이 이루어졌는데, 대개혁에서 상층 부르주아, 제2차 개정에서 하층 부르주아와 상층 도시 노동자, 제3차 개정에서 하층 노동자와 농촌 노동자, 제4차 개정에서 성인 남성과 30세 이상 여성(재산 등 제한 있음), 제5차 개정에서 21세 이상 남녀 전부가 투표권을 가지게 되었고, 제6차 개정에서 일부의 복수투표권이 폐지되었으며, 제7차 개정에서 연령제한이 18세로 되었다. 투표권자의 비율은 제2차부터 제5차까지 순차로 13%, 25%, 75%, 100%로 늘어났다.[27]

이 개혁과정에서 양원의 의견충돌로 서민원을 해산한 경우 새로 구성된 서민원의 다수 의견에 귀족원이 양보하는 선례가 만들어짐으로써 귀족원은 크게 약화되었다.[28]

음대로 대표자를 정할 수 있는 것 등이 있어서 '부패 선거구(rotten borough)', '주머니 선거구(pocket borough)' 등으로 비칭(卑稱)되기도 하였고, 새로 상공도시로 된 지역에 대표가 배정되지 않는 곳도 많았다. 1831년 총선에서는 선출 의원 406명 가운데 152명은 지역구 유권자가 100명 미만, 88명은 50명 미만인 것으로 조사되기도 하였다.

26) '총리(Prime Minister)'라는 용어는 1730년대 로버트 월폴 경이 처음 사용한 것으로 알려져 있으나, 공식 조약에서는 1878년 베를린 조약에서 '브리튼 여왕 폐하의 총리'(Prime Minister of Her Britannic Majesty)라는 직함을 사용한 벤저민 디즈레일리가 처음이고, 의전서열에 총리가 공식적으로 포함된 것은 1905년 캠벨배너먼 총리부터라고 한다. 지금까지 최장수 총리는 10년 57일간 재임한 마가렛 대처이다.

27) 박동천(2004), "영국 대의정치의 진화 과정: 대의 개념의 재조명을 위한 하나의 시론", 「성곡논총」 제35집, 성곡언론문화재단, 59~109면.

28) 이화용(2008), "영국 민주화의 여명(1832-1880): 정치, 교회, 민주주의", 「국제정치논총」 제46권 제1호, 한국국제정치학회, 283~303면; 곽상은(1959), "英國에 있어서의 選擧權擴大에 關한 硏究", 法政論叢 제8권, 中央大學校 法政大學 學生聯合學會, 98면.

또 대개혁에서 아무런 혜택도 얻지 못한 노동자들이 1839년 보통선거 · 비밀선거 · 선거구의 공평화 · 매년의 의회 개선 · 의원의 재산 자격 폐지 · 의원 세비지급 등 6개 항의 인민헌장(People's Charter)을 내걸고 '차티스트운동(Chartist Movement)'으로 불리는 광범위한 정치 운동을 격렬하게 전개하기도 하였고,[29] 여성 참정권 운동도 있었지만,[30] 영국 의회는 급격한 변화를 거부하고 위와 같이 점차적인 변경을 하였는데, 프랑스 혁명을 어리석은 일로 비난하였던 영국 정치인들의 실용적 성향이 나타난 대표적 사례로 평가되고 있다.[31]

대개혁의 여파로 보수당과 자유당이 발생하였다. 1783년 종전의 휘그당에서 이탈하여 소 피트(William Pitt, 1759~1806)를 중심으로 만들어졌던 토리당에서는 로버트 필(Robert Peel)을 중심으로 보수연합이 결성되었다가 1834년 보수당(Conservative Party)으로 되었고, 휘그당은 다른 급진세력과 합하여 1859년 자유당(Liberal Party)으로 되었다. 노동당(Labour Party)은 1906년 결성되었는데, 1900년에 사회민주동맹 · 페브리언 협회 · 독립노동당의 3단체 · 65개의 노동조합이 램지 맥도널드를 의장으로 하여 결성하였던 노동대표위원회를 정당으로 조직 변경한 것이다. 자유당은 한 동안 보수당과 교대로 집권하다가 1905년부터는 17년이나 장기 집권하였는데, 1918년 총선 이후 노동당에 밀려 군소정당으로 몰락하였고, 1988년 사회민주당과 합당하여 자유민주당이 되었다.[32] 대개혁 후 192년간 보수당은 처칠 · 대처 등 21명의 총리로 누계 36,478일가량,[33] 휘그당은 그레

29) 남철호(1999), "영국 노동자 계급의 참정권 운동－'후기 차티즘(1849~58)'을 중심으로－", 「대구사학」 제58권, 대구사학회, 179~208면.

30) 강미경(2021), "영국의 여성 참정권 운동과 에멀린 팽크허스트(Emmeline Pankhurst)", 「복현사림」 제39권, 경북사학회, 107~118면.

31) 전보람(2022), "합리주의와 실용주의: 영국 보통선거권의 역사를 중심으로", 「인문사회과학연구」 제30권 제3호, 세명대학교 인문사회과학연구소, 474~494면.

32) 이신일(1999), "英國의 政黨과 政黨政治에 관한 硏究", 「한국사회과학연구」 제19권, 청주대학교 사회과학연구소, 25~42면.

33) 보수당 총리의 이름과 재위기간은 다음과 같다.
① 필(Robert Peel 제29대 1834.12.10.~1835.4.8. 제31대 1841.8.30.~1846.6.29.), ② 스탠리(Edward Smith-Stanley 제33대 1852.2.23.~1852.12.17. 제36대 1858.2.20.~1859.6.11. 제39대 1866.6.28.~1868.2.25.), ③ 해밀턴 고든(George Hamilton-Gordon 제34대 1852.12.19.~1855.1.30.), ④ 디즈레일리(Benjamin Disraeli 제40대 1868.2.27.~1868.12.1. 제42대 1874.2.20.~1880.4.21.), ⑤ 개스코인 세실(Robert Gascoyne-Cecil 제44대 1885.6.23.~1886.1.28. 제46대 1886.7.25.~1892.8.11. 제49대 1895.6.25.~1902.7.11.), ⑥ 밸푸어(Arthur Balfour 제50대 1902.7.11.~1905.12.5.), ⑦ 로(Andrew Bonar Law 제54대 1922.10.23.~1923.5.20.), ⑧ 볼드윈(Stanley

이 등 4명의 총리로 6,354일가량,[34] 자유당은 글래드스턴 등 7명의 총리로 13,711일가량,[35] 노동당은 블레어 등 7명의 총리로 13,489일가량[36](스타머 재임 기간 미산입) 내각을 주도하였다.

(2) 왕실과 정치상황의 변천

명예혁명으로 공동 즉위한 메리 2세는 1694년 후사 없이 사망하였고, 윌리엄 3세가 1702년 사망하자 메리 여왕의 친동생인 앤이 계승하였다.

앤 여왕 역시 1714년 후사 없이 사망하여 스튜어트 왕조는 종료되었고, 휘그당의 추천으로 하노버 선제후 게오르크 루트비히가 조지 1세(재위 1714~1727)로 즉위하여 하노버 왕가가 시작되었다.

조지 1세는 제임스 1세의 손녀로서 앤 여왕의 7촌 숙모인 어머니 Sophia가, 개신교도일 것을 요건으로 하는 왕위계승권자로 거론되다가 사망하자 왕위를 계

Baldwin 제55대 1923.5.22.~1924.1.22. 제57대 1924.11.4.~1929.6.5. 제59대 1935.6.7.~1937.5.28.), ⑨ 체임벌린(Neville Chamberlain 제60대 1937.5.28.~1940.5.10.), ⑩ 처칠(Winston Churchill 제61대 1940.5.10.~1945.7.26. 제63대 1951.10. 26.~1955.4.5.), ⑪ 이든(Anthony Eden 제64대 1955.4.6.~1957.1.9.), ⑫ 맥밀런(Harold Macmillan 제65대 1957.1.10.~1963.10.18.), ⑬ 더글러스 흄(Alec Douglas-Home 제66대 1963.10.19.~1964.10.16.), ⑭ 히스(Edward Heath 제68대 1970.6.19.~1974.3.4.), ⑮ 대처(Margaret Thatcher 제71대 1979.5.4.~1990.11.28.), ⑯ 메이저(John Major 제72대 1990.11.28.~1997.5.2.), ⑰ 캐머런(David Cameron 제75대 2010.5.11.~2016.7.13.), ⑱ 메이(Theresa Mary May 제76대 2016.7.13.~2019.7.24.), ⑲ 존슨(Alexander Boris de Pfeffel Johnson 제77대 2019.7.24.~ 2022.9.6.), ⑳ 트러스(Mary Elizabeth Truss 제78대 2022.9.6.~2022.10.25.), ㉑ 수낙(Rishi Sunak, 제79대 2022.10.25.~2024.7.5.).

34) 휘그당 총리의 이름과 재위기간은 다음과 같다.
① 그레이(Charles Grey 제26대 1830.11.22.~1834.7.9.), ② 램(William Lamb 제27대 1834.7.16.~1834.11.14.), ③ 럿셀(Lord John Russell 제32대 1846.6.30.~1852.2.21.), ④ 템플(Henry John Temple 제35대 1855.2.6.~1858.2.19.).

35) 자유당 총리의 이름과 재위기간은 다음과 같다.
① 템플(Henry John Temple 제37대 1859.6.12.~1865.10.18.), ② 럿셀(Lord John Russell 제38대 1865.10.29.~1866.6.26.), ③ 글래드스턴(William Ewart Gladstone 제41대 1868.12.3.~1874.2.17. 제43대 1880.4.23.~1885.6.9. 제45대 1886.2.1.~1886.7.20. 제47대 1892.8.15.~1894.3.2.), ④ 프림로즈(Archibald Primrose 제48대 1894.3.5.~1895.6.22.), ⑤ 캠벨 배너먼(Henry Campbell-Bannerman 제51대 1905.12.5.~1908.4.3.), ⑥ 애스퀴스(Herbert Henry Asquith 제52대 1908.4.7.~1916.12.7.), ⑦ 조지(David Lloyd George 제53대 1916.12.6.~1922.10.19.).

36) 노동당 총리의 이름과 재위기간은 다음과 같다.
① 맥도널드(Ramsay MacDonald 제56대 1924.1.22.~1924.11.4. 제58대 1929.6.5.~1935.6.7.), ② 애틀리(Clement Attlee 62대 1945.7.26.~1951.10.26.), ③ 윌슨(Harold Wilson 67대 1964.10.16.~1970.6.19. 제69대 1974.3.4.~1976.4.5.), ④ 캘러헌(James Callaghan 70대 1976.4.5.~1979.5.4.), ⑤ 블레어(Tony Blair 제73대 1997.5.2.~2007.6.27.), ⑥ 브라운(Gordon Brown 제74대 2007.6.27.~2010.5.11.), ⑦ 스타머(Keir Starmer 제80대 2024.7.5.~).

승하게 되었는데, 영어를 모르고 정치에 관심이 없어 월폴(Robert Walpole)에게 1721년부터 전권을 주어 각의를 주재하게 하였다. 그는 21년간이나 정권을 장악하여 '군주는 군림하지만 통치하지 않는다'는 입헌군주제의 원칙과 '총리(the Prime Minister)'라는 명칭이 생겼다.

조지 2세(재위 1714~1760)는 조지 1세의 아들이고, 조지 3세(재위 1760~1820)는 조지 2세의 손자로서 정신질환이 있었다. 조지 4세(재위 1820~1830)는 정신질환을 앓는 아버지 조지 3세를 위하여 1811년부터 섭정을 맡아서 1815년 6월 워터루 전쟁의 승리를 이끌기도 하였다. 미국독립전쟁 패전의 충격 상황에서 1783년 24세의 최연소 나이로 총리가 된 소 피트(William Pitt; 대 피트 William Pitt the Elder의 차자)는 1785년 미국독립을 인정하는 파리조약을 체결하고 누진소득세를 도입하여 경제문제를 처리하였으며 1801년 퇴임하였다가 1804년 다시 총리가 되어 1806년 사망시까지 나폴레옹 전쟁에 대처하는 등 활약하면서 근대적 내각책임제와 총리의 지위를 확립하였다. 그가 주장하였던 노예무역금지법은 1807년 제정되었고, 영국의 노예제는 1833년에 폐지되었다.

조지 4세의 후사가 없어서 동생 윌리엄 4세(재위 1830~1837)가 계승하였다가, 다시 윌리엄 4세의 동생의 딸 빅토리아가 여왕(재위 1837~1901)으로 즉위하였는데, 그는 인도 황제가 되는 등 '해지지 않는 제국'을 이루었고, 9명의 자녀가 모두 유럽의 주요 왕가와 혼인하여 유럽의 할머니로 불렸다. 크림전쟁 · 아편전쟁도 치루었고, 차티스트운동이 격렬히 진행되었다.

빅토리아 여왕을 뒤이은 에드워드 7세(재위 1901~1907)는 빅토리아 여왕의 장남으로서 60년간 왕세자 지위에 있었고, 민주주의를 지지하고 무상급식을 시행하였다.

조지 5세(재위 1910~1936)는 에드워드 7세의 차남인데, 제1차 세계 대전 동안 영국 국민 사이에 반(反) 독일 감정이 생기자 왕실의 독일식 칭호를 영국식 칭호로 바꾸고, 독일에 가졌던 모든 직함도 버렸으며, 1917. 7. 17. "빅토리아 여왕의 모든 남자 후예는 윈저 왕가의 일원 자격을 얻는다"고 정하여 이후 영국 왕가는 윈저 왕가로 불리고 있다. '윈저' 명칭은 영국 왕족과 긴 연고를 가진 윈저 타운과 윈저 성에서 유래하였다. 같은 문제를 가진 엘리자베스 2세도 1952.

4. 9. 추밀원에서 "나와 내 아이들이 윈저 왕가의 일족으로 명명되어 알려지고, 결혼한 내 후손들과 그들의 후손들 역시 성(姓)을 윈저로 할 것을 명령한다."라고 공식 선언하였으므로 찰스 3세 등 그의 후손 역시 윈저 왕가로 되었다.

에드워드 8세(재위 1936.1.~1936.12.)는 조지 5세의 아들인데, 월리스 심슨과의 결혼을 위하여 왕위를 동생 조지 6세(재위 1936~1952)에게 양위하고 윈저공작으로 살았다. 조지 6세는 윈스터 처칠을 총리로 임명하여 2차 대전을 승전하고, 대영제국을 해체하여 영연방으로 전환하였으며, 아일랜드공화국의 독립을 승인하였다.

엘리자베스 2세(재위 1952.2.6.~2022.9.8.)는 조지 6세의 딸로서 2차 대전에서 병사와 동일한 훈련을 받고 전투원으로 참여하였으며 그리스와 덴마크 왕자인 필립 마운트배튼과 결혼하여 찰스·앤드루·에드워드 왕자와 앤 공주를 두었고, 최장수 여왕의 기록을 남겼다.

찰스 3세는 70년간 왕세자로 있다가 2022. 9. 10. 즉위하였다. 1981년 다이애나와 결혼하여 윌리엄·해리 두 왕자를 두었고, 1996년 이혼하였으며, 2005년 카밀라와 재혼하였다.

(3) 대영제국의 변천

전성기의 대영제국(British Empire)은 세계 육지의 1/4, 총 3,550만km², 인구의 1/6을 지배하는 대제국이었으나, 제1차 세계대전 이후 1926년의 벨푸어 선언(Balfour Declaration)과 1931년의 웨스트민스터 헌장으로 자치령들의 요구를 수용하여 영연합왕국(United Kingdom)과 자치령(Dominion)정부 간 연합조직인 영연방으로 변경되었다가, 2차 대전 후 1947년 파키스탄과 인도가 독립하는 등 많은 변동이 발생하여 영국 왕실에 충성하지 않는 국가를 포함한 영연방(Commonwealth of Nations)으로 재차 변경되었다. 2022년의 영연방 회원국에는 영국 이외에 몰타·키프로스·파키스탄·인도·스리랑카·말레이시아·싱가포르·방글라데시·몰디브·브루나이·캐나다·자메이카·트리니다드 토바고·가이아나·바베이도스·바하마·그레나다·도미니카 연방·세인트루시아·세인트빈센트 그레나딘·벨리즈·앤티가 바부다·세인트키츠 네비스·남아프리카공화국·나이지리아 · 시에라리온 · 탄자니아 · 우간다 · 케냐 · 잠비아 · 감비아 · 보츠와나 · 레소토 · 모리셔스 · 에스와티니 · 세이셸 · 나미비아 · 카메룬 · 모잠비크 · 르완다 · 가봉 · 토고 · 오스트레일리아 · 뉴질랜드 · 나우루 · 통가 · 사모아 · 피지 · 파푸아뉴기니 · 솔로몬 제도 · 투발루 · 키리바시 · 바누아투 등 55개국이 가입되어 있는데, 면적은 총 약 3,000만km², 인구는 23억명(2015년 기준) 이상이다.

그 중 캐나다 · 자메이카 · 바하마 · 세인트루시아 · 그레나다 · 세인트빈센트 그레나딘 · 벨리즈 · 앤티가 바부다 · 세인트키츠 네비스 · 오스트레일리아 · 뉴질랜드 · 파푸아뉴기니 · 솔로몬 제도 · 투발루 등 14개국은 영국 왕을 국왕으로 받드는 영연방왕국(Commonwealth Realm)을 구성하고 있다. 영연방왕국은 영토 총 1,880만km²가량, 인구 1억5천만 명가량이며, 국왕을 대신하는 명목상의 국가원수로 총독을 두고 있다.[37)]

(4) 핵무기 개발

영국의 돌턴(John Dalton)은 1808년 「화학의 신체계」에서 물질의 최소단위로서의 원자론을 주장하였다. 그러나 1896년 프랑스의 베크렐(Antoine Henri Becquerel)이 우라늄에서 방사선이 나오는 것을 발견하고, 퀴리 부부(Pierreand Marie Curie)가 1898년 라듐과 폴로늄에서도 방사선이 나오는 것을 발견하여 원자가 물질의 최소단위일 수 없음을 증명하였다. 뉴질랜드 출신 러더퍼드(Ernest Rutherford)는 영국에서 1897년 전자(electron)를 발견하였고, 1911년 원자핵을 중심으로 전자가 공전하는 원자모형을 발표하였으며. 1932년에는 고전압으로 수소원자핵을 가속하는 입자가속 장치를 만들어서 리튬원자를 두 개의 헬륨 원자로 분해하는 실험을 주관하였다.

그러한 연구 등을 기반으로 하이젠베르크(Werner Karl Heisenberg) 등 70명가량의 '독일 우라늄 팀'과 미국의 '맨해튼 프로젝트(Manhattan Projec)'[38)]가 핵무기

---

37) 김용민(2016), "영연방의 역사적 변천과 그 현대적 의미 – 정치적 함의를 중심으로 –", 「영국연구」 제36권, 영국사학회, 277~300면.

38) 맨해튼 프로젝트는 하아인슈타인 등 미국 과학자 아카데미의 제안으로 그로브스(Leslie Richard Groves Jr.) 준장을 책임자로 출범하였고, 오펜하이머(Julius Robert Oppenheimer) · 페르미(Enrico Fermi) 등 많은 학자들이 여러 연구소를 통하여 참여하였다.

개발 경쟁을 시작하여 1945. 7. 16. 뉴멕시코 앨라모고도(Alamogordo) 사막에서 미국의 플루토늄 폭탄 폭발실험이 최초로 이루어졌다. 미국은 1953. 3. 1. 비키니 환초(Bikini AtollBikini)[39]에서 수소폭탄실험도 행하였고, 이후 중성자탄 등으로 고도화하였다.

영국도 1950년 7월 가동을 시작한 윈즈켈 원자로에서 생산된 플루토늄을 사용하여 1952년 10월 오스트레일리아의 몬테페로 섬에서 제1회 핵폭탄실험을 하였고, 1957년 5월에는 남태평양의 크리스마스 섬에서 수소폭탄 공중투하 폭발실험도 하였다.

미국·소련·영국·프랑스·중국 등 5대 핵 강국을 중심으로 국제사회가 1968년 7월 체결한 핵무기비확산조약(Non-Proliferation Treaty·NPT)이 1970년 발효되어, 5대 핵 보유국 외 타국의 핵무기 제조를 억제했다.

그러나 인도와 파키스탄이 그 조약에 가입하지 아니하고 핵무기를 개발하였다. 인종분리정책(Apartheid)을 취하였던 남아프리카공화국도 안보위협해소를 위하여 파키스탄 핵기술자 술탄 마흐무드(Sültan Mahmoud)의 도움 등으로 핵무기를 개발하였고, 이스라엘과 핵실험을 공유하였던 것으로 추정되고 있기도 하나, 1990년 7월부터 1991년 6월까지 6기의 핵무기를 모두 해체하고, 1991. 7. 10. NPT에 가입했고 IAEA의 사찰도 받았다.

39) 태평양 마샬군도의 일부인 비키니 환초에서 총 67회의 핵실험이 행해졌다. 1946년에 발표된 브래지어 형태의 상의와 삼각팬티 형태의 짧은 하의로 구성된 여성용 '투피스 수영복' 즉 '세퍼레이트 수영복'에 '비키니'라는 이름을 붙인 것은 그 옷의 충격적인 인상을 비키니 섬 원폭 실험의 충격에 빗댄 것이라고 한다.

제3장

미국 민주주의의 역사

제1절 북미 이민과 민주주의 역사 개요
제2절 독립혁명(The American Revolution)
제3절 노예해방
제4절 미국 민주주의의 변천

제 3 장

미국 민주주의의 역사

제1절 북미 이민과 미국 민주주의 역사 개요

남북 아메리카에는 유럽인들이 이주하기 전에 아시아에서 베링 육교를 통하여 이주해온 것으로 추정되는 수천만의 원주민이 거주하였으나, 그들의 역사는 오늘의 미국 민주주의에 연결되지 않는다.

1492년에 크리스토퍼 콜럼버스가 카리브 해 제도에 이르렀지만, 유럽인의 북미 진출은 1513. 4. 2. 스페인의 후안 폰세 데 레온(Juan Ponce de León)이 현재의 마이애미에 도달한 것이 처음이다. 그로부터 스페인인들이 멕시코 지역까지 진출하였고, 다음에는 프랑스인 자크 카르티에(Jacques Cartier)가 1534년부터 세인트로렌스 만을 탐험한 이래 프랑스인들이 퀘벡을 비롯한 캐나다 지역으로부터 미시시피 강을 따라 멕시코 만에 이르는 중앙아메리카 지역을 개척하고 이를 누벨 프랑스(Nouvelle France) 또는 루이지아나라고 불렀다.

영국은 1607년 제임스타운에 버지니아 식민지를 건설한 이래 1620년 플리머스 · 1623년 뉴햄프셔 · 1628년 매사추세츠 · 1629년 메릴랜드 · 1634년 뉴잉글랜드 · 1636년 로드아일랜드와 코네티컷 등에 식민지를 개척하였다.

버지니아 식민지는 엘리자베스 여왕의 총신 월터 롤리(Walter Raleigh)경이 왕으로부터 식민지개척 특허장을 받고 1584년 노스캐롤라이나 부근 해안의 섬에 도착하여 그 곳을 여왕을 의미하는 버지니아로 명명함으로써 시발되었고, 제임스 1세는 버지니아 회사에게 특허를 주어 1607년 그 지역에 제임스타운을 건설하게 하였다가, 1624년 이를 왕립식민지로 변경하였다.

플리머스(Plymouth) 식민지는 필그림 파더스로 알려진 종교 분리파에 의해 설립되었는데, 존 스미스 선장이 '뉴플리머스'로 명명한데서 유래한 명칭이고, 1691년 매사추세츠만 식민지에 합병되었다. 필그림(Pilgrim)은 원래 잉글랜드 노팅엄셔 스크루비 마을 주민이었는데, 청교도에 대한 박해를 피하여 1609년 네덜란드의 암스테르담 · 레이던으로 옮겼다가, 1619년 6월 런던 버지니아 회사에서 허드슨 강 하구에 정착할 권한을 부여하는 토지 권리증서를 얻고 기금을 모아서, 1620. 9. 6. '메이플라워' 호에 102명이 타고 잉글랜드의 플리머스 항을 출항하여 11월 11일 북미 플리머스에 도착하였으며, 상륙 전에 '메이플라워 서약(Mayflower Compact)[1]'을 하였는데, 이것이 향후의 미국 독립과 법치주의에 기여한 것으로 평가되고 있다.

로드아일랜드 식민지(Colony of Rhode Island and Providence Plantations)는 1636년 다국어에 능통한 신학자이자 설교자였던 로저 윌리엄스가 설립했다. 윌리엄스는 매사추세츠만 식민지에서 종교의 박해를 받고 도망쳐 온 자로서, 동료 개척자들과 '공적인 일'에 다수결을 원칙으로 '양심의 자유'를 정한 평등주의 헌법 합의를 이끌어냈다. 로저 윌리엄스는 식민지를 신이 그와 그의 추종자에 부여했다고 믿고 프로비던스(신의 섭리)라고 이름을 붙였다. 개척민들은 주지사는 두지 않고 선출된 '의장'과 위원회를 구성하였다. 이 식민지는 당시로서는 매우 진보적이었으며, 마녀 재판을 폐지하고 채무 수감과 대부분의 극형을 폐지하는 법률을 제정하였고, 1652. 3. 18. 노예제도도 폐지하였다. 찰스 2세는 식민지에서 종교적 자유의 보장을 인정했고, 1663년에는 '로드아일랜드' 및 '프로비던스 플랜테이션 식민지'에 선출된 '주지사'와 '의회'를 둔다는 요청도 인정했다. 1729년 뉴욕 다음으로 1763년 북미 두 번째 예배당이 뉴포트에 지어졌다. 1776. 5. 4. 13개 식민지 중 영국 왕실에 대한 충성을 파기한 최초의 식민지였지만, 미국 헌법은 제일 늦게 1790. 5. 29. 비준하였다.

코네티컷 식민지는 1639. 1. 4. 근대 민주주의 최초의 헌법인 코네티컷 기본

---

1) 그 내용은 "하나님의 영광과 기독교 신앙의 진흥 및 국왕과 국가의 명예를 위해 버지니아 북부에 최초의 식민지를 건설하기 위해 항해를 계획했고, 개척지에서 질서와 유지, 위의 목적의 촉진을 위해서 하나님과 서로의 앞에 엄숙하게 서로 계약을 체결하며, 우리 스스로 민간 정치체제를 결성할 것을 결정했다. 이것을 제정하여 우리 식민지의 총체적인 이익을 위해 식민지의 사정에 가장 잘 맞다고 생각되는 정당하고, 평등한 법률 · 조례 · 법 · 헌법이나 직책을 만들어, 우리 모두 당연히 복종 · 순종할 것을 약속한다"이다.

법을 채택하였고, 1662년 왕실식민지로 되면서 뉴헤이븐 식민지를 흡수 합병하였는데, 영국 왕과 의회가 식민지 의회 및 정부를 지배하지 못하게 하는 특허장을 받고, 신조가 다른 교회도 허용하기로 함으로써 미국 민주주의의 요람이 되었다.

네델란드인들도 1614년부터 맨해튼 섬의 뉴암스테르담 등 허드슨 강 하구를 따라 정착했다. 뉴암스테르담은 네델란드의 서인도회사가 1624년 건설하기 시작하였고, 1626년에는 원주민으로부터 맨해튼 섬을 60길더에 구입하였다. 1664년 영국 소유로 되었고, 찰스 2세가 동생 요크 공(제임스 2세)에게 준 연고로 뉴욕으로 개명되었다. 1674년의 영국-네덜란드 전쟁[2] 이후 네덜란드는 아메리카 영토를 영국에 할양하였고, 1732년 조지아에 식민지가 설치되면서, 영국의 13개 식민지[3]가 모두 성립되었다.

북미지역에 이주해온 인구는 대부분 잉글랜드의 청교도·프랑스와 스위스의 위그노·아프리카나 중남미 식민지에서 들어온 노예들이었다.

미국 민주주의는 독립혁명과 노예해방에 의하여 그 골격이 만들어졌고, 미국의 발전과 함께 성장하였다.

---

2) 프랑스 루이 14세가 1672년 네덜란드의 무역 독점과 프랑스 망명자 비호를 타파하기 위하여 네덜란드를 침공하자, 오렌지공 윌리엄이 총독이 되어 항전하였는데, 이 때 네델란드는 잉글랜드와 화해하기 위하여 북미영토를 영국에 할양하였다. 그 후 1780.12.20. 영국이 네델란드에 전쟁을 선포하고 1781년 네덜란드 해안을 봉쇄한 뒤 서인도 제도와 동인도 제도를 점령하였고(제4차 전쟁), 네델란드가 1784년 5월 항복하여 이후 영국이 해상권을 장악하게 되었다.

3) 버지니아(VA 자치 1607)·매사추세츠(MA 영주 1629)·메릴랜드(MD 영주 1634)·로드아일랜드(RI 자치 1636)·코네티컷(CT 자치 1636)·노스캐롤라이나(NC 영주 1663-1729분리)·사우스캐롤라이나(SC 영주 1663-1729분리)·뉴욕(NY 영주 1664)·뉴저지(NJ 영주 1664)·뉴햄프셔(NH 자치 1679)·펜실베이니아(PA 영주 1681)·델라웨어(DE 영주 1703)·조지아(GA 영주 1733); 자치(自治)·영주(領主)는 운영방식, 숫자는 설치연도.

제2절 독립혁명(The American Revolution)

1. 혁명에 이른 경과

(1) 식민지와 영국의 애증관계

초기 앵글로색슨계 이민자는 독일 · 스위스 · 스코틀랜드 · 아일랜드에서 온 사람도 10%가량 있었지만 대부분은 영국에서 왔다. 영국-프랑스 간의 북미 식민지 전쟁이 끝난 1763년 대다수 미국인은 영국의 애국적 국민으로 자부하고 있었고, 반역은 꿈에도 생각지 않았다. 한 미국인은 "엘리자베스는 우리의 여왕이 아니던가? 세익스피어는 우리의 시인이 아니던가? 드레이크는 스페인의 무적함대를 격침시켜 우리 조국을 구출한 영웅이 아니던가?"라고 썼고, 블랙스톤의 「영국법 해설」이 북미에서도 영국에서만큼 팔렸으며, 플랭클린(Benjamin Franklin, 1706~1790)은 "우리를 보호하고 지원을 아끼지 않는 조국, 많은 인연 · 유대 · 혈연 · 이해관계 · 애정이 얽혀 있고, 식민지 상호 간의 우의(友誼)보다 친밀감이 더 큰 조국에 반항하기 위해 식민지가 하나로 뭉치는 일은 절대 없을 것이다"라고 썼다.[4] 최초의 대학 하버드의 주소를 케임브리지로 하여 영국에 대한 동경을 표시하였고, 경제도 안정적이어서,[5] 인구가 1640년에 25,000명이었던 것이 1690년에는 20만, 1763년에는 흑인 40만을 포함하여 180만 명에 이를 정도로 폭발적으로 늘어나고 있었는데,[6] 7년 전쟁 전승국으로 위세를 떨치고 있던 영국을 상대로 반란할 상황은 아니었던 것이다.

그러나 영국과 식민지간에는 1763년 이후 여러 측면에서 유대가 약화되고 있었다. 비영국계 주민이 늘어났고, 영국계 주민도 식민지에서 태어나 미국 언어가 영국과 달라지기 시작하였다. 종교 · 철학 상으로도 차이가 있었는데, 비국교도로서 신앙과 정치의 자유를 찾아 영국을 떠나온 사람들은 영국과 분리되는

---

4) 앙드레 모루아, 신용석 역(2021), 「미국사」, 김영사, 141~142면.

5) 1760년에 플랭클린이 발간한 「아메리카 이민 희망자를 위한 지식」에는 "이 나라에는 유럽의 빈민처럼 비참한 사람도 없고, 유럽의 부호처럼 부유한 사람도 없다, 일반적으로 행복하고 대지주가 거의 없는 대신 소작인도 거의 없다"라고 기재되어 있다(앙드레 모루아, 앞의 책 138면).

6) 앙드레 모루아, 앞의 책, 108~128면.

것을 섭섭하게 생각하지 않았고, 런던의 주교가 식민지에 감독 교구를 두겠다고 말하는 등 미국에 영국 국교를 시행하려는 움직임을 보이는 것에 불안해하였다. 영국이 식민지 전체를 통할하는 총독을 둔다느니, 귀족과 지주만 참여한 영국의회가 직접 통치한다느니 하는 움직임을 보이는데 대해서도 반발하였다. 특히 경제에 관하여 영국과 식민지 간에는 견해 차이가 많았다. 영국으로서는 식민지로부터 얻는 산물 기타 이득이 적은 것에 실망하고 있었고, 식민지는 자신들이 '런던 상인들을 부유하게 해줄 시장'이라는 현실을 받아들이려 하지 않았고 특히 영국이 '항해법(Navigation Acts)'으로 아메리카 식민지의 수출과 수입을 규제하는데 대하여 불만이 많았다.[7)]

(2) 7년 전쟁

7년 전쟁은 대영제국의 토대가 되었지만, 미국독립혁명과 프랑스혁명 그리고 독일제국도 야기하였다. 영국의 조지 3세는 7년 전쟁의 승리로 북미와 인도에서 프랑스를 축출하고 '해지지 않는 제국' 건설로 나아갔지만, 전쟁 부채 때문에 북미 식민지에 증세 정책을 강행한 결과 미국독립전쟁이 발발하였고, 프랑스에서는 루이 15세의 패전을 만회하기 위하여 루이 16세가 미국독립을 지원하여 재정파탄을 초래한 것, 그리고 신생 공화국의 탄생이 혁명의 사상적 기반을 제공한 것이 프랑스 혁명의 주요 원인이 되었다.[8)]

7년 전쟁은 슐레지엔[9)] 영유권 문제로 프로이센의 프레드리히 2세가 1756. 8. 29. 오스트리아의 작센 제후국을 침공한 것[10)]을 시작으로 하여 프로이센·하노

7) 앙드레 모루아, 앞의 책, 142~146면. "대표없는 과세는 폭정이다!(Taxation without representation is tyranny)"라는 주장으로 유명한 매사추세츠 주 변호사 제임스 오티스는 항해법이 1689년 권리장전에 보장된 식민지 주민들의 권리를 침해하여 무효라는 소송에서 패소하였으나, 존 아담스는 "여기에서 미국 독립이 비롯되었다"고 평했다.

8) 앙드레 모루아, 앞의 책, 259~260면; 박윤덕, "프랑스 혁명과 전쟁", 「프랑스사 연구」 제30호, 한국프랑스사학회, 118면; 권윤경, "1763년 2월 10일, 파리 조약 체결과 7년 전쟁의 끝", 「프랑스사 연구」 제42호, 한국프랑스사학회, 321면.

9) 슐레지엔(독일어: Schlesien, 라틴어: Silesia, 폴란드어: Śląsk) 지역은 철과 석탄이 풍부하여 상공업이 크게 발달하였기에 관련국의 쟁탈 대상이 되었는데, 2차 대전 후 대부분 폴란드와 체코의 영토로 되었다.

10) 1740.10.20. 신성로마제국 황제 카를 6세는 오스트리아 합스부르크 제국의 군주로써, 오스트리아·보헤미아·헝가리·크로아티아·오스트리아 령 네덜란드·밀라노 공국 등 이탈리아 반도의 일부 지역을 포함하는 광활한 지역을 영지로 가지고 있었는데, 1740.10.20. 사망하면서 장녀 마리아 테

버 · 영국과 프랑스 · 오스트리아 · 작센 · 스웨덴 · 러시아 동맹 간에 유럽 · 북미 · 서인도 제도 · 인도 · 아프리카 등 광범한 지역에서 치른 전쟁이었는데, 나중에는 프랑스의 요청에 응한 스페인과 영국 간에 필리핀 전쟁도 일어났으며, 1763. 2. 10.의 파리 조약으로 종료되었다.

7년 전쟁의 일부인 북미에서의 '프렌치-인디언 전쟁(French and Indian War: 1754~1763)'의 결과로 영국은 현재의 퀘벡 주 · 온타리오 주 · 미시시피 강 동쪽 등 누벨 프랑스의 대부분 · 스페인령 플로리다 · 서인도 제도의 일부 섬을 차지하게 되었다. 프랑스와 스페인은 전쟁으로 점령한 영국과 포르투갈의 영토를 모두 반환하였다. 영국은 프랑스에게 과들루프 · 마르티니크 · 세인트루시아 · 세네갈을 반환하고 프랑스는 캐나다 · 세인트빈센트 그레나딘 · 도미니카 · 그레나다 · 토바고 섬에 대한 영국의 주권을 인정하였다. 또한 프랑스는 퐁디셰리(Pondichéry) 등 소수의 무역 거점을 유지하는 조건으로 인도에 대한 영향력을 완전히 상실하였으며 루이지애나를 미시시피 강을 경계로 해서 강 동쪽은 영국에게, 강 서쪽은 스페인에게 할양하였다. 스페인은 영국에게서 필리핀과 쿠바를 반환받고 플로리다와 벨리즈를 영국에 넘겼다. 또한 프랑스는 뉴펀들랜드 근해의 어업권을 얻었고 영국은 아메리카 식민지에서 가톨릭 신앙의 자유를 보장할 것을 약속했다.

파리조약 당시 프랑스의 패전과 영국의 캐나다 합병이 식민지에게 방위를 위하여 영국에 신세를 덜 져도 되겠다는 인상을 줄 위험이 있으니 프랑스 국왕에게 퀘벡 지배를 허용하자고 제안한 영국 외교관도 있었고, 앞으로 아메리카 식민지가 프랑스의 동맹국이 될 가능성이 있다고 예견한 프랑스 대신도 있었다.[11)]

레지아를 계승자로 하였다. 이것은 여성에게 왕위계승 자격을 인정하지 않는 게르만 고법(살리카법)에 저촉되므로, 카를 6세는 사전에 반발을 무력화시키기 위하여 '국사조칙'을 발령하고 왕위를 요구할만한 친척들로부터 준수할 것을 서약 받았는데, 이해관계자인 프로이센의 프레드리히 2세가 국사조칙을 인정하는 대가로 슐레지엔 영유권을 요구하면서 1740.11.16. 슐레지엔을 침범한 것이 계기가 되어, '오스트리아 왕위계승전'이라 불리는 유럽 대부분 국가 간의 전쟁이 일어났고, 1748.10.18. 에스라샤펄(일명 아헨) 조약으로 종료되었는데, 그 결과 프로이센이 슐레지엔을 차지하게 되었다. 7년 전쟁은 오스트리아가 슐레지엔 탈환을 추구하자 프로이센이 선제공격하여 발발하였는데, 그 전에 영국은 1754.5.24. 조지 워싱턴 민병대의 뒤켄 요새 공격을 시작으로 북미에서 프랑스와 전쟁을 하고 있었고, 1756.5.17. 선전포고도 하였다.

11) 앙드레 모루아, 앞의 책, 147면.

(3) 7년 전쟁 후의 영국의 식민지 정책과 갈등의 증폭

1763년 조지 3세는 새 영토에서의 아메리카 원주민과 식민지 이주민들 간의 갈등을 조정하기 위하여 5대호 부근을 '인디언 보호구역'으로 지정하고, 또한 애팔래치아 산맥을 경계로 그보다 서쪽에 있는 땅을 개척하거나 구입하는 것을 금지하는 포고문을 발표하였는데, 서부로의 확장을 추진하고 있던 식민지인들은 이 정책에 반발하였다.[12)]

직접적인 파탄은 과세로 인하여 발생하였다. 영국 의회는 1764년 신임 재무대신 그렌빌(John Grenville)의 제안대로 설탕의 밀수입을 방지하고 프랑스 스페인령 서인도제도의 설탕을 차단하기 위하여 '설탕법(Sugar Act)'을 제정하고, 그 시행을 위하여 무장 감시 · 심문 · 소환 등을 할 수 있게 하였는데, 의원들은 칭송하였지만, 밀무역을 해온 식민지는 매우 냉담하였다.

그렌빌은 1765년 식민지 방위에 필요한 재원 마련 구실로 아메리카에서 사용하는 모든 서류 · 영업감찰 · 고지서 · 신문 · 연감 · 카드 등에 인지를 붙이도록 하는 '인지세법(Stamp Tax)'을 제안하였다. 플랭클린 등 식민지 대표들이 식민지 주민들의 동의가 필요하다고 주장하였지만, 영국의회는 찰스 타운센드(Charles Townshend) 의원의 "아메리카의 우리 자녀들은 우리의 도움으로 그 곳에 이주했다. 우리의 방임으로 번영을 누리고 우리 군대의 힘으로 보호를 받는 그들이 부채로 허덕이는 노부모를 돕기를 거절하는 것은 배은망덕이다"라는 지지 토론과 아이작 바레 대령의 "그들이 여러분의 힘으로 이주했다고요? 천만의 말씀. 그들이 아메리카로 이주한 것은 여러분의 박해 때문이었습니다. 그들이 잘 자라게 놓아두었다고요? 그들은 여러분을 지키기 위하여 싸운 일도 있습니다"라는 반대 토론만으로 200 : 49로 가결하였다.[13)] 당밀 과세는 북부의 상인만, 담배 과세는 남부의 농장주만 자극했지만 인지세는 북부와 남부 모두, 특히 압제자에 굴복하지 않겠다는 법률가 · 언론인 등 이해관계가 별로 없는 사람들까지 자극하여 그 때까지 제각각이던 식민지를 모두 통합시키는 결과를 초래하였다.

---

12) 앙드레 모루아, 앞의 책, 155면.
13) 앙드레 모루아, 앞의 책, 160면.

버지니아의 식민지 의회는 1765년 5월 패트릭 헨리(Patrick Henry)의 주도로 인지세법에 반대하는 5개항의 결의안을 1표차로 가결하고, '식민지의 영국 신민은 식민지 의회가 결의하지 아니한 경제 법규는 준수할 수 없다'는 선언이 포함된 결의안 사본을 보스턴 · 필라델피아 · 뉴욕으로 전달하였으며, 매사추세츠는 뉴욕에 9개 식민지 대표가 참석한 '인지세법 회의'를 소집하여 국왕에게 재정에 관한 근본방침을 재고하도록 건의하는 탄원서를 제출하였고, 식민지 주민들은 영국 상품 불매운동을 벌이고, 반대파의 집에 불을 지르는 등 과격한 행동을 하였다.

영국 의회는 프랭클린 등의 의견을 들었고, 1765년에 새로 총리가 된 찰스 로킹엄(Charles Rockingham)은 1766년 3월 인지세법을 폐지하는 대신 "영국 의회는 식민지 동의 없이 식민지에 대하여 입법할 권한을 가진다"는 취지를 선언한 '선언법(Declaratory Act)'을 제정했다. 식민지는 도처에 영국 국기를 달고 불꽃놀이 등으로 승리를 자축하였다.

1767년 찰스 타운센드가 재무대신이 되어 식민지의 반항분위기를 제압하고 세수를 증대시킬 의도로 세입법(Revenue Act) · 보상법(Imdemnity Act) · 관세위원회법(Commissioners of Customs Act) · 부해사재판법(Vice Admiralty Court Act) · 뉴욕제한법(New York Restraining Act) 등 '타운센드 법'으로 불리는 일련의 강경입법을 하였다. 세입법은 식민지로 들어가는 유리 · 납 · 종이 · 도료 · 차 등에 관세를 부과하는 내용으로서 직접세인 인지세 대신 간접세를 정한 것이고, 보상법은 영국에 수입되는 차에 대한 관세를 면제하는 내용으로서 영국 상인의 식민지에 대한 차 재수출 이익을 보장하기 위한 것이며, 관세위원회법은 보스턴에 5인의 위원으로 구성되는 아메리카 관세위원회를 두어 식민지의 관세 사무를 장악하게 한 것이고, 부해사재판법은 밀무역을 철저히 단속하기 위하여 핼리팩스 1곳에만 있던 부해사 법원을 보스턴 · 필라델피아 · 찰스턴으로 확대하는 것이며, 뉴욕제한법은 식민지 주둔 영국군의 본부가 있는 뉴욕이 숙영법을 거부하자 뉴욕 식민지 의회의 권한을 정지시키는 법이었다.

이러한 조치에 대하여 식민지는 영국산 차 불매운동을 벌였고, 매사추세츠 의회는 국왕 조지 3세에게 부당함을 호소하는 청원서를 보냈으며, 버지니아와 펜실베이니아 의회도 동조하였다.

영국 의회는 매사추세츠와 버지니아의 의회를 해산시키고, 1768년 5월 보스턴에 군함 롬니(HMS Romney) 함을 파견하였다. 그 경 롬니 함은 핸콕(John Hancock)의 범선 리버티 호를 '마데이라 와인' 밀수 혐의로 압류하였는데, 이것으로 보스턴은 폭동 직전 상태로 되었고, 핸콕은 극렬 분리독립주의자가 되어 후에 대륙의회 의장으로서 독립선언서에 처음으로 서명한 뒤 '마데이라 와인'으로 자축하였다. 1769년에는 압류된 리버티 호에 방화가 일어났고, 영국은 1770년 4,000명의 군대를 파견하여 보스턴을 점령했다. 1770. 3. 5. 보스턴 부두에서 술을 마시던 노동자들이 영국군 보초병들에게 돌과 눈덩이를 던지는 시비를 걸었는데, 흥분한 영국군 병사가 발포하여 크리스퍼스 애턱스 등 5명이 사망하고, 6명이 부상하는 사고가 발생하였다.[14] 사뮤엘 애덤스 등 급진파들은 이것을 '보스턴 학살사건(Boston Massacre)'으로 칭하면서 영국 폭압정치의 상징으로 선전하였다. 노스 내각은 타운센드 법을 철회하였으나, 차에 대한 과세는 유지하였다.

1773년 영국 동인도 회사가 파산위기에 몰리자 영국 정부는 동인도 회사에 식민지 차 판매 독점권을 부여하는 '차 법(Tea ACT)'을 제정하였고, 식민지는 불매운동으로 맞서고 필라델피아와 뉴욕에서 동인도 회사 선박의 차 하역을 거절하였다. 보스턴에서는 총독 토머스 허친슨이 불매운동 선동자를 처벌하고 군함 호위 하에 차를 하역하게 하였다. 1773년 12월 보스턴 주민들은 허친슨에게 동인도 회사 선박을 돌려보내달라고 청원하였고, 16일 저녁에는 급진파 130명이 상선 3척에 올라가 342개의 차 상자를 모두 바다에 던지고서는 '티 파티'라고 하였다.

조지 3세는 "주사위는 던져졌다. 이제 식민지는 승리 아니면 굴복만 남아 있다"라고 강경한 입장을 표명하였고, 의회는 1774년 4월 5개항의 보복 입법을 하였다. 제1항은 보스턴 시민들에게 배상금(9,750파운드)을 부과하고, 배상이 끝날 때까지 보스턴 항구를 봉쇄할 것, 제2항은 매사추세츠 식민지 특허장을 개정하여 국왕에게 식민지 의회 의원 임명권을 부여할 것, 제3항은 매사추세츠 재판에

14) 그 사건에 대하여 초대 부통령이자 2대 대통령이 된 존 애덤스도 변호하였고, 우발적 사고로서 정당방위인 것으로 인정되어 무죄, 2명의 불명예 제대로 종결되었다.

영국의 감독관을 보내고 영국 관리와 군인에 대한 재판은 영국으로 이관해 영국 법률을 적용할 것, 제4항은 군병을 매사추세츠 외에도 북미 영국 영토 전역에 주둔 시킬 것, 제5항은 캐나다의 가톨릭 신도에게 신앙의 자유를 허용하고 퀘벡 주의 면적을 대폭 확대할 것이었다. 그리고 토마스 게이지(Thomas Gage) 장군을 매사추세츠 식민지 총독으로 파견하였다. 그는 조지 3세에게 "그들은 우리가 양의 새끼로 있으면 사자 노릇을 할 것입니다. 그러나 우리가 단호한 정책을 시행한다면 틀림없이 온순해 질 것입니다"라는 의견을 올렸다.

식민지는 이것을 퀘벡을 본부로 한 전제정치 계획으로 여겨 위 법을 '참을 수 없는 법(Intolerable Act)'으로 규정하고 격분하였다. 영국의 신문도 총을 앞세워서 차를 팔려는 처사를 비난하였는데, 세인트 제임스 크로니클 지는 "보스턴의 주부 · 부엌 아줌마, 가까이 와서 잘 보세요. 이 상등품 홍차를! 사세요 이 차를. 백인 · 흑인 · 인디언의 예쁜 아가씨들 사지 않으면 목을 베고 거리에 불을 지를 테요."라는 시를 게재했다. 에드먼드 버크(Edmund Burke) 의원은 국왕에게 "만약 아메리카에 과세해야 한다면 그들 스스로 물게 해야지 국왕이 이 대립적인 논쟁에 개입해서는 안 된다. 미국인을 종전대로 방임하면 논쟁의 초점과 불행한 분쟁은 사라질 것이다. 반면 미국인을 너무 과격하게 압박하면 멧돼지가 포수를 역습하는 결과를 낳을 게 뻔하다. 폐하께서는 본래의 방침으로 되돌아가시기를 바랍니다"라는 요지의 의견을 올렸다.[15]

2. 독립전쟁

(1) '참을 수 없는 법'에 대한 식민지의 대응

식민지는 '참을 수 없는 법'에 대하여 각종 대응을 시작하였다. 항구 봉쇄로 기아에 빠진 보스턴을 구원하기 위하여 코네티컷 주민은 양고기를, 사우스-노스캐롤라이나 주민은 쌀을 보냈다. 매사추세츠 지방의회는 1분 대기반(1 Minite Men)이라는 민병조직을 창설했고, 각지에서 민병대가 우후죽순으로 결성되기 시작했다.

15) 앙드레 모루아, 앞의 책, 182~183면.

1774. 9. 5.에는 필라델피아의 카펜터스 홀에서 처음으로 대륙회의(Continental Congress)가 개최되어 10월 26일까지 계속되었는데, 조지아를 제외한 12개 식민지의 대표 56명이 참석하였다. 페이튼 랜돌프(Peyton Randolph)가 진행을 맡았고, 헨리 미들턴(Henry Middleton)이 의장이 되었으며, 펜실베니아 '자유의 아들들'의 지도자였던 찰스 톰슨(Charles Thomson)이 서기관이 되었다. 회의에서는 펜실베니아의 갤러웨이(Joseph Galloway)가 식민지 대표로 구성된 상설의회를 창립하고 영국의 정책 실행은 그 회의체의 동의를 받도록 하자는 화해 안을 제안하였으나, 보스톤의 존 애덤스(John Adams)와 버지니아의 조지 워싱턴(George Washington),[16] 리(Richard Henry Lee), 패트릭 헨리(Patrick Henry) 등이 반대하여 의견이 나누어졌다. 대륙회의는 1774. 12. 1.부터 영국 제품을 보이콧하고 수출도 중지하기로 결의하고 이를 위하여 대륙연합(Continental Association)을 결성하였고, 권리와 불만을 표명하는 선언문과 국왕에게 1763년의 상태로 환원하기를 바라는 탄원서를 채택하는 한편, 탄원이 받아들여지지 않는 경우 제2차 대륙회의를 1775. 5. 10.부터 개최하기로 결의하였다.

이후 대륙회의는 1781년 '연합규약(The Articles of Confederation)'이 제정될 때까지 과도정부의 역할을 하였다.

(2) 렉싱턴 - 콩코드 전투의 발발

토마스 게이지(Thomas Gage) 장군이 지휘하는 7,000명의 영국군이 보스턴을 장악하고 있었으나, 보스턴 밖은 통제하지 못하고 있었으므로, 장군은 보스턴을 위협하는 민병대부터 제압하기로 결심하고 1775. 4. 18. 스미스 대령에게 700명의 병력으로 콩코드에 있는 민병대의 무기창고를 처리하고 민병대를 무장 해제시키는 한편 새뮤얼 애덤스(Samuel Adams)[17]와 핸콕을 체포하도록 지시했다.

독립파에 속했던 폴 리비어(Paul Revere)는 이 정보를 입수하고 렉싱턴으로 말을 달려 잠든 민병대장에게 영국군 공격을 알렸고, 렉싱턴 민병대 77명이 소집되어 존 파커 대위의 지휘 아래 영국군을 기다렸다. 영국군은 19일 5시경 렉

---

16) 워싱턴은 "또 슬픈 표정으로 우는 소리를 늘어놓자는 말인가? 전에 해봤는데 아무런 소득도 없지 않았던가?"라고 하였다(앙드레 모루아, 앞의 책, 188면).

17) 그는 John Adams의 6촌 형이다.

싱턴을 지나 콩코드 근처 초지에서 노스 브릿지[18]를 사이에 두고 민병대와 전투를 시작하여 8명을 사살하였지만 이후 27개 지역의 지원군에 밀려 247명의 사상자를 내고 보스턴으로 퇴각했고, 민병대들은 보스턴을 포위하였다. 게이지 장군은 민병대가 브리드 힐(Breed Hill)과 벙커힐(Bunker Hill)에 구축한 진지를 6월 17일 공격하여 점령하였지만 많은 피해를 입었고, 포위를 해소하지는 못하였다.

(3) 제2차 대륙회의의 개최와 대륙군 창설

1775. 5. 10. 제2회 대륙회의가 필라델피아에서 열렸다. 애덤스 형제 · 버지니아의 리 · 존 핵콕 · 워싱턴 · 제퍼슨 · 존 디킨슨 · 프랭클린 등 주요 미국 건국의 아버지들이 참석하였다. 존 핸콕이 의장으로 개선되었고, 1775. 6. 14. 식민지군이 결성되었으며, 다음날 조지 워싱턴 장군이 총사령관에 임명되었다.

(4) 프랑스와의 동맹

대륙회의의 존 아담스는 1776년 초부터 프랑스와의 동맹 초안을 기안하였고, 대륙회의는 사일러스 딘(Silas Deane)을 보내어 협상을 하였으며, 1776. 7. 4. 독립선언문을 공표한 뒤 프랭클린 · 제퍼슨 · 딘 · 리(Arther Lee)를 프랑스 주재 대표단으로 임명하여 동맹조약을 추진하였다.

1774년 루이 16세 즉위 후 재상이 되어 영국에 대한 복수를 추진하고 있던 베르젠(Charles Vergennes)은 우호적으로 응하였고, 우여곡절 끝에 프랑스는 버고인(John Burgoyne) 장군의 항복 소식을 들은 후 1778. 2. 6. '호혜 및 교역조약(Treaty of Amity and Commerce)'과 '동맹조약(Treaty of Alliance)'을 체결하였다. 전자에는 미합중국의 독립 승인 · 전시 금수 품목의 제한 · 전시 중립국 교역권 보장 · 최혜국 대우를 포함한 양국의 호혜원칙이, 후자에는 미국이 프랑스가 서인도제도 일부를 장악하는데 동의하고 프랑스가 영국과 전쟁하는 경우에 미국이 프랑스와 동맹하며, 프랑스와 협의없이 영국과 휴전조약을 맺지 못하고, 영원히 프랑스의 동맹국으로 남는다는 내용이 포함되었다.[19]

프랑스는 1778. 3. 28. 영국에 선전포고하고 7월 27일에는 웨상 해전(Battle of

---

18) 보스턴 서북 렉싱턴 콩코드 사이 콩코드 강의 작은 다리. 사적(史蹟) 공원으로 되어 있다.
19) 김정은(2014), 「초기 미국 외교연구」, 전남대학교 대학원 박사학위논문, 36면.

Ushant)을 벌이는 등 영국 본국과 전쟁을 벌이는 한편, 미국에 육군과 함대를 지원하였고, 600만 파운드의 원조와 500만 파운드의 차관도 제공하였다. 많은 프랑스 의용병이 미국으로 갔는데, 그 중에는 19세에 소장의 직위를 받은 라파예트(La Fayette) 후작도 있었다.

프랑스의 영국 공격은 성과를 거두지 못하였고, 미국 지원으로 인한 재정 곤경은 왕정의 몰락으로 연결되었는데, 라파예트는 바스티유 감옥 습격 다음날인 1789. 7. 15. 새롭게 신설된 국민위병(la Garde nationale)의 총사령관으로 임명되었고, 시에예스(Emmanuel Joseph Sieyès)와 함께 프랑스 인권선언의 초안을 작성하였다.

위 조약의 의한 프랑스의 지원은 독립전쟁에 결정적으로 기여하였지만, 영국이 나폴레옹과 전쟁하게 되었을 때, 미국의 해밀턴은 "그 조약은 프랑스 국왕과 체결한 것이며 국왕을 처단한 사람들은 외교계승권을 주장할 권한이 없다"고 하였고 1798. 7. 7. 의회가 그 조약을 파기한 뒤 프랑스와 해상전쟁을 벌이기까지 하다가 1800년에 나폴레옹과 몰트퐁텐 조약(Treaty of Mortefontaine)을 체결하여 정리하였다.

(5) 전쟁의 전말

워싱턴은 보스턴까지 15일간의 기마행군을 강행하여, 1775. 7. 3.부터 케임브리지에서 지휘하기 시작하였다. 영국은 하우(William Howe)·클린턴(Henry Clinton)· 버고인 세 장군 지휘 아래 7,000명의 원군을 파병했고, 독일에서 3만 명의 용병을 새로 고용하였다.

미국 독립을 위한 주요 전투는 아래와 같다.

– 보스턴 탈환

워싱턴은 타이컨더로가 요새(Fort Ticonderoga)[20]를 습격하여 대포 120문을 노획하고는 이를 이용하여, 1776년 3월 보스턴 시를 제압할 수 있는 도체스터(Dorchester) 고지를 점령하였다. 하우 장군은 고심 끝에 보스턴을 버리고, 보스

20) 뉴욕 허드슨강 계곡 챔플레인 호수의 좁아지는 남단 부분 전략적 요지에 있는 요새.

턴의 왕당파들과 함께 120척의 대 선단으로 캐나다의 핼리팩스로 철수하였다.

– 트렌턴 전투(Battle of Trenton)

하우 장군은 1776년 8월 3만 명의 병력으로 뉴욕시를 공격 · 점령하였고, 병력이 부족한 워싱턴은 이리저리 피하면서 기회를 엿보다가, 1776. 12. 26. 뉴저지 트렌턴에 주둔하고 있던 독일 용병부대를 크리스마스로 방비가 허술해진 틈을 타서 악천후에도 불구하고 도하 기습하여 포로로 잡는 승리를 거두었다. 그 승리로 병사들은 탈주를 멈추었고, 신병도 모집되었다.

– 새러토가 전투(Battle of Saratoga)

1777년 9월에서 10월에 걸쳐 뉴욕 주 새러토가[21] 근처에서 벌어졌다. 영국군은 알바니 부근에서 독립군을 포위 공격할 계획으로, 버고인에게 캐나다에서 남하하도록 명령하였는데, 하우 장군이 필라델피아를 공격하여 틈새가 생긴 것을 이용하여, 워싱턴은 버고인을 집중공격하였다. 버고인의 부대는 영국 정규병(레드 코트) 3,300명, 독일 용병(블루 코트) 3,900명, 캐나다의 왕당파 650명과 인디언 동맹군으로 구성되어 있었는데, 워싱턴 군의 저격 · 인디언의 약탈 · 삼림의 저항 등을 이기지 못하고 기아에 시달리다가 와해되었고, 10월 17일 버고인 장군과 5,000 병사가 항복하였다.

– 요크타운 전투(Battle of Yorktown)

영국은 1778년 봄 하우 장군을 소환하고, 후임으로 헨리 클린턴을 보냈다. 프랑스는 라파예트의 주장을 따라 1780년 7월 로샹보(Rochambeau) 백작이 지휘하는 6,000명의 육군과 그라스(Grasse) 제독이 지휘하는 함대를 보냈다. 1871. 5. 22. 워싱턴과 로샹보가 작전회의를 하였는데, 워싱턴은 클린턴이 수비하고 있는 뉴욕시를 공격하기를 원하였지만, 로샹보의 주장에 따라 콘월리스의 부대를 목표로 삼게 되었다. 콘월리스는 오랜 전투로 병력이 7,000명으로 줄어 클린턴에게 지원을 요청하였는데, 클린턴은 "서로 다른 방향으로 뛰는 말로서는 마차를

---

21) 뉴욕시와 캐나다 몬트리올의 중간, 올버니(Albany)시의 북방 인근에 있는 인구 5,100명가량(2,000년 기준)의 작은 마을.

멀리 움직일 수 없다"고 하면서 콘월리스에게 버지니아의 항구로 이동하여 함대의 보호를 받고 뉴욕시 수비를 위해 이동하도록 명령하였다. 콘월리스는 그 지시에 따라 요크타운[22)]으로 이동하여 영국 함대의 지원을 기다렸다. 그런데 9월 5일에 상륙한 것은 라파예트 휘하의 해병 3,000명이었다. 그레이브스 제독이 지휘한 영국 함대 19척이 지원하기 위하여 왔다가, 그라스 제독이 지휘한 28척의 프랑스 서인도 함대에 밀려 퇴각해 버렸던 것이다(체서피크 만 해전; Battle of the Chesapeake). 워싱턴과 로샹보는 1781. 9. 28. 요크타운에 도착하여 라파예트와 합류한 17,000명의 병력으로 요크타운을 포위하였다. 콘월리스는 이러한 사정을 클린턴에게 알렸고, 클린턴은 원군 5,000명을 함대에 싣고 일주일 이내에 도착하겠다고 약속했다. 그러나 클린턴의 원군은 도착하지 못하였고, 10월 11일부터 시작된 공격을 견디지 못하고 식량과 탄약이 바닥나자 콘월리스는 17일 항복을 요청하였고, 19일 항복문서에 서명하였으며, 약 7,000명의 영국군이 포로가 되었다. 지원군을 실은 영국 함대는 24일에야 도착하였다.

이후에도 1793. 9. 3. 파리 평화협정이 체결될 때까지 광범한 지역에서 많은 전투가 계속되어, 요크타운 전투 이전의 사망자보다 더 많은 희생자가 발생하였지만, 요크타운 전투 이후에는 영국 의회에서도 전쟁 반대파가 우세해져서, 마침내는 "미국과의 전쟁을 계속하자고 주장하는 사람은 조지 3세와 영국의 적이다"라는 결의문을 통과시키게 되었다.

(5) 1783년의 파리 조약(Treaty of Paris)

평화협상은 1782년 4월부터 시작되었다. 미합중국 대표로는 벤자민 프랭클린 · 존 제이 · 헨리 로렌스 · 존 애덤스, 대영제국 대표로는 데이비드 하틀리 그리고 상인인 리처드 오스왈도가 나섰다. 조지 3세는 패배를 받아들이지 않다가 1782. 12. 5. 의회에서 미국독립을 승인하는 발언을 하였고, 1783. 9. 3. 뉴욕시의 뉴욕호텔에서 평화조약이 조인되었으며, 다음해 비준되었다. 프랑스 · 스페인 · 네덜란드와는 별도의 협정이 맺어졌다.

영국은 미국의 독립을 승인하고, 미시시피 강 동쪽을 미국의 영토로 인정하였

22) 버지니아 주 요크 강 하구의 작은 항구. 동쪽이 체서피크 만이다.

으며, 플로리다와 미시시피 서쪽을 스페인에 할양하였다.

미국의 국경은 북으로는 오대호와 세인트로렌스 강, 남쪽은 남쪽 경계 및 북위 31도, 서쪽은 미시시피 강으로 정해졌다. 또한 미국인에게는 뉴펀들랜드 섬 어업권 및 미시시피 강의 항해권이 인정되었다. 왕당파에 대한 배상문제는 각 주에 위임하기로 되었다. 프랑스는 생피에르 섬 · 미클론 섬 및 인도와 아프리카에서 약간의 영토를 획득하였다. 뉴욕시를 점령하고 있던 영국군은 11월 25일 왕당파와 함께 퇴각하였다.

(6) 1812년의 제2차 미영전쟁

나폴레옹 전쟁이 한창이던 1807년 경 나폴레옹이 영국을 굴복시키기 위해 대륙 봉쇄령을 내리자, 영국은 프랑스 연안을 해상 봉쇄하였고, 프랑스와 교역하는 모든 선박들에 대한 강제검열을 개시하여 미국 선박의 화물을 압수하는 일이 빈번히 발생하였고, 영국 탈영병을 찾는다는 구실로 미국 선원을 강제로 징병하기도 하였다.

1807. 6. 22. 버지니아 주 노퍽(Norfolk) 해안에서 영국 전함 레오퍼드(Leopard) 호가 미국 프리킷함 체사피크(Chesapeake) 호를 대포로 공격하여 3명 사망 · 18명 중경상의 피해를 입혔고, 수색하여 4명의 탈영병을 발견하고, 체사피크 호를 나포하였다. 1811. 11. 7. 해리슨(William Henry Harrison, 1840년 9대 대통령이 됨)이 미시간호 아래에 있는 티페카누에서 인디언을 격파하였을 때 그들이 영국제 소총으로 무장한 것을 발견하였다. 유럽에서는 프랑스가 제패할 듯한 형세를 보이고 있었다. 이러한 사정으로 영국을 비난하는 여론이 격앙되자 메디슨 대통령은 위 체사피크 호 사건 등을 이유로 1812. 7. 18. 영국에 대하여 선전포고를 하였다.

유럽에서 나폴레옹 전쟁이 진행되고 있었기 때문에 미영전쟁은 비교적 완만하였으나, 역사적인 사건도 있었다. 1814. 8. 24. 로버트 로스(Robert Ross) 소장이 이끄는 영국군이 워싱턴 시를 점령하고, 백악관 · 국회의사당 등 많은 공공시설물을 소각 · 파괴하였다. 로스 장군은 볼티모어 항을 점령하기 위해 남하하다가 9월 12일 전사하였고, 영국 함대는 볼티모어 항의 수비요새인 맥헨리 요새

(Fort McHenry)를 9월 13일 6시부터 25시간 동안 포격하였으나, 성과를 거두지 못하고 퇴각하였다.

마침 그 때 볼티모어에 살던 법률가 키(Francis Scott Key)가 영국 해군에게 억류된 시민을 구출하기 위해 영국 함대에 승선하여 협상을 벌였고 포격상황을 보게 되었는데, 날이 밝은 뒤에도 계속 나부끼는 깃발에 감명받아 '맥헨리 요새의 방어(The Defense of Fort McHenry)'라는 제목의 시를 써서 발표했다. 그의 시를 존 스태퍼드 스미스가 작곡한, '천국의 아나크레온에게(To Anacreon in Heaven)'라는 노래의 음률에 붙인 것이, 1889년 미 해군 군가로 되었다가, 1931. 3. 4. 미 의회의 결의와 후버 대통령의 서명으로 미국국가 '별이 빛나는 깃발(The Star-Spangled Banner)'로 되었다.

이 전쟁은 뚜렷한 결말 없이 1814. 12. 24.의 헨트 조약(Treaty of Ghent)으로 종료되었는데, 전쟁 종료를 알지 못하고 진행된 뉴올리언스 전투에서 앤드루 잭슨(Andrew Jackson)이 62명 희생으로 2,034명을 무찌르는 혁혁한 전과를 올림으로써 미국의 위신을 세웠다. 그는 제7대 대통령이 되었고, 오바마 대통령에 의해 20달러 지폐 인물까지 되었다.

3. 미국의 건국

(1) 독립선언

제2차 대륙의회는 1775. 7. 6. 전쟁에서 무기를 드는 이유와 필요성을 설명하는 원인 선언(Declaration of Causes)을 하였고, 8일에는 다시 조지 3세에게 '올리브 가지 청원서'를 보내어 화해를 시도하였지만 무산되었다.

분리독립론은 초기에는 열세였으나, 1776년에 들어서서 강세로 되었다. 페인(Thomas Paine)이 1776년 1월에 낸 「상식(Common Sense)」이 단 기간에 12만부나 팔리면서 큰 영향을 주었는데, 그 책에는 "프랑스 왕국과 스페인 왕국은 합법적 군주에 대한 반란군으로 여겨지는 세력에게 원조를 할 수 없을 것이다. 외국의 법정은 미국인들의 불만을 설득력 있게 인식시키고, 미국이 신뢰할 수 있는 교역 상대라고 확신시킬 수 있는 포고문을 필요로 한다. 그러한 선언 없이는 모든 법정의 관례들이 우리에게 불리하며, 독립에 의해 우리가 다른 국가로 자리를 잡을 때까지 그렇게 불리할 것이다"라고 되어 있다.

1776. 6. 7. 리처드 헨리 리가 식민지 독립선언 결의안을 제출했고, 10일 토마스 제퍼슨 · 존 애덤스 · 밴자민 프랭클린 · 로저 셔만 · 로버트 리빙스턴이 기초위원으로 선출되었으며, 28일 제퍼슨의 초안이 완성되었다. 존 애덤스와 프랭클린이 약간 수정한 것에 7월 2일 9개 식민지가 찬성하였고, 4일 약간 재수정된 안을 12개 식민지 만장일치로 가결하여 인디펜던스 홀에서 발표하였고, 9일 뉴욕도 찬성하자 이를 전국 각지로 배달하였다.

독립선언문(Declaration of Independence)은 전문과 국왕의 잘못[23] 그리고 결

---

23) 국왕의 잘못: 이 사실을 입증하기 위하여 아래의 사실들을 만천하에 고발하여 공정한 판단을 구한다. (1) 국왕은 공공의 선을 위해 긴요한 법률의 제정에 동의를 거부하였다. (2) 국왕은 긴급하고 절박한 필요가 있는 법률도, 자신의 동의를 얻을 때까지 시행을 정지하지 않는 한 총독이 통과시키지 못하게 하였고, 그렇게 정지되었을 때 그것에 주의를 기울이는 것을 소홀히 하였다. (3) 국왕은 사람들에게는 더 할 수 없이 소중하고 오직 폭군에게만 무서운, 입법에 있어서의 대표권을 포기하지 않은 한, 광범위한 지역 주민의 편의를 위한 법률을 통과시키는 것을 거절했다. (4) 국왕은 대표자를 괴롭힘으로써 자신의 정책에 복속하도록 만들 목적만으로, 비정상적이고 불편하며 공문서 보관소로부터 멀리 떨어진 장소에 의회를 소집했다. (5) 국왕은 사람들의 권리를 침해한 데 대하여 민회가 단호하게 반발했다는 이유로 계속적으로 민회를 해산하였다. (6) 국왕은 이렇게 민회를 해산하고는 오랫동안 대의원 선출을 거부하였다. 그러나 입법권을 완전히 폐지할 수는 없으므로, 입법권은 결국 사람들에게 되돌아 왔지만, 그 동안에 식민지는 내우외환의 온갖 위협에 직면하였다. (7) 국왕은 식민지의 인구를 억제하는 데 골몰하였다. 이러한 목적으로 ① 외국인의 귀화법을 방해하였고, ② 식민지로의 이주를 장려하는 법률도 거부하였으며, ③ 토지의 신규취득에도 까다로운 조건을 붙였다. (8) 국왕은 사법부 설치에 관한 법률을 거부함으로써 사법행정을 방해하였다. (9) 국왕은 재판관의 임기, 봉급의 액수와 지불을 오로지 자신의 의사에만 따르도록 하였다. (10) 국왕은 우리들을 괴롭히고 사람들의 재산을 축내기 위하여 수많은 새로운 관직을 만들고, 수많은 관리를 식민지에 보냈다. (11) 국왕은 평화시에도 우리 의회의 동의 없이 상비군을 주둔시켰다. (12) 국왕은 군대를 민간정부의 통제로부터 독립시켜서, 그 상위에 두려하였다. (13) 국왕은 다른 기관과 결탁하여 우리의 헌정에 맞지 않고 우리의 법률이 승인하지 않는 관할권에 예속시키려 했고, 식민지에 대하여 입법권을 참칭하는 영국 의회의 여러 법률을 허가했다. 즉, ① 대규모의 군대를 우리들 사이에 주둔시키고, ② 군대가 우리 주민을 살해해도 기만적 재판으로 이들을 비호하고, ③ 전 세계와의 무역을 차단하고, ④ 우리의 동의 없이 세금을 부과하고, ⑤ 많은 사건에서 배심 재판을 받는 혜택을 박탈하고, ⑥ 허구적인 범죄를 재판하기 위하여 우리를 본국으로 소환하고, ⑦ 우리와 인접한 식민지에서 영국법의 자유체제를 철폐하고, 전제적 정부를 수립한 후 그 영역을 넓혀 이를 모범으로 삼아 이 식민지에도 동일한 절대적 통치를 도입하는 적절한 수단으로 하고, ⑧ 우리의 특허장을 박탈하고, 우리의 귀중한 법률을 철폐하고, 우리의 정부 형태를 변경하고, ⑨ 우리 입법부의 기능을 정지시키고, 영국 의회에 어떠한 경우든 우리를 규율할 법률을 제정할 권한이 부여되었다고 선언하는, 이러한 법률을 허가한 것이다. (14) 국왕은 우리를 자신의 보호에서 제외한다고 선언하고, 우리를 상대로 전쟁을 벌임으로써 식민지에 대한 통치를 방기하였다. (15) 국왕은 우리의 바다에서 약탈을 자행하고, 우리의 해안을 습격하고, 우리의 도시를 불사르고, 우리들 주민의 삶을 파괴하였다. (16) 국왕은 가장 야만적인 시대에도 그 유례가 없고 문명국의 원수로서는 도저히

론으로서의 독립선언[24)]으로 구분할 수 있는데, 아래 전문 부분이 널리 알려져 있다.

"인간사 과정에서 사람들이 다른 사람들과의 사이에 존재하던 정치적 속박을 해체하고, 세계의 여러 나라 사이에서 자연법과 하나님의 법이 부여한 독립, 평등의 지위를 차지하는 것이 필요하게 되었을 때, 그들은 인류의 신념에 대한 공정한 견해에 따라 독립하지 않을 수 없는 이유를 선언하지 않을 수 없다.

우리는 다음과 같은 사실을 자명한 진리라고 생각한다. 즉 모든 사람은 평등하게 창조되었고, 창조주는 양도할 수 없는 일정한 권리를 부여하였으며, 그 권리 중에는 생명과 자유와 행복의 추구가 포함된다. 이 권리를 확보하기 위하여 인류는 정부를 조직했으며, 이 정부의 정당한 권력은 피치자의 동의로부터 유래하고 있는 것이다. 따라서 어떠한 형태의 정부이든 이러한 목적을 파괴할 때에는 언제든지 정부를 변혁 또는 폐지하여 사람들의 안전과 행복을 가장 효과적으로 보장할 수 있는, 그러한 원칙에 기초를 두고 그러한 형태의 기구를 갖춘 새로운 정부를 조직하는 것은

합당하지 않는 잔혹과 배신의 상황을 만들었고, 이미 착수한 죽음, 황폐, 폭정의 과업을 완수하기 위하여 이 시간에도 대규모의 외국 용병을 수송하고 있다. ⒄ 국왕은 공해에서 체포된 우리들 동포 시민들로 하여금 조국에 대하여 무기를 들거나, 형제 동포의 목숨을 뺏도록, 그렇지 않으면 그들의 손에 죽기를 강요했다. ⒅ 국왕은 우리들 내부에 반란을 선동했고, 변경의 주민에 대하여는, 연령, 남녀노소, 신분의 여하를 막론한 무차별 살해를 전쟁의 수칙으로 삼는, 무자비한 인디언을 동원하려 하였다. ((1) ① 등 번호는 원문에는 없다.)

24) 결론: 이러한 탄압을 받을 때마다 우리는 겸손한 언사로써 시정을 탄원하였다. 그러나 우리의 여러 차례의 진정에 대하여 돌아온 것은 여러 차례의 박해에 지나지 않았다. 이와 같이 그 성격이 모든 행동에서 폭군이라는 정의를 내리지 않을 수 없는 국왕은 자유로운 인민의 통치자로서는 적합하지 않은 것이다. 우리는 또한 영국의 형제자매에게도 충분히 주의를 환기시켰다. 우리는 영국 의회가 우리를 억압하려고 부당한 사법권을 넓히려고 하는 데 대하여도 수시로 경고를 했다. 우리는 우리가 아메리카로 이주하여 식민을 하게 된 제반 사정을 다시 한 번 상기시켰다. 우리는 그들의 타고난 정의감과 아량에 대하여도 호소한 바 있었다. 그리고 그들의 피를 같이 나누고 있다는 것에 호소하여 우리와의 연결과 결합을 결국에는 단절시키는 것이 불가피한 이러한 탄압을 거부해 줄 것을 탄원하기도 했다. 그러나 이들 또한 정의와 혈연의 소리에 귀를 기울이지 않았다. 그러므로 우리는 우리가 영국으로부터 독립해야 할 사정을 고발할 필요성을 묵묵히 받아들이면서 세계의 다른 국민에게 대하듯이 영국인에 대하여도 전시에는 적으로, 평화시에는 친구로 대하지 않을 수 없다는 것을 주장하는 바이다. 이에 아메리카의 연합 제 주의 대표들은 전체 회의에 모여서 우리의 공정한 의도를 세계의 최고 심판에 호소하는 바이며, 이 식민지의 선량한 사람들의 이름과 권능으로써 엄숙히 발표하고 선언하는 바이다. 이 연합한 제 식민지는 자유롭고 독립된 국가이며, 또 권리에 의거하고 자유롭고 독립된 국가여야 한다. 이 국가는 영국의 왕권에 대한 모든 충성의 의무를 벗으며, 대영제국과의 모든 정치적 관계는 완전히 해소되고 또 해소되어야 한다. 따라서 이 국가는 자유롭고 독립된 국가로서 전쟁을 개시하고 평화를 체결하고 동맹 관계를 협정하고, 통상 관계를 수립하여 독립 국가가 당연히 해야 할 모든 행동과 사무를 할 수 있는 완전한 권리를 갖고 있는 바이다. 우리들은 이에 우리의 생명과 재산과 신성한 명예를 걸고 신의 가호를 굳게 믿으면서 이 선언을 지지할 것을 서로 굳게 맹세하는 바이다.

사람들의 권리인 것이다.[25)]

실로 인간사를 숙려해 볼 때 오랜 역사를 가진 정부는 경미하고도 일시적인 이유로 변경해서는 안 된다는 것, 인간에게는 자신에게 익숙한 제도를 폐지하기보다는 그 폐해를 최대한으로 감내하는 습성이 존재한다는 사실은 경험이 입증하는 바이다.

그러나 오랫동안에 걸친 학대와 착취가 변함없이 동일한 목적을 추구하고 사람들을 절대 전제 정치 밑에 예속시키려는 계획을 분명히 했을 때에는, 이와 같은 정부를 타도하고 미래의 안전을 위해서 새로운 보호자를 마련하는 것은 그들의 권리이며 또한 의무인 것이다. 이와 같은 것이 지금까지 식민지가 견디어 온 고통이었고, 지금 종래의 정부를 변혁해야 할 필요성이 바로 여기에 있는 것이다. 대영국 현 국왕의 역사는 악행과 착취의 되풀이이며, 그 목적은 직접 이 땅에 절대 전제 정치를 세우려는 데 있었다."

독립선언문의 사상적 기원에 대하여는, 존 로크의 자연법주의 및 국가계약설 그리고 마그나 카르타에서 유래한 당시의 슬로건 "대표 없이는 과세도 없다!(No taxation without representation)"를 드는 것이 일반적이다. 그러나 존 로크는 천부인권의 내용으로 '생명권 · 자유권 · 재산권'을 들었는데, 제퍼슨이 재산권 대신에 '행복추구권'을 든 것은 프란시스 허치슨(Francis Hetcheson)의 공동체 윤리사상을 동시에 고려한 것으로서 제퍼슨 공화주의를 표현한 것이라고 보는 견해도 있다. 제퍼슨 자신은 "나는 독립선언문을 작성을 새로운 아이디어를 만들고 이전에 없었던 시대정신을 제시하는 임무라고 생각하지 않았다", "참고하기 위해 어떤 책이나 팸플랫도 보지 않았다", "원리나 정서의 독창성을 추구함도 아니고, 이전의 어떤 글에서 베끼고자함도 아니다. 미국인들의 마음의 표현이 되기를 바

25) 이상의 원문은 "When in the Course of human events, it becomes necessary for one people to dissolve the political bands which have connected them with another, and to assume among the powers of the earth, the separate and equal station to which the Laws of Nature and of Nature's God entitle them, a decent respect to the opinions of mankind requires that they should declare the causes which impel them to the separation. We hold these truths to be self-evident, that all men are created equal, that they are endowed by their Creator with certain unalienable Rights, that among these are Life, Liberty and the pursuit of Happiness. That to secure these rights, Governments are instituted among Men, deriving their just powers from the consent of the governed, That whenever any Form of Government becomes destructive of these ends, it is the Right of the People to alter or to abolish it, and to institute new Government, laying its foundation on such principles and organizing its powers in such form, as to them shall seem most likely to effect their Safety and Happiness."이다.

랐다."라고 하였다.[26)]

독립선언문은 법률적 구속력을 가진 문서는 아니지만, 미국혁명의 정당성 그리고 새로운 국가의 성격을 투영하는 사상적 원리를 제시함으로써 이로부터 시작되는 미국 민주주의의 근본원리 역할을 하고 있다. 여기에 나타난 천부인권과 국가계약의 사상은 1789년의 프랑스 혁명 이후 모든 민주주의 정치 운동에서 기본 원리로 원용되고 있다.

(2) 연합규약

대륙회의는 독립 전쟁 상황에서 사전의 제도적 준비 없이 무역 제한을 채택하고, 군대를 조직 유지했으며, 임시 화폐를 발급하고, 군사법전을 만들고, 외국의 정부와 협상을 하는 등 정부의 기능을 수행하였다. 그러나 13개 식민지 사이의 연대체제는 협의되지 아니한 상태였으므로, 대륙 회의는 독립 선언 직후부터 13개 연방 사이에 동맹을 형성하는 것을 목표로 기초 위원회를 조직하였다.

존 디킨슨이 '연합과 영속적 연방에 관한 규약(Articles of Confederation and Perpetual Union)'을 초안하여 1776. 7. 12. 대륙 회의에 보고하였고, 1777. 11. 15. 채택되었다. 그 후 비준을 위해 13개 연방의 의회에 각각 상정되었고, 1778. 2. 5. 사우스캐롤라이나가 처음으로 비준하였으며, 1781. 3. 1.에 메릴랜드의 비준으로 모든 연방의 승인을 획득하여, 연합규약은 공식적으로 발효되었고, 대륙회의는 해산되었다. 그러나 다음날 같은 장소에서 같은 멤버로 연합회의가 대륙회의를 계승하였다.

이 규약은 연합회의에 외교·군사 등의 권한을 부여하고 있었지만, 13개 식민지가 각각 절대적인 주권을 가지도록 되어 있었기 때문에 내정 혼란 상태가 나타났고, 강력한 중앙 정부 수립이 요구되었다. 연합 규약은 국명을 '미합중국(United States of America)'으로 정하였고, 미합중국을 독립·자유·주권 연방, 영구 동맹으로 규정하였다. 중앙정부는 두지 않고, 연합회의에 선전과 강화·외교 사절의 교환·조약 체결 등 대외 관계에 관한 권한과 지폐발행·우편제도

26) 김희강(2006), "미국 독립선언문의 사상적 기원과 제퍼슨 공화주의", 「한국정치논총」 제46권 제2호, 한국국제정치학회, 138~139면.

창설 등의 권한을 주었지만, 과세권한 · 대외 무역과 연방 간 무역을 규제하는 권한 · 상비군을 유지할 권한 · 사법권도 부여하지 않았다. 재정을 각 연방에서의 기부금에 의존하였기 때문에 연합회의는 실효적인 역할을 할 수 없었다.

워싱턴은 파리조약이 체결되자, 1783. 12. 4. 군대를 연합회의에 일임하고, 뉴욕에서 사령관직을 사퇴하였으며, 여생을 보낼 계획으로 고향인 버지니아의 마운트 버넌으로 갔다. 연합회의는 80명을 제외한 전원을 제대시켜 대륙군을 해산시켰다.

1786년 매사추세츠에서 발생한 농민봉기를 계기로 하여 연합회의를 강화하는 규약개정을 해야 한다는 주장이 대두되었다. 워싱턴은 "귀하들은 지금 난동을 진압하는데 내 능력을 이용하고 싶어 하지만 이는 어디까지나 개인적인 권위이지 정부가 아닙니다. 우리는 우리의 생명 · 자유 · 재산을 보호해줄 정부를 원합니다"라고 말하였다.

연합회의의 업적으로 들 만한 것은 1785년의 '공유지 조례'와 1787년의 '북서부조례(Northwest Ordinance)'이다. 이것은 파리조약에 의하여 새로 취득한 영토의 관리에 관한 것인데 주 간의 대립을 현명히 해결하였다. 전자는 오하이오 강 · 오대호 · 미시시피 강으로 둘러싸인 지역을 연방 소유로 하고, 그 측량과 분배 방법을 정한 것이었고, 후자는 위 북서부 영토가 미래에 3~5개의 준주(準州, Incorporated Organized Territory)를 조직하고 자유민의 인구가 6만 명에 도달하면 종래의 주와 대등한 자격으로 연방에 가입할 수 있도록 정했고 이 지역에서 노예제를 금지하였다. 이 조례는 연방 법률로 되었다.

(3) 헌법 제정과 정부 구성

1786년 5월 사우스캐롤라이나의 찰스 핑크니(Charles Pinckney)는 연합회의에 국내외 무역에 대한 지배권과 연방들로부터의 세금징수권을 부여하는 내용의 연합규약 개정을 제안하였으나, 합의되지 못하였다.

알렉산더 해밀턴(Alexander Hamilton)을 위시한 연방 체제 강화론자들은 개별 주들의 동의를 통하여서는 연합규약을 개정할 수 없는 것으로 보고, 1787. 5. 25.부터 9월 17일까지 로드아일랜드를 제외한 12개 주의 대표 55명이 참석한 필라델피아 헌법회의를 개최하였다.

의장은 조지 워싱턴이 이의없이 선출되었고, 1787. 9. 17.에 연합규약 개정 최종안이 채택되어 연합회의에 송부되었다. 연합회의는 9월 28일 이것을 승인하고 비준을 위해 각 연방에 보냈다. 델라웨어가 1787. 12. 7. 처음으로 비준하였고, 뉴햄프셔가 1788. 6. 21.에 9번째로 비준하면서 성립되었으나, 버지니아와 뉴욕의 비준이 늦어져서 1789. 3. 4.부터 공식적으로 발효되었고, 1790. 5. 29. 13개 주 모두가 헌법을 비준함으로써 연합규약의 효력은 소멸되었다. 이것이 세계에서 처음으로 제정된 성문헌법인데 지금까지도 대표적인 헌법으로 평가되고 있다.

헌법회의에서는 알렉산더 해밀턴을 필두로 하는 연방주의자와 토머스 제퍼슨 중심의 공화주의자가 대립하였으나, 연방주의자들의 견해가 점차 회의를 지배하게 되었다.

연방헌법은 총 7개조였는데,[27] 제1조 의회 · 제2조 대통령 · 제3조 법원 · 제4조 연방과 주의 관계 · 제5조 헌법 개정 · 제6조 헌법 연방 법률과 조약의 효력 · 제7조 헌법의 비준 요건이었다.

연방헌법은 몽테스키외의 삼권분립의 원리에 입각한 공화제 헌법으로, 각 주에 광범한 자치권과 권한을 인정한 것이었으나 중앙에 연합회의보다 훨씬 강력한 연방정부를 두기로 하였다. 입법권을 가진 연방의회는 상원 · 하원으로 구성되어 과세나 군대 모집 등을 관장하였다. 간접선거에 의해 선출되어 4년의 임기를 가지는 대통령이 행정권을 관장하게 되었고, 사법부는 주와 연방의 이중구조로 하되, 최고법정으로 '대법원'을 설치하였다.

1789년 초대 상하원 의회가 출범하고 조지 워싱턴이 초대 대통령으로 취임하여, '아메리카합중국(USA)'이 탄생됨으로써, 인류 역사 최대의 혁명이 이루어졌다. 미국 시민들 대부분도 새로 생긴 대통령직이 선거군주제와 뭐가 다른지 정확한 개념이 없었기에 조지 워싱턴은 실질적 통치행위 이외의 여러 의전의 면에서 왕에 준하는 대우를 받았다. 많은 미국 시민들은 조지 워싱턴에게 '종신'

27) 각 조(Article)의 세부 내용은 방대하여 실질적으로 조(條)들은 장(章)에 해당된다.

대통령을 해달라고 청원했으나, 워싱턴은 8년 만에 물러나, 미국 민주주의를 정착시켰다.[28] 건국 당시 수도는 뉴욕이었으나, 1790년 필라델피아로, 1800년 다시 워싱턴D.C.로 옮겨졌다.

(4) 수정헌법

헌법 개정은 상하원에서 각 2/3 즉 현재 50개 주 중 34개 이상의 동의로 발의되고, 3/4 즉 현재 38개 이상의 주가 비준함으로써 수정헌법[29]으로 추가된다.

1791년에 기본적인 인권을 보장하고 연방정부의 권한을 제한하는 '수정헌법 10개 조'가 제정되었는데 이를 '권리 장전'으로 부르고 있다. 그 중 제1조 종교와 언론의 자유 · 제2조 무장(총기 소지)의 자유 · 제4조 체포 · 구속 · 압수 · 수색에 대한 제한과 제5조의 적법절차 원리 · 일사부재리 원칙 · 자기부죄 금지 원칙 · 재산권 보장 등이 널리 알려져 있다. 제10조는 "본 헌법에 의하여 미국 연방에 위임되지 아니하였거나, 각 주에게 금지되지 아니한 권한은 각 주나 국민이 보유한다."라고 정하여 연방 권한의 한계를 명시하였다.

이후 총 27개 개정이 추가되었다. 1865. 12. 18. 남북전쟁 직후의 수정 헌법 제13조로 노예제도가 폐지되었고, 흑인 참정권은 1870년의 수정헌법 제15조로, 여성의 참정권은 1920년의 수정헌법 제19조로 보장되었다. 수정헌법 제18조의 금주법은 수정헌법 제21조로 폐기되었고, 가장 최근에 추가된 연방의원의 급여 인상을 제한한 수정헌법 제27조는 건국 당시 제임스 매디슨(후에 제4대 대통령)에 의해 제청되었다가 1982년 202년 만에 비준되었다. 대통령의 재임에는 제한이 없었다가 1951년의 제22차 수정헌법으로 2회만 재임할 수 있도록 되었다. 면직 · 사망 또는 사임으로 남은 임기 동안 2년 이상 대통령직에 있었거나 대통령의 직무를 대행한 사람도 1회만 중임할 수 있다.

---

28) 워싱턴은 7년 동안 총사령관으로 대륙군을 이끌면서, 자신의 저택은 요크타운 포위를 앞두고 프랑스 장군 접대차 한 번 들렀을 정도로 군과 생사고락을 같이 했고, 위험천만한 최전선에서 병사들을 독려하고 지휘하였으며, 총사령관 급료조차 미국 독립 후 실비만 정산해서 받았다.

29) 미국의 법개정은 변경되는 전(前) 문언을 삭제하고 변경된 문언을 삽입하는 대륙법계의 방식이 아니라, 단순히 변경된 내용을 덧붙여나가는 방식을 취하기 때문에 변경된 헌법조항을 "수정헌법"으로 부른다.

제3절 노예해방

1. 노예제도 개관

노예제도는 농경시대 이래 전 인류적 현상이었던 것으로 보인다. 기원전 1760년경의 함무라비 법전과 구약성서 · 기원전 1,000년경의 고조선의 법에도 나타난다. 가톨릭도 1455년의 니콜라스 교황의 칙령 '로마누스 폰티펙스(Romanus Pontifex)' 등으로 노예제를 공인하였다. 아리스토텔레스는 "이성이 없고 일하기에 알맞은 육체로 태어나는 야민인은 이성을 가진 사람의 노예가 되는 것이 자연의 이치"라고 하였고,[30] 교부 아우구스티누스는 "노예는 죄로 인한 것이므로 생래적 노예도 정당하다"고 하였으며,[31] 노예매매를 반대한 니사의 그레고리우스 교부도 "인간은 자연적 품성에 따라 자유로우며 이성적으로 창조되었지만, 죄와 악습으로 말미암아 자유라는 선물을 남용함으로써 이후 주인과 노예로 구분되었다."라고 하여 노예제도를 인정하였다.[32]

노예에는 채무자 · 범죄자 · 전쟁 포로 · 유기된 아동 · 노예의 소생 등이 있었다. 아테네 인구의 40% · 로마 인구의 25% 이상이 노예로 추산되며, 1086년의 영국 둠스데이 북에는 잉글랜드 인구의 약 10%가 노예라고 되어 있다. 로마의 노예는 누계 1억명 이상이었다고 한다. 중세로부터 계속된 무슬림과 기독교간의 전쟁에서는 쌍방이 전쟁 포로를 노예로 삼아 시장에 팔았고, 교황의 칙령은 노예 무역과 식민지 원주민을 노예로 만드는데 정당성을 부여하였다. 신대륙의 식민지 개척이 시작된 후에는 포르투갈 · 에스파냐 등이 아프리카 흑인을 대상으로 하는 노예무역을 하기 시작하였는데, 초기 흑인 노예의 상당수는 아프리카 추장들과 거래를 통하여 들여왔고, 특히 브라질로 많은 노예를 보냈다.

---

30) 김수정(2016), "아리스토텔레스의 『정치학』 I 권에 나타난 자연적 노예에 대한 주인의 독재적 통치에 대한 정당화 고찰", 「윤리학」 제5권 제2호, 한국윤리학회, 87~88면.

31) 박현성(2013), 「아우구스티누스의 노예제도에 대한 이해: 『신국론』 19권을 중심으로」, 가톨릭대학교 대학원 석사학위논문, 69~74면.

32) 하성수(2010), "니사의 그레고리우스의 노예제도 이해", 「신학과 철학」 제16권, 서강대학교 신학연구소, 4면.

영국의 존 호킨스 · 프랜시스 드레이크 일당들은 16세기에 영국 · 아프리카 · 북미를 연결하는 3각 무역로를 개척하고 서아프리카 내륙 약탈 원정으로 노예를 사로잡아 본격적인 노예무역에 뛰어 들었다. 찰스 2세는 1672년 왕립 아프리카회사(Royal African Company)에 노예무역 독점특허권을 부여하였으며, 18세기에는 영국이 최대의 노예무역국이 되었다, 1860년의 미국 인구 조사에 따르면, 393,975명이 노예 3,950,528명을 소유하였는데, 이들 노예는 대부분 브라질에서 왔다.

한편, 흑인노예의 참상이 널리 알려지면서 18세기 후반부터 노예폐지론이 대두되었다. 카리브 해의 프랑스령 산도밍고에서는 프랑스 혁명의 여파로 50여만 명의 흑인노예 등이 '자유 · 평등 · 우애'의 원칙 적용을 요구하면서 1791. 8. 22. 봉기하였고, 우여곡절 끝에 1804. 1. 1. '아이티공화국(Republic of Haiti)'으로 독립, 노예제를 폐지하였는데, 이것이 많은 영향을 주었다. 영국에서는 1787년에 '노예무역폐지협회'가 창설되었고, 1807. 2. 23. 노예무역폐지법이 제정되었다. 1824년부터는 노예무역을 해적행위로 간주하여 극형에 처하였고, 1833. 7. 26. 대영제국 내의 모든 노예를 1년 내에 해방한다는 법을 제정하여 다음해 영국 내에서의 노예제를 완전히 폐지하였고, 1843년에는 영국령 인도의 노예제도도 폐지하였다.[33] 이에 앞서 포르투갈은 1761년에, 프랑스 국민공회는 1794년에, 스페인은 1811년에 노예제도를 폐지하였다. 대한제국에서는 1886. 2. 6. 노비세습제 폐지를 공포하였고, 1894년 갑오개혁으로 노비제도 자체를 폐지하였다. 1948. 12. 20. 파리에서 열린 제3회 유엔 총회에서 채택된 세계인권선언 제4조에는 "아무도 노예의 신분이나 노예의 상태에 얽매어 있지 아니한다. 노예제도와 노예매매는 어떤 형태이건 금지된다"라고 되어 있다. 제도상 마지막 노예제 국가였던 아프리카 모리타니도 2007년 폐지하였으나, 아직도 불법적인 노예가 북아프리카 등지에 잔존하고 있다고 한다.

33) 강경선(2013), "노예제 폐지에 관한 연구－영국의 경우－", 「민주법학」 제52권, 민주주의법학연구회, 143~185면.

2. 남북전쟁 전의 미국 노예상황

1770년에 아메리카 13개 식민지의 노예 인구와 비중은 뉴햄프셔 654명(1%)·매사추세츠 4,754명(2%)·코네티컷 5,698명(3%)·로드아일랜드 3,761명(6%)·뉴욕 19,062명(12%)·뉴저지 8,220명(7%)·펜실베이니아 5,561명(2%)·델라웨어 1,836명(5%)·메릴랜드 63,818명(32%)·버지니아 187,600명(42%)·노스캐롤라이나 69,600명(35%)·사우스캐롤라이나 75,168명(61%)·조지아 15,000명(45%)으로 모두 460,732명이었으나, 1850년에는 남부와 서부에만 있는 노예가 320만을 넘었다. 서부의 노예 100만 명 이상이 매매로 이주되었다.

식민 초기에는 자유인인 흑인도 많았으나, 1793년 엘리 휫트니가 조면기를 발명한 이래 남부의 면화재배가 늘어나면서, 남부를 중심으로 노예가 크게 늘어났다. "사람은 모두 평등하게 창조되었다(All me are created equal)"라고 한 독립선언에도 불구하고, 미국 헌법 제1조 제9항에서는 아프리카 노예무역 폐지를 20년간 유보하여 1808년부터 금지하였다. 북부 주에서는 1780년에서 1804년 사이에 노예제를 폐지했으나, 남부 주들은 '특별한 관습(peculiar institution)'이라 하여 노예제도를 유지하였다. 노예 수입이 금지되자 노예의 가격이 폭등하여 1850년에는 총 가격이 약 25억 달러로 평가되었으며, 토지가 저렴하였으므로, 노예는 중대한 자산이었다.

노예제도는 개신교에서 논쟁의 대상이 되었는데, 남부의 기독교 근본주의 성향의 개신교에서는 "노예들은 주인에게 복종하라"는 에베소서의 문장을 인용하였고, 기독교 인도주의에 따라 노예제도에 반대하는 퀘이커·메노나이트 교도들은 "대접받고자 하는 대로 대접하라"는 마태복음서의 황금률을 인용하여 서로 다투었다. 19세기 전반 남부의 노예주들과 교회는 흑인들을 순종적으로 만들 의도로 대대적인 신앙부흥운동과 대농장 선교활동을 하였다. 흑인노예 다수가 개종하였고 흑인영가(Negro spiritual)도 만들어졌지만, 순종적으로 되었다고 볼 수는 없고,[34] 오히려 복음주의는 노예제도 폐지운동을 강화시켰다.

34) 박은진(2011), "남북전쟁 전 미국의 아프리카계 노예들과 기독교", 「아프리카 硏究」 제29호, 한국외국어대학교 아프리카연구소, 3~30면.

1820년에 미주리를 연방에 가입시킴에 있어서, 상원에서 노예에 관한 세력분포가 유지되도록 하기 위하여 미주리 주는 노예주로 하되, 매사추세츠 주의 일부인 메인 지방을 자유주로 하여 새로 주로 승격시키고, 미주리 주의 남부 경계인 북위 36도 30분 이북에는 노예주를 설치하지 않을 것, 자유주와 노예주의 수를 동수로 유지할 것 등의 타협을 하였는데, 이를 미주리 타협(Missouri Compromise)으로 불렀다.

1831. 8. 21. 버지니아 주 사우스햄턴에서 터너(Nathaniel Nat Turner)가 주도한 흑인노예 폭동이 일어나 백인 60명이 살해되었다. 그 영향으로 흑인에 대하여는 자유인이든 노예이든 한층 엄하게 제재하는 법률이 제정되기 시작하였다.

1850년의 합의로 새로운 영토는 노예제와 무관히 연방에 가입할 수 있고, 연방헌법은 노예제 인부를 규정하지 않고 주 헌법에 맡기기로 하였다. 그 결과 노예주(slave state)와 자유주(free state)가 나누어졌는데, 전자에는 조지아 · 사우스캐롤라이나 · 노스캐롤라이나 · 버지니아 · 메릴랜드 · 델라웨어 · 켄터키 · 테네시 · 루이지애나 · 미시시피 · 앨라배마 · 미주리 · 아칸소 · 플로리다 · 텍사스의 15개 주, 후자에는 펜실베이니아 · 뉴욕 · 뉴저지 · 코네티컷 · 로드아일랜드 · 매사추세츠 · 뉴햄프셔 · 버몬트 · 오하이오 · 인디애나 · 일리노이 · 메인 · 미시간 · 아이오와 · 위스콘신 · 캘리포니아 · 미네소타 · 오리건 · 웨스트버지니아 · 네바다의 20개 주가 속하였다.

1854년 캔자스와 네브라스카가 준주로 가입될 때 캔자스는 북위 36도 30분 이북이지만 노예주로 하자는 주장이 대두되었고, 그 결정을 주민의 의사에 맡기기로 하는 '캔자스-네브래스카 법'이 통과되었다. 캔자스에는 노예제 지지자가 적었지만 인접한 미주리 주가 캔자스를 노예주로 만들기 위하여 부정선거와 폭력을 동원하였고, 노예제 반대자들은 이에 대립하였는데, 그 결과 '피의 캔자스(Bleeding Kansas)'라고 명명된 유혈 충돌이 발생, 쌍방 수십명이 희생되었고, 두 개의 헌법과 정부가 발생하여 대립하였다. 남부의 지지를 받은 뷰캐넌 연방대통령은 르컴튼 헌법으로 불리는 노예제 주헌법을 수용하였으나, 연방의회가 거부하고 재선거를 실시하게 하여 1859년 중반 와이앤도트 주헌법이 기초되었고, 캔자스는 1861. 1. 29. 자유주로 연방에 가입하였다.

또 '도망노예법(Fugitive slave laws)'이 제정되어 자유주도 도망간 노예를 반환하도록 되었고, 도망자를 놓친 보안관과 도망을 도운 개인에게 벌금을 부과하는 등 엄격한 규제를 하게 되었다. 이 법에 대한 반발로 노예제도 폐지 운동과 도망 노예를 숨겨서 캐나다 등으로 도피하게 하는 '지하 철도'가 더욱 활발해졌다. 1852년에는 스토우 부인의 도망노예의 비참함을 그린 「톰 아저씨의 오두막(Uncle Tom's Cabin)」이 간행되어 국내외에서 널리 읽혀졌고, 남북 간의 감정 대립이 격화되었다.

1857. 3. 7.에는 연방대법원이 드레드 스콧(Dred Scott) 사건을 판결하였는데, "노예로 미합중국에 들어온 흑인과 그 후손은 그가 노예이든 노예가 아니든 미국 헌법 아래 보호되지 않으며, 미국 시민이 될 수 없기 때문에 연방 법원에 제소할 권리가 없다"고 하였고, 또한 "연방 정부가 미국 영토 내의 노예제도를 금지할 권리가 없다. 노예 해방을 정한 위스콘신 법은 자산을 적절한 법의 절차에 의하지 아니하고는 박탈하지 못하게 한 수정헌법 제5조를 침해하여 위헌이기 때문에 효력이 없다"고 하였다. 그 판결은 즉각 대중적인 비난을 불러왔다.

1959년 12월에는 존 브라운(John Brown)이 처형되었는데 그는 법정에서 "이 법정은 하나님의 법을 존중한다고 하였다. 성서는 자신이 바라는 바를 남에게 베풀라고 가르치고 있다. 나는 이 가르침에 따라 행동하려 노력했다. 만약 정의를 관철하는데 꼭 필요하다면 나는 서슴지 않고 내 생명을 포기할 것이고, 나아가 내 피와 내 자식들의 피, 그리고 사악하고 잔인하고 부정한 법령으로 권리를 유린당하는 수백만 노예의 피를 흘리도록 하겠다"라고 진술하였다. 그는 캔자스주에서 노예제 찬성론자 조직이 노예제 반대론자들을 습격했을 때 자유주들이 "비겁한" 대응을 한 것에 실망하여, 1851년 '미국 길리애드 동맹(American Gilead League)'이라는 탈주노예들이 주축인 비밀결사를 만들어 친노예파와 싸움을 벌였다. 친노예파 정착지 포타와토미를 공격하여 주도자 5명을 살해하였고,[35] 1859년에는 남부 지역 깊은 산에 해방노예의 전진기지를 세우기로 계획하고, 무기조달을 위해 버지니아 하퍼스 페리(Happers Ferry)에 위치한 정부군의 병기고

35) 이를 Pottawatomie massacre라 부른다.

를 습격하였다가 자신의 아들을 포함한 결사대원 10명이 사망하고, 자신은 체포되어 재판을 받았던 것이다.

4개월 후 남북전쟁이 발발하자 브라운은 노예해방의 상징으로 추앙받아 북군의 우상이 되었고, "브라운의 시신은 무덤에서 썩어가고 있지만, 그의 영혼은 전진하고 있다. 그는 주님 군대의 전사가 되기 위해 떠났고, 그의 영혼은 전진하고 있다." 등의 가사[36]로 된 '존 브라운의 시신(John Brown's Body)'이라는 노래가 북군의 주요 군가로 되었다.

3. 남북전쟁(American Civil War)과 노예해방

(1) 섬터 요새 전투(Battle of Fort Sumter)와 전쟁의 발발

1860. 11. 6. "집을 쪼개면 그 집은 서 있을 수 없다. 반은 노예주, 반은 자유주인 상태를 언제까지나 유지할 수는 없을 것이다. 연방은 전부가 노예주가 되거나 자유주가 되어야 한다"라고 주장한 에이브러햄 링컨(Abraham Lincoln)이 제16대 대통령으로 당선되자 12월 20일 사우스 캐롤라이나는 미합중국으로부터 분리를 선언하는 강령을 채택했다. 1861년 2월 조지아 · 플로리다 · 앨라배마 · 미시시피 · 루이지애나 · 텍사스가 연방을 탈퇴하였고, 2월 8일 7개 주는 임시 헌법을 채택하여 아메리카 남부연방(Confederate States of America)의 건립을 선언하였으며, 웨스트포인트 육군사관학교 출신으로서 주 권한 옹호론자인 제퍼슨 데이비스(Jefferson Finis Davis)를 임시 대통령, 앨라배마 주의 몽고메리를 수도로 삼고 남부군을 편성하였다.

사우스캐롤라이나 찰스턴 시의 섬터 요새(Fort Sumter)의 사령관 로버트 앤더슨(Robert Anderson) 소령은 남군을 따르지 않고 미합중국에 계속 충성하기로 결정하고 연방정부에 지원을 요청했다.

링컨은 1861. 3. 4. 대통령에 취임하였다. 취임연설에서 "…(전략)…정부는 여러분을 공격할 생각이 없습니다. 여러분이 진격해 오지 않는 한 전투는 없을 것입니다. …(중략)…나는 '정부를 유지하고 수호하고 방위하겠다'는 선서를 하나님

36) John Brown's body lies a mouldering in the grave, His soul's marching on. He's gone to be a soldier in the army of the Lord, His soul's marching on.

께 바친 사람입니다."라고 말하였고, 다음날 지원을 요청하는 앤더슨 소령의 편지가 도착하자 즉시 각료 회의를 열어 7명의 장관 중 5명이 반대했지만, 적지에서 충성을 맹세한 부하를 위해 지원하기로 결정했다.

남군의 보우리가드 장군이 앤더슨 소령에게 철수를 요구했으나, 앤더슨 소령 등은 거부했다. 링컨은 섬터 요새에 식량을 공급하겠다고 사우스캐롤라이나 주지사에게 통보하고, 1861. 4. 12. 오전 4시 30분 지원 선박을 도착시켰다. 항구 북쪽 남군의 존슨 요새에서 포격을 시작하였고 식량지원선은 보급을 포기하고 뉴욕으로 돌아갔다. 13일 요새가 남군 포병 중대의 포격을 받았고, 14일 14시 30분경 탄약 고갈로 앤더슨 소령은 병력 철수를 보장받는 조건으로 요새를 포기하고 뉴욕으로 후퇴하였다. 게양되어 있던 성조기를 회수하면서 예포를 발사하였는데, 폭발사고가 나서 1명 사망·3명 부상이 일어났다. 그 때까지 남군 사상자는 없었다. 앤더슨 소령은 요새의 성조기를 가져갔고, 그 기는 북군의 선전용으로 사용되었다.

4월 15일 링컨은 75,000명의 민병을 3개월간 복무하도록 징집하는 포고를 하였고, 4월 25일 펜실베이니아 군대가 '존 브라운의 시신' 군가를 부르며 워싱턴에 도착, 수도방어에 나섰다. 버지니아·노스캐롤라이나·테네시·아칸소 4개 주는 추가로 남부에 가담하였고, 버지니아의 리치먼드가 수도로 되었으며, 자신의 노예를 해방시킨 리(Robert Edward Lee) 장군이 남부군의 사령관으로 임명되었다. 그러나 노예주 중 버지니아의 서부[37]·델라웨어·켄터키·미주리·메릴랜드는 심각한 내부 갈등 끝에 연방에 잔류했는데, 이를 '경계 주'(border states)라고 불렀다.

(2) 노예해방 선언

링컨은 1862. 9. 22. 반란상태인 지역을 지정하고, "1863. 1. 1. 이후부터 반란 상태에 있는 주들의 노예는 모두 영구히 자유이며 연방정부는 그들의 자유를 승인한다"는 내용의 예비선언을 발표하였고,[38] 1863. 1. 1. 노예해방선언에

37) 이는 1862. 12. 31. 웨스트 버지니아 주로 되었다.

38) 그 내용은 "미국 대통령 나 에이브러햄 링컨은 미국정부의 권위에 대한 무장 반란 시에 미국 육해군 총사령관인 본인에게 부여되는 권한에 의거하여, 그리고 이 반란을 진압하기 위해 적합하고 필

서명하였다. 델라웨어 · 켄터키 · 메릴랜드 · 미주리의 경계4주와 테네시 · 버지니아 · 루이지애나 등 북군이 점령한 지역의 노예는 포함되지 않았다. 이는 공화당 내의 점차적 유상 해방을 주장한 보수파와 즉시 전면 해방을 주장한 진보파를 고려한 선언이었고, 또한 동시에 전 세계에 대한 북부의 명분 표명이었다. 위 선언에 포함되지 아니한 지역에서도 지방관의 선언에 의해 노예가 해방되기도 하였다. 이 선언은 1865년의 헌법 수정으로 완성된 법적 노예 해방의 기초가 되었다.

링컨은 노예 해방을 선언하며 "나는 내 삶에서 내가 옳은 일을 한다는 확신을, 내가 여기 서명하는 지금 이 순간만큼 느껴본 적이 없다."라고 말하였다. 전쟁 조기종식에 필요한 남부의 군사 · 경제적 기초 파괴를 위한 전략적 조치였다는 해석도 있다. 당시 많은 남부인들은 노예제도 찬반과 무관히 고향을 지키고, 자신들의 삶의 방식을 북부의 부당한 탄압으로부터 지켜야 한다는 이유로 단합되어 있었으나, 북부인들은 뚜렷한 명분을 느끼지 못하고 있던 중 이 선언으로 자유와 인권을 지키고자 한 미국 독립 전쟁 때와 같은 열정을 가지게 되었다. 남부에서 탈주한 흑인 등이 제54 매사추세츠 지원병 연대 등에 18만 명가량 참전하여 종전 시 연방군의 10%에 달하였으며, 남부 출신 백인 지원병도 10만을 넘었다. 이 선언은 또한 남부에 우호적이었던 영국과 프랑스에게 개입의 명분이

요한 전쟁조치로서, 서기 1863년 1월 1일, 그리고 상기 1월 1일부터 100일 동안에 그 주민들이 현재 미국에 대하여 각각 반란상태에 있는 다음 주와 주의 부분을 반란주로 지정하는 바입니다. 즉, 아칸소, 텍사스, 루이지애나(단, 세인트 버나드 · 플래퀘민즈 · 제퍼슨 · 세인트 존 · 세인트 찰즈 · 세인트 제임즈 · 어센시온 · 어삼프션 · 테레본 · 래포치 · 세인트 매리 · 세인트 마틴 및 뉴올리언즈시를 포함하는 올리언즈 등의 교구는 이에서 제외됨), 미시시피, 앨라배마, 플로리다, 조지아, 사우스 캐롤라이나 및 버지니아(웨스트 버지니아로 정해진 48개 카운티와 버클리 · 애코맥 · 노드햄프턴 · 엘리자베드 시티 · 요크 · 프린세스 앤 · 노포크 시와 포츠머드 시를 포함한 노포크 카운티는 이에서 제외됨). 위 제외된 지역에는 현재로서는 이 포고령이 발포되지 않았습니다. 그리고 본인은 상기 권한에 의하여, 그리고 그 목적을 위하여 상기 주와 주의 지역 내에서 노예로 있는 모든 자는 이제부터 자유의 몸이 될 것을 명령하고 선언합니다. 그리고 육군과 해군 당국을 포함하여 미국의 행정부는 상기 자들의 자유를 인정하고 유지할 것입니다.

본인은 이제 그 자유가 선언된 상기자들에게 자위를 위해 필요한 경우가 아니라면 폭력 행위를 삼가도록 명하며, 또 본인은 그들에게 허용된 모든 경우에 합당한 임금을 받기 위해 충실히 노동할 것을 권유하는 바입니다. 그리고 본인은 또 적합한 조건을 가진 자는 미국 군대에 편입되어 요새 · 진지 및 기타 부서에 배치되며, 각종 함선에 배치될 것임을 선언하고 알리는 바입니다.

그리하여 진실로 정당한 행동으로 믿어지며, 군사상의 필요로 헌법이 보장하는 이 행동을 취함에 있어서 본인은 인류의 이해심 많은 판단과 전능하신 하나님의 은총이 내리기를 기원하는 바입니다.

없게 만들었고, 아일랜드·독일 등 유럽 각지에서 북부를 지원하는 의용군 이민이 쇄도하는 결과를 낳았다.

여류시인 호우(Juria Ward Howe)는 "그 분께서 죽으시사 인류를 거룩케 하셨듯, 우리도 죽어 인류를 자유케 하리라[39]"라는 구절이 포함된 '공화국 전쟁 찬가(Battle Hymn of the Republic)'를 지었고, 북군의 가장 유명한 군가가 되었다.

(3) 전쟁의 전체 양상

당시 북부의 인구는 2,200만 명 이상이었고, 남부에는 약 550만 명의 백인과 400만 명가량의 흑인 노예가 있었다. 리버모어(Thomas Livermore)에 의하면 연방측은 1,556,678명 남부동맹 측은 1,082,119명을 전선에 동원했다고 하나, 연방측 동원인원이 250만 명이라는 주장도 있다.[40]

식량과 전쟁물자 생산능력·철도 선박 등 수송수단·은행예금 등도 북부가 압도적으로 우세했다. 또 연방은 행정체제가 갖추어져 있어 의사결정이 신속 유연하게 이루어졌으나, 지방분권주의에 입각한 남부연합은 그렇지 못하여 예컨대 애틀랜타를 포기하는 작전 같은 것은 불가능하였다. 북부는 전쟁 중에 4,000km 이상의 철도를 가설했고, 기존의 철도망도 계엄령을 통해 국가관리를 하였으나, 남부는 그렇지 못하였고, 총기생산량의 97%가 북부에서 나왔으며, 북군은 점차 미니에 탄 등 최신무기도 갖추게 되었다. 연방이 '아나콘다 작전(Anaconda Plan)'을 채택하여 남부의 항만을 봉쇄하였으므로, 남부의 무역이 봉쇄되어 경제적으로 큰 제약을 받기도 하였다.

전쟁 초기 연방은 바로 리치몬드를 점령하고 전쟁을 끝낼 것으로 쉽게 생각하였으나, 실제는 그렇지 못하였다. 연방 동부군 총사령관 윈필드 스콧(Winfield Scott)은 제반 여건이 충분하지 아니함을 알고는 1861. 11. 1. 사임하였고, 후임 매클렐런(George Brinton McClellan)도 링컨의 리치몬드 공격 명령·남군 추격명령 등에 불응하고 성과를 내지 못하여 1862. 11. 7. 번사이드(Ambrose E. Burnside)로 교체되었으며, 그도 지휘에 실패하여 1863. 1. 26. 후커(Joseph Hooker)로 교체되었

39) As He died to make men holy, let us die to make men free.
40) 앙드레 모루아, 앞의 책, 505면.

는데 그는 남군 리 장군에게 여러 차례 패배하여 게티스버그 전투 직전인 6월 28일 해임되었고, 조지 미드(George Gordon Meade)가 계승했다. 미드 사령관은 게티스버그 전투의 승리에 기여하였지만 이후 성과가 없자 서부전선에서 큰 전과를 낸 그랜트(Ulysses Simpson Grant)가 1864. 3. 12. 총사령관으로 임명되었다. 그랜트는 미드 장군에게 종전대로 동부군(포토맥 군)을 지휘하게 하였고, 1865. 4. 9. 남군 사령관 리의 항복을 받았다. 그랜트의 후임으로 서북사령관이 된 셔먼(William Tecumseh Sherman)이 애틀랜타를 점령하고 남군의 후방을 초토화시킨 것도 큰 기여가 되었다.

(4) 연방의 주요 승리

– 앤티텀 전투(Battle of Antietam, 1862. 9. 17.)

1862년 상반기의 연방군의 버지니아 반도를 통한 리치몬드 공격(Peninsula Campaign)과 뒤 이은 불런 전투(Battle of Bull Run)에서 이긴 남부군은 메릴랜드 주를 장악해서 워싱턴D.C.를 포위하고 펜실베이니아 주로 북진하는 계획을 세우고, 그 때까지의 방어전을 변경하여 공격을 하였다. 9월 17일 메릴랜드 서북에 있는 앤티텀에서 치열한 전투가 벌어져 쌍방 1만 명 이상의 희생이 발생하였는데, 연방군이 밤사이에 빨리 전력을 회복하여 남군은 다음날 후퇴하였다. 링컨은 매클렐런에게 추격하도록 종용했지만 이루어지지 않았다.

전투 자체는 무승부라고 할 수도 있었지만, 이 전과를 배경으로 하여 9월 22일의 노예해방 예비선언이 이루어졌고, 연방군의 사기가 회복되었으며, 이후에는 전장이 주로 남부로 되어 남군의 승리가능성이 희박하게 되었다.

– 빅스버그 포위전(Siege of Vicksburg)

미시시피 강 변에 있는 루이지애나의 뉴올리언스와 미시시피의 빅스버그는 남동부와 남서부간의 통로였다. 뉴올리언스는 1862년 4월에 연방이 함대 공격으로 이미 점령하였으므로, 빅스버그까지 점령되면 남부연맹 정부는 서부의 텍사스 · 아칸소 · 루이지애나와 차단되어 식량과 신병을 공급받지 못하게 될 상황이었다. 빅스버그는 높은 절벽 위에 있어 선박으로 접근할 수 없고, 남방을 제외하고는 강・늪 등이어서 공격이 불가능하며 참호와 포대도 강화되어 있어서 공격하기 어려웠다.

그랜트 장군은 여러 차례의 공격이 실패하자, 1863. 6. 14. 77,000명의 병력으로 빅스버그를 포위하고, 맹렬한 포격 등을 가하였고, 구원될 희망도 없이 굶주림에 시달리던 남군의 펨버튼 장군은 7월 3일 무조건 항복을 제안하였고, 그랜트는 4일 포로 29,495명・포 172문・소총 5만정을 획득하였으며 포로를 모두 석방하여 남서부 출신들은 고향으로 돌려보냈다. 이 전투로 연방은 미시시피 강의 지배권을 확보하였고, 남군은 크게 약화되었다.

– 게티스버그 전투(Battle of Gettysburg, 1863. 7. 1. ~ 7. 3.)

남군의 리 장군은 빅스버그의 포위를 구원하는 등의 목적으로 6월 3일 75,054명의 병력으로 두 번째이자 마지막으로 북부를 공격하였다. 29일 연방군의 기병사단장 존 뷰퍼드(John Buford Junior)는 게티스버그에 도착하여 유리한 고지에 포진하였고, 7월 1일 연방군 18,000명과 남군 25,000명 간에 전투가 발생하였다. 2일 연방군은 88,000명, 남군도 75,000명가량으로 증원되어 종일 착검 돌격을 포함한 치열한 전투를 하였고 3일 남군이 돌격하다가 연방군의 포격과 총격에 다수 희생되었으며, 5일 퇴각하였고 빅스버그에는 아무런 도움도 주지 못하였다. 쌍방 각 3,000명 이상의 사망과 그 5배가량의 부상 등 남북전쟁 전체를 통하여 가장 처참한 결과가 발생하였다.

링컨은 1863. 11. 19. 게티즈버그 국립묘지 봉헌식에서 아래의 연설[41]을 하였

41) 원문은 “Four score and seven years ago our fathers brought forth on this continent a new nation, conceived in Liberty, and dedicated to the proposition that all men are created equal. Now we are engaged in a great civil war, testing whether that nation, or any nation, so conceived and so dedicated, can long endure. We are met on a great battle-field of that war. We have come to dedicate a portion of that field, as a final resting place for those who here gave their lives that that nation might live. It is altogether fitting and proper that we should do this. But, in a larger sense, we can not dedicate-we can not consecrate-we can not hallow-this ground. The brave men, living and dead, who struggled here, have consecrated it, far above our poor power to add or detract. The world will little note, nor long remember what we say here, but it can never forget what they did here. It is for us the living, rather, to be dedicated here to the unfinished work which they who fought here have thus far so nobly advanced. It is rather for us to be here dedicated to the great task remaining before us-that from these honored dead we take increased

는데, 그 중 '국민의, 국민에 의한, 국민을 위한 정부(government of the people, by the people, for the people)'라는 구절은 민주주의의 핵심원리를 간결하게 압축한 말로 온 세계에 널리 알려졌다.

"87년 전 우리의 선조들은 이 대륙에 자유의 정신으로 잉태되고 모든 사람은 평등하게 창조되었다는 믿음에 바쳐진, 새 나라를 세웠습니다.

지금 우리는 그 나라 또는 그렇게 태어나고 그와 같은 믿음을 가진 나라들이, 과연 오래 지속될 수 있는지를 시험받는, 거대한 내전을 치르고 있습니다. 우리는 지금 그 전쟁의 거대한 격전지였던 이곳에 모였습니다. 우리는 그 땅의 일부를, 그 나라를 살리기 위하여 이곳에서 생명을 바친 이들에게 마지막 안식처로 바치고자 모였습니다. 이것은 우리가 그들에게 해주어야 마땅하고 옳은 일입니다. 그러나 더 큰 의미에서 보자면, 우리는 이 땅을 바칠 수도, 봉헌할 수도, 신성하게 할 수 없습니다. 여기서 싸워 전사하였거나 살아남은 용감한 사람들이 이미 이 땅을 신성하게 하였으며, 우리의 미약한 힘으로는 더 이상 보탤 수도 뺄 수도 없기 때문입니다. 세상은 오늘 우리가 여기 모여 하는 말들을 별로 주목하지도 오래 기억하지도 않을 것이나, 그 용사들이 이곳에서 한 일은 결코 잊지 못할 것입니다.

오히려 우리 살아남은 사람들에게는, 여기서 싸웠던 그분들이 그토록 고결하게 추진해온, 아직 끝나지 않은 일에 헌신하는 일이 남아 있습니다. 고귀한 전사자가 신명을 다 바쳐 헌신한 그 대의를 위하여 더욱 크게 헌신하고, 이분들의 죽음이 헛되지 않게 하도록 이 자리에서 굳게 결단하며, 신의 가호 아래 이 나라에 새로운 자유를 탄생시키고, 국민의, 국민에 의한, 국민을 위한 정부가 지상에서 소멸되지 않도록 해야 한다는, 우리 앞에 놓여 있는 위대한 사명에 우리를 바쳐야 합니다."

– 애틀랜타 점령과 바다로의 행진(March to the Sea)

1864년 봄 그랜트를 뒤이어 서부전역 사령관이 된 셔먼은, 남부의 전쟁수행 능력과 의지를 완전히 꺾기 위하여 조지아 방면으로 남하하여 9월 3일 조지아 주도로서 남군 보급 중심 기지였던 애틀랜타를 점령하여 관공서와 군사시설을 완전히 파괴하였고, 보급도 받지 못한 채 약탈로 물자를 현지조달하면서 동부

---

devotion to that cause for which they gave the last full measure of devotion-that we here highly resolve that these dead shall not have died in vain-that this nation, under God, shall have a new birth of freedom-and that government of the people, by the people, for the people, shall not perish from the earth.

바다 방향으로 진군하여 12월 21일 남군의 주요 항구인 대서양 연안의 서배너(Savannah)까지 점령하였고 통과지역을 초토화하였다. 방어하던 남군의 존 후드 장군은 셔먼 추격을 포기하고 3만 명가량의 총 병력으로 테네시로 북진하여 연방군을 역습하려고 기도하였지만, 12월 15일 내슈빌(Battle of Nashville)에서 대패하고 16일 퇴각하였으며, 이후 남부연합의 서부군은 사실상 괴멸되었다.

– 피터스버그 포위전(Siege of Petersburg)

그랜트는 리치먼드 남쪽에 있는 유일한 보급기지인 항구 피터스버그를 1864. 6. 9. 포위하였고, 이후 연방군 12만 명가량이 남부군 6만 명가량을 상대로 장기간 참호전·갱도전 등 치열한 전투를 벌였다. 셔먼이 서배너에서 사우스캐롤라이나와 노스캐롤라이나를 초토화시키면서 북상하여 후방을 위협하였고, 1865. 4. 1. 남부의 수도 리치먼드가 함락된 후 연방 기마대에 포위된 리 장군은 9일 항복의사를 표시하고 버지니아의 애퍼매톡스(Appomattox)에서 그랜트 사령관을 만나 항복조건을 협의하였으며, 12일 항복 문서에 서명하였다. 그랜트 장군은 28,000명의 남군 병사에게 식량을 공급하고 고향으로 돌려보냈다.

– 남부 대통령의 체포·남부군의 항복

남부연맹의 데이비스 대통령은 리치먼드 점령 직전에 금화 50만 달러를 휴대하고 각료 몇 명과 특별열차로 탈출하였고, 그 경 링컨은 리치먼드에 가서, 연방군은 리치먼드를 점령하기 위하여 싸운 것이 아니라 리치먼드와 미국의 자유를 위하여 싸운 것이라고 연설하였다.

데이비스는 전투를 계속하려 하였으나, 5월 10일 조지아의 아브빌(Abbeville)에서 연방 기병대에 체포되었고, 5월 4일에는 앨라바마·26일에는 텍사스의 남군이 항복하여 남부연맹군은 소멸하였다.

4. 재건정책과 흑인 인권의 증진

(1) 링컨의 재선과 암살

링컨은 남북전쟁이 한창인 중에도 대통령선거를 실시하였다. 1864. 6. 7. 민주당 내 전쟁지지파와 공화당으로 새로 만들어진 '국민연합당'의 당 대회에서 대통령 후보로 지명되었고, 부통령 후보는 앤드루 존슨(Andrew Johnson)이 지명되었는데 그는 전쟁지지파 민주당원이고 테네시 주 상원의원으로서 테네시의 연방 잔류를 주도하였으며, 테네시 주지사 직에 있었다. 민주당은 시카고에서 전당대회를 열고 적대행동 중지를 주장하는 선언을 하면서 맥클렐런 장군을 대통령 후보로 지명하였는데, 맥클렐런은 적대행동 중지는 거부하였다. 11월 8일 실시된 선거에서 링컨은 선거인단 수에서 212 : 21, 투표자 수에서 220만 : 180만의 큰 차이로 당선되었다.

1865. 3. 4. 취임식에서 링컨은 "아무에게도 적의를 품지 말고 모두에게 자선하는 마음으로 의로운 편에 굳건히 서서 우리가 처해 있는 일을 끝내도록 노력합시다. 이 나라의 상처를 싸매도록 온 힘을 다합시다. 전투에서 쓰러진 사람과 미망인, 고아들을 돌보도록 애씁시다"라고 말하였다.

링컨은 1865. 4. 14. 저녁 포드 극장에서 영부인과 함께 '우리 미국인 사촌'이라는 연극을 관람하던 중 22시 15분경 부스(John Wilkes Booth)의 총에 암살되었고, 익일 부통령 존슨이 제17대 대통령으로 취임하였다. 부스는 메릴랜드 출신의 노예제 지지자였는데, 리처드 갸렛이라는 농부의 집에 숨어 있다가 4월 26일 사살되었고, 공범 6명도 중형에 처해졌다.

(2) 재건 정책(Reconstruction Policies)

전쟁 후의 주요 과제였던 남부 주의 연방복귀에 의한 연방의 평화 회복 · 피폐된 남부주의 경제 복구 그리고 약 400만 명가량의 해방노예의 지위와 권리에 관한 재조정 등의 업무가 '재건'이라는 이름으로 추진되었다.

에이브러햄 링컨은 1863년 12월 의회에 "해방흑인의 영구적인 자유를 인정하고 선포하는 주헌법의 제정, 남부연합의 고위관리 이외의 자로서 직간접으로 반란에 가담했던 모든 사람에 대한 연방 충성 서약 조건 사면과 재산권 회복, 유권자 10% 이상이 연방에 충성 맹세하면 새로운 주정부 수립"을 내용으로 하는 재건안을 제안하였으나, 연방의회는 1864년 7월 "주민 과반수 충성 서약 시 주정부 재수립, 반란군 강점 하에 공직 보유 또는 자발적으로 무기를 든 자에 대한 선거권 피선거권 박탈, 노예제 영구폐지와 불법구금 흑인 석방을 위한 인신보호영장 발급권한 부여"를 정한 웨이드 데이비스 법(Wade-Davis Bill)을 가결하였고 링컨은 거부권을 행사하였다.

"제1항 어떠한 노예 제도나 강제 노역도, 해당자가 정식으로 기소되어 판결로서 확정된 형벌이 아닌 이상, 미국과 그 사법권이 관할하는 영역 내에서 존재할 수 없다. 제2항 의회는 적절한 입법을 통하여 본조를 강제할 권한을 가진다."라는 내용의 수정헌법 제13조가 1864. 4. 8. 상원, 1865. 1. 31. 하원에서 통과되었고, 1865. 12. 6. 비준을 마쳤으며, 18일 공표 발효되었다. 당시 델라웨어 주와 켄터키 주에서만 노예 제도가 합법인 채로 유지되고 있었고, 다른 주에서는 자체적으로 또는 연방 정부의 노예해방선언에 따라 노예가 해방되어 있었다.

하원의장 콜팩스(Schuyler Colfax, Jr.)는 1865년 12월 제39대 의회의 개회를 앞두고 "독립선언서는 국법으로 인정되어야 하며, 외국인과 자국인 · 흑인과 백인을 망라한 모든 사람은 생명과 자유 · 행복의 추구를 신께서 내려주신 양도할 수 없는 권리로서 보호받아야 한다"라고 하였다.

존슨은 링컨의 정책을 계승하였으나, 링컨 암살로 격앙된 공화당의 급진파는 존슨을 탄핵하여 파면 직전까지 몰아붙이고, 급진적 재건 정책을 강행하였다. 1866. 4. 6. 상원은 존슨 대통령이 거부권을 행사한 민권법(Civil Right Act, 1866)을 가결하였는데, 그 법은 "과세 대상이 아닌 인디언을 제외하고 미국에서 태어난 모든 사람은 미국 시민"이라고 선언하여 주시민권보다 우월한 연방시민권을 명시하였고, "미국 시민은 인종 · 피부색 · 혹은 이전의 예속상태와 상관없이 똑같은 권리를 향유한다, 어떠한 법 · 제정법 · 조례 · 규칙이나 관습도 시민으로부터 자유인으로서 모든 사람이 가지는 기본적 권리들을 박탈할 수 없다"라고 정하여 이 부분에 위배되는 주의 입법권을 제한하였다. 그 결과 위 법률이 주의 권한을 침해하여 위헌이라는 주장이 제기되었고, 결국 같은 내용을 헌법으로 하는 제14차 · 제15차 수정헌법이 제정되었다.

제14차 수정헌법은 "미국에서 태어나거나 귀화한 자 및 그 사법권에 속하게 된 사람 모두가 미국 시민이며 사는 주 시민이다. 어떤 주도 미국 시민의 특권 또는 면책 권한을 제한하는 법을 만들거나 강제해서는 안 된다. 또한 어떤 주에도 법의 적정 절차 없이 개인의 생명 · 자유 또는 재산을 빼앗아서는 안 되며, 그 사법권 범위에서 개인에 대한 법의 동등한 보호를 거부하지 못한다."인데, 1866. 6. 13.에 제안되어, 1868. 7. 9. 비준되었다. 연방이 주의 입법권을 크게 제한한 점에서 연방과 주의 관계에 관한 중대한 변경이 되었으며, 권리 장전을 도입한 제10차 개정을 제외하고는 가장 중요한 헌법 구조 변경으로 평가된다.

제15차 수정헌법은 "제1항 미국 시민의 투표권은 인종 · 피부색 또는 이전 예속상태를 이유로, 미국 또는 어떤 주에 의해서도 부정되거나 제한되지 아니한다. 제2항 의회는 적절한 입법을 통하여 본조를 강제할 권한을 가진다."이며, 1869. 2. 26. 상정, 1870. 2. 3. 비준되었다.

의회는 1867년 3월부터 1868년 3월까지 4차에 걸쳐 재건법(Reconstruction Acts)을 제정하여, 남부에 군정을 실시하고, 군의 감독 관리 하에 주 협의회를 구성하여 수정헌법 제14조 등 연방의회의 요구조건을 충족시키는 헌법을 제정한 후 연방에 복귀해야 한다는 것, 군 통치권 행사에 대한 주정부의 간섭을 무효로 한다는 것, 흑인에게 참정권을 부여한다는 것 등을 정하였다. 남부의 극렬 세력들이 KKK단을 조직하여 흑인 3,000명 이상을 살해하는 등의 방법으로 흑인의 투표권행사를 방해하자 의회는 강제시행법(Enforcement Act) · 쿠클럭스법(Ku Klux Act) 등을 제정하여 이를 규제하였다.[42]

(3) 재건 폐지와 흑인인권의 점진적 증진

재건 정책에 의하여 북부가 점령한 남부에서는 10,000~15,000명의 백인이 공직에서 추방되었고, 한 때 해방 노예와 스캘러왜그(Scalawag, 남부의 재편입을 지지한 남부 백인), 카펫 배거(Carpetbagger, 남북 전쟁 후 남부에 온 북부 사람)들이 주도권을 장악하고 철도와 공립학교의 건설 등 남부의 재건활동을 하였으며, 흑인이 의회의 다수를 점하기도 하였다.

그러나 대부분의 흑인들은 재산도 지식도 없어서 과거의 주인 아래에서 임금을 받는 사실상의 노예생활을 하였고,[43] 1870년 이후 특히 1875년 대사령으로

42) 허현(1999), "미국 연방의회와 재건정책: 연방헌법 수정조항 제14조를 중심으로", 「미국사연구」 제9권, 한국미국사학회, 83~84면.

43) 이영효(2014), "미국 남부 흑인의 재건 경험", 「역사학연구」 제56권, 호남사학회, 277~314면.

반역자 대다수가 정치적 권리를 회복한 뒤에는 리디머(Redeemer)로 자칭한 노예폐지 저항세력이 남부에서 영향력을 행사하기 시작하였다.

1877년 공화당의 헤이스(Rutherford Birchard Hayes)는 투표수에서 4,034,311 : 4,288,546로 민주당에 지고 대의원 수에서 석연치 않은 절차 끝에 1표를 이겨 대통령으로 선출되었는데, 민주당은 당선을 인정하는 대가로 연방 주둔군 철수를 요구하였고, 헤이스는 1877년 남부에서 연방군을 모두 철수시켰으며, 재건정책도 폐기되었다. 흑인 참정권은 조직적 · 폭력적으로 다시 배제되었고 흑인들의 처지는 과거보다 더 악화되었으며, 남부 주정부는 다시 민주당에 의해 장악되었다.

남부의 주들은 노예폐지 전과 같이, '짐 크로 법(Jim Crow laws)'으로 통칭되는 공립학교와 공공장소 대중교통에서 흑인들을 차별하고, 흑인들의 자유와 투표권 등 기본권을 제한하는 법률들을 제정하였다. 읽기 · 쓰기 능력시험과 투표세 등 투표 자격을 제한하는 법률을 제정하는가 하면, 투표를 위한 등록 위치를 찾기 어렵게 만들기도 했다.

1896. 5. 18.에는 연방대법원이 플레시-퍼거슨 사건(Plessy v. Ferguson, 163 U.S. 537, 1896년)에서, 인종 분리 정책에 대해 "분리하되 평등하다(separate but equal)"고 판시하였다. 그 사건 주장의 요지는 기차의 1등석에 앉은 흑인 혈통이 섞인 백인 플레시(Homer Plessy)에게 흑인 칸으로 이동하라고 명령하고 이에 불응한 것에 벌금을 부과한 것이 인종차별을 금지한 수정헌법 제13조 · 제14조 위반이라는 것이었는데 대법원이 7 : 1로 이를 합헌이라고 한 것이다. 위 판결은 1954. 5. 17. 브라운 대 토피카 교육위원회 사건(Brown v. Board of Education, 347 U.S. 483, 1954)에서 만장일치로 "공립학교의 인종 차별은 위헌"이라고 결정함으로써 변경되었는데, 대법원장 얼 워런(Earl Warren, 재위 1953.10.5.~1969.6.23.)은 "공교육에서 '분리하되 평등하면 된다'는 원칙은 더 이상 존재할 여지가 없다"며 "분리교육 시설은 본질적으로 불공평하다"고 하였다.

1964. 7. 2. 존슨 대통령이 서명한 민권법의 개정(Civil Rights Act 1964)에 의하여, 흑인뿐만 아니라 모든 인종에 대한 차별이 완전히 폐지되었고, 각종 짐 크로 법은 효력을 상실하였다. 그 법은 학교 및 기타 공공시설의 모임에 제공된 공공장소에서의 차별을 금지하였고, 고용 차별도 불법화하였다.

이러한 제도적 개선에도 불구하고 실질적인 흑인 인권에는 여러 가지 문제가 잔존하여, 과격 투쟁 노선을 취했던 이슬람 사회주의 성향 흑인인권운동가 맬컴 X(Malcolm X)가 1965. 2. 21., 비폭력적 기독교 사회주의 성향 흑인인권운동가 마틴 루터 킹(Martin Luther King Jr.)이 1968. 4. 4. 암살되기도 하였다. 그러나 2008년에는 케냐 출신 흑인의 후예로 알려진 오바마(Barack Hussein Obama II)가 대통령에 당선되기까지 하였고 근자에는 거꾸로 백인 역차별 현상도 있다고 한다.

(4) 보통선거권

흑인 투표권은 1965년 선거권법(Voting Rights Act of 1965)에 의하여 비로소 완전히 확보되었다. 그 법은 수정헌법 제15조를 구체화하여 주와 지방 정부가 선거 자격을 제한하거나 투표에 필요한 요건 · 표준 · 관행 또는 절차를 요구하는 것을 금지시켰고, 또한 인종이나 피부색 때문에 미국 시민의 선거권을 부정하거나 줄이는 것을 금지하였다.

1919. 6. 4. 발의되어 1920. 8. 18. 비준된 수정헌법 제19조[44]로 여성의 선거권이 도입되었고, 1962. 8. 27. 발의되어 1964. 1. 23. 비준된 수정헌법 제24조[45]로 조세로 인한 투표권제한이 폐지되었으며, 1971. 3. 23. 발의되어 1971. 7. 1.에 비준된 수정헌법 제26조[46]에 의하여 선거권 연령이 18세 이상으로 되었다.[47]

---

44) ① 합중국 시민의 투표권은 성별을 이유로 합중국이나 주에 의하여 거부 또는 제한되지 아니한다. ② 연방의회는 적절한 입법에 의하여 본 조를 시행할 권한을 가진다.

45) ① 대통령 또는 부통령 선거인들 또는 합중국의회 상원의원이나 하원의원을 위한 예비선거 또는 그 밖의 선거에서의 합중국 시민의 선거권은 인두세나 기타 조세를 납부하지 아니하였다는 이유로 합중국 또는 주에 의하여 거부되거나 제한되지 아니한다. ② 합중국 의회는 적절한 입법에 의하여 본 조를 시행할 권한을 가진다; 남북 전쟁 당시 아메리카 연합국에 속하던 소위 남부 주들은 19세기 말 흑인들의 참정권을 차단할 목적으로 투표에 인두세(poll tax)를 요구하는 제도를 도입하였다. 1964년 수정안 제24조가 비준된 시점에도 앨라배마 · 아칸소 · 미시시피 · 텍사스 · 버지니아의 5개 주는 그 제도를 유지하고 있었다. 연방 선거뿐 아니라 모든 단계의 선거에서 인두세 제도가 금지된 것은 1966년 연방 대법원이 Harper v. Virginia State Board of Elections 건에서 수정 헌법 제14조의 평등보호조항 위배로 결정한 때부터이다.

46) ① 연령 18세 이상의 합중국 시민의 투표권은 연령을 이유로 하여 합중국 또는 주에 의하여 거부되거나 제한되지 아니한다. ② 합중국 의회는 적절한 입법에 의하여 본 조를 시행할 권한을 가진다.

47) 김래영 · 강승식(2005), "美國憲法上 選擧制度에 관한 硏究", 「憲法學硏究」 제11권 제4호, 한국헌법학회, 49~103면.

제4절 미국 민주주의의 변천

1. 미국 영토의 변천

(1) 1793년 독립 당시의 영토

1783. 9. 3.의 파리조약으로 뉴햄프셔 · 매사추세츠 · 로드아일랜드 · 코네티컷 · 뉴욕 · 뉴저지 · 펜실베이니아 · 델라웨어 · 메릴랜드 · 버지니아 · 노스캐롤라이나 · 사우스캐롤라이나 · 조지아의 13개주와 북쪽은 오대호와 세인트로렌스 강, 남쪽은 남쪽 경계 및 북위 31도, 서쪽은 미시시피 강으로 정해진 북서부지역이 미국의 영토로 되었다.

독립전쟁 당시부터 미국 편에서 싸웠으나, 1777년 먼저 독립선언을 하였던 버몬트가 1791. 3. 4. 14번째 주로 가입하였다. 1792년 켄터키가 버지니아에서 분리되어 15번째 주로, 1796년 테네시가 켄터키에서 분리되어 16번째 주로, 1817년 미시시피가 조지아에서 분리되어 20번째 주로, 1820년에는 메인이 매사추세츠에서 분리되어 23번째 주로 되었고, 남북전쟁 중이던 1863년에 웨스트버지니아가 버지니아에서 분리되어 35번째 주가 되었다. 북서부지역에서 오하이오가 1802년 17번째 주로, 인디애나가 1816년 19번째 주로, 일리노이가 1818년 21번째 주로, 미시간이 1837년 26번째 주로, 아이오와가 1846년 29번째 주로, 위스콘신이 1848년 30번째 주로 각 가입하였다. 1795. 10. 27.자 미국 스페인간의 핑크니 조약(Pinckney's Treaty)으로 남부지역의 스페인과의 경계를 협의하였는데, 앨라배마 지역이 미국의 소유로 확정되었고, 1819년 22번째 주로 가입하였다.

(2) 1803년 루이지애나 매입

미시시피 이서의 프랑스 영토는 파리 조약에 의하여 스페인에 할양되었는데, 나폴레옹 전쟁 중 1800년에 체결된 산 일데폰소 조약(Tratado de San Ildefonso)에 의하여 그 지역이 다시 프랑스의 소유로 되었고, 그 결과 미국의 뉴올리언스 통행이 불편하게 되었다.

미국의 제퍼슨 대통령은 1803년 제1집정관 나폴레옹에게 뉴올리언스 매입을 위한 협상 사절을 보냈는데, 놀랍게도 나폴레옹이 미시시피 서부 전역을 1,500만 달러에 매도하여 이 지역이 미국 소유로 되었고, 루이지애나 준주로 정해졌다가 미주리 준주로 개칭되었다. 미주리 준주 지역에서 루이지애나가 1812년에 18번째 주로, 미주리가 1821년 24번째 주로, 아칸소가 1836년 25번째 주로, 캔자스가 1861년 34번째 주로, 네브래스카가 1867년 37번째 주로, 콜로라도가 1876년 38번째 주로, 1889년에 노스다코타가 39번째 주로, 사우스다코타가 40번째 주로, 몬태나가 41번째 주로, 1907년에 오클라호마가 46번째 주로 각 가입하였다.

(3) 1819년 플로리다 매입

1819. 2. 22. 앤드류 잭슨 대통령은 애덤스-오니스 조약(Adams-Onís Treaty)으로 스페인으로부터 플로리다를 매입하였고, 플로리다는 1845. 3. 3. 27번째 주로 가입하였다.

플로리다는 원래 스페인이 개발하였으나, 7년 전쟁 결과 영국 소속으로 되었고, 미국 독립전쟁 후 1783년의 파리조약으로 다시 스페인의 지배하에 있었다. 플로리다 지역에 거주하던 인디언 세미뇰(Seminole)족과의 전쟁으로 미국군이 플로리다 지역 상당부분을 점령하고 있으면서 플로리다 매도를 강청하였는데, 위 조약으로 스페인은 500만 불을 보상금으로 받고 양도하였으며, 텍사스 새바인 강 서쪽 지역 등에 대한 스페인의 영토 주장도 포기하였다.

(4) 1845년 텍사스 가입

1845. 12. 29. 텍사스가 28번째 주로 가입하였다. 텍사스는 프랑스 · 스페인을 거쳐 멕시코 소속이었으나, 텍사스 개척의 아버지로 불리는 스티븐 오스틴의 주도 아래 미국인들도 텍사스에 정착하기 시작했다. 1830년엔 텍사스 목화 재배지에 미국인이 2만 명 이상, 노예는 2,000명 정도 살게 되었고 점차 미국인이 멕시코인 보다 많게 되었다. 1834년 오스틴은 멕시코 당국에 텍사스를 멕시코로부터 분리해달라고 요청했다가 체포되어 구금당했다.

1836년 멕시코 대통령 산타 안나(López de Santa Anna)가 텍사스를 멕시코에 포함시킨 헌법을 공포하자, 텍사스의 미국인들은 텍사스공화국으로 독립을 선언했다. 이에 산타 안나 대통령은 전쟁을 일으켰고, 알라모에서 텍사스 방어군을 전멸시키기도 하였다. 텍사스는 미국인 지원병의 도움을 받아 반격하여 1836. 4. 21. 대통령 산타 안나를 포로로 잡았고, 5월 14일 체결된 벨라스코 조약으로 멕시코는 텍사스공화국 독립을 승인하였다. 텍사스는 미국에 병합되기를 신청했지만 받아들여지지 않다가, 포크(James Knox Polk) 대통령에 의하여 미국에 편입되었는데, 그로 인하여 미국-멕시코 전쟁이 발발하였다.

(5) 1846년 오리곤 지역 구획

1846. 6. 15.자 오리건 조약(Oregon Treaty)에 의하여, 영국과 미국 간에 경계가 불분명하였던 오리곤 지역의 경계를 북위 49도선으로 하기로 협의되었고, 그 조약에 의하여 미국영토로 된 부분에 1848. 8. 14. 오리건 준주, 1863년 아이다호 준주가 만들어졌다. 오리건 준주에서 1859. 2. 14. 오리건이 33번째 주로, 1889년 워싱턴이 42번째 주로 가입하였고, 아이다호 준주에서 1890년 아이다호가 43번째 주로, 와이오밍이 44번째 주로 가입하였다.

(6) 1848년 미국 멕시코 전쟁과 남서부지역 획득[48)]

멕시코 대통령 산타 안나는 텍사스공화국의 독립에 서명할 때 대통령이 아니었기 때문에 텍사스의 독립은 인정할 수 없고, 미국이 텍사스를 연방에 가입시킨 것은 주권침해라는 이유로 미국과의 국교를 단절하였다. 또한 텍사스의 경계는 리오그랑데 강이 아니라 누에세스(Nueces) 강이라고 주장하였다.

미국은 "이웃의 독립국이 요청해서 이를 수락했을 뿐이다"라며 이를 무시하고, 멕시코인들이 살고 있는 리오그란데 강까지 군대를 이동시켰고 그 결과, 국경 지역에서 양국군의 교전이 잦아졌다. 1846. 4. 25. 무력충돌이 발생하여 미군 16명이 죽거나 포로로 잡히자, 연방의회는 상원 40 : 2, 하원 174 : 14로 전쟁 결의안을 통과시켰고, 1846. 5. 13. 선전포고를 하였다.

48) 임상래(2014), "미국-멕시코 전쟁의 이해: 간과된 성격들과 멕시코사적 의의를 중심으로", 「라틴아메리카연구」 제24권 제3호, 라틴아메리카연구학회, 97~119면 참조.

멕시코 지역은 스페인으로부터 독립하기 위하여 여러 차례 반란하다가, 반란 집압군 지휘자 이투르비테(Agustín de Iturbide)의 무장봉기에 의하여 체결된 1821. 8. 24.자 코르도바 조약에 의하여 독립하였다. 그러나 계속적으로 정부 전복이 일어났고, 1823년 7월에는 과테말라 · 니카라과 · 엘살바도르 · 온두라스 · 코스타리카 지역이 중앙아메리카 연방공화국으로 분리되는 등 정정이 불안하였으므로, 멕시코는 미국의 전력을 감당할 수 없었다,

미군은 먼저 뉴멕시코와 캘리포니아를 점령하여 7월에는 캘리포니아의 백인들이 독립을 선언하였다. 다른 부대는 멕시코 내륙과 해상으로 진격하였고, 멕시코가 항전하자 1847. 9. 14. 수도 멕시코시티까지 점령하였다.

1848. 2. 2. 멕시코시티 근교의 과달루페 이달고(Guadalupe Hidalgo)에서 조약이 체결되어 종전되었다. 과달루페 이달고 조약으로 미국은 현재의 캘리포니아 · 유타 · 네바다 3주 전체와 뉴멕시코 · 애리조나 주의 대부분 · 콜로라도 주의 절반 이상 · 와이오밍 주 남부 지역 · 캔자스 · 오클라호마 · 텍사스 주의 일부에 달하는 거대한 영토를 새로 획득하였고 리오그란데 강이 텍사스와 멕시코의 경계선이 되었다. 미국 정부는 미국에 편입된 지역의 주민이 멕시코에 요구한 손해 배상금 1,500만 달러와 미국인들의 손해배상 청구권 325만 달러를 부담하였고, 미군은 1848년 7월까지 멕시코에 주둔하였다.

1853년에는 제임스 개즈던(James Gadsden) 미국 공사가 멕시코 정부를 상대로 현재의 애리조나와 뉴멕시코 주 남부 지역을 1,000만 달러에 매입하는 협상을 개시하여 12월 30일 멕시코시티에서 계약이 체결되었고, 1854. 4. 25. 연방의회에서 비준되었다.

이렇게 취득한 지역에서 1850년 캘리포니아가 31번째 주로, 1864년 네바다가 36번째 주로, 1896년 유타가 45번째 주로, 1912년 뉴멕시코가 47번째 주로, 애리조나가 48번째 주로 가입하였다.

(7) 1867년 알래스카 구입

1867년 제정 러시아로부터 알래스카를 720만 달러에 매입하였고, 알래스카는 1959년 49번째 주가 되었다.

(8) 1898년 하와이 편입

하와이에서는 1893년 1월 사탕수수 농장 국유화 · 유럽인 미국인의 참정권 박탈정책에 반감을 가진 미국과 유럽 사업가들이 쿠데타를 일으켜 하와이 여왕 릴리우오칼라니를 강제로 폐위시키고, 공화국을 설립하였다. 미국인을 중심으로 미국과의 합병 운동이 지속되다가 1897년 매킨리 미국 대통령에 의해 합병 조약이 체결되었고, 1900년에 미국의 준주(準州)가 되었다가 1959. 8. 21. 주로 되었다.

(9) 미국 스페인 전쟁(Spanish-American War)과 필리핀 등 취득

이 전쟁은 쿠바의 독립 운동이 스페인에 의해서 거부되자 이를 해결할 것을 미국이 요구하면서 시작되었다. 1898년 1월 아바나에서 소요가 발생하였는데, 미국은 미국인들을 보호한다는 이유로 메인 호를 파견하였다. 그 배는 1898. 2. 15. 21시 40분 아바나 항에서 원인 모를 폭발을 일으켜 침몰하였고, 미 해군 266명이 사망하였다. 스페인은 그 사건의 원인을 내부 폭발로 돌렸으나, 미국 측은 그것이 기뢰에 의한 것이라고 보고하였다. 네 번이나 메인 호 조사위원회가 폭발의 원인을 조사하였으나, 확실한 결론을 얻지 못하였고, 매킨리(William McKinley, Jr.) 대통령은 이를 쿠바 주둔 스페인군이 일으킨 것으로 간주하고, 이를 문제삼아 4월 11일 의회에 개입 승인을 요청하였고, 연방의회는 19일 쿠바 독립에 대한 절대적 지지와 함께 모든 노력을 다해 쿠바의 독립을 도울 것임을 의결하여 사실상 전쟁을 선언했다. 이를 전달받은 스페인이 23일 미국에 선전포고하면서 전쟁이 시작되었는데 미국의 일방적 승리였다.

미국은 1898. 5. 1. 조지 듀이가 이끄는 함대로 필리핀 마닐라 만에서 스페인 함대를 공격하여 381명의 사상자를 내었고, 1898. 6. 20. 찰스턴호의 선장 헨리 글래스가 괌을 점령하였으며, 1898. 7. 25. 넬슨 마일스 장군과 3,300명의 군인들이 과니카(Guanica) 섬도 점령하였다. 그 결과 스페인은 1898. 8. 12. 워싱턴에서 미국과 평화의정서(Protocol of Peace)에 서명하였고, 1899. 4. 11. 파리 강화조약이 효력을 발휘하였는데, 스페인은 필리핀 · 괌 · 푸에르토리코 · 쿠바를 포함하는 스페인의 거의 모든 식민지들을 200만 달러에 할양하였다.

획득지에는 미군정이 실시되었고, 쿠바는 1902. 5. 20., 필리핀은 1946년 독립되었다. 푸에르코 리코는 1900년부터 연방하원의원 선출권을 얻었고, 미 연방에 통합되기를 바라는 주민도 많다. 쿠바의 관타나모는 영구적으로 미국에게 임대하게 되었다.

이와 같은 해외 영토취득과 관련하여 제국주의에 관한 논쟁이 치열하게 벌어졌다. 찰스 프랜시스 애덤스와 카를 슈르츠는 1989년 11월 보스턴에 반제국주의자 연맹을 만들고 식민지 점유를 반대하였다. 교수 · 철학자 · 마크 트웨인을 비롯한 작가 등이 미국이 진부한 유럽 나라처럼 식민지 획득에 관심을 기울이면 숭고한 미국정신을 잃을 거라고 염려했다. 1900년의 대통령 선거에서 민주당 대통령 후보 브라이언(William Jennings Bryan)은 “우리는 보호령을 포기하거나 독립을 위해 투쟁한 조상의 원칙을 부인하거나 양자택일해야 한다”라고 주장하였으나, 매킨리가 재선되었고, 그가 1901년 무정부주의자의 저격으로 사망하여 쿠바 전쟁에 지원하기도 한 열정적인 루스벨트(Theodore Roosevelt)가 대통령직을 계승하였다.

(10) 파나마 운하 장악

미국은 1901년 헤이폰스포트 조약(Hay-Pauncefote Treaty)으로 파나마 운하 지역에 대한 대여계약을 체결하였다. 미국의 루스벨트 대통령은 1903. 11. 6. 콜롬비아로부터 독립하기 위해 일으킨 파나마 폭동을 비호하고 파나마의 독립을 승인하였고, 18일 헤이-뷔노-바리야 조약(Hay-Bunau-Varilla Treaty)으로 파나마 운하 지역에 대한 영구소유권과 운하사업권을 취득하였다. 운하는 1914년 개통되었다. 미국은 파나마에 일시불 1,000만 달러와 9년 후부터 매년 25만 달러를 지급하였고, 콜롬비아에는 1923년에 보상금 2,500만 달러를 지급하였다.

파나마운하는 원래 프랑스측이 1878년 콜롬비아로부터 운하건설허가를 받아 1881년 착공하였던 것인데 미국은 1903년 프랑스로부터 개발권을 사들이기도 하였다.[49)]

---

49) 파나마 운하의 건설허가권은 1878년에 프랑스 탐사단이 콜롬비아로부터 획득하였고, 수에즈운

1978년 미국과 파나마 간에 당해지역에 대한 통제권과 2000년 이후 운하에 대한 통제권을 파나마에 이양한다는 내용의 2개의 조약이 체결되었다.

그러나 홍콩기업이 1997년 파나마운하 운영권을 확보하자 트럼프 대통령은 2025. 2. 4. 파나마 운하 통제권을 회복하겠다고 선언하였고, 미국회사가 홍콩기업으로부터 228억 달러에 항구 운영권을 매입하기로 되었다.[50)]

2. 미국 인구의 변천[51)]

미국의 인구는 2024년 3월 기준 3억 4,200만 명가량으로 인도와 중국에 이어 세 번째이다. 미국은 온갖 인종과 민족이 뒤섞여 있는 세계 최대의 다민족 국가이다. 2000년의 인구조사로는 백인이 전체인구의 75.1~81.1%, 흑인이 약 12.3~12.6%, 아시아계 3.7~3.9%, 미국원주민이 0.8%다. 백인은 영국・독일・아일랜드 계가 많다.

미국은 유럽・아프리카・아시아로부터의 이민에 의해서 유지되어 왔는데, 오늘날 이들 민족은 융합하여 새로운 아메리카 민족을 구성해 가고 있다. 절대 다수인 유럽 백인 중 최초로 이주해 온 것은 영국인과 네덜란드인이며, 독립 때까지 독일인 등이 추가되었지만 중심은 영국인이었으므로 현재도 미국에서는 영어가 일상어이다. 남북전쟁 이후는 종래의 북유럽계의 이민에 비하여 이탈리아인・슬라브인 등의 남・동유럽계 이주자의 비중이 높아졌고, 20세기 초에는 전 이민의 8할을 이들 이민이 차지하였다.

이민이 가장 많았던 때는 1880년부터 제1차 세계 대전까지이며, 그 전후를

하 건설로 명성이 높았던 페르디낭 드레셉스가 1881년에 '파나마 대양연결운하회사(Compagnie universelle du canal interocéanique de Panama)'를 설립하여 착공하였다. 그러나 공사가 난관에 부딪히면서 회사가 자금 부족으로 1889년 파산하였고, 새 회사를 만들어 1904년까지 개발권 연장을 허가받았으나 결국 미국에 개발권을 매각하게 되었고 미국의 기술로 운하가 개통되었다[민유기(2012), "파나마운하 정경유착 비리와 1890년대 프랑스의 정치변화", 「史叢」 제76권, 고려대학교 역사연구소, 323~352면].

50) 박구병(2011), "제국의 초상: 미국의 파나마 운하 건설과 파나마의 은폐", 「국제지역연구」 제20권 제4호,서울대학교 국제학연구소, 109~135면; 신성장(2019),"미(美)・중(中) 갈등의 역사적 원인과 최근 중남미 정세 변화의 시사점", 「POSRI 이슈리포트(N/A)」 제2019권 제6호, 포스코경영연구원, 1~11면 등; https://www.hani.co.kr/arti/international/america/1185351.html

51) 임형백(2012), "미국 이민정책 연구－시기 구분과 특징", 「한국정책연구」 제12권 제2호, 경인행정학회, 273~290면 참조.

포함하여 1820년부터 1961년까지 4,200만 명이 입국했다. 또한 19세기 말부터는 중국 · 일본 · 한국 · 필리핀 · 멕시코 · 쿠바 · 푸에르토리코 인 등이 증가하고 있어, 이들을 신이민이라고도 한다. 19세기 이래 이주한 유대인은 특이한 존재로서, 현재 전 세계 1,500만 중 약 550만에 달하는데, 그들 중에는 자산가나 학자가 많고, 각지에 큰 세력을 형성하고 있다. 비(非) 백인 최대 인구인 히스패닉은 라틴 아메리카로부터의 이민 유입과 높은 출산율 등으로 아프리카계 미국인을 넘어섰다. 서부 지역의 히스패닉계 주민은 원래 멕시코 영토였던 그들의 거주지가 미국에 병합됨으로써 자동적으로 미국인이 되기도 했다. 흑인은 전체 인구의 약 12%로서 주로 동부 이외의 지역에 분포되어 있다.

아시아계 이민은 점점 증가하는 추세인데, 한국계 주민들은 약 2백만, 중국인은 약 3백만, 일본인은 약 80만 명 정도이고 캘리포니아주를 중심으로 서부 지역에 많다. 미국 남부에는 흑인이 많은데, 이 지역 백인은 주로 영국 · 독일 · 아일랜드 계이다. 동북부 지역의 인종은 다양한데, 중북부 지역은 독일 · 아일랜드 · 동유럽 · 북유럽 계 백인이, 남서부는 히스패닉이, 서부는 히스패닉과 아시아계가 주류를 이루고 있다.

미국의 공용어는 사실상 영어(미국 영어)이나, 히스패닉 계 인구가 많은 서부 지역에서는 스페인어를, 특정 민족의 인구가 많은 구역은 그 민족의 언어를 공공 표지판 등에 병기하기도 한다.

3. 미국 정당의 성립과 변천

독립전쟁 전의 미국 식민지에는 영국의 토리당과 휘그당이 있었으나, 전쟁 중에 토리당은 영국을 지지하여 독립군을 상대로 싸웠으므로, 독립전쟁 후 완전히 소멸되었다.

건국의 아버지들은 정당의 존재는 필연적이지만 파벌(factions)은 정부를 전복하는 나쁜 것이라고 한 흄(David Hume) 등의 영향을 받아 정당에 대하여 매우 부정적이었고, 헌법에도 정당 보호조항을 두지 아니하였으며, 정당의 폐해를 방지하기 위하여 대통령과 의회를 분립시키고 상원을 두어 정당의 횡포를 억제하기로 하였다. 워싱턴은 어떤 형태의 정당 출현도 없도록 엄중히 경고하였고, 제퍼슨(Thomas Jefferson)은 "정당 없이 천국에 갈 수 없다면 절대로 천국에 가지 않겠다"고도 하였으며,[52] 매디슨(James Madison)은 자신의 수필 '연방주의자 논문 제10호'(Federalist No.10)에서 파벌을 "단결해 있으며 어떤 공통적인 열정의 충동 또는 다른 시민의 권리나 공동체의 영구적·총체적 이익에 반하는 사심(私心)에 부추김을 받은 다수 혹은 소수의 시민들"로 정의하고 "직접 민주주의와 반대되는 의미로서의 연방주의와 선거권자의 권리와 힘을 배분하는 연방주의의 다양한 방식은 파벌을 무효화할 것이다."라고 하였다.

그럼에도 불구하고 정당이 발생하였고, 많은 변천이 있었는데, 주요 정당은 아래와 같다.

(1) 연방당(Federalist Party)과 민주공화당(Democratic-Republican Party)

정당발생의 직접적 계기는 1791년 개설된 연방중앙은행 설립문제를 두고 재무장관 해밀턴(Alexander Hamilton)이 이를 추진하고 국무장관 제퍼슨과 하원의원 메디슨이 이를 반대하면서 지지 세력을 모은 데 있었다. 그 전부터 해밀턴이 연방적 결속을 중시한데 대하여, 제퍼슨은 연방권한의 제한을 주장하여 여러 측면에서 연방파와 공화파라고 불리는 대립을 보였지만, 그것을 정당이라고 할 수는 없었으나, 연방파에 속하였던 메디슨이 제퍼슨 측에 맞서면서 쌍방의 세력이 당파적으로 되었고, 그 대립구도는 워싱턴 이후의 대통령 선거에서 노골화되었다. 워싱턴의 후임 대통령은 워싱턴의 부통령이자 독립운동부터 기여가 많았던 저명한 법률가 애덤스(John Adams)가 되었으나, 그의 부통령은 그의 파트너가 아니고 대통령직을 겨루었던 제퍼슨이 되었다. 제퍼슨은 대통령의 여러 정책을 반대하다가 1800년 애덤스의 연임을 저지하고 제3대 대통령이 되었는데, 그는 당선 직후, 반연방주의자 세력을 결집해서 그를 따르던 제임스 매디슨과 함께 민주공화당을 창당하였다.

연방파는 건국초기에 강세였고 제2대 애덤스 대통령도 배출하였으나, 중심 지

52) 박경산(2003), "미국의 정치개혁과 민주주의; 미국 정당의 변화와 개혁에 관한 연구", 「미국학」 제26권, 서울대학교 미국학연구소, 138면; 길상돈(2014), "파벌정치와 매디슨의 민주공화국-양원제의 정치이념을 중심으로", 「한국정치학회보」 제48집 제4호, 175~196면.

도자였던 해밀턴이 1804년 애런 버(Aaron Burr, Jr)와의 결투에서 사망하고, 영국과 프랑스의 갈등 속에서 불개입 원칙을 고수한 것 등으로 세력을 회복하지 못하고 1824년 소멸되었고, 휘그당이 그 뒤를 이었다.

민주공화당은 제퍼슨 후에도 제4대 매디슨(재위 1809~1817) · 제5대 먼로(James Monroe 재위 1817~1825) · 제6대 애덤스(John Quincy Adams 재위 1825~1829; 제2대 대통령의 아들)를 대통령으로 당선시켰으나, 제6대 선출과정에 대한 불만으로 1825년 애덤스 중심의 국민공화당(후에 휘그당)과 잭슨 중심의 민주당(민주공화당 잔당)으로 분열되어 소멸하였다.

제6대 대통령 선거에는 민주공화당에서는 애덤스 외에 제2차 미영 전쟁에서 국민적 영웅이 된 잭슨(Andrew Jackson) · 하원 의장 클레이(Henry Clay) 등 4명이 출마하였는데, 잭슨은 득표수에서 앞섰으나 선거인단 투표에서 과반수 득표자가 없어, 수정헌법 제12조[53] 개헌 후 처음으로 의회가 선출하였다. 1824. 2. 9. 애덤스가 당선되었는데, 그 과정에서 클레이가 사퇴하였고, 애덤스는 클레이를 국무장관으로 임명하였다. 잭슨은 이것이 애덤스와 클레이의 부정한 거래인 것으로 보고 크게 반발했고, 민주공화당원 중 애덤스-클레이 지지파와 잭슨 지지파가 갈라서서 당이 해체되었다.

(2) 국민공화당(National Republican Party)

국민공화당은 고전적 자유주의에 입각하였고, 1828년 대통령 선거에서 애덤스를, 1832년 선거에서 클레이를 대통령 후보로 하였으나, 모두 잭슨에게 대패한 후 1830년 소멸되었고, 당원들은 대체로 휘그당에 흡수되었다.

(3) 민주당(Democratic Party)

민주당은 1828년 대통령 선거에서 앤드루 잭슨 후보가 창당하였다.

민주당은 창당 후 강세였으나, 노예해방을 반대하였기 때문에 링컨 대통령부터 52년간은 공화당이 우세였고, 공화당의 내분으로 1913년 윌슨이 당선된 후에

---

53) 그 전에는 대통령을 의회에서 선출하고, 부통령은 대통령 후보 중 차점자로 하였는데, 1803.12.9. 발의되어, 1804.7.27. 비준된 수정헌법 제12조에 의하여 선거인단이 대통령과 부통령을 선출하고, 선거인단 과반수를 획득한 대통령 후보가 없을 때 의회가 선출하는 현행제도로 변경되었다.

는 대체로 민주당과 공화당이 절반씩으로, 총계 15명의 대통령을 배출하였으며 누계 92년간 집권하였다.[54)]

초기에는 영토확장주의・자유무역 등 자유방임주의・반연방주의를 주요 강령으로 하였는데, 점차 변경되어 지금은 사회적 자유주의・연방권한 강화・소수자 권리 보호・복지 확대 등을 주장하고 있고 여성・흑인・노동조합・노동자・저소득층・성소수자・이민자 등의 지지를 받고 있다.

당나귀를 당의 상징동물로 하고 있는데, 잭슨이 1828년 선거에서 캠페인 포스트에 사용한 데에서 유래한다. 잭슨은 "국민이 미국을 통치하게 하라(Let the people rule)"라는 '서민 정치'를 표방한 선거 슬로건을 내세웠는데, 애덤스 측에서는 "당나귀라도 되느냐"라고 하면서 당나귀 및 멍청이라는 의미가 있는 속어 "Jackass"로 비꼬았다. 잭슨은 "당나귀는 근면하고 강직한 동물"이라면서 스스로 당나귀라고 홍보하며 국민공화당의 비방 공세를 역이용했고 대승하였다. 공화당 측에서는 당나귀는 "어리석고 고집 세며 우스꽝스러운 동물"이라고 공격했고, 이후 당나귀가 민주당의 상징 동물로 되었다.

(4) 휘그당(Whig Party)

휘그당은 잭슨 대통령의 일방적인 행정에 반대하는 국민공화당이 연방주의자・남부 민주공화당원・보수주의자들을 결집하여 창당하였고, 경제적 민족주의・보호 무역・산업화 등을 주장하였다. 휘그당이라는 이름은 왕의 특권에 반대하였던 영국 휘그당에서 따왔다.

제9대 해리슨(William Henry Harrison 재위 1773~1841)・제10대 타일러(John Tyler 재위 1790~1862)・제11대 테일러(Zachary Taylor 재위 1849~1850)・제12대

54) 민주당이 배출한 대통령의 이름과 재임기간은 다음과 같다. ① 제7대 잭슨(Andrew Jackson, 1829~1837) ② 제8대 뷰런(Martin Van Buren, 1837~1841) ③ 제11대 포크(James Knox Polk, 1845~1849) ④ 제14대 피어스(Franklin Pierce, 1853~1857) ⑤ 제15대 뷰캐넌(James Buchanan, 1857~1861) ⑥ 제22대 및 제24대 클리블랜드(Stephen Grover Cleveland, 1885~1989 및 1893~1897) ⑦ 제28대 윌슨(Thomas Woodrow Wilson, 1913~1921) ⑧ 제32대 루스벨트(Franklin Delano Roosevelt, 1933~1945) ⑨ 제33대 트루먼(Harry S. Truman, 1945~1953) ⑩ 제35대 케네디(John Fitzgerald Kennedy, 1961~1963) ⑪ 제36대 존슨(Lyndon Baines Johnson, 1963~1969) ⑫ 제39대 카터(James Earl Carter, Jr. 1977~1981) ⑬ 제42대 클린턴(William Jefferson Clinton, 1993~2001) ⑭ 제44대 오바마(Barack Hussein Obama, Jr. 2009~2017) ⑮ 제46대 바이든(Joseph Robinette Biden, Jr. 2021~2025).

필모어(Millard Fillmore 재위 1850~1853) 대통령을 배출하였다.

1840년대 말에 노예제 문제에 관하여 '양심적인'(노예제에 반대하는) 휘그당원과 '면화'(노예제에 찬성하는) 휘그당원이라는 파벌이 나타났는데, 1854년 '캔자스-네브래스카 법'이 통과되자, 이를 반대한 양심적인 휘그당원들이 이탈하여 지금의 공화당을 결성하였고, 1856년 선거에서 민주당 뷰캐넌에게 패한 후 남부 휘그당원들은 주로 주권민주당으로, 북부 휘그당원들은 공화당으로, 나머지는 미국당으로 뿔뿔이 흩어졌다.

(5) 공화당(Republican Party)

휘그당의 네브래스카 법 반대파들이 1854. 3. 20.에 위스콘신에서 창당대회를 열고, 제퍼슨의 민주공화당을 잇는다는 의미에서 '공화'(Republican)를 새 당명으로 하였다. 이후 연방주의자들이 참여하였고, 노예제를 '절대악'으로 규정하였다.

노예해방 후에는 남부재건을 주도하였고, 19세기 후반에는 관세를 통한 자국 산업 보호 · 높은 임금과 높은 생산성을 강조하였고, 국가 주도 철도 사업 · 국책 은행 · 대규모의 질 좋은 공립 교육 · 전쟁 참전 용사들에 대한 연금 지급 등 복지 국가의 기틀을 놓았으며, 파나마 · 하와이 · 필리핀 등지에 대한 제국주의적 확장정책도 시행하였다.

거대자본이 형성된 20세기에서 공화당의 주류는 대기업가와 자본가들이었지만, 시어도어 루스벨트 대통령은 '반독점법(Competition Law)'으로 기업들의 편법 조장 · 담합 등을 금지하였고, '식약청(FDA)'을 세워 국민들의 식품 안전을 도모하였다. 또한 흑인 · 장애인들과 같은 사회적 약자들의 인권을 증진하고자 노력하였으며, 일부 사회주의적인 성향을 띠는 정책들을 펼쳐 나갔다.

태프트가 친기업적 기조를 보이자, 루스벨트와 갈등이 일어났고, 공화당도 갈라져 세력이 약화되었으며, 1929년부터 시작된 대공황을 거치면서 흑인들이 프랭클린 루스벨트[55]의 민주당 지지로 돌아섰다.

1945년 2차 대전 종전 후에는 공화당은 트루먼 대통령의 냉전 정책과 마셜 계획을 지지하고 나토 창설을 요구하는 등, 당내 보수 세력들의 고립주의 원칙

55) 그는 공화당 출신 시어도어 루스벨트 대통령의 12촌 동생이다.

에도 불구하고 확장적인 외교 정책을 지지하였다.

아이젠하워 대통령 시기부터 시어도어 루스벨트 대통령 이래의 진보적 색채가 대폭 제거되었고, 1989년 레이건 대통령이 신자유주의·신보수주의로 지지세를 확보하여 후임 부시는 그의 아들까지 대통령이 되었다. 2016년에는 "Make America Great Again"이라는 대선캠프 표어를 건 트럼프가 당선되었고, 2024년 전례없는 재선까지 되었다.

공화당 지지도는 고령층·고소득층·사업주·중부나 남부의 교외나 시골 주민·백인·공산국가나 독재국가에서 온 주민들에서 높은 편이다.

공화당의 상징 동물은 코끼리인데, 풍자만화에서 유래하였다. 1874년 11월 시사만화가 토마스 네스트가 '하퍼스 위클리'지에 그랜트 대통령이 3선을 추구하다가 여러 가지 논란에 휩싸여 고전하는 것을 풍자하는 만화를 게재하였는데, 만화는 사자 가죽을 뒤집어 쓴 당나귀의 공격을 크고 뚱뚱한 코끼리가 민첩하게 대응하지 못하고, 덩치에 어울리지 않게 겁을 먹고 피하여 도망치다가 chaos라고 쓰인 구덩이에 빠지는 모습을 그린 것이었다. 공화당 지지자들은 "코끼리는 위엄 있고 점잖으면서 힘까지 갖춘 동물"이라고 응수하였고, 이후 코끼리가 공화당의 상징동물로 되었다. 공화당은 모두 20명의 대통령을 배출하였고, 누계 96년간 집권하였다.[56]

---

56) 공화당이 배출한 대통령의 이름과 재임기간은 다음과 같다. ① 16대 링컨(Abraham Lincoln, 1861~1865) ② 제17대 존슨(Andrew Johnson, 1865~1869) ③ 제18대 그랜트(Ulysses Simpson Grant, 1869~1877) ④ 제19대 헤이스(Rutherford Birchard Hayes, 1877~1881) ⑤ 제20대 가필드(James Abram Garfield, 1881년 3월~9월) ⑥ 제21대 아서(Chester Alan Arthur, 1881~1885) ⑦ 제23대 해리슨(Benjamin Harrison Ⅵ, 1889~1893) ⑧ 제25대 매킨리(William McKinley, Jr. 1897~1901) ⑨ 제26대 루스벨트(Theodore Roosevelt, 1901~1909) ⑩ 제27대 태프트(William Howard Taft, 1909~1913) ⑪ 제29대 하딩(Warren Gamaliel Harding, 1921~1923) ⑫ 제30대 쿨리지(John Calvin Coolidge, Jr. 1923~1929) ⑬ 제31대 후버(Herbert Clark Hoover, 1929~1933) ⑭ 제34대 아이젠하워(Dwight David Eisenhower, 1953~1961) ⑮ 제37대 닉슨(Richard Milhous Nixon, 1969~1974) ⑯ 제38대 포드(Gerald Rudolph Ford, Jr. 1974~1977) ⑰ 제40대 레이건(Ronald Wilson Reagan, 1981~1989) ⑱ 제41대 부시(George Herbert Walker Bush, 1989~1993) ⑲ 제43대 부시(George Walker Bush, 2001~2009) ⑳ 제45대 트럼프(Donald John Trump, 2017~2021) ㉑ 제47대 트럼프(Donald John Trump, 2025~).

4. 제1차 세계대전과 윌슨의 민주주의

(1) 윌슨의 대통령 취임

태프트는 전적으로 루스벨트의 지원으로 대통령이 되었지만, 취임 후 루스벨트가 임명한 관리들을 대폭 해임하였고, 루스벨트가 추진하였던 중요한 개혁 정책들도 대부분 뒤집었다. 루스벨트는 자신이 세운 후계자와 싸우기로 결정하고 공화당을 탈당하여 진보당(Progresive Party)을 조직하고 1912년 제28대 대통령 선거에 다시 출마하였고, 공화당원들은 종전에 열렬히 지지하였던 루스벨트를 증오하였다.

윌슨은 좌파 자유주의의 성격을 가진 뛰어난 웅변가였는데, 학자로서는 행정학의 아버지라는 명성도 얻었고, 프린스턴 대학총장 · 미국 정치학회 회장도 역임하였다. 뉴저지 주지사를 역임한 뒤 민주당의 대통령 후보로 선출되어 득표율 41.8%, 선거인단 435표를 얻어 압도적으로 당선되었고, 루스벨트는 88표 · 태프트는 8표를 얻는데 그쳤다.

윌슨은 취임 연설에서, "오늘은 개선의 날이 아니라 헌신의 날이다"라고 말하고, "선을 손상하지 않은 채 악을 정화하고 검토하고 보완하고 시정해 우리 일상생활의 모든 과정을 순결하게 인간화하는 것"이 만인의 의무라면서 진지한 각성을 촉구하였고, 공장에서 일하는 여성과 소년들의 참상을 일일이 열거한 뒤, "우리의 사랑하는 위대한 정부는 개인적 이기적 목적을 위하여 너무 악용되고 있으며, 그렇게 악용하는 사람들은 민중을 잊었다"라고 하였다.[57]

(2) 제1차 대전의 발발

제1차 세계 대전은 1914. 6. 28. 현재의 보스니아 헤르체고비나의 수도인 사라예보에서 19세의 세르비아 민족주의 혁명가 가브릴로 프린치프가 오스트리아-헝가리 제국의 황태자인 프란츠 페르디난트를 암살한 것이 발단이 되어 일어났다.

오스트리아-헝가리 제국은 이에 분노해 7월 28일 세르비아에게 선전포고하였

57) 앙드레 모루아, 앞의 책, 668~669면.

다. 세르비아를 보호하고 있던 러시아 제국은 29일 총동원령을 내렸고, 오스트리아-헝가리 제국의 동맹인 독일 제국이 8월 1일 러시아 제국에, 3일 러시아의 동맹인 프랑스에게 선전포고를 하였으며, 4일 프랑스 러시아와 동맹하고 있던 영국이 독일에 선전포고를 하였다.

8월 6일에는 오스트리아-헝가리 제국이 러시아 제국에 선전포고하였고, 독일군이 프랑스 침공을 개시하였다. 영국과 동맹을 맺고 있던 일본도 23일 독일 제국에 대하여 · 25일 오스트리아-헝가리 제국에 대하여 선전포고를 하였다. 10월 29일에는 오스만 제국이 독일 제국과의 동맹에 의거하여 참전하였고, 11월 2일 러시아 제국이 오스만 제국에 선전포고하고 오스만과 전투를 개시하였다. 1815. 5. 23.에는 독일과 동맹하고 있던 이탈리아가 동맹을 파기하고 독일 제국과 오스트리아-항가리 제국에 선전포고를 하고 전투를 개시하였다.

양 진영은 유럽은 물론이고, 아프리카 · 중동 · 중국의 칭다오 · 대서양 · 태평양 등 광범한 지역에서 전투기 · 군함 · 전차 · 장갑차 · 독가스 · 화염방시기 등 현대식 무기를 총동원하여 처절하게 싸웠고 독일은 20세기 총력전을 하였다.

(3) 미국의 참전과 연맹국의 승리

미국은 먼로주의(Monroe Doctrine)[58]에 입각하여 전쟁에 중립을 선언하였으나, 프랑스와 영국에 식량과 무기를 공급하였다.

1915. 5. 7. 영국의 대서양 정기여객선 루시타니아호가 경고 없이 발사된 어뢰에 격침되었는데, 1,153명의 희생자 중에는 124명의 미국인이 있었다. 독일 정부는 그 배에 전시 금제품이 있었고, 독일 대사가 미국 신문에 사전에 경고를 게재하였다고 해명하였는데, 여론이 매우 악화되었다. 8월 17일 영국 상선 아라

---

58) 먼로주의는 제5대 대통령 먼로가 1823.12.2. 미국 의회에 제출한 연두교서에서 밝힌 외교방침으로서, 유럽과 아메리카 대륙 간에 상호 불간섭을 주요내용으로 하는 외교적 고립정책이다. 1808년 나폴레옹이 스페인을 침공하자 라틴 아메리카 지역에서는 독립투쟁이 벌어졌고 1820년대에는 대부분이 독립을 쟁취하였다. 그러자 스페인과 포르투갈은 라틴 아메리카의 식민지 회복을 위해 유럽 국가들에게 지원을 요청하였고, 러시아, 프로이센, 오스트리아 등 신성동맹국들은 라틴 아메리카의 식민지를 회복시킬 의도가 있다고 발표하였다. 미국은 유럽이 아메리카에 식민지를 회복하게 되면 미국에도 위험이 초래될 수 있다고 보고, 유럽 국가들의 아메리카 대륙 식민지 건설을 배격한다는 내용을 분명히 표방한 것이다. 일방적인 외교방침에 불과한 선언이지만 영국이 사실상 지지하여 오랫동안 실질적인 효과를 내고 있다.

빅이 독일 잠수함에 격침되어 2명의 미국인 승객이 사망하였고, 1916. 3. 24. 프랑스 선박 사섹스가 영불 해협에서 세 번째로 피격되어, 미국인이 부상하였다. 독일은 미국정부에 대하여 앞으로 경고없이 상선을 격침하지 않고 인명을 구조하겠다는 약속을 하였다.

미국은 상비군을 165,000명으로 늘리고, 군함건조계획을 통과시켰다. 윌슨은 "아메리카는 어떠한 대가를 치르고라도 전쟁을 피해야 한다. 그러나 이 나라의 특성과 역사의 기반을 이루는 '사람의 도리와 정의'만은 희생시킬 수 없다. 인류와 관련된 모든 문제는 유럽의 것이든 아시아의 것이든 피할 수 없는 우리의 일이다"라고 하였다.

1816년 윌슨은 뉴욕타임즈가 공화당 휴스(Carles Hughs) 당선으로 보도한 상태에서, 공화당 내분의 여파로 선거인단 277 : 254로 간신히 재선되었고, 재선 직후인 12월 교전국의 회의소집을 제안하였으나, 전황이 유리했던 독일도 12월 12일 강화를 제의하여 연합국의 의혹만 샀다. 윌슨은 1917년 1월 상원에서 세계평화를 위한 조건 아래서만 협상에 동의할 것이라고 하였고, "평등을 기반으로 한 평화만 영속할 수 있다"고 하였다. 약소국의 안전 · 항해의 자유 · 군비 재한 · 국민의 동의를 기초로 하는 정부 그리고 평화유지를 위한 국제연맹의 조직을 제안하였지만, 연합국도 독일도 미국 의회도 환영하지 않았다.

독일군은 1917. 2. 1. 연합군 측의 군수물자를 차단하기 위해서 영국 · 프랑스로 향하는 중립국을 포함한 모든 국가들의 선박을 공격하겠다는 무제한 잠수함 작전을 선언하였고, 3월 4일에는 "미국이 참전할 경우 독일은 멕시코와 동맹을 체결하고 그 대가로 텍사스 · 애리조나 · 뉴멕시코를 멕시코에 공여하기로 한다"는 독일 외상이 주미 독일 대사에게 보내는 각서가 영국 정보부를 통하여 국무성에 전달되었다.

윌슨은 4월 2일 의회에 선전포고를 요청하면서 "우리는 독일 국민과 싸우려는 것이 아니다. 전 세계의 민주정치를 위하여 전 세계의 안전을 보장해야 한다. 미합중국 국민을 전쟁으로 이끌어 가는 것은 무서운 일이다. 그러나 정의는 평화보다 귀중한 것이고, 우리는 가슴속에 간직한 이념을 위하여 싸워야 한다. 민주주의를 위해, 그들의 정부가 자신의 의사를 실천하도록 하기 위해, 그 권위에 복종하는 사람들의 권리를 수호하기 위해, 약소국들의 권리와 자유를 위해, 모든 국민에게 평화와 안전을 부여하고 자유 국민의 협력으로 이루어진 정의가 세계에 군림해 결국 전 세계가 자유롭도록 하기 위해, 우리는 싸워야 한다. 이런 임무를 위해서라면 우리는 생명과 재산·인격·기타 모든 소유물을 남김없이 바칠 수 있다. 미국의 탄생과 행복을 안겨준 원리 그리고 우리가 지금까지 존중해온 평화를 위해 우리의 피땀을 희생할 특권을 누릴 날이 다가왔다는 신성한 사실을 자각하게 된 사람으로서 자부심을 가지고 우리는 모든 것을 바칠 수 있다. 신이 우리를 도우실 것이고, 우리는 싸우는 길 밖에 없다"라고 하였고, 6일 오스만 제국은 제외하고 독일에만 선전포고를 하였다.

영국 등은 미국의 전쟁 목적이 그들과 같지 않았으므로, 미국을 연합국(Allies)으로 부르지 않고, 연맹국(Associates)으로 불렀다.

독일은 1917년 4월 망명 중이던 레닌을 기차에 태워 러시아로 귀국시켰고, 1917. 11. 7. 러시아에 볼쉐비키 혁명이 발발하였으며, 8일 레닌은 평화에 관한 포고를 발표하였다.

미국은 선전포고와 함께 미국 항구에 정박 중이던 독일 선박을 모조리 억류하였다. 전시조선회사를 통하여 1,200만 톤의 상선을 건조하였고, 200만 이상의 병력을 프랑스로 수송하였다. 미국의 구축함대가 북해 전역에 잠수함을 차단하는 기뢰를 가설하였다. 전시군수국을 창설하여 엄청난 군수물자를 생산하였고, 식량관리국을 통하여 유럽에 필요한 식량을 충분히 조달하였다.

윌슨은 1981. 1. 8. "① 비밀조약의 부인 ② 해양의 자유 ③ 통상의 평등 ④ 군비축소 ⑤ 원주민의 이해관계를 우선시하는 식민지의 재조정 ⑥ 러시아에서의 군대철수 ⑦ 벨기에에서의 군대철수 및 재건 ⑧ 프랑스에서의 군대철수와 알자스로렌의 반환 ⑨ 이탈리아의 국경 수정 ⑩ 오스트리아와 헝가리 국내 민족독립 ⑪ 터키제국 영토에 있는 민족들의 민족자결조치와 다르다넬스 해협의 자유통행 ⑫ 발칸지방 조정 ⑬ 폴란드의 독립과 해양 출구 제공 ⑭ 영토보전을 상호 보장하기 위한 국가들의 연맹 창설"이라는 14항목의 정강을 발표하고, 이 전쟁을 "독재주의에 대한 민주주의의 십자군"으로 규정하여 전쟁에 관한 대의명분을 제시하였다.[59]

위 정강들은 대체로 타당하나 막연하였고, 그 중에는 연합국이 승인하기 어려운 것도 적지 않았지만, 대군을 거느린 윌슨에게 누구도 반대할 수 없었고, 1918년 내내 이를 되풀이 하는 윌슨의 연설을 모든 나라가 경청하였다.

종전 후 원수(General of the Armies)가 된 미국군 사령관 퍼싱(John Joseph Pershing) 대장은 1918년 여러 곳에서 혁혁한 승리를 거두어 전세를 장악하였고, 윌슨은 "모든 점령지를 포기하고, 무제한 잠수함 작전도 중지하며 민주 정부가 아니면 협상하지 않는다"는 협상조건을 내걸며 압박하였으며, 독일은 10월 4일 기존의 제국 의회를 해산한 후 입헌군주제를 선언하고 14개 항목을 기초로 하는 협상을 수락하였다.

1918. 10. 24. 독일해군에 무리한 공격명령이 하달되자 수병들 사이에서 전쟁협상에서 유리한 위치를 차지하기 위한 희생양이라는 소문이 돌기 시작했고, 출항 전날인 29일 밤 빌헬름스하펜(Wilhelmshaven, 현재의 Kiel)에서 300명가량 수병과 승조원이 탈영하는 등 수병의 사보타주가 일어났다. 30일 작전이 취소되었지만, 반란의 규모는 점점 더 커져갔고, 오스트리아가 항복한 11월 3일에는 대대적 반란과 파업이 일어났다. 육군도 전의를 상실하고 스스로 붕괴되었고, 전국의 노동자들도 파업을 선언하였으며 7일 뮌헨에서는 바이에른공화국이 선포되었다. 독일 의회는 공화국을 선언하였고 빌헬름 2세는 9일 네덜란드로 망명했다. 이렇게 수립된 독일 혁명정부는 연합군이 독일로 들어오기 전에 정전협정을 제의하였다. 11월 11일 독일과 연합군의 정전조약이 체결되었고 서부전선에서의 전쟁은 막을 내렸다.

(4) 파리 강화회의와 국제연맹

협상은 1919. 1. 18. 시작되었는데, 독일과 독일 동맹국은 초청하지 않고, 연합국과 연합국 측에 가담한 27개국에서 70명의 대표가 협상하여 그 결과를 일방적으로 독일 등에 강요하였다. 볼쉐비키 혁명으로 정부가 변경된 러시아는 참여하지 않고, 1918. 3. 3. 독일과 별도의 강화조약을 체결하였다.

---

59) 그 중 민족자결주의는 터키 제국 등에 한정하여 제시된 것이었지만, 한국 등 그 범위에 속하지 않는 핍박받는 민족의 독립운동에도 큰 영향을 주었고, 다민족으로 이루어진 오스트리아-헝가리 제국에게는 분열을 유도하여 치명타가 되었다.

독일과의 조약안은 1919년 6월 중순경 완성되었는데, 당시의 독일 수상 샤이데만(Philip Scheidemann)은 서명을 거부하고 사임하였고, 후임 바우어(Gustav Bauer) 수상이 서명이나 군사 침공 택일하라는 최후통첩을 받고 6월 28일 베르사이유 궁전에서 조인하였고, 1920. 1. 20. 발효되었다. 독일 이외의 국가와의 관계는 별도의 조약으로 처리되었다.

그 조약을 비준하지 아니한 미국은, 1921년 녹스-포터 결의안(Knox-Porter Resolution)에 하딩 대통령이 서명하여 독일 측 동맹국 간의 적대행위를 종식시켰고, 1921. 8. 24. 비엔나에서 오스트리아와의 평화조약, 25일 베를린에서 독일과의 평화조약, 29일 부다페스트에서 헝가리와의 평화조약에 각각 별도로 서명하였다.

협상은 프랑스의 클레망소 수상(Georges Clemenceau)・영국의 조지 총리(David Lloyd George)・이탈리아의 오를란도 수상(Vittorio Emanuele Orlando) 그리고 미국의 윌슨 대통령이 주도하였는데, 미국이 전승에 크게 기여하였으므로 윌슨의 주장에는 권위가 있었으나, 14개 평화원칙은 프랑스의 독일에 대한 강한 처벌과 보상 주장 등으로 인하여 많은 부분에서 관철되지 못하였다. 윌슨은 독일에 대한 재제를 정하지 않고, 국제연맹(League of Nations)을 설립하여 적절히 관리할 계획이었으나, 미국 의회가 조약 인준을 거부하여[60] 미국이 국제연맹에 가입하지도 못하게 됨으로써 무산되었고, 이후 유럽 국가들의 이해타산에 따라 협상이 진행되었다.

윌슨은 미국인 설득과 대통령 선거를 위하여 전국 순회강연 등 무리를 하다가 1919. 10. 2. 심각한 뇌졸중을 겪었고, 1924. 2. 3. 별세하였다.[61]

---

60) 1818년 파리평화회의에 보내는 윌슨 대통령 등 5명의 미국 대표가 출발하기에 앞서, 시어도어 루스벨트는 "이 시점에서 연합국, 동맹국, 윌슨씨 자신은 윌슨씨에게 미국국민을 대신해 발언할 아무런 권한도 없다는 것을 알아야 한다"라는 성명을 발표하였고, 미국 상원은 1920.3.19. 국제연맹규약 제10조가 의회의 선전포고권을 침해한다는 이유로 찬성 49표, 반대 35표로 조약인준을 부결하였으며(가결 정족수 2/3 미달), 윌슨이 양보하여 보류조항을 포함시켰으나 역시 부결되었다. 1920년의 대통령 선거에서 공화당의 하딩이 당선되었다.

61) 윌슨은 뇌졸중 후 업무에 애로가 많았으나, 여성참정권을 정한 제19차 헌법개정안을 1919.6.4. 발의하여 1920.8.18. 비준을 마침으로써, 미국 민주주의의 발전에 기여하였다. 그러나 1917.12.18. 발의하여 1919.1.26.에 비준을 마친 금주법은 지나치게 이상주의적이었을 뿐만 아니라 실효적 재제수단도 부여하지 아니하여 밀주 제조 유통으로 거부가 창출되는 역효과를 낳았고, 1933년 21차 수정헌법으로 폐지되었다.

베르사이유 조약문은 총 15개 장 440개 조항으로 구성되었다. 제1장은 국제연맹에 관한 것이었고, 나머지는 독일에 대한 조치, 유럽의 평화유지와 세력균형을 위한 방안이었다. 전쟁 책임은 전적으로 독일과 그의 동맹국들에게 있다고 하였고(제231조), 오스트리아 · 체코슬로바키아 · 폴란드의 독립과 주민의 결정에 따른 덴마크의 건국, 알자스 · 로렌의 프랑스 반환, 독일 식민지 연합국 할양 등 영토조항이 있었으며,[62] 독일의 군사력에 관하여 독일은 대포 5,000문과 비행기 25,000대, 장갑차와 모든 함선을 양도해야 하고, 군대는 10만 명으로 제한하며, 항공 전력과 새로운 전차의 개발과 배치도 금지하였다. 1921년에 결정된 전쟁배상금은 1,320억 독일제국 마르크였다.[63]

독일국민들은 특히 전쟁 책임이 전적으로 독일에 있다고 한 부분에 대하여 반감이 많았고, 히틀러 정권 등장에 한 원인이 되었다. 그러나 베르사이유 조약의 재제는 과도한 것이 아니었고 오히려 여러 가지 허점이 히틀러의 국력신장과 전쟁도발을 유발하였다는 견해도 있다.[64]

1919. 1. 25. 제2차 평화회의에서 윌슨의 제안에 따라, 국제연맹 창설결의가 되었고, 1919. 4. 28. 국제연맹규약이 가결되었다. 그 중 제10조 "회원국은 모든 연맹 회원국의 영토보전 및 기존의 정치적 독립을 존중하고 또 외부의 침략에 대하여 이를 옹호할 것을 약속한다." 부분이 새로 창안된 집단안보조항이었는데, 이 조항에 대하여 여러 가지 논란이 있다가 결국 "전기(前記)의 침략의 경우 또는 침략의 위협 혹은 위험이 있는 경우에는 연맹이사회는 본 조항의 의무를 이행할 수단을 권고하여야 한다."라는 유보조항이 첨가되었고, 그 결과 국제연맹의 재제조치가 유명무실하게 되었다.

62) 일본은 이러한 조치를 악용하여 독일의 조차지 산둥반도의 자오저우 만(칭다오 포함)과 태평양의 독일령 남양군도를 강점하였다.

63) 당시의 66억 파운드 또는 320억 달러. 그 금액은 1924년 '도스 플랜(Dawes Plan)'과 1929년 '영 플랜(Young Plan)'으로 감액되어 30억 금태환 마르크로 되었고, 2010.10.3. 7천만 유로(9천400만 달러) 지급으로써 완불하였다.

64) 임상우(2018), "베르사유 조약(Treaty of Versailles)과 유럽의 국가체제", 「통합유럽연구회 학술대회 자료집」, 통합유럽연구회, 15~17면; 연합군 총사령관이었던 프랑스의 페르디낭 포슈(Ferdinand Foch) 대원수는 조약 내용이 너무 관대하다고 주장하면서 "세상에 이런 평화가 어디 있는가? 이것은 평화가 아니라 단지 20년간의 휴전 협정일 뿐이다."라고 하였는데 실제로 20년 64일 뒤에 제2차 세계 대전이 발발했다.

국제연맹의 조직은 회원국으로 구성되는 총회와 이사국으로 구성되는 이사회 · 상설사무국 · 국제노동기구(ILO) · 국제사법재판소 등으로 되었고 국제연맹의 대외적 대표권은 사무총장에게 있었다. 회원 가입은 총회의 허용을 거쳐야 하고, 총회의 의결은 1국 1표 만장일치제였다. 이사회는 상임이사국과 평이사국으로 구성되는데, 상임이사국은 미국의 불참으로 처음에는 영국 · 프랑스 · 이탈리아 · 일본의 4개국이었다가, 1926년에는 독일, 1934년에는 소련도 상임이사국이 되었고, 마지막에는 이탈리아 · 일본 · 독일의 탈퇴와 소련 제명으로 영국과 프랑스 2국이었으며, 평 이사국은 처음 4개국이었다가 1936년 11개국으로 증가되었다. 국제연맹은 1920. 1. 16. 이사회 개최로서 출발하였고 초기에는 여러 가지 의욕적인 활동도 하였으나, 1931. 9. 18.의 일본의 만주 침공 · 1933년 10월의 독일의 연맹 탈퇴 · 1935. 10. 3.의 이탈리아의 에티오피아 침공 등에 유효한 조치를 하지 못하여 무력화되었고, 제2차 세계대전이 종료되고, 미국 주도하에 1945. 10. 24. 국제연합(UN)이 결성된 뒤, 1946. 4. 8. 43개 회원국이 제네바에서 마지막 총회를 개최하였고, 20일 폐회로 해체되었다. 국제연맹의 모든 자산과 자료는 국제연합에 이양되었다.

5. 제2차 세계대전과 팍스 아메리카나

(1) 태평양 전쟁 전의 미 · 일 상황

– 태평양 지배권에 관한 미 · 일의 대립

1895년의 청일전쟁과 1905년의 러일전쟁에서 승전하고 한반도와 대만을 장악한 일본과 1902년 필리핀을 점령한 미국은 태평양의 지배권을 두고 대립하기 시작하였다.

미해군은 1906년경부터 일본이 필리핀을 공격하는 경우에 대한 대비책으로 오렌지 플랜(the Orange War Plan)을 준비하기 시작하였고, 일본도 1907년 '제국국방방침'으로 육군은 러시아를, 해군은 미국을 가상적으로 하는 전쟁계획을 마련하기 시작하였다.

– 제1차 세계대전과 미 · 일의 협력

1914년 7월 제1차 세계대전이 발발하여 1916년 일본이 독일을 상대로 전쟁에 돌입하고, 미국도 1917년 4월 독일에 선전포고하게 되자, 미 · 일은 협력관계로 변하였다. 전후(戰後)에도 미 · 일은 베르사이유 강화조약에 동참하였고, 국제연맹의 창설에서도 영국 · 프랑스 · 이탈리아와 함께 이사국이 되기로 하였다.

미국 제안으로 아시아 태평양 국제질서와 군축 논의를 위해 1921년 11월부터 열린 워싱턴국제회의(Washington Conference)에서는 해군군축조약 · 영일동맹을 대체하는 영국 · 프랑스 · 일본 · 미국 4개국조약, 중국에 관한 '9국 공약(Nine-Power Treaty)'도 체결되었다. 해군군축조약에서는 영 · 미 각 5 : 일본 3 : 프랑스 · 이탈리아 각 1.75의 비율로 전함과 중순양함을 감축하기로 하였고, 4개국 조약으로 영일동맹을 해체하였으며, 9국 공약에서는 중국에 대한 침략금지 등을 합의하였다.[65)]

– 만주국 건립과 리턴보고서

일본의 주전파들은 1930년 11월 해국군축조약을 추진한 하마구치 수상을 저격하였고, 1931. 9. 18.에는 만주 봉천부근 류탸오후(柳條湖)에서 철로를 폭파하고서는 중국 장학량에게 뒤집어 씌우고 만주침략을 개시하였다. 일본 관동군은 1932. 3. 1. 청 최후 황제 부의(溥儀)를 명목상의 수반으로 하고 만주족 · 한족(漢族) · 몽골족 · 한민족(韓民族) · 일본족의 5족 협화를 표방하는 만주국을 수립하였

---

65) 박영준(2023), "미국과 일본 간 태평양전쟁 개전과정 재조명, 1906-1941: 패권전쟁 발발의 다층적 요인을 중심으로", 「국제정치논총」 제63집 제2호, 한국국제정치학회, 97면; 9국 공약은 문호개방 · 영토보전 원칙 속에서 일본의 중국진출을 억제함과 동시에 중국의 권익보호를 표명한 것으로서 미국 · 영국 · 네덜란드 · 이탈리아 · 프랑스 · 벨기에 · 포르투갈 · 일본 · 중화민국 간에 체결되었는데, 중국의 주권 독립 및 영토적 · 행정적 보전의 존중 등이 규정되었다. 일본은 이 조약으로 산동성 권익을 반환하고 시베리아에서 철군하기로 하였다. 그러나 이 조약은 중화민국의 국경을 정하지 않은 채로 그 영토보전을 인정하여, 몽골 · 만주 · 티베트 · 이슬람교도 · 투르키스탄 인들의 독립권을 침해하고, 소련이 제외되어 적용을 받지 않게 된 중대한 결함이 있었다. 임시정부 대통령 이승만은 독립호소를 위해 이 회의에 참석하려 하였으나, 묵살 당하자 "자기들의 이익을 위해서 탈취할 수 있는 대로 탈취하는 것이 오히려 정당한 것으로 통용될 때, 강대국은 이해가 상반되는 다른 강대국으로부터 정치 활동에 제한을 받게 된다. 이 결과가 전쟁을 야기한다는 것은 명백하다. 오직 이러한 현실에서 외면당한 약소 국민만이 그들의 정당한 주장조차 펴지 못하고 주권을 유린당하게 된다."라는 성명으로 항의하였다.

고, 일본은 9월 15일 일만(日滿) 의정서를 조인하여 만주국을 승인하였다. 일본의 홍보에 따라 만주로 이주한 다수의 조선인과 만주의 중국인 간에 수로(水路) 문제로 1931. 7. 2. 길림성 장춘현 만보산(萬寶山) 지역에서 충돌이 일어나 유혈 사태로 되었는데, 그 사건도 배경으로 작용하였다.[66)]

장제스는 1931. 9. 21. 국제연맹에 만주사건 진상조사를 위한 국제위원회 파견을 요청하였고, 국제연맹은 리턴 백작을 위원장으로 하는 조사위원회를 파견하였다.[67)] 리턴 위원회는 1932. 4. 21. 만주에 도착하여 44일간 체류하면서 현지 조사를 시행하고 10월 2일 국제연맹에 보고서를 제출하였다. 만주국 정부는 만주국 건립의 정당성을 주장하기 위하여 주민을 동원하고, 운동회를 개최하는 등 많은 노력을 하였다. 보고서는 9월 18일의 조치는 일본의 자위권에 해당하지 않고, 만주국 승인도 동의하지 않는다고 하였으나, 원상회복을 주장하지도 않았다.[68)]

이승만은 1933. 1. 4. 제네바에 도착하여 5월경까지 국제연맹과 언론계를 상대로 활동하였다. 26일자 '제네바일보(Journal de Geneve)'는 일본의 구속 하에 들어간 만주 한인(韓人)의 참상을 대대적으로 보도하였고, 2월 16일에는 국제연맹의 방송시설로 "극동의 분쟁과 한국"이라는 제목의 영어연설을 했으며, 22일자 '라 뜨리뷴느 도리앙(La Tribune D'Orient)'은 제1면에 이승만 면담기와 사진을 실었다. 23일에는 독일계 신문 '델 분드(Del Bund)'도 비슷한 기사를 게재하였다. 2월 8일에는 국제연맹 사무총장 에릭 드럼먼드 경(Sir Eric Drummund)에게 대한민국임시정부 대통령 이승만의 이름으로 된 편지를 보내어 리턴 보고서에서 지적되고 있는 만주에 사는 한국인의 문제 즉 '이중국적'·'토지소유'·'특유한 민족전통'과 만주분쟁과의 연관성을 지적하면서 국제사회가 일본의 한국병탄을 묵인하였기에 지금과 같은 만주침략문제가 생기는 것이니 한국민의 호소를 귀담아 들어야 한다고 주장하였다. 14일 리턴 보고서의 부당성을 주장하는

---

66) 고바야시 레이코(2011), "만보산 사건과 『리턴 보고서』 –재만 조선인에 관한 조사결과를 중심으로–", 「만주연구」 제11권, 만주학회, 7~33면.

67) 단장은 영국인 리턴(Victor Allen George Robert Bulwer-Lytton) 백작, 위원은 프랑스의 클로델 장군, 미국의 맥코이 장군, 이탈리아의 반디 백작 그리고 독일의 쉬네 박사였다.

68) 전경선(2014), "리튼조사단의 來滿과 만주국의 대외선전", 「역사와경계」 제92집, 부산경남사학회, 297~323면.

일본 대표 마쓰오카의 서신이 국제연맹 사무총장에게 전달되었고, 22일에는 만주 한인들의 부당한 처지와 일본의 불법성을 기술한 이승만의 성명서가 국제연맹에 제출되어 배포 · 회람되었다. 24일 리턴 보고서가 42 : 1로 채택되자 일본은 회의장에서 퇴장하였고, 3월 27일에는 국제연맹에서 탈퇴하였다.[69]

만주국은 1945. 8. 18. 소련군정 치하로 들어갔다가 1946. 5. 3. 중화민국 정부에 인계되었다.

– 일본의 중국 침략

만주 상황으로 중국에 반일운동이 거세어지자 일본 승려 폭행을 구실로 1932. 1. 28. 일본군이 중국군을 공격하여 3월 1일까지 중국 측 14,326명, 일본 측 3,091명이 사망하였다. 4월 29일 상해 홍구(虹口) 공원에서 천황의 생일 축하 행사를 겸하여 일본의 상해사변 전승 기념식이 열렸는데, 윤봉길 의사가 폭탄을 투척해 일본의 상해파견군 총사령관 시라카와 요시노리(白川義則) 등을 살해하였다.

일본은 1932년 하이난 섬도 점령하였는데, 일본 항복 후 중화민국이 인수하였다가 1950. 5. 1. 중공군이 점령하여 1988년 하이난 성으로 되었다. 일본은 스프라틀리(남사군도)도 점령하였다.

일본은 1933년 3월 열하성을 점령하고 이후 내몽골 지역을 공략하여 1939년에는 '몽강연합자치정부'라는 괴뢰정부를 수립하였다. 그 정부는 8월 19일 소련군에 멸망당하였고, 중공의 내몽골자치구로 되어 있다.

쑨원의 동서로서 1925년 쑨원 별세 후 1928년 남경 국민정부 주석이 되어 홍군토벌작전을 전개하였던 장제스와 1926년 주더와 함께 홍군을 창설한 마오쩌둥은 1936. 12. 25. 서안에서 홍군토벌을 중지하고 항일전선에 협력하기로 하는 제2차 국공합작을 약정하였다. 화북성 공략을 위하여 북경 진입의 주요 관문인 루거우차오(蘆溝橋) 교량 부근에 주둔하던 일본군은 1937. 7. 6. 밤에 사병 1명

---

69) 김정민 · 김명섭(2019), "만주사변 발발 이후 대한민국 임시정부의 국제연맹외교: 이승만의 외교활동을 중심으로", 「한국정치학회보」 제53집 제1호, 한국정치학회, 5~29면; 이승만은 1933.2.21. 저녁 루씨 호텔(Hotel de Russie) 식당에서 프란체스카(Franziska Maria Barbara Donner, 1900.6.15.~1992.3.19.)와 만나게 되었다.

이 실종되었다는 구실로, 7일 중국에 대한 전쟁을 시작하였고, 8월 9일에는 상해의 중국 해군이 일본군을 공격한 것을 계기로 14일부터 난징(南京)·우한(武漢) 등 중국 전토로 중일전쟁이 전면화되었다. 1945. 8. 15. 일본 항복시까지 중국은 군인 332만여 명, 민간인 1,700만~2,200만 명이 사망하였고, 일본은 군인 455,000~700,000명이 전사하였다.

– 일본의 정국과 국제관계

일본정계는 주전론 우세였다. 미국은 만주 사태 등이 미국의 문호개방정책과 9국 공약에 위배된다는 등의 비판을 하였다. 일본은 1934년 12월 미국에 워싱턴 군축조약 폐기를 통고하였고, 1936년 12월에는 런던 해군군축조약도 종료시켰으며, 1936년 5월에는 소련·중국·미국·영국 모두를 가상적으로 하는 '제국국방방침'을 제정하고, 8월에는 육군은 만주와 조선에서 군사력을 증강하여 소련에 대항하고, 해군은 미국을 상대하기 위해 서태평양에서 제해권을 장악하며, 독일과 동맹하기로 하는 '제국국책기본요강'을 제정하였다. 1936년 11월 독일과 일본이 공동 방공(防共)협정을 체결하였고 1938년 8월에는 독일이 일본에 군사동맹을 제안하였다.

미국은 영국·프랑스·네델란드·소련 등과 연합하여 일본을 질식시키는 해양전략을 검토하면서 군비증강을 시작하였고 1938년 12월에는 고노에 수상의 '동아신질서(東亞新秩序)' 성명을 반대하였으며, 일본에 대항하기 위한 레이보우 플랜(Rainbow Plan)을 수립하였다. 1939년 7월에는 1911년 체결한 일본과의 통상항해조약을 폐기한다는 것을 일본에 통보하였다. 1940년 12월에는 미해군 참모총장 스타크 제독의 태평양에서는 방어전을 하고, 유럽에서는 영국을 도와 공세를 취한다는 도그 프랜(Plan Dog)이 마련되었으며, 1941년 2월에는 대서양함대가 창설되었다.

고노에가 '동아시아 신질서'를 기치로 1940년 7월 수상에 다시 취임하고는, '대동아공영권(大東亞共榮圈)' 건설을 모토로 신체제 운동을 전개하여 정당을 해산시키고 의회민주주의를 폐지하였다. 프랑스가 나치독일에 패배하자 일본군은 1940. 9. 23. 프랑스령 인도차이나의 북부를 점령하였고, 27일에는 독일·이탈리아와 함께 삼국동맹을 체결하였다. 1941. 4. 13.에는 소련 · 일본 중립조약도 체결되었다. 7월 28일에는 프랑스 비시 정부의 양해를 받아 남부 인도차이나를 점령하였다. 미국이 인도차이나 점령에 대한 제제로 석유금수 조치를 하자 일본은 9월 6일 어전 회의에서 10월 중순까지 영 · 미와 협상하고, 결론나지 않으면 전쟁한다는 '제국국책수행요강'을 채택하였다. 고노에는 조지프 그루(Joseph Grew) 주일 미대사에게 미일 양국 정상회담을 요청했으나 미국이 거부하자, 10월 18일 제40대 도조 히데키(東條英機) 내각으로 교체되었다.[70]

(2) 진주만 공격, 미국의 2차 대전 참전과 승전

– 일본의 진주만 등 공격

1941. 11. 26. 야마모토 이소로쿠(山本五十六) 제독이 지휘하는 일본 연합함대가 일본을 출발하였고. 12월 7일 아침 진주만에 함재기 공격을 가하여 군인 2,334명과 다수 민간인을 살해하고, 전함 오클라호마 · 애리조나 · 캘리포니아 · 웨스트버지니아를 침몰시키고 항공기 188대를 파괴하는 등 피해를 입혔다. 일본군 피해는 항공기 29대 상실 · 군인 64명 사망 · 포로 1명 등이었다.

영미에 대한 일본의 선전포고는 7일 오후에야 전달되었다.[71] 8일 괌(Guam) · 웨이크섬(Wake Island) · 필리핀에도 항공기 공격을 개시하였다. 영국 식민지인 홍콩과 타이 · 싱가포르 · 말라야에도 공격을 개시하여 홍콩은 25일 점령하였고, 말라야 해전에서 영국 전함 프린스 오브 웨일스와 리펄스를 1941. 12. 10. 함재기 공격으로 침몰시켰다. 인도양 지역의 전쟁은 네델란드령 동인도(현재의 인도네시아)에서 석유를 확보할 계획으로 중간 군사요충을 점령하기 위한 것이었다.

– 미국의 2차 대전 참전

미국은 1941. 12. 8. 일본에 선전포고하였고, 11일부터 13일까지 나치 독일과 추축국들이 미국에 선전포고하여 그 때까지 제2선에 있었던 미국은 2차 대전

---

70) 박영준(2023), 앞의 글, 107~119면.

71) 선전 조서의 요지는 "미영 양국이 일중전쟁에 개입하여, 일본의 동아시아 안정에의 노력을 짓밟고 경제 단교를 통하여 일본의 생존 그 자체도 위협했기 때문에, 일본은 자존자위를 위한 전쟁에 호소한다"는 것이었다.

주전 참여국이 되었다. 영국·캐나다·네델란드도 12월 8일 일본에 선전포고하였고, 중화민국과 오스트레일리아도 뒤이어 일본에 선전포고하였다.

이승만은 1941. 8. 1 뉴욕에서 「일본 내막기-오늘의 도전(Japan Inside Out-The Challenge of Today)」을 발간하여 한반도와 만주·중국을 침략한 군국주의 일본이 곧 태평양에서 미국에 도전할 것이라고 예고하면서 당장 실력으로 일본을 제재할 것을 촉구하였는데 발간 당시에는 과장으로 취급되었으나 예지자로 평가되었고, 군사적 독립운동에 소극적이었던 이전과 달리, 미드웨이 승전 직후인 1942. 6. 13.부터 수 주간 '미국의 소리' 라디오 단파방송을 통하여 모든 방법으로 일제와 싸울 것을 호소하였다.[72)]

– 미국의 유럽 전쟁 참전과 승전

미국은 추축국의 이집트 운하 장악 기도를 저지하기 위해 아프리카 전역(戰域)에 참전하여 1943년 5월 승리한 다음 이탈리아로 상륙하여 1944. 6. 4. 로마를 해방시키고 남부 독일로 진군하였고, 유보트의 공격과 런던 폭격으로 고전하였던 대서양 전쟁에서는 1944. 6. 6. 노르망디에 상륙하고 8월 25일 파리를 탈환하였으며 서부 독일로 진군하였다. 히틀러가 1945. 4. 30. 자살하였고, 5월 7일 독일이 항복하였다.

– 태평양 전쟁의 전개와 승전

태평양 인도양 전역은 초기에는 일본의 강세였고, 미국이 오렌지 플랜에 의하여 태평양의 주요 거점을 순차로 공략하였으나 일본이 완강히 저항하자, 도쿄 대공습과 히로시마·나가사키 원자폭탄 투하까지 하였다. 천황이 1945. 8. 15. 정오에 무조건 항복의 방송을 하였고, 외무대신 시게미쓰 마모루가 9월 2일 미

---

72) 그 내용은 "나는 이승만입니다.…(중략)…왜적이…(중략)…왼 세상이 다 저의 것으로 알지만 얼마 아니해서 벼락불이 쏟아질 것이니, 일황 히로히토의 멸망이 멀지 아니한 것은 세상이 다 아는 것입니다.…(중략)…왜적의 군기창은 낱낱이 타파하시오! 적병의 지날 길은 처처에 끊어 버리시오. 언제든지 어디서든지 할 수 있는 경우에는 왜적을 없이 해야만 될 것입니다. …(중략)…우리 독립의 서광이 비치나니, 일심합력으로 왜적을 파하고 우리 자유를 우리 손으로 회복합시다. 나의 사랑하는 동포여,…(중략)…우리의 자유를 회복하는 것이 이때 우리 손에 달렸으니, 분투하라! 싸워라! 우리가 피를 흘려야 자손만대의 자유기초를 회복할 것이다. 싸워라, 나의 사랑하는 2,300만 동포여!"이었다.

국 전함 미주리에서 포츠담 선언을 수락한다는 무조건 항복문서에 조인함으로써[73] 2차 대전은 종료되었고, 일본은 미군에 사실상 단독 점령되어 미군정이 시행되었다.

도쿄 대공습은 1945. 3. 9.부터 5. 26.까지 5회에 걸쳐 대량의 네이팜탄으로 감행한 전략 폭격인데, 3월 9일의 공습만으로 약 10만 명이 사망하고 100만 명 이상의 이재민이 발생하였다. 일본 공습은 1942. 4. 18.의 둘리틀 특공대[74] 공습을 처음으로 100회 이상 시행되었으나, 항속거리와 대공포 등으로 유의미한 타격을 주지 못하다가 사이판에 신설한 비행장에서 이륙한 최신 B29 폭격기로 목재건물 소훼력(燒燬力)이 높은 소이탄을 사용하여 큰 피해를 주었다. 1945. 8. 6. 월요일 히로시마에 떨어진 '리틀 보이(Little boy)'로 90,000~166,000명이, 9일 나가사키에 떨어진 '팻 맨(Fat man)'으로 6만~8만 명이 4개월 내에 사망하였다.

미군은 1942. 6. 4.부터 7일까지의 미드웨이 제도 주변 해전에서 결정적으로 승리하였는데, 미군 피해는 항공모함 1척 침몰과 항공기 약 150기 손실 및 307명 전사인데 비하여 일본군은 항공모함 4척 침몰과 항공기 248기 손실 및 3,057명 전사로서 제공권을 잃어 이후 패전으로 내몰리게 되었다.

필리핀 전쟁에서 일본은 1941. 12. 8.의 비행장 폭격 등 항공공격에 이어 10일부터 상륙공격을 시작하였고, 1942. 4. 9. 미-필리핀 군 54,000명 항복으로 점령하였으나. 1944년 후반부터 미군이 상륙작전을 시작하여, 1945년 6월에는 장악하였는데, 일본군 35만 명 이상이 여러 섬에 고립되었다.

사이판 섬은 1944. 6. 15.부터 상륙작전을 시작하여 7월 9일 점령하였는데, 미군은 3,426명이 전사하였고, 일본군은 24,000명가량 전사 · 자살 5,000명 · 포로 921명이었다. 일본에 가장 가까운 오키나와 전투는 1944. 10. 9.의 공습으로

---

73) 서명자는 일본제국 대표 시게미츠 마모루 외무대신과 우메즈 요시지로 육군참모총장 · 연합군 최고 사령관 더글러스 맥아더 · 미국 대표 체스터 니미츠(미해군 태평양함대 사령관) · 중화민국 대표 쉬융창(중화민국 군사위원회 군령부장) · 영국 대표 브루스 프레이저(Bruce Fraser) 제독(영국 태평양함대 사령관) · 소련 대표 쿠즈마 데레뱐코(Кузьмá Николáевич Деревя́нко) 육군 중장 · 호주 대표 토마스 블레이미(Thomas Blamey) · 캐나다 대표 로렌스 무어 코즈그레이브(Lawrence Moore Cosgrave) · 프랑스 대표 필리프 르클레르 · 네덜란드 대표 C.E.L. 헬프리흐(Conrad Emil Lambert Helfrich) · 뉴질랜드 대표 레너드 이시트(Leonard M. Isitt) 총 12명이었다.

74) 1942. 4. 18. 미 육군 항공대의 제임스 해럴드 둘리틀(James Harold Doolittle) 중령이 이끌었던 특공대.

부터 시작되어 1945. 4. 1. 상륙하였고, 6월 22일 일본 지휘관 자살로 종료되었다. 일본군이 처절하게 저항하여 피해는 미군이 12,281명 전사 · 239명 실종 · 항공기 760기 · 전차 225대 손실 등인데 비하여 일본군은 총 107,000명가량 전사 실종 · 포로 15,000명 · 항공기 1,430기 전차 27대 손실 · 민간인 8만 명 이상 사망 등이었고, 한국인도 701명 이상 사망하였으며 원주민은 인구 59만 명 중 18만 명이 강요된 자결 등으로 목숨을 잃었다.

태평양전쟁의 규모와 피해는 막대하였다. 중일전쟁을 제외하고도 참전 연인원은 미국 3,621,383명 · 영국 40만 명 이상 · 인도 약 200만 명 · 네덜란드 약 14만 명 · 일본 약 779만 명 · 태국 약 126,000명이었고, 피해는 미국 196,543명 전사 실종과 민간인 16,000명 사망 · 영국 56,000여명 전사 · 인도 87,000명 전사 민간인 약 300만 명 사망 · 오스트레일리아 17,501명 전사 민간인 30,000명 사망 · 프랑스 망명정부 20,000명 전사 · 필리핀 제2공화국 100,000명 전사 민간인 약 100만 명 사망 · 네덜란드 9,400명 전사 등이었고, 일본도 1,480,397명 전사 실종 · 민간인 약 80만 명 사망, 태국 5,600명 전사 · 민간인 2,000명 사망 등이었다. 한국과 1945. 8. 8.에야 참전한 소련의 피해는 전체 규모에 대비해 볼 때 매우 적었다.[75)]

– 연합군의 일본 점령과 군정 시행

일본에는 1945년 미군 16개 사단 이상 총 430,000명 이상이 상륙하여 일본의 군과 경찰을 무장해제 시키고 점령군의 임무를 수행했다.

호주 · 뉴질랜드 · 인도를 포함한 영연방군도 시코쿠와 주고쿠 지역을 점령군으로서 통치했고, 장제스의 중국 국민혁명군 제67사단 선견대도 한 때 주부 지방에 파견되었으나, 국공내전 격화로 중지되었다.

미국 정부는 태평양육군총사령부(GHQ/AFPAC) 휘하에 군정국(Military Govern- ment Section, MGS)을 설치하였다가, 1945. 8. 13. 총사령관 맥아더[76)]를

75) 김가영(2016), "제2차 세계대전에 관한 독일과 일본 역사교과서의 비교분석 – 전쟁에 대한 기억과 반성", 「역사교육연구」 통권 24호, 한국역사교육학회, 151~211면.

76) 맥아더(Douglas MacArthur, 1880.1.26.~1964.4.5.)는 미국 웨스트포인트 육군사관학교를 역대 최고 성적으로 졸업했고, 제1차 대전 시 프랑스로 참전하여 미군 최연소 사단장이 되었으며, 1919년 육사 교장도 역임하였다. 1930년 후버 대통령 때 미국 13대 육군 참모총장이 되어 1935년 10월

연합군최고사령부[77] 사령관으로 임명하여 항복과 군정을 담당하게 하였다. 1945. 10. 2. 도쿄에 연합군최고사령부 사무실이 설치되었고, 1951. 4. 12. 매튜 B. 리지웨이로 사령관이 교체되었으며, 샌프란시스코 강화조약이 발효된 1952. 4. 28.까지 존속하였다.[78]

1945. 12. 27. 모스크바 3상회의의 결정으로 미 · 영 · 중 · 소 등 11개국[79]으로 구성된 극동위원회가 설치되기도 하였다.

– 샌프란시스코 강화조약

종전에 관한 제반 문제는 1951. 9. 8. 샌프란시스코에서 48개 국[80]이 참가 서명하여 1952. 4. 28. 발효된 샌프란시스코 조약으로 처리되었다.

일본은 중국과 동남아 내 점령지 · 만주국과 몽강국(蒙疆國) 등 괴뢰국 · 남양군도 등 위임통치령 · 관동주 등 조차지 · 톈진과 칭다오 등 조계지 · 한반도와 대만 등 식민지 · 남사할린과 쿠릴 열도 등을 상실했다. 천황제는 간신히 유지하였으나, 일본군이 해체되어 자위대로 개편되었고 평화헌법과 서구 민주주의를 채택하였다.[81] 조약의 발효로 연합군최고사령부의 일본 군정이 종료되고, 일본은 주권을 회복하였다.

루스벨트 대통령 초기에 임기를 마쳤으며 1937년까지 필리핀 정부 최고 군사 고문을 지낸 후 필리핀 육군 원수(General of the Army)로 퇴역하였다. 1941년 7월 현역으로 복귀하여 1942년 3월 서남태평양해역사령관이 되었는데 당시에는 해군의 태평양함대사령관 니미츠(Chester William Nimitz) 제독이 주도적이었으나, 1944년 원수가 되고, 종전 당시에는 연합군 최고사령관이 되었다. 그는 1050.6.25. 발발한 한국전쟁에서도 유엔군사령관으로 인천상륙작전을 총괄지휘 하는 등 맹활약을 하였다.

77) The Supreme Commander for the Allied Powers; SCAP 또는 GHQ(General Head Quarters).

78) 송병권(2020), “연합국 최고사령관 총사령부의 한일 점령과 통치구조의 중층성”, 「아세아연구」 제63권 제1호(통권 제179호), 고려대학교 아세아문제연구원, 79~116면.

79) 프랑스 · 인도 · 네덜란드 · 캐나다 · 오스트레일리아 · 뉴질랜드 · 필리핀 나중에 인도 · 파키스탄 · 버마도 추가되었다.

80) 미국 · 소련 · 영국 · 프랑스 · 네덜란드 · 룩셈부르크 · 노르웨이 · 체코슬로바키아 · 폴란드 · 그리스 · 일본 · 베트남 · 캄보디아 · 라오스 · 필리핀 · 인도네시아 · 스리랑카 · 파키스탄 · 이란 · 이라크 · 사우디아라비아 · 터키 · 시리아 · 레바논 · 캐나다 · 멕시코 · 과테말라 · 코스타리카 · 온두라스 · 엘살바도르 · 니카라과 · 파나마 · 쿠바 · 아이티 · 도미니카 · 콜롬비아 · 베네수엘라 · 에콰도르 · 페루 · 볼리비아 · 브라질 · 파라과이 · 우루과이 · 아르헨티나 · 칠레 · 에티오피아 · 라이베리아 · 남아프리카 연방 · 호주 · 뉴질랜드.

81) 일본국 신헌법은 연합군 최고 사령부의 초안을 대일본제국 헌법 제73조에 따라 쇼와 천황이 개정 발의하고 중의원과 귀족원이 동의하는 방식으로 개정되어, 1946.11.3. 공포, 1947.5.3. 시행되었다.

(3) 루스벨트 대통령의 전후 구상과 신질서의 탄생

미국 제32대 대통령 프랭클린 D. 루스벨트는 윌슨 대통령이 국제연맹(League of Nations)을 창설, 집단안보를 통하여 세계평화를 이룩하려 하다가 실패하여 2차 대전에 이른 것을 반성하면서 전래의 먼로주의에서 벗어나 미국의 2차 대전 승리방안과 자유민주주의와 평화를 위한 전후 신질서 수립 방안을 구상·추진하다가 1945. 4. 12. 뇌출혈로 별세하였으나, 전후의 세계질서에 지대한 영향을 미쳤다.[82)]

– 국제연합(United Nations)의 탄생

루스벨트는 1941. 6. 22. 독일이 소련을 침공하자 스탈린에게 '최대한의 무제한적인' 원조를 약속하는 대동맹 정책을 취하였는데, 스탈린이 자유민주주의를 침해하지 않을 것이라고 주장하면서 이후 소련에게 안전보장이사회 상임이사국 등 많은 특혜를 주었다.

1941. 8. 14. 캐나다의 뉴펀들랜드 해상 미국 함선 오거스타(Augusta)에서 루스벨트 대통령과 처칠 총리가 만나 8개 조항의 '대서양 헌장(The Atlantic Charter)'에 합의함으로써 국제연합이 태동되었다. 미국은 영국의 참전요청은 받아들이지 않았지만, "영토의 불확대·불침략·무역과 자원에서 기회 균등·경제협력·공포와 결핍으로부터의 자유·해양의 자유·군비축소·집단 안전보장체제의 확립"이라는 전후질서의 대원칙에 합의함으로써, 연합국 전쟁목적의 기초를 제공하였는데, 이것은 유엔의 이념적 기반이 되었다.

1942. 1. 1.에는 소련과 중국을 포함한, 추축국과 전쟁 중인 26개국 대표가 워싱턴에 모여 대동맹 체제(Grand Alliance)를 조직하고, 반침략공동선언인 '연합국 선언(Declaration by United Nation)'에 조인하였다. 조인국은 전쟁이 끝날 때까지 총 47개 국으로 증가하였고 이들이 유엔의 초기 회원국이 되었다. 대동맹 체제와 유엔선언문은 1941. 12. 22.부터 1942. 1. 14.까지 워싱턴에서 미국과 영국 수뇌부로 열린 '아카디아(Arcadia)'라고 불린 비밀회의 중 공개된 부분이다.

82) 김일수(2006), "F. D. 루즈벨트 대통령의 개입정책과 전후구상", 「동서연구」 제18권 1호, 연세대학교 동서문제연구원, 1~23면.

1943. 10. 30. 모스크바에서 미국 · 영국 · 소련 · 중국이 한 '보편안전선언(Declaration of the Four Nations on General Security)'에서 "일반적인 국제기구를 가능한 한 가장 빠른 날짜에 창설하기로" 합의하였다. 중국의 참여에 영국과 소련은 소극적이었으나. 미국이 중국의 대일항쟁을 지속시키기 위하여 참여시켰다. 국제기구 창설에 관한 4대 강국의 공통된 인식은 1943년 11월의 카이로 선언에서도 확인되었고, 12월의 테헤란 선언에서는 논의 중인 국제기구에 '모든 국가들의 적극적인 협력과 참여'도 촉구하였다.

1944. 8. 21.부터 10. 7.까지 미국 · 영국 · 소련 · 중국이 순차로 워싱턴D.C. 소재 덤바턴 오크스 저택에서 회합(Dumbarton Oaks Conference)하여 '일반적 국제기구의 설립에 관한 제안'을 작성하였다. 여기에는 유엔의 성격 · 원칙 · 주요기구 · 각급 위원회의 설립과 운영 등에 관한 내용과 강대국 협조하의 안전보장이사회를 중심으로 한 평화유지 방안 및 신탁통치안이 포함되었다. 안전보장이사회의 표결방식과 소련 내 공화국들에 대한 회원자격 등은 1945년 2월 얄타회담에서 해결되었다. 이와 같이 보완된 제안들은 샌프란시스코 회의의 협상 기반이 되었고 이로부터 1945년 유엔 헌장이 탄생했다.

1945년 2월 얄타회담에서는 샌프란시스코에서 회의를 개최한다는 것과 1945. 3. 1.까지 추축국에 전쟁을 선포한 모든 국가에게 유엔 창설국의 지위를 부여하기로 합의하였다. 추축국 독일 · 이탈리아 · 일본 · 스페인은 제외되었고, 프랑스를 포함한 5대 강국 주도하에 1945. 4. 25. 샌프란시스코에서 개최하는 유엔 창설을 위한 회의에 모두 46개국이 참석하기로 하였다.

1945. 3. 5. 미국은 얄타협정에 따라 미 · 영 · 소 · 중 4개 발기국의 이름으로 연합국 선언에 서명한 국가들에게 샌프란시스코에서 개최될 유엔창설회의에 참석해달라는 초청장을 보냈다. 4월 25일 개최된 샌프란시스코 회의에서는 표결을 거쳐 소련의 벨라루스 · 우크라이나 · 덴마크 · 아르헨티나가 추가로 초청되었고, 폴란드가 나중에 서명에 참여하여 모두 51개국이 유엔창설회원국으로 되었다. 샌프란시스코 회의는 위원회(Commissions)와 소위원회(Committees)로 나누어 4대 발기국의 구상을 근거로 연구 · 논의하여 신탁통치위원회를 포함한 유엔헌장을 기초하였고, 전체 51개국이 서명하였다. 이 헌장에 따라 10월 24일이 유엔

기념일로 선포되었고 제1차 유엔총회가 1946. 1. 10. 런던에서 개최되었다.[83)]

– 브레턴우즈 체제(Bretton Woods system, BWS)의 발족

1944. 7. 1.부터 22일까지 미국 뉴햄프셔주 브레턴우즈에 위치한 마운트 워싱턴 호텔에서 44개 동맹국 대표단 730명이 모여 제2차 세계대전 종료 후의 금융질서를 위해 국제통화 및 통화정책을 정하는 회의(Bretton Woods Conference)를 하였다. 회원국 정부의 입법 · 비준을 거쳐 국제부흥개발은행(IBRD; 후에 World Bank로 됨)과 국제통화기금(IMF)을 설립하는 협정이 체결되었다. 그 결과 국제상업 및 금융 관계를 위한 브레턴우즈 체제(Bretton Woods system, BWS)가 탄생했다.

금 1온스를 35 미국 달러로 고정시키고, 다른 통화는 달러에 고정시키는 방법으로 미국 달러화를 기축 통화로 하는 금환(金換)본위제도가 실시되었다. 환율도 상하 1% 범위 내에서 조정이 가능한 고정환율로 하고, 국제수지의 근본적인 불균형(fundamental disequilibrium)이 있는 경우에만 예외적으로 그 이상의 변동을 허용하도록 되었다. 종전에 대영제국에서는 파운드화를 기축통화로 하였는데, 양보하였다.

1930년대 이래의 각국의 통화가치 불안정 · 외환관리 · 평가절하경쟁 · 무역거래제한 등을 시정하여 국제무역의 확대 · 고용 및 실질소득증대 · 외환의 안정과 자유화 · 국제수지 균형 등을 달성할 것을 목적으로 체결하였고, 국제통화기금(IMF)으로 각국에 필요한 외화를 공급하도록 하고, 국제부흥개발은행(IBRD)이 전후부흥과 후진국개발을 위한 지원을 하기로 되었다.[84)]

(4) 팍스 아메리카나

2차 대전으로 패전한 독일 · 이탈리아 · 일본은 말할 것도 없고 영국 · 프랑스 등 선진국들도 피폐해졌으므로, 승전에 큰 기여를 하였고 본토에 전화를 입지

83) 정형아(2019), "1945년 유엔창설회의와 중국대표단". 「중국근현대사연구」 제81집, 중국근현대사학회, 29~32면.

84) 문우식(2009), "미국의 국제금융리더십과 달러체제의 운명", 「황해문화」 통권 제62호, 새얼문화재단, 10~27면.

않은 미국이 한 동안 국제사회를 주도하였는데, 미국은 자유민주주의 정치이념을 전파하는 데에 많은 노력을 기울였다. 그 결과 1940년 9개에 불과하였던 민주주의 국가가 2016년에는 97개에 달하였다.[85]

– 냉전 체제

루스벨트의 희망적 예측과는 달리 공산세력은 종전 후 세계적화를 위하여 자유국가들을 공격하였다. 소련은 1948. 6. 24.부터 서베를린을 봉쇄하여 미국 · 영국 · 프랑스의 서베를린 관할권을 포기시키려 하였다가 1949. 5. 12. 해제하였다. 소련은 1949. 8. 29. 핵무기를 개발하였고, 1957. 10. 4.에는 미국에 앞서 스푸트니크 1호 인공위성도 발사하였다. 마오쩌둥은 중화민국 정부와 내전을 벌여 1949. 1. 31. 베이징에 입성하였고, 4월 23일에는 중화민국 수도 난징을 함락시켰으며, 5월 27일 상하이도 점령하였다. 1949. 10. 1.에는 베이징에서 중화인민공화국의 수립을 선포하고 국가주석에 취임하였다. 인민해방군은 11월 30일 중화민국 임시수도 충칭(重慶)을 함락시켰고, 장제스는 12월 10일 청두(成都)에서 대만으로 탈출했다. 중화인민공화국은 1964. 10. 16. 핵실험도 실시하였다.

스탈린은 김일성 · 마오쩌둥을 사주하여 1950. 6. 25. 대한민국을 침략하였다가, 미국을 위시한 유엔군의 참전으로 1953. 7. 27. 정전하였다.

쿠바에서는 1959. 1. 1. 피델 카스트로 · 체 게바라 등이 이끈 반란군이 정권을 장악하였고, 소련의 흐루쇼프가 무기 등을 지원하였는데, 1962년 10월에는 미사일 기지까지 건설하려고 하다가 미국 케네디 대통령과 일촉즉발의 극한적 대립상황을 야기하였다.

미국은 공산세력의 전복활동을 제압하기 위하여 6.25 직후인 1950. 9. 23. 전복활동 방지법[86]을 제정하는 등 반공체제를 정비하였다.

---

85) 마틴 울프 저 · 고한석 역(2024), 「민주주의적 자본주의의 위기」, 페이지2북스, 79면(그는 2016년 기준으로 독재국가는 21개, 독재와 민주주의의 중간인 anocracy 국가가 49개라고 한다).

86) 정식 명칭은 'An Act to protect the United States against certain un-American and subversive activities by requiring registration of Communist organizations, and for other purposes'이나, 'Subversive Activities Control Act of 1950' 또는 'Internal Security Act of 1950'라고도 한다.

– 미국 주도 자유주의 국제질서의 약화

각국의 경제 발전과 군사력 증강으로, 미국 달러화와 군사력의 비중이 줄어들면서 미국 주도의 자유주의 국제질서는 흔들리고 있고,[87] 근자에는 브릭스(BRICS)[88]까지 발생하였지만 대체할 새로운 세계질서가 형성된 것은 아니다.

존슨 대통령은 1964. 8. 7. 미국 구축함 매덕스 호가 2일과 4일에 어뢰공격을 받았다는 것으로 북베트남 폭격을 명함으로써 베트남전쟁에 들어갔는데, 한해에 50만 명 이상을 투입하기도 하고 총 58,193명 사망이라는 큰 희생을 치르고도 별 성과없이 1973. 1. 27. 파리 평화협정을 체결하고 3월말 철군하였고, 사이공은 1975. 4. 30. 북베트남에 점령되었다.

1971. 4. 10. 미국 탁구선수단이 중화인민공화국을 방문하였고, 10월 25일에는 중화인민공화국이 안전보장이사회 상임이사국으로 유엔에 가입하였으며, 중화민국은 유엔에서 탈퇴하였다. 1979. 1. 1.에는 미중 수교도 이루어졌다.

유럽에는 1986년 EU가 설립되어 현재 27개국이 가입하였고, 단일통화로 유로(Euro)를 사용하고 있다.

미국의 경제가 약화되면서 닉슨 대통령은 1971. 8. 15. 금태환을 정지시키고, 환율을 유동화시켰다. 1971년 12월에 열린 스미소니언 회의에서는 금 1온스의 가격을 35달러에서 38달러로 올리고 환율 변동 폭을 1%에서 2.25%로 확대함으로써 브레턴우즈 체제를 유지해보려 했다. 그러나 1972년 후반부터 다시 달러 유출이 늘어나기 시작하여, 1972년 6월 영국이 변동환율제로 이행하고, 1973년 2월에는 일본이, 3월에는 주요 나라의 중앙은행들이 달러에 대해 ±2.25%로 환율을 유지하도록 하는 의무를 버려 브레턴우즈 체제는 무너졌다.

1973년 오일위기가 발생하자 미국 재무장관 조지 슐츠 제안으로 미국·일

87) 강선주(2020), “미국 주도의 자유주의 국제질서: 과거, 현재, 그리고 미래”, 「국제정치논총」 제60권 제2호, 한국국제정치학회, 301~330면.

88) BRICS는 Brazil · Russia · India · China · 남아공(South Africa) 5개국의 머릿글자를 딴 이름인데, 2006년 4개국 외무부장관들이 만나기 시작하다가 2009년 상설기구화되어 정상회의를 가졌고, 2010년 남아공을 가입시켰으며, 2023.8.24. 남아공 회의에서는 사우디아라비아 · 이란 · 아랍에미리트 · 아르헨티나 · 이집트 · 에티오피아 6개국을 추가로 가입시키기로 하였다. 그러나 아르헨티나의 새 대통령은 거부하였고, 사우디아라비아는 검토 중이다.

본 · 독일 · 영국 · 프랑스의 재무장관 회의(G5)를 열어 세계경제문제를 협의하기 시작하였고, 캐나다와 이탈리아를 포함하여 G7으로 되었다가 1999년부터는 20개국 정상회의(G20)도 운영하고 있다. 1995. 1. 1.에는 새로 세계무역기구(WTO)가 설립되기도 하였다.

– 공산권의 변천, 세계화 그리고 신냉전 체제

소련은 전후에 전승국으로서 발트 3국을 병합했고 동프로이센과 동부 폴란드 · 핀란드 일부 · 남사할린과 쿠릴 열도도 획득하였으며, 동구권과 북한 · 북베트남 등 유라시아 각지에 다수의 위성국도 확보하였다. 그러나 공산체제의 자체 모순으로 1991. 12. 26. 소련 최고평의회의 142-H 선언으로 해체되어, 우크라이나 · 벨라루스 · 에스토니아 · 라트비아 · 리투아니아 · 아르메니아 · 아제르바이잔 · 카자흐스탄 · 키르기스스탄 · 몰도바 · 타지키스탄 · 투르크메니스탄 · 우즈베키스탄 · 조지아의 15개국이 독립하였고, 나머지 24개의 공화국 · 48개의 주 · 9개의 지방 · 3개의 연방시 · 4개의 자치구 및 1개의 자치주 총 89개의 연방주체로 구성된 러시아 연합으로 되었다. 소련 해체 후의 혼란을 극복하고 장기집권을 하고 있는 블라디미르 푸틴 러시아 대통령은 우크라이나의 나토 가입 시도 등을 문제 삼아 2022. 2. 24. 우크라이나를 침공하여 세계적 분쟁이 되고 있다.

중화인민공화국은 1966년부터 문화대혁명으로 극단 공산주의 노선을 지향하였다가, 1976. 9. 9. 마오쩌둥 사망 후에는 덩샤오핑(鄧小平)의 개혁개방 정책으로 자유진영과의 교역을 통한 경제개발에 진력하더니, 2012년 시진핑(習近平) 집권 후에는 자유진영에 대한 전랑외교(戰狼外交 Wolf warrior diplomacy)와 초한전[89](超限戰 Unrestricted Warfare) 즉 한계를 초월한 전쟁을 공공연히 선동하면서 국제평화를 위협하고 있다.

미국 리치몬드 지방검사 루이스 파월 2세(Lewis F. Powell, Jr.)는 1971. 8. 23. 미국 상공회의소 교육위원회 의장 유진 시드노어 2세(Eugene B. Sydnor, Jr.)에게 '미국 자유기업시스템에 대한 공격(Attack On American Free Enterprise System)'이라는 제목의 '파월 메모(Powell Memorandum)'를 보내어 미국사회 전체가 좌

89) 이지용(2023), 『중국의 초한전: 새로운 전쟁의 도래』, 에포크미디어코리아.

편향하는 것을 막기 위한 구체적 방안을 제시하였다. 그 제안에 연유하여 설립된 헤리티지 재단(Heritage Foundation)은 레이건 대통령을 추대하고 주요정책을 입안하여 동구권과 소련의 공산체제를 붕괴시키는데 큰 역할을 하였다.

한편 1990년대에 구소련과 함께 동유럽의 공산체제가 붕괴되고 중화인민공화국도 시장경제체제를 일부 받아들이면서 세계화(Globalization)의 격랑이 휘몰아쳤다. 1947년 GATT 체제 즉 1947년에 합의한 관세 및 무역에 관한 일반협정(General Agreement on Tariffs and Trade, GATT 1947)이 1995. 1. 1. WTO(World Trade Organization, 세계무역기구)가 발족되면서 변경되어, 국가 간의 관세장벽이 대폭 제거되었고, 정치・경제・기술・사회 및 문화 부문을 가리지 않고 국가의 경계가 약화되고 세계 사회가 통합되는 추세가 심화되었다.

그러나 세계화의 결과가 금융자본과 첨단기술보유자의 부의 독점・중소기업과 중산층의 몰락 그리고 중화인민공화국의 부상 및 세계지배 움직임의 노골화로 드러남에 따라 세계 전역에서 세계화에 반발하는 경향이 증대되었고, 특히 미국 서민층이 큰 불만과 분노를 축적하게 되었다. 그 결과 탈세계화와 신냉전의 경향이 조성되고 있다.[90]

이러한 추세를 타 트럼프[91]가 미국우선주의・기독교 도덕주의・중화인민공화국 견제를 주장하면서 2024년 미국 대통령에 재선되었고, 미국 내의 작은 정부・규제완화・성도덕 회복 등을 주장하는데 그치지 않고, 자유민주주의에 입각한 세계질서 개편을 시도하고 있다.[92]

---

90) 이상환(2022), "세계화와 탈세계화 그리고 국제관계의 변화", 「정치정보연구」 제25권 제3호, 한국정치정보학회, 1~34면.

91) 트럼프(Donald TrumpDonald John Trump, 1946.6.14.~, 펜실베이니아 대 와튼 스쿨 경제학 학사)는 부동산사업 등에 종사하다가, 2017.01.~2021.1. 제45대 미국 대통령으로 재임하였고, 제47대 대통령으로 재선되었다. 그의 정치적 주장은 트럼피즘(Trumpism) 또는 트럼프 독트린(Trump doctrine)으로 불리고 있다[정구연 (2022), "트럼피즘과 트럼프 독트린", 「한국과 국제사회」 제6권 제2호, 한국정치사회연구소, 147~176면].

92) 조병제(2024), 「위기인가 기회인가 트럼프의 귀환」, 월요일의 꿈 등.

제4장

프랑스 민주주의의 역사

제 4 장

프랑스 민주주의의 역사

제1절 프랑스 민주주의 역사 개요

프랑스는 본토 면적 55.2만km²(해외 포함 67.5만km²)로서 서유럽 최대이고, 인구는 6,700만 명가량으로서 세계 22위가량이다.

프랑스의 민주주의 역사는 1789. 7. 14. 바스티유 감옥 습격을 폭발점으로 한 프랑스혁명으로부터 시작되었다. 프랑스의 민주주의는 명예혁명 이후의 영국이나, 독립혁명 이후의 미국과 같이 순탄하게 성장하지 못하였고, 두 차례의 왕정·두 차례의 독일 피점령·여러 차례의 내정혼란을 겪었으며, 프랑스 혁명이 과연 프랑스에 최선의 선택이었는지에 대하여는 논란이 많다. 프랑스 혁명은 르네상스 문화와 신구교간의 갈등, 여러 전쟁으로 인한 국고 고갈 등 내부 요인과 영국의 명예혁명·미국의 독립혁명 등 외부 요인에서 많은 영향을 받았고, 미국 독립혁명과 함께 세계 전역에서 식민지 독립과 민주주의 혁명에 큰 영향을 주었다.

프랑스에는 혁명 이전에도 긴 역사가 있었고, 한 때 프랑스 문화는 로마제국 이후 세계문화의 정수로 평가되기도 하였다. 프랑스 서남부 페르고르 지방을 흐르는 베제르(Vézère) 강 계곡에는 벽화가 그려진 라스코(Lascaux) 등 30여 개의 동굴이 있는데, 그 그림들은 기원전 17,000~15,000년 경 그려진 것으로 추정되고 있다. 부근의 크로마뇽(Cro-Magnon) 동굴에서는 초기 인류로 추정되는 화석이 발견되기도 하였다. 알프스 산중에는 리구리아인·피레네 산중에는 이베리아인·모나코에는 페니키아인도 살고 있었고, 셈족 상인·그리스 항해자 등 여러 인종이 지중해를 통하여 왕래하고 이주하였다.

기원전 8세기경부터 라인강 등지로부터 켈트(Celt)인들이 이주해와 원주민을 몰아내고 정착하였다. 켈트인들은 쌍날 강철 장검을 사용하였고, 기원전 390년에는 로마를 함락시키고 약탈을 자행하기도 하였다. 로마인들은 이 지역을 갈리아(Gallia)라 부르고 이 지역에 정착한 켈트족을 갈리아족 또는 골(Gaule)족이라 불렀는데 이것은 켈트로부터 온 말이다. 남불 해안지역은 BC 121년 로마 속령이 되었고, 나머지 지역도 BC 58~51년에 걸쳐 시저(Gaius Julius Caesar)가 정복하여 로마에 복속시켰다, 당시 골족에는 대략 72개 민족, 400~500부족이 있었고, 전체 인구는 500만~1,300만이었으며, 시저의 로마군은 5,000명씩으로 편성된 11개 군단이었다고 한다. 이후 골족의 라틴화가 추진되었고, 골족의 고유문화에 로마문화가 이식된 Gallo-romaine 문화가 형성되었고, 이 시대에 보급되어 변형된 라틴어가 프랑스 말의 기원이 되었다.

마르세유 지역에는 1세기부터 기독교가 전파되었는데, 성 라자루스(Lazarus)와 막달라 마리아, 심지어는 예수 본인이 프로방스 지역에서 살다가 선종하였다는 설도 있으며,[1] 313년 콘스탄티누스 황제가 밀라노 칙령으로 기독교를 허락하기 전까지 로마의 탄압에 의하여 프랑스 지역에서 많은 순교자가 나왔다.

4세기경부터 라인 강 북쪽에서 부르군트 · 고트 · 알라만 · 프랑크 등 여러 게르만 족들이 침입하기 시작하였고, 451년에는 훈(Hun)족의 아틸라(Attila)도 침입하였다. 4~5세기에 걸친 게르만 민족의 대이동 시에 프랑스 동북부는 프랑크(Frank)족 · 서남부는 고트(Wisigoth)족 · 동남부는 부르군디(Burgundy)족이 점령하였다.

476년 로마 붕궤 후의 혼란기에 프랑크 족의 하나인 메로빙의 족장 클로비스(Clovis, 466~511)가 486년 프랑크 왕국을 건설하여 메로빙거(Mrovingiens) 왕조(481~752)가 시작되었다. 점차 고트족과 부르군디족을 물리치고 세를 확장하여 갈리아 대부분을 차지하게 되었다. 이후 소수 지배민족인 프랑크족과 다수 피지배 민족인 골족 간의 동화가 서서히 진행되었다. 클로비스는 508년 랭스 대성당

1) 자라루스 또는 라자로는 죽은 지 3일 뒤 예수가 살려내었던 사람으로서, 전승에 따르면 성 라자로와 그의 누이들인 성녀 마르타, 성녀 마리아가 유다인들의 박해를 피해 배를 타고 프랑스 남부 아를 인근의 생트마리드라메르(Saintes-Maries-de-la Mer)에 상륙했다고 한다. 프로방스 전승에서는 성 라자로가 마르세유의 초대 주교로 활동하였으며, 성녀 마르타는 타라스콩의 괴물을 퇴치하였다 한다. 이들의 무덤이 베즐레와 부르군디의 수도원에 안장되어 있어, 순례자가 많다.

에서 레미기우스 주교의 세례로 로마 가톨릭으로 개종하여 아우구스투스(Augustus)라는 칭호를 받았고, 동로마의 아나스타시우스 교황으로부터 로마집정관의 칭호도 받았다. 이후 가톨릭은 프랑스 혁명 때까지 프랑스의 국교이자 정신적 지주로 되었고, 프랑스는 가톨릭 교회의 맏딸(長女)로 불리고 있다.

메로빙거 왕조의 실권은 732년 투르-푸아티에 전투에서 이슬람군의 프랑스 침공을 막은 유능한 궁재(宮宰) 샤를 마르텔(Charles Martel, 688~741)에게 넘어갔고, 751년 그의 차남 피핀(Pippinus III Brevis, 재위 751~768)이 왕으로 추대됨으로써 카롤링거 왕조(Carolingiens)가 시작되었다. 754년 동로마 교황 스테파노 2세는 생드니 대성당에서 피핀에게 세례를 행하고 '로마의 귀족' 칭호를 주었고, 프랑크의 왕은 피핀 가문에서만 선출하도록 지시하였다. 피핀은 그 보답으로 이탈리아의 교황 영지에서 롬바르드족을 축출하고 기증하였는데, 그 지역이 교황청이 되었다. 피핀의 아들 샤를마뉴(Charlemagne 카롤루스 대제, 재위 768~814)는 영토를 확장하여 갈리아 지방 전체와 이탈리아 북부, 라인 강 유역 일대에 걸친 대제국을 건설하였다. 회교도의 유럽침입을 막고, 점령지역의 이교도를 개종시켜, 800년 성탄절에는 베드로 대성당에서 교황 레오 3세에 의하여 신성로마 황제 '아우구스투스'로 추대되었던 것이다.

프랑크 왕국은 843년 샤를마뉴의 세 아들간의 베르 협정(Traité de Verdun)으로 동·중·서 프랑크 3국으로 분할되었고, 연이은 내분으로 약화되었으며, 서 프랑크였던 프랑스 지역에서는 유력한 영주였던 로베르(Robert) 가(家)의 위그 카페(Hugues Capet 재위 987~996)가 987년 왕으로 선출되었다. 이후의 프랑스 왕은 나폴레옹 계 외에는 모두 카페 왕조(Capétiens)로서 루이 필립 1세(재위 1830~1848)까지 모두 36명이 있었다. 카페 본가는 1328년 샤를 4세로 단절되었으나 분가 발루아 왕조(Dynastie des Valois, 1328~1589년)와 부르봉 왕조(Dynastie des Bourbons, 1589~1791, 1815~1848)가 본가를 계승하였다.

제2절 프랑스 혁명 전의 제반 상황

1. 종교상황

(1) 십자군 전쟁

교황 우르바노 2세는 셀주크 제국의 술탄 알프 아르슬란의 공격 등을 이유로 "성스러운 교회를 수호할 수 있도록 이교도들에게 맞설 원군을 보내 달라"는 요청을 하였고, 1095년 11월의 클레르몽 공의회에서 십자군(Crusades)을 파견할 것을 강력히 설득하였다. 1096년 제1차 십자군으로부터 1270년 제8차에 이르기까지 유럽 여러 나라의 군대가 예루살렘 방면으로 출병하였다. 그 결과 많은 영주들이 파산하였고, 기사들도 다수 사망하여 왕권이 강화되었다.

교황 인노첸시오 3세(Innocentius PP. III 재위 1198~1216)가 제4차 십자군을 조직할 당시에는 교황은 왕들과 민중을 확실히 지배하고 있었으나, 십자군 전쟁이 실패로 끝나자 교황의 권위가 떨어졌고, 민중은 마호메트가 그리스도보다 강대한 존재가 아닌가하는 순박한 의문을 품게 되었으며,[2] 국왕들도 교황에게 불손해지기 시작하였다. 1348년부터 1360년까지 흑사병이 창궐하자 신의 선의를 의심하게도 되었다.

(2) 프랑스 국왕과 교황과의 갈등

– 필리프 4세와 보니파시오 8세 교황 간의 갈등

필리프 4세(Philippe IV 재위 1285~1314)는 잉글랜드 에드워드 1세와의 전쟁 비용을 마련하기 위하여 1296년 프랑스 교회와 성직자에게 세금을 부과했다. 교황 보니파시오 8세는 '클레리키스 라이코스(Clericis Laicos)' 칙령으로 군주가 교회나 성직자에 대하여 세금을 징수하는 것을 금지했다. 이에 맞서 필리프 4세는 화폐의 국외반출을 금하는 등 강력한 조치를 취했다. 이 갈등은 교황이 양보하여 봉합되었다.

1301년 필리프 4세가 프랑스 성직자를 반역죄로 체포하여 갈등이 재현되었

---

2) 앙드레 모루아, 신용석 역(2022), 「프랑스사」, 김영사, 219면.

다. 교황은 즉시 석방을 요구하며 필리프 4세에게 부여했던 프랑스 교회와 성직자에 대한 임시세 징수권을 철회하는 등 강경하게 대응했다.

필리프 4세는 프랑스 역사상 처음으로 1302. 4. 10. 파리의 노트르담에 3부회를 소집하여 국민의 지지를 얻어내었다.

교황은 로마에서 공의회를 개최한 후 1302. 11. 18. 세속권력에 대한 교황권의 절대우위를 주장하는 우남상탐(Unam Sanctam)이라는 칙서를 발표하며 파문도 불사하겠다고 하였다. 필리프 4세는 교황칙서를 불태우고 교황 보니파시오 5세의 이단 혐의와 전임 교황 첼레스티노 5세에 대한 암살 혐의 등을 고발할 것을 선언하였다.

교황이 필리프 4세에 대한 파문을 추진하자, 필리프 4세는 총신 노가레(Guillaume de Nogaret)를 교황이 머물고 있던 아나니(Anagni)로 보내어 1303. 9. 7. 교황을 생포하고 퇴위시키려 하였다. 교황은 사임을 거부하였으나, 10월 11일 정신적 충격으로 별세하였다.

– 아비뇽 유수

보니파시오 8세의 후임으로 선출된 교황 베네딕토 11세가 8개월 만에 사망하였다. 추기경들이 필리프 4세와 화해를 모색하는 친 프랑스파와 복수를 요구하는 반 프랑스파로 나뉘어졌고, 1305년에야 프랑스 출신 베르트랑이 교황 클레멘스 5세로 선출되었다. 그는 프랑스 왕실이 지지한 대주교였고, 리옹에서 프랑스 국왕 참석 하에 즉위하였다.

이후 교황 클레멘스 5세는 프랑스 왕의 강력한 간섭을 받고, 프랑스 남부 아비뇽(Avignon)에 체류하였고, 1309년에는 아비뇽을 교황청으로 하였다. 1377년까지 70년간 아비뇽에서 7명의 교황이 배출되었다.

– 성전기사단 해체

필리프 4세는 십자군을 통하여 많은 재산을 보유하고 있던 성전기사단 3,000여명을 1307년 체포하여 54명을 화형에 처하였고, 교황 클레멘스 5세를 압박하여 재산 몰수와 종단 해산의 처분을 인준하게 하였다.

– 승리왕 샤를 7세(Charles VII 재위 1422~1461)와 부르제의 국무칙서

샤를 7세는 1438년 곤경에 처해 있던 교황 에우제니오 4세에게 강요하여 그 때까지 교황에게 상납하던 수입의 일부를 국왕에게 바치도록 하는 부르제의 국무칙서를 발표하게 하였다.

– 프랑수아 1세(François Ier 재위 1515~1547)와 교황 레오 10세의 협약

레오 10세가 부르제의 칙령을 폐기하려 하자, 프랑수아 1세는 1516년 주교 선정은 왕이 하되 교황이 서임하기로 하는 한편, 성직자의 성록(聖祿)은 왕이 정하고, 교황은 성직자의 최초 연도의 연수입을 초입세로 가져가도록 교황과 타협하였다. 소르본 대학은 이 협약이 신을 모독하는 것이라며 반대하였으나 대혁명 때까지 강행되었고, 이후 교회가 국가권력에 예속되었다.

– 태양왕 루이 14세(Louis XIV 재위 1643~1715)와 보쉬에의 '프랑스 성직자 선언'

1681년 파리에서 열린 성직자 회의에서 왕권신수론자 보쉬에(Jacques Benigne Bossuet)가 작성한 4개 조의 '프랑스 성직자 선언'이 발표되었다. 요지는 세속사에 관하여 교황은 권한이 없고 왕권이 절대적이며, 성직자 회의인 프랑스 공의회가 교황권 위에 있다는 것이었다. 교황 알렉산데르 8세는 1690년 이 선언이 무효라고 주장하였고, 1870년 제1차 바티칸 공의회에서 공식적으로 부인되었다.

(3) 문예부흥과 종교 개혁

– 위클리프(John Wycliffe)의 가톨릭 교회 비판과 영어판 성서 간행

영국의 신학자 위클리프는 성직자의 타락과 교회의 세속화를 비판하고, 성서만이 유일한 권위라고 주장하면서 1382년 영어판 성서를 출간하여 교황청의 금기를 깨뜨렸다.

– 후스(Jan Hus)의 가톨릭 교회 비판

체코의 신학자 얀 후스도 같은 주장을 하였는데, 영국 왕과 같은 보호자가 없어 1411년 대립교황[3] 요한 23세에 의해 파문당하였고, 콘스탄츠 공의회

(Konstazer Konzil)의 결정에 따라 1415. 7. 6. 화형에 처해졌지만, 마르틴 루터 등 알프스 이북의 종교개혁가들에게 큰 영향을 끼쳤다.

– 루터(Martin Luther)의 가톨릭 교회 비판과 독일어판 성서 간행

독일의 수도사 루터는 1517. 10. 31. 비텐베르크 성당 대문에 95개 조의 교회 개혁안을 못질해서 붙여놓았고 1522년 9월에는 독일어 성서를 출간하였다. 루터는 교황청 세력이 현세의 소유와 권리를 포기해야 하며 초입세 · 면죄부 판매 · 십자군 전쟁세 등 부조리한 관행을 없애야 한다고 선언했다. 교황 레오 10세는 1521. 1. 3. 루터를 파문하였고, 재판을 시도하였지만 작센 선제후 프리드리히 3세가 보호하여 벌하지 못하였으며, 이에 영향 받은 농민들이 1524년 봉기를 일으키는 등 유럽 전체에 큰 영향을 끼쳤다.

루터를 따른 프로테스탄트 교회는 1555년 9월의 아우크스부르크 화의(Augsburger Friede)[4)]로 공인되었다.

– 르네상스 휴머니즘과 종교개혁 사상의 도입

14세기에 이탈리아에서 시작된 르네상스 휴머니즘은 1495년 베네치아에서 마누티우스(Aldus Manutius)가 만든 인쇄기를 통하여 유럽에 널리 퍼졌다. 1521년 파리대학 교수 르페브르(Jacques Lefèvre)와 주교 기욤 브리소네(Guillaume Briçonnet) 등이 설교와 종교 생활 전반의 질을 향상시키는 것을 목표로 모오 서클(Circle of Meaux)을 결성하였는데, 왕실 사서 뷔데(Guillaume Budé) · 기욤 파렐(Guillaume Farel)[5)] · 마르그리트 드 나바르(Marguerite de Navarre)[6)]도 구성

---

3) 대립교황(對立敎皇 Antipapa)이란, 가톨릭 교회에서 교황이 복수로 존재한 경우에 정통교황으로 인정받지 못한 교황을 칭하는 호칭이다. 요한 23세(재위 1410.5.17.~1415.5.29.)는 정통교황으로 칭해진 로마교황 그레고리오 12세(재위 1406.11.30.~1415.7.4.)와 대립교황인 아비뇽 교황 베네딕토 13세(재위 1394.9.28.~1423.5.23.)을 모두 사퇴시켜 분열을 종식시키려 시도하였다가 실패하자 피사 추기경들이 옹립한 제3의 대립교황이었다.

4) 그 조약에서 ① 225개 독일 공국의 제후에게 각자 종교를 선택하고, 선택한 종교를 자신의 신민들에게 강요할 수 있는 권리를 부여하였고(cuius regio, eius religio 원칙), ② 가톨릭 주교령(prince-bishoprics)에 거주하는 루터교인은 자신들의 신앙을 지속할 수 있게 되었으며, ③ 루터파는 1552년 파소 조약(Treaty of Passau) 이후 가톨릭 교회로부터 빼앗은 영지를 계속 유지하고, ④ 루터파로 개종한 가톨릭 주교영주(prince-bishop)는 자신의 영지를 포기하게 되었다(reservatum ecclesiasticum 원칙).

5) 그는 1530년 제네바로 추방되었고, 칼빈을 제네바로 초청하였으며, 주기도문을 번역하였다.

원이 되었다. 르페브르는 원문 성서를 연구하고는 "원본 연구를 포기하여 수도원이 몰락하고, 경건한 신앙이 소멸하고, 사람들이 천국의 행복보다 지상의 재산을 바라게 되었다"고 하고, 구원은 신앙으로 얻는 것이지 헌납으로 얻는 것이 아니라고 하였으며, 1530년 프랑스어 성서를 간행하였다. 그들은 구원이 하나님이 거저 주시는 선물이라는 믿음(Sola fide)에 초점을 맞추었고, 기도에 있어서 이해의 중요성을 강조했으며, 참된 믿음의 성장을 방해하는 성직자들을 비판하였다.

– 칼뱅(Jean Calvin)의 종교개혁

파리에서 문학과 신학을, 오르레앙에서 법학을 공부한 칼뱅은 1530년경 어느 날 가톨릭으로부터 회심하였다. 니콜라스 콥(Nicolas Cop)이 1533년 파리 대학장으로 취임할 때 칼뱅이 초안한 "검이 아니라 말씀에 기초한 교회의 평화 · 모든 학문의 유용성 · 성경적이고 복음적인 개혁"을 주장하는 연설을 하였다가 교회와 왕실의 진노를 샀다. 그 후 칼뱅은 위그노 탄압을 피하여 스위스의 바젤 · 제네바 등지로 피신하였고, 1536년 「기독교 강요(Institutio Christianae religionis)」를 간행하였으며, 제네바가 자유도시로 독립한 후 제네바의 교회와 정치를 지도하였다.

그는 구원은 전적으로 하나님에 의하여 주어지는 은총이라고 하면서 금욕적인 경건한 삶을 강조하였고, 교황뿐만 아니라 국왕으로부터의 신앙자유를 주장하여 정교분리와 국교설립금지 그리고 종교활동 자유 원칙의 근원이 되었으며, 직업소명설(職業召命說)로 상공업자들의 평등도 보장하였다. 회중교회[7]와 개혁교회, 특히 장로교회가 그의 신학을 따르고 있다. 칼뱅교회는 1848년 베스트팔렌 조약(Westfälischer Friede)[8]에 의하여 공인되었다. 막스 베버(Max Weber)는 1905

---

6) 그녀는 프랑수아 1세의 여동생으로서 편지에서 "내 생각에 종교개혁은 정말로 옳고 필요한 일 같아서, 내가 계속해서 어정쩡하게 머뭇거리고 있는 것은 하나님께 충성스러운 일이 못 되고 비겁한 일이며, 내 양심에도, 내 백성들에게도 그러할 것이라고 생각합니다."라고 밝혔다. 그녀의 딸 잔 달브레(Jeanne d'Albret)는 나바르 왕 앙투안(Antoine de Bourbon)과 재혼, 나바르 여왕이 되어 위그노 보호를 위하여 진력하였으며, 그 부부의 차자가 부르봉 왕조 초대 왕 앙리 4세가 되었다.

7) 회중교회(會衆敎會, Congregational Church)란 회중들의 의견에 따라서 교회의 결정과 정치를 행하는 교회이다. 영국에서 개혁주의 공동체가 설립된 이후 형성되었고, 그들이 1620년 May Flower 호를 타고 플리머스(Plymouth)로 감으로써 미국교회가 형성되었다.

년에 간행한 「프로테스탄트 윤리와 자본주의 정신」에서 청교도들의 경건한 삶이 자본주의를 발생시켰다고 하였는데, 칼뱅주의 신앙을 가진 상공인들이 서구 민주주의와 경제의 중심세력이 되었다.

– 유리주의(唯理主義, Rationalism) 사상의 가톨릭 교리 부인

프랑스의 백과전서파와 자유주의 사상가들은, 이성(理性)만이 바른 인식의 원천이고 하느님의 계시는 결코 이러한 인식원리가 될 수 없다고 주장하였다.

(4) 위그노(Huguenot)와의 갈등

– 위그노의 발생과 탄압

1518년 무렵 마르틴 루터의 저작이 프랑스에 전해지면서 소르본 대학의 학자들이 루터에게 공감하였다. 그러나 루터가 파문된 1521년 이후로는 개신교 신앙을 가진 자는 화형을 당하거나 망명을 선택할 수밖에 없었다. 1523. 8. 8. 아우구스티노 수도회 수도자 장 바리에르가 화형을 당하였고 이후 많은 박해가 행하여졌다. 르페브르 교수는 마르그리트의 보호를 받아 처형을 면하고 1530년 나바르(Navarre)로 추방당하였다.

프랑스 개신교도는 위그노(Huguenot)라고 경멸적으로 불리게 되었는데, 그 어원에 관하여는 '얀 후스'·독일어의 '동맹(Eidgenossen)' 등 여러 견해가 있으나 불명확하다.

1546년 제네바에서 160명의 목사가 파견되어 프랑스 최초의 개혁교회가 만들어지고, 1559년에는 지하에서 신앙고백 대회가 열려 프랑스 개신교회가 지하에서 자리 잡게 되었다. 개신교회는 왕권을 옹호하는 가톨릭 교회에 반발하는 대귀족, 청부(淸富)를 주장하는 개신교에 호감을 가진 부르주아 상공인, 농민들을 중심으로 퍼져나가, 1562년에는 1,200~1,250개의 교회에 200~300만 명(인구 10% 이상)의 프로테스탄트로 크게 증가하였고, 프랑수아 1세의 생질녀 잔 달브

---

8) 그 조약 중 신앙 부분 요지는 "① 모든 진영은 각 제후에 로마 가톨릭교회, 루터교회, 또 이제 개혁교회 중 자신의 종교를 결정할 권리를 부여한 1555년의 아우크스부르크 화의를 인정한다(cuius regio, eius religio). ② 자기네 종파의 교회가 없는 공국에 사는 그리스도 교인은 할당된 시간 동안 그리고 사적으로 공적인 신앙 의식을 치를 수 있다."이다.

레(Jeanne d'Albret) · 콩데(Louis 1er de Bourbon-Condé) 친왕 · 콜리니(Gaspard de Coligny) 제독 등 왕족 일부와 주요 귀족들도 가담하여 당파적 성격을 띠게 되었다.

– 위그노 박해와 카테리나 태후의 유화정책[9]

1534. 10. 18.에는 파리 · 오를레앙 등 여러 도시에 가톨릭 교리를 비판하는 문서가 내걸리는 격문사건(affaire des placards)이 발생했고, 프랑수아 1세의 침실 문에서도 발견되었다. 격노한 프랑수아 1세는 1536. 2. 21. 노트르담 사원 앞에서 많은 사람을 처형하였고, 다수가 망명하였다. 1543년에는 소르본 대학 전 직원에게 '신앙조항'에 서명할 것을 강요하고 거절한 사람을 화형하였다. 1545년에는 24개 촌락 300호의 가옥을 태우고 3,000명을 살해한 메린돌(Mérindol) 대학살도 일어났다.

앙리 2세(Henri II 재위 1547~1559)는 더욱 엄격하여, 1547년 파리고등법원에 화형재판소를 설치하고 밀고자에게 이단자의 재산 1/3을 지급하게 하였으며, 1551년에는 샤토브리앙 칙령(Édit de Châteaubriant)으로 제네바에서 출판된 책을 금서로 정하고, 이단에 대한 박해를 합법화하였다. 1559년에는 에쿠앙 칙령으로 위그노를 재판없이 처형할 수 있게 하였다.

그런데 그는 1559년 카토 캉브레지 조약에 따른 장녀 엘리자벳과 스페인 왕 펠리페 2세와의 결혼 및 여동생 마르그리트와 필리베르토 사보이아 공작과의 결혼을 축하하는 마상 창 시합에서 몽고메리 백작 가브리엘의 창에 다쳐 사망하였고, 정치적 공백이 발생하였다.

장남 프랑수아 2세(François II 재위 1559~1560)가 15세에 즉위하였는데, 왕의 장인 프랑수아 드 기즈(François de Guise) 공작과 공작의 동생으로서 가톨릭 교회의 수장인 로렌 추기경 루이 드 기즈가 실권을 장악하고 교황과 국왕의 권력을 모두 쥔 독재자로 군림하였다. 그들은 이단자를 철저히 숙청하려 하였으므

9) 임승휘(2008), "프랑스 종교전쟁과 관용개념의 탄생 – 푸아시(Poissy) 회담(1562)에서 낭트칙령(1598)까지 –", 「이화사학연구」 제37권, 이화여자대학교 이화사학연구소, 289~315면; 이동수(2018), "16세기 위그노전쟁과 정치적 정의로서의 화해", 「정치와 공론」 제23권, 한국정치평론학회, 1~22.

로, 장 뒤 바리(Jean du Barry) 등 위그노 귀족들이 젊은 왕을 납치하여 기즈의 권력을 무너뜨리기로 모의하고 1560. 3. 17.을 거사일로 정하고 앙부아즈 성(Château d'Amboise)에 집결하기로 하였다. 그러나 사전에 기즈 공작에게 발각되어 1,200명이 교수형을 당하였고, 위그노의 후원자였던 콩데 친왕도 사형을 선고 받았다.

그러나 왕이 1560. 12. 5. 병사하여, 기즈 가문은 실권하고, 왕의 동생 샤를 9세(Charles IX 재위 1560~1574)가 10세의 나이로 즉위하였으며, 이탈리아 메디치 가문의 상속자이자 교황 클레멘스 7세의 재종손녀인 모후 카테리나 메디치(Caterina Maria Romula di Lorenzo de' Medici)가 섭정을 맡았다. 태후는 약화된 왕권을 회복하기 위하여, 1561. 4. 19. 앙부아즈 칙령으로 콩데 친왕 등을 사면함으로써 기즈 세력을 견제하였고, 또한 7월의 로모랑탱 칙령으로 가톨릭을 국교로 인정하되 종교문제에 대한 세속법정의 개입을 차단하여 사형을 선고하지 못하게 함과 동시에 칼뱅주의자들에게 양심의 자유를 허용하였다. 1562년에는 생제르맹(Saint Germain) 칙령으로 위그노들이 총회를 소집하거나 자금을 모으거나 군대를 모집하는 것은 금지하되 도시 밖의 제한된 지역에서 자유롭게 예배드리는 것은 보장하였다.

– 바시 학살 사건과 위그노 전쟁의 발발

기즈 가문은 카테리나의 유화 정책에 불만을 품었고, 1562. 3. 1. 기즈 공작의 군대가 파리 인근의 시골 마을 바시에서 창고에 모여 예배를 드리던 위그노를 학살한 바시 학살사건(Massacre of Vassy)이 일어났다. 위그노 23명이 죽고, 130명이 부상당하였다. 콩데는 왕을 악인들로부터 해방시키겠다면서 오를레앙을 점령하였고, 전국적으로 위그노들이 봉기하여 격전이 벌어졌다. 1562년 루앙 공성전에서 나바르 왕 앙투앙이 전사하였고, 12월의 드뢰(Dreux) 전투에서 콩데는 기즈 공작의 포로가 되었으며, 1563년 2월에는 기즈 공작이 오를레앙 전투에서 위그노 장(Jean de Poltrot de Méré)의 총격을 받고 사망하였는데, 기즈 가에서는 콜리니 제독을 배후로 보았다. 이 제1차 위그노 전쟁은 태후의 1563. 3. 3. 앙부아즈 칙령(édit de Amboise)을 통한 협상으로 진정되었다.

1562. 9. 22. 위그노와 체결한 햄프턴 코트 조약(Treaty of Hampton Court)에 따라 출병하였던 엘리자베스의 군대도 1563년 7월 영국으로 돌아갔으나, 분쟁을 끝나지 않았다.

– 미셸라드(Michelade)와 제2차 위그노 전쟁(1567~1568)

태후의 사위이기도 한 스페인의 펠리페 2세가 스페인령 네델란드에서 발생한 프로테스탄트 반란을 진압하기 위해 군대를 보내는 등 가톨릭 측 움직임이 계속되자, 불안해진 프로테스탄트들은 군사적 준비를 해 나가면서 1567년 9월 샤를 9세를 납치하여 자신들의 진영에 묶어놓으려 했지만 이 모의는 실패했다. 프랑스 남부의 님(Nîmes)에서는 마을의 군사지휘권을 두고 분쟁이 있던 중 성 미카엘의 날인 1567. 9. 29. 위그노 시위대들이 80~90명의 가톨릭 성직자 등을 학살하는 사건(Michelade)이 발생하였다.

이로 인하여 파리 북부의 생드니(Saint-Denis)에서 양군이 대치하였는데 왕군이 우세였으나, 74세였던 왕군 총사령관 몽모랑시(Anne de Montmorency) 중장이 1567. 11. 10. 사망하였다. 샤를 9세는 종교가 다른 것과 반역자는 구분되어야 한다는 칙령을 발함과 동시에 무기를 내려놓는 위그노에 대한 보호를 약속했다. 협상 끝에 1568. 3. 23. 롱주모 협정(édit de Longjumeau)이 맺어졌다. 1563년의 앙부아즈 칙령을 재확인하는 한편, 콩데를 포함한 모든 위그노들의 재산과 명예회복 약속이 되었다. 콩데는 “왕의 훌륭한 친척이며 신실한 신하이자 봉신”이라는 칭호도 받았다.

– 제3차 위그노 전쟁(1578~1580)

휴전 후에도 1568년 여름에 가톨릭 교도들이 각지에서 위그노에 대해 박해를 가하자 위그노도 이에 보복하면서 가톨릭 교도를 살해했고 9월의 생모어 칙령에서는 위그노들의 예배가 다시 금지되었다. 신변의 위험을 느낀 콩데와 콜리니 제독 등 위그노 지도자들은 궁정을 탈출했지만 부하들 대부분은 잡혀 죽임을 당했다. 11월에 네델란드의 윌리엄 공이 군사적 지원을 하였다가 퇴각하였다. 위그노는 콩데 공 루이를 사령관으로 하여 프랑스 남서부의 군세와 독일에서 온 프로테스탄트 민병의 도움을 받아 강력한 군대를 편성하였다. 가톨릭 군은 왕의 동생인 앙쥬 공 앙리가 사령관이 되어 스페인·교황령·토스카나 대공국의 원군을 빌렸다. 1569. 3. 16.의 쟈르나크 전투에서 콩데가 전사하자 왕제는 시체를 장대에 매달아 끌고 갔다. 위그노는 15세인 콩데 공의 아들 앙리를 새로운 명목상 사령관으로 하고 콜리니 제독이 집권하여 싸웠고, 나바라 여왕 잔 달브레의 아들로서 16세인 앙리 드 베어룬을 지도자로 삼았다. 위그노는 패배하여 남서부로 후퇴하였다가 재편하여 1570년 봄에 툴루즈를 약탈하였고, 파리 방면으로 진군하였다.

샤를 9세는 1570. 8. 8.에 생제르망 평화조약을 체결하였는데, 그 내용은 위그노의 종교 자유를 상당히 증가시키는 한편, 라 로쉘(La Rochelle)·코냑(Cognac)·몽투방(Montauban)·라 샤리떼(La Charité)를 위그노 피난처로 선정하고 나바르의 왕자 앙리·콩데 공작 앙리 그리고 20명의 위그노 귀족으로 이 지역을 통치하게 하며, 법원의 모든 구성원 및 왕실과 도시의 관리, 그리고 두 종교가 혼재하는 도시에 사는 모든 귀족은 생 제르맹 조약을 준수하겠다는 맹세를 하도록 하는 것 등이었다.

– 성 바르톨로뮤의 대학살과 제4차 위그노 전쟁

가톨릭 측에서는 생제르맹 조약에 매우 반발하였고, 태후도 국왕이 콜리니 제독 쪽으로 기울어지는 것과 나바르의 여왕 잔 달브레(Jeanne d'Albret)가 프랑스 왕위에 근접하는 것에 불만이었다. 태후는 위그노와 가톨릭 간의 화해를 도모한다는 구실로 왕의 여동생으로서 '마고(Magot)'라는 애칭으로 불린 마르그리트와 나바르의 왕 앙리 드 부르봉의 정략결혼을 추진하였는데, 협의차 파리에 왔던 잔 달브레가 1572. 6. 8. 급작스럽게 사망하였지만, 1572. 8. 18. 파리에서 결혼식이 열렸고, 위그노 귀족들은 강력한 후원자인 나바르 왕의 결혼을 축하하기 위하여 모였다. 신랑은 800명의 수행원과 함께 상복을 입고 파리에 입성하였고, 부르봉 추기경의 집전 하에 혼배성사가 행해진 노트르담 대성당에 들어가지도 않았으며, 혼배성사에 참석한 신부는 고개를 숙이는 예법을 따르려 하지 않았다.

나바르 왕과의 결혼식이 마쳐지자 콜리니 제독은 위그노가 대세를 장악한 것으로 경신하고 스페인과의 동맹을 파기하고 영국 엘리자베스 1세와 동맹할 것을 추진하였고, 이에 동요된 태후는 기즈 공작(Guise, Henri de Lorraine)과 콜리니 제거 음모를 하였다. 8월 22일 4거리에서 콜리니 제독이 저격되었으나 다치기만 한 그는 프랑스가 나 같은 위대한 사람을 이렇게 대접하느냐고 항의하였고, 분노한 위그노 귀족들은 왕에게 약속한 바 신변보호 등 정의의 이행을 요구하면서 기즈 공작에 대한 분노를 표명하고 죽이겠다고 하였다.

왕이 수색을 명령하자 다급해진 태후는 왕에게 실토하고 콜리니를 제거하지 않으면 왕까지 파멸할 것이라고 설득하였다.[10] 기즈 공작과 그 일파는 8월 24일 아침 콜리니 제독의 숙소를 기습하여 그를 죽였다. 콜리니 제독의 시체는 창밖으로 내던져졌고 갈갈이 찢겼다. 또한 성 바르톨로뮤 축일인 25일부터 5일간에 걸쳐 대규모의 학살이 자행되어 위그노의 남녀노소는 아이까지 살해되었고, 약탈당했다. 파리에서 3,000~4,000명, 리옹 · 오를레앙 등 지방에선 10,000명 이상의 위그노가 희생되었다. 나바르 왕 앙리와 그의 사촌동생 콩데 공 앙리는 가톨릭에 개종하기로 함으로써 죽음을 면하고 루브르 궁의 포로가 되었다.

왕은 위그노 쿠데타를 막기 위해 암살을 명령했다고 하면서 축일을 선포했다, 그레고리우스 13세 교황도 특별 감사 미사를 집전하였고, 그 날을 축제일과 희년으로 정하였다. 1997년 8월에야 비로소 요한 바오로 2세가 가톨릭 교회가 개입한 사실을 시인하고 사과하였다.

군사행동이 이어졌는데, 가톨릭 군은 앙리 드 몽모랑시(Henri I de Montmorency)가 지휘하는 부대와 왕제 앙리가 지휘하는 부대로 나뉘어 전자는 소뮈에르(Sommières)를, 후자는 생 시르(Sancerre)와 라 로쉘(La Rochelle)을 포위했다.

1573년 5월 왕제가 폴란드 국왕으로 선출된 후 라 로쉘의 포위망이 해제되었고, 7월에 불로뉴 칙령(édit de Boulogne)으로 전투가 종결되었다. 모든 위그노들의 과거 행동이 사면되었고 신앙의 자유가 허락되었지만, 예배는 라 로쉘 · 몽트방 · 님의 세 도시에서만 그것도 집안에서만 허용되었다. 위그노 귀족들의 결혼식과 세례식 또한 허용되었지만 가족 외에는 10명만 참석할 수 있게 제한되

10) 앙드레 모루아, 앞의 책, 238~239면.

었다.

위그노 세력은 크게 약화되어 가톨릭 개종자가 속출했고, 국외 망명도 있었다. 남은 위그노 중에서는 군주 선택권은 백성에게 있으며, 폭군은 추방시킬 수 있다고 주장하는 폭군추방론자가 발생하였고, 가톨릭 중에서는 가톨릭과 프로테스탄트의 융화에 의한 왕권 확립을 주장하는 온건파도 발생하였는데 후자를 '뽈리띠끄(Politiques)'라고 불렀다.

– 제5차 위그노 전쟁(1574~1576)

왕제 앙리가 폴란드 왕이 된 후, 샤를 9세와 그의 막내 동생인 알랑송 공작 프랑수아 간에 불화가 생겼는데, 위그노들은 후원을 얻기 위해 알랑송 공작 주변에 모여들었다. 1574년 2월 생 제르망에서 나바르 왕 앙리와 콩데 공작 앙리를 구출하기 위한 위그노 공격이 있었으나 실패하였고, 동시에 노르망디 · 보르도 등지에서 위그노들이 봉기하면서 전쟁이 재개되었다.

샤를 9세는 건장한 육체에 승마와 사냥을 즐겼으나, 바르톨로뮤의 학살 사건 후에 우울병으로 고생하였고, 유전성 폐결핵이 악화되어 1574. 5. 30. 23세의 나이로 요절하고 말았다. 태후는 앙주 공 앙리를 국왕으로 추대하고 그가 귀국하기 전까지 섭정에 취임한다고 선언하였고, 앙리는 폴란드 왕위를 버리고 도망쳐서 1575. 2. 21. 랭스에서 프랑스 왕위에 올랐다. 이틀 뒤에는 기즈 공작(Guise, Henri de Lorraine)의 친척인 루이즈(Louise de Lorraine)와 결혼했다.

1575. 9. 13. 밤 왕세제인 알랑송 공작 프랑수아가 궁정에서 달아나 콩데의 군에 가담한 뒤 가톨릭계 신성동맹의 수장이 된 기즈 공작을 제거한다는 명목으로 반란을 일으켰으며, 팔츠 선제후 요한 카시미르(Johann Casimir von Pfalz-Simmern)도 위그노들을 돕기 위해 4,000명의 기병대를 이끌고 프랑스 영내로 진입하였다. 1576. 2. 3.에는 나바르 왕 앙리와 콩데 공작 앙리가 파리에서 탈출하고는 가톨릭 개종을 부인하고, 다시 세력을 결집하기 시작했다.

앙리 3세는 왕제 프랑수아와 협상하여 1576년 5월 볼리유 칙령(édit de Beaulieu)을 공표했다. 이 칙령으로 파리 내외의 모든 장소에서 프로테스탄트의 공식 예배가 인정되었고, 위그노의 안전을 보장하는 도시가 8개로 늘어났다.

– 가톨릭 동맹(신성동맹)과 제6차 위그노 전쟁(1576~1577)

왕실은 곤궁한 재정을 해결하기 위하여 기즈 공작을 수령으로 하는 동맹을 조직하여 교회의 권위를 재건하고자 하였고, 기즈 공작은 1576년 왕세제 프랑수아 등 뽈리띠끄파를 포함한 광범한 가톨릭 동맹을 결성하고는 볼리유 칙령 폐기를 요구하였다. 왕은 1576년 11월 블로아(Blois)에서 3부회를 열고, 전쟁 자금 지원을 요구하였으나. 거부당하였다. 12월에 푸아티에와 기엔에서 위그노들이 무장봉기하였는데, 영국과 독일의 신교 제후국이 소수의 군대를 피견하였다. 기즈 파는 스페인으로부터 확고한 지원을 받았다. 쌍방은 1577. 9. 14. 볼리유 칙령에서 위그노측이 양보받았던 부분 대부분을 철회하는 대신, 가톨릭 측은 동맹을 해체하기로 하는 베르주라크 평화조약(Paix de Bergerac)을 체결하였고, 왕은 6일 후 푸아티에 칙령(édit de Poitiers)으로 이를 확인하였다.

– 제7차 위그노 전쟁(1579~1580)

왕세제 프랑수아와 그 지지자들이 1579년 네덜란드의 대 스페인 반란에 개입하였고 지방에서 가톨릭과 위그노가 각자 자위권을 위해 무장하였는데, 1580. 11. 26. 왕세제와 플룩스 조약(édit de Fleix)을 체결하여 정리하였다. 이 조약에서는 그 간의 모든 조약을 확인하고 위그노의 권리를 규정하였다.

– 제8차 위그노 전쟁(세 앙리의 전쟁, 1587~1589)

1584. 6. 10. 왕세제 프랑수아가 폐렴으로 급서하였다. 그는 1582년 2월 네덜란드의 '국부' 오라녜 공 빌렘에 의해 네덜란드 왕으로 추대되었었고, 12월 병력을 이끌고 네델란드로 갔다가 환영을 받지 못하자, 1583. 1. 18. 무력으로 안트베르펜을 침공하였으며 대패한 뒤 프랑스로 돌아왔었고, 엘리자베스 1세와의 혼담이 진행 중이었다.

앙리 3세와 다른 형제들에게도 후사가 없었으므로, 앙리 3세의 매부인 나바르 왕 앙리 드 부르봉이 왕위계승권 1순위자가 되었다. 앙리 3세는 매부를 추정 후계자로 승인하면서 가톨릭으로 개종할 것을 요망하였지만, 그는 개종은 양심 문제라고만 답하였다.

가톨릭 측에서는 프랑스의 왕위가 개신교도에게 넘어가는 것을 반대하여, 가톨릭 동맹을 다시 일으키고 기즈 가문 등에서 후보자를 물색하는 한편 국왕을 압박하였다.

국왕은 가톨릭 측의 압박에 굴복하여 1585. 7. 7. 태후를 대리인으로 하여 기즈 공작과 느무르 조약(Édit de Nemours)를 체결하였는데, 그 내용은 이전의 모든 칙령을 취소하고 모든 위그노를 공직에서 해임하는 것 등이었다. 교황 식스투스 5세는 나바르 왕과 콩데 공을 파문하여 그들이 프랑스 왕위를 계승하지 못하도록 방해하였다.

1588. 5. 12. 기즈 공 앙리는 국왕의 금지를 어기고 파리에 입성하였는데, 기즈 만세를 부르는 군중들의 대환영을 받았다. 앙리 3세는 블루아로 피신하였고, 파리는 기즈가 장악하였다. 앙리는 7월 19일 11개항으로 된 루앙 연맹조약을 발표하였는데, 그 내용은 위그노에게 더욱 불리하였고, 상부르주 · 오를레앙 등 4개의 도시를 가톨릭 동맹에게 제공하도록 하여 왕에게도 불리하였다.

가톨릭의 대지주였던 스페인의 무적함대가 1599. 8. 8.부터 4일간 계속된 해전에서 영국에 패배하였다. 왕은 12. 23. 기즈 공을 자신의 방으로 불러 살해하고, 기즈 공의 동생 루이 또한 살해한 후 기즈의 측근들을 체포하였다. 대단히 실망한 태후도 1589. 1. 5. 별세하였다.

가톨릭 동맹은 왕을 궁지로 몰았고, 다수 대도시가 공개적으로 국왕에게 적대감을 표했으며, 3부회 · 대법원 · 모든 고등법원이 가톨릭 동맹을 지지하였다.

앙리 3세는 블루아에서 투르로 거처를 옮겼고, 1589. 4. 3. 나바르 왕 앙리와 1년 기한의 동맹조약을 체결하였다. 5월 8일 가톨릭 동맹군이 투르로 쳐들어왔으나, 나바르 왕의 구원을 받았다. 앙리 3세는 7월말 나바르의 앙리와 함께 42,000명의 병력을 이끌고 파리를 포위하였다.

– 부르봉 왕가의 출현과 낭트 칙령

앙리 3세는 1589. 8. 1. 도미니코파 수도자 자크 클레맹(Jacques Clément)의 칼에 찔렸고, 다음날 오전 3시경 나바르 왕을 후임자로 정하고 개종을 권한 뒤 별세하였다. 이로써 발루아 왕조가 단절되었고, 매부 앙리 드 부르봉이 부르봉 왕조의 초대 왕 앙리 4세가 되었다.

그러나 가톨릭 동맹의 지도위원회는 나바르 왕은 파문된 사람이므로 왕위를 계승할 수 없다는 성명을 내고 공격을 계속하였다. 그러나 앙리 4세가 가톨릭 동맹군을 격파하고 파리를 포위하자 전쟁을 기피하고 질서와 평화를 갈망하는 여론이 형성되었다.

"지금까지 한 길로 살아 온 사람이 왕국을 얻기 위해 개종한다면 경건한 가톨릭 신자들이 짐을 어떻게 생각할 것인가? 짐은 가톨릭 신자 중에서 프랑스와 명예를 사랑하는 사람들에게 기대를 걸겠다"라고 말하였던 앙리 4세는 "파리는 미사를 올릴만한 가치가 있다"고 하면서 1593. 7. 25. 생드니에서 백의를 입고 가톨릭으로 개종하였고, 1594. 3. 22. 파리에 입성하여 노트르담 대성당에서 미사를 올렸다.

장 보당(Jean Bodin)은 1577년부터 "군주는 주권 행사자로 어느 당파에 가담하면 그 당파의 수령에 불과해 당파투쟁으로 망신을 당할 우려가 있다. 군주는 어느 종교가 더 낫다고 판정하지 않아야 하고 특히 폭력활동을 포기해야 한다"라고 하면서 국가와 종교를 분리해야 한다고 주장하였다. 1598. 4. 13.의 '낭트 칙령(Édit de Nantes)'으로 위그노 120만 명가량이 안정을 찾았다. 이 칙령으로 개신교도의 신앙의 자유가 대폭 인정되었고 교육 등에서의 개신교에 대한 차별이 금지되었다. 개신교도 보호를 위해 라 로셰에 병력을 주둔시키고 150개의 요새를 건설한다는 내용도 포함되었으며 개신교를 탄압하던 칙령은 폐지되었다.

교황 클레멘스 8세는 "세상에서 가장 사악한 것"이라며 즉각 이 칙령을 비난하였다. 교황과의 관계는 1516년 프랑수아 1세와의 협약에 기초한 절충으로 1595. 9. 17. 클레멘스 8세가 파문을 취소하고 합법적인 왕으로 인정함으로써 정리되었고, 1549년 국왕과 국가의 적으로 규정되어 추방되었던 교황 직할의 예수회 교단이 1603년 복귀하였다.

– 루이 14세의 위그노 탄압

루이 14세는 가톨릭을 국교로 함으로써 절대 왕정에 대한 교황청의 지원을 받을 목적으로 1685. 10. 22. '퐁텐블로 칙령(Édit de Fontainebleau)'을 반포하여 낭트 칙령을 철회하고 위그노의 종교적 자유를 박탈하였으며, 이후 용기병(龍騎兵) 박해(dragonnades) 등으로 잔혹한 탄압을 하였다.

위그노 성직자들은 추방당했고 위그노들의 예배당과 학교는 폐쇄되었으며 강제개종도 당했다. 이 칙령으로 인해 상공업에 종사하던 신교도 수십만이 스위스·영국·네델란드·프러시아·북아메리카 등지로 망명하였다.

- 루이 16세의 관용 칙령

1760년대 위그노는 약 70만 명, 인구의 약 2% 정도로 줄었고, 사회적 위상은 크게 악화되어 엘리트 층에는 위그노를 거의 찾아볼 수 없었으며, 대부분 고립된 지역에 거주하는 농민이었다. 이들 중 프랑스 남부 산골짜기 세벤(Cevennes) 지방에 숨어살던, 카미자르(Camisards)라 불렸던 위그노는 1702년부터 1710년까지 중앙정부에 저항했다.

위그노들은 1787. 11. 7. 루이 16세의 '베르사유 칙령(Édit de Versailles)'으로 비로소 법적·시민적·종교적 지위와 권리를 갖게 되었고, 1789년 혁명 중에 제정된 인간과 시민의 권리선언(Déclaration des droits de l'Homme et du citoyen)에서 위그노의 권리가 확실히 보장되었다. 프랑수아 미테랑 대통령은 1985년 10월 낭트 칙령 폐지 300주년을 기념하여 전 세계의 위그노와 그 후손에게 사과하였다.

(5) 프롱드의 난(La Fronde)

루이 14세는 1643년 5세로 즉위하였으므로, 국정은 모후 안(Anne d'Autriche)과 추기경이자 재상인 마자랭(Jules Raymond Mazarin)이 한동안 주도하였는데, 프랑스의 세력가들은 모후는 스페인 출신이고 재상은 이탈리아 출신인 것, 그리고 왕이 어린 것을 빌미로 삼아 왕권을 경시하는 경향이 있었다.

30년 전쟁이 프랑스의 승리로 종결될 즈음인 1648년 봄 그들이 그 동안의 전쟁비용에 충당하기 위하여 세금을 인상하는 7개의 재정칙령을 발하자, 파리 고등법원의 법복귀족(法服貴族)들은 이 칙령의 등록을 거부함으로써 왕권에 반항하였고, 마자랭이 8월 26일 판사 2명을 체포하자 법복귀족들이 조세부담에 불만을 품은 하층 수공업자들을 선동해 9월 대대적인 봉기를 일으켰다. 튀렌 자작(Henri de La Tour d'Auvergne) 등 지방 대귀족들까지 가담하자, 마자랭은 루이 14세를 비롯한 왕실과 함께 파리 서쪽 뤼에유(Rueil)로 피신하였다. 반란이 재상의 집 창문에 돌을 던지는 것으로 시작되었기 때문에 투석기인 fronde가 반란의 명칭으로 되었다. 30년 전쟁에서 승리하고 1649년 1월 파리로 개선한 대 콩데(Louis II de Bourbon, prince de Condé, Grand Condé) 공작이 왕실을 지지하자 그 반란은 1649. 3. 11. 뤼에유 화의(Paix de Rueil)로 일단 종결되었고 왕가도 파리로 귀환하였다. 반란 주도자들은 사면되었고 튀렌 역시 용서를 받고 군직에 복귀했다.

그런데 대 콩데는 난을 진압한 영웅으로 자처하면서 마자랭의 퇴진을 요구하는 등 오만한 태도를 보였고, 섭정 안은 1650. 1. 14. 콩데와 그의 동생 등을 구금하였다. 그러자 콩데의 여동생 제네비에브(Anne Geneviève de Bourbon)는 스페인과 협상해 프랑스를 압박하는 방안을 모색하였고, 콩데의 아내 클레어(Claire-Clémence de Maillé)는 보르도로 가서 군대를 모집했다. 마자랭은 2월 콩데 등을 석방시키고, 파리를 떠나 은거했다. 콩데는 파리를 장악하고 파리 고등법원과 연대를 도모했지만 서로 이해관계가 맞지 않아 불화를 빚다가 1651년 9월 파리를 떠나 보르도에서 민중봉기를 일으켰고, 그 군대를 이끌고 파리로 진군해 1652년 4월 파리에 입성했다. 그러나 그가 스페인을 끌어들인 것에 분노한 파리 시민들이 봉기하자 바스티유의 대포로 왕군을 공격하기까지 하다가 같은 해 10월 스페인령 네델란드로 망명했다. 파리 주변에서 머물고 있던 루이 14세와 모후는 친왕세력으로 변신한 튀렌 자작의 호위를 받으며 1652. 10. 21. 파리로 귀환하였다.

콩데는 스페인 정부를 설득하여 프랑스를 침공하게 했다. 이후 발발한 프랑스-스페인 전쟁에서, 콩데는 튀렌 자작과 1653년부터 1658년까지 5년간 싸우다가, 1658. 6. 18. 뒨 전투에서 완패하였고, 1659년 6월 피레네 조약으로 전쟁이 종결되었다.

프랑스는 스페인 북부의 루시용(Roussillon)과 스페인령 네델란드의 아르투아 · 알자스 · 로렌 등 점령지에 대한 영유권을 인정받았고, 그 대신 스페인에 반란을 일으킨 뒤 프랑스 왕에게 충성을 맹세했던 카탈루냐(Catalunya) 지역을 스페인에 반환했다. 콩데는 사면되어 프랑스로 귀국했다.

이 사건 이후 루이 14세는 재상을 두지 않고 친정하여 절대군주정치를 하였고, 베르사이유에 궁전을 지어 파리를 떠났다. 1789년의 상황도 비슷하게 시작되었지만 다르게 전개되었다.

2. 국제관계 상황

(1) 영국과의 관계

– 개관

9세기 말에 노르만족이 프랑스 북부지역과 세느 강 유역에 침입하여 노르망디 지방을 장악하여 공국(公國)을 세웠고, 노르망디 공 윌리엄은 1066년 잉글랜드를 정복하여 왕이 되었다. 잉글랜드 왕은 프랑스에서는 프랑스 왕의 신하로 처신해야 하였으므로, 프랑스 내의 잉글랜드 영지 문제로 프랑스와 잉글랜드 간에는 불편한 것이 많았다. 1337년부터 5대에 걸쳐 116년간 프랑스 왕위계승권을 두고 다툰 영불간의 긴 전쟁은 1453. 7. 17. 카스티용 전투(Bataille de Castillon)에서 영국이 패퇴함으로써 종결되었다. 아르크의 잔(Jeanne d'Arc)의 기적적인 활약은 프랑스 국가의식 형성에 크게 기여하였다.

근세에 와서는 방직공업이 발달된 플랑드르(Flandre) 지방과 이탈리아 북부 도시지역 및 해외 식민지에 대한 지배권, 국제적 주도권을 두고 제2차 100년 전쟁이 벌어졌다. 1688년 루이 14세가 독일의 팔츠 궁정백[11] 계승권을 주장하여 개전한 것이 국제적인 9년 전쟁으로 되었고, 이후 스페인 왕위 계승 전쟁(1701~1714)・오스트리아 왕위 계승 전쟁(1742~1748)・프랑스 인디언 전쟁

11) 팔츠(Pfalz)란 신성로마제국 황제의 지방 궁전(라틴어 Palatium, 영어 palace)인데, 여기의 팔츠 선제후국(Kurfürstentum Pfalz)은 라인란트팔츠로서 오늘날 독일 연방의 라인란트팔츠 주의 팔츠 지역 그리고 인접한 프랑스의 알자스와 로렌 등 지역이다. '선제후(라틴어 Princeps Elector, 독일어 Kurfürst)란 독일왕 선거권을 가진 제후를 말하는 것인데, 대체로 독일왕이 신성로마제국의 황제로 되었으므로 상당한 위신을 가졌다. 마인츠・트리어・쾰른의 3 대주교가 성직제후였고, 세속제후로는 보헤미아 국왕(후의 오스트리아의 대공)・브란덴부르크 변경백(후의 프로이센 왕)・팔츠 선제후국・작센 공의 4곳이었으며, 그 외 바이에른 공국・하노버 공(1714년 이후 영국 왕 겸임)・잘츠부르크 대공・바덴 변경백・뷔르템베르크 공・헤센카셀 방백 등이 선제후가 되기도 하였다.

(1689~1763) · 7년 전쟁(1756~1763) · 미국 독립 전쟁(1775~1783) 등이 이어졌는데 합종연횡의 복잡한 전략으로 동맹이 변화되기도 하였으나, 영불은 대체로 앙숙이었다. 프랑스 혁명 이후에도 프랑스 혁명 전쟁(1792~1802) · 나폴레옹 전쟁(1803~1815) 등으로 각축이 계속되었고, 1차 대전에서 비로소 동맹국이 되었다.

– 영국왕 헨리 2세(Henry Ⅱ 재위 1154~1189)의 프랑스 내 영토 취득

헨리 2세는 외조부 헨리 1세로부터 받은 잉글랜드 외에 프랑스에 어머니 마틸다(Matilda)로부터 받은 노르망디, 아버지 조프루아(Geoffrey Plantagenêt)로부터 받은 앙주(Anjou) · 멘(Maine) · 투랜(Touraine) · 브루타뉴(Bretagne) 등을 가지고 있었고, 왕비 엘레오노르(Éléonore d'Aquitaine)가 지참금으로 가져온 아키텐(Aquitaine) · 푸아티에(Poitiers) · 귀엔(Guyenne) · 가스코뉴(Gascogne)를 포함하면, 프랑스 북부해안으로부터 피레네 산맥에 이르는 프랑스 면적 3/5에 달하는 광대하고 비옥한 영지를 가지고 있었다.

– 존엄왕 필리프 2세(Philippe Ⅱ 재위 1180~1223)의 잉글랜드 축출

필리프 2세는 헨리 2세의 아들들과 형제처럼 자랐고, 사자왕 리차드와는 3차 십자군 원정을 함께 가기도 하였지만, 리차드에게는 헨리 2세에게 반란하도록 부추기고, 막내 존에게는 리차드에게 반란하도록 부추기는 등 갖은 권모술수로 프랑스 내의 잉글랜드 영지 많은 부분을 빼앗았다.

존 왕은 1214년 신성로마제국 · 플랑드르 · 볼로뉴와 연합하여 프랑스를 상대로 전쟁을 벌였으나, 부빈 전투(Bataille de Bouvines)에서 패배하여 프랑스 내 영지를 모두 잃어 버렸고, 노르망디도 1259년 루이 9세와의 파리조약으로 프랑스 왕국에 정식으로 편입되었다.

– 발루아 왕조의 등장과 100년 전쟁

샤를 4세(Charles Ⅳ 재위 1322~1328)에게 후사가 없자, 그의 여동생 이사벨라가 그의 아들인 잉글랜드 왕 에드워드 3세의 왕위계승권을 주장하였으나, 여자에게 왕위계승권이 없다는 살리카 법 등을 이유로, 샤를 4세의 4촌 형인 필리프 6세(Philippe Ⅵ de Valois 재위 1328~1350)가 왕으로 추대되었다.

그 후 스코틀랜드의 데이비드 2세의 왕위 문제로 에드워드 3세가 전쟁을 일으켰을 때, 필리프 6세가 이에 개입하여 데이비드 2세를 지원하자, 에드워드 3세는 다시 프랑스 왕위를 요구하면서 1337년 전쟁을 일으켰다. 그 전쟁은 5대에 걸쳐 117년간이나 간헐적으로 계속되었고, 영국이 우세한 적도 많았으나, 잔 다르크의 출현으로 전세가 역전되었으며, 1453. 7. 17. 카스티용 전투(Bataille de Castillon)에서 영국이 패퇴함으로써 종결되었다. 평범한 문맹 시골소녀 아르크의 잔(Jeanne d'Arc)은 신의 계시를 받았다고 주장하면서, 1429. 4. 29. 오를레앙 전투에 참가한 이래 여러 전투를 이기고, 1429. 7. 17. 랭스 대성당에서 샤를 7세의 대관식을 성대하게 거행하게 하는 기적을 행한 뒤 영국군에 잡혀 마녀라고 재판받고 1431. 5. 30. 화형 당하였는데, 이것이 프랑스의 국가의식과 애국심의 형성에 큰 기여를 하였다.

교황청은 1456년 잔 다르크를 재심하여 이단 판결을 취소하였고, 원심 주교를 파문하였다.

(2) 네델란드와의 관계

네델란드는 스페인 영토였는데, 1581년 독립을 선언하였고, 1588년에는 잉글랜드와 연합하여 스페인의 무적함대를 격퇴시켰으며, 30년 전쟁 후 1648년의 베스트팔렌 조약으로 독립을 얻었다.

네덜란드는 1602년에 네덜란드 동인도 회사를 설립하여, 자바 · 수마트라 · 말라카를 식민지로 하여 향료 무역을 활발하게 하였고, 1624년 타이완 남부 제란디아 성 · 1626년 북미의 뉴암스테르담 · 1652년 남아프리카의 케이프 식민지 · 1656년 실론의 콜롬보 등으로 세력을 확장하였다.

영국의 크롬웰은 1651년 네덜란드의 중개 무역을 배제하기 위해 항해 조례를 만들었고, 제1차 영국-네덜란드 전쟁(1652~1653년)을 일으켜 네덜란드의 제해권에 타격을 주었다.

왕정복고 후 잉글랜드 군이 뉴암스테르담을 점령한 사건을 발단으로, 제2차 영국-네덜란드 전쟁(1665~1667년)이 일어났다. 전쟁의 결과 뉴암스테르담은 잉글랜드 영토가 되어 현재의 뉴욕이 되었다.

3차 영국-네덜란드 전쟁(1672~1674년)은 처음에 프랑스가 시작하였고, 영국도 프랑스에 협력하였다. 1673년 잉글랜드와 프랑스는 대함대를 조직하여 네덜란드를 공격했지만, 네덜란드 제독 데 로이테르에게 패퇴하였다. 이 후 네덜란드 총독 오렌지 공작 빌렘 3세(훗날 잉글랜드 왕 윌리엄 3세)는 오스트리아 · 스페인과 동맹을 맺고 프랑스를 포위하여, 프랑스군을 철수시켰다. 잉글랜드 의회는 찰스 2세의 친프랑스 노선 철회를 요구했다. 1677년 찰스 2세는 동생 요크 공작(후의 제임스 2세)의 딸 메리(훗날 메리 2세)를 빌렘에게 시집보내는 결혼동맹을 맺었고, 빌렘이 영국 왕으로 즉위한 뒤에는 프랑스와 네델란드는 대립을 계속하였다.

(3) 신성로마제국과의 관계

신성로마제국은 동 프랑크 왕국에서 연원하여 중세 초기부터 1806. 8. 6. 나폴레옹 1세의 라인 동맹으로 인하여 프란츠 2세가 제국의 해체를 선언할 때까지 중앙유럽에 있었던 다민족 영토복합체 제국이다. 구성한 영토 중 가장 큰 것은 독일 왕국이었고, 보헤미아 왕국 · 부르군트 왕국 · 이탈리아 왕국 등이 있었으며, 베스트팔렌 조약으로 300여 개의 영방국가(領邦國家)로 쪼개졌었다.

– 30년 전쟁(1618~1648년)

프랑스와 신성로마제국은 30년 전쟁에서 격돌하였다. 그 전쟁은 신성로마제국 황제 페르디난트 2세가 가톨릭 신앙을 강제하고 개신교를 축출하는 정책을 시행하자 개신교 세력이 반발함으로써 발생하였다. 1618. 5. 23. 보헤미아 프로테스탄트 귀족들이 신앙의 자유를 보장했던 '황제칙서(Majestätbrief)'의 엄격한 시행을 요구하기 위하여 흐라드신(Hradschin) 왕궁을 방문하였는데 궁정 관리들이 귀족들의 요청을 묵살하자 격분한 귀족들은 페르디난트 2세가 임명했던 섭정관 야로슬로프 폰 마르티닉(Jaroslov von Martinic) 등을 창문 밖으로 던져 버렸고, 페르디난트 2세는 보헤미아의 프로테스탄트 세력에 대해 전면전을 선포하였던 것이다.[12)]

12) 조용석(2019), "30년 전쟁과 베스트팔렌 평화 조약 연구", 「신학사상」 제184권, 한신대학교 신학사상연구소, 329면.

그러자 보헤미아 왕국은 합스부르크 가문에 반대하여 프리드리히 5세 폰 팔츠 선제후를 그들의 황제로 선출했고 프리드리히 5세는 왕위를 제후 동맹의 승인 없이 받아들였다.

로마가톨릭이 대부분이었던 남부의 제후국은 이에 반대하여 바이에른 선제후를 중심으로 가톨릭 제후연맹을 결성하고 황제를 지지하였다. 1620년 백산 전투에서 황제군은 반란을 제압했으나 유럽의 개신교 국가들은 이를 비판했다.

보헤미아에서 가톨릭군의 잔학 행위가 이어지자 작센 선제후국이 개신교 제후동맹을 지지하고 나섰고, 스페인이 신성로마제국을 지지하며 전쟁에 참여하였다. 1625년 잉글랜드 왕국을 위시하여, 덴마크-노르웨이 · 네덜란드공화국 · 브라운슈바이크뤼네부르크 공국 · 브란덴부르크-프로이센, 1630년에는 스웨덴 제국의 구스타브 2세 아돌프도 개신교 측에 가담하였다. 프랑스의 루이 13세(1610~1643)와 루이 14세(1643~1715)는 가톨릭을 국교로 하고 있었지만 신성로마제국과 스페인을 견제하기 위하여 스웨덴 제국 및 오스만 제국과 동맹을 맺고 1635년부터 개신교 편으로 참전하였고, 네덜란드와 스위스 및 포르투갈의 독립을 지원하였으며, 교황 바오로 5세 · 베네치아공화국 등과도 동맹을 맺었다.

한 동안 가톨릭 군이 우세하였으나, 스웨덴 · 네델란드 · 프로이센, 특히 프랑스 튀렌과 콩데 군대의 승리로 신성로마제국은 패전하게 되었고, 1648. 10. 24. 베스트팔렌 조약이 체결되었다.

30년 전쟁으로 1555년의 아우크스부르크 화의에서 부인된 칼뱅파의 개혁교회를 포함하여 개인의 종교의 자유가 공인되게 되었다. 스페인과 합스부르크 왕가의 위상이 추락되었고, 프랑스와 스웨덴이 강국으로 인정되었으며, 브란덴부르크 선제후국이 프로이센 공국을 거점으로 하여 새로이 부상하였다. 네덜란드와 스위스는 완전한 독립국으로 승인받았으며 신성로마제국 소속 국가들에게는 주권이 인정되었다. 수백만 명이 사망하였고, 독일의 전 지역이 황폐되었으며, 가톨릭이 크게 약화되었다.[13)]

13) 정원래(2018), "종교개혁과 30년 전쟁", 「神學指南」 제85권 제2집(통권 제335호), 신학지남사, 117~148면.

– 9년 전쟁(대동맹 전쟁 또는 아우크스부르크 동맹전쟁, 1688~1697)

1683년 오스만 제국이 오스트리아의 수도 빈을 포위 공격하자, 오스트리아는 신성로마제국 내 영방 국가들, 폴란드-리투아니아 등과 연합 반격하여 오스만 제국을 발칸 반도에서 몰아내려하였다.

오스만 제국은 프랑스에 지원을 요청하였고, 오스만을 통하여 오스트리아를 견제하던 루이 14세는 팔츠 선제후국의 지배권을 주장하며 오스트리아의 후방을 공격하였다.

프랑스의 호전성을 경계한 잉글랜드의 윌리엄 3세 · 신성로마제국의 레오폴트 1세 · 스페인의 카를로스 2세 · 사보이아 공국의 비토리오 아마데오 1세 등은 1689년 대동맹(Grand Alliance)을 결성하였고, 잉글랜드 · 스코틀랜드 · 네덜란드 · 스웨덴 · 스페인 등이 오스트리아를 지원하여, 프랑스는 패퇴하였고 루이 14세의 확장정책에 제동이 걸렸다.

1697. 9. 20. 레이스베이크 조약으로 종결되었는데, 기본적으로 1679년의 네이메겐 조약 이후에 점령당한 지역을 복구하기로 되었다, 스페인은 프랑스에 점령당했던 카탈루냐와 룩셈부르크 등의 지역을 복구했고 오랫동안 프랑스령이었던 로렌 공국이 신성로마제국에, 프라이부르크 일대가 오스트리아로 반환되었다. 프랑스는 라인강 우안과 팔츠에서 철병하고 팔츠 계승권을 주장하지 않을 것을 약속했다. 프랑스는 스트라스부르와 생도맹그(현재 아이티)를 획득하고, 남부 인도의 퐁디셰리와 캐나다의 노바스코샤를 회복했다. 잉글랜드에 대하여 루이 14세는 윌리엄 3세를 잉글랜드의 왕으로 인정하고 명예혁명으로 프랑스에 망명해 있던 제임스 2세를 지원하지 않을 것을 약속했다.

– 스페인 왕위계승전쟁(1701~1714)

스페인 합스부르크 왕조의 마지막 왕인 카를로스 2세(1661~1700)가 후사없이 병으로 위중해졌을 때, 루이 14세의 손자 2명, 신성로마제국 황제 레오폴트 1세의 차남 그리고 카를로스 2세의 종손(從孫)이 후계자 반열에 올랐는데, 유럽 국가들은 최후자인 바이에른의 요제프 페르디난트를 왕위에 올려 프랑스와 오스트리아의 영향력을 줄이고자 하였다.

9년 전쟁에서 실패를 경험한 루이 14세는 양보하기로 하여 1698. 10. 11. 잉글랜드-네덜란드와 헤이그 조약을 체결하였는데, 그 내용은 "페르디난트를 계승자로 인정하며 스페인의 해외 식민지와 스페인령 네덜란드 역시 그대로 보유한다. 프랑스는 바스크 지방의 기푸스코아와 나폴리 왕국·시칠리아 왕국을 가진다. 오스트리아는 밀라노 공국을 가진다"라는 것이었다.

카를로스는 페르디난트를 단독 계승자로 지목한 뒤 타 국가들에 의한 자국 영토 분할 논의는 무시하였다.

그런데 1699년 페르디난트가 7살의 나이로 천연두로 사망하여 왕위계승자가 재론되었다. 루이 14세는 잉글랜드-네덜란드와 1700. 3. 24. 다시 런던 조약을 체결하였는데, 그 내용은 "카를 대공을 계승자로 인정하며 헤이그 조약 그대로 스페인의 해외 식민지와 스페인령 네덜란드 역시 그대로 보유한다. 프랑스는 기푸스코아와 밀라노 공국·나폴리 왕국·시칠리아 왕국을 가진다. 대신 프랑스는 곧바로 밀라노를 신성로마제국의 로렌 공국과, 나폴리와 시칠리아는 사보이아 공국의 사보이아 및 니차와 교환한다."라는 것이었다.

카를로스 2세는 1700. 10. 2. 루이 14세의 손자인 앙주 공작 필리프를 계승자로 지정하며 스페인의 분할을 시도할 시 왕위 계승이 취소된다는 내용의 유언장을 남기고 11. 1. 사망했고, 앙주 공작 필리프가 스페인 국왕 펠리페 5세로 즉위하였다.

루이 14세가 카를로스의 유언을 무시하고 펠리페 5세가 프랑스 왕위를 상속할 수 있도록 만들고, 또한 명예혁명으로 망명해 온 제임스 2세의 아들 제임스 프랜시스 에드워드 스튜어트를 잉글랜드 국왕으로 인정하자, 잉글랜드-네덜란드는 프랑스에 대하여 선전포고를 하였다.

오스트리아도 카를 대공의 왕위계승을 주장하였고, 브란덴부르크·포르투갈·카탈루냐·사보이아 공국도 오스트리아를 지원하여 참전하였다.

프랑스-스페인 측에는 스페인 왕국 산하의 나폴리 왕국과 시칠리아 왕국, 합스부르크에서 분리를 시도했던 헝가리, 합스부르크를 견제하는 바이에른·쾰른·리에주 주교령 등이 가세했다.

오랜 전쟁 도중에 1711년 신성로마제국 황제 요제프 1세가 사망하여 카를 대공이 카를 6세로 즉위하게 되자, 카를 6세가 스페인까지 다스리는 것을 경계한 유럽 각국은 1713. 4. 11. 위트레흐트 조약으로 전쟁을 마쳤다. 펠리페 5세의 스페인 왕위 승계는 인정되었으나, 프랑스와 스페인의 통합은 금지되었다. 영국은 스페인으로부터 지브롤터와 미노르카를 얻어 지중해 거점을 확보하였고, 또한 북미에서도 프랑스로부터 아카디아와 뉴펀들랜드 및 허드슨 만 지역을 얻었다. 스페인 합스부르크 왕가가 차지하고 있던 시칠리아 왕국 · 나폴리 왕국의 왕위는 오스트리아에게 넘어갔고, 사르데냐까지 사보이아 공국에게 넘어갔다. 또한 높은 세수를 자랑하던 스페인령 네덜란드가 오스트리아에 할양되었다. 프랑스는 재정적으로 큰 손실을 입었고, 북미 대륙 영향력도 잃었지만, 스페인에 부르봉 왕조를 안착시켜 200년 동안 프랑스를 괴롭혔던 합스부르크 포위망에서 벗어났다.

– 오스트리아 왕위 계승 전쟁(1742~1748)

1740. 10. 20. 신성로마제국 황제 카를 6세가 사망하였고 그의 장녀 마리아 테레지아에게 오스트리아 합스부르크 제위가 상속되었다.

오스트리아 합스부르크 제국의 군주는 오스트리아 · 보헤미아 · 헝가리 · 크로아티아 · 오스트리아령 네덜란드와 밀라노 공국 등 이탈리아 반도의 일부 지역을 포함하는 광활한 지역을 영지로 가지고 있었고, 당시 마인츠 트리어 쾰른의 각 대주교 · 보헤미아 국왕 · 브란덴부르크 변경백(훗날 프로이센 왕) · 팔츠 선제후국 · 작센 공 · 바이에른 공국 · 하노버 공 등 9명의 선제후가 선출하는 신성로마제국 황제도 사실상 겸하는 지위였다.

카를 6세의 독자는 오래 전에 사망하였으므로, 카를 6세는 딸에게 제국을 상속시키기 위하여 1713년 국사조칙(國事詔勅, Pragmatic Sanction)을 발하여 여자의 왕위 상속을 금하는 살리카 법을 적용하지 않도록 조치해 두었으나, 프로이센의 프리드리히 2세는 이에 이의하면서 1740. 11. 16. 슐레지엔 지역[14]을 점령하였

14) 보헤미아의 일부였던 슐레지엔 지역은 철과 석탄이 풍부하여 상공업이 크게 발달하여, 주변국의 쟁탈 대상이 되었는데, 2차 대전 후 폴란드와 체코의 영토로 되었다.

고, 바이에른 선제후 카를 알브레히트는 신성로마제국의 제위 등을 요구하면서 전쟁을 준비하였다. 프랑스가 바이에른에 원군을 파병하였고, 스페인과 나폴리 왕국의 군대는 이탈리아 북부로 진격하여 이탈리아의 오스트리아 세력을 공격하였으며, 스웨덴도 프로이센에 동조하여, 오스트리아의 동맹국 러시아에 전쟁을 개시하였다.

프랑스를 적대하던 영국은 1739년부터 시작되었던 카리브해 지역에서의 스페인과의 전쟁을 계속하는 등 오스트리아 편으로 참전하였다. 오스트리아 합스부르크 · 영국 · 하노버 공국 · 네덜란드, 작센(1743년 이후) · 사르데냐 왕국(1742년 이후) · 러시아의 연합이 한편이 되고, 바이에른 · 프랑스 · 프로이센 · 스페인 · 작센(1742년까지) · 사르데냐 왕국(1742년까지) · 제노바공화국 · 모데나 공국 · 스웨덴의 연합이 다른 한편이 되어 유럽 여러 지역에서 싸웠다.

이 전쟁은 1748. 10. 18.의 엑스라샤펠 조약(Treaty of Aix-la-Chapelle) 또는 아헨 조약(Treaty of Aachen)으로 종료되었는데, 마리아 테레지아의 왕위 계승권이 승인되었으나 프로이센의 슐레지엔 영유도 인정되어 강대국으로 성장하는 토대가 마련되었고, 오스트리아는 파르마 · 피아첸차 · 과스탈라를 스페인에게 양도하였고, 영국과 프랑스는 식민지에서 점령한 지역을 각각 반환했다.

– 7년 전쟁(1756~1763)과 프랑스 인디언 전쟁(1754~1763)

7년 전쟁은 오스트리아가 프로이센의 슐레지엔 영유권을 인정하지 아니하려 하자, 프로이센이 1756. 8. 29. 오스트리아의 작센 제후국을 선제공격한 것으로부터 시작하여 프로이센 · 하노버 · 영국과 프랑스 · 오스트리아 · 작센 · 스웨덴 · 러시아 동맹 간에 유럽 · 북미 · 서인도 제도 · 인도 · 아프리카 등 광범한 지역에서 치른 전쟁이었다.

북미에서 영국과 프랑스는 이미 1754. 5. 24. 조지 워싱턴 민병대의 뒤켄 요새 공격으로부터 시작된 전쟁을 하고 있었고, 그 전쟁도 7년 전쟁과 함께 1763. 2. 10.의 파리 조약으로 종료되었다. 북미에서의 영불간의 전쟁은 프랑스 인디언 전쟁이라고 부른다.

7년 전쟁은 영국의 승리로 종결되었고, 프랑스는 루이 14세 시대의 영광을 상실하였다. 파리 조약에 의하여 영국은 현재의 퀘벡 주와 온타리오 주 그리고 미시시피 강 동쪽 등 누벨 프랑스의 대부분과 스페인령 플로리다, 서인도 제도의 일부 섬을 차지하게 되었다. 프랑스와 스페인은 전쟁으로 점령한 영국과 포르투갈의 영토를 모두 반환하였다. 영국은 프랑스에게 과들루프 · 마르티니크 · 세인트루시아 · 세네갈을 반환하고 프랑스는 캐나다 · 세인트빈센트 그레나딘 · 도미니카 · 그레나다 · 토바고 섬에 대한 영국의 주권을 인정하였다. 프랑스는 인도에 대한 영향력을 상실하였고 루이지애나를 미시시피 강을 경계로 해서 강 동쪽은 영국에게, 강 서쪽은 스페인에게 할양하였다. 또한 프랑스는 뉴펀들랜드 근해의 어업권을 얻었고 영국은 아메리카 식민지에서 가톨릭 신앙의 자유를 보장할 것을 약속했다. 스페인은 영국에게서 필리핀과 쿠바를 반환받고 플로리다와 벨리즈를 영국에 넘겼다.

영국의 조지 2세(1683~1760)는 오스트리아 왕위계승전쟁에서 맺은 동맹에 따라 1748년까지 오스트리아를 지원하였으나, 오스트리아가 프랑스를 제어할 만한 실력이 없는 것으로 보고 1756. 1. 16. 웨스트민스터 사원에서 프로이센과 '외국군의 신성로마제국 영토 통과를 불허한다' 는 내용을 골자로 한 '공수동맹'을 체결하여 오스트리아와 결별했다.

오스트리아는 슐레지엔 수복을 위한 새 파트너로 프랑스에게 접근했다. 영국과 대립하고 있던 프랑스의 루이 15세(1715~1774)는 수백 년의 악연에도 불구하고 동맹 제안에 응하여 1756. 5. 1. 베르사유 궁전에서 "오스트리아와 프랑스 양국은 서로 중립을 유지하고 어느 하나가 제3국으로부터 침공당할 경우 서로에게 군사적 지원을 한다"는 내용의 방어동맹을 체결하였다. 오스트리아는 이어서 러시아와 스웨덴에게도 접근하여 반 프로이센 연합 결성을 시도했고, 1756. 6. 2. 러시아와 오스트리아가 방어동맹을 체결하였다. 이에 위기감을 느낀 프리드리히 대왕이 오스트리아의 동맹국이었던 작센 선제후국을 침공함으로써 7년 전쟁이 발발되었던 것이다.

오스트리아는 1757. 5. 1. 베르사유 궁전에서 동맹조약을 개정하였는데, 그 내용은 "프랑스는 오스트리아의 전쟁 지원을 위해 13만 명의 프랑스군과 매년 1200만 리브르의 보조금을 오스트리아에게 제공한다. 전쟁에서 승리하면 프랑스는 오스트리아의 슐레지엔 영유를 인정한다. 전쟁이 끝나고 오스트리아는 남부 네덜란드를 프랑스에게 양도한다. 오스트리아령이 될 슐레지엔을 제외한 나머지 프로이센은 러시아, 스웨덴, 작센 등이 분할한다" 등이었다. 마리아 테레지아(1740~1780)는 프랑스와 공수동맹을 더욱 굳건히 하기 위해 부르봉 가문과의 대대적인 결혼 동맹을 추진하였는데, 1760년 요제프 대공과 파르마의 이사벨라의 결혼, 1765년 레오폴트 대공과 스페인의 마리아 루이사의 결혼, 1768년 마리아 카롤리나 공주와 나폴리와 시칠리아의 페르디난도 4세 겸 3세의 결혼, 1769년 마리아 아말리아 공주와 파르마의 페르디난도 1세의 결혼 그리고 1770년 마리아 안토니아(마리 앙투아네트) 공주와 프랑스의 왕태손 루이 오귀스트(훗날 루이 16세)의 결혼이 이루어졌다. 마리아 테레사가 주도한 역전된 동맹은 오스트리아나 프랑스의 번영을 이끌지는 못하였으나, 미국 독립 전쟁에서 영국의 고립을 야기하여 미국독립에 큰 도움이 되었다.

(4) 미국 독립 전쟁(1775~1783) 참여

미국이 독립전쟁을 개시하자 볼테르와 루소의 자유 사상에 젖은 프랑스 청년 다수가 지원병으로 자원하였는데, 라파예트 남작도 그 중의 한 명이었다. 7년 전쟁 패배에 대한 설욕을 위하여 노심초사하던 루이 16세(재위 1754~1793)와 외무장관 베르젠(Charles Gravier Vergennes)은 전세를 살피다가 1777년 독립군이 존 버고인 장군의 항복을 받자, 미국의 독립을 승인하고 동맹조약을 체결하였으며, 재무장관 네케르로 하여금 전쟁비용으로 6억 리브르를 기채하게 하였다. 프랑스는 로샹보 백작의 육군과 그라스 제독이 이끄는 함대를 파견하였고, 다액의 자금도 지원하여 요크타운에서의 영국 항복에 결정적으로 기여하였다.

미국 헌법에는 존 로크의 자유론 뿐만 아니라 루소의 사회계약론과 몽테스키에 남작의 권력분립론이 중요하게 반영되었다. 미국 독립 100주년에 즈음하여 프랑스인들은 미국독립과 미국민과의 친목을 기념하기 위하여 모금운동을 벌여 '세계를 밝히는 자유(La liberté éclairant le monde)'라는 이름으로 '자유의 여신상(Statue de la Liberté)'을 기증하였는데, 1886년에 완공되었고, 1984년에는 유네스코 세계문화유산으로 등록되었다.

프랑스 사학자 미슐레(Jules Michelet)는 “아메리카는 자유를 얻고 스페인은 미시시피와 플로리다를 획득했는데 프랑스는 영예와 파산을 짊어졌다”라고 평하였다.

(5) 국제관계에 관한 국가이기주의

1789년경의 유럽은 모두 자국 이기주의를 기준으로 움직이고 있었다. 모든 정부가 타국의 혁명을 그 나라만의 위기로 간주하였고, 자신의 이해관계에 따라 혁명을 평가했다. 국익에 따라 혁명을 겪는 나라를 강화하려면 혁명을 억압하였고, 약화하려면 지원하는 실정이었다. 베르젠은 “나는 아메리카의 반란자와는 오랫동안 동지였으나 제네바에서 내가 축출한 반란자는 영국의 앞잡이들이다. 나는 양자를 정치적 사상 때문이 아니라 프랑스에 대한 그들의 태도에 따라 대우했다. 이것이 나의 국가정책이다”라고 하였다.

요크타운 패전 이후 프랑스에 대한 복수를 노리던 영국은 프랑스 왕정을 약화시키는 일이라면 무엇이든 하려고 벼르고 있었고, 프랑스에서 혁명이 일어나기를 기대하였다.[15] 프랑스 국민들은 영국이 입헌군주제로 이행된 것과 미국이 민주주의 혁명으로 건국한 것을 잘 알고 있었지만, 1789년 당시의 프랑스 지도자들은 입헌군주제 보다는 민주적 전제주의를 선호하였다.

3. 경제 상황

베르사이유 궁전을 신축하였고, 태양왕이라는 칭호도 받은 루이 14세는 프랑스인들을 영광스럽게 하였지만, 30억 리브르가량의 많은 부채를 남겼고, 5세인 증손자 루이(Louis de France)에게 “너는 건물을 축성하는 취미, 전쟁을 좋아하는 정신 등 내 소행을 닮아서는 안된다”라고 유언하였다.

루이 15세의 섭정기간에 추진된 뉴올리안스 건설 등 식민지 개발 정책도 파산하여 왕실과 100만 가족에게 큰 피해를 입혔다. 루이 16세가 1778년부터 시작한 미국 독립전쟁 지원은 1783년 승전으로 종결되었지만 20억 리브르에 달하는 많은 부채를 낳았다. 1788년의 국가 총부채는 전례 없이 45억 리브르에 달하

15) 앙드레 모루아, 앞의 책, 409~411면.

였다.

1785년에는 극심한 가뭄이, 1787년에는 큰 홍수가 닥쳤고, 1788년에는 가뭄과 우박·벼락이, 그리고 1788년 겨울에는 기록적인 추위가 프랑스를 강타했다. 그런데도 징세청부인들은 전통적으로 인정되어 온 이삭줍기 권리[16]도 무시한 채 농민들을 가혹하게 수탈하였고, 농민봉기가 수없이 벌어졌다. 프랑스의 인구는 1700년의 1,800만 명에서 1788년 2,600만 명으로 크게 늘어났고, 파리의 인구는 60만 명을 넘어 유럽 최대였는데, 이와 같은 흉작과 혹한 그리고 수송망의 미비로 빵을 비롯한 생필품이 모자라서 가격이 폭등하였다.

그런데도 튀르고 남작(Anne Robert Jacques Turgot)·칼론(Charles Alexandre de Calonne)·브리엔(Loménie de Brienne)·네케르(Jacques Necker) 등의 재정개혁 시도는 귀족과 교회에 대한 과세를 반대하는 고등법원의 방해로 좌절되었다.

4. 사회 문화 상황

(1) 귀족과 성직자의 영향력 감소와 제3신분의 부상

십자군은 상업과 해운을 일으켰고, 십자군 출발지가 된 마르세유·제노바·베네치아는 대도시로 발전하였으며, 성전기사단이 발족되어 경비를 맡았다. 십자군 전쟁의 여파로 교역이 늘어나면서 11세기부터 성벽 등으로 방어시설을 마련한 도시(bourg)가 생기기 시작하였고, 도시에 살면서 상업 등에 종사하는 주민 즉 부르주아(bourgeois)가 종래의 귀족과 성직자 그리고 농민이 아닌 제3신분으로 형성되기 시작하였다. 도시 주민은 인근 농지의 농산물 교역·무역 등 원격지 상업·가내 수공업에 종사하였고, 원거리 상업상의 상부상조를 위한 상인길드(Kaufmannsguild)와 도시 공동체로서의 선서공동체가 발생하였다.[17] 파리도 그러한 도시로 시작되었는데 14세기 후반부터 왕권의 우위가 이루어졌다.[18]

16) 밀레(Jean François Millet)의 '이삭 줍는 여인들(Des glaneuses, 1857년)'도 그러한 전통에 따른 그림이다.

17) 이상호(1987), "중세도시의 의의과 성격", 「원우론집」 제15권 제1호, 연세대학교 대학원, 223면; 박재영(2018), "유럽 중세도시: 의미와 해석", 「인문학연구」 제24집, 제주대학교 인문과학연구소, 119~134면; 강일휴(2000), "중세 프랑스 도시의 자치 및 농촌과의 관계", 「서양중세사연구」 제7호, 한국서양중세사학회, 72~92면.

18) 박용진(2007), "중세 말 프랑스 왕권과 파리의 부르조아", 「서양중세사연구」 제20권, 한국서양중세

부르주아들은 점차 상공업을 일으키고 부를 축적하면서 상당한 자치권을 쟁취하는 경향이었고, 제네바에서는 독립권도 확보하였다. 프랑스의 부르주아 인구는 상업의 발달로 인하여 1700년의 70~80만 명에서 1789년에는 230만 명까지 급격히 늘었던 것으로 추산된다.

루이 14세는 왕권을 강화하고 귀족층을 약화시키기 위하여 관료 등에서 새로 귀족을 만들었는데 이들은 전래의 혈통귀족(noblesse de race)이나 대검귀족(帶劍貴族, noblesse d'épée)과 달리 법복귀족(法服貴族, Noblesse de robe)이라 하였다. 이들 법복귀족들은 고등법원 등을 장악하여 부르주아가 귀족이 되지 못하도록 루이 15세 이후에는 부르주아의 신분 이동을 금하였고, 귀족에 대한 증세도 반대하여 재정개혁안도 막았다.

그런데 가톨릭 교회의 권위는 국왕과 교황 간의 갈등, 위그노에 관한 처절한 분쟁, 30년 전쟁과 이후의 국제분쟁에서 프랑스가 가톨릭 국가와 동맹하는가 하면 때로는 개신교 국가편에서 전쟁하기도 한 것, 그리고 문예부흥 이후의 비교회적 인문학의 발전 등으로 인하여 크게 약화되었다. 그럼에도 불구하고 교회가 세금을 거의 면제받으면서 수확의 10분의 1을 징수하는데 대하여, 그리고 위그노 등 견해를 달리하는 사람에 대하여 가혹하고 잔인한 처사를 한 것에 대하여 반감이 많았다. 또한 주교와 궁정의 성직자들은 영적인 일은 전혀 하지 않고 비속한 사치생활을 즐겼고, 교회나 교육기관의 유지 운영은 얼마 되지 않는 보수를 받고 흙투성이가 되어 뛰어 다니는 교구 사제들이 도맡아서 하는 점에 대하여도 불만이 많았다.[19]

귀족들의 권위 역시 크게 하락하였다. 과거의 귀족들은 세금을 면제받는 대신 전투력과 사무를 담당하여 영지의 군사적 방비와 유사시의 국방 임무에 조력하였는데, 루이 14세 이후에는 용병 등으로 구성된 상비군이 갖추어져서 전쟁에서의 귀족의 비중이 감소되었고, 또한 귀족 대다수가 베르사이유 궁정에 거주하면서 영지관리조차 하지 않았다. 부르주아들도 귀족 못지 않은 재산과 지식을 보유하게 되자 귀족의 특권과 계급적 편견에 대한 반감이 고조되었다.

사학회, 67~92면.

19) 앙드레 모루아, 앞의 책, 406~407면.

(2) 르네상스와 계몽주의

14세기경 이탈리아의 피렌체·베네치아 등지를 중심으로 일어난 르네상스(Renaissance) 즉 고대 그리스·로마 문화 부흥의 움직임은 15세기경 프랑스에도 전파되어 신(神) 중심의 사고에서 벗어나 삶에 대한 갈구·인간에 대한 믿음·지식에 대한 갈망·자유의지의 정신 등을 중시하는 새로운 인문주의 경향이 발생하였다. 1453년 콘스탄티노플이 함락된 후 그리스의 학자들이 그리스 로마의 문헌을 가지고 로마로 온 것도 큰 영향을 주었고, 아랍의 지식도 전수되었으며, 인쇄술의 발달로 지식이 신속히 확산되었다. 새로운 지식에 의하여 베드로 대성당을 비롯하여 유럽 여러 곳에 대규모 성당과 예술품이 조성되었고, 단테·세익스피어 등 새로운 성향의 작가도 배출되었다.

문예부흥이 야기한 가장 중대한 변화는 '계시된 진리'라는 관념을 부정하는 지적혁명을 일으킨 것이었고,[20] 그 결과는 왕권 강화와 계몽주의(啓蒙主義: Lumières)로 나타났다. 데카르트(René Descartes)는 1637년 간행된 「방법서설」(Discours de la méthode)에서 "나는 생각한다, 고로 존재한다(Cogito, ergo sum)"를 학문의 제1원리로 내세움으로써, 신구교를 막론하고 기독교의 '권위주의·금욕이나 복종의 윤리'에 반대하는 '본능과 지성'의 저항을 시작하였다. 볼테르(Voltaire)[21]·몽테스키외·디드로(Denis Diderot)는 종래의 종교적 편견·사회적 기성관념을 비판하였다. 볼테르는 이신론(理神論)과 종교적 관용(寬容)을 주장하여 교회를 공격하였고, 몽테스키외는 「법의 정신」(De l'esprit des lois, 1748년)에서 여건에 따라 다르게 형성된 다양한 법제의 사례를 제시하고 3권분립의 필요성을 공표함으로써 앙시앵 레짐에 대한 근본적 비판을 하였다.

디드로는 1751년부터 1772년까지 35권 71818개 항목에 걸친 「백과전서」(Encyclopédie, ou dictionnaire raisonné des sciences, des arts et des métiers)의 발간을 주관하였는데, 그 집필에는 볼테르·몽테스키외·루소(Jean-Jacques Rousseau)·케네·조쿠르(Louis de Jaucourt) 등 계몽기 지도자 다수가 참여하였

20) 앙드레 모루아, 앞의 책, 275면.
21) 그의 본명은 프랑수아마리 아루에(François-Marie Arouet)이고 볼테르는 필명이지만, 필명이 널리 알려져 있다.

고, 편집자는 디드로와 달랑베르(Jean-Baptiste Le Rond d'Alembert)였다. 그 내용은 철학에서 신학·과학 및 예술에 이르기까지 다양한 분야와 주제에서 인간의 지식을 수집하고 요약한 것이었는데 그 중에는 인간의 이성을 바탕으로 지식을 재구성한 것, 성경에 인용된 역사적 사건의 진실성을 의심하고 기적과 부활의 타당성에 의문을 제기한 것, 종교적 관용·사상의 자유·과학과 기술의 가치·루소의 사회계약사상 등 정치적 권위의 기원이 신성이나 유산에서 사람들로 이동했고 사람들이 사회 계약의 형태로 정부에 동의할 권리가 있다는 주장, 인류의 자연 상태는 야만적이고 조직화되지 않은 상태이므로 개인의 욕망과 일반 의지의 필요 사이에 균형을 맞추기 위해 인류는 모든 사람에게 혜택을 주는 시민 사회와 법을 필요로 한다는 주장, 교육의 민영화와 모든 수준의 부에 대한 직업 개방 등의 자유방임주의 등이 포함되었다. 검열당국은 처음에 단순한 사전인 것으로 알고 그 책의 발간을 허가하였으나, 1752년 2월부터 예수회는 "왕권을 파괴하고, 독립과 반란의 정신을 확립하고, 모호한 용어로 오류·도덕적 타락·불신앙의 토대를 세우는 경향이 있다"는 이유로 출판 중단과 판매·구매·소유 금지를 주장하여 금서로 지정되었고, 또한 "유물론을 주장하고 종교를 파괴하고 자유정신을 고취하기 위해 결성된 단체에 의해 제작된 것"이라는 이유로 디드로가 구금되어 형을 받기까지 하였지만 우여곡절 끝에 결국 출간되었다. 당국의 금지로 국민적 관심이 모아진 결과, 980리브르라는 비싼 가격에도 불구하고 혁명 전에 24,000질(帙)이나 발간되어, 프랑스의 상류계급은 말할 것도 없고, 영국이나 미국에도 보급되었으며, 프랑스 지식인층에 정신혁명을 야기하였다. 백과사전은 "사람들이 생각하는 방식을 바꾸고, 스스로 정보를 얻고 사물을 알 수 있도록 하는 것"을 목표로 하여 간행되었는데, 가톨릭 교회의 가르침이 과학 문제에서 권위 있는 것으로 취급될 수 있다는 사실을 부인했고, 또한 정치권력의 결정을 지적 또는 예술적인 문제에서 결정적인 것으로 취급하는 것을 거부했다. 특히 사회 및 정치 제도의 변화에 대해 거론함으로써, 새로운 권력 기반을 인식하고 활성화하는 역할을 했으며, 궁극적으로 오래된 가치를 파괴하고 새로운 가치를 창출하는 데 기여했던 것이다.

(3) 위정자들의 방탕과 무능

5세로 즉위한 루이 15세의 섭정 오를레앙 공 필리프 2세는 100명 이상의 애첩을 두었고 1723년 12월 섭정회의를 앞두고 상대하던 여성의 어깨에 머리를 떨어뜨렸다. 그 후임으로 재상이 된 앙리 드 부르봉은 관리의 아내인 프리 후작부인에게 정신을 빼앗겨 그녀의 뜻에 따라 정사를 처리하였다. 미성년 국왕을 받드는 위정자들의 방탕과 무능으로 국민들은 위정자들을 불신하고 멸시했다.

루이 15세 또한 많은 애첩을 두었는데, 그 중에 퐁파두르 후작부인으로 책봉한 여자의 묘비에는 “이곳에 20년간은 처녀로, 15년간은 창녀로, 7년간은 뚜쟁이로 지낸 여인이 잠들어 있다”라고 새겨졌다. 선전 책자와 가요는 이들을 조롱하면서 반항을 선동하였다.[22] 루이 15세는 7년 전쟁에 패하여 북미의 식민지를 모두 잃었고, 오랜 앙숙이었던 오스트리아로 동맹을 바꾼 것에서도 국민의 지지를 받지 못하였다.

이와 같은 위정자에 대한 불만은 애꿎게도 오스트리아 공주인 마리 앙투아네트 왕비에게 전이되어 루이 16세는 가엾은 사람이고, 왕비는 바람기와 낭비벽이 있는 악녀인 것으로 매도되었고, 왕세자를 낳았는데도 세인들은 적출이 아니라고 우겼으며, 마침내는 “적자(赤字)를 만드는 부인”이란 별명으로 욕설을 퍼붓고 왕비의 심복 폴리냐크의 인형을 하수구로 끌고 다니는 지경에 이르렀다.

제3절 프랑스 혁명

1. 혁명의 발발

(1) 3부회(États généraux) 소집

악화된 재정을 해결하는 방책은 귀족과 성직자에 대한 과세뿐인데도 불구하고, 고등법원이 이를 저지하였다. 재무장관 네케르가 세제개혁을 주장하였을 때 고등법원은 네케르 파면을 요구하였고, 후임 재무장관 칼론(Charles Alexandre

---

22) 앙드레 모루아, 앞의 책, 355~356면, 366면.

de Calonne)이 1786년 8월 명사회의(Assemblée des notables)를 설치하여 고등법원을 제압하려고 시도하였을 때 고등법원은 역시 그의 파면을 요구하였다. 이에 격분한 칼론이 프랑스의 재정에 대한 보고서를 출판하자 루이 16세는 1787. 4. 8. 그도 해임하고 추방하였고 과세를 반대한 많은 사람들이 그의 퇴임을 환영하였다. 후임 장관 툴루즈 대주교 브리엔(Loménie de Brienne) 치하의 1788. 6. 7. 프랑스 남동부 도피네(Dauphiné) 지방의 주도 그르노블(Grenoble)에서 지방의회 개최 문제로 타일의 날(Journée des Tuiles)로 불리는 폭동이 일어났고, 그 연장으로 7월 21일 비지유(Vizille)에서 무니에(Jean-Joseph Mounier)를 의장으로 하여 개최된 그 지역 성직자 · 귀족 · 제3신분의 3부회는 3부회의 승인 없이는 조세와 상납금을 징수할 수 없고, 제3신분의 대표자 수를 2배로 늘리며, 투표는 신분별이 아니라 개인별로 한다는 것을 선언하였다.

브리엔은 1788년 8월초에 국가지불정지 사태의 책임을 지고 해임되었는데, 해임 전에 1789. 5. 1.에 3부회를 소집하겠다고 공고하였다. 1788. 8. 26. 브리엔의 후임으로 네케르가 다시 임명되었는데, 네케르는 1789. 1. 1. '프랑스 국민에게 보내는 신년 선물'로 제3신분의 정원을 두 배로 늘린 3부회를 소집할 것을 공고하였다. 그리하여 1789. 5. 5. 베르사이유 궁전에 3부회가 소집되었다.

소집된 의원의 수는 제1신분인 성직자가 303명,[23] 제2신분인 귀족이 291명, 제3신분이 610명이었다.[24] 성직자 대의원의 2/3 이상이 연간 500리브르 미만으로 생활하는 빈곤층이었다. 귀족대의원은 대검(帶劍)귀족과 법복귀족이 혼합되어 있었는데, 법복귀족들이 매우 보수적이었다. 제3신분 대의원의 자격은 25세 이상의 납세자인 남성이었는데, 선출된 대의원의 절반가량이 변호사나 지방 관리였고, 1/3가량이 사업가였으며, 51명은 부유한 토지소유자였다.

23) 김응종(2022), 「프랑스 혁명사는 논쟁중」, 푸른역사, 149면과 김응종(2017), "프랑스혁명과 가톨릭 교회의 수난", 「역사와 담론」 第83輯, 호서사학회, 106면에는 "신부와 수도자 대표 296명을 보냈는데, 주교 47명을 포함한 고위성직자 88명과 제3신분 신부 208명이었다"라고 되어 있다.

24) Doyle, William. 「The Oxford History of the French Revolution」 (2002 ed.). Oxford University Press. ISBN 978-0-19-160829-2. p. 59, pp. 99~101.; Schama, Simon. 「Citizens, A Chronicle of The French Revolution」 (2004 ed.). Penguin. ISBN 978-0-14-101727-3. pp. 116 - 117; 앙드레 모루아, 앞의 책, 421면에는 제3신분이 500명, 귀족이 188명, 성직자가 247명이었다고 되어 있고, 자료 마다 구구하나 이것이 신빙성이 높아 보인다.

제3신분 의원 중에는 시에예스(Emmanuel Joseph Sieyès) 신부와 미라보 백작(Honoré Gabriel Riqueti, Comte de Mirabeau), 그리고 법률가인 무니에(Jean-Joseph Mounier)와 로베스피에르(Maximilien François Marie Isidore de Robespierre)도 있었다. 시에예스는 선거용 팸플릿에서 "제3신분이란 무엇인가? 모든 것이다. 지금까지 그들은 무엇이었는가? 아무것도 아니었다. 그들이 무엇을 바라는가? 무언가 되기를 원한다."라고 썼고, 혁명 과정에서 제3신분을 옹호하는 활동을 하였다. 미라보 백작은 상급귀족이었지만 가난하였는데 제2신분 측에서 토지 소유를 대의원의 자격으로 만들어 그를 배제하자 제3신분으로 출마하였고, "나를 미친개라고 하는데 그래도 좋으니 나를 선출해 달라. 그러면 나는 전제주의와 특권계급을 모조리 물어 죽이겠다"라고 말하였고, 3부회에서 특출한 웅변가로 활약하였다. 무니에는 '테니스 코트의 서약'을 작성하였고, 헌법기초위원을 거쳐 1789. 9. 28. 제헌국민의회 의장이 되었다가 입법에 관한 국왕의 거부권 논쟁에서 패배한 뒤 10월 의원직을 사임하였다.

(2) 3부회의 파행

3부회는 1614년에 루이 13세의 혼인 문제로 소집되었다가 그 문제는 뒷전으로 하고 계급간의 이해문제로 다투기만 하다가 해산되었고, 이후에는 175년간이나 소집되지 아니하였다.

1614년의 3부회는 각 계급별로 별도로 의결하였는데, 과세문제를 계급별로 의결하면 귀족과 성직자에 대한 과세는 관철될 수 없었으므로, 네케르는 개인별 전체투표를 통하여 일괄 의결하려 하였으나, 성직자와 귀족 대표는 1614년의 방식 즉 신분별 표결 방식을 주장하였고, 평민 대표는 머릿수 표결 방식을 지지하였다. 이러한 사정으로 인하여 대표자 자격 심사를 신분별로 할 것인지 여부를 놓고 알력이 발생하여 진행이 되지 않았고, 시에예스는 인구의 95%를 대변하는 제3신분이 성직자와 귀족에 우선하므로 제3신분이 일괄 자격심사를 해야 한다고 주장하였으며, 5월 5일 이구동성으로 "국왕만세"를 불렀던 3부회는 좌초되고 말았다.

(3) 국민의회(Assemblée nationale)와 테니스 코트의 서약(Serment du Jeu de paume)

시에예스 등은 두 특권계급 중 뜻을 같이 하는 사람들을 모으고, 자신들이 국민의 98%를 대표한다는 주장과 함께 6월 17일에 별도로 '국민의회'를 결성하고서는 어떠한 세금도 자신들의 동의 없이는 징수할 수 없다고 선언했다.

평민대표들의 도발에 분노한 루이 16세는 측근과 주교들의 의견에 따라 20일 '국민의회'의 해산을 명한 후 회의장을 폐쇄해 버렸다. 회의장이 폐쇄되자 국민의회 측은 바로 테니스 코트로 이동하여 바이이(Jean Sylvain Bailly)를 대표자로 선출하였고, 그는 "국민의회는 절대로 해산하지 않을 것이다. 헌법의 기반을 공고히 확립할 때까지 국민의회는 필요에 따라 아무 때 아무 곳에서나 소집할 수 있다"라고 선서하였으며, 다른 의원도 대부분 선서하였다.

23일 루이 16세가 의회에 임석하여 "3부회는 신분별로 심의하고 세금에 관하여 토의할 수는 있으나 특권문제는 언급할 수 없다"라고 말하여 봉건세력을 옹호하고 제3신분에 대립하였다. 성직자와 귀족은 국왕을 따라 퇴장하였고, 제3신분은 우울한 침묵에 잠긴 채 그대로 남아 있었다. 의전 담당관이 제3신분에게 퇴거명령을 내리자 미라보는 "각하, 국왕께 전하시오. 우리는 국민의 의사로 이곳에 앉아 있으므로, 총검에 밀리지 않는 한 퇴장하지 않을 것이오."라고 답하였고, 이를 전해들은 국왕은 "그대로 내버려두라"고 하였다. 27일까지 국민의회에 주교 6명 · 주임사제 143명 · 귀족 47명이 합류하였다.

(4) 네케르 파면과 바스티유(Bastille) 점령

국민의회는 국왕이 진압조치를 하지 않는 것을 국민의회 승인으로 보고, 7월 7일 헌법기초위원회를 발족시켰고, 9일에는 '제헌국민의회(Assemblée nationale constituante)'로 이름을 바꾸었다.

그러나 국왕은 왕비파의 의견에 따라 11일 네케르를 파면하였다. 12일 국민의회는 왕이 스위스 근위대를 사용하여 강제해산할 계획이라는 소문을 듣고 논스톱 회의에 들어갔다. 파리에서는 네케르의 흉상을 앞세운 시위행진이 일어났고, 질서유지를 위해 파견된 외국인 용병부대를 투석으로 공격하였다. 파리의 선동가들이 무기를 들라고 외쳤고, 14일 시위대는 앵발리드(Invalides)에 있던 병기고를 습격하여 소총 28,000정과 대포 5문을 약탈하였으며, 이어서 화약이 저장되어 있는 바스티유 요새를 공격하였다. 수비대 사령관 로네(Bernard-René Jourdan de Launay)는 몇 시간의 전투 끝에 항복하였다. 바스티유 감옥도 파괴되었으나, 수감자는 7명뿐이었다. 공격자 83명이 사망하였고, 시위대는 수비병을 학살한 뒤 로네를 파리 시청으로 끌고 가 처형하였고, 머리를 창끝에 꽂고 도시 주변을 행진하였다.

자치위원회가 발족되어 바이이를 시장으로 선출하였고, 제2신분 의원이기도 한 라파예트를 국민방위대(la Garde nationale) 사령관으로 선임하였다.

17일 국왕은 네케르를 복직시키고, 100명의 의원과 함께 파리를 방문하여 바이이 시장으로부터 '프랑스인의 아버지이자 자유민의 왕 루이 16세'로 환영받았고 혁명을 상징하는 3색 휘장도 받았다. 사람들은 국왕이 혁명을 인정한 것으로 생각하였지만, 왕은 아무런 열의도 표시하지 않았다.

바스티유 공격 때 파리 시민들은 파랑과 빨강의 2가지 색으로 이루어진 파리 시기(市旗)를 머리에 둘렀는데, 라파예트가 15일 파리시 기와 구별되도록 가운데에 왕실 색깔인 하양을 집어넣은 삼색 코케이드(Cocarde tricolore)를 프랑스의 새 국기로 제안하였고, 1789. 7. 27.에는 삼색이 국민방위대의 군복 색으로 지정되었다. 1790. 10. 31. 프랑스 의회가 삼색기(La tricolore)를 국기로 지정하였다. 당시에는 지금과 반대로 좌측으로부터 빨강-하양-파랑 순이었는데 1794. 2. 15. 현재와 같은 순서로 되었다.

그러나 파리의 무정부상태는 통제되지 않아, 7월 22일 전 재무장관 풀롱(Joseph Foullon)이 가로등에 매달려 죽었고, 그의 아들도 학살당했다. 전국적으로 '무장 강도 출몰' 공포와 곡물 유통 마비에 대한 공포가 확산되었다.

(5) 봉건제 특권의 폐지

라파예트와 함께 미국 독립전쟁에 참여한 노아이유 백작(Louis Marie Antoine de Noailles)은 8월 4일 밤 국민의회에서 폭동의 원인은 봉건적 특권을 고집한

데 있으므로 특권을 포기해야 폭동을 진압할 수 있다고 하였고, 귀족들도 찬성하여 수렵권 · 강제사용권 · 세금 기타 귀족들의 독점적 특권을 포기하겠다고 선언하였다.

8월 4일 · 6일 · 7일 · 8일 및 11일 봉건적 권리 폐지에 관한 법령들이 발표되었다.

(6) 인간과 시민의 권리선언(Déclaration des droits de l'Homme et du citoyen)

7월 9일 도피네 의원 무니에는 헌법의 원칙으로서 권리선언문을 작성할 것을 제안하였고, 많은 의원들이 초안을 작성했다. 8월 5일 제헌의회는 다양한 선언문 초안을 검토하고 통합하기 위하여 의원 5인으로 구성된 위원회를 설치하였고, 17일 동 위원회는 서문과 19개 조항의 '사회에서 인간의 권리에 대한 선언' 초안을 제시했다. 19일 제헌의회는 동 위원회의 제안은 배격하고 제안서에 첨부된 시세(Jérôme Champion de Cicé)의 주도하에 제6국(sixième bureau)이 작성한 24개 조항의 초안을 기반으로 선언문을 조항별로 논의하기로 결정하였다. 20일부터 26일까지 심도있는 토의와 수정을 거쳐 무니에와 미라보가 작성한 '서문'이 추가되었고, 조문별로 투표되었다. 26일 재산권에 관한 제17조가 채택된 후 발표되었으며,[25] 공공 번영을 보장하는 프랑스 헌법 제정을 지체 없이 진행할

25) 인간과 시민의 권리선언의 내용은 아래와 같다.
국민의회를 구성하고 있는 프랑스 국민의 대표자들은 인권에 관한 무지 · 망각 또는 경시가 공공의 불행과 정부 부패의 원인임을 유의하면서, 인간의 자연적이고 양도불가능하며, 신성불가침한 제 권리를 엄숙한 선언을 통하여 명시하기로 결의하였다. 그 의도하는 바는, 사회의 모든 구성원이 항시 이 선언에 준하여 부단히 그들의 권리와 의무를 상기할 수 있게 하고, 입법권과 행정권의 행사가 모든 정치제도의 목적과 부합하도록 비교할 근거를 마련함으로써 권력의 행사가 한층 더 존중받을 수 있게 하며, 향후 시민의 요구가 단순하고 이론의 여지가 없는 원칙에서만 제기되도록 함으로써, 헌법의 유지와 만민의 행복에 이바지할 수 있게 하는 것에 있다. 이에 국민의회는 지고의 존재(Etre suprême) 앞에서 그 가호에 의하여 다음과 같은 인간과 시민의 제 권리를 승인하고 선언한다.
제1조 인간(남자)은 태어나면서부터 자유이고 권리에 있어서 평등하다. 사회적 차별은 공공의 이익을 위해서만 가능하다.
제2조 모든 정치적 결사의 목적은 인간의 자연적이고 소멸될 수 없는 권리를 보장하는 데 있다. 그 권리란 자유 · 재산 · 안전, 그리고 압제에 대한 저항 등이다.
제3조 모든 주권의 근원은 국민에게 있다. 어떠한 단체나 개인도 국민으로부터 명시적으로 유래하지 않는 권력을 행사할 수 없다.
제4조 자유란 타인을 해치지 않는 한 무엇이든지 할 수 있다는데 있다. 따라서 각자의 자연권의 행사는 사회의 다른 구성원에게 같은 권리를 향유하도록 보장하기 위한 제한 이외에는 제약을 받

것을 포고하였다. 그 초안은 라파예트가 주불 미국 대사 토마스 제퍼슨과 협의하여 작성하고[26] 시에예스와 미라보가 정리하였으며, 제안자로 된 시세는 국왕의 인장 수호자로 임명된 제1신분 의원으로서 본인은 그 선언을 원하지 않았다. 그 선언은 시민 계급의 자유 선언이면서, 헌법 제정을 위한 강령으로 작성되었다.

위 선언은 1791년 제정된 프랑스 헌법의 전문이 되었다. 위 선언에 포함된 주권재민 · 사상과 표현의 자유 · 법 앞의 평등 · 투표와 과세의 평등 · 소유권의 신성 등 새로운 사회질서의 원칙은 이후 여러 나라의 혁명과 노예해방의 지침이 되었다. 그러나 위 선언에서 여성은 고려되지 않았고, 1791년 '여성과 여성

지 아니한다. 이러한 제한은 법률에 의해서만 정해질 수 있다.

제5조 법은 사회에 유해한 행위가 아니라면 금지할 권리를 가지지 아니한다. 법에 의하여 금지되지 않는 것은 어떤 일이라도 방해받지 않으며, 또 법이 명하지 않은 것은 누구에게도 강요할 수 없다.

제6조 법은 일반 의지의 표현이다. 모든 시민은 직접 또는 대표자를 통하여 입법에 참여할 권리를 가진다. 법의 보호, 법에 의한 처벌에 있어서 만민은 평등해야 한다. 모든 시민은 법 앞에 평등하므로 그 능력에 따라서, 그리고 덕성과 재능에 의한 차별 이외에는 평등하게 공적인 위계 · 지위 · 직무 등에 취임할 수 있다.

제7조 누구도 법에 의해 규정된 경우, 그리고 법이 정하는 절차에 의하지 아니하고는 소추 · 체포 또는 구금될 수 없다. 자의적 명령을 간청하거나 발령하거나 집행하거나 또는 집행시키는 자는 처벌된다. 그러나 법에 의해 소환되거나 체포된 시민은 모두 즉각 순응해야 한다. 이에 저항하는 것은 죄가 된다.

제8조 법은 엄격히 그리고 명백히 필요한 형벌만을 설정해야 하고 누구도 범죄 이전에 제정 · 공포되고 또 정당하게 적용된 법률에 의하지 아니하고는 처벌되어서는 안된다.

제9조 모든 사람은 유죄로 선고되기까지는 무죄로 추정되는 것이므로, 체포가 필요하다고 판정되더라도 신병을 확보하는 데 불가결하지 않은 강제 조치는 법에 의해 엄중히 제지되어야 한다.

제10조 법에 정해진 공공질서를 교란하지 않는 한, 누구에게도 종교적 견해를 포함한 자신의 의사표현으로 신변의 불안을 느끼게 해서는 안된다.

제11조 사상과 의견의 자유로운 소통은 인간의 가장 귀중한 권리의 하나이다. 따라서 모든 시민은 자유로이 말하고 쓰고 출판할 수 있다. 다만, 법에 의해 규정된 경우에 그 자유의 남용에 대해서는 책임을 져야 한다.

제12조 인간과 시민의 권리를 보장하기 위해서는 공권력이 필요하다. 따라서 공권력은 모든 사람의 이익을 위하여 마련된 것이고, 위탁받은 사람들의 개인적 이익을 위하여 마련된 것이 아니다.

제13조 공권력의 유지와 행정 비용 조달을 위하여 공동의 조세는 불가결하다. 세금은 시민 각자의 능력에 따라 평등하게 부과되어야 한다.

제14조 모든 시민은 스스로 또는 대표자를 통하여 공공 조세의 필요성을 검토하고, 그것에 자유로이 동의하고, 그 용도를 추급하고, 또한 세액과 과세기준, 징수방법 및 기간을 결정할 권리를 가진다.

제15조 사회는 모든 공직자에게 행정에 관하여 보고를 요구할 권리를 가진다.

제16조 권리의 보장이 확보되지 않고 권력의 분립이 확정되어 있지 아니한 사회에는 헌법이 없다.

제17조 소유권은 신성불가침한 권리이므로, 합법적으로 확인된 공공의 필요가 명백히 요구하고, 또 정당한 사전 보상의 조건하에서가 아니면 침탈될 수 없다.

26) 제퍼슨은 직후인 9월부터 워싱턴 대통령 정부의 국무장관이 되었다.

시민의 권리선언(Déclaration des droits de la femme et de la citoyenne)'을 발표한 구즈(Olympe de Gouges)는 1793년 처형되었다.[27]

1793년의 산악파 헌법의 전문에서는 38개 조항으로 늘어났고, '최고 존재'에 대한 간구를 삭제하고, 사회의 목적을 '공동의 행복(bonheur commun)'으로 정하였으며(제1조), 천부인권의 첫째로 평등을 들고(제2조), 모든 인간은 자연적으로 법적으로 평등하다(제3조)라고 권리의 평등개념을 변경하였다. 사회적 부조(扶助) 의무와 사회적 보장 등 이상주의적 조항도 있었으나,[28] 국민공회는 위 인권선언에 명시된 원칙들조차 스스로 파괴하면서 시행을 유보하고 있다가 1785년 총재제 헌법으로 변경되었다. 총재제 헌법에도 인권선언이 있었으나, 자연권개념을 삭제하고 "사회 속의 인간의 권리는 자유 · 평등 · 안전 · 소유이다"(제1조)로 변경하였고, 22개의 권리 조항과 9개의 의무조항을 두어 의무를 강조하였다. 1793년 헌법의 '사회적' 조항은 노예제 금지(제15조) 외에는 모두 삭제하였고, 봉기권도 삭제하였다. 나폴레옹의 소위 통령제 헌법으로부터는 권리선언이 삭제되었다가, 1795년 헌법의 전문에 다시 반영되었고, 기본권 규정이 갖추어진 현행 프랑스 헌법에서는 헌법 전문에서 명백히 참조하고 있는 사항에 한해서만 헌법적 가치를 부여하고 나머지 사항들은 입법적 가치(valeur législative)만 가진다는 것이 헌법실무이다.[29]

인권선언은 오늘날 좌우파를 막론하고 민주주의의 금자탑으로 예찬하는 경향이지만, 비판도 적지 않다. 영국의 철학자 정치인 버크(Edmund Burke)는 1790년 11월에 간행한 「프랑스혁명에 대한 성찰」에서 "자연법과 자연권은 형이상학적으로는 진리이지만 도덕적으로나 정치적으로는 허위이다. 국민의회 의원들이

---

27) 1789년 국민의회는 여성은 너무 감정적이고 쉽게 오도되기 때문에 공적 생활에서 제외되고 양육과 모성 역할에 전념해야 한다고 결정했다.

28) 정태욱(2000), "프랑스 혁명과 인권선언 – 로베스피에르에 의해 제안된 1793년의 인권선언을 중심으로 –", 「영남법학」 제6권 제1호, 영남대학교 법학연구소, 49~63면; "사회는 모든 성원에게 일터를 확보하거나 노동이 불가능한 사람에게는 생존수단을 보장함으로써 생활자료를 제공할 의무를 가진다(제10조)", "의식에 곤궁한 자에 대한 불가결한 구호는 잉여분을 소유한 자의 책무이다"(제11조) 등 파격적 조항을 두었지만, 로베스피에르 스스로 국가비상상황 해결 후로 시행을 연기하였다.

29) 성낙인(1999), "프랑스 인권선언과 헌법", 「영남법학」 제5권 제1호, 영남대학교 법학연구소, 153~199면.

나 파리 민중같이 무지하고 천박한 사람들이 말하는 자유는 진정한 자유가 아니다. 지혜가 없고 미덕이 없는 자유는 어떤 것인가? 그것은 있을 수 있는 모든 해악 중 최대의 것이다. 그것은 감독이나 규제가 없는 상태의 어리석음 · 죄악 · 광기이기 때문이다."라고 비판하였는가 하면, 평등에 관하여도 "수평이 되게 맞추려는 자는 절대로 평등을 이룰 수 없다. 평등화하려는 자들은 사물의 자연적 질서를 변화시키고 전복시킬 뿐이다. 구조를 공고히 하기 위해서는 땅위에 두어야 할 것을, 공중에 세움으로써 사회라는 구조물에 무거운 부담을 준다"라고 하고 "무신론적 광신주의가 프랑스 사회를 야만스러운 잔혹성으로 채워놓을 것"이고, 마침내는 "병사의 호감을 얻는 기술을 이해하고 지휘의 진정한 기백을 갖춘 정군이 출현하여 모든 사람의 시선을 자신에게 집중시킬 것이다"라고 예측하였다. 피우스 6세 교황은 1791년 인간의 권리만 선언하고 의무는 선언하지 않았다는 점과 신을 '최고 존재'라는 이신론적 개념으로 대체한 점 등을 들어 인권선언을 비판하였다.

2. 루이 16세의 입헌군주정

(1) 베르사이유 행진과 국왕의 파리 이주

루이 16세는 봉건제 폐지와 인권선언의 재가를 거부하며 군대를 베르사유로 이동시켰다.

파리에는 '인민의 벗'을 비롯한 많은 새로운 신문과 출판물이 창간되었고, 국민의회는 헌법제정으로 바쁜 나날을 보냈다. 귀족들은 망명하였고, 파리에는 실업자가 증가하였다. 그런데 10월 1일 베르사유에서 플랑드르 군대를 위한 호화로운 연회가 개최되자, 파리에서는 불안이 늘어났다.

5일 여인 7천여 명이 파리 시청으로 모여들어 "빵을 달라"고 외치다가 베르사유 궁전을 향해 행진을 하였다. 20km가 넘는 이 행진에는 여성에게는 발포하지 않을 것이라고 짐작하고 스커트를 입은 남자들도 섞였고, 15,000명의 국민방위대도 동행하였다. 라파예트가 궁전으로 들어가서 국왕 일가가 파리로 옮길 것을 협약하였다. 밤이슬을 맞고 노숙한 여인들은 다음날 궁전에 난입하여 몇 명의 병사들을 살해했다.

루이 16세는 6일 봉건제 폐기 칙령과 인권선언 수락을 발표하면서 그 때까지 마련된 19개 조항의 헌법에 의한 입헌군주제를 약속하였고, 라파예트 국민방위대의 호위 하에 파리의 튈르리 궁(Palais des Tuileries)[30]으로 이주하였으며, 국민의회도 15일 파리로 이동하였다.

논란 끝에 만들어진 헌법 조항에 따라 국왕은 '프랑스 국왕(roi de France)'에서 '프랑스인의 왕(roi des français)'으로 바뀌었고, 법령에 대하여는 제한적 거부권을 보유하였으며, 단원제 의회가 정국을 주도하였다. 국왕은 1790. 2. 4. 국민의회에 임석하여 혁명원칙을 승인하였고, 바스티유의 날인 7월 14일에는 왕과 혁명의 화해를 상징하는 연맹축제(Fête de la fédération)에도 참석하였다. 라파예트는 흰말을 타고 입장하여 전국에서 온 연맹군과 국민방위대를 대표하여 "우리는 국가 · 법 · 왕께 충성하고, 헌법을 수호할 것을 맹세합니다"라고 맹세하였고, 국민의회 의원들도 같은 선서를 하였다. 국왕도 "헌법이 위임한 권력을 행사하고 헌법을 지킬 것"을 맹세했고, 시민들은 "국왕 만세, 라파예트 만세, 국민 만세"를 외쳤다. 미라보 · 라파예트 등 입헌군주제론자들이 국민의회를 주도하여 평화가 회복된 듯하였으나, 코르들리에파 등은 파리 시민들을 선동하면서 대의정치 자체를 거부하고 있었고, 왕비는 "라파예트가 우리를 구하려 애쓰는 것은 알고 있으나 누가 라파예트에게서 우리를 구해 줄 것인가"라고 말하였으며, 왕과 민중 사이를 중재하려고 애썼던 미라보는 '거창한 파괴에 공헌했을 뿐'이라는 여론에 격분하였고 1791. 4. 2. 42세의 나이로 갑자기 사망하면서 "나는 나와 함께 군주제를 가져갈 것이다"라고 말하였다.[31]

1791. 6. 20.의 국왕 탈주 기도와 이후의 오스트리아 등 외국의 간섭 그리고 혁명세력의 폭동과 학살로 입헌군주정은 종말로 치닫게 되었다.

---

30) 튈르리궁은 카트린 드 메디시스(Catherine de' Medicis) 왕비가 1564년 건축 계획을 세웠고, 건축가 필리베르 드 로름(Philibert de l'Orme)이 건축하였다. 루브르 궁전과 접하게 되었고, 파리의 제일 큰 궁전으로서 국민제헌회의와 국민공회가 사무실로 사용하였고, 나폴레옹 황제도 자주 거주하였다. 1871.5.23. 파리코뮌(Paris Commune)의 12명이 불을 질러 파괴되었고, 복구되지 않았다.

31) 앙드레 모루아, 앞의 책, 439~442면.

(2) 국민의회의 각종 개혁

– 책력 개편

국민의회는 그레고리 책력을 버리고, 1789. 7. 14.을 원년 1월 1일로 하는 개편에 착수하였으나, 1793. 11. 24.자 국민공회의 '공화력 창설에 관한 국민공회 법령(Décret de la Convention entérinant le calendrier républicain)'에 의한 공화력으로 종결되었다. 그 책력은 질베르 롬(Charles-Gilbert Romme)이 여러 학자들을 동원하여 고안하였고, 달과 날의 이름은 파브르 데글랑틴(Fabre d'Eglantine)이 선정하였다. 제1공화국이 수립된 1793. 9. 22.을 원년 1월 1일로 하였고, 달의 날 수를 모두 30일로 하고, 나머지 5일(윤년의 경우 6일)을 달에 속하지 않는 특별 축제일로 하였다.

달의 이름은 1월을 방데미에르(Vendémiaire 포도 달 葡萄月), 2월을 브뤼메르(Brumaire 안개 달 霧月), 3월을 프리메르(Frimaire 서리 달 霜月), 4월을 니보즈(Nivôse 눈 달 雪月), 5월을 플뤼비오즈(Pluviôse 비 달 雨月), 6월을 방토즈(Ventôse 바람 달 風月), 7월을 제르미날(Germinal 싹트는 달 芽月), 8월을 플로레알(Floréal 꽃피는 달 花月), 9월을 프레리알(Prairial 풀 자라는 달 牧月), 10월을 메시도르(Messidor 수확 달 收穫月), 11월을 테르미도르(Thermidor 더운 달 熱月), 12월을 프뤽티도르(Fructidor 열매 익는 달 實月)로 하였다.

7일 단위의 주와 요일을 없애고, 10일을 단위로 하여 5일째는 반공일・10일째는 공휴일로 하였으며, 360일에 모두 개별적인 이름을 붙였다. 연말에 배치된 특별축제기간을 상퀼로티드(Sansculottides)라고 하였고, 축제일의 이름을 순차로 선행절(Jour de la vertu)・재능절(Jour du génie)・노동절(Jour de l'opinion)・의견절(Jour de l'opinion)・보상절(Jour des récompenses)로 하였으며, 윤년의 마지막 날은 혁명절(Jour de la révolution) 또는 프랑시아드(Franciade)[32]라고 명명하였다.

공화력은 가톨릭의 신행에 맞지 않고, 프랑스 남부의 기후와도 부합하지 못하

32) 프랑스 왕실의 묘지가 있던 파리 북부의 생드니(Saint-Denis)의 지명(地名) 또한 1793부터 1800년까지 Franciade로 변경되었다. 왕실의 묘지는 파괴되었고 유해도 훼손되었다.

며, 외국 달력과의 호환에도 애로가 많아 불편하였으므로, 1806. 1. 1. 나폴레옹 황제가 폐지하였고 1871. 5. 6.부터 23일까지 잠시 파리 코뮌에서 다시 사용하였다

– 행정구역 등 개편

1789. 7. 9. 무니에는 헌법위원회의 보고서에서 지방 의회의 조직과 기능을 제헌의회의 첫 번째이자 가장 중요한 과제로 들었고, 국민의회는 1789. 12. 22.과 1790. 2. 26.의 '행정구역 등 개편 법령(Le décret relatif à la constitution des assemblées primaires et des assemblées administratives)'으로 행정구역을 개편하였으며, 3월 4일 시행되었다.

행정구역 개편은 오래 전부터 검토해 오던 것인데, 8월 4일 귀족 특권 폐지에 이어 기존의 봉건적 제약에 관련된 지방제도를 완전히 폐지하고, '데파르트망(département)'을 신설하여 전국을 83개의 데파르트망으로 나눈 다음, 다시 구(Directoire) 그리고 최종 단위인 칸톤(canton)으로 세분하였다. 데파르트망 획정에서 처음에는 과거와 단절하기 위하여 전국을 같은 면적의 정사각형으로 나누려고 하였으나, 종래의 생활환경을 다소 반영하는 방향으로 조정되었고, 칸톤의 면적은 약 64km²로 하였다.[33)]

이 법에 의하여 지방 단위 마다 지방의회를 두고 의회에서 행정집행조직을 선출하게 하였고, 종전의 조세구역 · 사법구역 · 교구(敎區)도 지방자치단체 구역과 동일하게 개편하였다. 시(ville) · 읍(bourg) · 촌(village)이라는 명칭은 1793. 10. 31.의 법령으로 모두 지방자치체(commune)로 변경되었다.

이 법은 개편된 지방조직에 맞추어 선거권과 피선거권, 국회의원의 지역별 정수와 선출방법도 정하였다. 1790년 1월부터 각 코뮌의 지역의회 선거가 개시되었고, 1790년 여름부터 1791년까지 지방정부가 구성되었다.

– 가톨릭 개편

1789. 8. 11. 십일조가 폐지되었고, 10월 28일에는 수도원의 종교 서약도 폐

---

33) 박윤덕(2020), "도(道)의 창설과 행정 구획 개편", 「프랑스사연구」 제42권, 한국프랑스사학회, 121~166면.

지되었으며, 11월 2일에는 교회재산 국유화 선언이 있었다.

1790. 7. 12. '성직자시민기본법(Constitution civile du clergé)'이 채택되었고 8월 24일 국왕의 재가를 받아 시행되었는데, 이 법은 교회를 국가의 관리 하에 두었다. 이 법은 한 데파르트망에 하나의 주교구를 설치하고 주민 6,000명을 기준으로 본당을 설치하며, 성당참사회(Chapitre des chanoines)를 폐지하고 교구위원회(Conseil)를 구성한다는 것, 수도원 폐지, 주교와 본당 신부의 주민 선출, 성직자들에 대한 국가 급료 지급, 주교에 대한 교황의 성직임명 폐지 그리고 성직자들의 '국가 · 법 · 왕'에 대한 충성선서[34] 의무 등을 정하였다. 그 결과 주교구 130개 중 50여 개와 모든 대주교구가 폐지되었고, 수백 개의 본당이 사라졌다. 성직자의 3/5이 자리를 잃거나 급료가 삭감될 위기에 처했다.

성직자의 일도 미사 봉헌 · 성사 집행 등 순수한 종교행사에 한정되었고, 1792. 9. 20.부터는 교구 사제가 보관하던 출생 · 결혼 · 사망 기록과 세례 · 매장 명부를 시에 이관하도록 하였고, 시민 결혼이 제정되고 시청에서 예식이 거행되었다.

1790. 11. 27. 성직자들의 성직자시민기본법 선서가 강요되자, 전면적 저항이 발생하였다. 주교는 4명 · 신부도 55% 정도만 선서했고, 의회 의원인 신부조차도 81명만 선서했다. 1791. 3. 10. 교황 비오 6세(Pius VI)가 '성직자시민기본법'은 물론이고 '인권선언'에 대해서도 반대 입장을 천명하고, 성직자들에게 선서 거부와 이미 선서한 사람들의 철회를 촉구하자 6% 정도의 신부가 선서를 철회했으며, 교회와 신자도 선서 지지와 반대로 분열되었다.

이와 관련하여 1791. 4. 18.에는 국왕이 비선서 신부의 집전으로 부활절 행사를 할 의도로 의회와 협의하고 1박 2일 일정으로 생클루(Saint-Cloud) 궁전으로 가려 하다가 군중에게 저지되었고, 국왕의 바렌 탈출 사건의 동기가 되었다.

1791. 11. 29. 입법회의는 8일 이내에 선서하지 않는 자는 반란 협의자로 간

---

34) 선서문은 "나는 나에게 맡겨진 본당구역(혹은 주교구)의 신자들을 충실히 돌보고 국가, 법, 왕에 충성을 다하며, 국민의회가 제정하고 왕이 수용한 기본법을 내 모든 힘을 다해 지킬 것을 선서한다(Je jure de veiller avec soin sur les fidèles de la paroisse (ou du diocèse) qui m'est confiée, d'être fidèle à la Nation, à la Loi, au Roi et de maintenir de tout mon pouvoir la Constitution décrétée par l'Assemblée nationale et acceptée par le Roi)"였다.

주 · 감시하고 순차로 격리 · 구금조치를 하도록 하는 등의 내용을 규정한 '선서거부신부 처벌법(le décret contre les prêtres réfractaires)'을 통과시켰고, 국왕은 거부권을 행사하였으나 12월 26일 승인하지 않을 수 없었다. 의회는 1792. 5. 27.에는 선서거부 신부는 한 달 이내에 망명을 떠나야 하고, 불응하는 자는 10년간 구금하도록 하는 더 가혹한 입법을 하였고, 국왕은 또다시 거부권을 행사하였다. 1792. 8. 10. 국왕이 유폐되자 9월 학살을 비롯하여 선서거부신부들에 대한 박해가 가혹하게 집행되었다.

1792년 4월부터의 혁명전쟁 · 1793년 2월부터의 대불동맹전쟁 · 동년 3월부터의 방데(Vendée) 봉기 등이 이어지자, 혁명정부는 점차 더 가혹한 조치들을 하였고, 수만 명이 국외로 망명하거나 처형 또는 학살되었다.[35)]

이러한 탄압은 1794년 7월 로베스피에르가 몰락한 후 한 때 완화되었다가 1795. 10. 5.의 왕당파 봉기 이후 다시 강화되었고, 나폴레옹 제1통령이 1801. 7. 15. 비오 7세(Pius Ⅶ) 교황과 정교협약(concordat)을 맺고, 1804년 황제로 취임함으로써 비로소 해제되었다.

1905년에 제정된 제3공화국의 정교분리법은 국교를 두지 않고 종교가 정치적 권한을 행사하지 못하도록 하였다.

– 아시냐(Assignat) 채권 및 지폐 발행

재정위기를 해결하기 위하여 약 30억 리브르 상당의 교회 토지를 몰수하였지만, 그것만으로는 자금이 발생하지 아니하자 국민의회는 1789. 12. 19. 몰수한 교회의 토지를 담보삼아 일종의 토지채권인 '아시냐(Assignat)'를 발행하였다. 수익률 5% · 액면가 100~1,000리브르로 총 4억 리브르를 공개 입찰에 붙였다. 아시냐에는 몰수한 토지의 구입에 우선권도 주어졌다.

그러나 약 40억 리브르에 달하는 국가채무와 혁명 후에 증가된 재정지출을 감당하는 데에는 부족하자 1790년 12억 리브르를 추가 발행하였고, 성격도 채권에서 법정불태환 화폐(assignats-moine)로 변경하였다. 액면도 5리브르를 거쳐 15수 소액권까지 발행하였다. 아시냐 지폐가 가장 많이 통용될 무렵 통화량은

35) 김웅종, 앞의 글, 101~135면.

약 350억 리브르에 달하여 담보가치를 훨씬 초과하자 통화가치 하락과 물가 폭등이 초래되었다. 최고가격제와 아시냐 수령 거부 시 사형이라는 극약 처방을 하였지만, 아시냐 발행 4년 만에 물가는 130배나 폭등하였고, 국민생활은 더욱 피폐해졌다. 영국·벨기에·스위스가 대량의 위조지폐를 만든다는 주장도 나왔고, 아시냐의 화폐가치가 액면가의 0.3%까지 떨어지자 1796년 2월 강제유통이 폐지되었고, 1803년 나폴레옹이 프랑화 체제를 도입하면서 완전히 폐지하였다.

그러나 이러한 재정 궁핍과 경제 난국 등으로 인하여 나폴레옹은 제퍼슨 미국 대통령이 미시시피 강 항행권 확보를 위해 뉴올리언스를 1,000만 달러에 사겠다고 협상을 제의하자, 뉴올리언스 뿐 아니라 당시 미국 국토의 2배인 212만 km^2의 루이지애나 전체를 1,500만 달러에 매각하였다.

(3) 정파의 발생

헌법제정에 있어서 국민회의에는 귀족의 특권적 지위를 강조하는 파, 국왕을 지지하는 왕당파, 공화정을 주장하는 미라보·라파예트·로베스피에르 등 다양한 세력이 있었고, 의회 밖에도 코르들리에파를 비롯한 많은 정치 모임들이 있었다.

– 자코뱅파(Jacobins)

1789. 6. 22.경부터 베르사유의 아모리 카페에서는 브르타뉴 출신 의원 등이 의회대책을 숙의하여 '브르타뉴 클럽'이라는 모임이 생겼는데, 이들이 1789. 10. 6. '헌법친우회(Société des amis de la Constitution)'를 결성하고, 10월 19일 파리의 생토노레(Saint-Honoré) 거리에 있었던 자코뱅(Jacobins) 수녀원[36]에 사무소를 열었다. 이후 이들은 '자코뱅 클럽(Club des Jacobins)'이라고 불리면서 혁명을 주도하였다. 1792년 9월 공화정을 수립할 즈음에는 '자유와 평등의 친구 자코뱅

---

36) 그 수녀원은 프랑스 남부 툴루즈(Toulouse)에 본당이 있는 성 도미니코(Saint Dominic) 수녀원의 파리 분원으로 1611년에 건립되었고, 600명을 수용할 수 있는 규모였으며, 헌법친우회에 임대된 뒤 1790년 국유화되었고, 1794년 11월 '테오도르 9' 시장(市場)으로 되었다가 1806년 철거되었으며 현재 그 자리는 생토노레 시장 광장으로 되어있다. 그 수녀원의 '자코뱅'이라는 이름은 원래 1218.8.6. 생작크(Saint-Jacques) 거리에 궁핍한 순례자들을 위한 요양원으로 파리에 첫 수녀원을 설립한 도미니크 수도회를 지칭했던 것인데, 그 후 도미니크 수도회 수사들을 "Jacobins"(이는 라틴어 Jacobus에 해당하는 Jacques에서 파생된 것임)으로 불렀던 것에 기인하였다.

협의회(Société des Jacobins, amis de la liberté et de l'égalité)'로 이름을 바꾸었으며, 전국적으로 5,000여 개에 달하는 지회도 두었다.

처음에는 미라보 백작 · 라파예트 후작 · 바르나브 백작과 같은 입헌 왕당파부터 브리소 · 페티옹 · 로베스피에르와 같은 급진파에 이르기까지 다양한 인물들이 함께 있었으나, 푀이양 파 · 지롱드 파가 순차로 제거되었고, 코르들리에 파에서 자코뱅에 가담한 에베르(Jacques René Hébert) · 당통(Georges Jacques Danton) 그리고 장군으로서 혁명전쟁에 공을 세웠던 뒤무리에(Charles-François du Périer Dumouriez) 등도 제거된 후 로베스피에르가 독주하였고, 1794. 7. 28. 로베스피에르가 제거된 뒤에는 총재정부로 이행하였다. 한 때 마라 · 당통 · 로베스피에르를 '자코뱅 세 거두'라고 하였다.

1791년 10월에 구성된 입법의회에서 푀이양파는 주로 의사당의 우측에 앉았고 자코뱅파는 주로 좌측에 앉았던 것에서 우파와 좌파라는 용어가 발생하였다. 자코뱅파는 1795. 11. 6. 나폴레옹 제1통령에 의하여 해산되었다.

– 코르들리에파(Club des Cordeliers)

의사로서 '인민의 벗(L'Ami du peuple)' 신문을 발행하여 강력한 영향력을 행사한 마라(Jean-Paul Marat)와 변호사로서 1792년 파리의 국민공회 의원이 된 당통, 페르 뒤셴(Père Duchesne) 잡지를 발행하여 상퀼로트의 대변인 역할을 하고 파리의 국민공회 의원이 된 에베르(Jacques René Hébert) 등 여러 정치적 남녀들이 '인간과 시민의 권리 친구협회(Société des Amis des droits de l'homme et du citoyen)'라는 모임을 만들고 활동하였는데, 그들은 처음에 파리의 코르들리에 수녀원을 모임 장소로 사용하였기 때문에 코르들리에파로 불렸고, 전국에 많은 지회도 두었다.

그들은 '자유 · 평등 · 형제애[37]'를 모토로 삼았고, '활짝 열린 혁명적 경계의 눈'을 자처하면서 선동과 귀족 감시 · 행정부 통제 · 조사 · 청원 · 시위 · 폭동 등

37) 'Fraternité'를 '박애'로 번역한 경우가 많으나, 'Fraternité'란 타인에 대한 무차별적인 사랑인 박애 · 겸애 · 자비와는 다르고, 사회 공동체에 대한 의무와 봉사 또는 같은 조직에 속해 있고 같은 이상에 참여하는 사람들 사이에 존재하는 연결 고리(Lien qui existe entre les personnes appartenant à la même organisation, qui participent au même idéal)를 의미하는 것이어서 '형제애' 또는 '우애(友愛)'로 번역하는 것이 옳다고 한다.

을 행동강령으로 하였고, 여론을 조성하고, 파리의 상퀼로트(Sans-culotte)[38]를 선동하여 각종 폭동을 수행하였다.

그들은 의회의 대표 개념을 거부하고, 시위・청원・봉기 등을 통한 직접적인 대중 주권 행사를 주장하고, 반혁명분자들에 대한 폭력의 필요성을 강조하였다. 그들은 1781년 6월 의회에 국왕 폐위를 청원하였고, 1782년 8월과 9월의 폭동을 선도하여 제1공화국의 출범에 적극 기여하였으며, 이후 자코뱅의 로베스피에르와 힘을 합쳐 지롱드파를 몰아내었다. 그러나 코르들리에파의 중심 인물인 마라・에베르・당통 등이 차례로 제거되자 힘을 잃었다.

– 산악파(Montagnards)

산악파 또는 '몽타뉴파(La Montagne)'라는 명칭은 의회의 제일 뒷줄 높은 곳의 의석을 차지한 것에서 유래되었고,[39] 빈민과 노동자 및 급진 지식인들로 구성되었으며, 자코뱅을 지배하였고, 지롱드파와 대립하였으며, 공포정치의 중심세력이었으나, 로베스피에르의 독주에 불안을 느끼고 그를 제거하였다.

중심인물은 변호사로서 '헌법의 수호자(Le Défenseur de la Constitution)'라는 신문을 발행한 북부 아르토아(Artois)와 파리 의원인 로베스피에르(Maximilien de Robespierre)였고, 당통과 마라, 24세 때 '혁명과 프랑스 헌법의 정신(Esprit de la Révolution et de la Constitution de France)'을 저술하여 입헌군주제 헌법을 반대하고 북부 앤의원으로 선출된 뒤에는 공포정치의 중심인물로 활약하여 '혁명 또는 공포정치의 대천사'로 불렸던 생쥐스트(Louis Antoine Léon de Saint-Just), 수학자이고 서북부 칼래(Calais) 의원으로서 국방에 기여한 카르노(Lazare Nicolas Marguerite Carnot), 파리 의원으로서 공포정치에도 참여하였다가 로베스피에르 숙청에 앞장섰던 비요 바렌(Jacques-Nicolas Billaud-Varenn), 산토도밍고의 흑인 의원 벨리(Jean-Baptiste Belley), 파리 서쪽 마른(Marne) 의원 프리외르

---

38) 글자 그대로는 'culotte' 즉 '귀족 하의'를 입지 않은 사람인데, 이들은 귀족 남성들이 입는 퀼로트(무릎까지 내려오는 반바지) 대신 긴바지를 입고 다녔고, 붉은 모자와 긴 창을 들고 다녔다.

39) 좌파 의원들이 파리의 생트 주느비에브(Ste. Geneviève) 산 주변 구역에서 온 성직계 출신으로 코르들리에 수도원에서 모였고, 우파 의원들은 센(La Seine) 강 우안의 평지 주변(벵돔 광장과 팔레루아얄 사이) 구역들에서 온 금융계 출신으로 푀이양 수도원에서 모였다는 점에서 근거한다는 견해도 있다. 산악파와 지롱드파 사이에 있던 다수의 중도파는 평원파(Plaine)로 불렸다.

(Pierre-Louis Prieur) 등이 중심 인물이었다.

산악파는 다시 조르주 당통 중심의 관용파, 로베스피에르 중심의 중도파와 에베르 중심의 극좌파로 나누기도 한다.

– 푀이양파(Feuillants)

1791년 6월 루이 16세의 바렌 탈주사건 이후 입헌군주제를 옹호하며 국왕의 폐위를 반대하던 온건파가 같은 해 7월 16일 264명의 의원으로 '푀이양 클럽(Club des Feuillants)'[40]을 창설함으로써 자코뱅파는 처음으로 분열했다. 그들의 지도자는 라파예트 · 도피네 의원으로서 자코뱅 규정을 만들었던 바르나브(Antoine Pierre Joseph Marie Barnave) · 라메스 기병연대 대령 · 제2신분 의원으로서 국민의회에 참여한 라메(Alexandre de Lameth) · 변호사 의원으로서 파리 형사재판소장을 역임한 듀포트(Adrien Duport) 등이었는데, 발미전투에서 혁명군이 승리하고 산악파가 정권을 장악하면서 힘을 잃고 도태되었다.

– 지롱드파(Girondins)

로베스피에르가 중심이었던 산악파는 1792년 4월 지롱드 출신 의원들을 중심으로 반혁명 분파가 연합했다고 주장하면서, 보르도의 의원 베르니오(Pierre Victurnien Vergniaud) · 젠손(Armand Gensonné), 지롱드의 의원 뒤코스(Jean François Ducos) · 가데(Marguerite-Élie Guadet) 등 12명을 그들의 출신 지역과 관련하여 지롱드파로 지목함으로써 '지롱드파'라는 명칭이 생겼으나, 그들은 자코뱅 중에서 산악파에 대립적이었던 의원들 그룹에 불과하고 사무소를 갖춘 공식적인 조직이나 정당은 아니었고 대체로 자주연방주의자들로 알려져 있다.

그들 중 노예제 폐지와 식민지 해방을 주장했던 외르(Eure) 의원 브리소(Jacques-Pierre Brissot) · 같은 외르 의원으로서 형사재판소장을 역임한 부조(François Buzot) · 지롱드 파의 여왕으로 불린 롤랑 부인(Jean Marie Roland)은 저명하여 많은 추종자도 있었다. 수학자이자 여성참정권자였던 북부 앤(Aisne)

40) 그 명칭도 그들이 집회장소로 사용한 수녀원 "Couvent des Feuillants"에서 유래하였다. 그것은 현재 229-235 rue Saint-Honoré 뒤에 있는 파리의 Feuillant 수녀원으로서, 앙리 3세가 1608년에 완공하여 Clairvaux의 Saint Bernard에게 헌정하고 왕실 수녀원으로 사용하였던 것이다.

의원 콩도르세(Marquis de Condorcet) · 주교였던 포쉐(Claude Fauchet) · 남부 탄(Tarn) 의원 라주흐스(Marc David Lasource) · 남동부 바(Var) 의원 이스나르(Maximin Isnard) · 파리 의원 케르생(Comte de Kersaint) · 서부 해안 칼바도스(Calvados) 의원 라리비에르(Henri Larivière) · 파리 시장 페티옹(Jérôme Pétion de Villeneuve) 등 교양있고 세련된 인물들이 많았다.

지롱드파는 공화정에는 찬성하였으나 1792년 9월의 대학살로부터 급진 자코뱅과 거리를 두려 하였고, 국왕의 처형도 대체로 반대하였다.

지동드파는 1793년 3월 국민공회에서 다수를 차지하고 집행위원회를 장악하고 각료도 확보하게 되자 국민공회에 12인 위원회를 설치하고 마라 등 산악파를 공격하려 하였다. 그러나 로베스피에르는 1793. 5. 30. 상퀴로트 지도자인 앙리오(François Hanriot)를 파리방위군 임시총사령관으로 임명하였고, 그는 5월 31일과 6월 2일 국민공회를 강압하여 29명의 의원을 제명하게 하였다.

1793. 7. 13. 지롱드파에 공감한 코르데(Charlotte Corday)가 마라를 암살하고 "10만 명을 구하기 위하여 한 사람을 죽였다"고 말하였으나, 그녀의 거사는 지롱드파의 몰락을 막지 못하였다. 서쪽의 방데(Vendée)에서 왕당파의 반란이 진행되고, 오스트리아와 프로이센 및 영국의 연합국이 진격해 오자 다급해진 자코뱅은 1793. 10. 24. 다수의 지롱드파를 혁명 재판에 넘겨 31일 처형하였다.

산악파는 강력한 행정부를 주장하는 권위주의적 좌파였고, 지롱드파는 약한 행정부와 민주적 개혁 및 강력한 입법부를 주장하였다. 로베스피에르는 '자신은 프랑스 군의 실정을 고려하여 혁명전쟁을 회피하려 하였는데, 지롱드파가 오스트리아와 프로이센에 선전포고를 하였고 패전이 이어지자 지롱드파가 혁명을 배반하였다'고 주장하였다.

(4) 바렌(Varennes) 사건과 외국 간섭

귀족과 성직자 다수가 망명하고, 국왕과 혁명세력 간에 중개자 역할을 해오던 미라보마저 갑자기 사망하자, 국왕은 의지할 곳 없게 되었다. 파리의 주요 주간지인 '파리의 혁명'은 왕에게 부여한 신성성을 박탈해야 한다고 주장했고, 입헌군주정을 지지하는 '군주제 헌법의 친구들 협회' 회원들이 린치를 당하는 사건도 일어났다.

국왕은 친분이 있는 스웨덴 귀족 페르센(Hans Axel von Fersen) 백작의 도움을 받아, 왕비의 친정인 오스트리아로 피신할 계획을 세웠다. 1791. 6. 20. "지난 2년간 재가한 것은 모두 무효"라는 글을 남기고, 파리를 탈출한 루이 16세 일가는 21일 밤에 파리 동북쪽 국경 앞의 바렌에서 추격대에게 발각되어 25일 파리로 되돌아왔고 탕플 탑(Tour du Temple)에 유폐되었다.

의회는 이 사건을 국왕납치미수 사건으로 만들려고 노력하다가, 7월 15일 군대를 동원해서 국민에게 전쟁하거나 헌법에 대한 맹세를 지킬 것을 조건으로 왕권복위를 선언하였다. 코르들리에 클럽은 17일 '국왕 재판 · 새로운 의회 구성 · 공화정 수립'을 요구하는 청원서를 작성하여 샹 드 마르스(Champ de Mars) 광장에서 서명을 받기 시작하였다. 파리 시 당국은 계엄령을 선포하였고, 라파예트는 국민방위대를 동원하여 해산시키다가 발포하여 사상자가 발생하였다. 한편 앙투아네트 왕비로부터 망명실패 소식과 국왕은 거짓으로 혁명에 협조하고 있다는 편지를 받은 오스트리아 황제 레오폴트 2세는 여동생 부부의 안전과 왕권 복위를 돕고자 각국 군주들에게 회람을 돌려 프랑스의 상황을 알리고 협조를 구했고, 회람에 응한 프로이센과 8월 25일 동맹을 맺고 27일 "프랑스 국왕의 문제는 유럽 전체 군주의 공통 관심사이며, 프랑스 국왕을 완전하게 자유로운 상태로 만들기 위해 두 군주는 필요한 무력을 사용하여 조치하겠다"는 요지의 '필니츠(Pillnitz) 선언'을 발표하였다.

영국에 망명해 있던 루이 16세의 동생 프로방스 백작 그자비에(Louis Stanaslas Xavier)는 9월 10일 헌법 비준에 반대하는 맹렬한 항의 성명을 내고 "만약 광신적인 악업으로 전하에게 위해를 가한다면, 외국 열강의 군대가 파리를 초토화시킬 것임을 파리 시민은 알아야 한다."라고 협박하였다. 혁명파는 분노하였고, 비교적 온건하였던 지롱드파에도 외국과 싸워 국왕의 반혁명을 폭로하자는 주전론이 등장했다. 파리의 상퀼로트들은 더욱 격앙되었다.

(5) 1791년 헌법제정과 입법의회(Assemblée nationale législative)

국민의회는 1791. 9. 3. 제한 선거와 입헌군주제 내용의 프랑스 최초의 헌법을 가결하여 국왕에게 제출하였고, 국왕은 13일 헌법을 수용하고 다음날 헌법에 선서하였다.

그 헌법에 의하여 10월 1일 새로운 의회인 입법의회가 구성되었다. 입법의회에는 중도파가 340석, 입헌군주제를 지키려는 푀이양파가 240석, 국왕 없는 공화제를 주장하는 자코뱅파가 130석을 차지했다. 로베스피에르의 제안으로 1791. 5. 16. 제정된 법에 의하여 제헌국민의회 의원은 입법의회에 참여하지 못하였다.

군대의 모든 장교는 "헌법을 수호하고 침략을 막아내며 의회의 법령에 의거한 것이 아닌 다른 명령은 따르지 않겠다"는 내용의 서약서에 자필로 서명해야 했다. 장교는 모두 귀족이었는데, 많은 장교들이 입헌군주제를 반대하여 전역한 후 망명귀족들과 함께 국외로 탈출하였다. 시민들이 곳곳에서 가톨릭교회를 습격하고 성상을 파괴했기 때문에 가톨릭교회는 극렬 저항했다. 가톨릭 군주들의 군대 파병을 요청하고, 가톨릭 신자에게 반혁명 선동을 하였다. 대표적으로 1793년 3월 중서부해안의 방데(Vendée)에서 시작된 저항에서는 1796년 종결 때까지 수십만 명의 희생자가 발생하였다.

(6) 프랑스 혁명 전쟁의 발발

오스트리아와 프로이센은 혁명 사상의 전파를 염려하여 자국의 혁명 지지파를 박해하는 한편, 1792년 2월 대(對)프랑스 동맹을 체결하여 혁명정부를 압박하였다.

로베스피에르는 프랑스가 전쟁 역량을 갖추고 있지 못하고, 전쟁이 군사정권을 초래할 우려가 있다는 이유로 처음에 전쟁을 반대하였으나 나중에는 전쟁을 구실로 비상권력을 휘둘렀고, 프랑스의 여러 세력은 서로 다른 의도로 대체로 모두 전쟁을 원했다.

푀이양파는 전쟁에 승리하여 자코뱅을 제어하고자 하였다. 지롱드파는 전쟁을 유럽인을 해방시키는 성전으로 생각했고, 브리소는 1791년 10월부터 "모든 군주에 대한 보편적인 전쟁"을 주장하였다. 지롱드파 내각은 권력 행사의 편의를 위하여 유럽 전체의 혁명을 위한 대외 혁명전쟁을 표방하였다. 루이 16세와 측근들은 이와 달리 전쟁에서 패배하여 군주권이 부활되기를 은밀히 바라서 전쟁을 원하였다.

1792. 4. 20. 루이 16세의 제의에 따라서 의회는 오스트리아에 대한 선전포고안을 열광적으로 통과시켰고, 프로이센에도 7월 8일에 선전포고를 하였다. 그런데 전쟁이 시작되자 9,000명의 장교 중 6,000명가량이 망명하였고, 병사들도 군기가 나태했으며 충원된 의용병들은 훈련과 경험이 부족했다. 프랑스군은 각지에서 벌어진 전투에서 패배했고, 오스트리아와의 첫 전투에서는 지휘관인 디용(Théobald Dillon) 장군을 살해하는 하극상까지 벌어졌다.

(7) 8월 10일의 제2혁명

다급해진 입법의회는 선서거부파 성직자의 추방, 국왕의 친위대 해산, 지방출신을 포함한 연맹군(Fédérés) 창설 등의 법령을 통과시켰다. 6월 12일 루이 16세는 거부권을 행사하였다. 거부권 행사에 대한 반발과, 국왕과 왕비에 대한 의심으로 격분한 파리 상퀼로트들은 20일 튈르리 궁을 습격하여 국왕에게 혁명모자를 씌우고 혁명을 위한 건배를 강요하는 등 심한 모욕을 주었다.

7월 10일 푀이양파 내각이 총사퇴하였고, 11일 입법의회는 "조국이 위기에 빠졌습니다!"라는 선언을 발표했으며, 로베스피에르는 자코뱅 클럽에서 국왕이 거부한 '연맹군'에 참여할 것을 호소했다. 지방의 연맹군은 14일을 전후하여 파리로 모여들었고, 6월 20일의 궁전습격 사건에 대한 책임으로 직권이 정지되었던 페티옹 시장이 복직되어 상퀼로트 측에 가담하였다.

7월 19일 42,000명의 프로이센 군 · 29,000명의 오스트리아 군 · 6,000명의 헤센군이 프랑스 국경을 넘었고, 연합군 사령관 페르디난트(Karl Wilhelm Ferdinand) 브룬스윅 공작은 25일 "왕에게 복종할 것과 불응시의 엄벌원칙"을 천명한 성명(Brunswick menifesto)을 발표하였고, 8월 1일 파리에 유포되었다.

로베스피에르는 7월 25일 "국왕폐위 · 부르주아 계급만에 의한 입법의회 해산 · 국민 공회 소집"을 주장하였고, 8월 4일 페티옹 시장은 의회에서 군주제 종식을 청원하였다. 8일 마르세유의 연맹군 대대가 마르세유 행진곡(La Marseillaise[41])을 부르면서 파리에 도착하였고, 라파예트 탄핵안이 부결되었으나

41) La Marseillaise는 1789.4.20.자 대 오스트리아 선전포고 소식을 들은 프랑스 동쪽 끝 스트라스부르

부표(否票) 의원들이 공격을 받았다. 9일 파리 48개 중 47개 구역 코뮌은 파리 시청을 점령하고 국왕이 폐위되지 않으면 10일 공격한다고 선언하였다. 10일 새벽 당통은 국민방위군 신임사령관 망다(Antoine Galiot Mandat de Grancey)를 소환하여 살해하고, 2만 명 이상의 상퀼로트와 연맹군으로 튈르리 궁전 공격을 개시하였다. 스위스 용병 근위대가 목숨을 바쳐 싸웠지만, 궁전은 유린되었다. 국왕은 의회로 피신하였지만, 자코뱅만 남은 의회는 국왕 일가를 내 주었고, 왕권 중지와 6인의 임시정부 구성 그리고 입법의회 대신 새 의회를 남성 보통선거에 의하여 선출할 것을 의결하여 해산하였고, 국왕 등은 탕플 탑에 유폐되었다. 라파예트는 망명하려고 탈출하다가 오스트리아군에 체포되었다.

프로이센군은 19일 국경을 돌파, 9월 3일 베르됭을 점령하였고, 곧 파리로 들이닥칠 기세였다. 파리 침공의 위기감이 한층 높아지자 9월 2일 당통은 "적을 물리치고 나라를 구하려면 대담해지고 더욱 대담해지고 오직 대담해져야 한다"라고 연설하였고, 파리의 상퀼로트 등은 지원병으로 나가기 전에 감옥을 돌아다니며 반혁명자로 의심되는 수감자 1,100명 이상을 형식적인 즉결심판을 거쳐 잔인하게 학살하였다. 프랑스 전역에서 약식 재판만으로 살해된 사람이 1만 명을 넘었고, 입헌군주정은 완전히 파괴되었다.

3. 제1공화국

(1) 국민공회(Convention nationale)의 출범

당통이 이끄는 6인의 임시정부는 9월 2일부터 19일까지 21세 이상 소득이 있는 남성의 보통선거에 의하여 국민공회 의원을 선출하였고, 21일 국민공회가 개원되었다.

투표율은 11.9%였고, 의석 분포는 카르노를 대표로 하는 평원파 389석, 로베스피에르를 대표로 하는 산악파 200석, 브리소를 대표로 하는 지롱드 파 160석

의 공병 대위 드릴(Claude Joseph Rouget de Lisle)이 그 경 하룻밤 만에 작사, 작곡한 군가로서, 원 제목은 '라인 방면군을 위한 군가(Chant de guerre pour l' armée du Rhin)'였다. 마르세유 의용병들이 부른 것이 널리 알려져서 마르세에즈로 곡명이 바뀌었고, 1795.7.14. 국가로 지정되었다가. 1804년 나폴레옹에 의하여 폐지되었고, 제3공화국에서 1879.2.14. 다시 지정되었다.

이었으며, 초대 의장으로 페티옹 · 부의장으로 콩도르세가 선출되었다.

의회는 개원일에 국왕폐위를 의결하였고, 22일 공화국을 선포하고 의회의 위원회를 통한 통치를 의결하였다. 국민공회는 처음에 지롱드 파가 주도하였는데, 산악파가 1793. 5. 31.과 6월 2일의 상퀼로트 폭동으로 지롱드파를 숙청하고 주도권을 장악하였고, 이후 점차로 로베스피에르의 1인 독주체제로 이행되었다가, 1794년 7월 로베스피에르가 실각한 뒤에는 다시 지롱드파가 정권을 잡았고, 1795. 8. 22.에는 양원제 의회와 5명의 총재(Directeur)에 의한 정부를 골자로 하는 제3차 헌법을 제정하고 10월 총재정부를 출범시킴으로써 공포정치를 종결시켰다.

1793년 6월 지롱드파를 축출한 국민공회는 1793. 6. 24. 새 인권선언과 헌법을 최초의 국민투표를 거쳐 제정하였으나, 10월 10일 "임시정부는 평화시까지 혁명적"이라고 선언하여, 헌법의 시행은 유보하였으므로, 총재 정부 이전의 제1공화정은 헌법 없이 운영되었다. 의회가 3권을 장악하였고, 공공안전위원회 등 일부 위원회가 전권을 행사하였다. 1793년의 헌법은 입법원 의원의 임기를 1년으로 하고 법률은 국민투표로 제정하며, 행정부는 24명으로 구성하되 매년 1/2을 개선하고, 헌법개정은 국민투표에 의하도록 규정되었다.

(2) 발미전투(Bataille de Valmy)의 승리

9월 20일 뒤무리에와 켈레르만이 이끄는 프랑스 연맹군과 포병대는 파리 동쪽 발미에서의 전투에서 처음으로 프로이센 군에 승리하였고, 종군하였던 괴테(Johann Wolfgang von Goethe)는 "오늘 이곳에서 세계 역사의 새로운 시대가 열렸다"라고 하였다. 군사상으로는 작은 승리였지만, 패전만 거듭하던 프랑스 국민은 크게 고무되었다. 이후 프랑스군은 진격을 계속하여 네덜란드 남부를 점령하였으며, 독일의 프랑크푸르트까지 진군하였다.

(3) 국왕에 대한 재판과 처형

국왕에 대하여 로베스피에르 · 생쥐스트 등은 "8월 10일 이미 심판을 받았으므로 루이가 죽어야 조국이 산다"고 주장하였고, 재판결과를 국민에게 상소하여 승인을 받자는 주장, 왕은 헌법이 정한 신성하고 침해할 수 없는 존재라는 주장이 대립되었으며, 국민공회 의원으로 선출된 토마스 페인은 미국으로 보내자는 특이한 주장을 하였다.

12월 11일 국민공회의 첫 재판이 열렸고, 26일 2회 재판이 열렸으며, 국왕이 부인한 철제 금고의 서류가 증거로 제출되었다. 1893. 1. 15.부터 20일 새벽까지 호명투표가 진행되었고, 387 : 334로 사형이 결정되었으며, 21일 오전 2만 명이 군집해 있는 혁명광장(현재의 콩코드 광장)에서 기요틴으로 처형되었다.[42]

앙투아네트 왕비는 '반역 음모 · 국고 낭비 · 7세인 루이 17세와의 근친상간'의 죄목으로 1793. 10. 16. 처형되었고, 루이 17세는 1795. 6. 8. 10세의 나이로 탕플 감옥에서 폐렴으로 사망하였다.

미리 영국으로 망명한 루이 16세의 동생 프로방스 백작 그자비에(Louis Stanaslas Xavier)는 1815. 7. 8. 루이 18세로, 다른 동생 아르투아 백작 필리프(Charles Philippe)는 1824. 9. 16. 샤를 10세로 프랑스 왕좌에 복귀하였다.

(4) 대프랑스 동맹전쟁과 내전의 발발

1793년 1월 루이 16세의 처형은 유럽 각국에 충격을 주었고, 영국의 피트 총리는 스페인 · 사르데냐 등 11개국과 프랑스 혁명정부를 적대하는 동맹을 결성하였다.

유럽 군주들의 적이 된 프랑스 혁명정부가 2월 1일 영국과 네덜란드에 선전포고를 하여 제1차 대불동맹 전쟁이 시작되었고, 대불동맹의 군대들이 5 방면에서 프랑스 국경을 넘었다. 발미 전투의 영웅 뒤무리에 장군은 패전 후 국민공회와 다투다가 4월 오스트리아로 도망하였다.

국경 각지에서 벌어진 전투에서 프랑스 군이 연패하자 다급해진 혁명 정부는 3월에 '30만 명 모병'을 선포하였고, 그것으로도 해결되지 않자 8월 23일 '국가총동원령'을 발령하고 징병제를 시행하여, 새로 120만의 대군을 편성하였으며, 이후 상당기간 우세를 유지하였다.

---

42) 주명철(2010), "루이 16세 재판과 죽음", 「서양사론」 제104권, 한국서양사학회, 149~176면; 최갑수(2021), "루이 16세의 재판: 혁명권과 합법성", 「서양사연구」 제64권, 한국서양사연구회, 181~222면.

1793년 3월부터는 내란도 일어났다. 3월에는 방데 지역에서 가톨릭 봉기가 일어났는데, 연말경 기세가 꺾이었지만 1796년에야 종결되었고, 수십만 명이 희생되었다. 여름에는 남부의 리옹 등지에서 파리코뮌의 독주를 반대하는 봉기가 일어났고, 역시 다수의 참혹한 희생이 발생하였다.

(5) 공포 정치

산악파는 1793. 3. 10. 설치된 혁명재판소, 4월 6일 설치된 공안위원회(Comité de salut public) 그리고 공회가 지방에 파견한 의원 등의 기관을 통해 반대파를 숙청하였다.

1793. 4. 5. 마라는 지롱드파가 뒤무리에와 내통하여 국민공회에서 반혁명을 진행하고 있으니 봉기하여 처단하자는 선언문을 발표하였고, 4월 15일 파리코뮌 대표단과 에베르는 브리소파 22명을 의회에 고발하였다. 지롱드파는 허위선동혐의로 마라를 체포하여 재판하였으나, 무죄로 방면되었다. 로베스피에르는 5월 26일 자코뱅 클럽에서 폭동을 일으킬 시기가 왔다고 말했고, 31일과 6월 2일 6만 명 이상의 상퀼로트가 60문의 대포로 무장하고 의회를 압박하여 29명의 지롱드파 의원과 장관 2명을 체포하였다. 10월말 혁명재판소의 재판이 시작되었고, 연말까지 마담 롤랑 · 바이이 등 지롱드 계열 177명이 처형되었다.

망명자에 대하여는 1791. 7. 9. "한 달 이내에 돌아오지 않으면 3배의 세금을 부과하고 전쟁이 일어나는 경우 반역자로 선포한다"라는 법을, 11월 9일에는 "1792. 1. 1.까지 귀국하지 않으면 모반죄로 재산을 몰수하고 사형에 처한다"라는 법을 제정하였고, 1792. 7. 27.의 법으로 망명자의 재산을 몰수하였으며, 1793. 3. 1.의 법은 망명자의 '민사사(民事死)'도 규정하였다.

1793. 7. 27. 공안위원이 된 로베스피에르는 시행이 유보된 헌법 대신 12월 4일 '혁명정부조직법'을 제정하여 공안위원회 중심의 중앙집권체제를 구축하였고, 1794. 1. 8. '관용파'와 '극단파'를 비난하였다. 2월 26일에는 '혁명의 적의 재산을 몰수하는 법'을 제정하였으며, 3월 3일에는 약 30만 명의 파리 지역 정치적 수감자를 3분하여 1부류는 석방하고 2부류는 집단수용소에 감금하고 3부류는 혁명재판소로 이송하며, 2와 3부류의 재산은 몰수하여 '가난한 애국자'에게

분배하기로 하는 '풍월의 법'을 제정하였다.

에베르는 1793년 가을부터 당통과 로베스피에르 등을 온건파라고 공격하였고, 1794. 3. 4.에는 로베스피에르에 대한 봉기를 선동하였다가. 3월 13일 체포되어 24일 상퀼로트 간부 17명과 함께 처형되었다. 27일에는 파리의 혁명군이 해산되었고, 다음날 파리코뮌도 숙정되었다. 30일부터 당통파가 체포되었고, 당통은 부패와 반혁명 혐의로 4월 5일 데글랑틴 · 데물랭 등 15명과 함께 처형되었다. 당통은 "로베스피에르는 나를 따를 것이다. 아! 인간의 정부에 간섭하는 것보다 가난한 어부가 되는 것이 낫다."라고 말하고 죽었다. 22일에는 라미랄(Lamiral)이 공안위원 데르부아(Jean-Marie Collot d'Herbois)를 저격하였으나 실패하였고, 23일에는 르노(Aimée-Cécile Renault)가 로베스피에르를 암살하려고 칼을 품고 기다리다가 체포되었다.

로베스피에르는 6월 10일 혁명재판소를 재조직하여 법률조력과 증인심문을 폐지하고 혐의만으로 사형에 처하게 하며 개회 중에도 의원의 불가침권을 박탈하는 '목월 22일 법'을 통과시켰고, 혁명재판소는 그 후 로베스피에르 몰락 시까지 1,286명을 처형하였는데, 그것은 그 전 기록의 2배 이상이었다.

한편 1794. 6. 26. 벨기에의 플뢰뤼스(Fleurus)에서는 주르당(Jean-Baptiste Jourdan)이 지휘한 프랑스군 9만 명가량이 정찰용 기구(reconnaissance balloon)로 적의 동태를 완전히 파악함으로써 코부르크(Franz von Sachsen-Coburg-Saalfeld)[43]가 지휘한 5만 명가량의 오스트리아군을 격파하는 대승을 거두었는데, 그 전투를 감독한 생쥐스트는 그 승리를 선전하지 못하게 하였고, 공포 정치의 명분이 크게 약화되었다.

(6) 로베스피에르의 몰락과 공포정치의 종식

로베스피에르는 1974. 6. 4.부터 18일까지의 국민공회 의장직을 마친 후 공안위원회에는 참석하지 않고 자코뱅클럽에서 활동하였는데, 국민공회 의원들은 '목월 22일의 법'으로 처단하려는 '혁명의 적'에 해당되지 않는지 불안해하였다.

7월 26일 국민공회에 출석한 로베스피에르는 2시간의 연설로 "자신이 공안위

43) 그의 딸 빅토리아가 영국의 에드워드 왕자와 결혼하여 빅토리아 여왕을 낳았다.

원회에 출석하지 않은 6주 동안 의도적으로 학살을 자행하여 자기에게 책임을 전가하려는 음모가 있다, 정부가 빈민을 괴롭히고 국유재산 구매자를 어렵게 한다, 당통 · 에베르 등을 추종하는 자들이 혁명을 타락시키고 있다."등의 주장을 하고 보안위원회를 공안위원회에 종속시켜야 한다고 하였다. 연설문 인쇄배포문제를 논의하는 중에 로베스피에르에게 "고발하는 의원의 이름을 대라"는 요구가 나왔는데, 로베스피에르는 답변을 거부하였고, 결국 연설문 배포는 보류되었다. 그날 저녁 로베스피에르는 자코뱅 클럽에 가서 같은 연설을 하면서 그 연설을 유언장이라고 하였고, 의회에서와는 다르게 박수갈채를 받았다.

그날 밤 로베스피에르 제거 음모를 꾸며온 의원들과 평원파 의원 간에 로베스피에르를 제거하고 공포정치를 종식시키기로 하는 거래가 이루어졌다. 27일(熱月 9일) 국민공회에서는 생쥐스트가 로베스피에르를 변호하고 비요 바렌(Jacques-Nicolas Billaud-Varenne) · 데르부아 · 카르노 등 공안위원에게 책임을 전가하는 취지의 발언을 시작하다가 제지되었고, 가장 극단적인 공안위원으로 악명이 높았던 비요 바렌이 전날의 자코뱅 클럽 분위기를 전하면서 "5월 31일 사건이 벌어질 것이며 국민공회의 학살로 끝날 것, 로베스피에르가 목월 22일 법의 주역이며 폭군"이라고 말하였다. 방청객들은 "국민공회 만세"를, 의원들은 "폭군에게 죽음을"을 외쳤고, 로베스피에르가 발언하려 하자 "폭군을 죽여라"라고 소리쳤다.

국민방위대장 앙리오와 파리 혁명재판소장 뒤마의 체포동의안이 가결되었고, 로베스피에르 · 쿠통 · 생쥐스트의 체포동의안도 가결되었다. 산악파 의원 33명이 성토에 가담하였고, 평원파는 2명만 발언하였는데, 산악파는 대체로 공포정치에 책임이 큰 자들이었다.

파리코뮌은 저항에 들어가 시청 앞 그레브 광장에 집결하였으나, 지지는 저조하였고, 국민방위대장 앙리오가 체포되자 와해되고 말았다. 바라스(Paul Barras)가 지휘한 국민공회군은 28일 새벽 2시경 시청을 공격하여 로베스피에르 등을 체포하였고, 저녁에 19명이 처형되었다. 29일 코뮌파 71명이 추가로 처형되었고, 한 달간 108명이 더 처형되어 파리코뮌은 완전히 붕괴되었으며, 공포정치도 끝났다.

(7) 테르미도르파의 정치

바라스・탈리앵(Jean-Lambert Tallien)・푸셰(Joseph Fouché) 등은 로베스피에르를 제거하고 권력을 장악하여 '테르미도르파'로 불렸지만, 로베스피에르파에 공동으로 대립하였을 뿐 정책적으로 일치한 것은 아니었고, 혁명파와 급격한 개혁을 싫어하는 왕당파가 섞여 있었다. 테르미도르파는 경제적 자유주의를 채택하여 수입을 자유화하고 통제 가격을 철폐하였는데, 그 결과 폭발적인 인플레이션과 아시냐의 폭락이 초래되었다. 1795. 2. 21.에는 성직자시민기본법을 폐지하여 신교의 자유를 보장하였고, 5월 30일에는 교회에 제례를 다시 허용하였다. 공안위원회의 권한을 군사와 외교로 축소하였고, 위원회들을 민주적으로 운영하였다.

전쟁을 마치기 위하여 1795. 4. 5. '바젤 조약'으로 프로이센과 강화하고, 5월 16일에는 네덜란드, 7월 22일에는 스페인과도 강화 조약을 체결하였으나, 오스트리아와 영국은 강화에 응하지 않았다.

국민공회는 8월 22일 377개 조항의 새 헌법을 가결하였고, 9월 6일의 국민투표를 거쳐서 22일 공포하였다. 선거권은 일정 유산자에게만 제한적으로 부여하였고, 입법원(Corps Législatif)은 30세 이상의 남성 500인으로 구성되는 하원과, 40세 이상의 남성 250인으로 구성되는 원로원으로 나누어 하원의 제안을 상원이 결정하는 방식으로 입법이나 총재 선출을 하게 하였으며, 의원은 매년 1/3씩 개선하게 하였다. 정부는 매년 1명씩 개선되는 5명의 총재(Directeur)로 구성하고 그 아래에 각료들을 두며, 총재들은 3개월 마다 교대로 국정을 담당하였다. 징세권은 별도의 국고위원회에 부여되었다. 의회의 권력 독점이 야기한 공포정치에 대한 반성에서 권력의 분립을 중시하였으나, 의회와 총재 간 그리고 총재 상호간의 대립에 대한 방비는 없었다. "신의회 의원의 2/3는 국민공회 의원 중에서 선출해야 한다"라는 조항이 추가되어 반감이 심각해지자 왕당파는 국민공회에 반대하는 시위대를 조직하고 10월 5일 폭동하였으나, 의사당 경호책임을 맡은 바라스를 통하여 진압 명령을 받은 나폴레옹(Napoleon Bonaparte)이 포격으로 바로 진압하였고, 바라스는 자기의 정부였던 조세핀(Joséphine de

Beauharnais)을 나폴레옹의 침대로 보냈다.

4. 총재 정부와 통령 정부

(1) 총재 정부의 출범

1975. 10. 20. 새 헌법에 의한 첫 선거가 실시되어, 26일 국민 공회는 해산되었고, 31일 바라스 · 루벨(Jean-François Rewbell) · 루베리에르(Louis Marie de La Révellière-Lépeaux) · 카르노(Lazare Carnot) · 투르누(Étienne-François Le Tourneur)가 총재로 선출되었다. 바라스는 귀족 출신이었고, 다른 4명은 부르주아 출신의 공화주의자였으며, 모두 루이 16세 처형을 찬성하였었다.

(2) 총재 정부의 혼란

물가폭등으로 민생이 피폐해지자 '그라쿠스 바뵈프'로도 알려진 혁명적 저널리스트 바뵈프(François-Noël Babeuf)가 '팡테옹 클럽'을 만들고 '민중의 호민관'(Le tribun du peuple)이라는 신문과 '평등주의자 선언'(Manifeste des Plébéiens) 등으로 반란을 선동하다가 1796. 5. 10. 체포되었고 1797. 2. 20. 반역죄로 재판에 회부되어 5월 27일 30명과 함께 처형되었다. 그는 사유재산 폐지와 폭력혁명에 의한 정치적 · 경제적 · 사회적 평등 쟁취를 선동하였는데, 영국의 밤비(John Goodwyn Barmby)는 자신이 바뵈프를 논하면서 처음으로 '공산주의'(communism)라는 용어를 사용하였고, 엥겔스에게 바뵈프의 공산주의 운동을 소개하였다고 주장하였다. 팡테옹 클럽은 1796. 2. 27. 나폴레옹이 폐쇄하였다.

1797 봄에 행해진 첫 번째 평의원 선거에서 왕당파가 대승하여 다수 의석을 차지하였다. 왕당파는 투르누 총재를 바르셀레미(Marquis de Barthélemy)로 교체하고, 루이 18세를 옹립하려고 영국과 비밀리에 접촉하였다.

위협을 느낀 바라스는 방데 봉기를 진압한 오슈(Lazare Hoche) 장군과 나폴레옹의 부하인 오제로(Pierre Augereau) 장군의 군대를 불러들여 9월 4일 쿠데타를 일으켰다. 의원 198명을 당선무효시켰고, 바르셀레미 총재를 남미 카옌으로 추방하였으며, 카르노는 스위스로 망명했다. 42개의 왕실주의 신문이 폐쇄되었고, 65명의 언론인과 편집자가 추방되었다. 후임 총재에는 누샤토(François de

Neufchâteau)와 공포정치에 관여했던 두에(Merlin de Douai)가 선임되었다.

왕당파 아래에서 완화되었던 망명자와 가톨릭에 대한 통제가 다시 강화되었고, 군사법정에 의한 처형이 행해졌으며, 자코뱅의 정책이 다시 시행되었으나 강도는 약했다. 1798년 봄에는 지난해에 축출한 의원의 자리까지 총 437석을 선거하였는데, 왕당파는 실격되었고 온건파도 혼란에 빠졌으므로 자코뱅이 다수를 점하였다. 총재정부는 반대파를 줄이기 위해 1798. 5. 11. 당선자 154명 가운데, 정부에 반대하는 106명의 선거 결과를 무효로 하는 법안을 강행 통과시켰고, 의회와 총재 간에 대립이 생겼다. 극단 자코뱅을 제외하기 위하여 1798. 5. 15. 퇴임한 누샤토의 후임으로 트레야르(Jean-Baptiste Treilhard)를 총재로 하였지만, 자코뱅들은 찬성하지 않았다.

(3) 총재정부의 전쟁정책과 자매공화국 건립

1795년 헌법이 정한 프랑스 국경은 자연적 한계로 선언된 로마제국 시대 갈리아의 경계인 피레네산맥 · 라인강 · 알프스 산맥이었고, 전쟁이 정부의 권위를 세우는데 유익하였으므로, 총재정부는 대량 징병으로 우세해진 군사력으로 그 경계를 확보하고자 하였다. 프로이센 · 네델란드 · 스페인과는 평화를 이루었지만, 영국은 프랑스가 벨기에를 합병한 것을 받아들이지 않았고. 오스트리아는 국경획정을 위한 유럽의회의 소집을 주장하다가 영국의 영향을 받아 전쟁을 선택하였으며, 오스트리아의 영향 하에 있는 이탈리아의 여러 도시들도 프랑스의 주장을 거부하였다.

프랑스는 1796년 봄 주르당과 모로(Jean Victor Marie Moreau)의 군대를 라인강 쪽으로, 나폴레옹의 군대를 이탈리아 북부지역으로 보내 오스트리아를 3면에서 공격하게 하였는데, 나폴레옹이 성공하여 5월에는 니스와 사보이아를 양도받았고, 1797년 10월에는 롬바르디아와 오스트리아령 네덜란드를 양도받는 등 많은 지역을 점령하였다.

영국의 해군에 대항하기 위하여 1796년 8월에는 스페인과 '산 일데폰소 동맹조약(Tratado de San Ildefonso)'을 체결하였고, 스페인은 10월 5일 영국에 선전포고하였다.

프랑스는 점령지역에 혁명적 가치를 공유하고 프랑스의 동맹이 될 '자매 공화국(république sœur)'을 건설하였는데, 1795년 네덜란드 지역에 양원제와 총재 체제의 바타비아공화국(République batave)을 세우고 5월 16일 상호 방위 조약을 체결하였으며, 1796. 4. 26.에는 피에몬테에 알바공화국(Repubblica di Alba)을, 6월 14일에는 제노아에 리구리아공화국(Ligurian Republic)을, 29일에는 밀라노에 치살피나공화국(Repubblica Cisalpina)을 각 설립하였고, 1798. 2. 15.에는 바티칸의 교황령도 점령하여 로마공화국(Repubblica Romana)을 선포하였으며, 4월 12일에는 스위스에 헬베티아공화국(République helvétique)도 수립하였다.

(4) 나폴레옹의 이집트 고립과 제2차 대불동맹

한편 나폴레옹의 인기를 우려한 총재정부는 영국 본국과 인도 등 식민지와의 연결을 방해하는 것 등의 목적으로 나폴레옹에게 이집트 원정을 가게 하였다. 나폴레옹은 1798. 5. 19. 병사 5만 명과 선박 232척을 이끌고 출발하여 6월 8일 몰타(Malta)를 점령하였고, 7월 1일에는 이집트의 알렉산드리아, 24일에는 카이로를 점령하였으며, 1799년 7월에는 로제타 스톤(Rosetta Stone)도 발견하였다.

그런데 1798. 8. 1. 나일 해전에서 영국의 넬슨(Horatio Nelson) 제독이 프랑스 해군을 격파하고 제해권을 장악하여 나폴레옹은 고립되었다.

영국은 1798. 12. 24. 나폴리 왕국 · 오스트리아 · 러시아 · 터키와 연합하여 제2차 대프랑스 동맹을 결성하고 프랑스에 대한 포위망을 구축했다.

프랑스는 1799년 1월 나폴리를 점령하고 파르테노페아공화국(Repubblica Partenopea)을 세웠고, 3월 초순에는 독일을 향해서 라인 강을 건넜으나, 이후 전 전선에서 패배가 거듭되었고 점령지를 상실하였다.

(5) 1799. 11. 9.의 쿠데타

1799년 봄의 선거에서도 공화파가 승리하였고, 일시적으로 총재정부의 권위가 상승했다. 5월에 루벨 총재가 퇴임하고 시에예스가 후임 총재로 선임되었다. 시에예스는 1795년 헌법을 반대하였지만, 시민의 절대적 지지를 받았다. 그는 헌법을 개정하여 공화파의 힘을 억제해야 한다고 보고, 바라스와 손을 잡았다.

공화파가 장악한 의회는 6월 16일 트레야르의 총재 취임을 무효로 하고, 두에와 루베리에르를 1798. 5. 11. 쿠데타의 장본인으로 지목하고 해임을 요구했다. 그들의 후임으로 고이에르(Louis-Jérôme Gohier)·뮬랑(Jean-François Moulin)·뒤코(Pierre Roger Ducos)가 선임되었지만, 그들은 영향력을 가지고 있지 못하였다.

전선의 위급은 잠시 진정되었지만, 재정은 파탄 상황이었고, 정부의 반가톨릭 정책으로 지방은 반란 직전이었으며, 도로의 파괴와 도둑떼의 증가로 상업이 침체되었다. 자코뱅파가 다시 결성되고, 에베르·마라에 대한 재평가가 행해졌다.

정상적인 방법으로는 사태를 수습할 수 없다고 판단한 시에예스 총재는 명망이 있던 주베르 장군이 1799. 8. 31. 전사하고, 오슈 장군도 1797. 9. 19. 급사하자, 나폴레옹을 내세워서 쿠데타를 하기로 결심하였다.

나폴레옹은 조아생 뮈라(Joachim Murat) 등 소수의 부하만 데리고 소형 함정 4척으로 이집트를 탈출, 1799. 10. 9. 프랑스 남부의 생라파엘(Saint-Raphaël)항으로 귀환하여 군중의 환영을 받았고, 10월 14일 파리에 도착하였다. 시에예스는 나폴레옹을 쿠데타에 가담시키는데 성공했고, 외교전문가 탈레랑(Talleyrand)·나폴레옹의 친동생으로서 하원 의장이었던 자코뱅파 뤼시앙(Lucien Bonaparte)·뒤코 총재·파리 경찰청장 푸쉐(Joseph Fouché) 등도 가담하였다.

1799. 11. 9.(브뤼메르 18일) 나폴레옹은 뤼시앙으로 하여금 원로원에 "파리에 자코뱅이 주도하는 테러가 자행됐다"고 보고하게 했고, 이를 구실로 파리 주둔군의 지휘권을 확보하고 정부기관을 파리 근교의 생클루(Saint-Cloud)로 이전시켰다. 5인의 총재 중 시에예스 등 3명이 사임하였고, 사임을 거부한 2명은 나폴레옹의 명령으로 체포하였다.

다음날 원로원과 500인회가 나폴레옹에게 저항하는 기미를 보이자 나폴레옹은 소수의 병사들을 데리고 500인 의회에 가서 연설했다. 자코뱅 의원들이 "불법행위다", "독재자를 타도하라" 등 매우 적대적으로 대들자 의장 뤼시앙은 칼을 빼들고 나폴레옹을 겨누면서 "혁명 정신을 배반한다면 내가 먼저 형을 처단하겠다!"라고 외치고 의사진행을 방해하는 의원이 있는 경우의 의장의 군대요청권을 행사하였고, 나폴레옹은 병사들에게 "내가 너희들을 믿어도 되겠는가?"라고 하였다. 그 때 뮈라가 "돌격 앞으로!"를 외치며 병사들을 이끌고 의회로 진입하여 의원들을 끌어내었다.

뤼시앙은 일부 의원들을 모아 3명의 통령(Consulat)에게 총재부를 인계한다는 제안을 가결하였고, 나폴레옹과 시에예스 그리고 뒤코가 임시 통령으로 선출되었다.

끊임없는 정치적 혼란과 음모에 질려있던 민중들은 대체로 침묵으로 지지를 표하였고, 지방에서 자코뱅파의 소규모 봉기가 있었으나 쉽게 진압되었다.[44)]

(6) 통령정부(統領政府, Consulat)

나폴레옹의 임시정부는 1799. 12. 13. 헌법을 제정하여, 22일 시행하였고, 15일에 걸친 국민투표의 결과는 1800. 2. 7. 발표되었으며 2월 28일 헌법이 정식으로 공포되었다. 약 600만의 등록 유권자 중 3,011,107명이 찬성하고 1,562명이 반대한 것으로 발표되었지만, 뤼시앙이 찬성자의 수를 2배가량으로 조작한 것으로 알려져 있다.

이 헌법에는 인권선언 부분이 삭제되었고, 가정(家庭)의 불가침성 · 개인의 안전 · 청원권 등이 규정되었다. 입법부는 호민원(Tribunate, 100명) · 입법원(Corps Législatif, 300명) · 원로원(Sénate conservateur, 80명)의 3원으로 구성되었고 권한은 변경되었다. 호민원과 입법원 의원의 임기는 5년으로 하되, 매년 1/5씩 개선하였고, 호민원은 제1통령이 제안한 법안에 대하여 의견을 제시하고, 입법원은 논의없이 표결하도록 되었다. 원로원은 80명의 종신직으로 구성되며, 위헌 행정행위를 무효화하여 헌법을 수호하고, 법률이 헌법과 일치하는지 확인하고 수정하며, 주민의 선거로 제출된 국가 명부에서 호민원과 입법부의 의원 · 파기원 판사 · 감사관을 선출하는 권한을 가졌다.

3명의 통령(Consul)[45)] 특히 제1통령 중심의 행정부에 권력이 집중되었다. 통령의 임기는 10년으로 하되 원로원이 재임시킬 수 있다. 제1통령은 외교 · 군사 · 내정, 제2통령은 사법, 제3통령은 재정을 담당하되, 제2 · 제3통령은 총재와는 달

---

44) 앙드레 모루아는 앞의 책 495면에 "아무도 새 정권의 합법성에 대해 항의하지 않았다. 프랑스는 강간당한 것이 아니라 스스로 몸을 내맡긴 것이었다"라고 표현하고 있다.

45) Consul을 집정관(執政官)으로, Consulat을 집정체제로 번역하기도 한다.

리 의견만 표시하도록 되었다. 제1통령의 법률제안권과 행정권을 보좌하기 위하여 30명 내지 50명의 전문가로 구성되는 국무원(Conseil d'État)도 설치하였다.

제1통령은 나폴레옹 · 제2통령은 공안위원장이었던 캉바세레스(Jean-Jacques-Régis de Cambacérès) · 제3통령은 르브뤼(Charles-François Lebrun)이 되었고, 시에예스는 원로원 의장 · 뒤코는 부의장이 되었다.

나폴레옹은 제1통령으로서 대불동맹국에 강화를 제의하였으나 거절당하자, 1800. 5. 15. 경포병과 보병 35,000명 및 기병 5,000명을 이끌고 출병하여 해발 2,469m에 달하는 알프스의 산베르나르 고개(St Bernard pass)를 넘어 이탈리아에 배치된 오스트리아군을 기습 · 철수시켰고, 이어 라인 방면군도 승리한 뒤 1801. 2. 9. 뤼네빌 조약(Paix de Lunéville)으로 오스트리아와 강화했다. 오스트리아는 바타비아 · 헬베티아 · 치살피나 · 리구리아공화국을 다시 승인하고, 프랑스의 라인 강 좌안 지역(라인란트)의 합병도 승인하였다.

영국 또한 1801. 3. 14. 주전파인 피트(William Pitt)가 국내문제로 퇴진한 뒤 총리가 된 애딩턴(Henry Addington)이 1802. 3. 25. '아미앵 조약(paix d'Amiens)'을 체결하여 강화하였다. 영국은 그때까지 얻은 프랑스의 영토 취득을 승인하고, 몰타 · 케이프 식민지 · 이집트 등 점령지에서 군대를 철수할 것을 약속하였으며, 프랑스에 대하여 확장목표 축소를 보장할 것을 촉구하였다. 프랑스도 나폴리 왕국과 교황령에서 철수할 것을 약속했다.

나폴레옹은 세금 제도와 행정 제도를 정비하고, 1800. 1. 18. 프랑스 은행(Banque de France)을 설립하여 화폐를 안정시키는 등 경제 안정과 산업 부흥에 힘을 쏟았다. 1802. 5. 1.에는 공공교육법을 제정하여 교육을 개혁하였고, 19일에는 '명예와 조국'을 모토로 하는 '레지옹 도뇌르 훈장(Ordre national de la Légion d'honneur)'을 창설하여 각계의 분발을 촉구하였다.

국민의 지지가 늘어나자 1802. 5. 10. 나폴레옹을 종신 제1통령(Premier Consul à vie)으로 하는 헌법개정안이 국민투표에 붙여졌고, 찬성 3,568,885명, 반대 8,374명의 압도적 다수로 가결되어, 8월 2일자로 공포되었다.

제4절 프랑스 민주주의의 변천

프랑스 혁명의 연장선에서 유럽 대부분의 왕정이 폐지되었기에 프랑스 혁명은 세계 민주주의의 기념탑으로 일컬어지고 있지만, 프랑스 혁명 후의 역사는 순탄하지 못하였다.

헌법을 기준으로 보더라도, 1789년의 제헌의회가 공들여 제정한 1790년의 입헌군주제 헌법은 1년도 되기 전에 재차의 폭력혁명으로 붕궤되었고, 1791년의 제1공화국 헌법은 제대로 시행되지 못하고 의회의 비상독재 상태로 진행되다가, 사장된 1793년의 헌법을 거쳐 1795. 9. 6.의 국민투표에 의하여 총재정부 헌법으로 개정되었으며. 그것은 다시 1799. 12. 9.의 나폴레옹 쿠데타에 의하여 1800. 2. 28. 통령정부 헌법으로 변경되었다.

그 헌법은 1802년 8월 나폴레옹을 종신 제1통령으로 하도록 변경되었다가, 1804. 5. 18. 군주제로 변경됨으로써 민주주의 체제는 군주제로 되돌아갔고, 1814. 6. 4.에는 부르봉 왕정으로까지 복고되었다. 그것은 1815. 4. 22. 엘바로부터 탈출해 온 나폴레옹에 의하여 잠시 다시 변경 되었다가 복원되어 1830년까지 유지되었지만, 명목상 헌법에 불과하였고, 1830. 8. 9.에는 제2차 입헌군주제 헌법이 만들어졌다. 그러나 또다시 1848년 2월의 혁명으로 11월 4일 제2공화국 헌법이 제정되었다.

제2공화국은 1848. 12. 10.의 선거에서 압도적으로 당선된, 나폴레옹 1세의 조카인 루이 나폴레옹 대통령의 1851. 12. 2.자 쿠데타로 전복되어, 1852. 1. 14. 헌법이 개정되었고, 1852. 12. 25.의 수정으로 제2 제정으로 이행하였다.

1870. 5. 8. 자유주의적 수정이 된 헌법개정이 있었으나, 7월 19일 발생된 프랑스-프로이센 전쟁에서 나폴레옹 3세가 포로가 되자, 9월 4일 쿠데타가 일어나 제3공화국이 선포되었고 불안정했던 헌법질서는 1875. 2. 24.과 7월 16일의 헌법 개정에 의하여 정리되었다.

제2차 대전 동안 일부 세력은 비시 체제(Vichy regime)를 형성하기도 하였고, 전후 제헌의회에 의하여 1946. 9. 29. 제4공화국 헌법이 제정되어 10월 27일 공포되었다. 제5공화국 헌법으로 불리는 현행 헌법은 샤를 드골(Charles de Gaulle)의 주도하에 1958. 10. 4. 제정되었는데, 이 헌법도 2008년 최종개정까지 24번 부분 개정되었다.[46]

1. 나폴레옹 제정

(1) 나폴레옹 제정의 출현

아미앵 조약에도 불구하고 영국과 프랑스 간에는 여러 가지 알력이 있던 중, 영국은 1803. 5. 18. 프랑스에 선전포고 하였고 이후 1815. 6. 18.의 워털루 전투(Bataille de Waterloo)로 나폴레옹이 몰락할 때까지 12년여의 나폴레옹 전쟁이 진행되었다.

1804. 3. 9. 카두달(Georges Cadoudal)이 제1통령 암살음모 혐의로 체포되었다. 그는 영국에서 루이 16세의 동생들과 통모하였고, 1800년 6월에는 영국 피트 총리로부터 수만 명의 군사지원을 받아 나폴레옹을 공격하였으나 저지되었으며, 그 해 12월 24일의 나폴레옹에 대한 폭탄 공격에도 관여한 것으로 밝혀졌다. 그는 1804. 6. 10. 20명과 함께 사형선고를 받고, 25일 12명과 함께 처형되었다. 공모자 중 피체그루(Jean-Charles Pichegru) 장군은 4월 6일 감옥에서 넥타이로 사망한 시체로 발견되었고, 모로(Jean Victor Marie Moreau) 장군은 2년형을 선고받았으며, 사형수 중 8명은 사면되었다. 통모한 것으로 오인된 엥귄 공작(Louis Antoine, Duke of Enghien)이 3월 15일 바덴(Baden)에서 프랑스 비밀부대에 의하여 체포 압송되었고, 그 전에 제1차 대불동맹에 가담하여 프랑스에 전쟁한 것을 이유로 궐석재판으로 내려져 있던 판결을 구실로 21일 처형되었는데, 유럽의 왕실들은 매우 분노하였고, 영국은 1804. 5. 10. 주전파인 피트로 총리를 교체하였다.

이러한 상황에서 프랑스 원로원은 부르봉 왕가의 왕정복고 미련을 끊기 위하여, 1804. 5. 18. 나폴레옹을 '프랑스인의 황제(empereur des Français)'로 선포하

46) 홍태영(2008), "프랑스 대의제민주주의와 의회의 위상과 역할", 「현대사회와 정치평론」 제3권, 한국정치평론학회, 7~32면.

고, 7월 국민투표에 붙였다. 11월 6일 확인된 결과는 찬성 3,572,329 대 반대 2,569로 압도적 가결이었다. 나폴레옹은 교황 비오 7세의 임석 하에 1804. 12. 2. 노트르담 대성당에서 샤를마뉴의 왕관으로 즉위식을 거행하였고, 오스트리아의 신성로마제국 황제위는 폐위되었다. 카두달은 처형에 임하여 "나는 왕을 만들려고 왔다가 황제를 만들고 말았다"라고 탄식하였다.

(2) 나폴레옹 전쟁

– 제3차 대프랑스 동맹 전쟁

나폴레옹은 프랑스를 재편성하고 대해군을 건설할 동안의 평화를 원하였지만, 영국은 1805. 4. 11. 오스트리아 · 러시아 · 나폴리 왕국 · 스웨덴과 제3차 대프랑스 동맹을 체결하고 프랑스를 옛 국경선으로 후퇴시키려 하였다.

나폴레옹은 1805. 10. 20. 울름(Ulm)에서 오스트리아군을 격파하였고, 11월 빈(Vienna)을 함락시켜 머스킷 총 10만 정, 대포 500문을 획득하였으며, 12월 2일에는 아우스터리츠(Austerlitz)에서 러시아와 오스트리아의 연합군도 격파하였다. 오스트리아는 11월 26일 프레스부르크 조약(Paix de Presbourg)을 체결하였는데, 1801년까지 획득한 프랑스의 모든 영토를 인정하고 바바리아(Bavaria) · 뷔르템베르크(Württemberg) · 바덴(Baden)을 나폴레옹이 설립한 독일 동맹에게 새로 양도하였으며, 전쟁 보상금으로 4,000만 프랑을 지불하기로 하였다. 베네치아(Venice)도 나폴레옹 휘하에 있는 이탈리아 왕국에게 넘어갔다. 러시아군은 고향으로 돌아가는 것이 허락되었으며, 프랑스군은 남부 독일에 주둔하였다. 이로써 사실상 신성로마제국은 소멸되었고, 나폴레옹은 프랑스와 프로이센 사이의 완충지대로서, 독일국가들의 연합인 라인 동맹(Confederation of the Rhine)을 창설하였다.

그러나 프랑스와 스페인의 연합함대는 10월 21일 트라팔가(Trafalgar)에서 넬슨 제독의 죽음과 함께 전멸되었다.

– 제4차 대프랑스 동맹 전쟁

나폴레옹은 1806년 6월 베를린에서 영국의 상품수입을 금지하는 법령을 공포하고, 영국 항구와 내왕하는 중립국 선박을 유럽항구에서 추방하였다.

1806년 7월 나폴레옹이 라인 동맹을 결성하는 한편 프로이센에게 할양해 주기로 약속하였던 하노버 선제후국을 시칠리아와 교환하는 조건으로 영국에 반환해 버리자, 그 때까지 중립을 지키던 프로이센은 1806. 9. 26. 독일 내 프랑스군이 철군하지 않으면 프랑스와 전쟁을 감행하겠다는 최후통첩을 보냈고, 10월 9일 프랑스에 선전포고 하였다.

나폴레옹은 10월 10일 잘펠트(Saalfeld) 전투에서 프로이센의 선봉군을 패퇴시켰고, 지휘자 페르디난트 왕태자는 전사했다. 이어서 프로이센의 본군도 패배하였고, 러시아가 프로이센을 지원하자 폴란드로 진격하여 1807년 6월까지 러시아도 무찔렀다.

프로이센과 러시아는 7월 7일 틸지트(Tilsit) 조약으로 강화하였다. 프로이센은 단치히를 자유시로 독립시키고, 폴란드-리투아니아 연방에 바르샤바 공국을 세웠으며, 폴란드 내의 프로이센령을 러시아에 할양하고, 육군을 4만 명으로 제한하고 1억 2천만 프랑의 배상금을 지불하고 배상금이 완납될 때까지 프랑스군이 프로이센에 주둔하게 했다. 러시아는 프랑스가 자국을 제외한 나머지 유럽을 통치하는 것을 지지하고, 대륙봉쇄령에 참가하기로 되었다.

– 이베리아 반도전쟁

영국의 오랜 동맹인 포르투갈이 대륙봉쇄령을 위반하고 영국과 교역을 계속하자 나폴레옹은 동맹관계로 되어 있던 스페인의 협력을 얻어 포르투갈을 공격하여 1807. 11. 30. 리스본을 점령하였다. 포르투갈 왕실과 해군은 브라질로 도망쳤고, 프랑스군은 보급부족에 시달렸다.

그런데 스페인은 프랑스와 영국 쌍방으로부터 많은 압박을 받고 있었고, 영국과의 밀무역도 성행하고 있었다. 왕실에 정치적 혼란이 발생하자 1808. 6. 6. 나폴레옹은 강압적 수단을 사용하여 친형 조제프(Joseph-Napoléon Bonaparte)를 스페인 왕위에 즉위시켰다.

나폴레옹은 그 조치를 민중이 환영할 것으로 기대하였으나, 예상과는 달리 강력한 게릴라 저항이 발생하였고, 영국이 각종 방법으로 개입하였다. 나폴레옹은

11월 프랑스 정예군 125,000명을 이끌고 친정하여 영국군과 스페인군을 패퇴시켰지만, 게릴라 등 반군을 소탕하지는 못하였다.

1809년 포르투갈에 근거를 마련한 영국의 웰링턴(Arthur Wellesley Wellington)은 1812년 스페인으로 진군하여, 7월 22일 살라망카(Salamanca) 전투에서 승리하고, 8월 12일 마드리드를 점령하였으며, 1813. 6. 21. 비토리아(Vitoria) 전투에서 프랑스군을 격파해 이베리아 반도에서 프랑스군을 몰아내었고, 나폴레옹이 러시아 원정에 실패하자 10월 7일에는 피레네 산맥을 넘어서 프랑스 국경을 침범하였다. 이베리아 반도에서 발목 잡힌 것이 나폴레옹의 몰락을 야기하였다.

– 제5차 대프랑스 동맹 전쟁

오스트리아는 1805년의 패전을 설욕하기 위하여 총력으로 병력을 증강한 후 영국과 동맹을 체결하고 1809. 4. 9. 프랑스의 동맹국인 바이에른을 공격하는 것으로 시작하여 중유럽 여러 곳에서 프랑스 세력과 전쟁하였다. 영국은 오스트리아를 재정 지원하고 네델란드로 파병하였다.

나폴레옹은 4월 20일 아벤스베르크(Abensberg)에서 오스트리아군의 선봉을 돌파하였고, 이후 7월 5일부터 6일까지의 빈 근교 바그람(Wagram) 전투까지 여러 전투 끝에 오스트리아는 다시 항복하였다. 10월 14일 쇤브룬(Schönbrunn) 궁전에서 체결된 조약에 의하여 갈리시아는 폴란드에게, 잘츠부르크는 바이에른에게 넘겨졌고, 프랑스는 카렌시아 · 카르니올라 그리고 아드리아 해의 항구를 받았다. 나폴레옹은 자녀를 낳지 못한 조세핀과 이혼하고 1810년 오스트리아 프란츠 2세(Franz II)의 장녀이자 앙투아네트 왕비의 조카인 루이즈(Marie Louise)와 재혼하였고, 1812. 3. 14. 오스트리아와 동맹 조약을 체결했다.

– 러시아 원정

영국 해군을 대적할 수단이 없었던 나폴레옹은 러시아와 동맹하여 무역봉쇄로 영국을 압박하는 정책을 추진하였다. 그러나 러시아는 폴란드 민족주의 · 오스만 제국 관계 등 프랑스와 이해관계가 일치하지 않는 점이 많았다.

러시아는 프랑스가 스페인에서 정체되자 1811년 여름 미국기를 게양한 영국

선 150여척의 입항을 받아들여 나폴레옹의 대륙봉쇄를 위반하였고, 나폴레옹은 1812년 5월 11개 군단 60만 명 이상의 대 집단군으로 러시아 정벌에 착수하여 6월 24일 러시아령 폴란드로 공격을 개시하였다. 이후 대부분의 전투에서 승리하여 9월 14일 모스크바를 점령하였으나 알렉산드르 1세는 계속 후퇴하면서 강화를 거부하였고, 나폴레옹의 군대는 러시아의 청야전술로 식량보충을 하지 못하고 질병 등으로 시달리다가 5주 후 후퇴를 시작하였다.

파리의 정정불안 소식을 접한 나폴레옹은 12월 5일 벨라루스의 스모르고니아(Smorgonie)에서 썰매를 타고 군대를 떠나 기적적으로 파리로 돌아갔고, 영하 39도에 달한 강추위와 러시아 군의 추격으로, 남겨진 프랑스의 대육군은 괴멸되었다.

– 第6次 대프랑스 동맹전쟁

러시아 군대는 1813년 1월 국경을 넘어 폴란드 침공을 시작했고, 2월 7일에 바르샤바를 점령했으며, 프로이센으로 진주하였다. 프로이센은 1813. 2. 28. 러시아와 동맹을 체결하였고, 3월 13일 프랑스에 선전포고 했다.

나폴레옹은 새로 징집한 군대로 4월 25일부터 전투를 지휘하여 5월까지 여러 전투를 이겼고, 오스트리아의 중재로 6월 4일 포이슈비츠 협정으로 두 달간 휴전하였다.

휴전 기간 중 6월 19일 프랑스가 스페인의 비토리아 전투에서 패배한 것을 알게 된 오스트리아의 메테르니히(Clemens Wenzel Lothar, Fürst von Metternich)는 프로이센의 영토 회복 · 라인 동맹 해체 · 프랑스 영토를 자연국경 내부로 제한 · 오스트리아에 일리리아를 반환할 것 등을 요구하면서 수용하지 않으면 오스트리아는 전쟁에 참여하겠다고 하였고, 나폴레옹이 거부하자, 8월 11일 프랑스에 선전포고했다.

나폴레옹은 연맹군과의 전투에서도 여러 번 승리하였으나, 10월 16일부터 19일까지 라이프치히에서 19만의 나폴레옹 군과 36만의 연맹군 간에 벌어진 대규모 전투에서 패퇴하였다.

동맹군은 자연국경 휴전을 제안하여 나폴레옹이 승낙하기도 하였지만 영국이 반대하였고, 1813. 12. 2. 암스테르담이 함락되었으며, 12월 21일에는 오스트리아군이 라인강을 건너 프랑스 본토로 진격했다.

나폴레옹의 불가사의한 활약에도 불구하고 1814. 3. 30. 파리가 연맹군에 점령당하였고, 4월 3일 프랑스 원로원은 탈레랑 주도로 나폴레옹을 폐위시켰다. 나폴레옹은 마지못해 6일 퇴위를 받아들였고, 원로원은 부르봉 왕조를 복고하기로 결정했다. 11일의 퐁텐블로 조약으로 나폴레옹은 전직 황제로서 엘바의 영주가 되고 200만 프랑의 연금을 받기로 하였고, 루이즈 황후는 파르마 여공작이 되고 계승권은 나폴레옹과의 사이에 태어난 로마왕(나폴레옹 2세)에게 주기로 하였다. 프랑스군은 1790년의 국경으로 철수하였고, 연맹군도 각자의 나라로 철수하기로 하였으며, 각국의 국경은 빈에서 열릴 평화회의에서 결정하기로 하였다.

나폴레옹은 1814. 5. 30. 엘바 섬에 도착했고, 그곳에서 소규모 해군과 군대를 창설하고 철광산을 개발했으며, 새 도로 건설을 감독하고, 농업 방법에 대한 법령을 발표했으며, 섬의 법률 및 교육 시스템을 점검했다.

– 100일 천하와 워털루 전쟁

빈 평화회의는 각국의 이해관계로 인하여 진행이 되지 않았고, 프랑스 왕으로 즉위한 루이 18세는 왕권신수설에 입각한 봉건적 통치로 민중의 불만을 야기하였다.

나폴레옹에게 약속된 연금은 지급되지 아니하였고, 조세핀이 사망하였다는 소식과 공화파 등이 루이 18세에 대한 전복음모를 진행하고 있으니 나폴레옹이 나서야 한다는 전갈도 있었다. 파리의 노근위병들은 "당신은 예수 그리스도를 믿습니까"라고 질문하고, "예, 그리고 그의 부활도"라고 답하는 방법으로 나폴레옹을 기다리는 의사를 전달하고 있었다. 푸쉐는 "보나파르트는 봄에 제비 · 오랑캐꽃과 함께 우리를 찾아올 것이다"라고 말하였다.

나폴레옹은 1815. 2. 26. 700명과 함께 범선 앵콩스탕(Inconstant)을 타고 탈출하여 3월 1일 프랑스 남부 칸 앞바다인 주앙만(Golfe-Juan)에 도착하였다. 7일 그르노블 부근에서 체포하러온 제5연대 병사들의 총구 앞에 서서 "황제를 죽이려는 사람이 있거든 마음대로 하라"라고 하였고, 병사들은 "황제 만세!"를 불렸다. 프랑스 군대는 총사령관부터 모두 나폴레옹에게 복종하였고, 나폴레옹은 20일 튈르리 궁에서 잤으며, 루이 18세는 벨기에로 도망쳤다.

빈 회의는 3월 13일 나폴레옹을 무법자로 선언했고, 17일 영국·러시아·오스트리아·프로이센은 각각 15만 명씩을 출병시키기로 약속했다.

1815. 6. 18. 일요일에 브뤼셀 남쪽 15㎞ 워털루(Waterloo) 마을 부근에서 영국 웰링턴 공작이 지휘하는 68,000명과 프로이센 왕자 블뤼허(Gebhard Leberecht von Blücher)가 지휘하는 5만 명의 연합군과 나폴레옹의 72,000명 간에 종일토록 결렬한 전투가 벌어졌고, 최종적으로 나폴레옹이 패배하였다.

나폴레옹은 22일 다시 퇴위하였고, 영국 섭정공(후일의 조지 4세)에게 서신을 보내고 7월 15일 영국 함정에 투항하였으며, 세인트 헬레나(Saint Helena) 섬에 유폐되어 1821년 51세로 사망하였다. 나폴레옹 2세는 잠시 명목상의 로마왕이 되었을 뿐 쇤브룬 궁전에서 거주하다가 21세이던 1832년 결핵과 폐렴으로 사망하였다.

(3) 나폴레옹과 민주주의

– 나폴레옹 법전

1804. 3. 21. 관습법 폐지·법 앞의 평등·국가의 세속성과 종교의 자유·경제 활동의 자유 그리고 민주사회 사법의 대원칙으로 공인되고 있는 소유권의 절대성·계약의 자유·과실책임주의에 입각한 프랑스 민법전(Code civil des Français)이 공표되었다.

이 민법전은 제2통령 캉바세레스의 감독 하에 4명의 민법전문가의 주도로 제정되었는데, 나폴레옹 자신도 초안을 수정하는 회의에 적극 참여하였다. 이 법전은 부분적으로 개정되었지만 지금까지도 프랑스의 현행법으로 사용되고 있고, 나폴레옹의 영향을 받은 유럽 국가들은 물론이고 일본의 명치유신을 비롯하여 중남미와 중동국가들의 근대화에서 표준적 법전으로 사용되었으며, 독일 법학 등 유럽 법률의 근대화에 크게 기여하였다. 소유권의 절대성을 인정한 것은 봉건제 종식과 근대 시민사회의 형성 그리고 자유경제체제 발전의 조건이 되었다.

민법전 외에도 1807년에 상법·1808년에 민사소송법과 치죄법(治罪法)·

1810년에 형법이 공표되었다. 치죄법에서 처음 창안된 '검사(檢事 procureur)'는 영미도 받아들여 세계적 제도로 되었고, 치죄법이 취한 직권규문주의 · 비밀주의 · 법정증거주의의 폐지는 근대 형사절차법의 기본원칙이 되었다.

– 유럽 국민국가의 형성

나폴레옹은 유럽 대부분에서 봉건주의의 잔재를 직접 타도하였고, 영주권과 종교재판을 종식시켜 법 아래의 평등을 이루었다. 유태인 게토(Jewish Ghetto)를 폐쇄하고 유태인을 다른 사람과 동등하게 만들었다. 재산법을 자유화했고, 기업가 정신을 촉진하기 위해 상인과 장인 조합을 폐지하였으며, 이혼 합법화도 하였다.

나폴레옹은 약 300 단위로 구성된 신성로마제국을 보다 간소화된 40개 국가의 '라인 연방'으로 재편하였는데, 이것이 독일 통일 국가의 출현에 크게 기여하였다. 오랜 기간 여러 도시 국가로 분열되어 있던 이탈리아 역시 나폴레옹의 통치를 통하여 통일의 여건이 조성되었다.

나폴레옹은 유럽의 민족주의와 국민국가의 형성, 그리고 그 연장선에서 이루어진 민주주의에 결정적으로 기여하였다.

– 1815년의 입헌군주제 헌법

나폴레옹은 1815년 5월에 선출된 의회로 하여금 1800년에 제정된 제국헌법을 정치적 자유와 개인의 안전을 더욱 보장하는 내용으로 개정하도록 하였다. 1814년 4월 원로원이 제안하였으나 루이 18세가 거부하였던 헌법안을 참고하여, 콩스탕(Benjamin Constant)이 초안한 123개 조항의 입헌군주제 헌법안을 1815. 4. 22. 나폴레옹이 재가하였고, 6월 1일 국민투표에 붙여져 찬성 1,305,206 반대 4,206으로 가결되었으며, 29일 공표되었다. 그 헌법에는 자유선거 · 귀족원인 상원과 평민원인 하원의 양원제 · 의회에 대한 내각책임제와 장관의 부서권(副署權) · 군주의 의회 해산권 · 출판과 신앙의 자유 · 특별재판소의 폐지 등 보다 민주적인 규정이 있었으나, 나폴레옹의 몰락과 함께 무효로 되었다.

2. 부르봉 왕정복고와 입헌민주정

(1) 루이 18세의 왕정복고

1814년 1월 아르투아 백작은 거동이 불편한 형 프로방스 백작으로부터 프랑스 왕국 중장의 직위를 받아 형에 앞서 영국을 떠났고, 4월 12일 파리에 도착하여 비밀경찰을 설립하였다.

원로원은 탈레랑의 주도로 1814. 4. 6. 프로방스 백작을 루이 18세(재위 1814.5.3.~1815.3.20. 1815.7.8.~1824.9.16.)로 옹립하기로 결정하면서, 새 헌법안을 작성하여 제안하였다. 그 내용은 군주제를 취하여 행정권은 왕이 전담하되, 매년 선출되는 양원제 의회를 두고, 법률은 왕과 의회가 협의하여 제정하고 또한 현존 법률은 폐지될 때까지 유효하며, 조세는 의회의 권한으로 한다. 정부 행위에는 장관의 부서가 있어야 한다 등 29개 조항이었다.

프로방스 백작은 5월 2일 파리 인근의 생투앙에서 그 헌법안을 거부하는 생투앙 선언(Déclaration de Saint-Ouen)을 발표하고, 원로원을 해산시켰으며, 그 헌법안을 불태웠다. 국기로 사용되었던 3색기도 왕실의 흰색기로 바꾸었다.

1814. 5. 30.에는 1792년의 국경을 기준으로 하는 파리조약에 서명하였고, 전쟁 배상금은 면제되었으며, 점령군은 철수하였다.

비엔나 회의는 즉위 전에 헌법을 정할 것을 요구하였고, 1814. 6. 4. 프로방스 백작이 제정한 76개 조항의 '헌장(Charte constitutionnelle du 4 juin 1814)'이 공표되었다. 위 헌장은 루이 18세가 즉위한 1815. 7. 8.에야 시행되었고, 의회도 1815년 8월에야 구성되었다.

헌장의 성격은 국민의 동의에 기초한 국가와의 계약이 아니라 신성불가침한 왕이 정치적으로 부여한 국민에 대한 선물에 불과한 것이었고, 따라서 루이 18세는 1781년부터 일관하여 사용된 '헌법(convention)'이라는 용어 대신 '헌장(Charte)'이라는 명칭을 사용하였다. 그러나 샤를 10세의 후임으로 부르봉 마지막 왕이 된 필립(Louis-Philippe d'Orléans)은 "루이 18세가 헌장을 왕국의 새로운 기본법으로 생각하지 않았다"고 하였다.

헌장 중에는 재산권과 어느 정도의 언론 및 표현의 자유 · 가톨릭교를 국교로 한 종교의 자유 · 징병제 폐지 · 혁명 기간 동안 몰수된 국유재산에 대한 보상 등 개인의 권리보장에 관한 조항이 있었고, 의회는 왕이 임명한 귀족으로 구성되는 상원과 약 10만 명의 30세 이상 유산자만 투표권을 가지고 연간 세금 1,000프랑 이상을 내고 40세 이상인 자를 피선거권자로 하여 선출한 402명의 의원으로 구성된 하원의 양원제로 하되, 조세 외에는 결정권을 가지지 않으며, 왕은 행정권을 전담하고, 조례제정권 · 독점적 법안제안권 및 거부권을 가지도록 되어 있었다. 법원 독립 조항도 있지만, 법관은 왕이 임명하였다. 장관은 의원 중에서도 선임할 수 있고, 왕에 대하여만 책임을 지며 의회는 구속력 없는 탄핵을 할 수 있게 하였다.

이 헌장을 발표하면서 왕은 "백성을 위한 평화를 이루는 사람이 되기를 원한다"고 하였고, 이 헌장이 프랑스 내각책임제의 기원이 되는 것으로 해석하는 견해도 있지만,[47] 명칭만 바뀐 혁명재판소가 부활되어 많은 사람을 사형 또는 유형에 처하였고, 혁명 세력과 나폴레옹 추종자에 대한 매우 잔인하고 난폭한 백색 테러가 횡행하였다.

1815년 11월에는 나폴레옹의 100일 천하 후의 새로운 파리 조약을 체결하였는데, 전년과는 달리 조건이 가혹하였다. 국경은 1790년 범위로 축소되었고, 전쟁 배상금 7억 프랑과 연맹군 주둔비 연 1억 5천만 프랑을 지불해야 했는데, 후자는 나중에 2억 프랑을 지급하고 외국군을 철수시키는 것으로 완화되었다.

루이 18세는 탈레랑을 첫 수상으로 하여 화해정국을 모색하였으나, 1915년의 선거에서 초과격파가 의회를 장악하게 되고 러시아 황제가 빈 회의에서 탈레랑을 싫어하자 1815. 9. 26. 러시아 황제와 친밀한 망명귀족 리슐리에(Duc de Richelieu)로 바꾸었고, 그가 과격파와 반정부세력의 조절에 실패하자 1818. 12. 29.에는 국민방위군 사령관 데솔(Jean Joseph Dessolles) 장군으로 바꾸었으며, 백색테러가 지나치게 행해지자 1819. 11. 18. 다시 하원 의장으로서 비교적 온건한 데카즈(Élie, duc Decazes)로 바꾸었다.

---

47) 한동훈(2010), "프랑스의 왕정복고체제와 의원내각제의 태동", 「法史學硏究」 第41號, 한국법사학회, 143~174면.

1820. 2. 14. 아르투아 백작의 차남 베리 공작(Charles Ferdinand de Bourbon)이 오페라 관람을 마치고 마차에 타려는 순간 루벨(Louis Pierre Louvel)이 칼로 찔러 42세의 나이로 별세하였다. 이로써 부르봉 왕가에는 직계후손이 없게 된 것으로 여겼는데 기적적으로 7개월 후인 9월 27일 유복자인 앙리(Henri d'Artois)가 태어났지만 그에게는 후사가 없었다.

데카즈 수상은 베리 공작 암살을 막지 못한 것에 인책하여 1820. 2. 20. 사임하였고, 리슐리에가 다시 수상이 되었다가 과격 왕당파와 자유주의자 쌍방의 공격을 견디지 못하고 1821. 12. 14. 사임하였으며, 초과격파(ultra)인 빌레(Joseph de Villèle)가 후임이 되었다.

(2) 샤를 10세의 절대주의와 1930년 7월 혁명

루이 18세가 1824. 9. 16. 후사 없이 사망하여 동생 아르투아 백작이 샤를 10세로 계승하였다. 그는 평온한 통치를 위해 어느 정도 국민의 자유주의 사상을 인정하려 했지만, 샤를 10세(재위 1824~1830)는 "1789년 후의 것은 어느 것도 배우지 않고, 그 전의 것은 어느 것도 잊지 않는" 복수심에 불타는 광신적이고 반동적인 망명자들과 신하들에 둘러 싸여 있었다. 제기(祭器) 절도를 존속살인죄처럼 다루어 수족절단이나 참수형을 가했고, 성직자의 호적관리권을 반환하였으며 장자권도 부활시켰다. 정부는 재산을 몰수당한 망명자를 위하여 10억 프랑을 공여하였고, 혁명으로 토지를 몰수당한 지주에게는 1790년의 수입의 20배 상당의 보상금을 지급하였다.

1827년 11월의 선거에서 정부 지지파 125명 반대파 245명이 되자, 빌레가 사임하고 1828. 1. 4. 온건한 왕당파 마르티냐크(Jean Baptiste de Martignac)가 수상이 되었다. 그는 7월 18일 언론 검열을 폐지하는 법률을 통과시키는 등 유화정책을 취했으나, 좌우 극단의 공격을 견디지 못하였고, 왕은 1829. 8. 8. 앙투아네트 왕비가 가장 좋아했던 폴리냐크 공작 부인의 아들인 폴리냐크(Jules de Polignac) 백작으로 수상을 바꾸었다.

1830년 3월 콜라드(Pierre-Paul Royer-Collard) 의장 등 221명의 의원들이 강경한 결의문을 가결하자 왕은 의회를 해산하고 7월 선거를 실시하였는데, 그 결과는 정부지지파 104명 반대파 274명으로 종전보다 더 불리하였다. 70세의 나이로 두 선거에 모두 당선된 라파예트는 인권과 언론자유를 침해한 데에 항의하였다.

왕은 "루이 16세는 양보로 패망했다. 나는 내 스스로 통치하거나 물러날 것이다"라고 고집하면서 1830. 7. 25. "국왕은 국가의 최고수반으로서 육해군을 통솔하고 전쟁을 선포하며 평화 · 동맹 · 통상조약을 체결하고 모든 행정직을 임명하며 법률과 안보를 집행하는 데 필요한 규정과 조례를 제정한다"라는 내용의 헌장 제14조를 근거로 하여, 언론의 자유를 정지하고 모든 정기간행물을 정부 승인 대상으로 하며, 하원을 해산하고, 새 선거는 의원 수를 428명에서 258명으로 줄이고 종전 유권자의 1/4에게만 납세액 순으로 선거권을 부여하는 등의 생크루드 조례(Ordonnances de Saint-Cloud; Ordonnances de Juillet ou Quatre Ordonnances)에 서명했고, 26일 공표하였다.

44명의 언론인들이 항의하였고, 27일 파리 시민들은 도시 전역에 바리케이드를 세웠으며 폭동이 일어났다. 의회가 우왕좌왕할 때 라파예트는 바리케이드로 갔고 마르몽(Marmont) 원수가 지휘한 왕당파 군대는 29일 패주했다. 왕은 29일 뒤늦게 수상을 모르트마르 공작(Casimir de Rochechouart, duc de Mortemart)으로 교체하였지만, 그는 아무 역할도 하지 못하였고, 1833년에는 러시아 특사로 파견되어 니콜라스 1세가 새 정권을 인정하도록 하는 임무를 수행하였다. 1789년의 과잉이 되풀이될 것을 두려워한 의원들은 라파예트를 방위군 수장으로 추대하고 질서 유지를 맡겼다. 의회는 라파예트에게 통치권을 제안하였지만, 그는 미국에 살아 본 부르봉 왕족 루이 필립 공작을 왕으로 추대하였으며 왕은 가족과 함께 영국으로 떠났다. 당시의 상황은 레미제라블(Les Misérables) 소설의 배경이 되었다.

(3) 루이 필리프 1세의 입헌군주정의 성립

루이 필리프 1세는 루이 13세의 후손이다. 그의 부친은 '평등한 필리프(Philippe Égalité)'로 알려진 조제프(Louis-Philippe Joseph d'Orléans)인데, 왕족이면서도 3부회에 제3신분 의원으로 참여하였으며, 루이 16세의 처형에도 찬성하였으나, 지롱드파의 고발로 뒤물리에 장군의 반역에 연루되어 1873. 11. 6. 처형되었다. 필리프 1세(재위 1830~1848)는 스위스・독일・미국・영국 등지에서 망명생활을 하다가 1814년 프랑스로 귀환하였고, 즉위 후 종전의 '프랑스와 나바르의 왕(roi de France et de Navarre)'의 칭호를 '프랑스인의 왕(roi des Français)'으로 바꾸었으며, 스스로 '시민왕'(Le Roi-Citroen)'을 자처하였으나, 유럽의 군주들은 '폭동왕(roi des barricades)'으로 불렀다.

그 전의 왕은 모두 성당에서 취임하였으나, 그는 하원과 귀족 회의가 8월 7일 찬성 219표 대 반대 33표로 채택한 새로운 헌법 헌장에 따라, 9일 의사당에서 취임하였고, 헌장에 선서하였다. 새 헌장은 왕의 국가 안보를 위한 조례 제정권을 제거하고 조례는 법률의 시행을 위한 것으로 한정하였다. 법안은 국왕과 양원이 각각 제안할 수 있게 되었고, 국왕의 거부권은 폐지되었다. 선거권 자격이 완화되어 선거인단이 2배가량으로 되었다. 천주교는 국교가 아니라 "프랑스인 대다수가 공언하는(professée) 종교"로 되었고, 언론 검열이 폐지되었으며, 삼색기가 복원되었다.

8월 11일 초대 내각이 출범하였는데, 각료들은 샤를 10세와 헌법으로 대립한 이들이었고, 수상은 11월 2일에야 재무장관 라피트(Jacques Laffitte)가 겸직하기로 결정되었다. 그는 프랑스 은행 총재를 역임한 재력가로서 전쟁배상금 지불에 크게 기여하였고, 7월 혁명에서는 자가를 혁명본거지로 사용하게 하는 등 중심적 역할을 하였다. 그러나 루이 필리프 1세는 부르봉 왕가의 신비적 권한을 주장하는 대신, 나폴레옹의 권위를 활용하기로 하여, 1833년 나폴레옹의 동상을 복위시켰고, 1836년에 나폴레옹의 승리를 기념하는 개선문도 세웠다.

(4) 정치세력의 분열과 2월 혁명(Révolution de février 1848)

루이 필리프 1세 치하의 프랑스 정치세력은 나폴레옹 황제의 조카 루이 나폴레옹(Charles Louis Napoléon Bonaparte)을 지도자로 한, 나폴레옹 왕조의 귀환을 바라는 극우의 보나파르트파(Bonapartists)로부터, 샤토브리앙(Chateaubriand)・베리에(Pierre-Nicolas Berryer) 등을 지도자로 한 부르봉 왕실주의 또는 합법주의파(légitimistes), 기조(François Guizot)・페리에(Casimir-Perier)가 이끄는 질서와 합법성의 회복과 왕의 지지기반 확대 등 현행질서 유지를 추구하는 저항파(résistance), 뒤펭(André Dupin)을 주요 인물로 하는 중립파, 라파예트 · 라피트 · 바로(Odilon Barrot) · 티에르(Adolphe Thiers) 등을 지도자로 하는 참정권 확대와 자유의 증대를 추구하는 운동당(mouvement), 진보적이고 개혁적이지만 질서 수호에 전념했던 진보당, 그리고 라마르틴(Alphonse de Lamartine) 등이 이끄는 왕정 자체를 반대하는 공화파(républicain)에 이르기까지 다양한 세력으로 분화되었다. 그 중 저항파와 운동당은 정부지지 세력이었으나 차츰 서로 심하게 다투었고, 나머지는 대체로 반정부 세력이었다.

1831년 2월의 파리 폭동과 오스트리아의 이탈리아 반란 진압에 대한 정책 문제 등으로 3월 13일 수상이 저항파인 페리에로 교체되었다. 페리에 역시 금융인이었으나, 7월 혁명 당시 국왕의 사임을 반대하였던 보수주의자였는데, 국내질서를 회복하여 1831년 7월의 선거에서 정부지지파가 282석 · 왕당파가 107석 · 공화파가 103석으로 승리하는데 기여하였으나, 1832. 5. 16. 콜레라로 사망하였다.

저항파의 술트(Jean de Dieu Soult) 원수가 후임이 되었고, 이후 1848년까지 기조 등 저항파 · 티에르 등 운동당 그리고 중도파에서 모두 14 차례나 수상을 경질하였지만, 모두 우익과 좌익의 공격을 받았고, 지도력의 난맥상으로 인하여 부정 부패가 만연하였다.

1846년에는 소맥 흉작으로 농민 폭동이 일어났고, 1847년에는 경제불황도 겹쳐 도시민의 불안이 증대되었다. 국왕의 측근세력이었던 라피트 · 티에르 등이 모두 반왕파가 되었고, 1847년에 성립된 기조 내각이 선거권자를 확대하는 선거법 개정안을 부결하자 개혁파는 '개혁연회(改革宴會; Campagne des banquets)'를 개최하여 전국적인 개혁운동을 전개했다. 1848. 2. 22. 파리에서 열리도록 예정되었던 전국 개혁연회에 대하여 정부는 2월 14일과 21일 2차례에 걸쳐 금지하였다.

22일 학생 수백명이 노동자와 섞여 3,000명가량의 시위대를 형성하였고, 지도자 체포를 위하여 시 경비대가 배치되었으나, 정오경 많은 군중이 콩코르드 광장과 마들렌 광장으로 모여들어 경비병을 제압하였다. 오후에 증원군이 배치되어 콩코르드 광장과 마들렌 광장의 시위대는 해산시켰으나, 군중은 샹젤리제 주변으로 퍼져나가 파리 남동부에 바리케이드를 세웠다. 저녁부터 시 경비대와 시위대 간에 접전이 벌어졌고, 23일에는 방위군 4만 명이 추가되었지만, 그 병사들은 군중과의 교전을 거부하고 시위에 합류했다.

루이 필리프는 기조 수상을 튈르리 궁전으로 불러 사임을 요청했고, 수상은 의회로 가서 사임을 발표하였으며, 왕은 몰레 백작(Louis-Mathieu Molé)에게 새 정부를 구성하도록 요청했다. 운동당 지도자인 티에르와 바로는 내각의 변화를 달성한 것을 자축했고, 전투가 중단되기 시작하였고 군중들도 축하하기 시작했다. 그러나 공화주의자들은 투쟁을 마치지 아니하였고, 21시 30분경 600명가량 군중이 외무부 건물에 모였는데, 그 건물을 경비하던 제14 전열보병연대 약 200명 간에 정체불명의 무기가 발사되었고 이에 대응하여 병사들은 군중을 향해 총격을 가했다. 52명이 사망하고 74명이 부상당했으며 군중은 흩어졌다.

학살 소식에 분노한 파리 노동자들은 시체를 마차에 싣고 거리를 행진했고, 밤 동안 1,500개가 넘는 바리케이드를 세웠으며, 도시로 향하는 철도를 파괴하였다. 24일 왕은 티에르, 다음에는 바로에게 내각을 구성하도록 촉구하는 한편, 부고(Thomas Robert Bugeaud) 원수에게 시위 진압을 맡겼으나, 정부 청사(Hôtel de Ville)가 혁명군에 의하여 점령되고, 튈르리 궁전의 방어도 붕괴되자, 국왕은 9세인 손자 파리 백작 필리프에게 양위하고 콩코르드 광장에서 기다리고 있던 마차로 기병대의 호위를 받으며 파리를 떠나 영국으로 망명하였다. 25일 튈르리 궁전이 점령되었고, 왕정을 유지하려는 노력은 시위대가 의회에 난입하여 공화국 선포를 강요함으로써 무산되었다. 2월 22일부터 24일까지 약 350명이 사망하고 500명 이상이 부상하였다.

3. 제2공화국과 제2제정

(1) 2월 혁명과 임시정부

1848. 2. 25. 정오경 공화주의자 라스파유(François-Vincent Raspail) 등 시위대 대표단이 파리 시청에서 공화국 수립을 요구하고, 불응하면 2시간 후 파리 노동자들의 반란을 재개하겠다고 하였다. 라마르틴은 15시에 제2공화국을 선포하였

고, 20시에 새 공화국 수립 업무를 수행할 임시정부 대표 11명을 발표하였다. 대표 중 뒤퐁(Dupont de l'Eure) · 라마르틴 · 크레미우스(Adolphe Crémieux) · 아라고(François Arago) · 롤랭(Ledru-Rollin) · 파제(Garnier-Pagès)는 비사회주의적 자유주의자였고, 마리(Pierre Marie de Saint-Georges) · 마라스트(Armand Marrast) · 블랑(Louis Blanc) · 플로콘(Ferdinand Flocon) · 알베르트(Alexandre Martin dit Albert)는 노동자 측 대표였다. 뒤퐁은 임시정부 의장이 되었고, 임시정부 산하에는 여러 장관이 있었다.

임시정부는 국기를 잠시 적기(赤旗)로 바꾸었고,[48] 남성의 보통 참정권을 도입하였으며, 정치적 이유에 의한 사형도 폐지하였고, 4월 27일에는 프랑스 식민지에서 노예 제도를 종식시켰으며, 폴란드 · 밀라노 · 시칠리아의 시민 봉기를 지원하려고 하였다. 출판과 집회의 자유, 그리고 모든 시민의 국민군 참가를 보장하여 무산자의 정치적 영향력을 대폭 강화시켰다. 폭증한 실직자를 구제하기 위하여 노동자들이 관리하는 사회적 작업장(ateliers sociaux)과 국립 작업장(ateliers nationaux)을 만들어 새로운 노동체제를 시도하기도 하였다.

공화주의자들의 선거 연기 주장으로 1848. 4. 23.에야 제헌의회 선거가 실시되어 유권자의 84%가 투표하였는데, 공화파 600명 · 왕당파 200명 · 노동자 좌파 80명이 당선되었고, 공화파에는 온건 공화파와 공화파로 위장한 왕당파가 많아 온건파가 500석가량으로 다수를 장악하였으며, 좌파 지도자는 바르베스(Armand Barbès)만 당선되었다.

(2) 제2공화국의 출범

제헌 의회는 5월 4일 다시 공화국을 선포하였고, 임시 정부 중에서 아라고(의장) · 파제 · 마리 · 라마르틴 · 롤랭의 5인으로 집행위원회를 구성하였다. 5월 15일 바르베 · 라스파유 · 알베르트 등이 새로운 정부를 주장하였으나, 체포되었다. 6월 21일 의회의 압력에 따라 집행위원회는 25세 미만의 노동자에게 군대에 입대하고 나머지 노동자는 지방으로 분산할 것을 요구하는 법령을 발표하여, 파리

48) 라마르틴은 "적기는 상드마르 연병장을 한 바퀴 돌았을 뿐이지만 3색기는 조국의 이름 · 영광 · 자유와 함께 세계를 돌았다"라고 3색기를 옹호하는 연설을 하였다.

의 국가 작업장에 모여 있던 10여만의 전국 노동자를 사실상 해산시키자 6월 22일 파리 노동자가 폭동을 시작하였다.

의회는 24일 카베냐크(Louis-Eugène Cavaignac) 장군에게 전권을 위임하였고, 그는 집행위원회 의장의 권한으로 수만 명의 주 방위군과 군인으로 25,000~50,000명에 이르는 노동자군을 가혹하게 진압하였다. 28일까지 수천 명의 반군과 진압군이 사망하였고, 의회는 진압을 마친 카베냐크를 28일 수상으로 선임하였다. 루이 필리프 1세는 "공화정부는 참 운수가 좋단 말이야. 인민에게 발포를 해도 좋으니"라고 뇌까렸다.

극좌파가 제거된 후 7월 3일 시행된 지방 선거와 8월 27일과 9월 3일의 주 선거에서는 왕당파가 다수 당선되어 공화파에 대한 실망이 나타났다. 11월 4일 제헌의회는 헌법을 제정하였다. 행정부는 남성 보통선거로 선출되는 4년 단임제 대통령이 담당하고, 입법부는 남성 보통선거로 선출되는 3년 임기의 의원 750명으로 구성되는 단원제 의회가 담당하는 대통령제를 채택하였다. 그레비(Jules Grévy) 등 좌파들은 행정권을 의회에 근거를 둔 수상에게 줄 것을 주장하였으나 거부되었다. 헌법에는 공화국의 가치가 '자유・평등・형제애'의 원칙과 '가족・일・재산・공공질서'를 기반으로 한다고 명시되었다. 좌파는 '노동할 권리'를 포함시키려 하였으나 실패하였다.

1848. 12. 10. 대통령 선거가 실시되었는데, 나폴레옹 1세의 둘째 동생 루이 보나파르트의 3남 루이 나폴레옹 보나파르트(Charles Louis Napoléon Bonaparte)가 74%의 압도적 지지로 당선되었고, 12월 20일 제헌의회에서 헌법에 대한 선서를 하고 취임하였다. 12일 엘리제 궁(Palais de l'Élysée)이 대통령 관저로 새로 지정되었다. 온건 공화당원들은 카베냐크를 지지하였으나, 영향력이 큰 티에르의 질서당(Parti de l'Ordre)이 그가 좌파에 가까운 것으로 보고 보나파르트를 지지하였다. 비타협적 사회주의자는 라스파유를 지지하였고, 라마르틴도 출마하였으나, 지지는 둘 다 미미하였다.

12월 20일 질서당의 바로가 초대 수상으로 임명되었고, 정부에서 공화당원이 제거되었다. 정부는 과반을 점하고 있는 의회의 공화파를 군사적으로 압박하였고, 1849. 5. 13.에 시행된 새 헌법에 의한 입법의회 선거에서는 질서당이

50.2%를 득표하고 450석을 얻어 안정 의석을 확보하였으며, 산악파는 180석 공화파는 75석에 불과하였다. 이로써 제2공화국은 1848년과는 다른 방향으로 전개되기 시작하였다.

정부는 언론 · 출판 · 집회 · 결사의 자유를 제한하였다. 1849. 3. 24. 포셰(Léon Faucher) 내무장관은 정치 동아리를 금지했고, 1850. 6. 6. 언론의 자유를 제한하는 법률이 제정되었으며 공개 집회가 금지되었다. 1848년에 오스트리아에 대항하여 신생 로마공화국을 방어하려 하였던 것과는 다르게, 가톨릭적 정책을 취하여 1849년 6월에는 비오 9세 교황의 특권을 회복시키기 위하여 로마공화국을 공격하였고, 좌익 시위대가 이를 반대하자 간단히 진압한 뒤, 7월 27일에는 출판법(Loi du 27 juillet 1849 sur la presse)을 제정하여 언론으로 대통령의 권한 · 권위를 공격하거나 인격을 침해하는 행위를 벌하도록 하였다. 의회는 8월 카르노(Lazare Hippolyte Carnot)가 1848년 국가의 행정 엘리트를 양성하기 위해 설립한 행정학교를 폐쇄했고, 교육상의 무정부주의를 극복하기 위하여 1850년 3월 팔루(Falloux)법을 제정하여, 교회에 교육상의 큰 영향력을 부여하고 교사 임명권을 지방자치단체장에게 부여하였다. 1850. 5. 31.에는 유권자 수를 30%가량 줄이도록 선거법을 개정하였고, 국가가 사회적 문제에 개입하기로 하여, 1850. 4. 13. 비위생적 주택에 관한 법률 · 7월 공제회에 관한 법률 · 1851년 2월 견습생 제도에 관한 법률 · 6월 30일 저축은행에 관한 법률을 제정하였다.

대통령이 정치적 우위를 장악하였고, 다른 지도자는 약세였지만, 대통령의 임기가 4년 단임으로 되어 있고, 의원 3/4이 찬성해야 하는 개헌은 불가능하여 정치적 불안이 발생하였다. 의회의 다수를 점한 왕정주의자들은 왕족들을 접촉하였지만 이해가 엇갈려 교착상태에 빠졌고, 노동자들은 그들에게 발포명령하고 투표권을 박탈한 의회를 지지하지 아니하였다. 농민들은 루이 나폴레옹 보나파르트가 나폴레옹 1세의 영광을 재현해줄 것으로 기대했다.

(3) 쿠데타와 제2제정(帝政)

바보로 취급되었던 대통령은 치밀한 준비 하에 아우스터리츠 전승과 나폴레옹 대관 기념일인 12월 2일 새벽, 의회의 배신적 계획을 방지하고 국민주권을 존중하기 위하여 거사한다는 호소문을 발표하고, 군대로 파리 중요지점들을 점령한 뒤, 의원 다수를 체포하였다. 공화파들이 저항하였으나, 4일 진압되었고, 불법비밀결사의 죄로 가혹하게 처벌되었다.

1851. 12. 20. 새로운 헌법 제정권한을 루이 나폴레옹 보나파르트에게 위임하는 국민투표가 행해져 찬성 740만 대 반대 65만으로 가결되었다. 그 취지문의 요지는 "우리의 현재 사회는 1789년 혁명으로 재생되고 황제에 의해 조직된 프랑스이다. …(중략)… 모든 것은 혁명에 의해 파괴되었고, 혁명 이후 조직되어 여전히 존재하는 것은 모두 나폴레옹에 의해 이루어졌다. …(중략)… 우리는 사회 구조의 틀이 황제의 작품이며 황제의 몰락과 세 번의 혁명을 견뎌 왔다고 단언할 수 있다. …(중략)… 1804년 헌법에서 차용한 헌법의 주요 원칙을 귀하의 판단에 맡긴다."이고, 주요 원칙으로는 "10년 임기로 임명되는 책임 있는 지도자 · 행정부에만 의존하는 장관 · 가장 저명한 사람들로 구성되고 법률을 준비하고 입법부 이전의 토론을 지원하는 국무원 · 보통선거로 선임되는 입법 기관 · 헌법과 공공 자유의 수호자인 상원"을 들었다.

1852. 1. 14. 새 헌법이 공포되었다. 10년 임기의 루이 나폴레옹 보나파르트 대통령이 정부 수장으로서 통치하되, 입법권은 대통령 · 상원 · 입법부가 집합적으로 행사하게 되었다. 장관은 국가원수에게만 의존하되 상원이 탄핵할 수 있다. 공무원은 헌법과 대통령에게 충성맹세를 해야 한다. 상원(Sénat)은 150명 이내의 대통령이 지명하는 종신직 의원으로 구성하고, 헌법 수정안 제안권 · 위헌 법률이나 처분의 거부권과 수정권을 가졌다. 입법부(Corps législatif)는 보통선거로 선출되는 임기 6년의 35,000명의 의원으로 구성되고, 법안은 국무원만 제출하며 입법부의 수정안은 국무원에서 채택되어야 한다. 상하 의원은 무보수이다. 국무원(Conseil d'État)은 40명 이상 50명 이하의 대통령이 임명하는 국무위원으로 구성하고 법안의 작성과 행정문제 해결의 임무를 맡았다.

1852. 11. 7.에는 상원이 루이 나폴레옹 보나파르트를 나폴레옹 3세라는 이름의 프랑스 황제로 하는 개헌안을 제출하였고, 11월 21일의 국민투표에서 찬성 7,824,189 : 반대 253,145, 기권 63,326으로 가결되었다. 이리하여 1848년의 혁명은 엉뚱하게도 제2제정으로 귀착되었다. 한 방문객은 황제에 관하여 "처음 만

났을 때는 아편 중독자가 아닌가 싶었는데, 그 자신이 아편이어서 오히려 모든 사람이 그에게 중독되었다"라고 평하였다.[49)]

(4) 프러시아 전쟁(Guerre franco-allemande de 1870)과 제정의 몰락

나폴레옹 3세는 산업혁명을 수행하고, 문예를 진흥시켰으며, 파리 도시계획 등 많은 발전을 이루었다. 1842년에는 541㎞에 불과하던 철도도 1870년에는 18,000㎞로 늘어났다. 1855년에 열린 세계박람회에는 500만 명이 관람하고 프랑스의 기술발전에 탄복했다. 1864년에는 노동조합금지법을 폐기하고 파업권을 인정하여 노동자의 권익을 위하여도 노력하였다.

1853. 10. 4.부터 1856. 3. 30.까지의 크림 전쟁에서 영국 · 오스만제국과 동맹하여 러시아의 남하를 저지함으로써 국제적 위상을 높였고, 1858년에는 인도차이나와 중국에도 진출하였다. 1866년의 병인양요도 나폴레옹 3세 치하에서 일어났다.

그러나 국내에서는 출판과 집회를 금지하는 등 여론을 통제한 결과 티에르 등이 황제를 비난하는 자유주의 당파를 조직하여 저항세력을 늘리고 있던 차에 1860년 영국에 굴복하여 관세를 인하함으로써 산업자본가의 반감을 사자, 공화파의 반정부운동과 노동운동도 점차 활발해져 갔다. 1869년 선거에서 관선입후보자가 450만 표, 반대당이 430만 표를 얻어 사실상 반대당이 승리하자, 1870년 4월 상원은 의회가 입법안을 발의할 수 있고, 내각은 의회에 대하여 정치적 책임을 지는 대신 황제가 의회해산권을 가지도록 헌법을 개정하였다. 황제는 이에 대응하여 1870년 5월 '자유주의적 개혁은 제정의 원칙 내에서 이루어져야 한다'는 것을 국민투표에 붙여 찬성 735만 대 반대 157만으로 가결함으로써 황제체제를 보호하였다.

국제적으로는 청년 시절 이탈리아 독립운동에 가담하였던 황제가 교황의 세속권을 옹호하기 위하여 로마원정을 감행하는 모순되는 조치를 한 것이 결과적으로 가톨릭세력의 반발만 초래하였고, 멕시코의 내전에 개입하여 오스트리아 프란츠 요제프 황제의 동생인 막시밀리안(Ferdinand Maximilian)을 멕시코 황제

49) 앙드레 모루아, 앞의 책, 631면.

로 추대하고 군대로 지원하였으나, 후아레스의 반군이 집요하게 저항하였고, 1865년에는 미국이 먼로주의(Monroe Doctrine)를 이유로 반군에게 무기를 제공하고 프랑스군의 철수를 요구하여 병력을 소모하였으며, 막시밀리언은 1867. 6. 19. 피체·사살되었는데 그 결과 국내외적으로 황제의 위신이 실추되었다.

1865년 프로이센의 비스마르크는 프로이센이 독일연방에서 오스트리아를 축출한 뒤 이탈리아와 동맹하려하니 그 동안 프랑스가 중립을 지켜주면 그 대가로 약간의 영토를 할양해 주겠다고 제안하였다. 황제는 1815년 나폴레옹 1세 패전 후에 맺은 조약을 파기하고 멕시코에서의 실패를 만회할 기회로 여기고, 그 제안을 받아들였다. 이탈리아와 연합한 프로이센은 1866. 6. 17. 오스트리아에 선전포고하였고, 7월 3일 오스트리아의 주력군을 패퇴시켰으며, 오스트리아는 26일 프로이센이 독일 연방 영토를 병합하여 북독일 연방을 창설하는 것을 승인하고 전쟁배상금 4천만 탈러(Thaler)를 지급하기로 하는 휴전 합의를 하였다.

프랑스가 중립을 취해준 것에 대한 대가를 요구하자, 프로이센은 1870. 7. 7. '엠스 전보사건(Dépêche d'Ems)'[50]을 일으켜 프랑스를 자극하였고, 프랑스는 1870. 6. 30. 상비군 감원안을 통과시키는 등 전쟁준비도 갖추지 못하였으면서도 호언장담하며 7월 19일 프로이센에 선전포고를 하였다. 현대적 장비를 갖춘 프로이센 군은 몰트케(Helmuth von Moltke) 장군의 신속한 작전으로 8월에 자르뷔르켄(Saarbrücken)·그라블로트(Gravelotte)·메스(Metz) 등 접전지 모든 곳에

50) 스페인 왕위계승문제에서 프로이센 빌헬름 1세의 먼 친척인 호헨촐레른 가의 레오폴트가 거론되자 프랑스가 반발하였다. 1870.7.11. 레오폴트는 스페인 왕위수락을 철회했다. 13일 주프로이센 프랑스 대사 뱅상(Vincent, comte Benedetti)은 프랑스 외무대신의 지시에 따라 라인란트팔츠(Rheinland-Pfaltz)의 작은 마을 바트 엠스(Bad Ems)에서 휴양 중이던 빌헬름 1세에게 비공식 접견을 요청하고, "향후에도 호엔촐레른 가의 일원이 절대 스페인 왕위에 오르지 않는다고 보장해 달라"는 요구 사항을 전달함과 동시에 빌헬름 1세가 이를 수락하였다는 전보를 프랑스에 보내도록 하락해달라고 요청하였다. 빌헬름 1세는 "짐은 아무 소식도 듣지 못했고, 짐보다 당신이 파리나 마드리드를 통해 더 잘 알고 있을 테니, 우리 정부가 그 문제에 관여하지 않았음을 틀림없이 알 것"이라고 완곡하게 거절하고서는 비스마르크에게 전후사정을 전보로 보내면서 "단호히 거절하였다"고 하였다. 비스마르크는 이 기회를 활용하여 프랑스의 국제적 위상을 실추시킬 의도로, 전보 내용을 각색하여 영국과 프랑스의 언론에 "엠스의 프랑스 대사가 '국왕 폐하(빌헬름 1세)는 호엔촐레른 왕가가 앞으로 스페인 왕위에 일절 관여하지 않을 것을 약조했다'는 전보(telegram)를 보낼 수 있도록 승인해 달라고 국왕 폐하에게 요구했다. 폐하는 그로 인해 대사의 접견을 거부했으며, 보좌관을 통해 더 이상 대사와 대화를 하지 않겠다는 의사를 전달했다"라고 보도하게 하였다. 그 결과 프랑스의 여론이 악화되었고, 프로이센에도 호전적인 여론이 형성되었으며, 17일 프랑스는 선전 포고를 하였다.

서 프랑스 군을 격파하였고, 9월 2일에는 스당(Sedan)에서 황제가 39명의 장군과 7만 이상의 병사와 항복하여 포로로 되었으며, 제2제정도 몰락하였다.

4. 제3공화국(1871~1945)

(1) 국민방위 정부(Gouvernement de la Défense nationale)

9월 3일 황제가 포로로 잡혔다는 전보를 받은 상원은 4일 황제를 폐위하고 해산하였고, 파리의 의원들은 주전론자인 급진 공화파 강베타(Léon Gambetta)의 주도하에 오를레앙주의자[51]인 트로슈(Louis Jules Trochu) 장군을 대통령, 파브르(Jules Favre)를 부통령 겸 외무장관으로 하는 국민방위정부를 임시로 구성하였고, 티에르를 영국 · 오스트리아 · 러시아를 순방할 특사로 파견하여 지원을 구하게 하였고, 파브르는 비스마르크와 휴전협상을 벌였다.

프로이센 군은 1870. 9. 18. 파리 포위를 개시하여 20일에는 외부로의 통행과 연락을 완전히 끊었고, 어느 나라도 프랑스를 구원하려 하지 않았다.

10월 7일 강베타가 기구를 타고 파리를 탈출하여 남부 투르로 가서 새로 군대를 조직하여 파리를 구원하려고 노력하였으나, 10월 30일 15만 명에 달하는 메츠와 바젠의 프랑스 병력이 항복하였고, 임시정부는 보르도로 후퇴하였다.

1871. 1. 18. 독일 황제 빌헬름 1세는 베르사유 궁에서 대관식을 거행하고 독일의 통일을 선언했다. 포위되어 폭격과 기근의 고통을 겪던 파리는 28일 항복했고, 파브르는 일방적인 21일 간의 정전협정에 서명하였다.

(2) 티에르 임시정부의 출범과 종전협정, 파리 코뮌(Paris Commune)

1871. 2. 6. 강베타 등 주전파가 사임하였고, 8일 그 협정에 따라 적법한 협약 당사자를 정하기 위한 선거가 1849. 3. 14.의 선거법에 의하여 시행되었는데, 675석 중 408석을 왕당파가 차지하였고, 공화파는 249석에 불과하였다.

의회는 헌법과 국가조직이 미정인 상태에서 주화파인 티에르를 행정 수반으로, 온건 공화파인 그레비를 의장으로 선출하였다. 티에르는 5월 10일 프랑크푸

51) 루이 필리프 1세 왕가 지지자.

르트 조약으로 종전하였는데, 알자스-로렌 지방을 독일에 넘기고, 전쟁배상금으로 50억 프랑을 지급하며, 완제시까지 독일군이 프랑스에 주둔하기로 되었다. 티에르는 공채발행으로 1873. 9. 19. 배상금을 완불하고 독일군을 철수시켰다.

한편 1849. 3. 1. 독일군이 승전행사를 위해 파리 시내로 입성하자 파리 시민들은 검은 조기를 내거는 등 저항의 표현을 하였고, 무능한 티에르 정부에도 반발하였다. 보르도에서 베르사유로 이동한 티에르 정부는 파리 시민들의 무장봉기를 막기 위해 시민군인 국민방위대가 보유하고 있는 227문의 대포 회수를 명하여 국민방위대 해산을 시도했다. 그 과정에서 충돌이 발생하였고, 3월 28일에는 코뮌 평의회 의원들의 주도하에 주민 20만여 명이 시청 앞 광장에 모여 자치정부인 '파리 코뮌'의 설립을 선포하였다. 5월 21일 마크 마옹(Mac-Mahon) 장군의 지휘로 정부군이 파리로 진입하였고, 독일제국·영국 등의 지원 하에 28일까지 진압을 마쳤다. 1만 명 이상이 학살되었고 수만 명이 처벌되었다. 이후 프랑스에서 공산주의는 배격되었다. 사회주의도 비주류이지만 2차 대전 직전인 1936년 '인민전선(Front populaire)'에서 블룸(Léon Blum) 수상을 배출하였고, 1981년에는 미테랑(François Maurice Adrien Marie Mitterrand)이, 2012년에는 올랑드(François Gérard Georges Nicolas Hollande)가 사회당 출신 대통령이 되었다.

(3) 제3공화국의 출범

종전 협정과 파리 코뮌 진압이 있은 후인 1871. 7. 2.의 보궐선거 당선자는 공화파가 99명, 왕당파 등 우파가 15명으로서, 2월과는 전혀 다르게 강베타의 승리로 나타났다. 왕당파의 지지를 받은 티에르가 강베타와 협력하는 기색을 보이자 왕당파들은 연합하여 1873. 5. 24. 티에르에 대한 불신임 결의를 하고, 마크 마옹을 후임 행정수반으로 선임하였다.

정통왕당파는 샤를 10세의 유복(遺腹) 손자 샹보르 백작(Comte de Chamboard)을 황제로 옹립하려고 시도하였으나, 그가 국기를 백색기로 고집하는 등 왕권신수설을 지나치게 주장하여 이루어지지 아니하자, 마크 마옹을 추대하려고 하였으나 그도 거부하여 실패하였다.

제정을 싫어 한 루이 필리프 1세의 아들 파리 백작(Comte de Paris)과 공화파 등이 연합하여 대통령제 공화국을 추진하였는데, 그들이 상원을 설치하기로 하자 극좌파가 표결을 거부하였다. 정통왕당파는 대통령이 임기가 7년으로 되고 상원 동의 하에 하원을 해산할 권한을 보유하여 입헌군주와 유사하게 되자 입장을 바꾸어 공화국에 동의하였고, 1875. 2. 24.자 상원조직에 관한 법률과 25일자 공권력의 조직에 관한 법률이 제정되었다.

상원은 지역에서 선출되는 9년 임기의 225명과 의회가 선출하는 종신직의 75명 총 300명의 의원으로 구성되고, 법안 제안권과 제정권 그리고 중요 사건에 관한 재판권을 가지며, 지역 의원은 3년마다 1/3씩 개선하도록 되었다.

대통령 선출규정이 먼저 표결되었는데, 대통령은 상하원 합동회의에서 선출하고 재선이 가능한 것으로 되었다. 대통령은 법안 발의권 · 국무위원 임명권을 비롯한 일체의 인사권 등 포괄적 통치권을 가지되, 대통령의 행위에는 장관이 부서하도록 되었다.

1872. 5. 24.자 법률에 따라 임명된 국무위원과 마크 마옹의 대통령 지위가 추인됨으로써 이미 사실상 출범한 제3공화국이 추인되었다.

(4) 제3공화국의 진행

제3공화국은 왕당파 등 우파에 의하여 출범하였으나, 점차 공화파가 세력을 확장하였다, 1877년 5월에는 마크 마옹 대통령이 363명의 공화파 의원이 지배한 하원을 해산하였으나, 10월의 선거에서 다시 326명의 공화파가 당선되어 여전히 하원을 지배하였다.

1878년의 총선거에서 상원도 공화파가 다수가 되어 공화체제를 반대하는 9명의 장군을 파면하려 하자 마크 마옹 대통령은 사임하였고, 1879. 1. 30. 온건 공화파인 그레비가 후임 대통령으로 선출되었다. 1881. 9. 4. 마쳐진 총선에서 강베타가 이끈 공화파가 545석 중 372석을 얻는 대승을 거두자 그레비는 강베타에게 조각(組閣)을 의뢰하였다. 그러나 많은 정치인들이 입각을 기피하여 내각은 강베타의 부하와 친구만으로 구성되었고, 강베타가 12월 31일 총상과 병으로 사망하자 내각은 불과 66일 만인 1882. 1. 26. 무너졌다. 그레비는 1885년 재선되었으나, 사위가 레지옹 도뇌르 상(賞)을 팔았다는 스캔들이 발생하여 1887년 12

월 사임하였고, 후임 카르노(Marie-François-Sadi Carnot)는 1894. 6. 25. 무정부주의자에게 암살되었다.

이후 1940. 7. 10. 비시(Vichy) 의회가 공화국을 폐지하기까지 46년간 10명의 대통령이 있었는데, 그 중 카르노의 후임인 페리에(Jean Casimir-Perier)는 6개월 만에 사퇴하였고, 그 후임 포르(Félix Faure)도 불투명한 이유로 임기 중 사망하였다. 1920년에 취임한 데샤넬(Paul Deschanel)은 건강상 이유로 7개월 만에 사퇴하였고, 그 후임 밀랑(Alexandre Millerand)도 1924년 총선패배 후 임기 중에 사퇴하였다. 1931년에 취임한 두메르(Paul Doumer)는 임기 중 암살되었다. 임기를 마친 대통령은 팔리에르(Armand Fallières, 1906~1913)·푸앵카레(Raymond Poincaré, 1913~1920)·두메르그(Gaston Doumergue, 1924~1931)·르브룅(Albert Lebrun, 1932~1940) 4명뿐이었는데, 르브룅은 망국을 맞았다. 제3공화국의 대통령은 출범 당시의 기대와는 달리 점점 명목상의 존재로 되었다.

수상은 모두 81번 선출되었는데, 뒤포르(Jules Dufaure, 1871.2.~1873.5.)·뷔페(Louis Buffet, 1874.3.~1876.2.)·플레이시네(Charles de Freycinet, 1885.1.~1886.12., 1890.3.~1892.2.)·멜린(Jules Méline, 1896.4.~1898.6.)·발데크 루소(Pierre Waldeck-Rousseau, 1899.6.~1902.6.)·콩브(Émile Combes, 1902.6.~1905.1.)·크레망소(Georges Clemenceau, 1906.10.~1909.7., 1917.9.~1920.1.)·푸앵카레(Raymond Poincaré, 1922.1.~1924.6., 1926.7.~1929.7.)·달라디에(Édouard Daladie, 1938.4.~1940.3.) 이외에는 평균 임기가 7개월가량에 불과하여 정정이 매우 불안하였다.

제3공화국 동안 프랑스는 어느 정도 국력을 회복하여, 1889년에는 혁명 100주년 기념으로 파리 만국박람회를 개최하면서 상징 건축물로 높이 330m의 에펠탑(Tour Eiffel)을 건축하였고, 대외적으로도 인도차이나와 아프리카에 식민지를 개척하기도 하였다. 그러나 대 프로이센 강경 선동자 블랑제(Georges Boulanger) 장군 사건·레셉스(Ferdinand Marie de Lesseps)의 파나마 운하 파산 사건·비스마르크의 공작에 휘둘려 무고한 유태인 장교 드레퓌스(Alfred Dreyfus)를 간첩으로 벌한 드레퓌스 사건 등으로 혼란을 겪다가, 1914년에는 독일의 침공을 받아 큰 피해를 입었고, 이후 좌파의 지배를 받다가 1940년 재침에서는 망국을 겪었다.

(5) 제1차 · 제2차 세계대전

1871년 수립된 독일 제국은 1879년 10월 오스트리아-헝가리 제국과 동맹하였고 1914년 8월에는 오스만 제국과 비밀리에 동맹하였다. 프랑스는 영국 · 러시아와의 3국 협상(Triple-Entente)으로 대응하였다.

1914. 6. 28. 보스니아의 수도 사라예보(Sarajevo)에서 오스트리아 제국의 황태자 페르디난트 대공이 세르비아 인에게 암살되자, 7월 28일 오스트리아 제국은 세르비아를 침공하였고, 이를 도화선으로 하여 독일 · 오스트리아 · 오스만 제국과 나머지 많은 나라 간에 제1차 세계대전이 벌어졌다.

처음에는 독일이 우세하였으나, 1917년 4월 미국 참전으로 연합국이 우세하여 1918. 10. 30.에는 오스만 제국이, 11월 3일에는 오스트리아 제국이 항복하였고, 독일도 11월 11일 항복하였다. 독일제국을 계승한 바이마르공화국과 연합국 간에 1919. 6. 28. 베르사이유 조약이 체결되었고, 항구적 평화를 위해 1920년 1월 국제연맹도 설립되었으며, 1925. 10. 16.에는 영국 · 프랑스 · 이탈리아 · 독일 · 벨기에 · 체코슬로바키아 · 폴란드 간의 집단안보조약인 '로카르노 조약(The Locarno Pact)'도 체결되었다.

프랑스는 전승국으로서 포슈(Ferdinand Foch) 원수가 연합군 총사령관으로서 1918. 11. 11.의 휴전협정을 체결하는 등 전후처리를 주도하였으나, 청년층 1/4이 희생되었고, 주요 공업 지대가 전화를 입었으며, 1917년 11월 발생한 소비에트 혁명의 여파로 좌파 내각이 계속되어 국력을 회복하지 못한 채 정쟁에 몰두하고 있다가 제2차 대전을 겪게 되었다.

1939. 9. 1. 히틀러의 폴란드 침공으로 발발된 제2차 대전에서 프랑스는 마지노 방어선을 난공불락인 것으로 믿었으나, 우회 공격해온 독일군에게 1940. 6. 14. 파리가 함락되었고, 22일 전권을 위임받은 페탱(Henri Philippe Benoni Omer Joseph Pétain) 원수가 독일과 '휴전협정(Armistice du 22 juin 1940)'을 맺었다. 그 협정에 의하여 프랑스 국토의 약 3/5에 달하는 북부와 대서양 연안은 독일이 점령하고, 나머지 루아르 남쪽 지역은 자유 구역으로 하되, 자유지대의 군대는 중장비 없이 10만 명 이하로 하며, 점령군의 유지비 1일 4억 프랑가량을 부담하도

록 되었다.

1940. 7. 10. 비시(Vichy) 온천 마을에서 열린 상하원 합동 회의는 569 : 80으로 페탱 원수에게 새로운 헌법 작성권을 포함한 완전하고 특별한 권한을 부여했다. 페탱은 다음날 법률 제2호로 입법과 행정 전권을 쥔 국가원수가 되었고 그것과 충돌되는 제3공화국 법률을 모두 폐지했다. 이로써 의회는 해산되었고 제3공화국도 소멸하였으며, 국명이 공화국에서 프랑스로 변경되었다.

5. 제4공화국

(1) 임시정부

드골(Charles André Joseph Marie de Gaulle) 등은 1943. 6. 3. 알제(Algiers)에서 프랑스 국가해방위원회(Comité français de Libération nationale; CFLN)를 결성하여 나치 독일에 대한 항전을 주도하였다. 동 위원회는 9월 17일의 '임시의회 설립 조례(Ordonnance du 17 septembre 1943 relative aux réunions publiques eunions publiques)'와 1944. 4. 21.의 '해방 후 공권력 조직에 관한 조례(L'ordonnance du 21 avril 1944 portant organisation des pouvoirs publics en France après la Libération)' 등으로 조직을 정비하고 드골 의장에게 비상전권을 위임하였으며, 또한 후자의 조례 제17조로 여성 투표권도 도입하였다.

노르망디 상륙작전을 앞둔 1944. 6. 3.에는 프랑스를 연합국이 점령통치하지 않게 하고 프랑스가 독일 점령지와 신설될 유엔 안전보장이사회의 상임이사국 지위를 확보할 수 있게 하는 것 등을 목적으로 이를 '임시정부(Gouvernement provisoire de la République française; GPRF)'로 개편하고 드골을 임시대통령으로 선출하였다.

8월 25일 파리가 연합군과 드골의 '프랑스 해방군(Armée française de la Libération; AFL)' 및 현지 주민의 저항군으로 해방되자, 임시정부는 파리로 이동하였고, 9월 9일에는 드골주의자 · 민족주의자 · 사회주의자 · 공산주의자 · 무정부주의자를 포함시켜 확대 개편하였으며, 1944. 10. 23.에는 영국 · 미국 · 소련 · 캐나다가 임시정부를 승인하였다.

임시정부는 새로 130만 이상의 대군을 형성하여 1944. 11. 23.에는 스트라스부르를 해방시켰고, 선두에 선 프랑스 제1기갑사단은 론(1944.8.25.) · 라인강(1944.11.19.) · 도나우강(1945.4.21.)에 서방 연합군 최초로 도달하였으며, 1945년 2월까지 독일의 마지막 주요 공세인 노르트빈트 작전(Unternehmen Nordwind)을 저지하고 독일 제19군 대부분을 포획 파괴하는 등 큰 전과를 올렸다.

임시정부는 비시 정부에 대한 처리 방침과 새로운 헌법질서를 위한 토대를 마련하였고, 여러 가지 중요한 개혁조치도 하였다. 1944. 8. 9.의 조례(Ordonnance du 9 août 1944 relative au rétablissement de la légalité républicaine sur le territoire continental)로 비시 정부가 취한 모든 헌법 행위 · 입법 또는 규정과 그 시행을 위한 법령을 원칙적으로 무효로 하되, 현실적 고려로 무효로 될 부분을 제한하였다. 비시 정부가 '헌법적 행위'라고 불렀던 행위 · 유대인을 차별하는 행위 · 프리메이슨 등 소위 '비밀 조직'과 관련된 행위 · 특별 재판소를 설립한 행위를 포함하여 많은 행위가 명시적으로 폐지되었고, 관련된 손해배상 등 문제는 지금까지도 완전히 해결되지 않고 있다. 1944. 6. 26.의 나치협력자 조치 조례(ordonnance de 26 juin 1944 relativement à la répression des faits de collaboration)와 8월 26일과 1945. 11. 28.의 조례 등으로 나치협력자 특별재판이 행하여져서, 최고재판소에서는 1960년까지 페탱을 포함하여 각료 이상급에게 사형 18명 · 자유형 25명 · 공권박탈형 14명이 선고되었고, 시민법정에서는 사형 6,763명(그 중 779명은 집행) · 종신강제노동 2,777명 · 유기강제노동 10,434명 · 유기징역 26,529명 · 공권박탈형 3,678명이 선고되었다. 총리를 역임하였던 피에르 라발이 처형되었고, 페탱[52]은 제자이자 부하였던 드골의 구명으로 사형집행은 정지되었으나. 1951년 절해고도 일듀(Île d'Yeu)에서 95세로 사망하였다. 즉결처분과 사형(私刑)도 행하여졌고 드골 회고록에는 10,842명이 처형되었다고 되어있다.[53]

임시정부는 1945. 10. 9. 국립행정학교(École nationale d'administration; ENA)

---

52) 페탱은 농민의 아들로 태어나 제1차 세계 대전의 베르됭 전투에서 프랑스를 구원한 공로로 원수로 추대되었고 1934년 국방장관으로 임명되었다. 그러나 비시 정부 수장으로서 나치 독일을 인정하고 피해를 최소화하는 주화(主和)적 입장을 취하여, 반역죄와 '의회제도를 멸시하고 히틀러에 협조한 간첩죄'로 사형을 선고받았다.

53) 주섭일(1995), "해방 50주년 기념 2 프랑스의 나치협력자 대숙청", 「역사비평」 통권 제30호, 역사비평사, 107면.

를 설치하였고, 사회보장제도의 토대도 마련하였다.

(2) 제4공화국의 출범

임시정부는 1945. 8. 17.의 제45-1836호 국민투표에 관한 조례에 의하여 10월 21일 국민투표를 실시하고, 의원을 선출하였다. 투표에 붙여진 사항은 제헌의회로 볼 것인가 아닌가(후자의 경우 의회는 제3공화국 하원으로 됨)와 전자로 결정된 경우 새 헌법에 의한 정부 출범 시까지의 제헌의회와 새로운 임시정부의 권한을 제안된 내용[54]으로 승인하는가 아닌가(후자의 경우 제헌의회가 임시조직을 결정)였는데 모두 찬성으로 가결되었다. 그 결정에 따라서 제헌의회는 헌법을 제정하여 1개월 내에 국민투표에 붙이고, 국민투표에서 부결되면 제헌의회를 다시 구성해야 하며, 새 정부가 출범한 경우에는 7개월 내에 권한이 종료되도록 되었다. 임시정부 수반은 의회에서 선출하고 내각은 제한적으로 의회에 책임을 지게 되어 있었다. 위 조례 제10조에는 "1943. 9. 17. 법령에 의해 제정된 임시의회의 권한은 10월 21일에 종료된다."라고 되어 있었으므로, 위 국민투표로 그 전의 임시의회 나아가서 임시정부의 활동이 헌법적으로 추인되었다고 볼 소지도 있었다.

투표에서 레지스탕스의 상징이자 자유 프랑스군의 창시자인 드골 지지자와 레지스탕스의 3대 주요 정치 세력인 프랑스 공산당(PCF)과 노동자 인터내셔널(사회주의자, SFIO) 및 기독교 민주주의 대중공화운동(MRP)이 찬성에 투표하여 압도적으로 가결되었고, 제3공화국의 전쟁 전 정부를 지배했던 급진당과 고전적 우파는 반대에 투표하였다. 의석과 득표율은 프랑스 공산당 148석(26.1%) · 대중공화운동 141석(24.9%) · 노동자 인터내셔널 134석(23.%)으로서 3당 연합이 522석 중 423석을 차지하였고, 급진당은 35석(11.1%) · 민주공화동맹 등 우파 62석(13.3%)이었다.

1945. 11. 2.에는 제45-1836호 조례에 삽입되었던 임시 헌법조직법이 공포되어 프랑스공화국 임시정부(GPRF)가 헌법적 근거를 가지게 되었다.

그런데 드골이 임시정부의 수반으로 선출되어 대통령 중심제를 추진하자,

---

54) 이는 제45-1836호 조례의 제5조에 8개 조항의 '법률안'으로 첨부되었는데, 새로 조직될 임시정부의 대통령 선출 · 국회 등의 권한 등에 관한 내용이고, 헌법적 효력을 가졌으므로, 소헌법으로 불렸다.

좌파가 반대하였고, 드골은 1946년 1월 사임하였다. 후임 수반이 된 노동자 인터내셔널의 구앵(Félix Gouin)은 단원제 의회와 내각책임제 정부를 골자로 한 헌법을 제안했는데, 1946. 5. 5.의 국민투표에서 반대 52.8%로 부결되었다. 제헌의회는 해산하고 6월 2일 총선거가 다시 실시되었는데, 이번에도 대중공화운동(Mouvement républicain populaire) 166석(28.22%) · 프랑스공산당(Parti communiste français) 153석(25.98%) · 노동자 인터내셔널 프랑스 지부(Section française de l'Internationale ouvrière) 128석(21.14%)으로 3당 연합이 447석으로 압도적 다수였고, 우파(Modérés) 78석(12.82%) · 공화좌파연합(Rassemblement des gauches républicaines) 52석(11.61%)이었다.

대중공화운동의 비도(Georges-Augustin Bidault) 수반은 공산당과 노동자 인터내셔널과 함께 연립정부를 수립하고는, 의원내각제 헌법을 제안했다. 드골은 의원내각제가 프랑스 제3공화국 붕괴의 원인이라며 반대했고, 공화좌파연대와 보수정당들은 공산당과 인터내셔널의 집권을 경계하여 반대하였으나, 의회가 1946. 9. 29. 채택한 새 헌법은 10월 13일 국민투표에서 53.2%의 지지로 가결되었고, 27일 공포됨으로써 제4공화국이 출범하였다.

헌법에는 다시 1789년의 인권선언을 포함한 '정치적 · 경제적 · 사회적 원칙'이 선포되었고, 의회는 국회(Assemblée nationale)와 공화국 평의회(Conseil de la République)의 2원제로, 대통령은 7년 임기로 의회에서 선출하도록 되었다.

초대 대통령은 인터내셔널 프랑스 지부(SFIO)의 오리올(Vincent Jules Auriol)이 1947. 1. 16. 의원 452명(51.19%)의 찬성으로 선출되었다.

(3) 제4공화국의 종말

2대 대통령 코티(René Jules Gustave Coty)는 세력이 미약하였는데, 대통령 후보의 난립으로 1953. 12. 23. 13차 투표에서 사회주의자 네겔렌(Marcel-Edmond Naegelen)을 477 : 329로 이겨 선출되었다.

1954년 5월에는 베트남의 디엔비엔푸 요새가 베트민에게 함락되었고, 7월 21일 제네바 휴전협정으로 북위 17도선을 휴전선으로 설정하고 8km의 비무장지대를 설치하며, 2년 내에 남북통합 선거를 실시하기로 하였다. 베트남 사태에 고무된 알제리 민족해방전선은 1954. 11. 1. 무장 봉기하였고, 진압작전으로 알력이 심화되었다. 1958년 5월 알제리에 대해 유화적인 중도우파 플리믈랭(Pierre Pflimlin) 내각이 출범하자 알제리 주둔군을 시작으로 군부가 쿠데타 조짐을 보였다.

정부는 드골에게 사태수습을 위촉하였고, 드골은 6개월 한시 비상대권을 자신에게 부여하고 대통령 권한을 강화하는 개헌을 할 것 등을 조건으로 내걸었다. 의회는 6월 1일 드골 수상과 내각을 찬성 329 : 반대 224로 인준하였고, 드골의 헌법 개정안이 의회를 거쳐 1958년 9월에 국민투표에 붙여져 76%의 찬성으로 가결되었다. 새 헌법에 따라 국민의회 의원·상원의원·지방의회 의원을 선거인단으로 하는 간선제 방식의 대통령 선거가 치러졌고, 드골은 여기서 당선되었다.

6. 제5공화국

(1) 제5공화국의 출범

제5공화국 헌법도 전문에서 "1946년 헌법 전문에 의해 확인되고 보완된 1789년 선언에 의해 정의된 인간의 권리와 국가 주권 원칙"을 선언하였고, 공화국 원칙의 개헌은 금지하였다.

대통령은 총리 지명권과 총리의 제청에 의한 각료임명권을 가지고(제8조), 국무회의 의장이 되며(제9조), 외교와 국방에 관한 권한 외에도 법률공포권과 재의요청권(제10조)·공권력 조직과 개혁에 관한 법안을 국민투표에 부칠 수 있는 권한(제11조)·국회해산권(제12조)·외교와 군사에 관한 권한(제14, 15조) 그리고 '공화국의 제도·국가의 독립·영토의 보전 또는 국제 공약의 이행이 심각하고 즉각적인 방식으로 위협을 받고 헌법상의 공권력의 정상적인 기능이 중단된 경우'의 비상대권(제16조)도 가지게 되었다. 최초에는 선거인단에 의하여 간선하였으나, 1964. 10. 28.의 대통령 직선제 개헌안에 대한 찬반투표에서 62.3% 찬성으로 결선투표를 하는 직선제로 개정되었고(제7조), 임기는 7년이었다가 2000년에 5년으로 변경되었다.

총리를 수장으로 하는 정부는 의회에 책임을 지고, 국방을 포함하여 국가의 정책을 결정하고 집행한다(제20조). 의회는 간접선거로 선출되는 348명 이하의 의원으로 구성되는 상원과 직접선거로 선출되는 577명 이하의 의원으로 구성되는 하원으로 구성된다(제24조). 의회의 회의는 대통령의 법령에 따라 개폐회하고(제30조), 총리도 국회를 소집할 수 있다(제29조). 총리와 국회의원은 법안의 발의권과 수정권이 있다(제39조, 제44조). 의회가 불신임결의를 하거나 정부의 일반 정책 선언을 승인하지 않는 경우 총리는 대통령에게 내각 사퇴서를 제출해야 한다(제50조).

법률의 헌법위반문제(제61조) 뿐만 아니라, 대통령 선거(제58조)와 국민투표(제60조)의 합법성을 관리하기 위하여 헌법위원회를 두었다. 법원과 검찰을 헌법에서 규정하였고(제65조), 구금에 대한 제한(제66조) 등 사법적 기본권도 사법권에서 규정하였다. 대통령의 해임은 고등법원에서 규정하였고(제68조), "자신의 임무 수행과 명백히 양립할 수 없는 의무를 위반한 경우"에 한정하였다.

새 헌법에 의한 선거가 1958. 11. 23.과 30일 시행되었는데, 총 576석 중 드골의 신공화국연합(UNR)이 189석(26.48%) · 드골을 지지한 소상공인과 농민의 국민중심(CNIP)이 137석(23.60%)을 얻어 다수가 되었고, 대중공화운동(MRP)은 57석(7.58%) · 노동자 인터내셔널 프랑스 지부(SFIO)는 40석(13.80%) · 급진당(PR)은 37석(7.77%) · 프랑스 공산당(PCF)은 10석(20.78%)에 그쳤다. 12월 21일 대통령 선거에서도 드골이 78.51%를 얻어 당선되었다.

(2) 드골 대통령의 치적

드골은 우파와 중도파의 기대를 무너뜨리고 알제리에 민족자결 원칙을 적용할 것을 천명한 뒤 1960년에 아프리카 식민지 대부분을 독립시켰고, 대신 '프랑스공동체(Communauté française)'[55]라는 국제기구를 결성했다. 군부는 격노하여 1962년 8월 바스티앵티리(Jean-Marie Bastien-Thiry) 공군 중령의 드골 암살 시도를 비롯하여 쿠데타와 암살시도 등으로 저항했지만, 제압되었다. 1961년에 알

55) '프랑스 제국(Empire français)'과 제4공화국의 '프랑스 연합(Union française)'의 대체조직, 중앙아프리카 · 콩고(브라자빌콩고) · 가봉 · 말라가시 · 세네갈 · 차드 · 모리타니의 7개국과 프랑스 본국 및 재외영토로 구성되는 정치적 · 경제적 연합체로서, 1958년의 헌법에 규정되었다. 식민지가 독립하여 1960년대에 이미 사실상 무의미하게 되었고, 1995년 공식적으로 폐지되었다.

제리에 자치권을 부여하고 민족자결 원칙을 인정하는 방안을 국민투표에 회부하여 다수 프랑스 국민(알제리 포함)의 동의를 얻었고, 1962년 에비앙 협정을 체결한 뒤 프랑스와 알제리의 국민투표를 거쳐 알제리를 독립시켰다.

1963년에는 영국의 유럽경제공동체(EEC) 가맹을 두 차례 거부하였다. 독자 핵무장을 하고, 북대서양 조약기구(NATO)에서 탈퇴하였으며, 서독의 아데나워 총리와 회담하여 프랑스와 독일의 오랜 갈등관계를 종식시키고 경제와 외교분야에서 협력하는 '독일 · 프랑스 화해협력조약'을 맺었다. 1964년에는 중화인민공화국을 승인했다.

1965년 대선에서는 2차 결선투표를 거쳐 당선되었는데, 상대였던 프랑수아 미테랑이 45%나 얻었고, 1981년에는 프랑스 사회당의 첫 대통령이 되었다. 1967년 총선에서 드골계 우파는 겨우 과반수를 확보하였고, 1968년에는 68운동으로 '5월 위기'가 발생하였으나, 의회를 해산하고 재선거하여 394석을 얻는 초압승을 거두었다. 그러나 1969년 4월 '지방행정과 상원의회 개편을 위한 국민투표'에서 개헌안이 47%:53%로 부결되자 드골은 4월 28일 대통령직을 사임했고, 콜롱베의 사저에서 회고록을 출판한 후 1970. 11. 9. 급성 심근경색으로 사망했다. 유언에 따라 그의 장례식은 콜롱베에서 가족과 마을 주민만의 참석으로 거행되었고, 묘비에는 "샤를 드골(1890~1970)"만 새겨졌다. 그의 통치는 박정희 대통령의 10월 유신에 영향을 주었다.

(3) 제5공화국 민주주의의 변천

– 퐁피두(Georges Pompidou) 대통령(1969~1974)

1969.5.16 퐁피두가 대통령에 당선되어 드골 정책을 계승하는 한편, 개혁에 대한 국민들의 열망에 호응코자 노력하였다.

– 지스카르 데스텡(Valery Giscard d'Estaing) 대통령(1974~1981)

1972. 4. 2. 퐁피두 대통령이 서거함에 따라 1974. 5. 19. 실시된 대통령선거에서 중도우파인 독립공화당의 지스카르 데스텡이 사회당의 미테랑 후보를 누르고 당선되었다.

– 미테랑(Fran ois Mitterrand) 대통령(1981~1995)

1981. 5. 10. 대통령 선거에서 사회당의 미테랑 후보는 지스카르 데스텡에게 승리하였고, 하원을 해산하고 총선을 실시하여 원내 안정의석을 확보하였다. 모루아(Pierre Mauroy) 내각(1981~1984)은 사회주의 이념에 충실한 정책을 수행하여 사회복지면에서 많은 발전을 이룩했으나, 이로 인해 경제사정이 악화되자. 파비우스(Laurent Fabius) 내각(1984~86)으로 교체하여 능률 위주의 실용주의 정책을 추진하였고, 사회주의 이념이 상당히 탈색되었다. 그럼에도 불구하고 인플레 심화 · 실업자 증가 · 대외수지 악화 등 경제침체로 사회당에 대한 국민 지지가 약화되어, 1986년 3월 총선에서 우파연합이 승리하자, 미테랑 대통령은 RPR의 시라크(Jacques Chirac) 당수를 총리로 지명하여 제1차 좌우 동거정부(코아비타시옹)인 시라크 내각(1986~88)이 성립되었다.

미테랑은 1988. 5. 4. 하원을 해산하고 총선거를 실시함과 동시에 대통령선거도 실시하였는데, 8일 대통령선거 2차 투표에서 시라크 후보를 누르고 재선되었고, 하원에서도 우파연합보다는 많은 276석을 얻어 사회당의 로카르(Michel Rocard) 내각(1988~91)을 구성하였다. 1991. 5. 15. 로카르 총리가 자진 사임하고, 크레송(Edith Cresson) 총리가 프랑스 최초의 여총리로 취임하였으나, 3월 지방선거에서의 참패 여파로 1992. 4. 3. 사임하였고, 후임 베레고부아(Pierre Beregovoy) 총리는 사회당 이념에 충실한 인사들로 행정부를 구성하고 300만에 육박하는 실업자 구제에 진력하였으나, 실적이 부진하였고 사회당의 장기집권에 따르는 제 요인이 겹쳐, 1993년 3월 실시된 하원총선에서 참패하였다. 미테랑 대통령은 RPR소속 발라뒤르(Édouard Balladur)를 총리로 지명하여 제2차 동거정부체제(1993.3.29~1995.5.18.)를 구성하였다. 발라뒤르 총리는 RPR와 UDF에 각료직을 안배한 우파연정으로 경제재건과 실업구제에 역점을 둔 정책을 추진하였다.

– 자크 시라크(Jacques Chirac) 대통령(1995~2007)

1995. 5. 7. 2차 결선투표에서 조스팽(Lionel Jospin)에 승리하여 14년간 계속된 사회당 정권을 교체한 시라크는 쥐페(Alain Juppé)를 총리로 하는 범우파 연

합내각을 구성하여 12%의 높은 실업 해소와 재정적자의 축소를 추진하였으나, 고용확대정책의 부진과 사회보장비의 축소에 대한 반발이 심화되어 1997. 4. 21. 하원 해산을 발표하고, 총선을 실시하였다. 그러나 좌파연합이 다수를 차지하여 제3차 좌우동거정부인 조스팽 내각(1997.6~2002.5.6.)이 탄생되었다.

2002. 5. 5. 대선에서는 시라크가 82%라는 사상 최고 지지율로 르펜(Jean Louis Marie Le Pen) 후보를 누르고 대통령에 재선되었고, 7일 라파랭(Jean- Pierre Raffarin) 상원의원을 총리로 한 우파정부를 구성하여 국내치안정책 강화를 최우선으로 하는 단호한 정책을 전개하였다.

– 니콜라 사르코지(Nicolas Paul Stephane Sarkozy) 대통령(2007~2012)

2007. 5. 6. 사회당의 세골렌 루아얄(Marie Ségoline Royal)에 승리하여 피용(François Fillon)을 총리로 임명하였고, 쿠슈뇌르(Bernard Kouchner) 등 좌파와 여성 장관들을 진출시켰다. 미테랑 대통령이 60세로 줄였던 정년을 62세로 재조정하였으며 대대적인 감세 정책과 자유주의적 정책을 시행하였다. 초과근무 세금 폐지 · 상속세 인하 · 요식업 부가가치세 인하 · 부유세(ISF) 상한을 50%로 하는 등 세금의 한계선(Bouclier fiscal)을 저하시키는 전반적인 세금 축소 정책을 추진하였다. 드골이 탈퇴하였던 나토에 재가입하여 미국의 반테러전쟁을 지지했다.

– 프랑수아 올랑드(François Gérard Georges Nicolas Hollande) 대통령(2012~2017)

사회당 후보로서 사르코지에게 근소하게 승리하였고, 장 마크 에로(Jean Marc Ayrault) 내각(2012.5.~2014.4.)으로 청년들을 위한 공직 15만 개를 만들고 최저임금을 높였으나 실업률 축소는 이루지 못하였다. 후임 마뉘엘 발스(Manuel Valls) 총리(~2016.12.)는 로스차일드사 금융인 출신인 마크롱(Emmanuel Macron)을 경제부장관으로 임명하고는, 부유세 과세율을 75%까지 올리고, 부가가치세도 20%로 인상하여 우파의 반발을 샀고, 마크롱은 근로시간을 유연하게 하고 일요일에도 일할 권리를 주는 마크롱 법을 통과시켜 좌파들의 원성을 샀다. 지지율이 4%로 추락하자 재선을 포기하고 중도 성향 마크롱을 지지했다.

– 에마뉘엘 마크롱(Emmanuel Macron) 대통령 (2017~현재)

올랑드 내각 경제부 장관 마크롱이 창당 1년된 '앙 마르슈!(En Marche!)'[56] 후보로 국민전선의 르펜(Marie Le Pen)을 이기고 2017년 대통령으로 당선되었다. 그는 실용주의적 포괄정치를 표방하며 사회적으로는 진보, 경제적으로는 보수 노선을 보이고 있다.

대대적인 긴축정책과 친기업적 개혁에 착수하여 부유세를 줄이는 대신 부동산세로 이를 대체하고, 노동법을 개정해 해고와 고용을 쉽게 만들었다. 12만 개의 공직을 없애려 했으나 공무원들의 반발로 무산되었다. 당선 100일 후 지지율이 36%로 급락했으나, 2022년 4월 르펜을 이기고 재선되었다.

2017년 공화당 소속 에두아르 필리프(Édouard Charles Philippe)를 총리로 임명했다가, 2020년 장 카스텍스(Jean Castex)로, 2022년에는 다시 사회당 출신으로 노동부 장관을 역임한 여성 엘리자베트 보른(Élisabeth Borne)으로 교체하였고, 2024년 1월에는 교육부 장관을 역임한 동성애자 가브리엘 아탈(Gabriel Attal, 1986.3.16.생) 최연소 성소수자 총리로 다시 교체하였다. 9월 5일 공화당의 미셸 장 바르니에(Michel Jean Barnier) 총리로 또다시 교체하였다가, 2024. 12. 4. 불신임결의가 되었고, 12월 13일 역사교사였던 민주운동당 대표 바이루(François René Jean Lucien Bayrou)가 새 총리로 지명되었다.

56) 공식명칭은 '정치쇄신을 위한 협회'(Association pour le renouvellement de la vie politique)였고 '앙 마르슈!'(En Marche=전진)는 애칭이었다. 이후 La République En Marche!로 변경되었다가, 2022.9.17. 2개의 친여 성향 소수 정당들과 합당하면서 'renaisance'로 다시 변경되었다.

제5장

독일 민주주의의 역사

제 5 장

독일 민주주의의 역사

제1절 독일 민주주의 역사 개요

1. 민주주의 이전의 독일 역사 개요

유럽 중부에 있는 독일의 면적은 357,021km이고, 인구는 8,369만여 명(2022년 기준)으로서 유럽 연합 1위이며, 국민총생산은 4조311억 달러가량으로서 세계 4위이다.

독일의 민주주의는 1919년 2월에 수립된 바이마르공화국에서 처음 시작되어 비교적 일천하지만, 공산주의와 나치 독재를 극복하면서 세계 자유민주주의의 최선진 체제로 되었다.

시저(Gaius Julius Caesarr)가 BC 60년경 갈리아 지방을 원정하면서 라인 강 너머 지역에 사는 사람을 게르마니(germani)로, 그 지역을 게르마니아(germania)로 칭하였고, AD 84년에는 타키투스(Publius Cornelius Tacitus)가 'germania'라는 책도 간행하였지만, 'germani'의 어원은 명확하지 못하다.

바이마르공화국 이전의 게르만의 주요 역사로서는, AD 9년에 케루스키족의 족장 헤르만(Herman the Cherusker; 라틴명 Arminius)이 로마의 3개 군단 2만 명의 정예병을 토이토부르크의 숲에서 전멸시킴으로써 로마의 지배에서 벗어난 것, 클로비스(Clovis I 재위 481~511)가 480년경 프랑크 부족을 병합하고 갈리아 지방을 통합하여 프랑크 왕국을 건립한 것, 메로빙거 왕조의 궁재(宮宰) 출신인 카알 대제(Karl der Große)가 800년 신성로마 황제로 된 것,[1] 작센 공작 겸 동

1) 프랑크왕국과 카알 대제는 프랑스와 이탈리아의 역사이기도 하다. 황제의 이름은 나라마다 조금씩 다른데, 중세 프랑크어 Karl(카를), 라틴어 Karolus Magnus, Carolus Magnus(카롤루스 대제), 프랑스어 Charlemagne(샤를마뉴), Charles Ⅰ, 영어 Charlemagne(샬러메인), Charles the Great(찰스 대제), 독일어 Karl der Große(카를 대제), 이탈리아・스페인어 Carlo Magno(카를로 대제)이다.

프랑크 왕 오토 1세가 이탈리아를 통합하고 962년 요하네스 12세 교황으로부터 신성로마제국 황제의 관을 수여받고 오토 대제(Otto I Große Augustus)로 됨으로써 신성로마제국이 부활한 것, 1806년 나폴레옹에 의해 신성로마제국이 해체되고 라인동맹으로 대체된 것, 나폴레옹 몰락 후 1815년 비엔나 회의에 의하여 라인동맹이 독일 연방으로 변경된 것, 스위스 지역에서 발흥한 '호엔촐레른(Hohenzollern)' 가문이 브란덴부르크(Brandenburg) 지역과 프로이센에서 군사력을 일으켜 오스트리아 왕위계승 전쟁 · 7년 전쟁 · 나폴레옹 전쟁 · 보오전쟁 · 보불전쟁에서 승리한 뒤 25개 속방으로 구성된 독일제국을 수립하고서는 1871. 1. 18. 베르사이유 궁전에서 프로이센의 빌헬름(Wilhelm Friedrich Ludwig) 왕이 독일 제국의 빌헬름 1세(Wilhelm I 재위 1871~1888) 황제로 즉위한 것, 독일 제국이 제1차 세계대전에서 패전한 것을 들 수 있다.

2. 독일의 국가와 민족 그리고 독일어의 생성

(1) 신성로마 제국과 독일의 관계

신상로마제국의 영토와 영방은 여러 차례 변경되었는데, 대체로 독일 왕국(962~1806) · 이탈리아 왕국(962~1648) · 보헤미아 왕국(1198~1806) · 부르군트 왕국(1032~1378)으로 구성되었고, 모두 314개의 영방(領邦)이 있었다. 황제라는 칭호는 로마제국의 황위를 계승하였다는 의미였지만, 제국의 국가로서의 통합성과 황제의 권한은 미약하였고, 특히 독일 왕국은 왕을 선출하였으나 여러 영방의 결합체일 뿐이고 직접 지배하는 영토나 조직이 없는 형식상 존재에 불과하였다.

프랑크 왕국이라는 고대사가 있기는 하지만, 신성로마제국은 300개가 넘는 정치조직으로 분열되어 있었고, 그 위에 종교개혁 운동이 벌어진 이후에는 정치조직들이 신구교 뿐만 아니라, 후스파 · 루터파 · 칼빈파 등으로도 분열되어 심하게 대립하고 있었으므로 실질적으로는 하나의 나라라고 하기도 어려웠다.

대표적으로 1618. 5. 23. 후스의 영향을 받은 보헤미아의 프로테스탄트 귀족들이 합스부르크 황제의 행정관리들을 프라하 성의 창문 밖으로 던져버리고 임시 보헤미아 정부를 수립하여 군대를 편성한 것을 도화선으로 하여 유럽의 신구교 세력 전부가 참전하여 1648. 5. 15. 베스트팔렌 조약이 체결될 때까지 30년간 전쟁한 때, 1740년 카를 6세 황제가 사망한 뒤 마리아 테레지아를 합스부르크 왕가의 후계자로 한 것을 트집 잡아 프로이센이 11월 슐레지엔을 점령한 것을 기화로 하여 1748년 10월 아헨 조약에 이르기까지 유럽 여러 나라가 전쟁한 때, 아헨 조약에 대한 불만 등으로 1756년 프로이센이 작센을 침공한 것으로부터 시작하여 1763년 파리 조약 등으로 종결될 때까지 유럽 주요국들이 유럽・북미・인도 등지에서 전쟁을 벌인 때에 독일 지역의 제후들은 매우 분열적이었다.

(2) 독일 국가와 독일인의 개념, 독일어의 생성

독일 국가와 독일인의 개념, 그리고 독일어는 1500년경부터 생성되기 시작하여 1866년 프로이센의 독일 통일 이후에야 비로소 확립되었다.

1455년에 이탈리아의 인문주의자 브라치오리니(Poggio Bracciolini)가 타키투스의 「게르마니아(Germania)」를 재발견하여 이탈리아어로 출간한 것을 계기로 하여 1500년경에야 '도이칠란트(Deutschland)'라는 말이 만들어졌다. 타키투스의 글에 의하여 그 때까지의 '술에 찌든 야만인'이라는 독일인 상이 아니라 '성실하고 용맹하며 타락하지 않고 단순 소박하게 살아가는' 독일인 상도 만들어졌다.[2]

각 지방마다 말도 달랐다가 마르틴 루터의 저작들이 독일 곳곳에 널리 보급됨으로써 그가 사용한 마이센(Meißen)어가 언어통일의 토대가 되었다.[3] 그가 1517. 10. 31. 비텐베르크 성의 성당 문 앞에 내건 95개 조의 반박문은 인쇄술 혁신 덕분에 14일 내에 유럽 전역의 독일어권에 유포되었고, 1522년 9월 라이프치히에서 출판된 것으로부터 시작하여 그의 독일어 성서는 루터 생전에 100만부가 인쇄되었으며, 그 외에도 200만부가 인쇄된 팜플렛을 비롯하여 많은 저작물이 유포되었는데 이것이 독일어의 형성에 크게 기여하였던 것이다.

---

2) 하겐 슐체 저, 반성완 역(2023), 「새로 쓴 독일 역사」, 지와 사랑, 59~60면.
3) 앞의 책 71~73면; 마이센은 독일 중부 작센 주의 작은 도시.

(3) 프로이센의 독일 통일

프로이센의 독일 통일에는 나폴레옹이 신성로마제국을 해체하고 라인동맹을 창설한 것도 크게 기여하였다.

라인동맹(Rheinbund)은 나폴레옹의 주도로 1806. 7. 12. 개최된 독일 제후대표단 회의가 제정한 라인연방법에 의하여 창설되었다. 8월 1일부터 참여 영방들이 신성로마제국을 탈퇴하였고, 제국의 마지막 황제 프란츠 2세는 나폴레옹의 최후 통첩에 굴복하여 1806. 8. 6. 제국의 직함을 사임하고 제국 영지를 해방하였다. 오스트리아와 그 직할 제후국을 제외하고, 바이에른 등 4개의 왕국, 바덴 등 5개의 대공국, 작센 · 바이마르 등 13개 공국 및 호헨촐레른 · 헤힝겐(Hechingen) 등 17개 후국이 동맹에 가입하여, 1811년의 총 면적은 325,752km², 인구는 14,608,877명에 달하였다. 모두 프랑스와 동맹하였지만 실질적으로는 프랑스의 지배를 받았다.

나폴레옹 몰락 후 비엔나에서 열린 유럽국가 지도자들의 회의에서 오스트리아와 프로이센은 1815. 6. 8. 독일연방법(Deutsche Bundesackte)을 제정하여 독일연방(Deutscher Bund)을 창설하였다. 독일연방에는 오스트리아 · 프로이센 · 룩셈부르크 · 덴마크 등 35개 영방과 프랑크푸르트 등 4개 자유시가 가입하였고, 1815년의 면적은 약 630,100km², 인구는 약 2,920만 명에 달하였으나, 연방의 임무는 내외적 안전보장에 국한되어 있었고, 기구도 연방의회만 설치하였으며, 구성원을 통제할 실질적인 힘의 기초가 없었기 때문에 명목상의 존재에 불과하였다.

1848년 프랑스 제2 혁명의 영향으로 연방에도 시민혁명이 일어나 프랑크푸르트 국민의회가 소집되었고, 새로운 입헌주의 헌법제정에 착수하였다. 그러나 오스트리아를 포함하는 대독일주의와 프로이센 중심의 소독일주의의 대립 등으로 지체되었고, 1849. 3. 27. 프로이센의 국왕 프리드리히 빌헬름 4세를 독일 황제로 추대하기로 하는 세칭 '프랑크푸르트 독일제국헌법'을 제정하였으나, 빌헬름은 이를 거부하였으며, 혁명세력은 1850년경 진압되었다.

독일 연방의 주도권을 두고 오스트리아와 프로이센이 대립하다가, 프로이센이 보오전쟁에 승리한 후 1866년 북독일연방(Norddeutscher Bund)을 창설하였고, 제헌의회가 제정한 북독일 연방헌법이 1867. 7. 1. 시행되어 독일연방은 해체되었다. 이로서 처음으로 독일이라는 단일 국가가 출현하였다.

1871. 1. 18.에는 프로이센이 프랑스까지 정복한 후, 오스트리아·룩셈부르크·리히텐슈타인 이외의 독일 연방의 모든 영방을 포함하는 독일제국을 창설하였고, 1871. 4. 16.에는 '비스마르크 헌법'으로도 불리는 독일제국 헌법이 제정되었다.

3. 독일 민주주의의 생성과 발전

독일제국이 1918. 11. 11. 제1차 세계대전에서 패전한 후 연합국의 지원 아래에서 1919. 1. 19. 최초의 제헌의회 선거가 시행되었고, 2월 6일 괴테와 실러의 활동지였던 독일 중부 바이마르(Weimar)에서 첫 회의가 개최되었으며, 7월 31일 최초의 민주 헌법이 262:75(불참 84)로 가결되어 8월 11일 공포되었다.

그 헌법에 의하여 처음으로 독일에 민주주의 체제가 만들어졌다. 그 헌법은 한 때 세계적인 모범 헌법으로 소개되기도 하였으나, 패전 후의 각종 악조건을 극복하기에 미흡하였을 뿐만 아니라, 사상과 정치적 자유만을 강조하고 민주주의 체제 수호 장치를 미비한 중대한 결함을 가지고 있었다. 1933. 1. 30. 히틀러의 나치 세력이 정권을 장악하고서는, 10여 년간의 집중적 준비를 거쳐 세계정복을 목표로 한 제2차 세계대전을 일으켰다.

2차 대전 패전 후 방어적 자유민주주의 체제를 새로 구축하고, 경제부흥에 진력하여 1990. 10. 3.에는 재통일을 이루었다.

한 때 독일 역사학에서는 독일제국과 나치정권에서 나타난 것과 같은, 시민사회의 성장을 통한 민주주의를 배척하고, 민족주의에 입각한 전체주의 체제로, 위로부터의 개혁으로 부국강병을 추구하는 '독일만의 특별한 길(Sonderweg)'이 있는 것으로 주장되기도 하였지만, 전후 자유민주주의 체제에서 경제번영과 통일을 이룬 지금은 영미나 프랑스에서와 같은 자유민주주의에로의 지향을 확정하고 있다.[4)]

이와 같이 독일 국가와 독일의 민주주의는 영미와 프랑스의 민주주의 보다 매우 늦게 생성되었지만, 공산주의와의 투쟁과 나치즘에 의한 민주체제의 극단적인 오남용이라는 극심한 시련을 겪으면서 극복장치를 마련함으로써 오늘날 세계 자유민주주의의 모범이 되고 있다.

제2절 바이마르공화국의 선사(先史) - 독일 제국과 제1차 세계대전

1. 프로이센 왕국의 출현

(1) 프로이센 기사단국의 성립

프로이센 또는 프러시아는 폴란드 동북부와 리투아니아 사이의 발트해 동남해안 지역에서 출범하였는데, 그 중심 도시는 칸트의 출생지인 쾨니히스베르크(Königsberg, 현재는 칼리닌그라드)이다.

고대에는 그 지역에 게르만이 거주하였으나, 게르만 대이동 후에는 슬라브인들이 진출하였다. 10세기경부터는 게르만이 다시 되돌아오기 시작하였고, 12세기경부터는 독일인들의 동방이주정책이 강화되면서 자주 분쟁이 발생하였는데 폴란드 동부지역도 그러하였다.[5)]

1226년에 폴란드 동부 변경 지역의 영주 콘라트(Herzog Konrad von Masowien)가 프러시아인들의 공격을 막기 위하여 튜턴 기사단(일명 독일 기사단)[6)]에 도움을 청하였는데, 튜턴 기사단은 프로이센 지역을 정복한 뒤 기사단국을 건국하였고, 독일 본토에서 독일인들을 이주시켜 독일화를 진행시켰다.

프로이센 기사단국은 점차 영역을 넓혀 나가다가, 1410년경부터 리투아니아

---

4) 하겐 슐체, 앞의 책 348면에는 "지난 40여년간 독일의 과거를 두고 벌였던 수많은 논쟁을 통해 폭넓은 합의를 얻어낸 것이 있다면 그것은 독일의 민족국가는 역사에 의해 이미 시험과 검증을 받았고 또 부적합한 것으로 판명되어 거부되어야 할 모델이라는 것이었다"라고 되어 있다; 이진일(2021), "통사 쓰기와 민족사 서술의 대안들 - 독일의 '특별한 길'(Sonderweg)에서 '서구에의 안착'까지 - ", 「성대사림」 제77권, 수선사학회, 109~142면.

5) 조만제(2002), 「독일근대형성사연구」, 경성대학교출판부, 제1면 중세 독일의 동방운동 이하.

6) 튜턴 기사단(Teutonischer Orden 또는 Deutscher Orden)은 제4차 십자군 때인 1190년 만들어진 야전병원에서 시발되었고, 기사와 승려 및 준 단원으로 구성되었으며, 교황의 특허장을 받고, 의료 · 구빈 · 이교도 교화 및 정복 활동을 하였다.

대공국과 폴란드 왕국의 협공으로 약화되어, 1466년 토룬 조약(Second Peace of Thorn)으로 서 프로이센을 폴란드에 할양하고 동 프로이센은 폴란드의 제후국이 되었다. 알브레히트(Herzog Albrecht von Brandenburg)가 1510. 12. 14. 그의 외숙인 폴란드 왕 지그문트 1세의 지원으로 제37대 기사단장으로 선출되었다. 그는 1525년 루터교로 개종하고, 2월 10일 가톨릭 기사단국을 세속 공국으로 변경하였으며[7] 폴란드 왕으로부터 프로이센 공작으로 임명받았다. 그는 폴란드인 코페르니쿠스를 지지하였고, 쾨니히스베르크 대학도 설립하였다.

(2) 호헨촐레른 가의 브란덴부르크 선제후와 프로이센 공작 취임

한편 독일왕 지기스문트(Sigismund)는 1415년 호헨촐레른(Hohenzollern)[8] 가(家)의 뉘른베르크 성주 프리드리히 6세를 브란덴부르크 선제후(Kurfürst, Princeps Elector)로 임명하였고, 그는 프리드리히 1세로 되었다. 프리드리히 1세는 1396년의 니코폴리스(Nicopolis) 전투에서 그의 형의 처남이자 헝가리 왕이었던 위 지기스문트를 포로에서 구출하였고, 그가 독일 왕이 되는 것을 도왔으며, 그가 선제후가 된 뒤에는 그를 신성로마제국 황제로 옹립하는데 기여하였다.

위 알브레히트 자신도 위 프리드리히 1세의 후손이었지만, 그의 후계자인 알브레히트 프리드리히(Albrecht Friedrich) 공작에게는 정신병이 있어 프리드리히 1세의 후손으로서 브란데부르크 선제후인 요아힘 3세 프리드리히가 섭정을 하였다. 그는 장남 요한 지기스문트(Johann Sigismund)를 알베르트의 장손녀 안나(Anna)와 결혼시켰다. 요아힘 3세가 1608년 사망하여 요한 지기스문트는 브란덴부르크 선제후로서 프로이센의 섭정도 맡아 있던 중, 알브레히트 공작이 1618. 8. 28. 아들 없이 별세하자 맏 사위로서 프로이센도 상속받았고, 브란덴부르크와 프로이센은 프로이센 공국(公國)으로 통합되었다. 1619년 12월 요한 지기스문트 또한 별세하여 아들 게오르그(Johann Georg)가 프로이센 통합 공국의 공작이 되

7) 독일 기사단은 발터 폰 카논부르크가 그랜드 마스터가 되었고, 리보니아 지부와 독일 지부로 나뉘어 졌다가, 전자는 1560년 모스크바 대공국의 이반 4세에 의해 멸망당했고, 독일 지부는 1808년 나폴레옹의 신성로마제국 해체시 영지가 몰수되어 해체되었다가 1834년 재건되어 지금까지 가톨릭 봉사단체로 남아있다.

8) 남부 독일 쉬바벤 지역 스위스 인근 쉬바벤 알프스 높이 855m 산상의 작은 성.

었다.

(3) 프로이센 왕국의 성립

1618. 5. 23. 보헤미아 지방에서 발생한 프라하 창밖투척사건(Prager Fenstersturz)에서 시작되어 1648. 5. 15.의 베스트팔렌 조약(Westfälischer Friede)에 이르기까지 30년간 유럽 대부분의 국가가 싸운 30년 종교전쟁에서 게오르그는 신구교 양측의 압박을 받았고, 대체로 중립을 지키려 노력하였으나, 브란덴부르크 지역이 전쟁터가 되었으므로 많은 피해를 입었다. 그러나 프로이센 지역은 건재하였다.

1640년 취임한 프리드리히 빌헬름 대선제후(Friedrich Wilhelm der Große Kurfürst)는 어려운 여건에도 불구하고 군사력을 강화시켰고, 1688년 취임한 프리드리히 3세 선제후는 군사력을 바탕으로 한 외교로 신성로마제국 황제 레오폴트 1세의 승인을 받아, 1701. 1. 7. 쾨니히스베르크에서 프로이센 국왕 프리드리히 1세로 즉위하였다. 브란덴부르크는 신성로마제국의 속방이어서 왕국으로 될 수 없었으므로, 프로이센을 국명으로 하였다.

2. 프로이센의 성장

(1) 슐레지엔 점령과 오스트리아 왕위계승전쟁

1713년 즉위한 프리드리히 빌헬름 1세는 '군인왕'이라는 별명이 붙을 정도로 병력을 20만으로 증강하는 등 군사력을 확충하고, 관료제도를 정비하여 절대 왕정을 확립하였다.

1740년 5월 그의 뒤를 이은 프리드리히 2세는 11월 16일 선전포고 없이 슐레지엔(Schlesien; 라틴명 Silesia)을 점령하여 오스트리아 왕위계승전쟁을 일으켰다. 합스부르크 가의 신성로마제국 황제 카를 6세(Karl VI)는 아들이 없어 장녀 마리아 테레지아를 오스트리아 대공으로, 사위 프란츠 1세를 신성로마 황제로 하기로 하고 1713년의 국사조칙(國事詔勅, Pragmatic Sanction)으로 여자의 왕위 상속을 금하는 살리카법(Salic law)을 폐지하였다. 그러나 황제가 1840. 10. 20. 사망하자 프로이센은 그 조칙을 거부하고, 새 질서에 대한 도전으로 상공업이 발달한 오데르 강 유역의 슐레지엔 지방을 점령하였던 것이다. 오스트리아가 이를 제지하기 위하여 개전하자, 오스트리아 측에는 러시아 · 네델란드 · 하노버 · 작센 선제후국 · 영국 등이 가담하였고, 프로이센 측에는 프랑스 · 스페인 · 스웨덴 · 무굴제국 등이 가담하였으며, 전장도 유럽 외에도 북미와 인도에까지 확장되었다.

1748. 10. 18. 엑스라샤펠 조약(Treaty of Aix-la-Chapelle) 일명 아헨 조약(Treaty of Aachen)으로 종결되었는데, 마리아 테레지아의 왕위 계승권이 승인되었으나 프로이센의 슐레지엔 영유도 인정되었고, 영국과 프랑스는 식민지에서 점령한 지역을 각각 반환했다.

슐레지엔은 오데르 중류 강변의 면적 40,000km²가량 지역으로서 광물 등 천연자원이 풍부하여 공업이 발달하였고 오스트리아 세금 수입의 18%를 점하는 정도였으므로, 프로이센의 국력 신장에 큰 도움이 되었는데, 2차 대전 후 대부분 폴란드에 귀속되었다.

(2) 7년 전쟁

1748년까지 오스트리아를 지원하였던 영국은 1754. 5. 24. 조지 워싱턴 민병대의 뒤켄 요새 공격으로부터 시작된 프랑스와의 전쟁 등에서 오스트리아가 프랑스를 제어할 만한 실력이 없는 것으로 보고, 1756. 1. 16. 웨스트민스터 사원에서 프로이센과 "외국군의 신성로마제국 영토 통과를 불허한다"는 내용을 골자로 한 '공수동맹'을 체결하여 오스트리아와 결별했다.

오스트리아는 슐레지엔 수복을 위한 새 파트너로 프랑스에게 접근했고, 1756. 5. 1. 베르사이유 궁전에서 "오스트리아와 프랑스 양국은 서로 중립을 유지하고 어느 하나가 제3국으로부터 침공당할 경우 서로에게 군사적 지원을 한다"는 내용의 방어동맹을 체결하였다. 오스트리아는 이어서 러시아와 스웨덴에게도 접근하여 반 프로이센 연합 결성을 시도했고, 1756. 6. 2. 러시아와 오스트리아가 방어동맹을 체결하였다.

오스트리아의 동맹이 영국에서 프랑스로 변경됨으로써 대륙에서 외톨이가 된 프리드리히 2세는 1756. 8. 29. 오스트리아의 작센 제후국을 선제공격하였고, 이를 도화선으로 하여 프로이센 · 하노버 · 영국과 프랑스 · 오스트리아 · 작센 · 스웨덴 · 러시아 동맹 간에 유럽 · 북미 · 서인도 제도 · 인도 · 아프리카 등 광범한 지역에서 전쟁이 진행되었다. 1763. 2. 10. 프랑스 · 스페인 · 영국 간의 파리 조약과 작센 · 오스트리아 · 프로이센 간의 후베르투스부르크 조약으로 종결되었다.

프로이센의 전황은 매우 어려웠고 큰 피해를 입어 복구하는 데에 긴 시간이 소모되었다. 그러나 다행히도 러시아가 1762년 1월 옐리자베타 여제 사망 후 프로이센에 유화정책을 취하여 패전을 면하였고, 슐레지엔 영유권을 확보하여 열강의 위상을 인정받았다.

영국은 현재의 퀘벡 주 · 온타리오 주 · 미시시피 강 동쪽 등 누벨 프랑스의 대부분과 스페인령 플로리다 · 서인도 제도의 일부 섬을 차지하여 해지지 않는 제국의 기초를 만들었다. 루이 14세의 영광과 인도에 대한 영향력도 상실한 프랑스는 1778년 미국 독립 전쟁을 지원하여 영국에 보복하려 하였지만, 경제파탄으로 부르봉 왕가의 몰락을 초래하였다.

(3) 폴란드 분할합병

러시아는 1764년 폴란드 왕 스타니스와프 2세를 옹립하고 총독을 파견하는 등 폴란드의 내정에 깊이 개입하고 있었는데, 반러시아 귀족들이 11월 봉기를 일으키자, 국왕은 러시아 제국군의 도움을 받아 이를 진압하였다.

한편 폴란드 남쪽에 위치한 크림 칸국을 두고 러시아와 오스만 제국 사이에 러시아-튀르크 전쟁(1768~1774)이 벌어져 러시아가 승기를 잡자, 세력균형을 위하여 오스트리아와 프랑스가 외교적으로 개입하여 "오스만 제국이 러시아에 저항할 수 있도록 여러 국가의 국경선을 조정한다"는 중재안을 내놓았다. 그런데 여기에 "프로이센이 빼앗은 슐레지엔의 일부를 오스트리아에게 돌려준다"는 내용이 삽입되어 프로이센도 연관되었다.

프리드리히 2세는 이 문제를 해결하기 위하여 엉뚱하게도 폴란드의 분할안을 제시하였고, 1772년 2월 오스트리아의 빈에서 폴란드의 30%가량인 면적 211,000km², 인구 약 453만을 3국이 분할하는 데에 합의하였으며, 3국은 1772년 8월 동시에 폴란드-리투아니아 땅으로 진입하여 협정에서 정한 대로 각자의 몫을 챙긴 다음 1772. 8. 5. 상트페테르부르크에서 폴란드 분할 조약에 서명하였다. 3국은 9월 22일에는 폴란드 의회 세임(Sejm)을 압박하여 3국의 폴란드 분할 조약을 승인하게 했고, 1773. 9. 18. 폴란드와 3국의 양도 조약으로 폴란드로 하여금 빼앗긴 지역에 대한 권리를 모두 포기하게 했다. 프로이센이 서프로이센을 차지하여 동프로이센과 브란덴부르크는 육지로 연결되었다.

그 후 다시 폴란드와 분쟁이 발생하자 1786년 8월 취임한 프로이센의 프리드리히 빌헬름 2세는 러시아와 폴란드 2차 분할을 협의하고서는, 폴란드로 하여금 폴란드에는 1793. 11. 23. 4백만의 인구와 215,000km²만 남기고 나머지 부분을 모두 프로이센과 러시아에 추가로 양도하기로 하는 법안을 승인하게 했다.

1794년 폴란드 국민들이 반란을 일으키자, 러시아와 프로이센은 무자비하게 진압하였고, 폴란드는 1795년 러시아 · 프로이센 · 오스트리아에 의하여 완전히 분할되어 소멸하였다.

폴란드는 독립을 얻기 위하여 나폴레옹 전쟁에서 프랑스를 지원하였고, 나폴레옹은 1807년 7월의 프로이센 · 러시아와의 틸지트 조약에서 '바르샤바 공국' 건국을 승인하였다. 바르샤바 공국은 1812년의 나폴레옹의 러시아 원정에 10만 병력을 제공하는 등 프랑스를 적극 지원하고, 프로이센과 러시아에 항쟁하였으나, 나폴레옹 몰락 후 1815년의 빈 회의에서 분할되어 소멸되었다.

1차 대전 동안 프로이센은 폴란드에 괴뢰국인 섭정왕국 건립을 시도하였으나, 종전 후 윌슨의 민족자결주의에 의한 폴란드 제2공화국이 1918. 11. 11. 건국되었다. 폴란드공화국은 1943년 9월 나치 독일과 소련의 침략을 받았고 10월 6일 독소 불가침협약으로 다시 분할 소멸되었다가, 소련 지배 하에서 1952년 폴란드 인민공화국으로 되었고, 바웬사(Lech Wałęsa)의 자유노조 운동으로 1989. 9. 13. 제3공화국이 수립되어 오늘에 이르고 있다.

(4) 법전 편찬 등

평생을 쾨니히스베르크에서 산 쾨니히스베르크 대학 철학 교수 칸트(Immanuel Kant)는 1781년부터 1790년까지 「순수이성비판」·「실천이성비판」·「판단력비판」을 저술하여 프랑스의 합리주의와 영국의 경험주의를 넘어서는 비판철학을 수립하였고, 베를린 대학 철학 교수 헤겔(Georg Wilhelm Friedrich Hegel)은 1801년

「정신현상학」을 저술하고 「엔치클로패디-철학 강요」·「대논리학」·「법철학 강요」·「역사철학강의」 등으로 관념철학을 완성하였다.

1794년 「프로이센 보통국법전(Allgemeines Staatsrecht)」이 입법되어 법체계가 정비되었다. 민법전은 로마법 중심주의와 게르만 고법 중심주의의 학술 논쟁 등으로 지연되어 제국(帝國) 성립 후인 1896년 5편 2385조로 공포되었고, 이후의 세계 입법에 큰 영향을 주었다.

3. 프로이센의 독일 통일

(1) 나폴레옹의 프로이센 점령과 독일민족주의의 형성

프로이센은 1806. 10. 14. 예나-아우어슈테트(Jena-Auerstedt) 전투에서 나폴레옹 군에 패배하였고 27일에는 베를린이 점령되었다. 1807년 7월의 틸지트 조약으로 영토의 절반을 잃고 많은 배상금을 지불하였으며 대륙 봉쇄령에 따른 대영무역금지와 프랑스군 주둔 등의 제약을 당하여 사실상 프랑스의 속국으로 전락하였다.

나폴레옹은 프로이센과 프랑스 사이 지역에 프랑스의 속국인 라인 동맹(Confédération du Rhin; Rheinbund)을 설치하였다. 오스트리아 제국·프로이센 왕국·헤센 다름슈타트 대공국을 제외한 모든 독일 영방국가가 가맹되었고, 이로써 신성로마제국은 해체되었다.

라인 동맹국들은 나폴레옹의 군대를 신성로마제국의 구체제를 무너뜨리고 자유와 평등을 전파하는 해방군으로 열렬히 환영하였고, 나폴레옹의 법전과 프랑스식 근대화를 아무 저항없이 받아들였다. 프로이센과 오스트리아는 라인 동맹에 참여하지 않았지만, 나폴레옹에게 항복하여 지배를 받았고, 베를린 시민들도 나폴레옹을 열렬히 환영하였다. 괴테는 독일민족주의를 못마땅하게 생각했고, 나폴레옹 몰락 후에도 나폴레옹의 훈장을 자랑스럽게 달고 다녔다.

그러나 나폴레옹의 지배는 독일인들에게 민족적 자각심과 독일 통일을 목표로 하는 운동을 낳았다. 피히테(Johann Gottlieb Fichte)는 1807년부터 1808년까지 '독일 국민에게 고함(Reden an die Deutsche Nation)'이라는 강연에서 "독일

민족은 순수하고 타락하지 않는다. 프랑스의 군사적 문화적 속박을 뚫고 자유와 통일을 위해 투쟁해야 하고, 이를 통해 역사의 진보에 기여해야 한다"고 외쳤고, 이에 앞서 아른트(Ernst Moritz Arndt)는 "하나된 마음이 우리의 교회요 프랑스에 대한 증오가 우리들의 종교이며, 자유와 조국이 우리가 섬겨야 할 성자이다"라고 주장하였다.[9] 각종의 무장 봉기를 위한 비밀지하단체나 토론 서클도 결성되었다. 1812. 6. 24. 11개 군단 61만의 대병력으로 러시아령 폴란드로 진공하였던 나폴레옹이 겨울에 모스크바에서 패전하자, 1813. 3. 17. 빌헬름 3세는 '나의 국민에게'라는 교서를 발표하였는데, 이것이 독일 민족주의 정서를 결정적으로 고조시켰다. 많은 사람이 지원병으로 입대하였고, 프로이센은 영국·러시아·스웨덴·나중에 참여한 오스트리아와 연합하여 나폴레옹 군을 1813년 10월 라이프치히에서 무찌르고 1814년 봄에는 파리까지 진격하였다.

(2) 빈 회의와 복고

나폴레옹 점령 하에 일대 개혁을 단행한 프로이센은 1815년의 워털루 전투에서 활약하였고, 1815년의 빈 회의에서 폴란드 지역 일부를 러시아에게 양보하는 대신 베스트팔렌과 석탄이 풍부한 루르 지방 등을 획득함으로써, 인구가 1,000만 명에 이르렀다.

라인 동맹은 해체되고 대신 1815. 6. 8. 독일 연방(Der Deutsche Bund)이 출범하였다. 프로이센은 오스트리아 제국과 연방내의 세력을 양분하였고, 1815. 9. 26.에는 파리에서 러시아 및 오스트리아와 신성 동맹을 체결하였으며, 자유주의적 독일 통일 운동을 억압하였다.

(3) 1848년의 프랑크푸르트 국민의회와 1850년 프로이센헌법

1848년 2월의 프랑스 혁명은 독일의 자유주의와 민족주의에도 영향을 주어 독일 전역에 시민권 허용과 민족국가 수립을 요구하는 소요가 일어났다. 지방의회들은 정당 결성 허용과 민병대 창설을 요구하였으며, 전 독일 차원의 국민의회를 소집하여 통일 헌법을 제정할 것도 요구하였다.

---

9) 하겐 슐체, 앞의 책, 116면.

오스트리아의 메테르니히는 영국으로 망명하였고, 황제와 정부도 인스부르크로 피신하였다. 프로이센의 베를린에서도 3월 18일 대규모 봉기가 발생하자, 빌헬름 4세는 민주적 의회와 새로운 헌법 그리고 통일된 독일을 약속하는 성명을 발표하였다. 예비 회합을 거쳐 독일연방 전역에서 제헌의원 585명을 선출하였고, 5월 18일 프랑크푸르트암마인[10]의 바울 교회에서 최초의 전독일국민의회가 개최되어 헌법제정에 착수하였다.

국민의회는 소독일주의와 대독일주의 문제 등으로 지체되다가 1849. 3. 28. 제국헌법을 가결하고, 프로이센의 빌헬름 4세를 황제로 선출하였다. 그러나 그는 황위를 거부하고. 혁명을 진압하였다. 빌헬름은 자유주의자들을 탄압하면서, 1848. 12. 5. 프로이센 의회도 해산하고 왕과 귀족에게 권력을 집중시킨 새로운 프로이센 흠정 헌법을 공포하였다.

그 헌법은 1849. 2. 26.에 다시 소집된 프로이센 양원에 의하여 정부의 긴급명령권(Notverordnungen)을 도입하는 등 약간의 수정을 거쳐 1850. 1. 31. 개정헌법으로 다시 공포되었고, 1871년 독일제국이 창설된 뒤에도, 프로이센에서는 1918년 독일제국이 붕괴될 때까지 시행되었다.[11] 이 헌법은 자유주의의 요구를 상당부분 받아들여 입헌군주제를 취하고 기본권을 통치구조 앞에 배열하는 세련된 형식을 갖추었지만, '국민주권'이 아니라 '신의 은총에 의한 군주권'을 명시하였고, "예산은 법률로 정한다(제99조)"라고 하고서는 "법률의 제정은 국왕과 양원의 합치가 필요하다(제62조)"라고 정하여 의회가 국왕의 예산안에 반대하는 경우에 관한 해결장치를 두지 아니하여 권위주의적 운용이 될 위험을 방치하였다. 국왕은 왕실법에 따라 세습되도록 규정되었다(제53조). 의회의 제1원(1855년부터는 상원)은 왕자 · 귀족 · 국왕이 임명한 종신 의원 · 선거구에서 선출된 90인의 임기 6년인 의원 · 지방단체에서 선출된 30인의 임기 6년인 의원으로 구성되고(제65조), 예산확정권 등을 가졌으며, 제2원(1855년부터는 하원)은 간접선거로

10) 이것은 독일 중서부 헤센의 마인 강변(am Mein)에 있는 것이고, 브란데부르크 동부 오데르 강 연안에 있는 다른 프랑크푸르트는 Frankfurt(Oder) 또는 Frankfurt an der Oder이다.

11) 양태건 · 송석윤(2013), "번역: 1850년 프로이센 헌법", 「서울대학교 法學」 제54권 제2호, 서울대학교 법학연구소, 205~248면. 다만 3부류 선거권은 패전 직전인 1918.10.25. 보통선거권으로 변경되었다.

선출되는 350인의 임기 3년인 의원으로 구성되고(제69조 이하) 법률안과 예산안의 1차 심의권 등을 가졌다. 하원의원 선거권은 납세액에 따라 인구 6%의 고액 납세자가 의원의 1/3을, 다음 17%가 1/3을, 하위 77%가 1/3을 선출하도록 구분되었다.

이 헌법은 제118조에서 '독일연방국가'의 헌법을 제정할 것을 예정하고 있는데, 프로이센은 오스트리아 중심의 독일연방을 해체하고 프로이센 위주의 '북독일연방'을 세우려 하였고, 이를 거부하는 오스트리아를 1866년 공격하게 되었다.

(4) 비스마르크의 철혈정책과 독일 제국의 출현

– 비스마르크와 독일 제국

빌헬름 4세의 섭정을 하던 왕세제 빌헬름 1세가 1861년 1월에 즉위하였고, 예산안으로 의회가 국왕과 대립하자 국왕은 1862. 9. 23. 외교관이던 비스마르크(Otto von Bismarck)를 수상으로 임명하였다.

하원이 9월 23일 군대 개혁을 위한 모든 비용을 삭제한 예산을 협상하기 위해 예산위원회를 파견하자 비스마르크는 30일 "시대의 중요한 문제는 연설과 다수결이 아니라–그것은 1848년과 49년의 오류였다–철과 피(Eisen und Blut)에 의하여 결정되는 것이다."라는 유명한 철혈연설(Blut und Eisen Rede)을 하였고, 수년간 의회의 예산 승인을 받지 아니하고, 의회의 해임 요청도 묵살하면서 군대 개혁을 강행하였다. 빌헬름 1세는 그렇게 육성한 군사력을 사용하여 1864년 덴마크와의 전쟁 · 1866년 오스트리아와의 전쟁 · 1870~1871년 프랑스와의 전쟁에서 승리하고서는 1871. 1. 18. 독일제국 초대 황제로 등극하였다. 비스마르크는 악명을 벗고 독일 제국을 제조한 '대장장이'로 인정되었다.

– 프로이센 - 오스트리아 전쟁과 북독일연방 성립

1863년 11월 덴마크 의회가 슐레스비히와 홀슈타인 지역을 합병한다고 선언하자, 프로이센은 오스트리아와 함께 1964년 덴마크를 공격하여 승리한 뒤, 1865년 8월의 가슈타인 협정(Gastein協定)으로 슐레스비히는 프로이센이, 홀슈타인은 오스트리아가 통치하기로 하였다.

그런데 1866. 1. 26. 프로이센이 오스트리아의 홀슈타인 총독의 결정에 이의를 제기한 것이 발단이 되어, 1866. 4. 9.에는 프로이센이 프랑크푸르트 연방의회에 오스트리아를 배제한 북독일 연방을 창설하기로 하는 연방 개혁안을 제출하였다. 이탈리아가 프로이센을 지지하자 6월 17일 오스트리아는 프로이센에 선전포고를 하였다. 18일에는 프로이센이, 20일에는 사전에 프로이센과 동맹한 이탈리아가 오스트리아에 선전포고하였다. 개전 7주만인 7월 3일 쾨니히그레츠 전투에서 프로이센의 몰트케(Helmuth Karl Bernhard Graf von Moltke) 백작에게 오스트리아군이 괴멸되었고, 8월 23일 프라하 조약으로 오스트리아가 항복하였다. 프로이센은 하노버 왕국 · 헤센 선제후국 전체 · 프랑크푸르트 · 슐레스비히 공국 · 홀슈타인 공국 · 나사우 공국의 일부 영토를 새로 차지하였고, 이탈리아 왕국은 베네치아를 오스트리아로부터 얻었다.

독일연방의 39개 구성단위 중 22개의 대표들이 1867. 4. 16. '북독일연방헌법'을 제정하였고, 7월 1일 발효되었다. 이에 의하여 북독일연방이 창설되었고, 선거권을 3부류로 구분한 프로이센과는 달리, 1849년에 공포된 혁신적인 제국선거법에 의하여 25세 이상 남성의 보통선거로 연방의회가 구성되었으며, 빌헬름 1세가 의장이 되었다.

– 프로이센 - 프랑스 전쟁과 독일 제국(Deutsches Kaiserreich)의 성립

프랑스의 나폴레옹 3세는 프로이센으로부터 라인 지방 토지를 얻기로 하고 오스트리아와의 전쟁에서 중립을 지켰다. 그러나 프로이센이 약속을 이행하지 아니하여 관계가 소원해졌고, 1868년 스페인에서 발생한 혁명으로 축출된 왕좌에 프로이센 국왕의 4촌 동생 레오폴트(Leopold Stephan von Hohenzollern)를 옹립하려한 문제로 발생한 외교 마찰[12]로 프랑스가 1870. 7. 19. 선전포고하자 프로이센은 9월 2일 스당 전투에서 나폴레옹 3세와 그의 대군을 포로로 잡았고, 18일 파리를 포위하였다.

북독일연방헌법을 기초로 하여 독일연방헌법(Verfassung der Deutschen Bund)을 제정하기로 하는 협정이 남부 독일의 바덴 · 뷔르템베르크 · 헤센 · 다름슈타

12) 제4장 주50) 엠스 전보 사건 참조.

트와 체결되어 1870. 12. 31. 공고되었고, 1871. 1. 1. 독일제국이 출범하였다. 18일 베르사이유 궁전 거울의 방에서 빌헬름 1세는 독일 제국의 수립을 선포하고 독일제국의 황제로 취임하였고. 3월 1일에는 파리에서 개선행사도 거행하였다. 3일에는 제국의회 선거가 실시되었고 협정의 내용에 따라 4월 16일 '독일제국헌법'이 공포되었다.

북독일연방은 해체되어 독일제국의 영방으로 되었고, 5월 10일의 프랑크푸르트 조약에 의하여 프랑스의 알자스와 로렌이 프로이센에 할양되었으며, 프랑스는 50억 프랑의 배상금을 지급하게 되었다.

독일연방헌법은 전체 독일에 대해서 하나의 공통된 국적을 인정하는 등(제3조), 제국을 중앙집권적 연방으로 구성하였다. 프로이센 군주가 맡는 독일황제에게 연방참사원(Bundesrat)과 제국의회(Reichstag)의 소집·개회·정회·폐회권을 주었다(제12조). 법률안은 연방참사원의 결의에 따라 황제의 이름으로 제국의회에 회부되고(제16조), 황제는 법률공포권을 가졌다. 연방참사원은 제후대표자 회의로서 25개 속방의 대표자로 구성되는데, 총 58표이고, 프로이센에게는 인구와 면적 그리고 실질적 비중으로 과반수임에도 불구하고 17표만 배정되었다(제6조). 그러나 14표로 헌법개정을 거부할 수 있고(제78조), 프로이센의 군주가 황제이며(제11조), 황제가 임명하는 제국수상(Reichskanzler)이 연방참사원의 의장이 되어 업무를 지휘하므로(제15조) 실질적인 위험은 없었다. 연방참사원에는 입법권 외에도, 속방의 통합을 확보하는데 필요한 광범위한 행정권과 사법권도 부여되었다.[13] 하원에 해당하는 제국의회는 연방참사원의 의결과 황제의 동의로 해산할 수 있다(제24조). 제국의원은 25세 이상의 남성 보통선거에 의하여 절대다수로 선출되므로, 결선 투표를 하였고, 임기는 3년이었다가 1888년 5년으로 변경되었다. 황제는 제국군과 관리의 임면권(제18조)·군지휘권(제63조, 제64조)·치안과 비상사태 대비를 위한 군동원권(제66조, 제68조)·외교권·전쟁선포권을 가졌다(제11조).[14]

---

13) 송석윤(2010), "1870/71년 독일통일과 연방제헌법", 「法史學硏究」 第41號, 한국법사학회, 193~201면.

14) 다만 입법영역에 관한 조약은 연방참사원의 동의를 요하고, 제국의회의 인준이 있어야 효력을 발생하고, 전쟁선포에는 연방참사원의 동의가 필요하였는데, 1918.10.28.자로 평화협정의 체결과 제

기본권 등 국민의 권리의무에 대하여는 속방에 따른 차별을 금지하는 것만 규정하고(제3조), 그 외는 각 속방에 맡겼다.

4. 1800년대 독일의 상황

(1) 사회 경제 상황

프로이센은 1800년대에도 매우 궁핍하여 1813년부터 1913년까지 600만에 달하는 사람이 미국 등지로 이민하였지만, 동시에 양차 대전과 오늘날의 번영의 토대가 되는 국가기반시설을 구축하고 기술과 산업을 발전시켰다.

프로이센이 1835년에 최초로 6㎞의 철도를 건설하였을 때 벨기에는 20㎞, 프랑스는 141㎞, 영국은 이미 544㎞였지만, 1848년경에는 무려 5,000㎞를 건설하여 프랑스의 2배를 넘었고, 1860년에는 11,000㎞, 1870년에는 19,000㎞로 비약적으로 연장되었다.

1864년에는 랑엔(Eugen Langen)과 오토(Nicolaus Otto)가 최초의 실용적 가스엔진을 발명하여 1867년 파리 전시회에서 금메달을 받았고, 1868년에 특허도 받았다. 1885년에는 벤츠(Karl Benz) 등이 최초의 자동차로 간주되는 벤츠자동차(Benz Patent Motor Car)를 제작하였고, 다임러(Gottlieb Daimler)가 최초의 오토바이로 간주되는 다임러 오토바이(Daimler Reitwagen)도 제작하였다. 1889년에는 마이바흐(Wilhelm Maybach)가 최초의 V 엔진을 제작했고, 1897년에는 디젤(Rudolf Diesel)이 설계한 최초의 기능성 디젤 엔진이 제작되었으며, 1897년에는 벤츠(Carl Benz)가 최초의 수평 엔진을 제작했다.

베를린 · 작센 · 슐레지엔 · 루르 등지에 산업이 발달하여 유럽 전역에서 노동자들이 대거 이주해 왔고, 전통 사회와는 다른 새로운 근대 산업사회가 출현하였다. 대표적으로 1850년에 인구 9,000명의 조용한 시골마을이었던 루르 지방의 에센(Essen)은 1900년경 인구 30만의 철강도시로 변하였다.

새로운 유산시민과 노동자가 늘어나고 이민과 이주가 성행하였으며 대학을 비롯한 교육도 대폭 늘어나는 등 사회적 유동성이 크게 증대되어 대부분의 국

국입법의 대상과 연관된 외국과의 조약 및 전쟁선포 모두에 연방참사원과 제국의회의 동의가 있어야 하는 것으로 개정되었다.

민들이 뿌리가 뽑혔다는 느낌을 받았고, 청소년들은 '방랑하는 새(Wander Vogel)' 운동 등 보수적인 기성 세대와 다른 행태를 보이고 있었다. 그러나 프로이센 발전의 동력을 제공한 동부 프로이센의 장원주 융커(Junker)들 그리고 군부와 관료 그리고 황실은 이러한 시대변화와 초연하게 독자적인 국가계획을 기획하였다.

한 때 프랑스로부터 받은 전쟁배상금으로 창업붐이 일어났고, 경제가 활력을 띠기도 하였으나, 점차 식민지를 가진 영불과의 경쟁에서 어려움을 겪게 되자, 초기의 자유주의 경제정책은 1873년경부터 중공업계와 농업단체들의 요구에 따라 보호무역으로 변경되었고, 해외 식민지 개발도 추구하게 되었다.

(2) 마르크시즘의 출현

1818년 룩셈부르크와의 접경에 있는 고도(古都) 트리어(Trier)에서 마르크스(Karl Marx)가 태어났다. 그는 베를린 대학에서 법학과 철학을 공부하고, 1841년 헤겔 철학에 영향을 받은 "역사법학파 철학선언"이라는 제목의 박사학위논문을 제출하였으나, 그 논문 중의 "신학이 철학에게 지혜의 상석을 양보해야 한다"는 부분 등으로 논쟁이 발생하여 논문 제출을 취소하고, 예나 대학에서 같은 해 4월 철학박사 학위를 받았다.

그는 쾰른·파리에서 기고활동을 하였고, 1844년 8월 엥겔스(Friedrich Engels)를 만나 의기상통하였다. 엥겔스는 1820년 라인 지방에서 방직공장주의 아들로 태어났고 마르크스의 생계를 지원하였다. 엥겔스는 프랑스 제2혁명으로 유럽 전역에 혁명분위기가 고조되었던 1848년 2월 마르크스와 「공산당 선언(Manifest der Kommunistischen Partei)」을 공간(共刊)하였고, 마르크스의 「자본론」과 「자연변증법(Dialektik der natur)」 등의 간행에 기여하였으며, 1884년에는 「가족·사유재산·국가의 기원(Der Ursprung der Familie, des Privateigenthums und des Staats)」도 간행하였다. 그들은 주로 런던에 거주하였고, 마르크스는 1883년에, 엥겔스는 1895년에 사망하였다. 런던의 공동묘지에 있는 마르크스의 묘에는 공산당 선언의 마지막 문장인 "만국의 노동자여, 단결하라!"가 새겨져 있고, 엥겔스의 유해는 유언에 따라 바다에 뿌려졌다.

그들은 "모든 사회의 역사는 계급투쟁의 역사이다"라고 주장하면서 프롤레타리아 혁명을 선동하였고, 노동계급의 동시적 봉기로 전 유럽 혁명을 일으키기 위하여 1864년 9월에는 '국제노동자협회(the International Working Men's Association: 제1인터내셔널)'도 조직하였다.

마르크스는 미국의 트리뷴(Tribune)지와 뉴욕 선(New York Sun)지 기고를 통하여 미국 혁명을 선동하였고, 파리 코뮌도 응원하였으나 성과를 내지 못하였다. 그들은 '의지의 힘' 따위로 혁명적 상황을 만들어낼 수 있다고 믿는 것은 망상이며, 경제적 요소가 필수적 필요조건이라고 보고, 리카도(David Ricardo)의 노동가치설에 입각하여, 자본주의는 잉여가치 체감으로 필연적으로 붕괴되어 공산주의로 이행된다고 주장하였다. 그러나 매우 역설적이게도 자본주의가 형성되지도 아니한 러시아에서, 그것도 독일제국주의의 지원 하에, 1917년 11월 레닌의 혁명이 일어났을 뿐 시장경제체제는 붕괴되지 않고 더욱 강성해졌고, 공산주의의 명령경제체제야말로 '권력유지비용의 증대와 효율저하 그리고 인간 본성과의 부적합'이라는 자체모순으로 도태되고 있다.

마르크스가 1867년 「자본론(Das Kapital-Kritck der politischen Oekonomie)」 제1권을 발간하였을 때 이미 제2권과 제3권의 원고를 준비하였으면서도 그 발간을 미루고 사망 후에 엥겔스가 1885년과 1894년에 간행한 것은, 그가 1862년 제본스(William Stanley Jevons)에 의하여 제시되고 1871년의 멩거(Carl Menger)의 발표와 1874년의 왈라스(Léon Walras)의 발표로 확고히 된 효용가치설(subjective theory of value)에 대응할 수 없었기 때문이라는 견해도 있다.[15] 마르크스의 이론은 국가 사회의 지도이론으로서는 많은 결함이 있고 매우 낡은 것이지만, 무산계층의 증오 증폭책략으로서는 성과를 거두어 세계적으로 좌익 정당들의 의지처가 되고 있다.

(3) 정당의 발생과 정치적 분열

1848년 이전에는 의회가 인정되지 아니하였으므로, 정당도 없었다.

---

15) 그 결론은 재화의 가치는 생산에 투입된 노동의 질과 양이 아니라 그 재화를 통하여 소비자가 얻는 효용의 정도와 그 취득을 위한 지불액에 의해서 정해진다는 취지이다.

1848년 프랑스 제2혁명의 영향으로, 독일에서는 자유주의에 입각한 독일연방 개혁 운동이 일어남과 동시에 프로이센 국왕을 보호하기 위한 보수주의 운동도 일어났다. 프로이센에서 먼저 보수당이 결성되어 자유주의 세력을 억압하였고, 자유주의자들의 조직은 1859년 독일국민협회로서 나타났으며, 이후 각종의 정당이 출현하였다.

프로이센에서는 왕실과 왕실을 지지하는 동부 프로이센의 장원주 융커(Junker) 그리고 군부와 관료들에게 권력이 집중되어 있었고, 민주주의에 대한 우려가 많아 선거권을 3부류로 나누어 무산 서민들이 정치에 개입하지 못하도록 막았다. 그와 같은 왕실중심의 군국노선으로 시대적 과제였던 독일통일을 이루었으므로, 정당에 대한 인식은 좋지 못하였고 특히 사회주의 정당과 가톨릭 정당은 탄압을 받았다.

점차 보수주의 세력이 지지를 잃고, 정당들이 매우 대립되어 독일제국을 출현시킨 군국적 민족주의 이외에는 갈등을 조절하고 국민을 통합할 수단이 없을 정도로 국론이 분열되어,[16] 국가적 불안정이 발생하였다.

군소정당이 매우 많으므로 국회의원을 배출한 주요 정당 몇 개를 살펴본다.

– 보수당(Konservative Partei)

토지 소유자의 이익을 보호하기 위한 협회 · 슈탈(Friedrich Julius Stahl) · 게를라흐(Leopold von Gerlach와 Ludwig von Gerlach) 형제 등 프로이센의 보수세력들은 1848년부터 느슨한 협력을 시작하였다. 1848. 7. 24. '재산보호협회'가 결성되었고, 슈탈 · 비스마르크 등이 '왕과 조국을 위한 결사(Verein für König und Vaterland)'를 결성하여 11월 2일 브란덴부르크(Graf Brandenburg) 장군의 총리 임명과 계엄선포 · 12월 5일의 국회해산과 흠정헌법 반포 · 1849. 4. 3.의 독일황제 거부 · 5월 30일의 3종 참정권[17]을 정한 선거법 제정 등에 기여하였다.

1851년부터는 사용한 홍보지 이름을 따라 '크로이츠차이퉁(Kreuzzeitung)'당이

16) 정용길(1997), "獨逸의 政黨構造와 政黨統合", 「한국정치학회보」 제30집 제4호, 한국정치학회, 401~418면; 송석윤(1997), "독일바이마르공화국의 정당구조와 그 헌법적 의의", 「社會科學論文集」 제16권 제2호, 大田大學校 社會科學硏究所, 49~80면.

17) 하원의원 선거에 있어서 납세액에 따라 인구의 6%의 고액납세자가 의원의 1/3을, 다음 17%가 1/3을, 하위 77%가 1/3을 선출함.

라고 불렸다. 그들은 왕과 토지귀족의 권리의 보호를 중시하였고, 이에 배치되는 경우 민주주의와 의회주의도 반대하였다.[18)]

1866년 보오전쟁에 승리한 후 보수당 중 바그너(Hermann Wagener) 등 비스마르크를 지지한 대다수 세력은 '프로이센 자유보수당(Freikonservative Partei,FKP)'을 창당했다. 그 당은 보수적인 산업가들의 지지를 받았고, 정치적 자유주의에 반대하면서도 자유무역, 산업의 발전과 식민제국의 형성을 지지하였다. 1871년 '독일제국당(Deutsche Reichspartei)'으로 개칭하였고, 1918년 독일 제국 해체와 함께 해체되었으며 대다수 당원은 '독일국가인민당(DNVP)'을 결성하였고 일부는 '민족자유주의 독일인민당(DVP)'에 들어갔다.

비스마르크 보오전쟁의 부도덕성도 비판하였던, 보다 엄격한 소위 '오래된 보수주의자'들은 1876년에야 '독일보수당(Deutschkonservative Partei; DkP)'을 창당하고, 독일제국의 건국을 받아들였다. 그들은 프로이센 귀족 · 보수적 개신교 신자 · 호엔촐레른 황가 지지자 등을 중심세력으로 하였으며, 1893년부터 농민연맹의 지원을 받았고, 1878년 선거후 가입한 슈퇴커(Adolf Stoecker) 궁정 목사의 '기독교 사회당(Christian Socials)'의 영향으로 반유대주의 경향도 가졌다. 엘베강 동쪽의 지주들을 대변하고 프로이센을 지배했으며, 1918년 이후 '독일 국가인민당(Deutschnationale Volkspartei;DNVP)'을 결성하여, 중앙당과 함께 나치정권의 출범을 적극 지원하였고, 1933년 해산되었다.

제1대전 막바지인 1917년 9월에 당원 다수가 국수주의 언론인 카프(Wolfgang Kapp)와 군부의 티르피츠(Alfred Peter Friedrich von Tirpitz) 해군 원수 등이 결성한 '독일조국당(Deutsche Vaterlandspartei; DVLP)'에 가입하였는데, 그 계열에서 '독일노동자당(Deutsche Arbeiter und Angestellten-Partei; DAAP)'이 만들어졌고, 그 바이에른 지부가 히틀러의 '국가사회주의독일노동자당(NSDAP)'이 되었다.

– 독일국민협회(Deutscher Nationalverein)

1848년의 혁명정신에 입각하여, 1850년부터 구성된 프로이센의 의회 선거에

18) 비스마르크의 1850.12.3.자 '사색과 회고'에는 "프로이센은 우선 극히 불명예스러운 민주주의와의 유대관계를 끊어야 한다"라고 되어 있다(조만제, 앞의 책, 557면).

대처하고 독일통일 사업을 추진하기 위하여 1859년에 자유주의자와 온건 민주주의자가 '독일국민협회'를 결성하였다.

연합의 목표는 프로이센의 지도 아래 국민의회가 있는 자유주의적 소독일 국가를 창설하는 것이었고, 혁명을 거부하고 국민국가 형성을 위한 모든 법적 수단을 모색하며, 정치활동은 국민적 진보정당(nationale Fortschrittspartei)을 창당하여 수행할 계획이었다.

1858년 9월 고타(Gotha)에서 열린 독일 경제학자 회의 · 1859. 7. 17. 아이제나흐에서 열린 민주당 회의 · 19일 하노버에서 열린 자유주의자 회의에서 준비작업을 한 뒤 8월 14일 아이제나흐에서 연합 강령인 '아이제나흐 선언(Eisenacher Erklärung)'을 채택하였고, 연합은 15일 코부르크(Coburg, 후에 프랑크푸르트로 이전)에 본부를 두고 설립되었다. 회원은 주로 자본가들이었고, 체조나 소총 클럽 등을 지도하는 25,000명 이상이었다.

그 선언에서 그들은 국회의원 선출 · 중앙권위의 창설 · 연방의 종식 · 독일 외교-군사력 프로이센 이전을 요구했다. 그들은 선단집합도 마련하기로 하여 제국함대의 선박을 환매하기 위한 자금을 모아 정부에 이관하기도 하였으나, 1862년 비스마르크 수상 임명으로 프로이센 정부와의 협력이 불가능해지고, 1863년의 슐레스비히-홀슈타인 문제로 인한 프로이센과 덴마크간의 전쟁, 1866년의 오스트리아 전쟁 등 군국적 상황이 계속되자 영향력을 잃고 1867년경 소멸되었다.

이 연합에서 1861년 '독일진보당(DFP)'이 창당되어 그 해 선거에서 승리하였고, 잔당에서 나온 국민자유당은 1867년 북독일 국회의원 선거와 1871년 전독일 국회의원 선거에서 모두 승리했다.

– 독일진보당(Deutsche Fortschrittspartei; DFP)

독일진보당은 1861. 6. 6. 프로이센 하원의 자유주의적 의원들에 의해 독일 최초의 강령 정당으로 창당되었다. 헌법 분쟁에서 비스마르크의 정책을 반대하였고, 학교 수업 및 결혼과 관련하여 교회와 국가의 분리를 촉구했으며, 무역법 자유화를 추진하였고, 국가 예산, 특히 군비 지출의 절감과 국방에 관하여 민병대(Landwehr)를 기반으로 하고 직업군인을 줄일 것을 주장하였다.

당의 주도세력은 부르주아지였고, 하원의 제1당으로서 1862년에는 104명 · 1862/63년에는 133명 · 1863/64년에는 141명의 하원의원을 배출하였다.

군비 증액 반대로 비스마르크 총리와 대립하고, 예산 통과없이 강행하는 정부를 헌법 위반으로 보았으나, 1866년 프로이센이 보오전쟁에서 승리하자 이를 지지하여 위신이 손상되었고 1866년에는 의원 수가 83명으로 줄었으며, 1871년 제국이 통일된 후에는 제국헌법을 거부하여 힘을 잃었다.

비스마르크와의 협력을 옹호했던 사람 대다수는 1867년에 분리되어 '국민자유당'을 창당했다. 1878년 당대회에서 제국 헌법의 의회주의화 · 전체 예산권을 주장했고, 고용주 협회와 노동 조합 모두를 인정할 것을 촉구했으며, 자유무역주의를 고수했다. 사회민주주의에 대하여는 이데올로기적으로 반대하였으나, '사회주의자법(Sozialistengesetz)'은 거부했다.

잔류세력은 1884. 3. 5. 국민자유당의 좌파 분파인 자유연합과 합병하여 '독일자유당(Deutsche Freisinnige Partei,DFP)'을 형성했다.

– 국민자유당(Nationalliberale Partei; NLP)

'국민자유당'은 1867. 6. 12. 독일진보당의 우익 인사들로 창설된 북독일연방과 독일제국 시대의 자유당이었다.

국가 통일과 이를 위한 현대 산업 국가로의 전환 및 법치에 기반한 의회 및 입헌 국가를 강령으로 하였고, 비스마르크를 지지하였다. 주로 국가적 자유주의적 교육을 받은 개신교계급과 재산소유계층 · 산업계 상류층의 이해관계를 대표했다. 제국 건국 후 제1당이 되어 비스마르크와 협력하였고, 1880년대에는 '독일산업가 중앙회'와, 1890년 이후에는 민족 및 제국주의 범독일협회 등 이익 집단과 협력하였다.

1884. 3. 23.에는 비스마르크의 주도하에 바덴의 국민자유당 · 뷔르템베르크의 독일당 · 라인강 양안 바이에른의 민족자유주의 경향 · 헤센 진보당 · 지방의 민족자유당의 당원들이 하이델베르크에 모여 비스마르크의 정책을 지원하기로 결의하였고(소위 하이델베르그 프로그램), 1887년 의회선거 전에 비스마르크를 지지하기 위한 독일보수당 · 자유보수당 · 민족자유당(Deutschvölkische Freiheitspartei;

DVFP)의 보수-국가-자유주의 선거 동맹이 체결되어 결선 선거에 대한 합의뿐만 아니라 공통 후보를 내세우기로 하였으므로(정당 카르텔) 우파의 당세는 크게 신장되었다.

그러나 비스마르크는 국민자유당 외의 동맹에 더 의존하게 되었고, 국민자유당은 도입에 찬성하였던 사회주의자법의 연장을 1890년에는 반대하였고, 또한 비스마르크의 보호관세 도입도 반대하여 균열이 발생하였으며, 1890년의 선거에서는 카르텔이 부진하여 비스마르크도 해임되고 말았다. 이후 국민자유당은 약화되었고, 제1차 세계 대전에서는 무제한 잠수함 작전을 지지하였고, 처음에는 SPD 등과 같이 평화조약안을 거부했다가 전세가 악화되자 당내 좌익이 찬성으로 돌아섰다.

1918년 11월 혁명 이후 국민자유당은 해체되어 좌익은 독일민주당(DDP)에 가입했고 우익의 일부 대표는 독일국민인민당(DNVP)에 가입했으며, 대다수는 슈트레제만(Gustav Stresemann)의 지도 아래 독일인민당(Deutsche Volkspartei; DVP)을 창설하여, 바이마르공화국 기간 동안 자주 정부 구성에 참여하였으나, 1933년에는 히틀러의 압력에 굴복하여 자진 해산하였고, 1948. 12. 12. 창당된 '자유민주당(Freie Demokratische Partei; FDP)'으로 연결되었다.

자유민주당은 초대 호이스(Theodor Heuss, 1949~1959) · 6대 쉘(Walter Scheel, 1974~1979) 대통령을 배출하였다.

– 사회민주당(Sozialdemokratische Partei Deutschlands; SPD)

SPD의 뿌리는 다양하나 중요한 것은 라살레(Ferdinand Johann Gottlieb Lassalle)가 1863. 5. 23. 라이프치히에서 만든 '전독일노동자협회(Allgemeine Deutsche Arbeiterverein; ADAV)'와 베벨(August Ferdinand Bebel)과 리프크네히트(Karl Liebknecht)의 발의로 1869. 8. 8. 아이제나흐에서 창설된 '사회민주노동자당(Sozialdemokratische Arbeiterpartei;SDAP)'이다. 두 조직은 1875. 5. 27. 고타에서 합동대회를 열고 「고타 강령」을 채택하여 '사회주의노동자당(Sozialistischen Arbeiterpartei; SAP)'이 되었다. 그러나 1878년 사회주의자법의 시행으로 불법화되었다가, 규제가 풀린 1890년에 SPD로 개명하였다. 박해를 받았지만 노동조합들의 가입으로 세력이 확장되어 득표율이 1877년 9.1%에서 독일제국의 마지막 선거였던 1912년 선거에서는 34.8%로 크게 증가하여 제2당인 독일 중앙당의 16.4% · 제3당인 독일국민당의 13.6%를 합한 것 보다 많은 득표를 하였고, 그 결과 1차 대전 전후 처리를 맡아 바이마르공화국의 초대 대통령 에베르트(Friedrich Ebert)와 초대 수상 샤이데만(Philipp Heinrich Scheidemann) 등 4명의 수상도 배출하였다.

사회민주당은 1933. 3. 23. 히틀러의 수권법에 반대하였고, 6월 22일 활동금지를 당하여, Sopade라는 이름으로 프라하 · 파리 · 런던에서 망명 생활을 하였다.

전후 수용소에서 해방된 슈마허(Kurt Schumacher)는 사민당을 반공정당으로 재창당하였으나, 동독 지역 사민당은 공산당과 합당하여 '독일 통일사회당'을 창당하고 반대한 당원들을 숙청하였다. 전후 초대 총리가 기독교민주연합의 아데나워로 결정되고, 좌파가 지지를 받지 못하자, 1959년 고데스베르크에서 열린 비상전당대회에서 마르크스 사상을 내포하였던 하이델베르크 강령을 폐기하고 '법치국가 · 사회적 시장경제 · 인간의 자유로운 발전'을 주 내용으로 하는 '고데스베르크 강령(Godesberger Programm)'을 천명하였고, 이후 사민당은 시장경제 체제 · 서구에의 편입정책을 찬성하는 쪽으로 노선을 변경하였다.

1966년부터 브란트(Willy Brand)가 연정에 참여하였고, 1974년 기욤 스파이 사건으로 브란트가 총리직을 사임한 후 슈미트(Helmut Heinrich Waldemar Schmidt)가 계승하였다. 1982년 야당이 되었다가 1998년 슈뢰더(Gerhard Fritz Kurt Schröder)가 다시 총리가 되었고, 2005년에는 부총리를 배출했다가 2009년에는 야당이 되었다. 메르켈 총리 기간 사민당의 지지는 폭락하였으나, 2021년에는 제1당이 되어 숄츠(Olaf Scholz)가 제9대 사민당 총리로 되었다. 사민당은 5대 하이네만(Gustav Walter Heinemann, 1969~1974) · 제11대 라우(Johannes Rau, 1999~2004) · 제16대 슈타인마이어(Frank-Walter Steinmeier, 2017~현재) 대통령도 배출하였다.

– 독일 중앙당(Deutsche Zentrumspartei; DZP)

DZP는 1870년 프로이센 정부가 로마 가톨릭의 힘을 줄이기 위해 '문화투쟁

(Kulturkampf)'을 시작하자 가톨릭교도의 이익을 옹호하기 위하여 빈트호르스트(Ludwig Windthorst)의 주도로 창설되었다. 1872년부터 문화투쟁에 완강히 저항했고, 가톨릭 농민 노동자들의 지지를 받아 제국 의회 의석의 4분의 1을 장악하여 대다수의 정치 문제에서 중도적인 위치에서 중재역을 하였다.

바이마르공화국에서 5명의 총리를 배출하였고, 히틀러 정권의 등장과 수권법도 전적으로 지지하였으나, 1933. 7. 5. 해체 당했다. 전후 재창립되었으나 당원 대부분이 '독일기독교민주연합(Christlich Demokratische Union Deutschlands: CDU; 기민련)'으로 넘어가 영향력을 잃었다.

기민련은 초대 아데나워(Konrad Hermann Joseph Adenauer, 1949.9.15.~1963. 10.11.)·제3대 키징거(Kurt Georg Kiesinger, 1966.12.1.~1969. 10.21.)·제7대 콜(Helmut Josef Michael Kohl, 1982.10.1.~1998.10.26.)·제9대 메르켈(Angela Dorothea Merkel, 2005.11.22.~2021.12.7.) 총리를 배출하였고, 제3대 뤼브케(Karl Heinrich Lübke, 1959~1969)·제8대 바이츠체커(Richard von Weizsäcker, 1984~1994)·제12대 쾰러(Horst Köhler, 2004~2010) 대통령도 배출하였다.

5. 제1차 세계대전(World War I)

(1) 개전 시의 국제관계

비스마르크는 빈 회의 후의 프로이센·오스트리아·러시아의 신성 동맹을 계승하여, 1873년 10월 독일·오스트리아-헝가리·러시아 간의 3제 동맹(Dreikaiserbund)을 주도하였으나, 발칸지역에 관한 오스트리아-헝가리와 러시아 간의 대립으로 인하여, 1879년 삼제 동맹에서 탈퇴하고 독오 동맹을 체결하였으며, 1882년에는 이탈리아 왕국을 포함하여 3국 동맹을 체결하였고, 1914년 8월에는 오스만 제국과도 비밀리에 동맹하였다.

러시아 대사를 역임한 바 있는 비스마르크는 러시아와의 관계 역시 매우 중시하여, 1887. 6. 18. "러시아와 독일이 프랑스를 공격하는 경우 또는 러시아가 오스트리아-헝가리를 공격하는 경우 외에는 제3국과의 전쟁에서 상호 중립을 지킬 것·발칸반도에서 현상을 유지할 것" 등을 정한 비밀 재보장 조약(再保障

條約)을 체결하였으나, 1888년 6월 즉위한 빌헬름 2세는 1890년 3월 비스마르크를 해임하였고, 6월에는 그 조약의 갱신도 거절하였다.

그는 근검절약하면서 내실을 다지고 국제적 분쟁에 조심하였던 선대 왕들과는 달리 화려한 생활을 즐기고, 국제적인 고립에도 불구하고 오만과 객기를 버리지 못하는 영원한 사관생도였다.[19] 그는 베를린 - 비잔티움(이스탄불) - 바그다드를 잇는 철도를 부설하는 3B정책을 추진하여, 투르크로부터 1888년에는 앙카라 ~하이달파샤 간의 철도부설권을, 1899년에는 하이달파샤 - 코냐 - 바그다드 - 바스라를 연결하는 철도부설권을 얻었고, 1903년에는 바그다드 철도회사를 설립하여, 쿠웨이트까지의 철도부설권과 그 주변의 광산 채굴권 및 기타 이권을 획득하였다. 이러한 근동정책은 영국의 3C정책 · 러시아의 남하정책 · 프랑스의 권익옹호문제 등과 충돌하였다.

그는 또한 청일전쟁에 승리한 일본이 1895. 4. 17. 청나라로부터 요동반도 등을 할양받도록 강화 조약을 체결하자 4월 23일 프랑스 · 러시아와 함께 개입하여 요동반도를 청국에 반환하게 한 다음 1898년 3월 칭다오의 자오저우 만을 점령하였다.

이와 같이 프로이센이 국제사회에 풍파를 일으키자, 프랑스는 1894년 러시아와 동맹조약을 체결하였다. 영국도 '영광스런 고립(Splendid Isolation)'이라는 고립외교 노선을 포기하고, 1902년 영일동맹을 체결하였고, 1904년에는 프랑스와도 영불 협상(Entente Cordiale)을 맺었으며, 1907년에는 러시아와도 협상을 체결하였다. 영국 · 프랑스 · 러시아 간에는 동맹은 아니어도 프랑스나 러시아가 분쟁을 겪을 경우 영국이 참가한다는 협의가 있었고, 이를 '3국 협상(Triple Entente)'으로 불렀다.

독일은 한 동안 해군증강을 위하여 막대한 예산을 사용하다가 영국 해군을 대적하기에는 역부족이라는 것을 인정하고 1911년부터는 육군 중심으로 정책을 전환하여 1913년에는 상비군을 170,000명 늘렸고, 프랑스는 의무 병역을 2년에서 3년으로 연장하는 등 주요국들의 군사력 증강 경쟁이 노골화하였다.

---

19) 하겐 슐체, 앞의 책, 185면.

한편 오스만 제국이 약화되면서 오스만 제국의 발칸지역 영토가 불안정하게 되었는데, 1908. 10. 5. 불가리아가 오스만 제국으로부터 독립을 선언하였고, 오스트리아-헝가리 제국은 같은 날 1878년부터 통치해온 보스니아를 합병하였다. 이에 대하여 세르비아와 몬테네그로가 강하게 항의하였다.

(2) 오스트리아 - 헝가리 제국 황태자 암살과 세계대전의 발발

1914. 6. 28. 보스니아-헤르체고비나의 수도 사라예보(Sarajevo)에서, 군사훈련 참관을 위하여 방문한 오스트리아 제국의 황태자 페르디난트 대공을, 19세인 세르비아인 슬라브주의자 프린치프(Gavrilo Princip) 등이 암살하였다. 암살단 3명은 5월 28일 세르비아의 수도 베오그라드를 떠나 배를 타고 국경을 넘어 사라예보로 잠입하였고, 28일 10시 10분경의 폭탄공격이 실패로 돌아간 얼마 후 황태자의 차량이 길을 잘못 들어 정체되었을 때 권총으로 살해하였다.

29일부터 보스니아의 오스트리아-헝가리 당국은 약 5,500명의 저명한 세르비아인을 투옥하였고, 보스니아 특수 민병대가 창설되어 세르비아인 박해에 나섰다.

7월 동안 오스트리아-헝가리 · 독일 · 러시아 · 프랑스 · 영국 사이에 치열한 외교 작전이 진행되었다. 오스트리아는 세르비아 정보부 수장 디미트리예비치(Dragutin Dimitrijević) 대령이 암살을 주도한 것으로 보고, 7월 23일 세르비아에 "반(反)오스트리아 단체 해산 · 암살 관련자 처벌 · 반(反)오스트리아 단체 관련 관리 파면 · 이에 관한 조사에 오스트리아 관리가 세르비아로 들어가 도울 것을 허용할 것" 등을 요구하고, 48시간 내의 회답도 요구하였다.

세르비아는 요구조건 중 오스트리아 측에게 조사 및 재판에 참여할 수 있는 권한을 부여하는 것을 거부하고 25일 총동원 명령을 내렸다. 오스트리아는 외교관계를 끊고 28일 전쟁을 선포한 뒤 베오그라드를 포격하기 시작했다. 30일 러시아가 총동원을 선언하고 독일의 해제요청을 묵살하자 독일은 8월 1일 러시아에 선전포고를 하였고, 2일 룩셈부르크를 침공했으며, 3일에는 프랑스와 벨기에에 선전포고했다. 영국은 벨기에의 중립 상태를 유지하라는 최후통첩이 무시되자, 1914. 8. 4. 독일 제국에게 선전포고했고, 독일 · 오스트리아 · 오스만 제국과 러시아 · 프랑스 · 영국 · 일본 등 여러 나라 간에 제1차 세계대전이 벌어졌다.

이탈리아는 1902년 프랑스와 비밀조약을 체결하여 3국 동맹을 이탈하였고, 1915. 5. 23. 오스트리아-항가리에, 10월에는 독일에 선전포고하였다.

미국은 독일의 잠수함 공격으로 인하여 1917년 4월 독일에, 12월에는 오스트리아에 선전포고하고 참전하였다.

(3) 연맹군의 패배와 종전 협정

독일은 보불전쟁에서처럼 신속히 승리할 것으로 기대하였으나, 실제는 그렇지 못하였다.

세르비아 전선에서 예상 밖으로 오스트리아가 고전하여 대러시아 전선에 차질이 발생하였으므로, 독일은 프랑스와 러시아 양면으로 병력을 나누어 애초에 계획하였던 프랑스 조기 정복에 실패하였다. 전쟁이 장기화되고 영국의 해상봉쇄로 고통이 증대되자 독일은 무제한 잠수함작전 · 독가스 사용 등 무리한 수단을 동원하였고, 1917년 4월 미국이 참전하자 전세가 기울었다.

아시아와 태평양 지역에서는 뉴질랜드가 1914. 8. 30. 독일령 사모아를 점령했고, 9월 11일에는 오스트레일리아 해군이 독일령 뉴기니의 뉴포메른섬에 상륙했으며, 일본군은 독일의 미크로네시아 식민지와 칭다오를 점령했고, 연합군은 태평양의 독일령 지역을 장악했다. 인도도 자치를 얻을 목적으로 130만 명가량의 군인과 노동자를 유럽 · 아프리카 · 중동 등지에 보내어 영국을 지원하여, 47,746명이 사망했고 65,126명이 부상을 입었다.

1918. 10. 30.에는 오스만 제국이, 11월 3일에는 오스트리아 제국이 항복하였다. 독일에는 10월 말부터 키일(Kiel)에서 수병반란이 일어났고, 11월 9일 황제 빌헬름 2세가 퇴위하였으며, 공화국이 선포되었다. 11월 11일 연합국과 독일제국 간에 30일간의 정전협정이 체결되어 전쟁은 종료로 들어갔다.

독일제국을 계승한 바이마르공화국과 연합국 간에 1919. 6. 28. '베르사이유조약'이 체결되어 독일제국과 프로이센 왕국은 해체되었다. 독일과 동맹하였던 오스만 제국은 세브르 조약 · 오스트리아는 생제르맹 조약 · 헝가리는 트리아농 조약 · 불가리아는 뇌이 조약으로 종전하였는데, 그 결과 오스만 제국과 오스트리아-헝가리 제국은 해체되었고, 폴란드 · 핀란드 · 에스토니아 · 리투아니아 · 라트비아·체코슬로바키아·헝가리가 독립하였다. 중동의 아르메니아가 독립하고, 보스포루스 해협은 국제 해협위원회의 관리 아래 두기로 하였으며, 이라크와 팔레스타인은 영국이, 시리아와 레바논은 프랑스가 위임 통치하고, 이집트는 영국의 보호 아래에, 모로코와 튀니지는 프랑스의 보호 아래에 두기로 하였다. 항구적 평화를 위해 1920년 1월 국제연맹이 설립되었으며, 1925. 10. 16.에는 영국·프랑스·이탈리아·독일·벨기에·체코슬로바키아·폴란드 간의 집단안보 조약인 '로카르노 조약(The Locarno Pact)'도 체결되었다.

베르사이유 조약에서 독일은 "'전쟁에 대한 모든 책임 인정·황제와 군부 핵심 인사 등 전범 800여 명 인도'·'알자스-로렌을 프랑스에, 슐레지엔과 포즈난을 폴란드에 할양하는 것을 비롯하여 여러 영토 관련국 양도·자르 분지 탄광권 15년 동안 프랑스에 넘기고 국제연맹의 보호령으로 만드는 등의 영토적 제한'·'육군은 10만 명 해군은 15,000명으로 제한하고 항공기와 잠수함을 금지하며 라인 지역 군사시설을 철거 금지하는 등의 군사적 제한'·'20년 내에 1,320억 마르크의 배상금 지급'" 등의 의무를 무조건 부담하도록 강요되었다.

독일은 전쟁의 원인을 야기한 세르비아의 책임은 도외시하고, 독일 측에 전적인 책임이 있는 것으로 처리하는 데에 크게 반발하였으나, 강압적으로 진행되었다.

전범처리 문제는 황제의 망명을 받아들인 네덜란드가 황제의 인도를 거부하여 흐지부지되었다. 배상금은 1921. 4. 27. 런던에서 66억 파운드(320억 달러, 1,320억 마르크)로 확정되었으나, 1924년의 '도스 안(Dawes Plan)'과 1929년의 '영 안(Young Plan)' 그리고 1932년의 로잔 회의에서 수정되어 30억 금태환 마르크로 감액되었고, 독일은 2010. 10. 3. 7천만 유로(9천400만 달러)를 지급함으로써 완불하였다.[20)]

그런데 러시아에서는 1917년 2월 페트로그라드 시위로 니콜라이 2세가 퇴위하고 러시아 임시 정부가 수립되었다. 스위스에 망명해 있던 레닌(Vladimir Lenin)은 독일 정부의 도움을 받아 32명의 동료와 함께 러시아로 가서 11월에

20) 임상우(2018), "베르사이유 조약(Treaty of Versailles)과 유럽의 국가체제", 「통합유럽연구회 학술대회 자료집」, 3~19면.

볼셰비키 혁명을 일으켰다. 소비에트 러시아는 12월 15일 독일 등과 휴전하였고, 1918. 3. 3.의 브레스트-리토프스크 조약(Friedensvertrag von Brest-Litowsk)으로 독일 제국 · 오스트리아-헝가리 제국 · 불가리아 왕국 · 오스만 제국과 평화조약을 체결하였는데, 이 조약으로 러시아는 제1차 세계 대전에서 이탈하였고, 독일에게 발트 3국을, 오스만 제국에게 남캅카스의 카르스 주를 양도하고, 우크라이나 인민공화국의 독립을 인정하며 60억 금 마르크의 전쟁 배상금을 지급하기로 하였다. 그러나 그 조약은 전후 1922년 체결된 '라팔로 조약'으로 효력을 상실하였다. 제2차 세계 대전 후 소련은 독일에 속하기로 되었던 폴란드 · 핀란드 · 에스토니아 · 라트비아 · 벨라루스 · 우크라이나 · 리투아니아 등을 대부분 재합병하고 폴란드는 위성국으로, 핀란드는 중립국으로 만들었는데, 그 지역은 1991. 12. 26. 소비에트 연방이 해체되면서 대부분 다시 독립하였다.

제3절 바이마르공화국과 민주주의

1. 바이마르공화국의 성립

(1) 독일 제국(Deutsches Kaiserreich)의 종말

1918. 8. 8. 연합군이 파리 북방의 아미앵(Amien)을 돌파하자, 독일최고사령부(Oberste Heeresleitung; OHL)는 군사 상황을 절망적이라고 판단했고 9월 29일에는 휴전 제안을 할 것을 요청했다. 제국 수뇌부는 정당들에게 패전 책임을 지우기 위하여 의회정부를 구성하기로 협의하고, 10월 3일 제국 수상을 황제의 4촌 동생인 막스(Max von Baden)로 교체하였다. 그는 제1당인 사민당의 샤이데만(Phillip Scheidemann)과 바우어(Gustav Bauer)를 각료로 임명하였고,[21] 4일 윌슨에게 휴전 요청을 했다. 윌슨이 황제를 협정 당사자로 하는 것을 거부하자, 제국의회는 황제의 동의하에 10월 26일 '입헌민주주의 체제로의 변경

21) 샤이데만은 막스 수상의 내각참여 요청을 '망한 정부에의 참여'로 보고 반대하였는데, 공산혁명을 우려하였던 에베르트는 참여하는 것이 '빌어먹을 의무요 책임(verdammte Pflicht und Schuldigkeit)'이라고 설득하여 참여하게 하였다.

(parlamentarisierung)'을 결의하였고, 28일에는 총리가 황제가 아닌 독일 의회의 신임에 의존하도록 헌법을 변경하였다.

그러나 협상의 우위를 점하기 위한 최후의 군사적 방안으로, 전력이 남아 있던 해군을 동원하여 템즈강 인근에서 10월 31일 새벽에 전투를 치르게 하기로 결정하고, 10월 24일 대양함대에 출항준비명령을 하달하였다. 그 작전을 위하여 빌헬름스하펜(Wilhelmshaven, 현재의 Kiel)에 해군 집결이 시작되자, 수병들 사이에 자신들을 희생양으로 삼는다는 소문이 돌기 시작했고, 29일 밤 300명에 이르는 수병들과 승조원들이 일제히 내륙으로 도주·탈영한 것을 시작으로, 닻을 올리기를 거부하는 등 수병들의 사보타주가 일어났다. 함대사령관 히퍼(Franz von Hipper) 제독이 30일 작전을 취소했지만, 반란 규모는 점점 더 커져갔고, 11월 3일 킬에서 대대적인 반란과 파업이 일어났다. 이 불씨는 곧 독일 전역으로 번져 전국의 노동자들도 파업을 선언하였고 7일 뮌헨에서는 사회주의자 아이스너(Kurt Eisner)가 '바이에른 평의회 공화국'을 선포하였다. 9일 베를린에도 소요가 일어나 건물 점거를 시작하자 막스 수상은 독단으로 황제의 퇴위를 선포하고 사민당 의장 에베르트(Friedrich Ebert)에게 수상직을 넘겼고, 샤이데만은 동일 오전 제국의회 건물의 발코니에서 독단으로 '독일공화국'을 선포하였다.

황제는 10일 네덜란드로 망명하였고 11월 28일 퇴위에 서명하여, 황제가 다스리는 '독일제국(Deutsches Kaiserreich)'은 종말을 고하였다. 그러나 'Deutsches Reich'는 전체 독일 국가의 이름으로 계속 사용되다가, 1949. 5. 23. 독일연방공화국(Bundesrepublik Deutschland)으로 변경되었다.

(2) 과도기의 정국과 내전

– 인민대표회의(Rat der Volksbeauftragten)

에베르트는 혁명적 상황에서 수상이 되었지만, 11월 10일 오후 사민당 대표 3명과 독립사회민주당(USPD) 대표 3인 총 6명으로 구성된 '인민대표회의'를 구성하여, 제국 헌법상의 황제와 제국 총리의 역할을 공동으로 수행하였다. 인민대표회의는 제국 정부의 장관을 통제했고, 대부분은 직책을 유지시켰다. 그 회의의 6명의 대표는 모두 동등한 권리를 가지는 것으로 협의되었지만, 실제로는 에베르트가 의장직을 수행했다.

인민대표회의는 1918. 11. 11. 외상 에르츠베르거(Matthias Erzberger)로 하여금 정전협정에 서명하게 하여 제1차 세계대전을 종식시켰고, 정치범죄를 사면하고, 여성 참정권과 비례대표제를 포함한 선거법개정을 하였으며, 각종 민생 현안을 처리하고 여러 가지 사회경제적 개혁조치를 하였다.

– 에베르트 - 그뢰너 동맹

11월 10일 독일최고사령부의 간부 그뢰너(Wilhelm Groener) 장군과 에베르트 수상 간에 비밀협약이 체결되었다. 그뢰너는 에베르트 정부에 대한 군의 지원을 약속하였고, 에베르트는 군수뇌부의 보존과 군부의 전통적 역할을 유지할 것을 보장하였다. 그뢰너는 제국 군대의 퇴각과 동원해제업무 그리고 제국의 동쪽 국경방어업무를 수행하였는데, 대부분의 군인들은 무기와 군복을 버리고 그냥 집으로 돌아가는 무질서한 방식으로 제대했지만 그 중 수십만의 왕당파와 우파세력은 자발적으로 '자유군단(Freikorps)'을 창설하고, 좌파 무장세력과 시가전을 벌이거나 폴란드 · 체코 독립운동가들을 상대로 국경분쟁을 벌였다.

에베르트는 12월 10일 음악 소리와 관중들의 환호에 맞춰 베를린을 행진하는 귀환 군인들에게 인사치례로 "어떤 적도 당신들을 이기지 못했습니다(Kein Feind hat euch überwunden)"라고 연설하였는데, 이 말은 독일군은 전쟁에서 패배하지 아니하였는데 자신을 포함한 혁명가들이 승리한 군대의 등을 찔렀고 따라서 독일의 패배에 대한 책임을 져야하는 것으로 악용되었으며, 히틀러 정권의 탄생에 기여하였다.

– 노동자 및 병사 평의회(Reichskongress der Arbeiter und Soldatenräte)

1918년 11월 초 많은 도시에서 자발적으로 노동자 평의회와 병사 평의회가 결성되었고, 베를린 집행위원회의 주도로 1918. 12. 16.부터 21일까지 전국 평의회 대표 약 500명이 베를린에서 회동하여 스스로를 제국의회라고 명명하였다. 대표자의 2/3는 사민당 소속이었고, 독립사민당은 약 100명이었으며, 12명만 혁명적 '스파르타쿠스 연맹'에 속해 있었다. 스파르타쿠스 연맹 등 급진 좌파는 평의회 체제를 사회주의공화국의 기초로 유지하고 평의회에 최고 입법 및 행정 권한을 부여하자고 주장하였고, 에베르트 등은 제헌의회 선거를 실시하여 합헌 정부를 출범시킬 것을 주장하였는데, 후자가 400 : 0으로 승리하여, 1919. 1. 19.이 선거일로 정해졌다. 또한 평의회는 14명의 노동자 및 군인 대표로 집행위원회를 구성하여 인민대표회의를 통제하려고도 하였으나 실효성은 없었다.

– 크리스마스 전투(Weihnachtskämpfe)

11월 11일부터 제국 해군의 혁명적 선원들로 '인민해병사단(Volksmarinedivision)'이 만들어져 독립사민당원인 베를린의 새 경찰서장 아이히호른(Emil Eichhorn) 휘하에서 법과 질서를 위한 무장 세력으로서, 임시 정부를 보호하는 임무를 수행하였다.

그 사단은 처음에는 에베르트를 지지하였고, 스파르타시스트 등 공산주의자는 소수였지만, 병사평의회가 군에 대한 최고지휘권을 가지게 하고 계급을 폐지시키자는 등의 '함부르그 결정(Hamburger Punkte)'을 지지하는 등 점차 좌경하였으므로 그뢰너 등은 해산시킬 것을 요구하였다. 인민해병사단이 밀린 임금지급을 요구하면서 해산에 불응하고 중재하던 베를린 사령관 벨스(Otto Wels)[22]를 감금하였고, 23일에는 총리실을 점거하고 전화를 통제하였으며 인민대표를 가택 연금하였다. 에베르트는 비밀 전화로 진압명령을 하였고, 12월 24일 전투가 일어났다. 아이호른의 개입으로 진압이 지체되고 인명 손실이 발생하자 에베르트는 고액을 지급하는 등의 양보를 하고 진정시켰다.

29일 독립사민당 측의 3명의 인민대표가 에베르트가 배신하였다고 비난하고 인민대표회의에서 탈퇴하자, 에베르트는 2명의 사민당원으로 보충하고, 인민대표회의를 '제국 정부(Reichsregierung)'로 개칭하였다.

– 스파르타쿠스 연맹의 반란

1918. 11. 9. 샤이데만이 공화국을 선포한지 약 2시간 후 공산주의자인 리프

22) 벨스는 25일 석방된 후 베를린 사령관을 사임하였고, 나중에 에베르트가 대통령으로 선출될 때 사민당 임시의장이 되었으며, 1919년 6월 사민당 의장이 되었고, 히틀러의 수권법안에 반대하였으며, 망명 생활 중 파리에서 사망하였다.

크네히트(Karl Liebknecht)는 베를린의 루스트가르텐과 궁전에서 '독일자유사회주의공화국(freie sozialistische Republik Deutschland)'을 선포했다. 10일 밤 지도자들은 공화국의 목표를 "봉건주의와 융커주의(Junkerism)의 완전 제거 · 국가 분열의 극복 · 사회주의공화국 건설"로 정하고, 노동자평의회와 병사평의회가 모든 권력을 장악해야 하고, 모든 의회와 에베르트의 제국 정부도 제거되어야 한다고 결정하였다.

11일 리프크네히트는 룩셈부르크(Rosa Luxemburg) · 체트킨(Clara Zetkin) · 메링(Franz Mehring) 등과 함께 제국 전체에 걸친, 정당이 아닌 조직을 구성하고, 이름을 '스파르타쿠스연맹(Spartakusbund)'으로 정하였다. 룩셈부르크가 제정한 강령은 "경찰과 지배계급의 무장 해제 · 프롤레타리아트 무장과 레드 가드 형성 · 자유로이 선출된 노동자 및 군인 평의회의 모든 의회 장악 · 모든 은행 광산 제련소 대기업의 공공 소유로의 이전 · 혁명의 국제화를 위한 외국 형제 정당들과의 접촉"이었다. 스파르타쿠스 연맹은 기관지 'Die Rote Fahne'을 통해 사형 폐지와 군사력 축소를 주장하고, 12월 16일의 평의회 회의개최와 제헌의회 선거를 반대하였다. 크리스마스 전투로 인민해병사단이 해산되고 1918. 12. 29. 임시 정부에서 독립사민당대표가 사퇴하자 룩셈부르크 등은 94명의 스파르타시스트와 29명의 독일국제공산당(IKD) 대표 등으로 '독일공산당(DKD)'을 결성하였고, "국회는 형식적 정치적 민주주의일 뿐 사회주의가 요구해 온 민주주의가 아니다 · 투표는 자본주의 사회질서를 무너뜨릴 수 있는 지렛대가 아니다"라는 리프크네히트의 견해에 따라 62 : 23으로 제헌의회선거를 거부하기로 결정했다.

1919. 1. 4. 프로이센 수상 파울 히르시가 인민해병사단에 대한 군대 사용을 거부한 아이히호른 경찰서장을 해임하였는데, 5일 그는 불응하였고 스파르타쿠스 연맹은 위 해임에 항의하여 무장 봉기를 선동했다. 아이히호른이 베를린의 병사평의회를 봉기에 참여시키려 하자, 새로 형성된 자유군단(Freikorps)과 제국군이 베를린을 봉쇄하고 진압에 돌입했다. 1920. 1. 15. 룩셈부르크와 리프크네히트가 체포되어 살해되었고 다른 지도자 메링은 1919년 1월 말에 사망하였으며, 요기체스(Leo Jogiches)는 1919년 3월 살해되어 스파르타쿠스 연맹은 완전히 진압되었고, 165명이 목숨을 잃었다.[23)]

– 바이에른 평의회 공화국(Bayerische Räterepublik)의 반란

러시아 혁명 1주기였던 1918. 11. 7. 오전, 독립사민당의 아이스너(Kurt Eisner)는 테레지엔비제(Theresienwiese)에 모인 약 6만여 명의 군중에게 바이에른 국왕 루트비히 3세와 독일 황제 빌헬름 2세를 퇴위시키고 노동자와 병사 평의회를 만들 것을 선동했고, 군중들이 병사들의 막사로 몰려가 대부분의 군인들을 혁명에 가담시켰으며, 그날 밤 루트비히 3세를 추방하였다.

8일 아이스너는 바이에른을 자유주로 선포하고, 수상(Ministerpräsident)으로 자처하였다가, 1919. 2. 21. 극우민족주의자 아르코팔라이 백작에게 암살당했다.

4월 6일 노동자 평의회를 통치기구로 하는 평의회 공화국이 선포되었고, 12일 공산당의 레비네(Eugen Leviné)가 집권하여, '붉은 군대' 창설 · 화폐와 식량 공급 장악 · 노숙자에 대한 고급 주택 불하 · 노동자에 대한 공장의 소유권 배분 등 공산주의 정책을 시행하였고, 레닌의 지령에 따라 우익인사 8명을 간첩죄로 처형하였다.

5월 3일 약 9,000명의 바이마르공화국 방위군과 30,000여 명의 자유군단이 공산주의자들과의 격렬한 시가전 끝에 뮌헨에 입성하였다. 약 2,000명이 사망하였고, 레비네는 6월 총살형으로 처형되었다.

– 자유군단의 쿠데타와 루르 봉기

자유군단 해병여단의 에르하르트(Hermann Ehrhardt) 등에게 해산 명령이 내려지자, 뤼트비츠(Walther von Lüttwitz) 장군은 1920. 3. 10. 에베르트 대통령에게 명령 철회를 요청하였다. 노스케 국방장관이 장군을 해임하자, 그는 국수주의자 카프(Wolfgang Kapp)와 함께 3월 13일 베를린을 점령하고, 의회와 정부를 해산하고 카프를 수상으로 임명한다고 발표하였다.

도피한 정부는 군이 중립을 지키고 진압에 참여하지 아니하자, 전국 노동자들에게 총파업을 지시하는 공동호소문을 발표하였다. 이에 따라 대부분의 공무원이

23) 이동기(2008), "11월혁명기 로자 룩셈부르크의 혁명적 실천='민주주의적 사회주의'의 논의와 관련하여", 「마르크스주의 연구(Marxism 21)」 제5권 제4호, 경상대학교 사회과학연구원(마르크스주의 연구), 32~면.

카프에 대한 지원을 거부하고, 파업으로 경제와 교통이 마비되자 카프가 5일 만에 사임하여 쿠데타는 무너졌다. 카프는 1922년 6월 재판을 받던 중 병사하였다.

그런데 루르지방의 파업은 다른 양상으로 발전하였다. 14일 독일공산당과 독립사민당 등 좌익노동자정당의 동맹이 결성되어, '소비에트공화국 수립'을 목표로 정하고, 정부 권력 장악에 나섰다. 노동자 병사들이 레드 루르 군을 조직하여 지역의 무장경비군을 격파하였고, 15일에는 자유군단 선봉대를 공격하여 600명의 자유군단원을 생포하고 도르트문트를 점령했다. 20일에는 에센과 하겐을 장악하였고, 24일에는 베젤 요새를 공격하였다. 정부가 3월 30일에 4월 2일까지 파업과 봉기를 종식시키겠다고 최후 통첩하였으나 불복하고 3월 말까지 루르 지역 전체를 정복하였다.

3월 말 자유군단을 포함한 독일군 부대가 루르 지역으로 진군했고, 31일부터 전투를 개시하였으며, 4월 6일경까지 치열한 전투 끝에 봉기를 진압하였다.

그 밖에도 에베르트 대통령은 각종의 치안 수요로 인하여 1924년까지 대통령의 비상 권한을 134회나 사용했다.

(3) 제헌국민의회와 임시정부의 구성

1919. 1. 19. 최초의 20세 이상 남녀보통선거로 421명의 제헌의원을 선출하였다. 투표율은 83%로서 역대 최고였다. 선거 결과는 사회민주당 37% 163석 · 중앙당 19% 91석 · 독일민주당 18% 75석 · 국가인민당 10% 44석 · 독립사민당 7% 22석 · 독일인민당 4% 19석의 순서로서 우파인 상위 3당이 76% 329석을 얻었고, 공산당은 선거에 불참하였다.

첫 회의가 2월 6일 바이마르에서 소집되었고, 10일의 '임시 제국 권력에 관한 법률(Gesetz über die vorläufige Reichsgewalt)'로 국민의회가 '헌법'과 '긴급히 필요한 제국 법률'을 제정하였고, 또한 헌법에 의한 정부 수립시까지의 임시정부를 구성하도록 결의하였다. 이에 의하여 에베르트가 제국헌법상의 황제의 권한을 잠정적으로 행사할 대통령으로 선출되고, 11일 임명되었다. 에베르트는 샤이데만을 '제국 수상'으로 하여 내각을 설치하였다.

(4) 베르사이유 조약의 체결

베르사이유 조약안 작성은 미국의 윌슨대통령과 프랑스의 클레망소(Georges Clemanceau) 수상 그리고 영국의 조지(David Lloyd George) 총리가 주도하였다.

제1차 세계 대전을 '민주주의를 위한 투쟁'으로 선언하였던 윌슨은 종전(終戰)에 관하여 14개의 도덕적인 평화원칙[24]을 내세우고 국제연맹 창설을 역설하였으나, 정작 미국 의회가 국제연맹 가입조차 거부하여 관철하지 못하였고, 프랑스는 독일을 여러 지역으로 분할하고 강력한 처벌을 하기를 원하였지만 영국은 프랑스를 견제할 목적으로 독일을 방치하기를 원하였으므로, 협상은 원만히 진행되지 못하였다. 연합국은 우여곡절 끝에 만들어진 조약안을 1919. 5. 7. 독일에게 제시하고 서명하도록 강요하였다.

샤이데만 수상은 "이것은 협약(Vertrag)이 아니라 명령(Diktat)이다"라면서 서명하지 않기 위하여 사임하였다. 에베르트도 "실현 불가능하고 참을 수 없다"고 비난했지만, 연합국측이 불응하면 식량공급을 끊고 점령하겠다고 위협하고 대러시아 작전에서 국민적 영웅이 된 힌덴부르크(Paul Ludwig von Hindenburg) 장군도 전쟁재개가 불가능하다고 하자, 에베르트는 6월 21일 바우어(Gustav Bauer)로 새 내각을 구성한 뒤 22일 국회에서 237대 138로 조약체결의 승인을 받고, 28일 11시 11분에 베르사이유 궁전 거울의 방에서 신임 외무장관 뮐러(Hermann Müller)와 교통장관 벨(Johannes Bell)로 하여금 서명하게 했고, 조약은 1920. 1. 10. 발효되었다.

바이마르공화국이 이 조약을 승인하고 서명한 것에 대하여 극우세력 등은 독일제국의 굴욕과 독일의 자결권 침해에 결정적으로 기여했다고 비난했고, 향후 '베

---

24) 그 요지는 다음과 같다. ① 강화 조약의 공개적 진행과 공표, ② 영해 밖 항해 자유 보장, ③ 경제적 장벽 철폐와 동등한 무역 조건 확립, ④ 군비는 상호 보장 아래 자국 안보에 필요한 최소 수준으로 감축, ⑤ 식민지 주권 문제에 관한 주민들의 이익 존중, ⑥ 러시아 영토에서의 외국군 철수, ⑦ 벨기에의 주권 회복과 외국군 철수, ⑧ 프랑스의 영토 해방과 알자스-로렌 등 침략당한 지역 회복, ⑨ 민족적 경계에 따른 이탈리아 국경 재조정, ⑩ 오스트리아-헝가리 제국 내 민족의 국제적 지위 보호, ⑪ 루마니아, 세르비아와 몬테네그로에 주둔한 외국군 철수와 점령 지역 원상 복구, ⑫ 투르크인이 차지하는 영토의 주권 보장, ⑬ 독립된 폴란드인 국가 수립, ⑭ 강대국과 약소국을 막론하고 정치적 독립과 영토 보전을 상호 보장할 목적으로 특별한 규약 아래에 전체 국가의 연맹체가 결성되어야 한다.

르사이유의 족쇄'를 끊는 것이 바이마르공화국 외교 정책의 주요 목표가 되었다.

(5) 바이마르 헌법(Weimarer Reichsverfassung)의 제정

1919. 7. 31. 국민회의는 새 헌법을 262 : 75(불참 84)로 통과시켰고, 1919. 8. 11. 임시 대통령 에베르트가 슈바르츠부르크에서 헌법에 서명하고 공표하였다. 8월 11일은 독일 민주주의가 시작된 날로서 바이마르공화국의 국경일로 지정되었다.

바이마르 헌법은 히틀러 치하에서도 형식적으로 효력을 지속했으나, 사실상 효력을 잃어갔고, 1945. 6. 5. 연합군이 정권을 인수하면서 실질적으로 폐기되었다. 바이마르 헌법은 큰 틀에서는 제국헌법의 형식을 유지하였지만 여러 가지로 민주주의 원칙을 도입하여, 제1편 국가의 구성 및 권한 외에 제2편 기본권과 의무를 신설하였고, 제1편 제2절에서 의회를 전의 하원인 국가의회(Reichstag)만으로 하고 전의 상원은 제4절 국가참의원(Reichsrat)으로 하였으며, 황제를 없애고 제2절에서 대통령이란 직책을 신설하였고, 행정법원(Verwaltungsgericht, 제107조)과 헌법쟁의와 주간의 쟁의 등을 처리하는 국사법원(Staatsgerichtshofs, 제108조), 그리고 선거에 관한 쟁의와 의원의 자격상실 여부를 처리하는 선거심사법원(Wahlprüfungsgericht, 제31조)도 신설하였다. 국가의회 의원은 20세 이상 남녀의 보통 · 평등 · 직접 · 비밀선거에 의하여 비례대표의 원칙으로써 선출하고(제22조) 임기는 4년으로 하였다.

입법과 행정에서 주들을 대표한 국가참의원의 투표권 수는 총 66표로 하되, 해당 주 인구 100만 명마다 1표의 비례로 배분하는 것을 원칙으로 하였고, 1표 이상 5분의 2 미만으로 하였다(제61조). 인구 비례로는 53표가 될법한 프로이센은 26표를 배정받았고, 2위는 바이에른의 11표였다.

대통령도 보통 선거로 선출하되 법률에 의하여 결선투표를 하였고, 임기는 7년이었다. 대통령은 의회해산권(제25조)과 수상 · 각료 임면권(제53조)을 가졌다. 그러나 의회가 수상이나 각료를 개별적 불신임결의로도 사임시킬 수 있었으므로(제54조), 정강을 달리하는 당들의 소극적 연대로 정략적 불신임결의가 남발되어 1933년까지 내각이 21회나 교체되는 등 정국이 매우 불안정하였다. 대통령은 군

지휘권(제47조)은 물론이고, 헌법질서 또는 공공의 안녕질서에 중대한 장해가 발생하거나 또는 발생할 우려가 있을 경우의 병력 사용 등 비상조치권을 가졌는데(제48조), 그 경우 일시적으로 인신의 자유(제114조)·주거의 불가침(제115조)·통신의 자유(제117조)·언론출판의 자유(제118조)·집회 및 결사의 자유(제123, 124조)와 소유권(제153조)의 전부 또는 일부를 정지할 수 있었다. 대통령의 직무는 의원 3분의 2 이상의 동의로 정지되고, 국민투표에 의하여 해직시킬 수 있었다(제43조 제2항).

각 주와 지방단체도 자유주의의 헌법을 가져야 하고, 주 정부 등 집행부는 국가의회 선거에서와 같은 원칙에 따라 선출된 의회의 신임을 얻도록 하였다(제17조).

입법권은 기본적으로 하원에 있지만(제68조), 정부 또는 참의원도 협의 등을 거쳐 법안을 제출할 수 있고(제69조), 대통령이 공포하여야만 효력을 발생한다(제71조). 의원 1/3의 청구에 의한 법률 공포의 연기(제72조)·공포가 연기된 법률에 대한 유권자의 신청이나 대통령의 권한에 의한 국민투표 회부(제73조) 그리고 참의원의 이의가 있는 경우의 재의 또는 국민투표회부(제74조, 제75조)도 규정하였다.

헌법의 개정은 국민청원과 국민투표상 유권자 과반수 동의로 하는 경우와 국가의회의 입법으로 하는 경우 2가지로 하였다(제76조). 후자의 경우에는 의원 정수의 3분의 2 이상 출석과 출석의원 3분의 2 이상의 동의가 있어야 하고, 국가참의원에서도 투표수의 3분의 2에 의한 의결을 요하였다. 국가참의원이 항의하고 국민투표에 붙일 것을 요구한 경우 대통령은 그 법률을 공포할 수 없다(제2항). 히틀러 정권의 수권입법은 의회의 입법형식으로 한 헌법개정이었지만, 2차대전 패전 후의 전범재판에서 헌법개정의 한계를 벗어나서 무효인 것으로 해석되었다.

기본권 조항 중에서는 언론 출판의 자유(제118조)·집회결사의 자유(제123, 124조, 제131조 제2항)·신앙과 양심의 자유(제135조)를 대폭 보장한 것·경제상의 자유를 보장하되 정의의 원칙을 한계로 하고(제151조 제1항), 소유권의 행사는 공공복리에 적합하여야 한다는 제한을 둔 것(제153조 제3항)·토지의 분배 이용과 주거수요 해결을 위한 국가의 감독권을 정한 것(제155조) · 노동자의 노동조건 유지개선을 위한 결사의 보장(제158조), 노동기회를 가지지 못한 자에 대한 생활비지급(제163조) · 노동자와 사용자 쌍방의 조직화와 연합의 허용(제165조 제1항) 등이 선진적인 것으로 평가되었다. 그러나 인간 존엄의 보장 · 노동쟁의권 등은 헌법상 권리로 되지 아니하였다.

(6) 바이마르 정부의 구성

1920. 6. 6. 바이마르 헌법에 의한 최초의 의원 선거로 459명을 선출하였는데, 집권 사민당 · 중앙당 · 민주당 연합이 참패하여 종전의석의 2/3를 잃고 과반수에도 미달하였으므로, 독일중앙당과 독일민주당 및 우익 민족주의자 슈트레제만이 1918년 12월 창당한 독일인민당의 소수연정으로 페렌바흐(Constantin Fehrenbach) 내각이 성립했고, 이후 히틀러의 집권 때까지 안정 다수의석을 확보한 정당이 없었다.

선거결과는 사민당(SPD) 21% 103석(62석 감소) · 독립사회민주당(USPD) 17% 83석(61석 증가) · 독일국가인민당(DNVP) 15% 71석(27석 증가) · 독일인민당 (DVP) 13% 65석(46석 증가) · 독일중앙당 13% 64석(27석 감소) · 독일민주당(DDP) 8% 39석(36석 감소)이었다. 사민당은 대체로 야당이 되었지만, 에베르트 대통령이 1925년까지 건재하였고, 프로이센의 국정을 장악하였으므로, 히틀러에 의하여 금지당하기까지 위상을 유지하였다.

에베르트 대통령은 헌법 제180조에 의하여 초대 대통령 취임시까지 재직하게 되었다가, 1922. 10. 27.자 법률로 임기가 1925. 6. 30.까지로 되었다. 그러나 1918년 1월의 베를린 군수공장노동자의 파업을 주도하였다는 이유로 극우민족주의 법조인들에 의해 국가배반죄로 법정에 서게 되었고, 그 문제를 해결하느라 맹장염을 제때 치료하지 못하여 1925. 2. 28. 수술 중 사망하였다.

1925년 4월 처음으로 대통령선거가 실시되었는데, 제1차 투표에서 당선자가 나오지 아니하자 제1득표자였던 독일인민당의 자레스(Karl Jarres)가 사퇴하면서 군주제 지지자 힌덴부르크 장군을 후보로 천거하였고, 그는 독일인민당 · 독일국가인민당 · 바이에른 인민당 · 나치당 · 농업동맹의 지지로 48.3%를 얻어 무소속으로 간신히 당선되었으며, 5월 12일 취임하였다. 2위는 사민당과 독일민주당의 지지로 45.3%를 얻은 중앙당의 빌헬름 마르크스였고, 3위는 공산당 후보였다. 힌덴부르크는 독일 역사상 유일한 국민직선 대통령으로서, 취임 후 공화제에 충실하였으므로, 많은 왕당파들이 공화제 지지로 돌아섰다.

2. 바이마르공화국의 정국

(1) 바이마르공화국 민주주의의 전체적 형세

독일인민당 등 일부 자유주의 세력은 바이마르공화국의 민주주의 체제를 1848년 좌절되었던 민주혁명의 완성으로 보고 지지하였으나, 독일인 상당수가 민주주의를 '패전으로 강요된 전승국의 체제'로 인식하고 베르사이유 조약에 대한 투쟁과 민주주의에 대한 투쟁을 동질로 보았다.[25)]

빌헬름 2세는 1914. 8. 4. 제국의회 개회식에서 "나는 더 이상 정당들을 인정하지 않는다. 내가 인정하는 것은 오직 독일 국민들뿐이다"라고 선언하였는데, 이것은 '1914년의 정신'으로까지 확대되었다. 정당은 파당적 이해를 대변하고, 군주와 관료가 보편적 이해를 대표한다는 전통적인 인식은 공화국 수립 후에도 여전히 지배적이었다. "보편적 이익을 추구하는 정부에 분파적 영향력을 행사하는 정당들이 간섭해서는 안 된다"는 사고가 보수주의자뿐만 아니라 자유주의자들에게도 널리 퍼져 있었고, 민족의 정신은 의회가 아니라 통합된 민족의 보편의지를 체현한 국가와 대통령에 있다고 보았던 것이다.[26)] 에베르트 대통령이 취임사에서 "나는 단일 정당의 지도자가 아니라 전 독일 국민의 대표가 되기를 원하고 또 그렇게 할 것입니다."라고 한 것도 같은 맥락이라 할 것이고, 니체는 한 걸음 더 나아가 "민주주의 운동은 단지 정치조직의 타락형태일 뿐만 아니라 인간의 타락 · 인간의 왜소화(Verkleinerung) · 평균화 · 가치의 하락을 의미한다"라고 주장하기까지 하였다.[27)]

---

25) 하겐 슐체, 앞의 책, 220면.
26) 권형기(2022), "민주주의관과 민주주의 붕괴: 바이마르 공화국의 붕괴에 대한 재고찰", 「국제지역연구」 제31권 제2호, 서울대학교 국제학연구소, 227~231면.
27) 최순영(2012), "프리드리히 니체의 자유민주주의 비판", 「니체연구」 제22권, 한국니체학회, 192면.

한편 건국초기 집권당이었던 사민당은 다른 측면에서 민주주의에 대하여 대단히 부정적인 인식을 가지고 있었다. 사민당 중 "현재의 민주주의는 부르주아 의회민주주의로서 폐기처분해야 할 대상이고 진정한 민주주의는 프롤레타리아트에 의한 사회주의이며, 의회주의는 사회주의로의 이행 수단이 되지 못한다"라고 생각하는 좌파가 '독립사민당(USPD)'으로 분당해 나갔다가 1922년 복당하였고, 이후 "프롤레타리아만 인민(people)이다"라고 보는 근본적으로 잘못된 민주주의관으로 일관하여 사민당은 국민통합에 실패하였다.[28]

평민들은 패배의식에 젖어 있었고, 1919년 12월에 1kg 당 0.8마르크였던 빵값이 1923년 12월에는 3,990억 마르크로 폭등하는 극심한 인플레 · 실업 · 좌우익의 시위 · 파업 등으로 생활고에 시달렸다.

그런데 정치세력은 그 동안 독일제국의 형성과 전쟁을 추진했던 군부를 비롯한 국수주의 세력 · 전쟁 말기로부터 정치적 주도권을 장악한 사민당을 위시한 자유주의세력 · 공산혁명을 추진하는 좌파로 분열되어 극렬히 다투었다. 독일의 정당들은 1917. 7. 17. 전쟁공채 발행을 거부하기 위하여 사민당과 중앙당 그리고 진보인민당이 공동으로 정부에 압력을 행사한 것을 제외하고는 독자적인 정치세력으로 활동해 본 일이 없었고, 민주적 협력을 한 일도 없었기 때문에, 갑자기 국가정책 결정의 중심이 된 의회는 기대를 충족시키지 못하였고, 무능과 실정으로 인한 실망 때문에 의회주의에 대한 비판이 도처에 널리 퍼졌다.

그 결과 좌익에서는 사민당의 지지가 공산당으로 전환되었고, 우익에서는 자유주의 지지자들과 보수주의(DNVP)의 지지가 나치당으로 흘러갔다.[29]

(2) 슈트레제만의 실용외교

1921년 초 연합국의 배상위원회가 배상금 액수를 공개하자, 독일정부는 바로 거절하였고, 독일 국민은 거절조치를 열열히 지원하였지만, 결국 금화 1,300억 마르크와 6%의 이자를 지불해야만 했다. 극우파들이 정전조약에 서명한 에르츠베르거를 1921. 8. 26. 반역자라면서 암살하였고, 정부가 배상금 지불을 유예하

---

28) 권형기, 앞의 글, 232~236면.
29) 권형기, 앞의 글, 226면.

자, 프랑스와 벨기에의 군대가 1923. 1. 11. 루르지방을 점령하고 석탄을 현물로 가져가려고 하였다.

독일정부는 루르 지방의 정당 노동조합과 연계하여 점령군에 저항하는 파업을 촉구하였고, 그 결과 석탄생산이 급감되어 점령군뿐만 아니라 독일도 큰 피해를 입었다. 초인플레가 진행되어 봉급을 받으면 바로 물품으로 바꾸었고, 지폐를 연료로 사용하였으며, 1달러가 2억4,000만 마르크로까지 되었다.

이러한 상황에서 슈트레제만(Gustav Stresemann)이 1923. 8. 13. 사회민주당・중앙당・독일민주당과의 대연정(大聯政)으로 수상이 되었다. 그는 1923. 9. 26. 프랑스와 벨기에의 루르 점령에 대한 소극적 저항을 종식시킴으로써 이후의 '도스 플랜(Dawes Plan)'과 '로카르노 조약(Verträge von Locarno)' 등을 통한 독일 부흥의 외교적 기초를 만들었고, 10월에는 노사분쟁에서 외부 중재자가 결정권을 가지도록 하는 강제중재제도를 도입하는 등 노동정책 유연화를 실행하였으며, 11월 20일경에는 새 화폐 렌텐마르크(Rentenmarek)[30]를 도입하여 통화도 안정시켰다.

그러나 바이에른에서 일어난 우파의 반란과 작센 튀링겐 그리고 베를린에서 일어난 좌파 준동에 대하여 좌파만 엄단하였다는 이유로 사민당이 연정에서 탈퇴하여 1923. 11. 22. 내각이 붕괴되었다. 수상에서는 물러났지만 슈트레제만은 뒤이은 마르크스(Wilhelm Marx)・루터(Hans Luther)・뮐러(Hermann Müller) 내각에서 계속하여 외무장관으로 일하다가 1929. 10. 3. 과로로 병사하였다.

(3) 히틀러 폭동

아이스너의 좌파반란 진압 후 극우세력이 장악한 바이에른에서는 슈트레제만의 '소극적 저항 종료'를 반역으로 보고 분리독립과 항쟁을 주장하는 반발이 일어났고, 바이에른 주지사 크닐링(Eugen von Knilling)은 1923. 9. 26. 비상사태를 선포하고 전 주지사 카르(Gustav Ritter von Kahr)에게 전권을 넘겼다.

에베르트 대통령은 이를 헌정침해로 보고 같은 날 전국에 비상사태를 선포하

30) 도이체 렌텐방크(Deutsche Rentenbank)가 융자금 32억 마르크로 렌텐마르크를 발행했는데, 1조 파피어마르크가 1 렌텐마르크로 교환되었고 1 미국 달러=4.2 렌텐마르크였다. 1924.8.30. 라이히스마르크가 법정 통화가 된 뒤에도 1948년까지 계속 발행되었다.

고, 집행 권한을 국방장관 게슬러(Otto Geßler)에게 이양했는데, 뮌헨의 현지 사령관 로소프(Otto von Lossow) 중장은 오히려 반란에 가담하여 10월 22일 정부군을 바이에른의 지휘 아래로 넘겼다. 에베르트는 육군총사령관 젝트(Johannes Friedrich von Seeckt) 장군에게 군사적 진압을 지시하였으나, 그는 정부군 간의 교전을 반대하여 시행되지 아니하였다. 11월 8일 20시 30분경 히틀러의 폭동이 일어났고, 대통령은 동일 밤 국방장관 게슬러에게서 육군총사령관 젝트에게 행정권을 이양하여 '민간' 비상사태를 군사 비상사태로 대체하였다.

히틀러는 1919년 2월경 아이스너의 바이에른 정부 선전부서 요원 · 뮌헨 소비에트 군인평의원이었지만 1919년 5월 소비에트가 진압되고 재판이 시작되자 평의회의 다른 간부를 "소련공화국을 위한 가장 급진적이고 최악인 선동자"라고 비난함으로써 처벌을 모면하였고, 이후 반유대 민족주의자 페더(Gottfried Feder) · 비밀 우익 극단주의 장교 협회 'Eiserne Faust'의 공동창립자인 룀(Ernst Röhm)과 교제하였고, 9월에는 '독일노동자당(DAP)'에 가입하였다. 독일노동자당의 명칭이 1920. 2. 24. '민족사회주의독일노동자당(National-sozialistische Deutsche Arbeiterpartei; NSDAP)'으로 변경되었는데, '나치(Nazi)'로 약칭되었다. '민족주의(National)'를 붙인 취지는 통상의 서구 '자본주의'와 소련의 '국제주의적 사회주의'를 배격하는 반자본주의, 반국제주의인 독일식 사회주의라는 의미였으므로 '국가사회주의'와는 다른 개념이었다. 사회주의라는 명칭과는 달리 실제로는 사민당의 노동정책을 탄압하고 군국주의적 극우 정책을 취하였으나, 민족감정에 호소하여 노동자 다수의 지지도 받았다. 이와 유사한 감성적 민족주의로 1922년 10월 이탈리아에서 쿠데타로 집권한 무솔리니(Benito Andrea Amilcare Mussolini)가 자신들의 사상을 '파시즘(fascism)'이라고 하였기 때문에 히틀러의 사상도 파시즘으로 분류되었다. 무솔리니도 초기에는 노동당 서기를 맡는 등 사회주의 활동을 하였다가, "사회주의 이론은 죽었다. 남은 것은 원한뿐이다."라고 주장하면서 사회주의와 결별하고, 민중혁명과 민족단결을 통한 순수하고 낭만적이며 유토피아적인 민족공동체의 이상향 건설을 시도하였다.

히틀러는 당명 개정시 25개 항목의 프로그램을 발표하였고, 그 경 당의 실행조직인 돌격대(Sturmabteilung; SA) 문양을 스바스티카(Swastika) 즉 하켄크로이츠

(Hakenkreuz＝卍)로 정하였다.

룀은 1923. 2. 4. 바이킹연맹 등의 정치적 군사조직을 돌격대로 합병하여 애국전투부대를 창설하였고, 1923년 9월 초에는 독일전투연맹(Deutscher Kampfbund)을 설립하였으며, 9월 25일 탁월한 연설로 두각을 드러낸 히틀러를 전투연맹의 지도자로 옹립하였다.

히틀러는 카르 등의 반란을 활용하여 정권을 탈취하기로 계획하고, 10월 20일 슈트레제만 수상과 젝트 육군총사령관을 유태인의 조종을 받는 민족반역자로 비난하였다. 로스토프 장군은 이를 금지하라는 국방장관 게슬러의 지시를 거부하고 22일 카르의 반란정부에 가담하였다.

카르가 1923. 11. 8. 20시 바이에른 반란 정부의 요인들과 맥주홀에서 회합을 개최하자, 히틀러는 이를 혁명의 기회로 이용하여, 20시 30분경 돌격대로 하여금 맥주홀을 포위하게 하고, 사전에 내통한 1차대전 전쟁 영웅인 루덴도르프(Erich Ludendorff)와 합세하여 바이에른 반란 정부의 실권자 카르・로소프・경찰청장 자이서(Hans Ritter von Seisser) 대령 등에게 쿠데타에 가담하도록 강권하고, 나머지 각료들을 연금한 뒤, “독일 국민에게 선포한다! 베를린의 11월 범죄자들의 정부는 오늘 해임되었고, 루덴도르프 장군・히틀러 장군・로소프 장군・자이서 대령으로 구성된 임시 독일 국가 정부가 구성되었다. 무솔리니 주변의 이탈리아 파시스트에 의한 ‘로마 진군’의 예에 따라, 바이에른의 제국군 부대는 반민주주의 군대와 함께 베를린으로 진군하고 그곳에서 독일 제국의 권력을 장악했다.”라는 전단을 살포하였다.

룀이 8일 밤 동안 도시를 장악하려 시도하였으나, 순조롭지 않았고, 루덴도르프에게 쿠데타에 가담하기로 약속하고 밤늦게 석방된 카르 등 3인은 배반하였다. 9일 아침 히틀러의 돌격대와 독일전투연맹 등 4,000명가량이 바이에른 국방부 앞을 행진할 때 주 경찰 병력 130명과 총격전이 벌어졌고 4명의 주 경찰과 16명의 나치가 사망했으며, 폭동은 실패로 끝났다.

히틀러는 11일 체포되어 1924년 2월부터 뮌헨재판소에서 재판을 받았는데, 그는 대반역죄를 부인하고 1918년 11월 범죄자들이 진짜 반역자라고 주장했고, 증인으로 증언한 카르・로소프・자이서는 자신들의 반란계획을 숨겨주면 히틀러가 관대한 처분을 받도록 하겠다고 약속했다. 히틀러는 4월 1일 반역죄로 징역 5년을 선고받았고, 란츠베르크(Landsberg) 감옥에서 수형생활을 하면서 「나의 투쟁(Mein Kampf)」 저술에 착수하였으며, 1924. 12. 20. '선행을 위해' 석방되었다. 루덴도르프는 당일 체포되어 밤늦게 가석방되었고, 1차 대전의 전공을 이유로 무죄판결을 받았다. 룀은 5개월 형을 선고받았다.[31)]

돌격대(SA)와 나치당(NSDAP)은 독일 전역에서 금지되었다. 그러나 히틀러가 1925. 1. 4. 바이에른의 수상 헬트(Heinrich Held)에게 합법적으로만 정치에 참여하고 정부가 공산주의와 싸우는 것을 돕겠다고 약속한 대가로 헬트는 2월 16일 나치당 금지령을 해제했고, 26일 히틀러는 나치당을 재건하였으며, 돌격대는 독립적 준군사조직이 아닌 나치당의 보조부대로 재창건되었다.

히틀러 등은 11월 9일에 추모식을 열다가, 1933년 집권한 뒤에는 국가 공휴일로 지정하였다. 살해된 16명을 위하여 두 개의 명예 사원이 세워졌는데, 1945년 미군에 의해 폭파되었다. 젝트는 히틀러 집권 후 중국의 장제스 휘하에서 마오쩌둥의 공산군 토벌에 기여하였다.

(4) 프롤레타리아트 혁명 시도 진압

코민테른 집행위원회는 1923년 10월을 독일 공산주의 혁명 시기로 결정하였다. 작센과 튀링겐 지역에는 독일공산당(KPD)을 포함한 연립정부가 수립되어 불법적으로 조직된 노동자 민병대를 무장해제하라는 중앙정부의 명령을 거부하였고, 10월 23일 함부르크에서는 독일공산당(KPD) 함부르크 지부 중 가장 호전적이였던 준군자단체인 'KP 바세르칸테(KP Wasserkante)'가 봉기하여, 26개 경찰서를 습격하고 지방정부 지도자를 체포하는가 하면, '스토르마른 소비에트공화국'을 선포하는 등 반란행위를 하였으며, 100명가량이 사망하였다.

슈트레제만이 헌법 제48조에 의한 비상조치로 군을 동원하여 프롤레타리아를 무장 해제시키고 작센과 튀링겐의 정부에서 공산당을 축출하자, 사민당은 바이에른의 카르와 히틀러 반란에 대하여는 미온적인 조치를 하고 공산당에 대하여

---

31) 김봉진(1994), "바이마르시대의 준군사조직과 (準軍事組織) 히틀러 폭동", 「역사교육논집」 제19권 제1호, 역사교육학회, 159~199면.

만 강경진압을 한 것 등을 문제 삼아 연정에서 탈퇴하였다.

(5) 국제 관계

– 로카르노 조약(The Locarno Treaty)

라인란트지역을 점령한 연합군은 베르사이유 조약에서 1925년 1월 철수하도록 예정되어 있었으나, 프랑스와 영국은 독일이 군축 조항을 준수하지 않고 배상금을 지급하지 않는다는 이유로 철수를 거부했다. 슈트레제만은 조약 이행을 보장하는 새로운 조약을 체결하여 모든 당사자가 원하는 것을 얻을 수 있도록 할 것을 제안하고 배상금지급 약속을 하였고, 외무 장관들이 1925년 10월 스위스 휴양지 로카르노에 모여 새로운 조약을 체결하였다.

가장 중요한 사항은 미국이 베르사이유 조약에 참여하지 않는 상황에서, 벨기에·프랑스·독일의 국경에 대한 상호 보장을 영국과 이탈리아가 보증하는 것이었고, 다음으로는 독일·벨기에·프랑스·폴란드·체코슬로바키아 간에 향후의 분쟁에 대하여는 중재재판소 또는 국제사법재판소에 회부하기로 각각 약속하였다. 전자의 조약에서 벨기에·프랑스·독일은 서로를 공격하지 않기로 약속했고, 영국과 이탈리아는 보증인 역할을 하기로 했는데, 세 국가 중 하나가 다른 국가를 침략하는 경우 다른 모든 당사자는 공격을 받는 국가를 지원하기로 하였다.

로카르노 협정의 성공으로 독일은 1926년 9월 국제연맹에 가입하여 상임 이사국이 되었다. 이 조약에 기여한 영국·프랑스·독일의 외무장관들에게 노벨평화상이 수여되었는데, 1925년에 영국의 체임벌린(Austen Chamberlain)에게, 1926년에는 프랑스의 브리앙(Aristide Briand)과 슈트레제만에게 공동으로 수여되었다.

1928년에는 미국의 켈로그(Frank B. Kellogg) 국무장관과 프랑스의 브리앙 외무장관 주도로 전쟁에 의한 국제적 분쟁의 해결을 포기하는 협약(Kellogg-Briand Pact)이 체결되었는데, 독일도 1928. 8. 27. 서명하였다. 이 협약에는 집행 기구와 절차가 규정되지 아니하였으나, 2차 대전 전범에 대한 뉘른베르크 재판과 도쿄 재판의 법적 근거가 되었다.

그러나 히틀러 정부는 1936. 3. 7. 비무장화된 라인란트에 군대를 파견하여 로카르노 조약을 파기하였다.

– 소련과의 협약[32)]

1922년 4월 이탈리아의 제노바에서 '유럽 경제 부흥 회의'가 열렸는데, 그 기회를 틈타 16일 제노바 근교인 라팔로에서 바이마르공화국과 소련이 우호조약을 체결하였다(Vertrag von Rapallo). 그 내용은 "독일은 브레스트-리토프스크 조약에 따른 배상권을 완전히 포기한다. 그 대신 러시아는 해당 조약으로 상실한 영토에 대한 영유권을 주장하지 않는다. 양국의 외교 관계를 정상화하고 쌍방 간의 통상에서 최혜국 대우를 적용한다."였다.

제1차 세계대전 후 독일과 소련은 국제적으로 소외된 존재였다. '유럽 경제부흥회의'에서 프랑스는 독일이 소련에게 지급할 배상금을 대위하여 수령함으로써 구 러시아 제국에 대한 채권을 실행하려 하였는데, 독일과 소련이 위 조약으로 그들 간의 배상금 지급의무를 소멸시킴으로써 프랑스의 계획을 수포로 돌아가게 하였을 뿐만 아니라, 경제건설과 군비강화를 위한 비밀협력을 하게 됨으로써 양국의 서유럽에 대한 발언권이 크게 증대되었다. 그러나 이 조약의 여파로 1921년 프랑스의 루르 점령이 일어났고, 조약을 체결한 외무장관 라테나우(Walter Rathenau)는 1922. 6. 24. 극우파에게 암살당했다.

슈트라제만은 로카르노 조약으로 프랑스와의 관계가 안정되자, 다시 러시아와 교섭하여 1926. 4. 24. 베를린 조약(Berliner Vertrag)을 체결하였다. 이 조약은 두 나라 중 한 나라가 제3국에 의하여 침략을 받으면, 다른 한 나라는 중립을 지킨다는 것을 골자로 하는 상호중립 보장안이었는데, 이것은 영불이 독일을 통로로 하여 소련으로 진격하는 일이 없도록 함으로써 소련의 걱정을 줄이는데 기여하였다. 히틀러 정부는 1933. 5. 5. 이 조약도 파기하였다.

32) 장은주(2007), "라팔로 조약 이후 소-독 외교", 「이화사학연구」 제35권, 이화여대 이화사학연구소, 209~238면; 이지연(1990), "독 · 소 라팔로 조약에 관한 연구: 제1차 세계대전후 독일의 대외 정책에 미친 영향을 중심으로", 梨花女子大學校 大學院 석사학위논문.

(5) 배상금의 조정

– 도스 플랜(Dawes Plan)

배상금 결정을 위하여 베르사이유 조약으로 설립된 배상위원회(Reparation Commission)에는 프랑스·벨기에·영국의 대표만 있었다가 미국 예산국 초대 국장이었던 도스(Charles G. Dawes)가 1923년 미국 대표로 참여하게 되었다. 그가 의장을 맡은 배상위원회의 도스위원회(Dawes Committee)는 미국이 독일에 대규모 융자를 해줌으로써 독일이 연합국에 배상금을 지급할 수 있도록 하고, 영국·프랑스 등은 그 돈으로 미국에서 전쟁 자금으로 차용한 부채를 변제하게 하는 계획을 마련하였는데, 구체적 내용은 "① 루르 지역에서의 외국 군 철수, ② 배상금은 연 10억 마르크에서 시작하여 5년 후에는 25억 마르크로 증액, ③ 연합국 감독 하 독일은행(Reichsbank) 재편, ④ 배상금의 출처에 교통 소비세 및 관세 포함, ⑤ 독일은 주로 미국의 월스트리트 채권 발행을 통해 약 2억 달러를 대출받음"이었다.

1924. 8. 16. 파리에서 이 계획이 서명되었고, 성공적으로 이행되어 프랑스에 대한 지불이 시작되었고, 발행된 도스 채권으로 미국 자본시장이 독일에 다시 열려 장기 채권과 단기 대출의 약 절반은 민간 부문으로, 절반은 공공 부문으로 흘러들어갔다. 그 결과 바이마르공화국의 인플레가 진정되고 철강산업을 위시하여 산업부흥이 일어났다.

도스는 그 공로로 1925년 체임벌린과 노벨평화상을 공동 수상하였다.

– 영 플랜(Young Plan)

독일의 뮐러 정부는 배상금 지불의 대가로 라인란트의 점령군 철수·라이히스방크와 라이히스반에 대한 국제적 통제의 종식을 통한 주권 제한의 종식 등을 추구하였고, 이와 관련하여, 1928년 9월 국제연맹 회의는 미국의 경제전문가 영(Owen D. Young)을 위원장으로 하고 14명의 국제금융전문가로 구성된 전문가위원회를 설치하였다.

도스 계획의 창안자이기도 한 영은 1929년 8월에 작성되어 1930년 1월 채택된 '영 플랜(Young Plan)'으로 배상에 대한 근본적 조정을 하였고, 배상위원회는 해산하였다. 라인란트 점령은 1930. 6. 30.로 종료되었고 전쟁의 전반적인 청산이 선언되었다.

영 위원회에서 연합국 측은 독일의 배상금은 연합국이 미국에서 차입한 전쟁부채의 상환금 이상이어야 한다면서 연 20억에서 25억 라이히마르크를 요구하고 그것이 관철되지 않으면 점령군 철수를 할 수 없다고 주장하였고, 독일은 지불능력을 넘으면 현실적으로 지급할 수가 없다면서 연 13억 7천만 라이히마르크를 한도로 제시하였다. 결국 360억 라이히마르크를 1988년까지 58년간 이자와 함께 할부로 상환하도록 되었는데, 연간 지급액은 약 20억 라이히마르크이고, 총납입액은 1,120억 라이히마르크로 되었다. 연불액은 1930년 기준으로 독일의 연간 수출의 약 12% · 국민 순생산의 2.5% · 모든 공적 수입의 7.3%에 해당하였다.

영 플랜에 대하여 프랑스는 대체로 만족하였고, 발효 후에는 독일과의 화해협력을 위하여 노력하였다. 그러나 독일의 여론은, 영 플랜이 초기의 배상금에 비하여 크게 감소된 것이었는데도 불구하고, 매우 적대적이었고, 결국 히틀러 정권의 출현에까지 연결되었다.

– 자유법(Freiheitsgesetz) 국민투표

독일민족인민당(DNVP) · 나치당(NSDAP)과 여러 민족주의 단체들은 영 플랜을 "독일 정복을 위한 고도 자본주의의 기계"라고 부르고, "당신은 3대까지 힘들게 일해야 합니다!"라는 구호 등으로 1929년 7월 '영 플랜에 반대하는 대중 발의를 위한 국가위원회'를 설립했고, 베르사이유 조약 전체를 개정하고 영 플랜 서명자를 반역죄로 처단하기로 하는 것 등을 내용으로 하는 (독일 국민의 노예화에 반대하는) '자유법(Freiheitsgesetz)'안에 대한 입법청원 서명을 1929. 10. 16.부터 받기 시작하였으며, 29일 헌법 제73조 제3항 소정 유권자 1/10의 요건을 갖추어 의회에 제출하였다. 의회가 11월 말 318 : 82로 법안을 부결하자 청원인들은 헌법 제75조에 의한 국민투표를 청구하였고, 정부의 반대 운동 아래에 크리스마스 전 일요일인 1929. 12. 22. 국민투표가 시행되었는데, 유권자의 13.5%만 투표하여 유권자 과반수 찬성을 요하는 의결 요건에 미달하여 법안은 폐기되었지만, 투표자 중의 찬반은 5,838,890 : 338,195표로 찬성이 94.5%나 되었고. 그 법안의 내용은 나치 정부에서 대부분 실현되었다.

바이마르 헌법의 국민투표제도는 나치의 발흥에 기여하였기에, 독일연방공화국 기본법에서는 영토 변경 문제에만 국한하도록 제한되었다(제160조).

– 로잔 회의(Lausanne Conference of 1932)

1929년 10월 월스트리트 붕괴가 발생하였고, 그 결과 미국 은행들은 유럽에서 돈을 회수하고 영 플랜의 전제인 신용을 취소하였다. 또한 수입과 수출이 감소되어 1933년까지 세계 무역의 2/3가 사라졌다. 전 세계가 공황으로 경제가 마비되자 독일의 힌덴부르크 대통령은 미국에 지불유예를 요청하는 친서를 보냈고, 미국의 후버 대통령은 1931. 6. 20. 정부 간의 모든 채무에 대해 1년간 원리금 지급을 유예하기로 하는 '모라토리엄'을 선포하였고 다수 국가의 지지를 받았다.

그러나 모라토리엄으로도 유럽의 경제 쇠퇴가 해결되지 아니하자 1932. 6. 16.부터 7월 9일까지 스위스 로잔에서 영국・프랑스・이탈리아・벨기에・독일・일본의 대표들이 모여 독일에게 채무이행을 압박하지 말고, 미국이 전쟁 부채를 탕감해 주는 것을 조건으로 독일의 부채를 323억 달러에서 7억 1,300만 달러로 줄이기로 합의하였다. 후버 대통령은 채무 탕감을 수락하지 아니하였으나, 독일은 더 이상 지급을 하지 아니한 채 히틀러 정권으로 이행하였다. 그 때까지 독일이 지급한 액수는 베르사이유 조약에 따라 요구된 금액의 1/8뿐이었다.

제2차 세계 대전 후 1953년에 런던에서 체결된 독일 대외 부채에 관한 협정에서는 독일은 통일 후에 나머지 부채를 갚도록 되었으나, 서독은 통일전인 1980년까지 원금을 갚았고, 1995년부터는 이자 지급을 재개하였으며, 2010. 10. 3. 배상금 원리금을 완불하였다.

3. 나치 정권

(1) 황금의 20년대?

1924년 여름 도스 플랜으로 미국 자본이 유입되기 시작한 때로부터 1929년

10월 경제공황이 시작된 때 사이의 수년을 '황금의 20년대'로 부르면서 바이마르공화국의 헌법과 정치체제가 이상적이었던 것처럼 평가하기도 하지만, 이것은 히틀러 정권에서 해외로 추방되거나 망명한 지식인들이 만들어낸 신화에 불과하고, 그 기간도 독일은 매우 어려웠다.[33]

독일의 총생산은 50%나 증가하였지만, 주로 수출산업에 한정되었고, 가장 호경기였던 1927년의 실업자 수는 전쟁 전의 가장 나빴던 때보다도 더 나빴다. 정정도 계속하여 불안정하였고, 임금상승으로 인한 노동생산성 하락과 경제의 집중화와 카르텔화로 경제구조도 불건전하였다.

그러나 전례없던 눈부신 학문과 예술 등 문화발전이 이루어졌는데, 하이젠베르크의 '불확정성의 원리' · 슈뢰딩거의 '파동역학' · 슈펭글러의 「서구의 몰락」 · 레마르크의 「서부전선 이상없다」 등 많은 발표가 이루어졌다.

그렇지만 공화국과 민주주의는 지지를 받지 못하였다. 언론들은 대부분 민족주의 성향이었고, 관료들은 대부분 군주제 지지자였다. 정부가 명맥을 유지한 것은 제국 최후 수상이었던 '바덴 왕자 막스 공(Maximilian Prinz von Baden)'이 초대 수상 에베르트에게 공식적으로 자리를 넘겨준 데에 기인하였다. 또한 군부는 국민적 비호 아래 민간정부나 정치단체의 배후에서 비밀리에 독자적인 재무장을 추진하면서 "군은 오로지 국가에만 봉사한다. 군이 곧 국가이기 때문에"라는 젝트의 신조에 따라 '국가 내의 국가'로 존재하여 민주주의를 지지하지 아니하였다.

특히 1925년 4월 왕정 복고파 세력인 힌덴부르크가 대통령에 당선되고부터는 '강력한 대독일'의 부흥과 대외적 대발전을 지향하는 귀족 · 군부 · 관료 세력들 등의 권력이 점점 강화되었고, 1914년 당시 국경의 회복 · 유럽에서의 패권과 과거 독일의 해외 식민지 회복 · 군비 회복 · 배상금 지불 폐지 등이 국정의 목표로 되었다.

이러한 권위주의적이고 국가주의적인 국민의식은 나치 정권의 등장에 관련되었다. 1928년 5월 총선거에서는 사민당과 공산당이 세력을 확장했고, 사민당 세

33) 하겐 슐체, 앞의 책, 236면.

력이 왕정 복고파까지 포섭하여 불안정한 내각을 조직하였다. 1929년 경제 대공황을 맞아 경제불황이 다시 심해지자 모든 사회계층이 경제파국의 책임을 민주주의와 공화국에 돌렸다.

(2) 프로이센 주 정부에 대한 비상조치

독일 제국의 2/3를 점하는 프로이센 주는 초기부터 사민당 브라운(Otto Braun)의 주도하에 중앙당과 민주당(DDP)의 안정적인 연합(프로이센 연합)에 의해 통치되었다. 그러나 1932. 4. 24. 선거에서 나치당이 총 423석 중 162석을 얻어 제1당이 되었고 공산당이 57석을 얻어 프로이센 연합은 정부를 구성할 수 없게 되었으나, 나치당이나 공산당과는 연합하려 하지 아니하였고, 나치당과 공산당도 연정을 반대하여 브라운 내각은 공식적으로 사임하였으면서도 직무를 계속하였다.

그러던 중 1932. 7. 17. 일요일에 알토나(Altona)에서 경찰 등이 발포하여 나치당원 등 17명이 사망하는 사건이 발생하자, 힌덴부르크 대통령은 1923년 에베르트 대통령이 작센 주 등에 대하여 취하였던 선례에 따라 “프로이센의 공공 안전과 질서 보장을 위하여”, 1932. 7. 20. 프로이센의 행정권을 국방장관에게 부여하고 기본권을 제한하는 비상조치를 하였다.

동일 파펜(Franz von Papen) 수상은 제국군과 함께 프로이센 내무부 · 베를린 경찰 본부 등을 점거하였고, 경찰을 비롯하여 사민당의 많은 관료들을 퇴직시키고, 민족주의자 보수 관료로 교체하였다.

(3) 히틀러 정부의 등장

실업자가 급증하고 국고에 거액의 적자가 발생하자 정부는 사회정책비 삭감과 증세로 대응하려 하였으나 좌우 양쪽의 반대로 실패하였고, 1930년 3월에 내각은 무너지고 말았다.

내각이 구성되지 아니하자 대통령은 긴급명령과 군부세력 · 보수파들의 지지를 배경으로 프로이센 주 비상조치 등 독재 정치를 하게 되었고, 중도파와 온건 보수파는 대거 나치당으로 전향했다.

1932년 4월 대통령 선거에서 중도파인 힌덴부르크가 19,359,983표(53%)로 재선되었으나, 히틀러가 13,418,547표(36.8%)를 받아 2위를 차지하였다.

힌덴부르크는 당선 후 7월에 의회를 해산하고 선거를 실시하였는데, 총 608석 중 나치당이 230석(107석 증가)으로 제1당이 되었고, 사민당 133석 · 공산당 89석 등이었는데, 다른 정당들이 나치당과 연립정부를 구성하지 않으려 하여 11월에 다시 선거를 실시하였다.

그 선거에서도 나치당이 총 584석 중 196석을 얻어 제1당이 되었고, 사민당 121석 · 공산당 100석 등이 되자, 대통령은 고심 끝에 1933. 1. 30. 히틀러를 수상으로 임명하였다.

히틀러의 저서 「나의 투쟁」 제1권이 1925. 7. 18.에 출판되었고 1926. 12. 11. 제2권도 출판되었지만, 부수상이 된 전전임 수상 파펜과 대통령은 물론이고, 대대수가 그가 단순한 정치인이 아니라 세계정복의 야망을 가진 혁명가라는 사실을 알지 못하였다.

힌덴부르크 대통령이 위독해지자 히틀러 내각은 1934. 8. 1. '제국의 최고 관청에 관한 법률(Gesetz über das Staatsoberhaupt des Deutschen Reiches)'을 제정하여 대통령과 수상의 직을 통합하여 '총통(Führer und Reichskanzler)'으로 만들고, 그 자리에 히틀러가 취임하도록 정하였고, 2일 대통령이 별세하자 히틀러는 총통이 되었다. 8월 19일 위 내용을 국민투표에 붙였는데, 95% 투표율에 88% 찬성으로 가결되었다.

(4) 히틀러 정부의 민주주의 파괴

– 나치 돌격대(SA)의 폭력 행사

히틀러는 제1차 내각에 내무장관 프릭(Wilhelm Frick)과 무임소 장관 괴링(Hermann Göring)만 나치당에서 선임하고 나머지 모든 각료를 파펜 부수상의 독일국가인민당에서 선임하였지만, 내무장관과 괴링의 비호를 받아 룀이 지휘한 나치돌격대(SA)는 취임 즉시 정견을 달리하는 사람들에게 테러를 가하고, '비공식' 강제수용소로 끌고 가 고문 살해를 시작하였다.

– 의사당 방화사건과 '민족과 국가를 위한 비상조치법'

1933. 2. 27. 발생한 의문스러운 의사당 방화사건을 구실로 하여 28일 히틀러 내각은 '민족과 국가를 위한 비상조치법(Verordnung des Reichspräsidenten zum Schutz von Volk und Staat)'이라는 이름의 대통령 긴급명령을 민장일치로 제정하여 동일자로 시행하였다.

그 명령 제1조는 1945년까지 계속된 비상사태 하에서 헌법 제114조(인신의 자유)·제115조(주거의 불가침)·제117조(신서 우편의 자유)·제118조(언론 출판의 자유)·제123조(집회의 자유)·제124조(결사의 자유)·제153조(소유권 보장)를 정지시켰고, 이에 의하여 1933. 3. 5.의 총선거에 즈음하여 공산당과 사민당 후보자에 대한 보호구금명령이 시행되었다.

제2조는 제국 정부에 각 주에서 '공공 안전과 질서를 회복하는 데 필요한 조치'를 취할 권리를 부여했는데, 이것과 수권법에 의한 1933. 3. 31.의 '주의 제국과의 동기화를 위한 임시법(Vorläufige Gesetz zur Gleichschaltung der Länder mit dem Reich)'으로 주 의회를 해산하고 주를 다스릴 지방장관을 제국 내무부에서 임명함으로써 연방주의를 폐지하였다.

제4조와 제5조에서는 정부의 명령 위반을 포함하여 많은 행위의 형을 사형(死刑)으로 가중하였고, 1933. 3. 29.의 '사형 부과 및 집행에 관한 법률'에 의하여 1월 30일까지 소급적용하였다. 의사당 방화를 자백한 루베(Marinus van der Lubbe)는 그 소급법에 의하여 1934년 1월 처형되었다.

– 1933년의 총선과 제2차 내각

히틀러 정부는 나치당과 중앙당의 연합이 불발되어 의회 안정 의석을 만들 수 없다는 이유로 2월 1일 의회를 해산하였고 3월 5일 총선거를 실시하였다. 선거에 앞서 2월 28일의 비상조치법으로 에른스트 텔만 당수를 포함한 공산당 간부 4,000여명을 체포하였고, 사민당 후보자에 대한 보호구금 등 탄압이 행해졌다.

선거결과는 나치당이 17,277,180표(43.9%)로 총647석 중 288석(92석 증가)을 얻어 여전히 제1당이었고, 사민당 120석·공산당 81석(19석 감소)·중앙당 73

석 · 독일국가인민당 52석 등이었다. 나치당과 독일국가인민당의 연정이 이루어졌고, 각료는 대부분 나치당에서 선임되었다.

– 수권법(Gesetz zur Behebung der Not von Volk und Reich)

1933. 3. 23. '수권법(공식명칭: 민족과 국가의 위난을 제거하기 위한 법률, RGBl. I p. 141)'이 국회에서 의결되었고, 24일 공포 시행되었다.

바이마르 헌법에는 의회가 재적 2/3 출석과 출석 2/3 찬성에 의한 의결로 개헌을 할 수 있게 되어 있었으므로, 수권법도 1919. 3. 1.의 '알자스-로렌 문제에 대한 비상조치법'을 비롯하여 여러 차례 제정되었다. 대표적으로 슈트레제만 수상의 1923. 10. 15.자 '독일 렌텐은행 설립법(Verordnung über die Errichtung der Deutschen Rentenbank)'과 마르크스 수상의 1923. 12. 8.자 '일반 수권법(Marxsches Ermächtigungsgesetz)'을 들 수 있다. 그러나 이들 수권법은 헌법상 기본권의 범위 내에서 단기간의 권한을 부여하는 것이었고, 의회가 해제할 수 있었는데, 히틀러 정부의 수권법은 법률제정과 조약 체결에 관한 의회의 권한을 사실상 정부에 완전히 양도한 것이어서 그 전의 수권법과는 본질적으로 달랐다.

이 법은 의회에 의해 2차례 시행 기간이 연장되었다가, 1943. 5. 10.에는 정부가 기간 제한 없이 계속 적용된다는 법령을 발표하여, 1945. 9. 20. 연합군의 '나치법 폐지에 관한 통제위원회 법률 제1호'에 의해 폐지될 때까지 계속 적용되었다.

법안의 통과는 쉽지 않았다. 재적 647명 중 432명의 출석이 필요하였는데, 반대의견을 확실히 한 사민당과 공산당이 201명이었으므로, 전원이 출석하여도 15명의 여유밖에 없었다. 정부는 절차 규칙을 '정당한 사유 없이 의회 회의에 불참한 의원들도 참석한 것으로 간주'하고, 이러한 '무단 결석'에 '보호 구금'되거나 '추방'된 의원을 포함시키도록 사민당의 반대를 묵살하고 개정하였다. 괴링과 히틀러는 협상과 회의장에 들어온 돌격대의 압박 · 공산당에 대한 체포 · 3월 21일자 새 의회를 위한 '포츠담의 날 행사' 등 갖은 방법으로 나머지 의원들의 지지를 이끌어 내었다.

법안의 내용은 아래와 같다.

〈민족과 국가의 위난을 제거하기 위한 법률〉

독일 국가의회는 다음과 같은 법률을 제정한다. 이로써 참사원의 승인을 선언하며, 이 법률의 하위 항들로 인해 헌법 수정의 요건을 채운 것으로 확실하게 인정받는다.

제1조 독일의 법률은 헌법에서 규정되고 있는 절차 이외에 독일 행정부에 의해서도 제정될 수 있다. 이 조는 바이마르 헌법 제85조 제2항(예산) 및 제87조(차입금)에 관한 사항에 대하여도 적용된다.

제2조 독일 행정부는 국가의회 및 국가참사원의 제도에 영향을 미치지 않는 범위 내에서 헌법에서 정한 것과 다른 내용의 법률을 제정할 수 있다. 다만, 대통령의 권한을 변경할 수는 없다.

제3조 독일 행정부에 의해 제정된 법률은 수상에 의해 작성되어 관보(官報)를 통해 공포된다. 다른 특별한 규정이 없는 한 그 법률은 공포한 다음 날부터 그 효력을 발생한다. 헌법 제68조에서 제77조[34]는 정부에 의해 제정된 법률에 대하여서는 적용하지 아니한다.

제4조 독일이 외국과 조약을 체결하는 경우 그 조약은 입법권을 가진 다른 기관과의 합의를 필요로 하지 아니한다. 행정부는 이러한 조약의 이행에 필요한 법률을 공포할 수 있다.

제5조 이 법은 공포한 날부터 1937. 4. 1.까지 효력을 발휘하며 이 법 시행 당시의 행정부가 다른 행정부로 교체될 경우에는 효력을 잃는다.

히틀러는 "정부가 사례별로 의회의 승인을 협상하는 것은 국민 봉기의 정신에 맞지 않고 의도된 목적을 달성하지 못한다."는 요지로 연설하였고, 중앙당 의장 카스(Ludwig Kaas)는 "우리에게 현재 시간은 말로 지배할 수 없으며, 신속하고 건설적이며 구원하는 행위가 필요하다. 이 행위는 오직 집중에서만 태어날 수 있다." 등으로 찬성 이유를 설명하였다. 그러나 사민당 의장 벨스(Otto Wels)는 "우리에게서 자유와 생명은 빼앗을 수 있지만 명예는 빼앗을 수 없다." 등으

34) 이는 법률과 규칙에 관한 일반 절차규정인데, 제67조(법률안) · 제69조(정부의 법률안제출) · 제70조(법률의 공포) · 제71조(공포법률의 발효기) · 제72조(공포의 연기) · 제73조(국민투표 국민청원) · 제74조(참의원의 항의권) · 제75조(국민투표에 의한 결의 무효요건) · 제76조(헌법의 개정) · 제77조(행정규칙과 집행규칙의 공포) 등이다.

로 반대를 명백히 하였다.

투표결과는 사민당 94명 이외의 444명(68.4%) 전원 찬성과 109명의 투표불참으로 가결되었다. 불참은 체포되거나 도주한 공산당원 81명과 사민당원 26명 그리고 병 등으로 양해된 2명이었는데, 기권을 주장하다가 당론에 따라 찬성표를 던진 3명 중 하나인 호이스(Theodor Heuss)는 전후에 독일연방공화국의 초대 대통령이 되었다.

– 수권법 이후의 정부 법률과 처분

수권법에 의하여 많은 위헌적인 법률이 합법인 것으로 제정 시행되었고, 이들 법률과 2월 28일의 비상조치법에 의하여 많은 처분이 행해졌다.

1933. 4. 7.의 '직업공무원 복직에 관한 법률(Gesetz zur Wiederherstellung des Berufsbeamtentums)'에 의하여 유태인 · 좌파 공무원 · 나치당에 반대하는 민주주의자나 자유주의자 등이 해고 또는 강제 퇴직되고 그 자리에 나치당원이 배치되었다. 공무원은 유대인 조상이 없음을 증명하기 위하여 소위 아리안 증명서를 제출해야 했다. 점차 판사 · 검사 · 교사 · 대학 강사 · 공증인 · 변리사 · 군 장교 · 하사관 및 사병 · 제국은행과 제국철도의 직원 · 근로자 등에게도 적용되어 200만 명 이상이 피해를 입었고, '최전선 전투원 특권' 등 예외규정으로 보호되었던 유대인들도 1935년 9월의 뉘른베르크 인종법 또는 아리안법으로도 알려진 '독일 혈통 및 독일 명예 보호법(Gesetz zum Schutze des deutschen Blutes und der deutschen Ehre)' 등의 법률로 1935. 12. 31. 해고되었다. 연금도 제한되었다.

히틀러는 1933년 초부터 중앙당 의장 카스와 부수상 파펜을 통하여 교황청과 정교협약(Reichskonkordat)을 추진하였고, 1933. 7. 20. 34개 조항에 걸친 방대한 협약을 체결하였다. 비스마르크 시대의 문화투쟁을 계속하지 않고, 바티칸의 독립성과 가톨릭 신앙의 자유를 보장하는 것 같은 외양을 취함으로써 독립국인 바티칸으로부터 히틀러 정부의 정당성을 공식적으로 인정받는 성과를 얻었지만, 그것에 그치지 않고 가톨릭의 정치활동을 금지하고 노동조합 조직을 해체시켰으며, 가톨릭 박해로 나아갔다. 교황 비오 11세는 협약체결에 즈음하여 독일 공사에게 "독일 정부가 공산주의를 반대하는 타협할 줄 모르는 사람을 지도자로 가지게 되어 대단히 기쁘다"라고 하였고 파펜에게 최고 훈장인 비오의 대십자상을 수여했지만, 히틀러는 1933년 초에 단치히 자유시 시장 라우슈닝(Hermann Rauschning)에게 "비스마르크의 문화 투쟁은 어리석었다. 탐욕과 방종으로 사제들을 함정에 빠뜨려야 한다. 나는 그들에게 몇 년의 유예 기간을 줄 것이다. 그들은 물질적 이점을 유지하기 위해 무엇이든 삼킬 것이다."라고 하였다. 파펜은 1933. 7. 22. 가톨릭 학술 연맹 회의에서 "비오 11세가 새로운 독일이 볼셰비즘과 무신론 운동에 맞서 결정적인 전투를 벌였다는 것을 인정하여 조약에 동의했다"고 말했다. 바티칸은 유대인 학살에 대하여 불간섭정책을 취하여 아무런 의의도 하지 않았고, 전후에 그 협약에 대하여 많은 비난이 있었지만, 지금도 유지하고 있다.

1933년 5월부터 노조활동이 금지되어, 노조 재산은 5월 1일 노동절 직후에 몰수되었고 2일에는 노조 지도자들이 체포되었으며, 노동조합들은 나치 조직인 독일노동전선으로 강제 합병되었다.

정당도 금지되어 먼저 공산당이, 6월에는 사민당이 해산되었고, 7월까지 나치당을 제외한 모든 정당이 강압 아래에서 자발적으로 해산하였다. 사민당원 다수가 집단수용소로 끌려가서 살해되었고, 벨스는 망명하였다. 1933. 7. 14.의 '정당 신설금지법(Gesetz gegen die Neubildung von Parteien)'에 의하여 나치당이 유일 정당으로 되었고, 1934. 12. 1.의 '당과 국가의 단결을 보장하기 위한 법률(Gesetz zur Sicherung der Einheit von Partei und Staat)'에 의하여 나치당은 회원에 대한 자체 관할권을 가진 공법인으로서 '독일국가개념의 보유자(Trägerin des deutschen Staatsgedankens)'로 정의되었으며, 돌격대 부단장과 참모총장은 정부 위원으로 되었고, 공공 기관에게는 돌격대에 행정적 법적 지원을 제공할 의무가 부여되었다.

1934. 1. 30.의 '제국 재건에 관한 법률(Gesetz über den Neuaufbau des Reichs)'로 모든 지방 자치 단체와 주가 내무부 소속의 지방조직으로 개편되었고, 각 주의 대표자 자리에 제국 지방장관이 임명되었다. 1935. 1. 30.에는 다시 '제국 총독에 관한 법률(Reichsstatthaltergesetz)'을 제정하여 주 정부 수반의 임면·주 의회의 해산과 새 선거의 명령·주법의 초안 작성과 공포·주요 주 공

무원 및 판사의 임면 등의 권한을 행사하는 주 총독을 두게 하였고, 이미 괴링이 수상이 되어 장악하고 있던 프로이센에는 히틀러 자신이 총독이 됨으로써 제국과 프로이센을 완전히 통합하였다.

1934. 6. 30.에는 룀과 그 밖의 히틀러 반대세력이 쿠데타를 계획하였다 하여 군부와의 협력 아래에 힘러(Heinrich Himmler)의 친위대(SS=Schutzstaffel)를 동원하여 돌격대 대장 룀과 전임 수상 슈라이허(Kurt von Schleicher) · 전 바이에른 주지사 카르 등 수백 명을 살해하였고, 거사일 밤은 '장검의 밤(Nacht der langen Messer)'으로 불렸다. 이것으로 돌격대는 힘을 잃었고, 친위대는 이후 비밀경찰(Gestapo=Geheime Staatspolizei) · 집단수용소 등 많은 조직을 운영하면서 테러와 숙청을 전담하는 무소불위의 권력기구가 되었다.

히틀러는 권력기구 장악에 그치지 않고 사람들의 마음을 지배하기 위하여 자유주의 · 민주주의 · 사회주의적인 지식 · 예술에 대한 파괴활동을 전개하여 그러한 저서를 불태우고 음악과 미술을 비독일적 혹은 퇴폐적인 것으로 매도하였는데, 국민계몽선전부(Reichsminister für Volksaufklärung und Propaganda) 장관 괴벨스(Paul Joseph Goebbels)가 제국문화원(Reichskuturkammer)을 통하여 그러한 일을 주도하였다.

나치의 대표적 이론가였던 헌법학자 슈미트(Karl Schmitt)는 이 불법적 국가의 원칙을 "지도자는 법률을 수호한다"라는 명제로 공식화하였고, 이로써 독재자의 의지가 국가의 최고법으로 되었다.[35)]

4. 제2차 세계대전

(1) 국제연맹(League of Nations)의 무기력

1차 대전 후의 세계평화와 안전 유지 · 국제 협력 증진을 위하여 윌슨의 주도로 1920. 1. 10. 파리강화회의에서 국제연맹이 발족되었지만, 2차 대전 방지에 기여하지 못하였다.

헌장(Covenant of the League of Nations) 제10조 소정의 '연맹 구성원의 영토

---

35) 하겐 슐체, 앞의 책, 266면.

와 정치적 독립성 보존'과 제22조 소정의 '패전국 식민지에 대한 위임통치'가 주요 업무였는데, 위반에 대하여 권고나 경제적 재제를 하는 것 외에 군사적 제재 등 강제수단은 규정되지 않았고, 미국 상원이 유럽의 분쟁에 자동 개입하게 될 위험이 있어 먼로주의에 어긋난다는 등의 이유로 연맹 가입조차 거부하여 발족시부터 국제연맹의 실효성에는 의문이 있었다.

1924년의 제네바 의정서로 회원국이 무력에 의한 침략을 당한 경우 분쟁의 강제중재와 침략자를 결정하는 방법을 정하는 절차를 도입할 것을 시도하였으나 영국의 반대로 무산되었고, 그 이후의 군축과 국제평화를 위태롭게 하는 방송을 금지하기 위한 노력도 공염불에 그쳤다.

1940년 프랑스와 영국이 나치 독일에 공격을 당하면서 국제연맹은 사실상 무력화되었고, 1945년 10월에 국제연합(UN)이 창설되었다. 국제연맹은 1946. 4. 18. 제네바에서 열린 34개국 대표 회의에서 유엔으로 업무를 이관하기로 결정하였고, 9명으로 구성된 청산위원회가 연맹의 자산과 기능을 유엔이나 전문 기구로 이관하는 것을 감독한 뒤 1947. 7. 31. 해산했다.

회원국은 초기에 42개국으로 출범하였고, 1934년에는 63개국까지 증가되었다가, 1939년 이후에는 45개국이었다. 상임이사국은 초기에 영국 · 프랑스 · 이탈리아 · 일본의 4개국이었다가 1926. 9. 8. 독일 · 1934. 9. 18. 소련이 상임이사국이 되었으며, 1939. 12. 14. 소련이 축출된 이후에는 영국과 프랑스 2개국뿐이었다.

일본이 1931. 9. 18. 만주 철도 일부를 스스로 파괴하고는 이를 구실로 만주를 침공하고 만주국을 수립하자, 연맹은 군사적 대처 대신 일본에 경제 제재를 경고하고 만주에 조사단을 파견한 뒤 만주국 승인 거부와 일본군 철수 권고 조치를 하였다. 일본은 불응하고 1933. 3. 27. 연맹을 탈퇴하였다.

히틀러 정부도 1933. 10. 19. 베르사이유 체제의 폐기를 선언하고 탈퇴하였고, 1935. 3. 16.에는 베르사이유 조약에서 금지되었던 일반병역의무제도를 재도입하여 재무장을 시작하였으며, 1936년 3월 라인란트에 독일군을 진주시켰고, 1936. 11. 1. 이탈리아와 주축동맹 · 1936. 11. 25. 일본과 반코민테른 협정(Antikominternpakt)을 체결하였다.

이탈리아가 1935. 10. 3. 에티오피아를 침공하자, 연맹은 이를 비난하고 1935

년 11월에 경제 제재를 가했지만 석유 판매 금지나 수에즈 운하 폐쇄 등은 포함하지 않은 가벼운 제재여서 효과가 없었고, 이탈리아는 1937. 11. 6. 반코민테른 협정에 참여한 후 12월 11일 연맹을 탈퇴하였다.

1936. 7. 17. 스페인에서 프랑코(Francisco Franco Bahamonde) 장군이 우익 군부 쿠데타를 일으켜 아사냐(Manuel Azaña Díaz)의 좌익 정부와 내전을 벌였는데, 스페인 정부가 개입을 요청하자 내전이라는 이유로 거부하면서 외국의 개입도 막지 않기로 하였다. 1939년 히틀러와 무솔리니의 지원을 받은 프랑코 장군이 소련의 지원을 받은 정부군에 승리하여 연맹의 위신이 더욱 추락되었다.

일본은 1937. 7. 7. 노구교에서 발생한 총격사건을 구실로 하여 중국을 전면 침공하였는데 연맹은 아무런 조치도 하지 못하고 영미 등의 9국공약(九國公約) 회의로 넘겼다.

소련이 1939. 8. 23. 나치-소비에트 협정의 비밀조항에서 핀란드 · 발트해 연안 국가 · 폴란드 동부를 소련 영토로 하기로 정하고서는, 1939. 9. 17.에는 폴란드를, 11월 30일에는 핀란드를 침공하자, 연맹은 소련을 회원에서 추방하였다.

(2) 제2차 세계대전의 발발과 주축국(Axis powers)의 패전

히틀러 정부는 1938. 3. 13.에는 별다른 저항없이 오스트리아를 병합하였고, 체코슬로바키아 중 독일계 주민이 많은 주데텐란트(Sudetenland) 지역을 9월 30일의 영국 · 프랑스 · 이탈리아 · 독일 간에 체결된 뮌헨협정(Accords de Munich)으로 합병하였다.

1939. 3. 15.에는 체코슬로바키아와 보헤미아 · 모라바에 군대를 진주시키고 보호국으로 만들었고, 16일에는 슬로바키아에도 진주하였다.

1939. 8. 23. 소련과 불가침조약을 체결하고는 1939. 9. 1. 단치히(Danzig) 자치시 회복을 구실로 하여 폴란드를 침공하였고, 소련은 17일 폴란드를 침공하였으며, 10월 16일에는 독소협력우호 등 조약을 맺고서는 양국이 폴란드 전체를 분할 점령하였다.

1939. 9. 3. 영국과 프랑스가 독일에 선전포고하였다. 독일은 1940. 4. 9. 덴마트와 노르웨이를 점령하였다. 5월 10일에는 네델란드 · 벨기에 · 프랑스에 대

한 공격을 개시하여 6월 14일 파리를 점령하였고, 22일 프랑스와 휴전 협정을 맺었다. 이탈리아도 6월 10일 프랑스와 영국에 선전포고하고 프랑스를 침공하였다.

1939. 5. 22. 독일과 이탈리아는 소위 강철 조약에 서명하여, 주축국에 대한 군 조항을 공식화하였고, 1940. 9. 27.에는 독일 · 이탈리아 · 일본이 주축 동맹으로 알려진 삼국동맹을 맺었다. 1940. 11. 20. 헝가리 · 1940. 11. 23. 루마니아 · 24일 슬로바키아 · 1941. 3. 1. 불가리아가 각각 주축 동맹에 가담하였다. 유고슬라비아는 1941. 3. 25. 주축 동맹에 가담하였다가 27일 세르비아 장교들이 정부를 전복하고 페타르 2세를 옹립하자 4월 6일 독일군이 유고슬라비아를 침략하였고, 새로 설립된 크로아티아가 1941. 6. 26. 주축 동맹에 가담하였다. 그러나 티토(Josip Broz Tito)가 지휘하는 유고슬라비아 파르티잔이 매우 효율적인 유격전을 벌여 주축 동맹 가입을 저지하였다. 티토는 1948년 유고슬라비아 사회주의연방공화국을 건국하였으나, 소련의 간섭은 배격하였다. 핀란드는 1939. 11. 30. 소련의 침공을 받고, '공동 전쟁 참가국'으로서 소련에 대항하였다.

1941. 6. 22.에는 독일이 일방적으로 독소불가침조약을 파기하고 우크라이나와 레닌그라드를 공격하였다.

1941. 12. 8. 일본이 진주만을 기습하자 미국과 영국 등이 일본에 선전포고하였고, 독일 등은 12월 11일 미국에 선전포고하였다. 1941년 7월 영국과 소련 정부는 독일에 대항하는 군사 동맹을 맺었고 1942. 1. 1.에는 영국 · 미국 · 소련 · 중국과 22개의 소국 또는 망명정부가 연합국 공동 선언을 발표하고, 추축국과 어떠한 개별 평화 협상도 체결하지 않기로 결의했다. 소련과 일본은 1941. 4. 13. 불가침조약을 체결한 후 다투지 아니하였었는데, 1945. 4. 5. 소련은 1946. 4. 12.자로 조약을 종료한다는 통보를 하였고, 1945. 8. 6. 미국이 히로시마 원폭공격을 하자 8일 일본에 선전포고를 하였으며, 9일 참전을 개시하였다. 일본은 같은 날 나가사키에 두 번째 원폭 폭격을 받고 전의를 완전히 상실하였다.

초기에는 주축국이 우세하였으나, 1941년 말부터의 모스크바 방면에서의 병력 손실과 미국의 참전으로 주축국의 패배가 계속되었다. 1944. 6. 6. 노르망디 상륙작전이 이루어졌고, 8월 25일에는 드골의 자유프랑스육군 등이 파리를 해방시켰다. 이탈리아가 1943. 9. 8. 연합군에 항복하자 독일은 군을 보내어 이탈리아를 재점령하였지만, 1945. 4. 28.에는 무솔리니가 이탈리아 파르티잔에 의하여 처형되었다. 30일에는 히틀러도 자살하였으며, 5월 7일 독일이 항복하였다. 일본은 1945. 8. 15. 항복방송을 하였고, 9월 2일 전함 미주리에서 항복문서에 서명하였다.

세계 거의 전역에서 60여개 국가 간에 전쟁이 진행되어 6,000만 명 이상의 군인과 2,000만 명가량의 민간인이 사망하였다.

유럽국가 중 아일랜드 · 스웨덴 · 스위스 · 스페인 · 포르투갈 · 터키는 명목상 중립을 유지하였다.

(3) 전쟁의 결과

독일과 오스트리아는 미국 · 영국 · 프랑스 · 소련이 분할 점령하고 군정을 시행하였다.

전쟁을 주도하고 전쟁범죄를 저지른 나치와 일본의 수뇌부들은 뉘른베르크 국제군사재판과 도쿄 극동국제군사재판을 통해 처단당했다. 독일은 오스트리아와 분리되었고 주데텐란트를 비롯한 나치 시기의 점령지는 물론이고 오데르-나이세 선 동방의 영토를 상실했으며, 다수의 동부 독일인들이 추방당하였다. 그 후에도 나치 잔재 청산과 전범 처벌이 계속되었고, 독일은 전쟁 때 침략했던 국가들에 사죄와 배상을 하였다.

오스트리아는 1943년 모스크바 선언에서 언명된 대로 독립하기로 되어 1920. 10. 1.의 제1공화국 헌법에 따라 1945. 11. 25. 총선거가 실시되었다. 피글(Leopold Figl)이 이끈 우익 국민당(ÖVP)이 49.8%의 득표율로 전체 165석 중 85석으로 과반의석을 차지하였지만, 피글은 사민당 등을 망라한 대연정을 시행하였다. 그는 1953. 11. 26.에는 총리직을 사임하고 후임 랍(Julius Raab)의 내각에서 외무장관을 맡았으며, 1955. 5. 15. 벨베데레 궁전에서 주권 회복에 관한 연합국의 동의를 받아 오스트리아를 완전히 해방시킨 뒤, "오스트리아는 자유다!(Österreich ist frei!)"라고 선언하였다. 연합국 군대가 철수한 10월 26일에 오스트리아 의회는 '영구 중립국' 결의안을 통과시켰고, 이 날을 오스트리아의 국가기념일로 하였다.

초대 대통령인 사민당의 레너(Karl Renner)는 1차 대전 이후의 제1공화국에서도 수상을 역임한 바 있고, 좌파로 인식되기도 하였으나, 좌우세력을 단합시켜 제2공화국 설립에 결정적 역할을 하였는데, 1945년의 총선에서 사민당이 공산당을 76석 : 4석으로 완전히 압도함으로써 스탈린으로 하여금 오스트리아 공산화를 단념하도록 만들어, 국부로 불리었다. 공산당에 대한 지지가 미약하였던 것에는, 멩거 · 왈라스 · 뵘바베르크(Eugen Ritter von Böhm-Bawerk) 등 오스트리아 학파가 '효용가치설'로 1870년대에 이미 마르크스의 '노동가치설'을 격파하였었고, 그 후예인 미제스(Ludwig von Mises)가 1922년 「사회주의: 경제학적 사회학적 분석(Socialims: An Economic and Sociological Analysis)」이라는 책으로 사회주의가 합리적으로 비용을 계산할 수 없고, 그 결과 생산요소를 필요한 과제에 효율적으로 할당할 수도 없어서, 산업경제로서의 생명력을 가질 수 없는 체제임을 논증하였던 것도 영향을 미쳤다.

제4절 독일연방공화국과 자유민주주의

1. 독일연방공화국의 자유민주주의 건국과 부흥

(1) 독일연방공화국 개관

전후 통일독일정부 수립을 위한 동서간 교섭이 실패하고 냉전이 구체화되자 1949년 서방 점령지역은 통화개혁을 단행하고 경제통합을 실시하였다. 1949. 5월 잠정헌법인 '기본법(Grundgesetz)'을 제정하고 1949. 9. 21. 독일연방공화국(BRD, 서독)을 수립하였다.

이에 대해 소련 점령지역도 1949. 10. 7. 독일민주공화국(DDR, 동독) 수립을 선포함으로써 독일은 동 · 서 양독으로 분단되었다.

1954년 체결된 파리협정이 1955년 발효됨에 따라 서독은 주권을 회복하였고, 1958년 5월 NATO 및 서구연합(WEU)에 가입하였다. 동독은 1950년 9월 COMECON에, 1955년 9월 WARSAW 조약기구에 가입하였다.

서독정부는 60년대 초 미국의 경제원조와 사회적 시장경제체제를 통한 경제 재건 정책의 성공으로 획기적인 경제발전을 이룩하였고 대외적으로는 할슈타인 원칙[36]에 따라 동독 불승인 정책을 고수하였다.

(2) 독일연방공화국 기본법과 자유민주적 기본질서

– '자유민주적 기본질서'의 개념

'자유민주주의'라는 법적 개념은 전후 독일의 기본법[37]에서 '자유민주적 기본질서(Die freiheitliche demokratische Grundordnung)'로 처음 등장하였다.[38]

독일의 자유민주주의의 개념은, 독일인들이 라드브루흐의 가치상대주의[39]의 영향 하에서 최대한의 정치적 자유를 보장하려 하였던 바이마르공화국의 민주정치가 공산주의 폭동에 시달리다가 나치에 의하여 유린된 결과 세계전쟁에까지 내몰리는 처참한 경험을 한 후에, 헌법질서를 재정비하면서 다시는 '양의 탈을 쓴 늑대'에게 민주체제를 파괴당하는 일이 없도록 하기 위하여, 민주주의 파괴세력에 대하여는 관용하지 않고 방어하기로 원칙을 변경하면서[40] 도입한 새로운 개념으로서, '방어적 민주주의' 또는 '투쟁적 민주주의'로도 불리고 있고, 종래의 민주주의 개념에 민주주의 파괴활동에 대한 규제원칙과 규제장치를 추가한 개념

36) 할슈타인 원칙(Die Halstein-Doktrin)은 1955.9.22. 독일연방공화국 외무차관(Staatssekretär)이었던 발터 할슈타인이 내세운 외교원칙으로서, 독일의 유일한 합법 정부는 독일연방공화국이고, 동독을 승인하거나 동독과 수교하는 국가(소련 제외)와는 관계를 설정하지 않겠다는 내용이다.

37) 'Grundgesetz für die Bundesrepublik Deutschland'로서 대한민국의 헌법에 해당한다.

38) 이인재(2011), "역대 대한민국 헌법의 민주주의와 자유민주적 기본질서", 「역사와 현실」 제82호, 한국역사연구회, 466면; 독일 기본법은 자유민주적 기본질서(Die freiheitliche demokratische Grundordnung)의 용어를 제10조 제2항 · 제11조 제2항 · 제18조 · 제21조 제2항 · 제73조 제1항 10호 b · 제87a조 제4항 · 제91조 제1항에서 7회에 걸쳐 사용하고 있다.

39) 라드브루흐에 대하여는 자유 중심의 개인주의적 법질서 · 국민 중심의 전체주의적 법질서 그리고 문화 중심의 가치주의적 법질서 중 어느 것이 절대적으로 타당하다고 할 수 없고 "무엇이 정당한 것인가를 아무도 확인할 수 없다면 누군가 확정하지 않으면 안된다"는 입장을 취하여 바이마르공화국의 법질서가 나치의 전체주의 체제에 의하여 파괴되도록 방치하였다고 비판하는 견해가 있다[심헌섭(1982), 「법철학」, 법문사, 84면; 구스타브 라드브루흐 저 · 최종고 역(2007), 「법철학」, 삼영사, 87~116면].

40) 이 점에 관하여 라드브루흐는 "법적 안정성도 정의에 참을 수 없을 정도로 모순될 때는 예외로 후퇴되어야 하고, 인권의 절대적 부정은…(중략)…절대적 불법이다"(심헌섭, 앞의 책, 85면), "부정의함과 유해함 때문에 효력이 박탈당해야만 하는 법이 있을 수 있고, 법률도 자연법 이성법에 반하면 그 효력을 잃는다"[박은정(1989), 「라드브루흐의 법철학」, 문학과지성사, 260~261면]라고 견해를 변경하였다.

이다.

– '자유민주적 기본질서'의 내용

독일의 연방헌법재판소는 '자유민주적 기본질서'에 관하여 "모든 폭력적 지배 및 자의적 지배를 배제하면서 그때 그때의 다수 의사에 의한 국민의 자기결정과 자유와 평등에 기초하는 법치국가적 지배질서를 나타내는 질서로서 규정될 수 있다. 이 질서의 기본적인 원리로서는 최소한 다음과 같은 것을 들 수 있다. 즉 기본법에 구체화되어 있는 인권 특히 인격권 곧 생명권 및 인격의 자유로운 발현권의 존중·국민주권·권력분립·정부의 책임성·행정의 법률적합성·사법의 독립성·복수정당제 원리 및 합헌적인 야당 형성권을 포함한 모든 정당에 대한 기회균등 등"으로 규정하고 있다."[41]

독일 기본법상 '자유민주적 기본질서'의 구체적 내용은 여러 조항에 걸쳐 표현되어 있으나, 제1조의 "인간의 존엄성은 침해되지 아니한다. 모든 국가권력은 이 존엄성을 존중하고 보호할 의무를 진다(제1항), 그러므로 독일 국민은 이 불가침·불가양의 인권을 세계의 모든 인류공동체, 평화 및 정의의 기초로 인정한다(제2항), 다음에 열거하는 기본권은 직접 적용되는 법으로서 입법권·행정권·사법권을 구속한다(제3항)."와 제20조의 "모든 국가권력은 전체국민으로부터 나온다. 국가권력은 전체국민에 의하여 선거와 투표로, 그리고 입법·행정·사법의 특별 기관을 통하여 행사된다(제2항), 입법은 헌법질서에, 행정 및 사법은 법률 및 권리에 구속된다(제3항)."가 핵심 조항이다.

그 밖에 독일 형법 제92조 제2항은 독일형법에서의 '헌법상 제원칙'을 "① 선거와 투표를 통하여 또는 입법부·행정부·사법부의 특별기관에 의하여 국가권력을 행사하고 보통·직접·자유·평등 및 비밀 선거에 의하여 국민의 대표를 선출할 전체국민의 권리(das Recht des Volkes), ② 입법부의 헌법질서에의 기속, 행정부 및 사법부의 법률에의 기속, ③ 야당의 조직 및 그 활동수행에 관한 권리, ④ 정부의 해산 가능성과 국민대표에 대한 책임, ⑤ 법원의 독립, ⑥ 모든 폭력적·자의적 지배의 배제"로 열거하고 있다.

---

41) 콘라드헷세 저·계희열 역(1987),「서독헌법원론」, 삼영사, 94면.

– '자유민주적 기본질서'의 효력

① '자유민주적 기본질서'에 반하는 기본법개정의 금지: 앞에서 본 기본법 제1조와 제20조에 저촉되는 기본법 개정은 허용되지 아니한다(제79조 제3항).[42)]

② '자유민주적 기본질서'를 공격하는 자의 기본권 상실: "자유민주적 기본 질서를 공격할 목적으로, 표현의 자유 특히 출판의 자유(제5조 제1항) · 강의의 자유(제5조 제3항) · 집회의 자유(제18조) · 결사의 자유(제9조) · 서신 우편 및 전신의 비밀(제10조) · 재산권(제14조) · 망명권(제16조 제2항)을 남용한 자는 기본권을 상실한다. 상실 여부 및 정도는 연방헌법재판소에 의하여 결정된다(제18조)".

③ '자유민주적 기본질서' 침해 정당 · 단체에 대한 위헌선언과 금지: "그 목적이나 당원의 행동이 자유민주적 기본질서를 침해 · 폐지하거나 또는 독일 연방공화국의 존립을 위태롭게 하는 정당은 위헌이다. 이에 대해서는 연방헌법재판소가 결정한다(제21조 제2항)". 위헌 선언이 된 정당에 대한 조치 등 자세한 사항은 법률에 위임하였는데(동조 제3항), 형법 · 단체법 등 법률에 의하여 엄격히 처리된다.

그 밖에 "그 목적이나 활동이 형법에 위반되거나 헌법질서 또는 국제이해의 사상에 반하는 단체도 금지된다(제9조 제2항)".

④ '자유민주적 기본질서' 방어를 위한 기본권 제한: 자유민주적 기본질서의 절박한 위험의 방지를 위하여 필요한 경우 통신의 자유와 거주이전의 자유를 제한할 수 있다(제10조 제2항, 제11조 제2항).

⑤ '자유민주적 기본질서' 방어를 위한 무력사용 등: 자유민주적 기본질서에 대한 절박한 위험을 방어하기 위하여 연방정부는…(중략)…군대를 투입할 수 있고(제87a조 제4항), 주는 다른 주의 경찰력이나 다른 행정 및 연방국경수비대의 인원과 설비를 요청할 수 있다(제91조).

⑥ 헌법질서 침해에 대한 국민의 저항권: 제20조의 "모든 국가권력은 국민으로부터 나온다. 국가권력은 국민에 의하여 선거와 투표로, 그리고 입법 · 행정 ·

42) 안정수(2005), "자유민주주의: 본질, 기본질서, 자기방어", 「한국민주시민교육학회보」 제10권, 한국민주시민교육학회, 15면.

사법의 특별 기관을 통하여 행사된다(제2항), 입법은 헌법질서에, 행정 및 사법은 법률 및 권리에 구속된다(제3항).”로 표현된 국민주권과 선거제도 및 법치주의 등의 폐지를 기도하는 자에 대하여는, 다른 구제수단이 불가능할 때는, 모든 독일인은 저항할 권리를 가지는 것으로 명시하고 있다(제20조 제4항).

⑦ 독일 형법상 ‘자유민주적 기본질서’ 등의 효력: 독일 형법은 위헌 선언된 정당에 관하여 제84조(위헌정당유지), 제85조(결사금지위반), 제86조(위헌조직 선전물 반포), 제86조a(위헌조직 표시 사용) 등의 조항을 두고 있다. 그리고 ‘자유민주적 기본질서’[43] · ‘헌법질서’[44] · ‘헌법상 제원칙’[45]의 용어를 구분하여 사용하면서 여러 조항을 두고 있다.

(3) 아데나워(Konrad Adenauer) 총리(1949. 9. 15.~1963. 10. 16.)의 자유민주주의 확립과 경제부흥

1949. 8. 14.의 서독 총선에서 제1당은 사민당이었지만 총 402석 중 131석에 불과하여, 내각은 제2당 기독교민주연합 중심으로 구성되었고, 초대 총리는 쾰른시장 · 서독 제헌위원회 회장을 역임한 자유민주주의 소신파 아데나워가 맡게 되었다.

아데나워는 자유민주주의와 사회적 시장경제 체제를 구축하고, 미국을 비롯한 서방세계와의 긴밀한 관계를 수립하여 국제사회의 신뢰를 회복하고 번영을 이루는 것이 재통일의 유일한 방법이라고 생각하여, 미-소 사이의 중립국 재통일과 부분적 계획경제를 주장한 사민당과 선명히 대립하였다. 그는 나치 전범도 죄의 경중에 따라 일부 사면했는데, 그 중에는 제3대 총리 쿠르트 키징어도 포함되었다. 그는 공산주의 확산을 방지하고, 독일의 지위를 회복하기 위해서 1952년 소

43) ‘자유민주적 기본질서’의 용어는 간첩 및 외환죄에 관한 국가기밀의 개념(제93조 제2항), 제85조(결사금지위반) 제2항에 사용되고 있다.

44) ‘헌법질서’의 용어는 제81조(연방에 대한 내란) 제1항 제2호, 제82조(주에 대한 내란) 제1항 제2호, 제85조(결사금지위반) 제1항 제2호, 제86조(위헌조직 선전물 반포) 제1항 제2호, 제86조a조(위헌조직 표시 사용), 제89조(연방군 및 공안기관에 대한 반헌법적 공작활동) 제1항, 제90조a조(국가 및 국가상징물 모독) 제1항 제1호에서 사용되고 있다.

45) 제87조(군사적 사보티지 목적의 스파이 활동) 제1항, 제88조(반헌법적 군사적 사보티지) 제1항, 제89조(연방군 및 공안기관에 대한 반헌법적 공작활동) 제1항, 제90조(연방대통령모독) 제3항, 제90조a조(국가 및 국가상징물 모독) 제3항, 제90조b조(헌법기관에 대한 반헌법적 모독) 제1항에서 사용되고 있다.

련의 중립화 통일안을 거부하고, 파리 조약으로 유럽석탄철강공동체(ECSC)에 가입하였고, 유럽방위공동체(European Defence Community, EDC)에도 가입하였으며, 1953년 런던에서 1차 대전 배상금을 반감하는 대외채무 협정을 체결하는 한편, 이스라엘에 34억 마르크의 새로운 배상도 약속하였다.

소련과의 외교적 담판으로 1953~1955년에 걸쳐 독일군 포로들을 귀환시켰고, 1955. 9. 13. 소련과의 국교도 정상화시켰다.

1955년에는 연합국으로부터 연방군(Bundeswehr) 설립을 허가받았고, 북대서양조약기구(North Atlantic Treaty Organization, NATO)에도 가입하였다.

라인강의 기적(Wirtschaftwunde)으로 불리는 경제재건을 이룩하고, 1957년에는 로마 조약[46]을 체결하여 유럽경제공동체 창설에 참여하였다.

서베를린을 통하여 동독 주민이 누계 380만이나 탈출하고 인근 공산국가 주민까지 가세하자 장벽을 만드는 것을 수치로 생각한 흐루쇼프는 베를린에서 외국군을 철수시키고 자유시로 만들자는 제안을 하였다가 1958년 11월에는 미국 · 영국 · 프랑스 · 서독에 서베를린에서 철수할 것을 요구하였고, 1961년 6월에는 케네디 대통령에게 연말까지 동독과 협정을 맺고 미소영프 4개국 동시 철군을 받아들이라는 최후통첩(ultimatum)을 했으며, 8월 13일 동독의 군경이 서베를린과의 경계를 차단시키고 장벽 건설을 시작하였다. 미국은 전투기 216대를 파견하고 서베를린에 육군 1개 여단을 파견하였지만, 장벽 작업은 내버려두었다. 이 문제에 대하여 아데나워는 불투명한 반응을 하였는데, 서베를린 시장 빌리 브란트는 이와 달리 1963. 6. 26. 케네디 대통령에게 “Ich bin ein Berliner” 연설을 하게 하는 등 강경대처를 하였다. 그 결과 브란트가 여론의 지지를 받는 등 불리한 정세가 조성되었고, 아데나워는 10월 16일 사임하고 쾰른의 자택으로 돌아가 1967. 4. 19. 사망하였다. 장례식은 세계 각국 정상들의 참석 하에 쾰른 대성당에서 국장으로 치러졌고, 공동묘지에 안장되었다.

그는 제대로 된 자유민주주의 체제를 정착시키는데 처음으로 성공하였고, 경

46) 1957년 3월 이탈리아 로마에서 서독 · 네덜란드 · 벨기에 · 프랑스 제4공화국 · 이탈리아 · 룩셈부르크 6개국이 체결한 조약. 이 조약을 통하여 오늘날 EU의 모태가 되는 유럽 경제 공동체(EEC)와 유럽투자은행이 출범하게 되었다.

제를 부흥시키고 연금개혁과 같은 복지 확대도 실행하여 성장과 분배의 조화도 이루었다 그 결과 독일은 정치적으로나 경제적으로나 모범적인 국가가 되었고, 다시금 서유럽과 국제 사회의 중요한 일원으로 발돋움할 수 있게 되었다.

독일 여러 도시에 콘라드 아데나워 가(街)와 광장이 생겼고, 쾰른 공항에는 '쾰른-본 콘라드 아데나워 국제공항'이라는 명칭이 붙었으며, 독일 기민당 당사는 '콘라드-아데나워 하우스 (Konrad-Adenauer Haus)'가 되었고, 독일 총리 전용기(A340-313X VIP)의 이름도 '콘라드 아데나워 호'이다.

그의 말 "내 나이가 몇이냐고? 사실 나도 잘 기억이 나지 않는다" · "라인란트 출신자를 사귀어본 이들은 그들이 그리 친절하지 않다는 것을 알 것이다. 내가 라인란트 출신이다." · "물론 나는 법을 존중한다. 그러나 법을 지나치게 존중할 필요는 없다." · "국민들에게 거짓말만 늘어놓지는 않았다." · "정치에서 중요한 것은 올바름이 아니라 올바르게 행동하는 것이다." · "우리는 정당을 선택하고 정당은 개인보다 오래 지속된다" 등이 알려져 있다.

2. 독일 통일과 통일 독일

(1) 독일 통일 개요

1969년 10월 사회민주당(SPD)의 빌리 브란트 총리는 '동방정책(Ostpolitik)'으로 소련 · 동구권과의 관계개선과 동독과의 교류를 과감히 추진하여, 1972년 12월에는 동서독간 기본조약을 체결하였고 1973년 9월에는 유엔에도 동시 가입하였다.

소련 고르바초프 집권 이후 동구에 개혁무드가 팽배하였고, 1989년 11월 베를린 장벽 붕괴로 독일통일 무드는 급속히 고조되었다. 이러한 변화의 근저에는 소련의 경제 파탄이 있었지만, 1988년의 서울 올림픽 성공과 발트 3국 주민 200만 명이 1989. 8. 23. 소련으로부터의 독립을 주장하며 만든 총연장 600㎞의 인간 띠가 직접적 도화선이 되었다는 견해도 있다.

1990. 5. 18. 동서독 화폐 · 경제 · 사회 통합조약이 체결되었고, 8월 31일 통일조약이 서명되었으며, 9월 12일의 전승 4개국의 독일통일을 양해하는 조약

('2+4' 조약) 서명을 거쳐 10월 3일 통일이 달성되었다.

서독 기본법은 통일에 관하여 제23조[47]와 제146조에 서로 다른 규정을 두고 있었는데, 전자는 주 정부와 주 의회의 연방귀속결정권에 의하여 동독의 주가 서독 기본법 산하의 연방으로 가입하는 방안이고, 후자는 새로 제헌의회를 구성하고 동서독 국민투표를 거쳐 통일헌법을 제정한 후 양독 정부를 해체하고 통일정부를 새로 구성하는 방안이었다.

콜 총리는 제23조에 의한 흡수통일 방안은 전혀 거론하지 않았지만, 당시 상황은 동독 주민 다수가 "우리는 한 민족이다(Wir sind ein Volk)"라는 구호를 앞세우고 각종 방법으로 동독을 탈출하여 서독으로 홍수처럼 밀려들고 있는 형편이었으므로, 동독은 1990. 3. 18. 총선거를 실시하였고, 그 선거에서 승리한 기독교민주연합이 제23조에 의한 통일 조치를 추진하였던 것이다.

(2) 콜(Helmut Kohl) 총리 후반기(1990. 12.~1998. 10.)

통일된 독일은 1990. 12. 2. 총선거를 실시하였는데, 그 결과 제1당을 유지한 기독교민주연합의 콜이 총리를 계속하게 되었다.

콜 정부는 독일의 통일과 동구권 국가들의 몰락으로 형성된 새로운 국제상황에서 독일의 내적 통일 완성 · 유럽연합의 심화 확대 발전 · 지구적 차원의 평화 및 안보체제 수립에 진력하였다.

주변 국가들의 통일독일에 대한 우려를 불식시키기 위해 유럽경제의 1/3을 차지하고 있는 독일 경제의 상징인 마르크(DM)를 포기하고 유럽경제 · 화폐 통합(EMU)을 적극 추진하였고, 국제평화유지 활동에 적극 참여하였으며, 동서독간의 사회적 · 심리적 장벽 극복을 위하여 노력하였다.

(3) 슈뢰더(Gerhard Schröder) 총리 시대(1998. 10~2005. 11.)

1998. 9. 27.의 총선에서 사민당이 승리하여 슈뢰더 총리의 녹색당과의 연립정권이 출범하였다.

---

47) 동 조항의 내용은 "이 기본법은 독일연방을 구성하는 12개 주에 즉각 적용되며, 독일영토를 구성하는 다른 지역에 대해서는 그 지역의 연방가맹과 동시에 적용된다"인데, 프랑스 통치 하에 있던 자르 지역(Saarland)이 이 헌법조항에 의한 국민투표를 거쳐 서독연방에 귀속된 선례가 있었다.

슈뢰더 총리는 신중도(新中道, Neue Mitte) 이념으로 각종 개혁 정책을 추진하였고, 독일정부 수립 50주년·베를린 장벽붕괴 10주년을 기하여 1999. 9. 1. 수도를 본에서 베를린으로 이전하였다.

(4) 메르켈(Angela Dorothea Merkel) 총리 시대(2005. 11. 22.~2021. 12. 7.)

메르켈은 1954. 7. 17. 함부르크에서 목사의 장녀로 태어나, 부모와 동독으로 이주했다. 수학과 어학 특히 러시아어에 뛰어났고, 1986년 라이프치히 대학에서 물리학박사 학위를 받은 뒤 베를린 과학 아카데미 물리화학 연구소에서 연구원으로 근무하였다. 1989년 정치에 관여하기 시작하여 콜 내각에서 여성 청소년부 장관·환경부 장관을 지냈다. 1998년 11월 기민당 당수가 되었고, 2005년부터의 제1기 총리 때는 사회민주당과 대연정을 하였으며, 2009년부터의 제2기 총리 때는 자유민주당과 연정을 하였다. 2013년부터의 제3기와 2017년부터의 제4기에는 다시 사민당과 대연정을 하였다가 2021년 사회민주당의 올라프 숄츠가 집권하여 12월 8일 퇴임하였다. 결혼하였으나 친생 자녀는 없다.

메르켈은 동서독 주민의 상호이해가 부족한 시점에 좌우정당과 연정하면서 합리적 보수주의의 노선에 충실하여 정치적 중도층을 확장하고 이를 기반으로 안정된 개혁 정치를 이뤘다고 평가되고 있으나, 오랜 동독 생활에서 얻은 좌파 시각을 벗어나지 못하였다는 비판도 있다.

(5) 숄츠(Olaf Scholz) 총리 시대(2021. 12. 7.~현재)

숄츠는 1958년 독일 북서부 니더작센주에서 섬유산업에 종사하던 부모에게서 태어났고, 함부르크에서 성장했다. 고등학생 때부터 독일 사회민주당의 청년조직인 젊은 사회주의자의 SPD, 속칭 유조스(JUSOS)에 가입하였고 마르크스주의를 표방하는 강성좌파 그룹의 리더로 활동하면서 미국 핵미사일의 독일 배치에 반대 운동을 주도하는 등 서독 내 반미운동을 주도하였다. 통일전인 1983년부터 1988년까지 동독을 9차례나 방문하여 동독 청년들과 함께 반미·반전 집회를 열기도 했다.

함부르크 대학교에서 법학을 공부하고 1985년 변호사 자격을 취득하였으며 무종교인이다. 독일통일 후에는 정치에서 잠정 은퇴하고 노동 · 고용법 전문 변호사로 일하였다. 1998~2011년 연방의원을 지냈고, 2002년 사회민주당 사무총장 · 2007년 노동 사회 장관 · 2011~2018 함부르크 시장 · 2018년 연방재정 장관 겸 부총리를 거쳐 제9대 연방총리가 되었다.

러시아가 2022. 2. 21. 우크라이나를 침공하자 단호한 대응 입장을 표명하고 군비증강과 우크라이나 지원을 선언하였다. 그러나 실질적 성과는 내지 못하고 있던 중 지지율이 크게 하락하고, 미국에 트럼프 대통령이 당선되자, 2024. 12. 16. 신임안을 제안하였다. 투표결과 찬성 207표 : 반대 394표 : 기권 116표로 부결되었으나, 다시 대통령에게 의회 해산을 건의하였다. 2025. 2. 23.의 조기총선 결과는 우익 정당인 독일을 위한 대안당(Alternative für Deutschland;AfD)이 152석(득표율 20.8%)을 얻어 제2당이 되었고, 기독교민주연합과 기독교사회연합이 208석으로 제1당이 되었으며, 집권 사민당은 120석(득표율 16.4%)에 그쳐 제3당으로 추락하였다.

3. 유럽공동체(EU)

유럽공동체(EU)는 영어로는 European Union, 독일어로는 Europäische Union, 프랑스어로는 Union européenne이다.

1958년에 베네룩스 3개국과 서독 · 프랑스 · 이탈리아를 기본 회원국으로 하여 창설된 유럽경제공동체(EEC)가 1967년에는 유럽공동체(EC)로 개편되었다가, 1992년 2월의 마스트리히트 조약(Vertrag von Maastricht)에 의하여 경제와 외교안보 그리고 치안에 관한 정책이 협약되었고, 1993년 11월 마스트리히트 조약이 발효됨으로써 유럽공동체가 출범하였다. 1999년 1월 유로화 도입과 공동외교안보정책(CFSP) 실시가 합의되었다.

2016. 6. 24. 영국이 국민투표에서 탈퇴하기로 가결하여 현재 회원국은 27개국[48]이고, 총 면적은 423만km^2, 인구는 4억4,700만 명가량이며, 총 생산은 1조

48) 회원국은 1952년 출범시의 6개국(독일 · 프랑스 · 이탈리아 · 네덜란드 · 벨기에 · 룩셈부르크), 1973년 가입한 영국(2020년 1월 탈퇴) · 아일랜드 · 덴마크, 1981년 가입한 그리스, 1986년 가입한 스페

6,000억 달러(2022년 기준)로서 세계 총생산의 1/6, 미국과 중국 다음의 3위이다.

연합의 정상회의(頂上會議, European Council)와 집행위원회 및 이사회는 브뤼셀에 있고, 의회는 스트라스부르크에, 재판소와 검찰청 및 회계감사원은 룩셈부르크에, 중앙은행은 프랑크푸르트 암 마인에 있다.

인 · 포르투갈, 1995년 가입한 스웨덴 · 핀란드 · 오스트리아, 2004년 가입한 10개국(헝가리 · 폴란드 · 체코 · 슬로베니아 · 에스토니아 · 사이프러스 · 라트비아 · 리투아니아 · 몰타 · 슬로바키아), 2007년 가입한 루마니아 · 불가리아, 2013년 가입한 크로아티아로 모두 27개국이다. 튀르키예는 1999.12.12. 회원국 후보가 되었으나 가입조건으로 교착상태에 있고, 우크라이나의 가입은 러시아의 강력한 반대로 국제적 문제로 되어 있다.

제6장

대한민국 민주주의의 역사

제1절 서구 정치문화의 전래
제2절 조선왕조의 몰락과 자유민주주의 개혁론의 등장
제3절 대한민국 건국과 자유민주주의 정치체제 도입

제 6 장

대한민국 민주주의의 역사

제1절 서구 정치문화의 전래

한반도 역대 왕조에서 통용되어 온 천지인(天地人) 조화의 인본주의 전통과 홍익인간(弘益人間) 사상 그리고 민심이 곧 천심 등 한민족 전래의 정치신조[1]나 유가의 위민(爲民)·민본(民本) 사상[2]에도 자유민주주의와 맥락을 같이 하는 점이 있지만, 그것은 모두 군주제를 전제한 것이었고, 개인의 존엄과 가치를 전제로 한, 인권을 위한 피치자의 동의에 의한 정부 등 자유민주주의의 본질적 내용은 서구로부터 도입되었고, 특히 대한민국 건국 시에 미국으로부터 도입되었다.

조선의 주자학적 윤리사상 체계를 자유민주주의적으로 변경하기로 하는 개화사상은 중국의 영향을 받은 실학파 등에 의하여 일부 자체적으로 형성된 점도 있었지만, 외국과의 수교를 통한 서양문물의 도입·특히 기독교의 도입이 큰 영향을 미쳤고,[3] 자유공화국의 건국에는 이승만이 중심적 역할을 하였다.[4]

---

1) 김운태(2000), "21세기 韓國政治硏究의 회고와 전망", 「한국정치학회보」 제34집 제3호, 한국정치학회, 50면.

2) 대표적으로 정도전의 愛民·爲民·安民·保民의 사상 [권정호(2014), "조선조 위민정치와 복지사상의 탐색", 「한국동양정치사상사연구」 제13권 제2호, 한국동양정치사상사학회, 81~120면]; 안외순(2001), "19세기말 조선에 있어서 민주주의 수용론의 재검토－동서사상 융합의 관점에서", 「정치사상연구」 제4집, 한국정치사상학회, 27~53면; 문지영(2003), "개화기 조선의 '자유주의' 수용론?: 기존 논의들에 대한 비판과 제언", 「사회과학연구」 제11권, 서강대학교 사회과학연구소, 213~234면; 황우선·김성해(2016), "종교공동체를 통해서 본 한국 민주주의 원형: 초기 한국기독교 공회의 공론장 역할을 중심으로", 「커뮤니케이션학연구」 제24권, 한국커뮤니케이션학회, 67~94면; 정승현(2017), "이승만과 한국 자유주의－중기 사상을 중심으로", 「현대정치연구」 통권 제19호, 서강대학교 현대정치연구소, 255~286면.

3) 박정신(2014), "기독교와 구한말 개화기의 역사 변동", 「본질과 현상」 통권35호, 본질과 현상사, 54~71면; 금장태·강동구(1994), "기독교의 전래와 서양철학의 수용", 「철학사상」 제4권, 서울대학교 철학사상연구소, 197~239면.

4) 이승만의 독립정신은 대부분 미국 민주주의에 입각해 있고[이승만 저·박기봉 교정(2018), 「독립정신」, 비봉출판사], 개화기의 사상에는 공산주의 등 여러 갈래가 있었지만 상해 임시정부 헌장은 자유민주주의에 가깝다; 송병헌·이나미·김면희(2005), 「한국자유민주주의의 전개와 성격」, 민주

1. 기독교의 전래

(1) 가톨릭 신앙의 전래

가톨릭 신앙은 포르투갈 신부 세스페데스(Sespedes)가 1594년(선조 27년) 임진왜란 당시 일본의 종군 신부로 입국하여 선교활동을 한 것이 처음이라고 하지만, 선비들이 「천주실의(天主實義)」를 통하여 도입함으로써 본격화되었다. 그 책은 제수이트회 신부인 마테오 리치가 1603년에 북경에서 한문으로 발간하였던 것인데, 수년 내로 일본에까지 전해졌고, 그 책에 영향 받은 이벽 · 권일신 · 정약용 · 이승훈 등이 1784년(정조 8년) 조선천주교회를 창설한 것으로 알려져 있다. 광주시 퇴촌면 소재 사찰 천진암(天眞菴)[5] 터는 정약용 등의 모임 장소였다 하여 한국천주교회 발상지로 되어 있기도 하다.

천주교로 불리는 가톨릭 신앙은 여러 차례 박해를 받았는데, 1791(辛亥)년에는 금산의 윤지충 등이, 1801(辛酉)년에는 정순왕후의 사교철폐(邪敎撤廢) 명령에 의하여 중국인 신부 주문모(周文謨)를 포함하여 정약종 · 이승훈 등 300명가량이, 1815(乙亥)년에는 청송의 고성운 등 33명이, 1839(己亥)년에는 신정왕후의 명령에 의하여 서양인 신부 3인 등 119명이, 1846(丙午)년에는 김대건 신부 등 9명이 처형되었고, 1866년부터 6년간 계속된 병인박해에서는 흥선대원군의 명령으로 절두산 등지에서 수천 명이 처형되었다.

천주교를 박해한 근본적인 이유는 천주교가 유교질서와 다른 점이 많아 체제전복적 교리로 인식되었기 때문이지만, 병인박해가 장기간 가혹하게 시행된 데에는 그뿐만 아니라 1860년 영불연합군이 북경을 점령하고 인명을 살상한 것이 전해졌고, 1866년 봄의 금압을 피하여 탈출한 리델(Félix-Clair Ridel) 신부가 텐진에 있던 나폴레옹 3세의 극동함대를 초빙하여 강화도 등을 파괴 약탈하게 하

화운동기념사업회, 71면 이하도 같은 취지.

5) 조계종단 소속인 경기 광주시 퇴촌면 천진암로 1203 천진암(天眞菴)의 스님들은 이벽(25세) · 정약용(17세) · 정약종(19세) · 정약전(21세) · 이승훈(22세) · 이총억(14세) · 권철신(44세) 등이 집회하는 것을 숨겨주었다가 처형되는 등 큰 피해를 입었는데도, 천주교 측에서는 당시에 이미 폐찰로서 사람이 거주하지 않았다고 주장하면서 천진암 터를 천주교 성지로 삼고 대웅전 자리에 순교자들의 묘를 모셨는가 하면, 성당건립도 추진하고 있다.

였기 때문에 대원군이 양화나루 옆 잠두봉에 형장을 설치하고 천주교인 수천 명을 처형시켰던 것이다. 1868년 5월 10일의 남연군(南延君) 묘소[6] 훼손 사건이 중대한 영향을 미쳤다는 주장도 있다.[7]

천주교는 1886년의 조법수호통상조약(朝法修好通商條約)으로 포교와 선교사업을 위한 교육기관 운영이 허락됨으로써 박해에서 벗어났고, 1887년 9월 31일에는 블랑 주교의 『조선교회 지도서(Coutumier de la Mission de Core)』도 반포되었다.

(2) 개신교의 전래

개신교의 전래에 관하여는 프로이센 출신의 귀츨라프(K. F. A. Guetzlaff) 선교사가 1832년 서해안을 탐사하고 한문 성경을 전한 것, 1866년 영국인 토마스(Robert Jermain Thomas)가 선교와 통상 목적으로 제너럴셔먼 호를 타고 평양으로 갔다가 살해된 것, 로스(John Ross)가 만주에서 한글성서를 제작하여 보급한 것 등이 있지만,[8] 1882년 조미수호통상조약 체결 후 1884년 6월 일본 주재 미국 감리교 선교사 매클레이(Robert Samuel Maclay)가 고종으로부터 교육과 의료사업을 할 수 있도록 허락을 받은 것, 동년 10월 미국 장로교회 의료선교사 알렌(Horace Newton Allen)이 입국하여 제중원을 세운 것,[9] 1885년 입국한 미국

---

6) 남연군은 대원군의 부친으로서, 인조(仁祖)의 제3자 인평대군(麟坪大君)의 후손이다. 그는 1836년 49세로 별세하였는데, 연천 소재 부인 여흥민씨의 묘에 합장되었다가, 지관(地官)의 말에 따라 1845년 예산군에 있던 대덕사(大德寺) 자리로 이폄(移窆) 되었다. 대원군은 1852년생인 차남 이명복(李命福)이 그 지기(地氣)로 태어난 왕재(王才)라고 믿었고, 철종이 1864년 1월 후사 없이 별세하자 우여곡절 끝에 그는 대왕대비 조씨의 수렴청정 하에 등극하여 고종이 되었다.

7) 최선일 등 천주교인 7명이 프로이센의 유대인 오페르트(Ernst Oppert)와 내통하고 남연군(南延君) 묘소의 회격灰隔에 구멍을 뚫고 분뇨를 쏟아부어 왕실을 저주한 것에 대원군이 격분하여 천주교인 처단을 명하였다는 주장도 있다. 오페르트는 분묘도굴 범죄로 함부르크에서 유죄판결을 받았으나, 3개월 만에 석방된 뒤 1880년 라이프치히에서 『금단의 나라: 한국 기행』(Ein Verschlossenes Land: Reisen nach Corea)이라는 책을 출판하였다[방상근(2020), "1868년 '남연군묘 도굴사건'과 조선 신자", 『敎會史硏究』 第57輯, 한국교회사연구소, 7~34면]; 고종은 분묘훼손사건 이후에 4남 1녀를 낳았지만, 순종 이외에는 모두 조졸하였고, 순종은 아들이 없었으므로, 저주(詛呪)가 지기를 손상시켰다고 여길 수도 있었을 것이다. 그러나 그 과학적 원인은 왕실이 민 중전과 그 시모 민씨, 그리고 선대의 여러 민씨 왕후 등과 근친결혼한 것에 있다는 견해도 있다.

8) 소요한(2012), "조선 후기 개신교 전래와 수용 연구 1876~1884년, 서북지역을 중심으로", 「교회사학」 第11卷 第1號, 한국기독교회사학회, 245~273면.

9) 그는 1858.4.23. 미국 오하이오주 델라웨어에서 출생하였고 1932.12.11.(74세) 오하이오주에서 별세하였다. 1884.10.27. 미국공사관 무급의사로 조선에 입국했는데, 38일 만인 12월 4일 갑신정변에

장로교회의 언더우드(Horace Grant Underwood) · 미국 감리교회의 아펜젤러(Henry Gerhard Appenzeller) · 1886년에 입국한 의사 스크랜튼(William Benton Scranton)과 그의 어머니(Mary Fletcher Benton Scranton) 등이 경신학교 · 배재학당 · 이화학당 · 정신학교 등을 세워 신교육을 실시하고, 전국적인 의료사업을 시행한 것에서 본격화되었다. 초기에는 의료와 교육에 한정되어 있었고, 전도(傳道)는 금지되어 있었으나, 청일전쟁에서 유교와 동학의 한계와 서양문명의 위력이 드러난 후, 이승만을 비롯한 기독교도들이 독립협회와 만민공동회를 결성하여 근대적인 민족운동을 이끌어 나가면서 기독교는 기반을 확충하였다.[10] 언더우드와 아펜젤러가 가지고 온 이수정(李樹廷)의 한글 성경[11]도 큰 기여를 하였다.

2. 일본제국과의 새로운 수교

(1) 당시의 정세

– 청국의 제2차 아편전쟁 패배와 베이징 조약

1860. 10. 18. 청국이 제2차 아편전쟁에서 패배하여 북경을 점령당하고 영국 · 프랑스 · 러시아와 굴욕적인 베이징 조약을 체결하여 영국에 1942년 난징 조약으로 내준 홍콩에 더하여 주룽(九龍)을 1997. 7. 1.까지 할양하였고, 러시아

서 명성황후의 조카 민영익이 중상을 입었을 때 그를 수술하여 목숨을 구해주게 된 일로 1995.1.22. 왕립병원으로 광혜원(廣惠院) 설립 허가를 받았다. 부지는 갑신정변 때 대역죄인으로 참살당한 홍영식과 그의 아버지 영의정 홍순목의 집이었는데 현재의 헌법재판소 일원이다. 민영익이 건립자금으로 10만냥을 기부하였고, 개원 13일 만인 1995.4.23. 고종이 '대중(백성)을 구제한다'는 뜻의 제중원(濟衆院)이란 이름을 하사하였다. 알렌은 1996년 스크랜튼과 언더우드를 의사로 초빙하였다. 1886.3.29.에는 16명의 학생으로 '제중원의학당'이 문을 열어 한국 최초의 서양의학 교육도 시작했는데, 서울대병원과 세브란스병원이 각각 그 계승자로 자처하고 있다.

10) 박일훈(1995), "韓末 改新敎의 傳來와 그 意義에 관한 硏究", 「釜山女子專門大學 論文集」 제17권, 부산여자대학, 139~154면.

11) 이수정(李樹廷, 1942~1886)은 1882년 수신사 박영효(朴泳孝)의 수행원으로 일본에 갔다가, 1883.4.29. 동경 노월정교회(露月町敎會)에서 일본주재 미국 장로교회 선교사 녹스(Knox, G.W.)의 입회하에 목사 야스가와(安川亨)의 집례로 세례를 받아 개신교신자가 되었고, 한글성서 번역사업에 착수하여 한문성서에 토를 단 「현토한한신약전서(懸吐韓漢新約全書)」를 간행하고, 이어서 한글로 「신약마가젼복음셔」를 번역했는데, 이 한글성서가 1885년 4월 처음 입국한 미국 선교사 언더우드(Underwood, H.G.)와 아펜젤러(Appenzeller, H.G.)에게 주어졌다. 그는 1884년 7월 맥클레이(Maclay, R.S.)를 김옥균(金玉均) 등과 만나게 하여 입국을 실현시켰고, 1885년 1월에는 일본에 도착한 선교사 언더우드와 아펜젤러에게 한국말을 가르치기도 하였다. [이만열(2015), "이수정의 성경번역과 한국교회사의 의미", 「한국기독교와 역사」 제43호, 한국기독교역사연구소, 5~21면.]

에 1858년 아이훈 조약으로 헤이룽 강(黑龍江) 이북지역을 넘겨준데 이어 우수리스키 지방(연해주와 남부 하바롭스크 지방)을 할양하였으며, 프랑스에는 몰수하였던 가톨릭 재산을 반환하였다.

그러한 사정은 조선에도 알려졌지만 조선은 위정척사(衛正斥邪)[12]를 내세우며, 해안 방어를 더욱 강화하고 문호 개방을 완강히 반대하였다.

– 일본의 개항과 메이지 유신

1853. 7. 8. 페리(Matthew Calbraith Perry) 제독이 서스퀘해나(Susquehanna) 등 4척의 함선에 승조원 1,180명과 대포 73문을 싣고, 에도 입구 우라가(浦賀) 앞바다에 포진하고 막부에 미국 제13대 대통령의 필모어(Millard Fillmore)의 개국 요구 국서를 전달하였다.

조선과 류큐(琉球)를 통신국(通信國)으로, 중국과 네델란드를 통상국(通商國)으로 할 뿐 그 외의 어느 나라와도 교섭하지 않는 쇄국정책을 고수해 오던 일본은 전국이 양이(攘夷)파와 개국파로 나뉘어 내홍을 겪다가, 결국 1854. 3. 31. 미일화친조약에 서명하였고, 1858. 7. 29. 비준을 마쳤다.

이어서 영국·러시아·네델란드·프랑스·포르투갈과도 외교관계를 열었으며, 하코다테·니가타·요코하마·효고(현재 고베)·나가사키 등 5개 항을 개항하고, 영사 재판권을 인정하였다.

미일화친조약의 내용은 동경만 입구의 시모다 항을 즉시 개방하고 1년 후에는 북해도 남단에 있는 하코다테 항을 개방하여 미국 선박의 기항을 허용하고 식량과 연료를 제공한다는 간단한 것이고 통상문제는 추후 협의하기로 되었던 것이지만, '쇼군'으로 불린 막부(幕府) 수장의 관직명은 정이대장군(征夷大將軍)인데도 쇼군이 외국에 굴복하여 천황의 칙허없이 조약을 체결한 것은 큰 약점이 되어 결국 막부몰락을 초래하였다.

사츠마(薩摩)·죠슈(長州) 등 종래부터 막부에 비판적이었던 세력이 막부를 타

12) 정학(正學)인 성리학(性理學)과 정도(正道)인 성리학적 질서를 수호하고(衛正), 성리학 이외의 모든 종교와 사상을 사학(邪學)으로 보아서 배격하는(斥邪) 조선 말기의 사회운동. 성리학(性理學)은 12세기에 남송의 주희(朱熹)가 집대성한 유교의 주류 학파로서 주희가 주창한 성즉리(性卽理)를 축약하여 만들어진 명칭이며, 성명(性命)과 이기(理氣)의 관계와 중요성을 강조하고 이를 정치와 교육 등에 적용시키고자 하였다.

도하고 천황에게 통치권을 돌려주자는 취지로 거병하여 내전이 계속되던 중 1866. 9. 2.에는 도쿠가와 이에모치(德川家茂) 쇼군이 별세하여 도쿠가와 요시노부(德川慶喜)가 12월 5일 29세로 제15대 쇼군이 되었고, 1867. 1. 30.에는 고메이(孝明) 천황도 별세하여 2월 13일 메이지(明治)가 14세로 제122대 천황으로 등극하게 됨으로써 새로운 상황이 조성되었다.

요시노부 쇼군은 1867. 11. 9. 반란 세력의 주장을 받아들여 내전을 종식시키고 외침에 효율적으로 대처할 수 있게 하기 위하여 쇼군의 특권을 천황에게 반납하는 대정봉환(大政奉還) 조치를 하였으나, 실권은 계속 보유하려 하였다.

천황은 1868. 1. 3. 요시노부의 모든 권력을 박탈하고 왕정복고를 선언하였다. 에도(江戸)를 도쿄(東京)로 개칭하고 교토(京都)에서 도쿄로 천도하였으며, 조약을 체결한 외국에게 조약 당사자를 천황으로 대체하도록 통보하였다. 천황의 이름은 무츠히토(睦仁, むつひと)로 하였고, 연호는 메이지(明治)로 하였다. 1869. 7. 25.에는 영주(다이묘, 大名)들의 영지(領地)와 영민(領民)을 황제에게 되돌리는 판적봉환(版籍奉還) 조치가 행해졌고, 1871. 8. 29.에는 280개의 번을 72개의 부현으로 고치는 폐번치현(廃藩置県)의 개편이 단행되어 막부체제의 기초가 해체되었으며, 1889년에는 첫 헌법인 '대일본제국 헌법'이 제정 시행됨으로써 근대적 입헌체제가 만들어졌다.

유신 주도자들은 존왕양이(尊王攘夷派) 즉 왕을 높이고 오랑캐를 배척한다는 입장이었으므로, 막부는 이에 대립하여 1868. 1. 10. 영국 · 프랑스 · 미국 · 네덜란드 · 이탈리아 · 프러시아 6개국 대표를 만나 기존 조약체제 준수를 약속하면서 지지를 호소하였고, 각국 대표들은 막부지지를 표명하였다. 막부는 17일 미국에게 에도(江戸)-요코하마(横浜)간 철도부설권을 주고, 천황군을 상대로 전국적인 내전을 벌였지만(戊辰戰爭), 1869. 5. 11. 최후의 결전에서 주력군이 궤멸되었고, 17일 항복하였다.

천황은 1868. 3. 23. 열강대표들을 접견하여 기존 조약유지를 천명하였고, 열강들은 천황군이 우세로 되자 중립을 표명하였으며, 신정부는 서양과의 관계를 돈독히 하는 등의 목적으로 1871년 12월 이와쿠라 토모미(岩倉具視)를 특명전권대사로 하는 대규모 사절단을 보내어 미국과 유럽의 12개국을 순방하게 하였다.

– 일본에서의 정한론(征韓論) 대두

그 경 일본에서는 조선정벌론이 대두되었는데, 요시다 쇼인(吉田松陰)은 1865년에 그의 문하생들에게 "이미 미·영과 화친한 이상 우리 측에서 절교함은 신의에 어긋나므로…(중략)…조선을 빼앗고, 만주를 꺾고, 지나를 누르고" 운운하였고, 그의 문하생인 오오시마 도모노요시(大島友之允)는 "구미의 유린을 막기 위해 아시아 각국 군주를 설득, 종횡연합 유무상통할 것을 먼저 조선부터 설득한 뒤 지나에 이르도록 한다"라고 하였다.[13)]

1867년 봄에는 중국 예부(禮部)가 조선에 "일본 객관(客館)의 야도 마사요시(八戸順叔)라는 사람이 보내온 신문 원고에, '일본국이 화륜군함 80척을 가지고 있는데 조선을 치려는 뜻이 있다.'·'조선 국왕이 5년에 한 번씩 꼭 강호(江湖)에 와서 대군(大君)을 배알(拜謁)하고 공물(貢物)을 바치는 것은 옛 규례인데 조선왕이 규례를 폐지한 지 오래되었기 때문에 군사를 일으켜 그 죄를 따지려 한다.'·'지금 군사를 일으켜 조선을 치려는 의도가 있으니, 그것은 조선에서 5년에 한 번씩 공물을 바치게 되어 있으나 지금 나라가 견고하다는 것을 믿고 복종하지 않아 이 규례가 오랫동안 폐지되었기 때문이다.'라는 기사가 있다"라는 내용의 자문(咨文)을 보내기도 하였다.[14)]

명치유신으로 생업을 잃은 50만 명가량의 무사들도 정한론의 실질적 기초가 되었다.

(2) 서계(書契) 분쟁

일본의 유신정부는 1868. 3. 23.(음력) 쓰시마의 종의원(宗義遠)에게 조선에 왕정복고 사실을 전달하되 국위손상이 없도록 할 것을 지시하였다. 종의원은 오오시마 도모노요시의 자문을 받아 정부에 쓰시마가 조선에 진 빚을 갚아줄 것을 요청함과 아울러 문서를 천황 명의로 하는 이상 조선 국왕을 격하하는 것은 불기피하다고 건의하였다.[15)]

---

13) 홍순호(1996), "征韓論 - 근대 일본의 침략사상과 조선정벌정책", 「한국정치외교사논총」 제14권, 한국정치외교사학회, 43면.
14) 고종실록 13권, 고종 13년 1.25. 정사 4번째 기사.

종의원은 집정 히구치 데츠시로(樋口鐵四郞)를 대수대차사(大修大差使)로 임명하고 부산으로 파견하여 왕정복고를 알리게 하였고, 이를 예고하는 선문사(先問使)를 12월 18일 부산에 보내어 선문서계(先問書契)를 제출하게 하였는데, 그 서계에는 발신자를 일본국좌근위소장 대마수 평조신 의원(日本國近衛少將對馬守平朝臣義達)이라고 종래와 다르게 기재하였고, 서계에 '황(皇)' · '칙(勅)' 등 용어를 사용하였으며, 날인한 인장도 조선이 만들어 준 종래의 공식 인장인 수도서(授圖書)가 아니었다.

이러한 경우 그 문서는 진정한 공문서로 인정하지 않는 것이 관례였으므로, 실무자인 동래부의 훈도 안동준은 수리를 거부했다.

12월 19일 종의원 등이 초량 왜관에 도착하여 같은 내용의 서계를 제출하였으나, 동래 부사는 접수를 거부하였고, 그 보고를 받은 대원군은 조신 · 봉칙 · 황실 등의 용어를 사용하는 것은 조선의 위신을 손상시키는 음모인 것으로 보고 분노하였고 이후 척일정책으로 일관하였다.

종의원은 1869년 2월 교섭경위를 일본 정부에 보고하였고, 이후 여러 사람들이 같은 서계를 접수시키려고 노력하였으나, 고종은 이미 동래부사 정현덕의 수정요구 장계를 윤허하였으므로,[16] 진척될 수 없었다.

일본 외무성의 야나기와라 사키미츠(柳原前光)는 1870. 7. 28. '조선논고(朝鮮論稿)'라는 건의서를 정부에 제출하였는데, 그 요지는 "일본은 절해의 고도이므로 국위확장을 위해서는 조선정복이 황국보전의 기초가 된다, 만일 타에 선점당하면 큰일이다. 러시아는 만주 동북을 잠식하고 조선을 삼키고자 한다. 타국이 정복하기 전에 서둘러야한다"면서 그 방법을 제시한 것이었다.[17]

일본정부는 종의원의 대조선 외교특권을 박탈하고, 조선과의 외교업무를 중앙정부 관할로 한 다음, 1870. 1. 7. 외무성의 사다 하쿠보(佐田白茅) · 모리야마 시게루(森山茂) 등을 파견하여 같은 요구를 하였으나, 동래부는 여전히 거절하였고, 사다와 모리야마는 귀국 후 복명서에서 천황정부가 무력을 배경으로 직접 사절

15) 홍순호, 앞의 글 47면.
16) 승정원일기 2746책 (탈초본 129책) 고종 6년 (음력) 12.13. 경술 8/10 기사.
17) 홍순호, 앞의 글, 49면.

을 파견할 것을 건의하였다.

외무성은 교착 상태에 빠진 조선문제 해결 방안으로 조선과 단교하여 사태를 방임한다는 단교론(斷交論)과 '황사(皇使)'를 파견하여 '개항개시 양국왕래자유(開港開市兩國往來自由)'를 보장하는 조약 체결을 요구하고 조선 측이 거절할 경우에는 무력을 사용한다는 안 그리고 먼저 청국과 대등한 관계를 구축한 다음 조선과 교섭한다는 안 등 세 가지 안을 마련하였다.

1873년 일본정부는 외무성 7등 출사(出仕) 히로츠 히로유키(廣津弘信)를 조선 주재 외교관으로 임명하고, 부산의 왜관을 일본공관으로 이름을 바꾸었다.

각의에서 태정대신 산죠 사네도미(三條實美)는 거류민 보호를 명분으로 파병할 것을 제안하였고, 참의 사이고 다카모리(西鄕隆盛)는 먼저 사절을 파견하여 교섭하되, 교섭이 결렬될 경우 곧바로 개전할 것을 주장하였으며, 이후 외교교섭이 중단되었다.

(3) 일본과 중국관계의 변경

일본은 조선과의 국교문제를 해결하기 위하여 그 동안 국교가 없던 청나라와 먼저 국교를 체결하기로 방침을 정하고 1870. 7. 27.부터 야나기와라 등이 예비협상을 벌였고, 1871. 9. 13.에 톈진에서 청나라 측 직례총독 이홍장과 일본 측 재무대신 다테 무네나리(伊達宗城) 간에 청일수호조규(清日修好条規)가 체결되었으며, 1873. 4. 30. 비준서가 교환되어 발효되었다.

"소속방토(所屬邦土) 불상침월(不相侵越)(제1조) · 외교 사절의 교환과 영사 상호주재(제4조, 제8조) · 제한적인 영사 재판권 상호 인정(제8조, 제9조, 제13조) · 최혜국 대우와 협정 관세율 적용" 등이 약정되었다. 영사재판 등 조항으로 인하여 비준이 지체되었으나, 일본의 타이완 점령 사건이 발생하여 중국은 비준하게 되었다.

류큐 왕국은 중국 · 사츠마 · 조선과 교류하면서 조공을 바쳐왔다. 1871년 11월 류큐 왕국의 미야코(宮古島) 섬 선박 1척이 대만 근해에서 표류하다가 선원 54명이 대만 원주민에게 살해당한 사건이 발생하였는데, 야나기와라가 1873년 3월경 위 조약 비준관계로 청국을 방문하였을 때 위 사건 처리에 관하여 총리아문에 묻자 청국은 “두 섬(타이완과 류큐)은 모두 청국의 영토이고, 영민(領民)끼리 살해한 사건은 청정부의 판결사항이며, 우리도 류큐민을 동정하여 자체적으로 조치를 취하고자 하는데, 어찌하여 귀국의 일처럼 이렇게 번거롭게 문의하느냐”고 하면서 “살인자가 모두 생번(生番)에 속하여 교화를 벗어난 백성(化外之民)이어서 철저히 다스리기가 쉽지 않다”고 덧붙였다. 일본은 ‘생번(生番)’과 ‘화외지민(化外之民)’의 표현이 청국 영토가 아니라는 의미라고 주장하였고, 1874년 4월 사츠마 번의 사이고 주도(西鄕從道)가 3,000명가량 병력으로 출병, 5월 6일 대만 남부에 상륙하여 12월 20일경까지 원주민인 산악족과 교전하였다. 청국은 영국의 주선으로 일본과 협상하여 10월 31일 ‘청일 양국 호환 조약’을 체결하였는데, 일본은 12월 20일까지 정벌군을 철수시키고, 청국은 조난당한 일본인에게 위로금 10만 냥 · 대만의 제반 설비 비용으로 40만 냥을 지급하기로 하였다. 그 결과 류큐의 일본 귀속이 국제적으로 인정되는 형국이 되었다. 메이지 정부는 1875년 류큐에게 청나라의 책봉 · 조공 관계를 폐지하고 메이지 연호를 사용할 것을 명령했으며, 1879. 3. 27.에는 군경 등 약 600명을 동원한 위압 상태에서 “류큐 번을 폐지하고 오키나와 현을 설치한다”는 폐번치현 명령을 일방적으로 전달하고, 4월 4일 오키나와 현을 설치하였으며, 류큐의 쇼타이왕을 도쿄로 이주시켜 후작에 봉하였다. 그러나 류큐는 청나라와의 관계 존속을 탄원하였고, 청나라가 류큐의 조공 금지에 항의하는 등 외교적인 결론은 나지 않은 상태에서 1894년 청일 전쟁이 발생하였고, 1895년 시모노세키 조약에서 류큐는 대만과 함께 일본에 귀속되었다. 2차 대전 후 대만은 중국에게 돌아갔고, 류큐는 1972년 일본 소속으로 되었으나, 가장 큰 오키나와 섬에는 미군기지가 유지되고 있다.

(4) 운요호 사건

1873년 11월 흥선대원군이 물러났고, 12월부터 고종의 친정(親政)이 시작되어 12월 13일 이유원이 영의정으로 되었다.

일본정부는 조선 정정(政情)을 탐지하기 위해 모리야마(森山茂)를 부산에 파견하였는데, 그는 “일본의 대만정벌소식을 듣고 조선은 어찌할 줄 모른다. 그러므로 다소의 위력을 보임이 좋겠다.”라고 건의하였고, 조선 정부는 부산훈도 현석운(玄昔運)에게 모리야마를 만나 일단 한일국교재개교섭에 합의를 보도록 하였다.

모리야마는 1875년 2월 이사관으로 부산에 재차 부임하여 현석운과 교섭을 벌였으나 서계(書契)의 형식·연회시의 복장 등 여러 문제로 의견이 충돌하여, 교섭은 교착상태에 빠지고 말았고, 모리야마는 4월 15일 '대한포함외교(對韓砲艦外交)'를 주장하는 건의서를 본국 정부에 제출하였다.

5월 25일 부산에 245톤 군함 운요호(雲揚號)가 입항하였는데, 현석운이 왜관을 방문하여 군함파견 목적을 따지자, 일본은 "교섭천연(交涉遷延)의 책임을 일본 이사관에게 묻기 위해 왔다."고 대답하고는 함포 사격 등으로 위력을 과시하였다.

1874. 7. 30. 영의정 이유원은 3년간 일본과의 관계가 단절된 것에 대하여 훈도 안동준을 벌할 것을 주청하였고, 안동준은 1875. 3. 4.(음력) 효수되었다.[18)] 우의정 박규수는 "대마도주가 '황제(皇帝)'요 '칙서(勅書)'요 한 것은 바로 그들 자신이 높여서 부른 것이지 결코 우리나라에서 '황제'요 '칙서'요 하고 불러달라는 요구는 아닙니다."라고 하면서 격식(格式)을 어겼다고 하여 대뜸 편지를 거절한지 여러 해가 되었으나 원인을 해명해야 한다고 주청하였다.

그 후 일본 측에 서계를 고쳐오도록 협의하였는데, "'천자(天子)'는 굳이 쓸 필요가 없으나 '황(皇)'자와 '대(大)'자는 그 전부터 본국에서 써오던 것이므로 고치기 어렵다"는 대답을 들었고, 고종은 중국이 따지지 않고 그대로 내버려두는 이유가 무엇이냐고 물었고, 이유원은 "멀리 있는 나라라고 하여 그대로 내버려두었을 것입니다"라고 답하면서 북경에서는 일본이 대만을 점령하고 있어 복잡하니 우리나라로서는 방어 대책을 세워야 한다고 하였다.

1875. 2. 28.에는 고종이 "가지고 온 서계(書契)를 끝내 받아보지 않는 것은 성신(誠信)의 도리가 아니다. 그리고 받아본 다음 만일 따르기 어려운 문제가 있으면 설사 백 번을 거절하여도 저들이 도로 받아가기로 약속하였으므로, 이번에는 가져다 보게 하여 만일 격식을 어긴 데가 있으면 다시 물리쳐도 안 될 것이

18) 순조는 국치일에 임박한 1910.8.25. "수고한 공적이 있는데도 불구하고 억울하게 표창하여 주지 못하였으니 매우 잘못된 일에 속한다"라는 이유로 특별히 안동준을 종2품 규장각 부제학에 추증하였다.

없을 것이다."라고 하였고, 의정부에서는 우려되는 부분이 있지만 "여러 해 동안 서로 막혀 있던 차에 저들이 이 일을 위하여 수고롭게 멀리 바다를 건너와 교린(交隣)의 우호를 닦았으니 규례를 초월하여 일처리를 해야 할 것입니다" 등의 대답을 하였고 고종은 윤허하였다.

그러나 서계의 수정문제는 진척이 되지 아니하였고, 나중에는 서계의 원본은 접수하지 말고 내용만을 복사해서 조정에서 검토하려고도 하였으나 복식(服飾) 문제와도 얽혔고 일본 측은 이에도 응하지 아니하여 다시 교착상태가 되었다. 9월 5일(음력 8. 6.)에는 황정연 동래부사를 문책하고 새 부사로 하여금 처리하게 하기로 결정하였다.[19]

1875. 9. 20.(음력 8. 21.) 정한론자인 이노우에 요시카(井上良馨) 소좌의 지휘 아래 운요호가 강화도 동남방 난지도(蘭芝島)에 정박하였다. 21일 담수(淡水) 보급 등의 명목으로 수십 명의 해병이 보트에 분승하여 초지진(草芝鎭)으로 진입하려 하였다. 초지진의 조선 수비대가 포격을 가하자 퇴각하면서 포격으로 초지진의 포대를 파괴하였고, 22일에는 영종진에 상륙하여 35명을 살해하고, 16명을 포로로 잡았으며, 대포 35문 · 화승총 130여 정 등을 약탈하고 퇴각하였다.

청국주재 일본공사(公使) 정영녕(鄭永甯)은 10월 13일(음력 9. 15.) 청국 총리아문에 "어제 본국 외무대신의 전보를 받았는데, 우리나라 포선(砲船)이 조선의 미야고(彌也古)[20] 연해에 가서 수심을 측량하다가, 9월 20일 그들이 포격을 개시한 까닭에 우리 쪽에서 그 다음날 배를 몰아 무슨 의도였는지 물으려 하였으나 다시 포격을 당하여 결국 교전이 벌어지게 되었고, 우리 군사가 상륙하여 그 포대를 부수어버린 후 군사를 수습하여 귀국하였다고 합니다."라는 통보를 하였다.

(5) 강화도 조약의 체결

이홍장은 1875. 9. 4.(양력 9. 20.) 이유원에게 보낸 서신에서 청은 폐관자치

---

19) 고종실록 12권, 고종 12년 5.10. 병오 1, 2번째 기사; 고종 12년 5.25. 신유 4번째 기사; 고종 12년 6.14. 기묘 1번째 기사; 고종 12년 7.9. 계묘 1번째 기사; 고종 12년 8.2. 병인 2번째 기사; 고종 12년 8.6. 경오 2번째 기사.

20) "미야고" 연해의 의미는 분명하지 않다. 류큐 편입의 씨앗으로 작용한 "미야코(宮古島) 섬"을 빗대어 조선을 겁박한 것일 수도 있겠다.

(閉關自治)를 고수할 수 없어서 외세의 침략에 대비하여 방비를 강화하고 있다고 하면서 "조선은 러시아의 남하에 대비해야 하며, 이를 위하여 일본과 긴밀한 관계를 맺어야 하고 영·미와의 조약체결과 통상도 필요하다"는 견해를 나타내었다.[21)]

신임 청국주재 일본공사 모리 아리노리(森有禮)가 총리아문과 접촉을 갖고 조·청간의 이른바 종속관계에 대하여 문의하는 한편, 일본은 조선에 사절을 파견하여 운요호사건을 협의하고 수호조약도 체결할 뜻이 있음을 밝혔다. 총리아문에서는 운요호 사건은 청일수호조규 제1조의 "소속방토(所屬邦土) 불상침월(不相侵越)"에 위배된다고 하였으나, 일본공사는 "조선은 자주국이다. 조약도 절대적인 것이 아니다"라는 취지로 다투었고, 1876. 1. 24.에는 이홍장을 만나 조선의 독립국 여부·조약의 효력에 대한 견해 등으로 대담하였는데, 그 대화 중에 "전통적으로 중국에 조공을 바치는 조선이 독립국인가 속국인가?"라는 질문과 이홍장의 "맞기는 하나, 내정은 간섭하지 않는다."라는 대답이 있었다. 청국 예부는 총리아문과 아리노리 사이에 왕복한 문서와 이에 대한 총리아문의 견해를 밝힌 상주문(上奏文) 등 일건문서를 조선으로 보냈다.[22)]

일본은 1876. 1. 30. 조선에 일진(日進)·맹춘(孟春) 등 3척의 군함과 함께 구로다 기요타카(黑田清隆)를 전권대사·이노우에 가오루(井上馨)를 부사(副使)로 보내어 개국을 강요하였다.

조선 정부는 시원임대신회의(時原任大臣會議)를 개최하여 대책을 토의한 뒤에 신헌(申櫶)을 접견대관·윤자승(尹滋承)을 부관으로 하여 강화도에서 회담을 하게 하였다. 대화의 외관은 비교적 정중하였으나,[23)] 일본은 전쟁을 예상하여 육군도 준비하였고, 회담 중에 "이 문제가 옳게 해결되지 못하는 것은 두 나라의 불

21) 宋炳基(1985), 「近代 韓中關係史 研究 – 19世紀末의 聯美論과 朝淸交涉 –」, 檀國大學校 出版部, 23~25면.

22) 宋炳基, 앞의 책, 16면 주22.

23) 고종실록 13권, 고종 13년 1.19. 신해 1번째 기사에 의하면 음력 1.17.(양력 1.30.)에 시작된 회담 서두에 일본 전권 대신 기요타카는 "두 나라에서 각각 대신(大臣)을 파견한 것은 곧 큰 일을 처리하기 위한 것이고, 또 이전의 좋은 관계를 다시 회복하기 위한 것입니다."라고 말하였고, 대관(大官) 신헌은 "300년간의 오랜 좋은 관계를 지금 다시 회복해서 신의를 보이고 친목을 도모하는 것은 참으로 두 나라 간의 훌륭한 일이므로 매우 감격스럽고도 감격스럽습니다."라고 응대하였다.

행이니, 혹시 후회가 생기지 않을까 우려됩니다. 만일 화목하던 관계가 나빠지게 된다면, 반드시 우리 군사들이 상륙할 염려가 있을 것이니, 이것을 미리 헤아려 이전의 좋은 관계가 변하지 말 것을 바라는 바입니다."라고 노골적 협박도 하였다.[24)]

기요타카는 처음에 "운양함에 포격한 것이 이웃나라를 사귀는 정의(情誼)이냐"고 시비하였는데, 신헌은 "깃발색이 누런색이어서 다른 나라 배로 알았기 때문"이라고 답하였고, 다음에는 일본에서는 전권대신을 파견하였는데, 신헌이 마음대로 처리할 수 있느냐고 물었고, 신헌은 "우리나라에는 본래 전권이라는 직책이 없고, 수도 부근이므로 보고하고 명령을 기다려야 한다"라고 답하였다. 그러자 기요타카는 "사신도 만나주지 않고 서계(書契)도 받아주지 않고 6, 7년이라는 오랜 기간이 지났는데 이는 무슨 까닭입니까?"라고 물었고, 신헌은 마사요시의 신문기사 등에서 일본이 조선을 무고하였기 때문이라고 답하였고, 기요타카는 신문기사는 외교를 단절할만한 사유가 아니라면서, "전날에 서로 대치하였던 일과 연전에 새 서계를 받아주지 않은 사건에 대해서 다 뉘우칩니까?"라고 따져 물었고, 신헌은 "한 마디로 말해서 전날의 사건은 얼음이 녹듯 완전히 풀렸는데 다시 무엇을 말하겠습니까?"라고 답하였다.

유사한 내용의 말들이 오간 후 기요타카는 '13개 조목의 조약'을 신헌이 상세히 열람하고 직접 임금을 뵙고 품처(稟處)해 달라는 요구를 하였고, 신헌이 "조약이라고 하는 이것이 무슨 일입니까?"라고 묻자, 기요타카는 "귀국 지방에 관(館)을 열고 함께 통상하자는 것입니다.'"라고 답하였다. 신헌이 "300년 동안 어느 때라도 통상하지 않은 적이 있었습니까? 오늘 갑자기 이런 것을 가지고 따로 요청하는 것은 참으로 이해할 수 없는 바입니다."라고 하자, 기요타카는 "지금 세계 각국에서 다 통행되고 있는 일이며, 일본에서도 또한 각국에 관을 이미 많이 열어놓고 있습니다."라고 답하였다.

1876. 2. 3.(음력 1. 21.)에는 조약등본이 의정부에 전달되었고, 논의 끝에 2. 15.(음력 2. 3. 乙丑)에 신헌과 기요타카가 서명하여 조일수호조규(朝日修好條規)가

24) 고종실록 13권, 고종 13년 2.21. 계축 1번째 기사.

체결되었고 26일에 비준을 마쳤다. 한일수호조약(韓日修好條約) · 강화도 조약으로도 불리고, 일본에서는 병자수호조약(丙子修好條約)으로 칭하였다.[25)]

---

25) 실록에 기록된 한문으로 된 조약 내용을 번역하면 아래와 같다.

<수호조규> 대일본국은 대조선국과 본디 우의(友誼)를 두터이 하여온 지가 여러 해 되었으나 지금 두 나라의 정의(情意)가 미흡한 것을 보고 다시 옛날의 우호 관계를 닦아 친목을 공고히 한다. 이는 일본국 정부에서 선발한 특명 전권 변리 대신 육군 중장 겸 참의 개척 장관(陸軍中將兼參議開拓長官) 구로다 기요타카와 특명 부전권 변리 대신 의관 이노우에 가오루가 조선국 강화부(江華府)에 와서 조선국 정부에서 선발한 판중추부사 신헌(申櫶)과 부총관 윤자승(尹滋承)과 함께 각기 받든 유지(諭旨)에 따라 조관(條款)을 의정(議定)한 것으로서 아래에 열거한다.

제1관: 조선국은 자주 국가로서 일본국과 평등한 권리를 보유한다. 이후 양국은 화친의 실상을 표시하려면 모름지기 서로 동등한 예의로 대해야 하고, 조금이라도 상대방의 권리를 침범하거나 의심하지 말아야 한다. 우선 종전의 교제의 정을 막을 우려가 있는 여러 가지 규례들을 일체 혁파하여 없애고 너그럽고 융통성 있는 법을 열고 넓히는 데 힘써 영구히 서로 편안하기를 기약한다.

제2관: 일본국 정부는 지금부터 15개월 뒤에 수시로 사신을 파견하여 조선국 경성(京城)에 가서 직접 예조 판서(禮曹判書)를 만나 교제 사무를 토의하며, 해(該) 사신(使臣)이 주재하는 기간은 다 그때의 형편에 맞게 정한다. 조선국 정부도 수시로 사신을 파견하여 일본국 동경(東京)에 가서 직접 외무경(外務卿)을 만나 교제 사무를 토의하며, 해사신이 주재하는 기간 역시 그 때의 형편에 맞게 정한다.

제3관: 이후 양국 간에 오가는 공문(公文)은, 일본은 자기 나라 글을 쓰되 지금부터 10년 동안은 한문으로 번역한 것 1본(本)을 별도로 구비한다. 조선은 한문을 쓴다.

제4관: 조선국 부산(釜山) 초량항(草梁項)에는 오래 전에 일본 공관(公館)이 세워져 있어 두 나라 백성의 통상 지구가 되었다. 지금은 종전의 관례와 세견선(歲遣船) 등의 일은 혁파하여 없애고 새로 세운 조관에 준하여 무역 사무를 처리한다. 또 조선국 정부는 제5관에 실린 두 곳의 항구를 별도로 개항하여 일본국 인민이 오가면서 통상하도록 허가하며, 해당 지역에서 임차한 터에 가옥을 짓거나 혹은 임시로 거주하는 사람들의 집은 각각 그 편의에 따르게 한다.

제5관: 경기(京畿), 충청(忠淸), 전라(全羅), 경상(慶尙), 함경(咸鏡) 5도(道) 가운데 연해의 통상하기 편리한 항구 두 곳을 골라 지명을 지정한다. 개항 시기는 일본력(日本曆) 명치(明治) 9년 2월, 조선력 병자년(1876) 2월부터 계산하여 모두 20개월로 한다.

제6관: 이후 일본국 배가 조선국 연해에서 큰 바람을 만나거나 땔나무와 식량이 떨어져 지정된 항구까지 갈 수 없을 때에는 즉시 곳에 따라 연안의 지항(支港)에 들어가 위험을 피하고 모자라는 것을 보충하며, 선구(船具)를 수리하고 땔나무와 숯을 사는 일 등은 그 지방에서 공급하고 비용은 반드시 선주(船主)가 배상해야 한다. 이러한 일들에 대해서 지방의 관리와 백성은 특별히 신경을 써서 가련히 여기고 구원하여 보충해 주지 않음이 없어야 할 것이며 감히 아끼고 인색해서는 안 된다. 혹시 양국의 배가 큰 바다에서 파괴되어 배에 탄 사람들이 표류하여 이르면 곳에 따라 지방 사람들이 즉시 구휼하여 생명을 보전해주고 지방관에게 보고하며 해당 관청에서는 본국으로 호송하거나 가까이에 주재하는 본국 관원에게 교부한다.

제7관: 조선국 연해의 도서(島嶼)와 암초는 종전에 자세히 조사한 것이 없어 극히 위험하므로 일본국 항해자들이 수시로 해안을 측량하여 위치와 깊이를 재고 도지(圖志)를 제작하여 양국의 배와 사람들이 위험한 곳을 피하고 안전한 데로 다닐 수 있도록 한다.

제8관: 이후 일본국 정부는 조선국에서 지정한 각 항구에 일본국 상인을 관리하는 관청을 수시로 설치하고, 양국에 관계되는 안건이 제기되면 소재지의 지방 장관과 토의하여 처리한다.

제9관: 양국이 우호 관계를 맺은 이상 피차의 백성들은 각자 임의로 무역하며 양국 관리들은 조금도 간섭할 수 없고 또 제한하거나 금지할 수도 없다. 양국 상인들이 값을 속여 팔거나 대차료(貸借料)를 물지 않는 등의 일이 있을 경우 양국 관리는 포탈한 해당 상인을 엄히 잡아서 부채를 갚게 한다. 단 양국 정부는 대신 상환하지 못한다.

1876. 5. 10. 김기수가 수신사(修信史)가 되어 75명을 인솔하고 일본에 파견되었고, 6월 16일 부산포에 돌아왔다.

1877년 11월에 일본대리공사 하나부사 요시모토(花房義質)가 「만국공법」과 「성초지장(星軺指掌)」[26] 서책을 기증하였다.

일본은 조선과 일본 양국이 모두 상주하는 외교관을 두기를 희망하였으나 조선은 통신사의 전례를 근거로 사절이 왕래하되 조선의 외교관이 일본에 상주하는 것은 거절하였다. 일본은 1877년 조선에 상주하는 공사를 파견하였다.

1882년 6월의 임오군란에서 일본공사관이 습격된 뒤, 그 처리에 관한 제물포조약과 함께 수호조규 속약이 체결되었는데, 부산 · 원산 · 인천 각 항의 간행이정(間行里程)을 금후 확장해 사방 각 50리(조선리법에 따름)로 하고, 2년 후를 기해 다시 각 100리로 할 것과 일본국 공사 · 영사 및 그 수행원 · 가족의 조선 내지 여행을 허용한다는 내용이었다.

조약 제1조 첫머리의 "조선국은 자주 국가로서 일본국과 평등한 권리를 보유한다." 부분은 일본이 청일전쟁과 러일전쟁의 선전포고서에서도 핵심주장으로 삼았지만, 일본의 진의는 조선을 병합함에 있어서 청국 · 러시아 등의 간섭을 배제하는 데 있었다.

제10관: 일본국 인민이 조선국 지정의 각 항구에 머무르는 동안 죄를 범한 것이 조선국 인민에게 관계되는 사건은 모두 일본국관원이 심리하여 판결하고, 조선국 인민이 죄를 범한 것이 일본국인민에게 관계되는 사건은 모두 조선 관청에 넘겨 조사 판결하되 각각 그 나라의 법률에 근거하여 심문하고 판결하며, 조금이라도 엄호하거나 비호함이 없이 공평하고 정당하게 처리한다.

제11관: 양국이 우호 관계를 맺은 이상 별도로 통상 장정(章程)을 제정하여 양국 상인들이 편리하게 한다. 또 현재 논의하여 제정한 각 조관 가운데 다시 세목(細目)을 보충해서 적용 조건에 편리하게 한다. 지금부터 6개월 안에 양국은 따로 위원(委員)을 파견하여 조선국의 경성이나 혹은 강화부에 모여 상의하여 결정한다.

제12관: 이상 11관 의정 조약은 이날부터 양국이 성실히 준수하고 준행하는 시작으로 삼는다. 양국 정부는 다시 고치지 못하고 영원히 성실하게 준수해서 화호(和好)를 두텁게 한다. 이를 위하여 조약서 2본(本)을 작성하여 양국 위임 대신이 각각 날인하고 서로 교환하여 신임을 명백히 한다.

26) 만국공법은 미국의 외교관 Henry Wheaton이 1836년 저술한 「Elements of International Law」를 중국에서 선교활동을 하던 미국의 장로교 선교사 마틴(William Alexander Parsons Martin, 중국명 정위량; 丁韙良)이 한역하여 청나라의 원조로 1865년 출판되었고, 성초지장은 프로이센의 국제법학자 마르텐스 백작(Charles de Martens)이 저술한 「Le Guide Diplomatique. Precis Des Droits Et Des Fonctions Des Agents Diplomatiques Et Consulaires(외교 지침, 외교관과 영사관의 권리와 임무)」를 청국의 同文館에서 한역한 것이다.

3. 미국과의 수교

미국은 1848년 캘리포니아를 합병하는 등 태평양에 도달할 즈음 아시아와의 무역에 관심을 두어, 1844년에 청국과 망하(望厦)조약을, 1854년에는 일본과 카나가와(神奈川)조약을 체결하였고. 1867년에는 알래스카를 러시아로부터 매입하였으며, 미드웨이 섬도 확보하였다.

조선은 서구 어느 나라와도 국교를 맺지 않았고, 중요한 지정학적 위치에 있기 때문에 남북전쟁 후의 첫 국무장관이었던 슈어드(William H. Seward)는 조선과 국교를 맺고자 하였다,

(1) 제너럴셔먼호 사건과 신미양요

– 유원지의(柔遠之義)

조선은 1855년 강원도 통천에 표류한 미국 포경선 투브라더즈호의 선원들과 1866년 평안도 철산에 표류한 미국 상선 서프라이즈호 선원들을 안전하게 구조하여 그들이 본국으로 돌아갈 수 있도록 청나라까지 호송해 주었다.

서프라이즈호의 선장은 미국인 매케슬린(Macaslin)이었고, 미국인 2명 · 영국인 2명 · 네덜란드인 2명과 청국인 2명이 승선하고, 중국 위해(威海)의 지부(芝罘)에서 오키나와로 가다가 풍랑을 만나 1866. 6. 24. 배는 파선되고 평안도 해안 섬을 거쳐 철산지역에 도착하였다. 철산부사 백낙연은 평안감사 박규수의 지시를 받아 그들에게 음식과 의복을 제공하고, 그들의 희망대로 육로를 통하여 중국으로 돌아갈 수 있게 했다. 만주의 중국 관리들은 그들을 죄수와 같이 대우하였지만 신부 길리(Pere Gillie)의 보살핌을 입어, 그들은 파선된 지 2개월 만에 미국 영사에게 인도되었고, 이런 사실을 안 미국 의회는 길리에게 사례하였다.[27)]

– 제너럴셔먼호 사건(General Sherman incident)

보스턴의 사업가 프레스턴(W. B. Preston) 소유로서 영국의 메도우즈 상사

---

27) 박명수(2021), "한미관계의 기원에 대한 재고찰: 제너럴셔먼호 사건 이후의 동북아 정세와 와츄세트호의 내항", 「史學硏究」 제143권, 한국사학회, 134~135면.

(Meadows & Co.)가 용선한 무장 상선인 제너럴셔먼호(SS General Sherman)가 1866. 8. 9.경 지부(芝罘)에서 출발하여 14일경 평양에 도착하였는데, 영국 선교사 토마스(Robert Jermain Thomas)가 도중에 마을로 가서 한역 성격을 나누어 주곤 하였다.

한국 관리들이 선장 페이지(Page)에게 교역할 수 없다고 여러 차례 경고하였지만 선원들은 이를 무시했고, 토마스는 천주교인을 박해하는 이유를 물으면서 "프랑스의 큰 배는 이미 수도에 갔지만 우리 배는 그렇게 하지 못하고 있다"고 하였다.[28] 16일에는 그들이 조선군 이현익 등을 억류하였고, 22일경 평안감사 박규수가 "조정의 지시에 따라 떠나지 않으면 죽임을 당할 것"이라고 알렸음에도 불구하고 포격을 하고 조선군 7명을 살해하였다. 24일 박규수 휘하의 군민(軍民)이 페이지 선장을 포함한 15명의 승무원과 토마스 등 선교사 2명 환전상 1명 등 전원을 살해하였고 배도 불질러서 침몰시켰다.[29] 천주교 문제로 프랑스와 대립하고 있었던 대원군은 그들이 처형된 천주교인들의 복수를 위해 토벌 임무를 수행하는 프랑스 해군 전함이라고 믿었다.

이 사건을 10월경 메도우 상사로부터 보고받은 청국 주재 미국 대리공사 윌리암스(Samuel Wells Williams)는 이 사건을 청 정부에 알리고 대책을 촉구하면서 "미국 국적의 범선에 24명의 선원이 타고 있었는데 아직 그들의 생사를 확인할 수 없다, 과거 조선은 배가 난파당했을 때 선원들에게 친절을 베풀었고, 그 선원을 만주에 이송했다"고 썼고, 같은 내용을 지부의 미국영사 샌포드(E. Sanford)와 미국 국무장관 슈어드에게도 보고하였다.[30]

청 총리아문의 공친왕이 1866. 10. 27.(음력) 조선에 이 상황을 전달하면서 선원 24명의 생사 여부에 관해서 알려 달라고 요청하자, 조선은 11월 5일 청나라 예부에 제너럴셔먼호는 조선을 침략하는 행위를 하다가 침몰하여 불타버렸다고 포괄적으로 설명하였는데, 토마스에 대해서는 '자칭 영국인'이라고 표현하여 토마스가 진짜로는 영국인이 아닐 가능성을 암시하는 한편, 미국인이 이 배에 타

28) 고종실록 3권, 고종 3년 7.18. 갑술 3번째 기사.
29) 고종실록 3권, 고종 3년 7.27. 계미 1번째 기사.
30) 박명수, 앞의 글, 137~140면.

고 있었다는 사실에 대해서는 언급하지 않았으며, 미국의 돛을 단 미국 배가 아니라 영국 배라고 하여 미국과의 관계를 부정하는 대답을 하였다.

미국의 아시아함대사령관 벨은 12월 14일 해군장관 웰즈에게 보낸 보고서에 프랑스가 내년 봄에 작전을 개시할 것이라 생각되는데, 미국 해군도 여기에 가담할 만반의 준비가 갖추어져 있으며, 영불 연합군이 북경을 점령하는데 단지 1,200명이 진격했을 뿐이라며 내년 6월까지 1,500~2,500명의 병사를 동원하여 조선의 수도를 점령하고 왕을 굴복시킬 수 있다는 의견을 제시하였다.

12월 15일(음력 11. 8.)에는 미국 공사 벌링게임(Anson Burlingame)은 조선 문제에 대해서 국무장관에게 종합적인 보고를 하면서, 중국이 조선의 종주국이므로 셔먼호 사건에 대해서 중국이 나서 줄 것을 요청하였으나, 공친왕은 두 나라 사이의 관계는 단지 의례적이라고 말하면서 어떤 책임도 회피하였다고 보고하고, 따라서 셔먼호 사건은 중국과 관련된 외교적인 문제로 분류되지 않기 때문에 이 문제를 자신보다는 벨 제독에게 이관해야 한다고 하면서, 벨 제독의 주관 아래 진행될 조선에서의 미국의 존재는 공격보다는 절제로 나타나야 하고, 문명화된 나라로서 복수를 자제하기를 바란다고 하였다.[31]

제너럴셔먼호가 조선에 온 이유에 대하여는 프랑스가 천주교 박해를 이유로 조선을 정복하여 가톨릭 국가로 만들려 하고 있는 상황에서, 중국과 영국이 암묵의 합의하에 영국과 조선 간의 통상을 이룩함으로써 프랑스를 견제하기 위한 것이었고, 따라서 영국은 물론이고 미국도 그 사건을 악화시키려 하지 않았다고 보는 유력한 견해가 있다.[32]

– 제너럴셔먼호 사건 진상조사

1866년 말 슈펠트(Robert Wilson Shufeldt)는 셔먼호 사건 진상 조사와 거문도의 해군 기지 설립 조사를 지시 받고 조선으로 향했다. 슈펠트를 태운 와츄세트호(USS Wachusett)는 1867. 1. 21. 지부를 떠나 23일 황해도 장연 앞 바다에 정박하고, 24일 장연 현감에게 조선왕에게 보내는 편지를 전달하였는데, 그 내용

31) 박명수, 앞의 글 144면.

32) 박명수(2020), "1860년대 중반의 국제관계에서 본 제너럴 셔먼호와 로버트 J. 토마스", 「사학연구」 제140호, 한국사학회, 319~367면.

은 먼저 자신들은 미국 아시아 함대 사령관의 명령으로 이 지역에 왔고, 전쟁이나 불법적인 의도를 갖고 있지 않으며, 미국민 전체는 지난 6월에 조선이 서프라이즈호에 보여준 호의에 대해 감사하고 있다고 한 다음, 9월에 대동강변에서 미국 선박이 좌초되었고 그 배에 있던 사람들은 살해당했다는 소문이 있는데 그 진위를 알고 싶고, 조선이 이들을 살해했다면 이들이 무슨 잘못을 했는지 궁금하며 만일 이들 가운데 살아있는 사람이 있다면 이들을 돌려 보내줄 수 있는지 알기를 원한다고 하고, 미국과 조선 사이에 유지되었던 평화와 우의가 오랫동안 지속되기를 원하며, 빠른 답을 바란다는 것이었다. 조선은 비록 화목을 구한다고 하나 속뜻을 알기 어렵다는 이유로 장현 현감에게 거절하라고 지시하였다.[33] 슈펠트는 거문도 조사를 마치고 돌아갔다.

1868년 4월 페비거(John C. Febiger) 제독이 군함 새넌도어호(USS Shenandoah)를 타고 곡산군 오리포에 이르러 셔먼호의 생존 선원 석방을 위한 특사 파견 등을 요구하면서 조선 정부의 답신이 없으면 미국 군함이 다시 올 것이란 협박을 남겼다.[34]

– 신미양요

1871년 미국 정부는 조선을 무력으로 개항하기로 결정하고 주청 미국 공사 로우(Fredrick Low)의 지휘 아래 5척의 군함을 파병하였다.

로우는 미리 청 총리아문을 통해 조선에 자신들의 목적을 통지하였는데, 1871. 1. 17.(음력) 발송된 편지에서 로우는 자신을 '대아미리가합중국 흠명출사

---

33) 박명수, 앞의 글 153면; 고종실록 3권, 고종 3년 12.27. 임자 2번째 기사.

34) 고종실록 5권, 고종 5년 3.26. 갑술 3번째 기사에는 오리포(五里浦)의 훈학인(訓學人) 임병정(林秉正)이 "당신들은 어느 나라 사람이며, 무슨 일로 이 나라에 왔는가?"라고 물으니, 그들이 글을 써 보이기를, "나는 미국 사람 적고문(狄考文)인데 재작년에 미국 배가 여기에서 없어졌으므로 우리들이 탐문하러 왔다."라고 하였다고 되어 있고, 고종 5년 3월 30일 무인 1번째 기사의 평안 감사 박규수의 보고에는 그들이 "우리는 본래 서방의 대미국(大美國) 사람들입니다. 여기서 50만 리나 멀리 떨어져 있는데, 우리 배는 광동(廣東)과 상해(上海)를 거쳐 연대(煙台)에 이르렀다가 3월 15일에 연대를 떠나 귀국에 와 닿았습니다. 무역을 하러 온 것이 아니고 군주의 명령을 받고 왔습니다. 그것은 2년 전에 우리나라의 상선이 이 강의 어귀에서 없어졌기 때문입니다. 우리가 여기에 온 것은 우의를 두텁게 하고자 하는 것이니 귀국의 임금은 여러 높은 사람들과 함께 잘 처리하여 두 나라가 길이 화목하게 지내게 하기 바랍니다. 다음으로는 귀국 사람들에게 짐승과 음식물을 공평하게 살 수 있도록 해주기 바랍니다. 이렇게 해답을 올리면서 꼭 답서를 기다립니다. 회답을 준다면 바로 상류에서 기다리겠습니다."라고 대답을 내걸었다고 되어 있다.

조선지공사(欽命出使朝鮮之公使)'로 소개하고 셔먼호 사건의 재발 방지를 위한 자국 선박의 항해 안전 보장과 일본의 예와 같은 통상조약의 체결을 요구하였으며, “화친을 구하는데도 갖은 방법으로 거절하면 불목을 부를 것이니 누구를 탓하겠는가”라고 협박도 하였다.

편지를 받은 조선은 박규수로 하여금 “위험에 빠진 선원을 구하는 것은 우리의 오랜 전통이고, 셔먼호는 경계를 무단 침범하여 발생한 일이란 것을 누차 해명하였는데 이제 와서 다시 문제를 삼는 까닭을 모르겠다. 미국 상선이 우리나라 사람을 먼저 능멸하지 않았다면 조선관민이 어찌 먼저 남에게 능멸을 가하겠는가, 우리는 중국의 번국이니 사대를 하는 신하된 입장에서 독자적으로 외교를 할 수 없다”고 답변하게 하였다.

외교적 협상이 결렬되자 미국 아시아함대 사령관 존 로저스(John Rodgers) 제독은 1871. 5. 15. 프리깃함인 기함 콜로라도호(USS Colorado) 등 5척의 군함에 500여 명의 수병과 150여 명의 해병을 싣고 강화도에 도착하여 경기 감사 박영보(朴永輔)에게 “이 배는 대아메리카합중국의 배이며 여기에 온 것은 우리 흠차대인이 조선의 높은 관리와 협상할 문제가 있기 때문입니다. 조약을 체결하려면 날짜가 필요하므로 우리 배는 이 바다 한 지역에서 정박하고 있으면서 조약이 체결되기를 기다렸다가 돌아가겠습니다. 배에 머물러 있는 두 대인은 다 잘 있습니다.”라는 편지를 보내었다.[35]

5월 20일 미군 함대 2척이 손돌목을 지나가자 광성진 수비대가 대포를 쏘았고, 조정은 어재연(魚在淵)을 진무중군(鎭撫中軍)으로 임명하였다.[36] 21일 미군 함대는 광성진(廣城津)에 와서 닻을 내리고 포격하였고, 덕포(德浦)의 포군 오삼록(吳三祿)이 사망하였다.[37] 23일 대원군이 진무사 정기원(鄭岐源)을 통하여 “올봄에 북경(北京) 예부(禮部)에서 자문(咨文)을 보내어 귀국 사신의 편지를 전해왔기에 우리 조정에서는 이미 의논하여 회답 자문을 보내고 귀 대인에게 전해줄 것을 청하였습니다. 또 생각건대 귀국은 예의를 숭상하는 풍속이 본래 이름난 나

35) 고종실록 8권, 고종 8년 4.9. 무진 3번째 기사.
36) 고종실록 8권, 고종 8년 4.14. 계유 2번째 기사, 4번째 기사.
37) 고종실록 8권, 고종 8년 4.15. 갑술 5번째 기사.

라로 다른 나라들보다 뛰어났습니다. 귀 대인은 아마도 사리에 밝아서 경솔한 행동을 하지 않을 터인데, 이번에 어찌하여 멀리 바다를 건너와서 남의 나라에 깊이 들어왔습니까? 설사 서로 살해하는 일은 없었다고 하지만 누구인들 의심하고 괴이하게 여기지 않겠습니까? 중요한 요새지에 갑자기 외선(外船)이 들어오는 것을 허용하지 않는 것은 모든 나라의 일반적 규범으로써 처지를 바꾸어놓고 보아도 모두 그러할 것입니다. 지난번에 귀선(貴船)이 바닷가 요새지를 거슬러 올라와서 피차간에 대포를 쏘며 서로 경계하는 조치까지 있도록 만들었습니다. 이미 호의로 대하자고 말하고서도 한바탕 이런 사단이 있게 되었으니 매우 개탄할 노릇입니다. 귀선이 오고부터 연해의 관리들과 무관들에게 절대로 사단을 일으켜 사이가 나빠지게 하지 말라고 경계하여 타일렀습니다. 그렇지만 귀선이 다른 나라의 규례를 아랑곳하지 않고 요새지 어구까지 깊이 들어온 이상 변경을 방비하는 신하들로 말하면 그 임무가 방어인데 어찌 가만히 있을 수 있겠습니까? 지난번 일에 대해 괴이하게 생각하지 말기 바랍니다. 혹시 북경 예부에서 우리의 회답 자문을 미처 전하지 못하여 귀 대인이 우리나라의 제반 사정을 잘 알지 못하여 이런 일이 생긴 것이 아닙니까? 이제 회답 자문 부본을 보내니 한 번 보게 되면 남김없이 다 알게 될 것입니다. 우리나라가 외국과 서로 교통하지 않는 것은 500년 동안 조종(祖宗)이 지켜온 확고한 법으로서 천하가 다 아는 바이며, 청나라 황제도 옛 법을 파괴할 수 없다는 데 대하여 잘 알고 있습니다. 이번에 귀국 사신이 협상하려는 문제로 말하면 어떤 일이나 어떤 문제이거나를 막론하고 애초에 협상할 것이 없는데 무엇 때문에 높은 관리와 서로 만날 것을 기다리겠습니까? 넓은 천지에서 만방의 생명들이 그 안에서 살면서 다 제대로 자기의 생활을 이루어가니 동방이나 서양은 각기 자기의 정치를 잘하고 자기의 백성들을 안정시켜 화목하게 살아가며 서로 침략하고 약탈하는 일이 없도록 하니, 이것은 바로 천지의 마음인 것입니다. 혹시 그렇지 못해서 위로 하늘을 노하게 한다면 더없이 상서롭지 못할 것입니다. 귀 대인이 어찌 이 이치를 모르겠습니까? 풍파만리에 고생하였으리라 생각하면서 변변치 못한 물품으로 여행의 음식물로 쓰도록 도와주는 것은 주인의 예절이니 거절하지 말고 받아주기 바랍니다. 이만 줄입니다."라는 편지와 음식물 등을 보냈다.

미국 측은 26일 "대아메리카합중국 찬리(贊理) 흠차(欽差)인 영어·한어 문건을 맡아보는 총판두(總辦杜)는 회답합니다. 며칠 전에 군주가 파견한 우리나라 관리에게 보내온 공문과 대청 예부에 회답한 자문 부본에 대해 다 같이 군주가 파견한 우리 제헌(提憲)에게 전하였으며 명령을 받들어 이렇게 회답합니다. 당신들에게서 온 편지에서 언급한 내용에 의하면 귀 조정이 우리나라 군주가 파견한 관리와 그가 와서 해결하려고 하는 문제에 대하여 우의를 가지고 협상하려 하지 않는다는 것을 알 수 있습니다. 이것이 군주가 파견한 우리 제헌이 매우 안타까워하는 문제입니다. 까닭 없이 공격한 문제에 대해서는 잘못을 책망하지 않고 도리어 비호하면서 변경을 책임진 신하의 직책으로서는 응당 해야 할 일을 한 것이라고 하였습니다. 우리 제헌은 원래 포를 쏜 행위는 군사와 백성들의 망동에서 생긴 것이라고 보고 있습니다. 귀 조정에서 이것을 알고 꼭 책임에서 벗어나려고 한다면 모든 사람들이 바라는 대로 높은 관리를 파견하여 협의하는 것이 좋겠습니다. 그러므로 서둘러 행동하지 않고 기일을 늦추어가면서 기다리는 것입니다. 만일 귀 조정에서 3, 4일내에 만나서 협상할 의사가 없이 기한이 되기만 기다린다면 전적으로 군주가 파견한 우리 제헌이 처리하는 대로 할 것입니다. 기일이 매우 촉박하므로 대략 이와 같이 적습니다. 보내준 많은 진귀한 물건들을 받고 은혜와 사랑을 충분히 알 수 있으며 무엇이라 감사를 드려야 좋을지 모르겠습니다. 그러나 감히 마음대로 할 수 없어 보내온 예물을 돌려보냅니다. 이와 같이 회답합니다."라고 회신하였다.[38)]

5월 30일 미군은 함포 지원 아래 651명의 병력을 초지진에 상륙시켜 초지진을 수비하던 조선군과 백병전을 벌여 점령하였는데, 조선측은 어재연 등 240여 명이 전사하고 100여 명이 바다로 뛰어들어 자살하였으며, 20여 명이 포로로 잡혔다. 미군은 장교 1명과 사병 2명이 전사하고 10여 명이 부상당하였다. 고종실록에는 전사 53명·부상 24명으로 기록되어 있다.[39)]

6월 1일 첨사 이렴(李濂)이 초지포(草芝浦) 가에 진을 치고 있는 미군을 야습하였고, 미군은 물치도로 퇴각하였다가 3일 부상병 9명을 돌려주고 철수하였

---

38) 고종실록 8권, 고종 8년 4.17. 병자 3번째 기사.
39) 고종실록 8권, 고종 8년 4.24. 계미 5번째 기사; 4.28. 정해 2번째 기사.

다.[40]

미국은 이 사건을 1871년 한국 원정(Korean Campaign 1871) 등으로 불렀고, 대원군은 척화비[41]를 세우고 쇄국 정책을 더욱 강화하였다.

(2) 슈펠트의 부산 방문

1876년 조일수호조규가 체결되자, 1878년 사전트(Aaron A. Sargent) 상원의원은 1878년 일본의 중재를 통하여 조선을 개항시켜 아시아 무역을 증진하고, 러시아의 남진정책을 저지하자고 주장하였다.

1878. 10. 29. 해군장관 톰슨(R. W. Thompson)은 슈펠트(Robert Wilson Shufeldt) 제독에게 미국의 경제침체를 타개할 새로운 시장개척을 위해 조선을 최종목적지로 삼은 아프리카 · 아시아 지역에 대한 순항 임무로 타이콘데로가호(USS Ticonderoga)의 출항을 명령하였고, 11월 9일 국무장관 에바르츠(Maxwell Evarts)는 슈펠트에게 조선이 조일수호조규와 유사한 조약체결 의지가 있는지 조사하여 보고해 줄 것을 요청했다. 조선은 개방되지 않아 미국이 선발제국주의 국가들과의 경쟁에서 우위를 확보할 수 있고 유럽보다 지리적 접근성도 유리하였으므로, 미국은 조선과의 수교에 큰 비중을 두었다.[42]

슈펠트는 라이베리아공화국의 수도 마데이라(Madeira) · 케이프 타운 · 아라비아 반도 남단의 아덴 · 인도 서안의 봄베이 · 싱가포르 · 홍콩 등을 거쳐 나카사키에 가 일본 외상 이노우에 카에루(井上馨)가 부산 주재 일본 영사 곤도 모토스케(近藤眞鋤)에게 보내는 소개장을 받아서 1880. 5. 30. 부산 앞바다에 도착하였고, 6월 16일 곤도 모토스케는 동래부에 가서 슈펠트의 서계(書契)를 정납(呈納)하여 달라고 하였다.

동래 부사 심동신(沈東臣)이 "우리나라는 미국과 말이 통하지 않고 거리도 대

40) 고종실록 8권, 고종 8년 4.25. 갑신 3번째 기사; 4.27. 병술 3번째 기사; 구연상 저(임학성 · 배성수 번역 역주, 2007), 「소성진중일지(邵城陣中日誌)」, 인천광역시 역사자료관 역사문화연구실.

41) 비문은 "양이침범(洋夷侵犯) 비전즉화(非戰則和) 주화매국(主和賣國) 계아만년자손(戒我萬年子孫) 병인작신미립(丙寅作 辛未立)"이고, 뜻은 "서양 오랑캐가 침범하였는데 싸우지 않는 것은 화의를 주장하는 것이고, 화의를 주장하는 것은 나라를 파는 것이다. 이를 자손 만대에 경계하며 병인년에 비문을 짓고 신미년에 세운다."이다.

42) 최덕규(2020), "미국해군제독 슈펠트와 조미수교(朝美修交) – 동아시아 국제관계를 중심으로(1880-1882)", 「군사」 제115권, 국방부군사편찬연구소, 177면.

단히 멀기에 그들이 우호 관계를 맺으려고 편지를 써가지고 왔다는 것은 천만 번 당치 않은 말이며, 더구나 일본 사람들도 역시 서양 사람들이 우리나라에 들어오면 만나는 대로 없애버린다고 알고 있을 터인데 지금 그 나라가 우호 관계를 맺으려 한다는 등의 말로써 이와 같이 와서 간청하는 것은 이웃 나라와 사귀는 두터운 정의에 흠이 될 것이니 다시는 번거롭게 굴지 말라."라고 답하자, 일본 영사는 "이번에 온 미국의 배는 서양의 여러 나라들과는 다르므로 전적으로 두 나라 사이의 우호 관계를 맺게 하기 위해서 이와 같이 와서 말하는 것이다."라고 하였으나. 동래 부사는 "무릇 외국 사람들의 배가 우리나라에 와서 정박하면 만나보지도 말며 편지를 받지도 말라는 우리 조정의 명령이 이미 있으므로 그 서계는 봉납할 수 없다. 곧바로 영사관에서 그 나라 사람들에게 단단히 타일러서 빨리 돌아가도록 하라."고 하고 술과 안주를 넉넉히 갖추어 전례대로 대접하여 돌려보냈다.[43)]

슈펠트 제독이 준비한 1880. 5. 4.자 편지에는 조미수교가 조선에 가져다줄 혜택으로 안보와 경제적 이득을 꼽았고 그 논거로 첫째 조선은 영토 확장을 추구하는 인접 국가들에 둘러싸여 있지만, 미국은 '영토적 야욕이 없는 반면 강력하게 무장된 국가'라는 점 둘째, 미국은 지리적으로 '서구열강 가운데 조선의 가장 가까운 이웃'이기 때문에 조미수교는 물질적으로 강성해지는 혜택을 줄 수 있다는 것을 들었다. 아울러 슈펠트는 미국이 조선해역으로 주권을 확장시키거나 종교 혹은 독립국가의 정치제도들에 간섭하지 않을 것임을 약속했다. 그 편지의 말미에서 미국 시민이 해안에 표착할 경우의 보호와 상업상의 편의 제공을 요청하였고, 조·미 수교시 "평화·우정 그리고 우호적인 유대가 앞으로도 영원히 미국과 폐하의 왕국 사이에서 계속 될 것"이라는 희망을 피력했으며, 과거의 오해(辛未洋擾, 1971)로 인해 단절된 양국간의 우호적인 교류를 도모하기 위해 편지를 쓰며 국왕이 수교를 통해 청국과 일본에게 부여한 상업적 특권을 미국에 제공함으로써 통상의 새로운 시대를 열어가길 기대한다고 하였다.[44)]

43) 고종실록 17권, 고종 17년 4.10. 정미 1번째 기사.
44) NARA. RG 46. Letter of Shufeldt to the Korean King, May 4, 1880. (최덕규, 앞의 글, 주42)에서 재인용).

슈펠트는 제안이 받아들여지지 아니하자 거문도(Port Hamilton)를 점령하여 굴복을 강요하려고도 하였으나, 그것은 러시아 등 타 열강에게 조선의 항구를 점령할 명분을 줄 위험이 있다 하여 아시아함대 사령관 토마스 패터슨(Thomas H. Patterson) 해군소장이 거부하였고, 해군장관 톰슨은 6월 30일 슈펠트 제독에게 "조선인들과는 오직 설득의 수단만 사용할 뿐, 적대행위는 피하라"는 훈령을 발송했다.[45)]

(3) 이홍장의 미국과의 입약통상 권고

1874년 5월 일본의 대만정벌에 즈음하여 프랑스 해군제독 지켈(Prosper Marie Giquel)은 "일본이 5,000 군사로 대만정벌을 수행한 뒤 조선을 정벌하려 한다. 조선이 서둘러 프랑스 · 미국 등과 통상관계를 맺는다면 일본은 고립되어 감히 동병(動兵)하지 못할 것이다."라는 내용의 자문의견을 청국에 제출하였는데,[46)] 이홍장은 조선의 쇄국정책을 변경시킬 수 없다는 취지로 반대하였지만, 청국 예부는 위 자문의견을 조선에 전달하였다. 1874년 8월경 이 비밀자문을 접수한 조선은 이유원의 주도로 이용숙(李容肅)과 한경원(韓敬源)을 보내어 입약통상권고를 거부하였다. 이유는 조선은 외교할 겨를이 없고 '태서학문(泰西學問)'이나 '내지전교(內地傳敎)' 즉 '국내포교' · '아편판매(阿片販賣)' 등을 용납할 수 없으며, 물산이 보잘 것 없어 통상을 해도 서로에게 도움이 되지 못한다는 것 등이었다.[47)]

1876년 조일조약이 체결되자 이홍장은 장차 일본이 조선을 침략하여 청의 동삼성(東三省)이 울타리를 잃게 될 것을 염려하여 1978. 9. 29.자 이유원에게 보낸 서신으로 구미 각국과의 입약통상(立約通商)을 권고하였다. 이유로는 일본이 조선을 침략하려 하고 있고 러시아도 그러한데, 영미는 통상을 원할 뿐 영토를 침략할 야욕은 없으니 영미와 통상교역을 해서 침략방어책을 강구하여야 한다는 것을 들었다.

---

45) 최덕규, 앞의 "미국해군제독 슈펠트와 조미수교(朝美修交) – 동아시아 국제관계를 중심으로(1880-1882)", 190면.

46) 김원모(1994), "이홍장(李鴻章)의 열국입약통상권고책(列國立約通商勸告策)과 조선의 대응(1879~1881) – 조미수교 교섭을 중심으로 –", 「동양학」 제24권 제1호, 단국대학교 동양학연구원, 195면.

47) 宋炳基, 앞의 책, 13~15면.

청국이 소속방토(所屬邦土)라고 주장하는 류큐를 1879년 4월 일본이 병합하고, 신장 서부의 일리(伊犁, Ili) 지역을 러시아가 침공하자, 이홍장 휘하의 정일창(丁日昌)은 청국주재 영국공사 웨이드(Thomas Francis Wade)의 조선개항론을 참작하여 16개 조의 해양방어정책을 제시하였는데, 조선이 서양 각국과 입약하여 외교관을 상주시키고 병기를 구입하는 등 안보를 도모하고 청국도 전력을 동원하여 방어해야 한다고 주장하였다.

그 때까지 청국은 조선의 정교금령(政教禁令)에 관여할 수 없다는 입장이었지만, 청국의 안보에 직결되는 조선의 안보에 대한 러시아와 일본의 위협이 고조되자 청국은 중재를 통하여 사단의 발생을 미리 막기로 하는 간섭정책으로 전환하고, 정일창의 '열국입약권도책(列國立約權導策)'을 1879. 8. 26.자 이홍장의 '권고밀함'으로 이유원에게 보내었다. 그러나 이유원은 인천개항을 반대하여 사직한 상태였고 조정과 여론의 상황이 개항을 반대하는 청의(淸議)가 강세였으므로, 그 권고 중 무비밀수(武備密修)만 수용하겠다고 하고 '속국은 외교를 하지 않는다(藩邦無外交)'는 원칙을 준수하겠다고 하였다.[48]

고종은 일본의 침략음모를 확인할 겸 예조참의 김홍집을 수신사로 파견하였다. 김홍집은 1880. 7. 6. 도쿄에 도착하여 8월 26일부터 9월 7일까지 도쿄 주재 청국 공사관에서 청국공사 허루장(何如璋) · 참찬관 황준헌(黃遵憲)과 6회에 걸쳐 연석회담을 가졌다. 허루장은 러시아 함대가 두만강 하구에 집결하고 있는 것은 조선침략의 신호라고 하면서, 미국과의 입약통상이 긴요한데 슈펠트가 부산을 방문하였을 때 왜 입약통상을 거부하였느냐고 힐문하였고, 김홍집은 조선의 국호를 '고려(高麗)'로 칭한 것 등이 문제였다고 대답하였다. 황준헌도 '친중국(親中國) · 결일본(結日本) · 연미국(聯美國)'의 외교 정책을 주장하였고, 필담이어서 의사전달이 충분하지 못할 것을 우려하여, 황준헌은 '조선책략(朝鮮策略)'이란 책자로 만들어 교부하였으며 김홍집은 10월 2일 귀국 복명하면서 조선책략을 제출하였다.[49]

---

48) 김원모, 앞의 글, 19~20면.

49) 조선책략의 취지는 조선을 러시아를 막기 위하여 중국과 친하고(親中國) 일본과 맺고(結日本), 미국과 연결(聯美國)함으로써 자강을 도모해야 한다는 것이다. [송병기(1984), "김윤식(金允植) 이홍장(李鴻章)의 보정(保定) 천진회담(天津會談)(상, 하) – 조미조약(朝美條約) 체결(1882)을 위

조선책략 중에는 헌장의 변경 · 북경 배신(陪臣) 상주 · 부산 등지에서의 청국 상인의 통상 허락 · 조선군의 중국 용기(龍旗) 사용 등 조선과 청국의 기존관계를 변경하는 새로운 내용이 들어 있지만, 고종은 개의치 않았고, 1880. 11. 1. 조선과 청국간에 '조선국원변래학제조조련장정(朝鮮國 員弁來 學製造操練章程)'이 만들어져 조선의 문무관원이 청국에서 제조기술을 배우고 군사훈련을 실시하게 되었으며, 1881. 1. 19.에는 그 업무 등을 담당하는 통리기무아문도 신설하였다.

통리기무아문은 1882년 6월 임오군란 후 잠시 폐지되었다가 대원군 실각후 기무처 · 통리아문 · 통리교섭통상사무아문으로 부활하였고, 갑오개혁으로 1894. 7. 20. 외무아문으로 창설되었으며, 1905. 11. 17. 일본이 외교권을 탈취한 후 1906. 1. 15. 외부 사무는 의정부 외사국으로 이관되었다.

(4) 조미수호통상조약의 체결

이홍장의 심복인 나가사키(長崎) 주재 청국 영사 여경(余瓗)은 1880. 8. 7. 슈펠트를 텐진(天津)으로 초청하였고, 슈펠트는 일본보다는 청나라의 거중조정(居中調停, good offices)이 유용할 것으로 보고 텐진을 방문하였는데. 이홍장은 1880. 8. 26.의 슈펠트와의 회담에서 조선정부가 수교교섭을 개시할 수 있도록 영향력을 행사할 것을 약속하였다.

슈펠트는 10월 13일 고베에서 호놀룰루로 가는 여정에서 '동방에서의 조선과 미국의 이해(Corea and American interests in the East)'라는 제목의 해군장관에게 올린 보고서를 작성하였는데, 그 중에 미국은 지리적으로 유럽과 아시아의 중간에 위치함으로써 유럽자본이 장악하고 있는 대서양보다는 태평양을 통상권역으로 확보하는데 훨씬 유리하고, 이주와 통상의 물결은 동쪽에서 서쪽으로 흐르는 것이 자연의 순리이기 때문에, 미국은 향후 50년 이내에 유럽보다 아시아에서 더 큰 시장을 확보하게 될 것이므로 미국의 미래가 아시아 국가들과의 통상확대에 달려 있다고 기술하였고, 11월 8일 샌프란시스코에 도착하여 제반 사실을 보고하고 조선개국 업무를 계속할 것을 희망하였다.

한 조청교섭", 「동방학」 44~45권, 연세대학교 국학연구원, 44권 157~199면, 45권 203~249면].

한편 김홍집의 복명을 받은 고종은 "미국은 원수 나라가 아니라(米利堅烏可謂讎國?)"고 하고[50] 허루장에게 밀사를 보내었고, 밀사 이동인 등은 10월 17일경 허루장에게 미국과의 수교알선을 원한다는 뜻을 전달하였다. 허루장은 조약체결 시의 지침에 관한 '주지조선외교의(主持朝鮮外交議)'를 이홍장에게 보내어, 러시아 침략 견제를 위해 조미수교는 불가피하지만, 그 경우 조선은 독립국가로 인정받게 되고 중국은 '속국'을 잃게 될 우려가 있다고 하면서, 청국의 관원이 조선의 조약 체결을 주관하고 조약문 머리에 "중국정부의 명을 받들어 결약(結約)한다"고 명시함으로써 조선이 중국의 '속국'임을 분명히 할 필요가 있다는 등의 주장을 하였다.

그러나 11월 29일에야 도달한 김홍집의 공문서에는 조약체결에 관한 구체적 언급은 없고 말미에 "말은 짧고 뜻은 깊어 모두 다 들어낼 수 없다(言短意長 不能實暴)"라고 되어 있을 뿐이었으므로 허루장은 그 공함을 주일 미국공사 빙엄(John Armor Bingham)에게 전달하고 수교주선을 단념하였다.

그런데 무비(武備) 문제로 청국을 다녀온 변원규로부터 이홍장이 러시아의 남하에 대비하기 위하여는 서양 여러 나라와의 입약 통상이 부득이하다는 점을 재차 강조하고, 그 조속한 실현을 촉구하면서 이유원에게 보내는 9월 28일자 서신까지 보낸 사실을 보고 받은 고종은 이용숙을 보내어 1881. 1. 20. 이홍장에게 국왕의 대미수교방침을 알리게 하였다. 고종은 일본에도 탁정식을 보내어

---

50) 承政院日記, 高宗 17年 9月 8日; 고종실록 17권, 고종 17년 9.8. 계유 1번째 기사에는 영의정 이최응(李最應)이 "지난 6월에 미국 사람들이 동래부에 왔었는데 본래 원수진 나라가 아니었으므로 그들이 만약 서계(書契)를 동래부에 바친다면 동래부에서 받아도 잘못될 것은 없으며, 예조에 바친다고 한다면 예조에서 받아도 역시 괜찮았을 것입니다. 그러나 서양 나라라고 해서 거절하고 받지 않았기 때문에 이내 신문지상에 널리 전파되어 마침내 수치가 되고 모욕을 당하게 된 것입니다. 미국에 대해 무슨 소문을 들은 것이 있어서 원수진 나라라고 하겠습니까? 먼 지방 사람을 회유하는 의리에 있어서 불화가 생기지 않도록 해야 할 듯합니다."라고 하자 하교하기를 "우리나라의 풍습이 본래부터 이러하므로 세계의 웃음거리가 된다. 비록 서양 나라들에 대해 말하더라도 본래 서로 은혜를 입은 일도 원한을 품은 일도 없었는데 애당초 우리나라의 간사한 무리들이 그들을 끌어들임으로써 강화도(江華島)와 평양(平壤)의 분쟁을 일으켰으니, 이는 우리나라가 스스로 반성해야 할 바이다. 몇 년 전에 서양 사람들을 중국에 들여보낸 것은 중국의 자문(咨文)에 의하여 좋게 처리하였다. 대체로 양선(洋船)이 우리 경내에 들어오기만 하면 대뜸 사학(邪學)을 핑계 대는 말로 삼지만, 서양 사람이 중국에 들어가 사는데도 중국 사람들이 모두 사학이라고 말하는 것은 아직 들어보지 못하였다. 이른바 사학이란 배척해야 마땅하지만 불화가 생기게까지 하는 것은 옳지 않다."라고 되어 있다.

1881년 4월 초에 허루장에게 김홍집의 서함을 전달하였는데, 서함의 요지는 미국과 수교는 하되 여론 때문에 "즉지(卽地)에 재단(裁斷)할 수 없다", 즉 시간적 여유를 갖고 추진하겠다는 것이었다. 고종은 공사(公使) 주경(駐京) · 인천개항 등 일본과의 현안문제들을 일괄 타결하는 등 미국 등 외국과의 외교 통상에 대비하였고, 개화정책을 지지하는 개화파도 형성되었으나, 유생들 다수는 개화를 강경하게 반대하였고, 1881년 9월에는 대원군의 서장자(庶長子)인 이재선(李載先)을 추대하려 한 역모(逆謀)가 적발되기까지 하였다.

이홍장은 1881년 3월초에 천진 주재 미국 부영사 피셔(Fisher, C. L.)를 통하여 슈펠트 제독을 초청하였고 슈펠트는 6월 하순 천진으로 이홍장을 방문하여 회담을 갖고 미국의 조약 체결의사를 조선에 전달하여 줄 것을 요청하였는데, 이홍장은 미국은 바라는 바를 이룰 수 있으리라고 하였다.

조미조약 체결을 위한 예비교섭이 이홍장의 주관 아래 시작되었다. 이홍장은 "조선은 청의 속방이다"라는 조문을 넣고자 하였고,[51] 미국은 최혜국 대우 조항을 명문화하고자 하였다. 김윤식은 1882년 봄에 조선에서 조미 양국의 전권대신이 협상 및 조약 조인을 하기를 희망한다는 뜻을 이홍장에게 전달하였다. 슈펠트의 거부로[52] 속방조관은 두지 않게 되었으나, 대신 조약 체결 직후에 조선 정부가 미국에 조선은 청국의 속방이지만 외교와 내치는 자주라는 취지를 알리는 속방조회를 하기로 양해되었고, 최혜국 대우는 조약 각 조항이 이행되는 것을

---

51) 소위 속방조관은 何如璋이 총리아문에 보낸 건의서신(1880.12.23.)에서 조선은 "중국의 명을 받들어 結約한다"고 聲明하도록 해야 한다는 것으로 구체화되었던 것인데, 이홍장은 그 건의에 대하여 첫째, 조약에 속국의 명문화는 조선국왕 스스로 상주하여 간청해야 가능하다. 둘째, 조선이 일본과 조약체결 당시 조약문에 중국정부의 명을 받든다는 문구가 없었다. 셋째, 조선이 서양국가와 조약을 체결하면서 "반드시 중국정부의 명을 받들어야 한다(必奉我政府之命)라고 한다면, 조선은 따르겠지만 서양 국가는 기꺼이 따르지는 않을 것이다." 라는 이유로 기존의 불간섭(不干涉)정책을 유지하고자 했는데, 1882년에는 속방조관에 집착하였고, 점차 조선의 내정에 노골적으로 관여하려 하였다(최덕규, 앞의 글 195면).

52) 중국은 미국으로부터 조선이 중국의 속방이라는 것을 인정받는 동시에 미국을 조선에 대한 공동 종주국으로 수용하려 하였다. 슈펠트는 미국은 조선을 만국공법의 질서에 의해 대등한 조약 당사자로 인정할 뿐이고, 만일 조선이 미국과 대등한 입장에서 조약을 맺을 수 없다면 조미조약은 체결될 수 없다고 잘라 말했다. 그리고 자신은 조선과 통상을 위해서 왔지 조선을 미국의 보호국으로 만들어 조선을 지배하러 온 것은 아니라고 대답했다. [2022.4.28.자 국민일보 "중국, 미국에 '조선의 공동보호국 되자' 제안 (한미수교 140주년과 기독교) 조미조약과 중국의 속방조관 문제 (6)" 기사].

조건으로 하여 합의되었다. 이홍장과 슈펠트는 1882. 4. 18. 15개 조의 조약 초안에 서명하였고 21일 이홍장은 가조인한 조약 초안을 김윤식에게 통보하였으며 또한 조선정부가 본 조약에서 조약 초안을 전면적으로 수정하지 말고, 조약 체결 직후 속방조회문을 미국 정부에 통보하며, 청국 관원 마건충(馬建忠, 마젠중)이 조미 양국 사이의 교섭에 참석한다는 지침을 제시하였다.

마건충이 청국 함정 위원(威遠)·양위(揚威)·진해(鎮海)로 3월 21일 제물포 호도(虎島=월미도)에 도착하였고, 조선정부는 24일 신헌(申櫶)과 김홍집(金弘集)을 제물포로 파견하였으며, 슈펠트를 태운 스와타라(USS Swatara, 汕島)호는 25일 호도에 도착하였다.

김홍집이 미곡 수출 금지 조항 추가를 요청한 것 외에는 가조인 안이 그대로 유지되었고, 김홍집은 마건충의 속방 조회문안도 그대로 수용하였다. 1882. 5. 22. 인천부 화도진 만석동(인천 동구 화수동)에 설치된 장방(帳房)에서 슈펠트와 조선 측 전권 신헌과 김홍집이 서로의 신임장을 교열한 후, 한문과 영문으로 작성된 수호통상조약(A Treaty of Peace, Amity, Commerce and Navigation 1882; the Shufeldt Treaty)[53)]에 서명하였고, 초대 주한 미국공사 푸트(Lucius Harwood

---

53) 조미 조약(朝美條約)의 내용은 아래와 같다(고종실록 19권, 고종 19년 4.6. 신유 3번째 기사)
대조선국과 대아메리카 합중국[大亞美理駕合衆國]은 우호관계를 두터이 하여 피차 인민들을 돌보기를 간절히 바란다. 이러므로 대조선국 군주는 특별히 전권대관(全權大官) 신헌(申櫶), 전권부관(全權副官) 김홍집(金弘集)을 파견하고, 대미국 대통령은 특별히 전권대신(全權大臣) 해군총병[水師總兵] 슈펠트(薛裴爾: Shufeldt, R.W.)를 파견하여 각각 받들고 온 전권위임신임장[全權字據]을 상호 검열하고 모두 타당하기에 조관을 작성하여 아래에 열거한다.
제1관: 이후 대조선국 군주와 대미국 대통령 및 그 인민들은 각각 모두 영원히 화평하고 우애 있게 지낸다. 타국의 어떠한 불공평이나 경멸하는 일이 있을 때에 일단 확인하고 서로 도와주며, 중간에서 잘 조처하여 두터운 우의를 보여준다.
제2관: 이번에 통상우호조약(通商友好條約)을 맺은 뒤 양국은 병권 대신(秉權大臣)을 위임하여 피차의 수도에 주재시킬 수 있으며, 피차의 통상 항구에 영사(領事) 등의 관리를 두는데 서로 그 편의를 들어 준다. 이들 관원이 본지(本地)의 관원과 교섭하기 위하여 왕래할 때에는 서로 같은 품급(品級)에 상당하는 예로 대한다. 양국 병권 대신과 영사 등 관원들이 받는 갖가지 우대는 피차 최혜국(最惠國)의 관원과 다름이 없이 한다. 영사관(領事官)은 주재국의 비준문서를 받아야만 일을 볼 수 있다. 파견되는 영사 등의 관원은 정규 관원이어야 하고 상인으로 겸임시킬 수 없으며, 또 무역을 겸할 수도 없다. 각 항구에 아직 영사관을 두지 못하여 다른 나라 영사에게 대신 겸임시킬 것을 청하는 경우에도 상인으로 겸임시킬 수 없으며, 혹 지방관은 체결된 현 조약에 근거하여 대신 처리할 수 있다. 조선주재 미국 영사 등 관원들의 일처리가 부당할 경우에는 미국 공사(公使)에게 통지하여, 피차 의견이 일치하여야 비준문서를 회수할 수 있다.
제3관: 미국 선척이 조선의 근해에서 태풍(颱風)을 만났거나 혹은 식량·석탄·물이 모자라고 통상 항구와의 거리가 멀리 떨어졌을 때에는 곳에 따라 정박하여 태풍을 피하고 식량을 사며 선척을 수리하도록 한다. 경비는 선주가 자체 부담한다. 지방관과 백성은 가엾게 여겨 원조하고 수요품을 제공해야 한다. 당해 선적이 통상하지 않는 항구에 몰래 들어가 무역을 하다가 잡힌 경우에는 배와 화물은 관에서 몰수한다. 미국 선척이 조선 해안에서 파손되었을 경우 조선의 지방관은 그 소식을 들은 즉시 영을 내려 선원들을 우선 구원하고 식량 등을 공급해 주도록 하며, 한편으로 대책을 세워 선척과 화물을 보호하고 아울러 영사관(領事官)에게 통지하여 선원들을 본국으로 송환하게 한다. 아울러 배와 화물을 건져낸 일체 비용은 선주나 미국에서 확인하고 보상한다.

제4관: 미국 인민이 조선에 거주하며 본분을 지키고 법을 준수할 때에는 조선의 지방관은 그들을 보호하고 조금도 모욕하거나 손해를 입히는 일이 없도록 해야 한다. 법을 지키지 않는 무리가 미국 사람들의 집과 재산을 약탈하고 불태우려는 자가 있을 경우 지방관은 일단 영사에게 통지하고 즉시 군사를 파견하여 탄압하며 아울러 범죄자를 조사 · 체포하여 법률에 따라 엄중히 처벌한다. 조선 인민이 미국 인민을 모욕하였을 때에는 조선 관원에게 넘겨 조선 법률에 따라 처벌한다. 미국 인민이 상선에서나 해안에서 모욕하거나 소란을 피워 조선 인민의 생명과 재산에 손해를 주는 등의 일이 있을 때에는 미국 영사관이나 혹은 미국에서 파견한 관원에게 넘겨 미국 법률에 따라 조사하고 체포하여 처벌한다. 조선국 내에서 조선과 미국의 인민사이에 송사가 일어난 경우 피고 소속의 관원이 본국의 법률에 의하여 심의하여 처리하며, 원고 소속의 나라에서는 관원을 파견하여 심의를 들을 수 있다. 심관(審官)은 예로 서로 대해야 한다. 청심관(聽審官)이 소환하여 심문하거나, 현지에 나가 조사 · 심문하거나, 나누어 심문하거나 검증하려고 할 때에도 그 편의를 들어준다. 심관의 판결이 공정하지 못하다고 인정될 때에는 역시 상세하게 반박하고 변론하게 할 수 있다. 대미국(大美國)과 대조선국은 피차간에 다음과 같이 명확하게 정한다. 조선이 이후에 법률 및 심의 방법을 개정하였을 경우 미국에서 볼 때 본국의 법률 및 심의 방법과 서로 부합한다고 인정될 때에는 즉시 미국 관원이 조선에서 심의하던 권한을 철회하고, 이후 조선 경내의 미국 인민들을 즉시 지방관의 관할에 귀속시킨다.

제5관: 조선국 상인과 상선이 미국에 가 무역할 때에 납부하는 선세(船稅)와 일체의 각 비용은 미국의 해관 장정(海關章程)에 따라 처리하거나 징수한다. 본국 인민 및 상대 최혜국의 세금은 액외(額外)에 더 올릴 수 없다. 미국 상인과 상선이 조선에 와서 무역할 때 입출항 하는 화물은 모두 세금을 바쳐야 하며, 그 수세권(收稅權)은 조선이 자주적으로 가진다. 입출항세(入出港稅) 및 해관의 금지에서 탈루하려는 모든 폐단은 모두 조선 정부에서 제정한 규칙에 따른다. 사전에 미국 관원에게 통지하여 상인들에게 널리 알려 준수하도록 한다. 현재 미리 정한 세칙(稅則)은, 대략 민생의 일상용품과 관계되는 각종 입항 화물의 경우 시장가격에 근거하여 100분의 10을 초과하여 세금을 징수할 수 없으며, 사치품과 기호품인 양주 · 여송연(呂宋煙) · 시계와 같은 것들은 시장가격에 근거하여 100분의 30을 초과하여 세금을 징수할 수 없다. 출항하는 토산물은 모두 그 가격에 근거하여 100분의 5를 초과하여 징수할 수 없다. 입항하는 모든 양화(洋貨)는 항구에서 정규적인 세금을 납부하는 외에 해항(該項) 화물이 내지(內地)로 들어가거나 항구에 있으나 영구히 다른 항목의 세금을 물지 않는다. 미국 상선이 조선 항구에 들어올 때에는 선세(船稅)로 매 톤에 은(銀) 5전을 납부하되 매 선박마다 중국력(中國曆)에 의거하여 한 분기에 한 번씩 납부한다.

제6관: 조선국 상인이 미국의 각 처에 갔을 때에는 해당 지역에 거주할 수 있으며, 주택을 세내고 땅을 사 창고를 짓는 것은 그의 편리대로 한다. 무역 업무에 있어서는 일체 소유한 토산물 및 제조한 물건과 위반되지 않는 화물은 모두 매매할 수 있다. 미국 상인이 개항한 조선 항구에 가 해당 지역의 정계(定界) 안에 거주하며, 주택을 세내고 땅을 조차(租借)하며 집을 짓는 일은 그의 편리대로 하게하며, 무역 업무에 대해서는 일체 소유한 토산물 및 제조한 물건과 위반되지 않는 화물은 모두 매매할 수 있다. 땅을 조차할 때에 조금도 강요할 수 없다. 해지(該地)의 조차가격은 모두 조선에서 정한 등칙(等則)에 의하여 납부해야 하며 그 조차한 토지는 계속 조선 판도(版圖)에 속한다. 이 조약 내에서 명백히 미국 관원에게 귀속하여 관리해야 할 상인들의 재산을 제외하고 모두 그대로 조선 지방관의 관할에 귀속한다. 미국 상인은 양화를 내지(內地)에 운반해 판매할 수 없고, 또 스스로 내지로 들어가 토산물을 구매할 수 없으며 아울러 토산물을 이 항구에서 저 항구로 운반해 팔 수도 없다. 위반하는 자는 그 화물을 관에 몰수하고 해당 상인을 영사관에게 넘

Foote)가 1883. 5. 17. 서울에 부임하여 19일 미국 제21대 대통령 아서(Chester A. Arthur)의 비준서를 교환하고 조약 제1조에 따라 제3국의 부당한 간섭이나

겨 처벌케 한다.

제7관: 조선국과 미국은 피차 논의 결정하여 조선 상인이 아편을 구입 운반하여 미국 통상항구에 들여갈 수 없고 미국 상인도 아편을 구입 운반하여 조선 항구에 들여갈 수 없으며, 아울러 이 항구에서 저 항구로 운반하는 경우에도 일체 매매할 아편을 무역 할 수 없다. 양국 상인이 본국의 배나 다른 나라의 배를 고용하거나 본국의 배를 다른 나라 상인에게 고용하여 주어 아편을 구입 운반한 자에 대하여 모두 각각 본국에서 영구히 금지하고 조사하여 중벌에 처한다.

제8관: 조선국이 사고로 인하여 국내의 식량이 결핍될 우려가 있을 경우 대조선국 군주는 잠시 양곡의 수출을 금한다. 지방관의 통지를 거쳐 미국 관원이 각 항구에 있는 미국 상인들에게 신칙(申飭)하여 일체 준수하도록 한다. 이미 개항한 인천항(仁川港)에서 각종 양곡의 수출을 일체 금지한다. 홍삼(紅蔘)은 조선에서 예로부터 수출을 금하고 있다. 미국 사람이 잠매(潛買)하여 해외로 내가는 자가 있을 경우에 모두 조사 체포하여 관에 몰수하고 경중에 따라서 처벌한다.

제9관: 모든 대포·창·검·화약·탄환 등 일체의 군기(軍器)는 조선 관원이 자체 구입하거나 혹 미국 사람이 조선 관원의 구매 승인서를 갖고 있어야 비로소 입항할 수 있다. 사사로이 판매하는 물화가 있을 경우에는 관에 몰수하고 경중에 따라 처벌한다.

제10관: 양국 관원과 상인이 피차 통상 지방에 거주할 때에는 다같이 각색의 사람들을 고용하여 자기 직분내의 일을 돕게 할 수 있다. 다만 조선 사람으로서 본국의 금령을 범했거나 피소(被訴)된 자와 연루되어 미국 상인의 주택·창고 및 상선에 숨어있는 자는 지방관이 영사관에게 통지하여 역원(役員)을 파견하여 직접 잡아가거나 영사가 사람을 파견하여 붙잡아 조선에서 파견한 역원에게 넘겨주어야 하며, 미국 관원과 백성은 조금이라도 비호하거나 억류할 수 없다.

제11관: 양국의 학생이 오가며 언어·문자·법률·기술 등을 배울 때에는 피차 서로 도와줌으로써 우의를 두텁게 한다.

제12관: 조선국이 처음으로 조약을 제정 체결한 조관은 아직 간략하나 조약으로서 규정된 조항은 우선 처리하고 규정하지 않은 것은 5년 뒤에 양국 관원과 백성들이 피차 언어가 조금 통할 때에 다시 의정(議定)한다. 상세한 통상 장정은 만국공법(萬國公法)의 통례를 참작하여 공평하게 협정(協定)하여 경중과 대소의 구별이 없게 한다.

제13관: 이번에 양국이 체결한 조약과 이후에 교환할 공문에 대해서 조선은 중국문[華文]을 전용하고 미국도 한문을 사용하거나 혹은 영문(英文)을 사용하되 반드시 중국문으로 주석을 하여 착오가 없게 한다.

제14관: 현재 양국이 의정하고 이후 대조선국 군주가 어떠한 혜정(惠政)과 은전(恩典) 및 이익을 다른 나라 혹은 그 나라 상인에게 베풀 때에 배로 항해하거나 통상무역으로 왕래하는 것을 막론하고, 해국(該國)과 그 상인에게 종래 혜택을 베풀지 않았거나 이 조약에 없는 경우에도 미국 관원과 백성에 준하여 일체 그 혜택을 받는다. 이러한 타국의 이익을 우대하는 문제에 전문조항을 규정하여 상호 보답하는 경우에는 미국 관원과 백성에게 상호 보답하는 전문조항을 제정하고 일체 준수하여 동일하게 우대하는 이익을 누린다.

위의 각 조관은 대조선국과 대미국의 대신(大臣)들이 조선의 인천부(仁川府)에서 의정하고 중국문과 영문으로 각각 세 통을 작성하여, 조문 구절이 서로 같기에 우선 서명을 하고 도장을 찍어 신용을 밝히고, 양국의 어필(御筆) 비준을 받아 1년을 기한으로 조선의 인천부에서 상호 교환한 뒤 이 조약의 각 조항들을 피차 본국의 관원과 상인들에게 알려 다 알고 준수하게 한다.

대조선국 개국 491년 즉 중국 광서(光緖) 8년 4월 6일

전권대관(全權大官) 경리통리기무아문사(經理統理機務衙門事) 신헌(申櫶)

전권부관(全權副官) 경리통리기무아문사(經理統理機務衙門事) 김홍집(金弘集)

대미국 1882년 5월 22일

전권대신(全權大臣) 해군총병(水師總兵) 슈펠트(薛斐爾: Shufeldt, R.W.)

침략에 대한 중재를 약속함으로써 조선과 미국 사이에 공식 외교관계가 수립되었다.

고종 황제는 이에 대한 답례로 민영익을 단장으로 한 보빙사절단을 미국에 파견하였다. 일본의 하나부사 요시타다(花房義質) 공사는 조약체결 축하연이 끝난 뒤의 오찬에서 조약체결의 축배를 들었다. 마건충은 4월 11일에는 영국 전권 윌스(Willes, George O.)와, 20일에는 프랑스 전권 딜롱(Dillon)과 협상하였다.

조미수교를 앞둔 1882. 5. 14. 조선 국기가 없다는 사실을 안 슈펠트는 김홍집에게 국기를 만들어 사용해 달라고 요구하였고, 역관(譯官) 이응준이 22일 이전에 미국 함정 스와타라(Swatara)호에서 종이에 펜으로 태극기를 그려 조인식에 사용하였다. 태극기는 1883. 3. 6. 왕명으로 국기로 지정되었다. 현행의 태극기는 박영효가 1882년 여름경 일본으로 가는 배에서 '이응준 태극기' 중 4괘(卦)의 좌우를 바꿔 재도안한 것이라는 견해가 있지만, 철종의 사위였던 박영효가 고종이 지시한 대로 그린 것이라고 한 점 · 이응준이 어렵지 않게 조인에 사용할 태극기를 그린 점 등에 비추어 볼 때, 최초의 태극기는 1876년 2월 일본과 강화조약을 맺기 위한 준비모임에서 오경석에 의해 임기응변식으로 그려졌고, 후에 김경수가 여기에 4괘를 덧붙임으로써 모습을 갖추었으며, 이것이 고종에 의해 채택되어 1882년 고종이 경내(京內)를 거동할 때 게양됨으로써 최초로 사용되었다고 하는 견해가 유력하다.[54)]

(5) 속방조회(屬邦照會)

조인 직후에 신헌 · 김홍집은 '약외조회(約外照會)', 즉 속방조회를 슈펠트에게 수교하였다. 그 요지는, 조선은 본래 중국의 속방이지만 내치 · 외교는 자주자행(自主自行)하여 왔으며, 중국의 속방으로서 조선이 갖는 의무는 미국과 아무런 관계도 없다는 것을 미국에 알린다는 것이었다. 날자는 조약체결일 전일로 하였고, 조선개국년기와 청국의 광서(光緖)를 병기하였다.

---

54) 신원봉(2011), "박영효 태극기의 유래와 그 발견의 의미", 「동양고전연구」 제43권, 동양고전학회, 259~304면; 한철호(2008), "우리나라 최초의 국기('박영효 태극기' 1882)와 통리교섭통상사무아문 제작 국기(1884)의 원형 발견과 그 역사적 의의", 「한국독립운동사연구」 제31집, 독립기념관 한국독립운동사연구소, 125~187면.

조선은 마건충이 요구하는 대로 조약문과 속방조회문 등을 청국에 보내었고, 청국에서는 광서제(光緖帝)에게 올리는 상주문에 "조선을 지켜 잃지 않았다(朝鮮守而不失)"라고 썼다.

그러나 슈펠트는 속방조회가 특별한 정치적 의미나 구속력을 갖는 것이라고 보지 않았고, 조선은 중국의 속방이라는 것과 내치·외교를 자주하여 왔다는 것 중 후자를 더 중시하고 존중하였다. 조선 국왕의 속방조회에 대한 아더 대통령의 회답국서에도 "조선과 중국과의 관계는 미국 상민(商民)의 활동에 지장을 주지 않는 한 관여하지 않을 것이다. 미국은 귀 군주가 내치·외교와 통상을 자주(自主)하고 있음을 잘 알고 있다. 국회는 조선과의 수호에 동의하였으며, 본인도 이를 비준하였다. 조선이 자주국이 아니라면 미국은 조약을 체결하지 않았을 것이다."라고 하였다.[55]

(6) 조미수호통상조약의 종말

고종은 조미수호조약 제1관의 소위 "거중조정(居中調整)" 규정을 근거로 하여 여러 차례 미국의 지원을 요청하였고, 알렌[56] 등의 도움을 받기도 하였으나, 실효적인 지원 수단을 확보하고 있지 못하였던 미국은 점차 일본의 조선 침략을 묵인하는 경향으로 나아갔고, 조미조약은 1901. 9. 14.부터 1909. 3. 4.까지 재임한 미국 제26대 루스벨트(Theodore Roosevelt Jr.) 대통령과 그를 뒤이어 1913. 3. 4.까지 재임한 제27대 태프트(William Howard Taft) 대통령의 재임기간에 점차 형해화되다가 결국 1910년 8월 일본의 국권찬탈로 효력을 상실하고 말았다.

---

55) 「舊韓國外交文書 美案 1」, 高麗大亞細亞問題硏究所(1967), 18~19면.

56) 알렌은 갑신정변과 청일전쟁 때 고종의 반청(反淸) 외교에 자문하였고, 1887년 8월 조선정부가 미국에 박정양(朴定陽)을 전권대신으로 파견할 때 외무비서관(參贊官)이 되어 보좌하였으며, 원세개의 반발로 박정양이 소환되자, 주한 미국공사관의 서기관이 되어 서울의 전기·전차·경인철도·광산 등의 산업부문에 미국 자본을 끌어들이는데 관여하였는데, 평안북도의 운산광산의 채굴권을 아메리칸 트레이딩 사장 모오스(J. R. Morse)가 획득하는 것도 민 중전을 통하여 지원하였다. 1895년 일본이 민 중전을 시해하자 그 진상을 세계에 알리고 고종(高宗)의 신변 보호와 반일·친러 활동을 하였다. 1897년에 미국 대리공사 겸 총영사, 1901년에는 미국 전권공사가 되어 조선에서 미국의 입장을 대변하였다. 그러나 미국 정부가 불간섭정책·친일정책으로 되어 가자 1903년 9월에는 대통령 루스벨트와 친러·반일 정책을 주장하는 논쟁을 벌이기도 하였다. 러일전쟁 후 미국공사관 철수 결정이 되면서 알렌은 해임되었고, 1905년 6월 미국으로 돌아가 의사로서 활동하다가 1932.12.11. 74세로 별세하였다.

미국은 조선이 스스로 통치할 능력이 없고 무력하여 조약을 집행할 힘도 없는 상태로 중국 · 러시아에 기대는 등 갈팡질팡하면서, 미국을 원하지 않는 국제분쟁으로 끌어넣을 우려를 야기하는 것에 실망하였고, 1907년의 제2차 헤이그 만국평화회의에서 중재재판제도를 통한 새로운 국제질서를 추진하기 위하여는 일본과의 협력이 긴요하다고 판단하여, 1905. 7. 27.의 국방장관 태프트(William Howard Taft)와 일본 총리 가쓰라 다로(桂 太郎) 간의 태프트-카쓰라 협정(Taft-Katsura agreement) · 1908년 2월의 태프트와 일본 외상 하야시 다다스(林董) 간의 신사협정(Gentleman's Agreement) · 1908. 5. 5.의 미일중재조약 · 5월 9일의 미일상표협약 · 11월 30일의 국무장관 루트(Elihu Root)와 주미 일본대사 다카히라 고고로(高平小五郞) 간의 루트-다카히라 협정(Root-Takahira Agreemen) · 1911년 2월의 미일신통상조약 등으로 단계적으로 조미수호조약을 폐기하였다.[57]

4. 대영제국과의 수교

(1) 조선과 영국의 접촉

1797년 9월 영국 해군 중령 브로우튼(William R. Broughton)이 포함 프로비덴스(Providence)호로 동해에 진입하여 원산만을 브로우튼 만(Broughton's Bay)이라고 명명(命名)하고 부산 동래 앞바다에 이르렀으며, 경상도 관찰사 이형원(李亨元)이 역관을 보내어 표착연유를 물었으나, 의사가 통하지 않았다.[58]

1832. 7. 22.(음력 6. 25.) 보령 고대도 뒷 바다에 영국 동인도 회사의 상선 로드 애머스트(Lord Amherst)호가 정박하여, 홍주 목사 이민회(李敏會) 등과 서자(書字)로 문답하였다. 그들은 서양포 · 천리경 등 물품을 조선의 특산물과 교환하고자 하였는데, 이민회는 "번방(藩邦)의 사체(事體)로는 다른 나라와 사사로이 교린(交隣)할 수 없고, 더구나 우리나라는 자래(自來)로 전복(甸服)과 가까이 있어

57) 최정수(2013), "태프트-가쓰라 협정의 국제법적 기원 – 미일중재조약과 헤이그협약(1899) –", 「서양사론」 제118권, 한국서양사학회, 150~189면; 최정수(2010), "특사 태프트의 제2차 대일방문과 미일조약체제, 1907~1908 – 한국병합을 중심으로 –", 「동북아역사논총」 제29권, 동북아역사재단, 7~53면.

58) 「正祖實錄」 正祖 21년 丁巳 9月 壬申條.; 「日省錄」 正祖乙巳年 九月 六日, 十日.; 「承政院日記」 嘉慶 2年 九月 六日.

크고 작은 일을 모두 아뢰고 알려야 하므로 임의로 할 수 없는데, 너희들이 상국(上國)의 근거할 만한 문빙(文憑)도 없이 지금까지 없었던 교역을 강청하는 것은 매우 부당하니 요구에 응할 수 없다. 지방관이 어떻게 경사(京司)에 고할 것이며 경사에서는 또 어떻게 감히 위에 전달할 것인가?"라고 거절하였고 음력 7월 17일 물러갔다.[59] 귀츨라프(Karl Friedrich August Gützlaff) 선교사가 그 배를 용선하였고, 린제이(Hugh Hamilton Lindsay)가 항해책임자였으며, 주민들에게 한문성경과 전도문서와 서적 및 약품을 나눠주었다. 감자와 포도주 재배법을 가르쳐 주었고, 주기도문을 한글로 번역하여 가르쳐 주었으며, 한글 자모를 받아 적은 다음 이를 세계에 알리기도 했다고 한다.

현종 11년(1845) 6월에 영국 해군대령 벨쳐(Edward Belcher)가 이끄는 순양함 사마랑(Samarang)호가 제주도 일대와 전라도 남해안을 측량조사하고 거문도를 '해밀턴 항(Port Hamilton)'이라고 명명(命名)하였고, 철종 6년(1855)에는 호네트(Honet)호가 동해에서 독도를 발견하고 '호네트섬(Honet Island)'이라고 명명하였다.[60]

러시아가 1860년 블라디보스톡을 건설하고 1875년에는 운요호 사건이 발생하자, 주일 영국공사 파아크스(Harry S. Parkes)는 조선에 관하여 많은 관심을 보였으나, 디즈레일리(Disraeli) 내각은 정관(靜觀) 정책으로 일관하였다. 그러나 1880. 4. 28. 글래드스턴(William Ewart Gladstone) 내각이 발족한 후 그랜빌(2nd Earl Granville) 외상은 파아크스에게 조선과의 조약에 관한 각서를 요청하였고, 파아크스는 1880. 8. 22. 제출하였다.[61]

(2) 조영수호통상조약의 체결

조미수교가 이루어지자 영국의 주청공사 웨이드(Thomas F. Wade)는 이홍장을 방문하여 조영수교 알선을 의뢰하였고, 이홍장이 허락하자 아시아함대 사령관

59) 순조실록 32권, 순조 32년 7.21. 을축 5번째 기사.
60) 오정우(2012), "韓末 朝鮮의 對英修交 考察", 「전북사학」 통권 제40호, 전북사학회, 155면: 김현수(2004), "파아크스(Sir Harry Parkes) 관련 사료들을 통해 본 '한영수호통상조약' 체결 과정", 「영국 연구」 제11권, 영국사학회, 63~88면.
61) 오정우, 앞의 글, 157면.

윌리스(George Ommaney Willes) 제독에게 조선과의 직접교섭 총책임을 맡겨 조선으로 파견하였다.

윌리스는 1882. 5. 27. 고베 영사 애스톤(Aston)과 통역 모드(Maude)를 대동하고 버질란트(Virgilant)호로 나가사키를 출발, 제물포 앞바다에 도착하여 선상에서 마건충의 알선을 받아 정사 조영하(趙寧夏) · 부사 김홍집을 대표로 한 조선측 대표단과 예비교섭에 착수하였다.

영국은 거문도를 자국군함의 정박지로 추가하기를 원하였고, 마건충은 제1조에 청의 종주권을 인정하는 규정을 삽입코자 하였으며, 영국이 원산 · 부산 · 인천의 개항장 요구와 군함의 항만출입 및 영국선박의 측량권 등을 추가로 요구하여 교착상태에 빠졌으나, 돌연 천진 주재 프랑스 영사 디용(Dillon)이 6월 5일 군함으로 제물포 앞바다에 나타나 마건충에게 조불(朝佛) 조약의 주선을 요청하자, 윌리스는 6일 조미조약과 같은 내용으로 조인하였다.[62)]

그러나 이 조약은 아편금지 조항 · 상인 보호의 부족 등을 이유로 빅토리아(Victoria) 여왕이 비준을 거부하였다. 파아크스는 기회를 기다리다가, 임오군란 후 일본에 사죄사절로 온 박영효 · 김옥균 등 개화파들을 접촉하여 그들이 청국의 간섭을 배제하기를 원하는 것을 알고는, 그들의 요구를 들어주고 영국에 유리한 새로운 조약을 체결하기로 작정하였고, 영국은 파아크스를 주청 공사로 전임시켜 필요한 활동을 할 여건을 확보해 주었다.

파아크스는 독일 전권대신 잡페(Edward Zappe)에게 조독통상조약의 비준을 늦추도록 요청하고, 함께 개정 조약 초안을 작성하였고, 조선의 외교고문이 된 독일인 묄렌도르프(Paul Georg von Möllendorff)까지 동원하여 1883. 11. 26. 조영신조약(Treaty of friendship and Commerce Between Great Britain and Corea)을 체결하였다. 이 조약은 조선주재 전권대사로 임명된 파아크스가 1884. 4. 28. 서울에서 비준서를 교환함으로써 발효되었다.

조약의 내용에는 조미조약에서 보다 불리한 조항이 많았고, 이후 독일 · 프랑스 · 러시아가 모두 이를 기준으로 조약을 체결하고, 일본도 같은 개정을 하여

---

62) 오정우, 앞의 글, 162면.

조선 몰락에 영향을 주었다.

제1조의 居中調整(Good Office) 조항은 조미조약에서 "조약국의 한나라가 타국(제3국)과 분쟁이 일어나면 반드시 서로 돕고(必須相助)"라고 되어있는 것을 신조약에서는 "필요하면 법을 만들어(應則設法) 거중조정한다"로 고쳤다. 영국은 1902년 제1차 영일 동맹 조약(Anglo-Japanese Treaty of Alliance)에서 영국과 일본이 서로 청국과 한국의 독립을 승인한다는 것과 영국은 청국에서, 일본은 한국에서 특별한 이익을 가지고 있으며, 제3국의 침략으로 그러한 이익을 침해받을 경우 또는 청국과 한국에서 소요가 발생할 경우 영국과 일본 국민의 생명과 재산을 지키기 위해 필요한 조치를 취할 수 있다(제1조), 영국과 일본 중 어느 한 국가가 제1조에서 말한 자국의 이익을 보호하기 위해 제3국과 전쟁을 하게 될 경우 다른 한쪽 동맹국은 엄정 중립을 지키고 또 다른 국가가 교전에 가담하는 것을 막기 위해 노력해야 한다(제2조), 만일 일본 또는 영국이 치르고 있는 전쟁에 다른 국가들이 가담할 경우 영국과 일본은 동맹국을 원조하고 협동하여 전투에 가담해야 한다(제3조)라고 규정했다가, 1905년 8월의 제2차 영일동맹조약에서 제1조 중 '한국의 독립과 영토의 완전한 유지를 보장한다'는 구절을 삭제하고, 일본은 한국에서 정치상, 군사상 및 경제상의 탁월한 이익을 가지므로, 영국은 일본이 이 이익을 보호하고 증진하기 위해 정당하며 필요하다고 인정하는 지도·감리 및 보호의 조치를 한국에서 취할 권리를 승인한다는 제3조를 넣어 일본의 대한제국 속국화를 승인하였다.

또한 치외법권을 강화하여 영국 상인의 편익을 도모하였고, 개항장에 인천·부산·원산 외에 서울과 양화진을 더 추가하였고, 개항장에서는 토지나 가옥을 사들이고 주택 창고 공장을 건립할 수 있게 하였으며, 영국 신민은 조선관리나 국민들로부터 간섭을 받지 않고 자유롭게 상업에 종사할 수 있게 하였으며, 조미조약에서 금지된 국내영업도 허용되었고 종교의 자유도 향유한다고 하였다. 그리고 군사적으로도 영국군함은 조선 내의 어떠한 항구에도 출입할 수 있고 보급품을 공급받을 수 있도록 하였다. 아편 및 무기의 금수(禁輸)에 대해서는 본조약에서는 빼고 부속 세칙(稅則)에서만 금수품으로 한다고 하였으며 조약의 유효기한은 5년에서 10년으로 연장하였다. 특히 일반상품과 면(綿)직물의 관세율을 각각 5%와 7.5%로 정하여, 조미조약의 반정도로 낮추었다. 이 세율은 결국 모든 나라에 적용되어 조선의 재정을 악화시켰다.

파아크스는 개화파가 원하였던 청의 종주권배제(宗主權排除)에는 협력해주지도 않았고, 오히려 자신은 북경에 상주하면서 서울에 대리 총영사 아스톤(Aston) · 제물포에 부영사 카알스(W. Carles)를 둠으로써 조선을 청이나 일본보다 외교상으로 격하시켰다.[63)]

고종정부는 이홍장의 권고에 따라 러 · 일의 위협을 견제하기 위해 끌어들인 미국을, 청의 대조선 간섭을 막는데 이용하려 했으나 미국이 협조해주지 아니하자 다시 개화파의 의견을 들어 영국을 끌어들여 청의 횡포를 막으려 했던 것이다. 그러나 조영 신조약으로 이것도 불가능하게 되었을 뿐만 아니라 임오군란을 겪으면서 청국이 일본을 견제하지도 못하는 것이 드러나자, 이제는 러시아를 끌어들였고, 조불(朝佛)조약까지 체결하여 이른바 다변외교를 구사하게 되었다.[64)] 그 결과 미국은 점차 일본의 조선 진출을 묵인하게 되었고, 한반도가 열강의 노골적인 경쟁무대로 되었으며, 자주적 방어능력이 없던 조선은 망국에 이르게 되었다.

영국은 1911. 2. 7. 한국 거주 영국인에게 한국에서 영국 재판권의 효력이 합병 당일로 소급하여 정지되었음을 통보하였다.[65)]

5. 독일제국과의 수교

1636년 병자호란으로 볼모가 되었던 소현(昭顯)세자가 1644년 북경에서 독일인 신부 아담 샬(Johannes Adam Schall von Bell)을 만나 가톨릭을 접한 것이 독일인과의 최초의 접촉기록이고,[66)] 1832년에 의사이자 목사인 구츨라프(Karl Friedrich August Gutzlaff)가 홍성 앞바다에 와서 수교를 요청하였고, 오페르트

63) 오정우, 앞의 글, 169~170면.
64) 오정우, 앞의 글, 171면.
65) 최정수, 앞의 글, 43면.
66) 홍형호(1983), "韓 · 獨條約締結과 兩國의 政治 · 經濟關係發展(1883-1905)에 관한 硏究: 韓 · 獨修交 100周年을 맞이하여", 「社會科學論集」 제3권, 梨花女子大學校 法政大學, 248면.

(Ernst Jakob Oppert)가 1867년 아산에서 통상교섭을 시도하였으며, 1868년에는 남연군 묘소 사건을 범하였다.

1862년 동경 주재 독일공사로 파견되어 있던 브란트(Max August Scipio Brandt)는 1870. 6. 1. 헤르타(Hertha)호로 부산항에 상륙하여 동래부사 정현덕(鄭顯德)에게 "이 배는 원래 서양에 있는 독일 상인의 배로써 현재 조선이 영국·프랑스 등 여러 나라와 사이가 좋지 못하므로 혹시 이들이 뒷날 조선에 표류하게 되는 경우, 뜻밖의 사단이 없다는 것을 보장하기 어려워서 우리들에게 한 배를 타고 와서 그런 사정을 알리려고 하였습니다."라고 말하였지만 진전되지 못하였다.

조미 통상조약이 체결되고 조영 수교도 진전되자, 당시 주청(駐淸) 독일공사로 전근되었던 브란트는 북양아문의 장수성(張樹聲)으로부터 영국공사 파크스의 전례대로 조·미조약에 따르겠다는 전제로 소개장을 받고, 1882. 6. 30.에 월미도에 당도하여 마건충의 알선으로 조선의 전권대신 조영하(趙寧夏)·부관 김홍집(金弘集) 등과 교섭하여, 1883년 14관(款)에 걸친 조·독수호통상조약에 조인하였다.

그러나 당시 조영조약의 비준을 거부하고 있던 영국과 보조를 맞추어 독일도 이 조약의 비준을 미루었다가, 조영 신조약이 체결된 뒤 그 내용과 유사하게 1883. 11. 26. 독일제국 빌헬름 1세의 전권대신 주(駐)요코하마 독일총영사 에드워드 잡페(Edward Zappe)와 조선전권대신 민영목 간의 수정을 거쳤고, 1884. 11. 26.(음력 10. 27.) 조영 2차조약과 동일자로 「대조선국대덕국통상조약(大朝鮮國大德國通商條約; Handels-Freundschafts und Schiffahrtsvertrag zwischen dem Deutschen Reiche und dem Königreiche Korea)」이 조인되었고, 1884. 11. 8. 서울에서 비준이 교환되었다. 조약의 주요 내용은 우호 관계의 유지·최혜국 대우·선박의 왕래 및 관세 규정·치외법권의 인정·밀무역의 금지·특권에 대한 균등한 참여 등이었고, 이에 따라 1884. 6. 24.에는 주일 독일부영사 부들러(H. Budler)가 부영사겸 총영사대리로 부임하였다.[67]

1899. 6. 8.에는 빌헬름 2세의 친동생인 하인리히 친왕(Prinz Heinlich)이 인천

67) 홍형호, 앞의 글, 253~255면.

으로 상륙하여 10일 고종을 예방하였고 20일 출국하였다.[68]

묄렌도르프(Paul Georg von Möllendorff)는 독일 할데대학에서 법학과 동양학을 공부하였고, 이홍장의 추천으로 35세이던 1883년 1월부터 고종의 외교 법률 고문이 되어 영향력을 행사하였다. 그는 조영조약과 조독조약 · 조이조약 · 조로조약의 체결에 관여하였고 독일을 위하여도 노력하였으나, 조로밀약 문제로 1885. 7. 26. 해임되었다.

6. 러시아제국과의 수교

(1) 조선과 러시아의 접촉과 러시아의 관망정책

1860년(철종 11년)의 청로북경조약(清露北京條約)으로 러시아가 연해주를 점령함으로써 조선은 러시아 제국과 국경을 마주하게 되었다. 러시아의 초기의 관심은 러시아로 이주하는 조선인 문제와 대한해협이 특정 세력권 아래로 들어가 러시아 선박의 항행이 제한되는 것에 대한 우려였고, 극동으로의 군사력과 물자의 이동이 제한되어 있던 러시아는 서구 국가들과 조선에서 경쟁하지 않고, 현상 유지를 원하여 사태 추이를 관망하였다.[69]

1873년 일본의 소에지마 타네오미(副島種臣) 외상이 조선정복 계획을 통보하고 일본 군대가 러시아 해안에 상륙하는 것을 허용해 달라는 요구를 하였을 때 북경 주재 대리대사 뷰초프는 이를 거절하였다.

1880년대에 청국이 조미통상조약을 주선하고, 영국까지 러시아 세력 통제에 가담하자, 서양 세력의 조선 침투를 우려하였던 러시아는 북경주재 대리대사 코얀데르를 통해 슈펠트 제독에게 미국은 일본의 조선 침략을 막지 못할 것이라고 하고, 청국에게는 서양세력의 조선 침투는 조선 내에서의 청의 세력을 약화시킬 것이라고 하는 등 조선의 수교를 반대하는 활동을 하였고, 영국 · 프랑스 등이 함께 조약을 체결하자고 한 권유도 거절하였다.

러시아는 조선이 다른 구미 국가와 조약관계에 들어가지 않는 한 관망정책을

---

68) 고종실록 39권, 고종 36년 6.10. 양력 3번째 기사.

69) 민경헌(2008), "수교와 교섭의 시기 한러관계 19세기 후반 러시아의 조선정책과 조러수호통상조약", 「대동문화연구」 제61권, 성균관대학교 대동문화연구원, 75~76면.

계속하기로 하고 있다가, 1882년 5월 조미 조약의 체결이 확실해지자, '조선의 위치가 중국 일본 러시아 사이에서 지배적이고 중심적'인 것으로 평가하고, '조선에서 우세한 영향력을 행사하는 국가가 장차 동아시아의 정세를 결정할 것'이라고 판단하여 적극적인 개입정책으로 변경하였다.

러시아정부는 뮤초프에게 직접 혹은 청의 중재로 조선과 조약을 체결할 수 있는지 타진하였는데, 뮤초프는 청의 도움이 필요하다고 회답하였다.

(2) 조로통상조약의 체결

조미조약이 체결되자 러시아 정부는 마건상(馬建常)에게 조선과의 수교, 특히 육로통상을 원하는 의사를 전달하였다.

조선 정부와 이홍장은 러시아와의 국경이 얼마 되지 않는다는 이유로 육로통상을 거절하였다. 1882년 7월 러시아는 텐진(天津) 주재 베베르(Veber, C.) 영사를 블라디보스토크로 파견하여 수교를 추진하였으나, 임오군란으로 이루지 못하였다.

이홍장의 주선으로 조선의 재정 및 외교에 관여하게 된 묄렌도르프는 고종의 명에 따라 일본을 내왕하면서 일본세력이 조선으로 팽창하는 것을 막는 데 주력하면서, 청국만으로는 일본의 조선침략을 막을 수 없다고 보고, 청국과 일본이 러시아의 위협을 강조하고 있는데도 불구하고, 러시아와의 국교가 긴요하다고 판단하였다.

1882년 임오군란 후 사죄사절로 일본에 간 김옥균 · 박영효 · 민영익은 주일 러시아 공사 로젠(Rosen, R.) 서기를 방문하여, 청국의 지나친 내정 간섭에 분개하면서, 러시아와의 조약으로 자주독립을 유지하고 싶다는 뜻을 러시아정부에 전해달라고 부탁하였다.

1883년 말경 김옥균은 다시 주일 러시아 공사 다뷔도프(Davydov, A. P.)에게 조선의 자주독립을 강화하기 위해 러시아와 우호조약을 체결하기를 희망한다고 하였고, 1884년 초에 고종이 또 김관선을 노보키예프스키(Novokievskii, 현 연해주 크라스키노)로 파견하여 행정관 마튜닌(Matiunin, N. G.)에게 조선은 청나라의 종주권을 배제하고 러시아와 외교관계를 희망한다고 전하였다.

러시아는 조청 종주관계(朝淸宗主關係)가 서구의 조선 진출을 막는 데 도움이 된다고 보고 조선의 개방을 반대하였지만, 조미조약이 체결되고 조영(朝英) · 조독(朝獨) 조약도 비준단계로 들어가자, 1884년 초 기어스(Giers N. K.) 외상은 텐진주재 러시아 영사 베베르(Karl Ivanovich Weber)에게 청나라의 참여 없이 조선과 조약을 체결하고, 육로통상조약(陸路通商條約)은 연기하라고 지시하였다.

1884년 5월 프랑스가 북베트남 통킹 지역을 점령하자, 러시아는 일본이 조선에서 영향력을 강화할 것으로 예상하고, 더욱 조선과의 수교를 서둘렀고, 베베르는 이홍장의 추천으로 6월 24일 서울에 도착하여, 묄렌도르프의 도움으로 7월 7일 조로수호통상조약을 체결하였는데, 그 내용은 조영 신조약과 유사하였다. 조러육로통상장정(朝露陸路通商章程)은 1888. 8. 20. 체결되었다.

러시아가 1860년 블라디보스토크를 획득한 이듬해에 러시아 함대가 쓰시마에 무단 상륙하여 6개월 동안 점령한 경험을 한 일본, 중앙아시아로부터 조선에 이르기까지 러시아와 대치하고 있었던 영국, 그리고 조선에 대한 종주권을 주장하는 청국 모두가 러시아의 조선 진출에 불만이 많았지만, 고종은 러시아만이 조선을 보호해줄 수 있다고 주장한 묄렌도르프와 친로파인 한규직(韓圭稷) 등의 의견을 받아들여 러시아와 수교하였다.

러시아 군사요원 시네우르(Shneur) 대령은 러시아가 조선을 중립국으로 만들어 다른 열강으로부터 보호하지 않는다면 조선이 영국의 보호 하에 놓이게 될 것이라고도 하였다.

7. 프랑스 제3공화국과의 수교

(1) 조선과 프랑스의 접촉

1787년(정조 11년) 프랑스 군함 '부솔호(Boussole)'호와 '아스트로랍(Astrolabe)'호가 제주도 부근에서 바다 깊이를 측량하고, 울릉도를 '다제레(Dagelet)'도라고 명명하였고, 1849년(헌종 15년)에는 포경선 '리앙쿠르(Liancaur)'호가 독도(獨島: 三峰島)에 와서 바다 깊이를 실측한 뒤 그 군함의 이름을 따서 '리앙쿠르'섬이라고 명명하였다고 하나, 프랑스와 조선의 초기 접촉은 주로 가톨릭 신앙을 매개로

진행되었다.[70)]

(2) 천주교 전래와 박해

루이 16세 치하이던 1784년 진사 이승훈이 북경에서 프랑스 선교사 그라몽(Louise de Grammont) 신부로부터 '베드로'라는 세례명으로 세례를 받았고, 그 후 여러 천주교도들이 북경으로 가서 프랑스 신부들을 만났으며, 정약용의 조카 정학상의 인도로 모방(Pierre Philibert Maubant) 신부가 1836년 압록강을 건너 한양에 왔다가 1839. 9. 31. 샤스탕(Jacques Honoré Chastan) 신부・앵베르(Laurent-Joseph-Marius Imbert) 주교와 함께 처형되었다.[71)]

1846년 8월 중국・인도 프랑스함대사령관 세실(Jean-Baptiste Thomas Médée Cécille) 제독은 클레오파트르(Cléopâtre)호로 보령 앞바다 외연도(外煙島)에 이르러 주민에게 "불법으로 입국한 한인(漢人)・만주인・일인 등은 호송시키면서 대불란서국인 만은 왜 이 법을 적용하지 않았는가. 명년 회서(回書)를 받으러 다시 올 것이다. 이후 다시 이 같은 학살을 일삼는다면 큰 재화(災禍)를 면치 못할 것이다"라는 내용의 봉서를 상자에 넣어두고 조정에 전달할 것을 부탁하였다.[72)]

그의 의도는 함대를 이끌고 내방할 것을 암시함으로써, 조정을 압박하는데 있었고, 대답을 받기 위하여 라피에르(Lapierre) 선장이 1847. 9. 6. 562명이 탑승한 글로아르(Gloire)호와 빅토리외즈(Victorieuse)호로 만경지방 신치도(薪峙島) 부근에 이르렀다가 강풍을 만나 암초에 파선하여 침몰하였는데, 조선은 물과 양식을 공급해주었고, '표류민을 구호하는 것은 국법이지만 잠입자에게는 해당되지 않는다'는 취지의 회답도 마련하였으나, 전달하기 전에 돌아갔다.[73)]

---

70) 조홍식(2016), "한국・프랑스 관계의 역사와 전략: 수교 130주년을 맞아", 「EU연구」 제43권, 한국외국어대학교 EU연구소, 135면.

71) 차영선(2004), "조선과 프랑스의 우호관계(주어사 강학회(1779)에서 한불수호 조약(1886)까지) – 서학(천학)과의 교류를 중심으로–", 「한국프랑스학논집」 제48권, 한국프랑스학회, 489면.

72) 헌종실록 13권, 헌종 12년 7.3. 병술 2번째 기사 등.

73) 헌종실록 14권, 헌종 13년 8.4. 경술 1번째 기사; 9일 을묘 3, 4번째 기사; 11일 정사 3번째 기사; 최석우(崔奭祐)(1977), "韓佛關係資料 중 "朝鮮政府의 回文", 「教會史硏究」 Ⅰ, 한국교회사연구소, 163면.

(3) 나폴레옹 3세의 제국주의 정책과 병인양요

1852년 말에 황제로 등극하였던 나폴레옹 3세는 제국주의 정책을 취하여, 동양에서는 인도차이나 지역과 조선의 식민지화에 관심을 기울였다.

프랑스 극동함대의 게랭(Nicolas François Guérin) 제독은 1855. 10. 19. 프랑스 해군 · 식민부 장관 아멜랭(Ferdinand Hamelin)으로부터 조선의 산물 · 자원 · 사회상황 등에 관한 확실한 정보에 의거하여 장차 조선을 식민지화하기 위한 조건과 기회에 관한 정보를 제출하라는 명령을 받고, 1856. 7. 16. 동해안의 영흥만(현재 원산만)에서 출발하여 남해안과 서해 덕적군도에 이르기까지 약 2개월간에 걸쳐 탐험을 실시한 후 9월 30일 장관에게 결과보고를 하였는데, 그 보고서에는 보병 6,000명 경포병 1개 중대면 영흥만을 점령하는데 족하다는 등의 구체적 내용이 들어 있다.[74)]

한편 주 북경 프랑스 공사 베르테미(Jules-François-Gustave Berthemy)는 1865년 청국의 총리아문에 프랑스인 선교사가 조선에서 선교할 수 있도록 여권을 발급해주고 조선에 이를 통지할 것을 요청하였으나, 총리아문은 "조선은 단지 연호(年號)를 사용하고 매년 조공할 뿐이고, 이 나라가 가톨릭을 수용하도록 중국이 강요할 수 없어 조선에 행문(行文)하기 어렵다"고 거절하였다.

프랑스가 1860년 영국과 연합하여 북경을 함락시키고 많은 인명을 살상하였고, 1858년 선교사 처형을 이유로 인도차이나를 공격하여 1862년 6월에는 사이공 조약으로 베트남 남부의 3개 주를 프랑스령으로 하였으며, 조선의 천주교인들이 프랑스에 무력행사를 요청하고 있다는 등의 정보[75)]를 접한 대원군과 신정왕후 조씨는 1866년 사교(邪敎) 금압을 명하였고, 밀입국하였던 12명의 신부 중 베르뇌(Berneux S.) 주교 등 9명과 수천의 신자들이 서울 새남터와 충청남도 보령의 갈매못 등지에서 처형되었다.

도주한 리델(Félix-Clair Ridel) 신부는 5월경 톈진으로 가서 프랑스 동양함대 사령관 로즈(Pierre Gustave Roze)에게 구원을 요청하였고, 로즈는 이 사실을 프

74) 최석우, 앞의 자료, 190~196면; 일성록, 철종 병진년 7월 19, 22, 29일.
75) 마이스트르(Maistre) 신부가 함장에게 보낸 편지에도 무력행사를 요청하는 노골적 표현이 들어있다(최석우, 앞의 자료, 182~187면).

랑스 공사 벨로네(Henri de Bellonet)와 프랑스 해군성에 보고하였다. 벨로네 공사는 조선에 대한 선전포고와 조선왕의 폐위를 선언하고 로즈에게 조선에 대한 출병을 명하였고,[76] 또한 청국에게는 병인사옥의 공모자라고 규탄하였다.

청국은 조선은 중국의 조공국이지만 정치적으로 독립국이며, 공범은 사실무근이라고 하면서 거병을 규탄하고 조선에 프랑스의 출병 사실을 알렸다. 프랑스 해군성은 극동에서의 첫째 관심사는 인도차이나이므로 미지의 조선에 대하여는 신중을 기하여 승산이 있는 일만 계획하고, 해군성이나 본국 정부에 책임이 돌아가는 일이 없도록 휘하의 병력만으로 원정을 수행하라고 지시하였다.[77]

로즈는 10월 11일 순양전함 게리에르(Guerriere) 등 군함 7척, 함재대포 10문과 1,230명가량의 병력으로 리델 신부 등의 안내를 받아 출병하였고, 11월 22일 강화부를 점령하였다가 12월 문수산성과 정족산성에서 한성근(韓聖根)·양헌수(梁憲洙) 등이 이끄는 조선군의 반격을 받은 뒤 12월 17일 관아(官衙)에 불을 지르고 약탈한 금은괴와 대량의 서적·무기·보물 등을 가지고 퇴각하였다.

로즈는 10월 18일 "프랑스 황제의 명령을 받은 전권대신(全權大臣)은 각초(各哨)의 용맹한 군사들을 거느리고 준절히 효유(曉諭)한 일을 당신들 순무사(巡撫使)는 다 잘 알라. 나는 본 조정 황제의 명을 받고 우리나라 군사들과 백성들을 보호하려고 이곳에 있는 것이다. 올 해에 이 나라에서 무고(無辜)하게 죽임을 당한 사람은 우리나라의 전교사(傳敎士)로 추중(推重)되던 사람이다. 너희는 어질지 못하게 불의(不義)로 그를 죽였으니 공벌(攻罰)하는 것이 마땅하다. 그리고 전교사는 매우 어질고 의로운 사람이라 털끝만치도 범죄를 저지르지 않았을 텐데 그를 죽였으니 천리를 어긴 것이다. 그러니 죄악은 세상 법에서 온전히 용서할 수 없는 것이다.

중국에서 지난 몇 해 전에 일어난 일을 듣지 못했는가? 그들이 불인(不仁)을 행하고 이런 흉악한 행위를 저질렀다가 우리 대국에서 토벌하니 머리를 숙이고 우리의 명령을 따르지 않을 수 없게 되었다. 이번 프랑스 전권대신은 불인불의

---

76) 이주천 김진환(2007), "병인양요(丙寅洋擾)의 재조명(再照明) 조선과 프랑스의 대격돌(大激突)", 「열린정신 인문학연구」 제8집, 원광대학교 인문학연구소, 135~136면.

77) 안응렬, 최범우 역(1980), 「한국천주교회사 下」, 가톨릭출판사, 572면.

(不仁不義)한 나라인 조선을 징벌하기로 정하였으니 만약 귀를 기울여 명을 따르지 않으면 전혀 용서받지 못할 것이다.

1. 세 사람이 관청을 부추겨 우리나라 전교사를 살해한 것에 대해 엄정히 분별할 것이다.

1. 너희 관청에서는 조속히 전권(全權)을 지닌 관원이 조속히 이곳에 와서 직접 면대하여 영구적인 장정(章程)을 확정하라. 재해(災害)와 흉환(凶患)이 지금 가까이 닥쳤으니 너희가 재난을 피하려고 한다면 조속히 회답하고 명령을 받드는 것이 마땅하다. 만약 명령을 받들지 않으면 본 대신이 기일을 앞당겨 너희들에게 환난(患難)을 줄 것이니, 너희 백성들이 재난을 당하는 근원이 될 것이다. 그때가서 미리 말하지 않았다고 말하지는 마라."라는 글을 보내었고, 또한 "조선이 선교사 9명을 학살하였으니, 조선인 9,000명을 죽이러 왔다"라고도 하였다.[78)]

조선 순무영은 "하늘의 이치를 거스르면 반드시 망하고, 국법(國法)을 어기면 반드시 죽임을 당한다. 하늘이 백성들을 세상에 내려 보냄에 이치로써 순(順)하게 하고, 나라의 봉강(封疆)을 나눔에 다스리어 지키게 하는 것이다. 순(順)한다는 것은 무엇인가? 어질면서 해롭게 하지 않는 것이다. 수(守)라는 것은 무엇인가? 침범하는 자는 용서하지 않는 것이다. 이것이 거스르면 반드시 망하고 어기면 반드시 죽임을 당하는 까닭이다. 그러나 이웃 나라와 사이좋게 지내며 멀리 떨어져 있는 나라에 너그럽게 대해주는 것은 예로부터 있었던 도(道)이다. 우리나라에서는 더욱 너그럽게 대하여 이름도 알 수 없고, 도리(道里)도 알 수 없는 나라 사람들이 매번 우리나라 경내에 표류해오면, 수토지신(守土之臣)에게 명하여 영접하고 사정을 물어보면서 마치 오랜 우호관계를 수행하듯이 하였다. 굶주렸다고 하면 먹을 것을 주고, 춥다고 하면 옷을 주었고, 병들었다고 말하면 약을 지어서 치료해 주기도 하였으며, 돌아가겠다고 하면 식량까지 싸서 보내주었다. 이것은 우리나라가 대대로 지켜오는 법으로 지금까지 행해지고 있기 때문에 온 천하가 우리를 일컬어 '예의지국(禮義之國)'이라고 부르고 있다. 만약 우리 사람들을 인연(夤緣)하여 몰래 우리나라에 들어와서 우리의 옷으로 바꿔 입고 우

78)「日省錄」卷3, 436~437면, 고종 3년 9.10. 條.

리말을 배워가지고 우리 백성과 나라를 속인다든지 우리의 예의와 풍속을 어지럽힌다면, 나라에 상법(常法)이 있는 만큼 발각되는 대로 반드시 죽인다. 이는 세상 모든 나라들의 한결같은 법인데 우리가 상법(常法)을 실행하는 것에 대해서 너희들이 무엇 때문에 성내는가? 처지를 바꾸어 생각하면 우리가 묻지도 않았는데도 지금 너희들이 이것을 트집 잡아 말하는 것은 이미 도리에 몹시 어긋나는 것이다. 일전에 너희 배가 우리 경강(京江)에 들어왔을 때는 배는 불과 2척이었고 사람도 1,000명이 못되었으니 만약 도륙(屠戮)하고자 하였다면 어찌 방법이 없었겠는가? 하지만 몰래 침입한 자들과는 구별되었으므로 멀리 떨어져 있는 나라 사람들을 대해주는 의리에서 차마 병력을 가하여 피해를 줄 수는 없었다. 그러므로 경내를 지나며 소나 닭 같은 것을 요구하면 그때마다 주었다. 작은 배가 왕래할 때에 말로써 물으면 먹을 것은 받으면서 돌아가라는 말은 따르지 않았으니 너희들이 우리를 배반한 것이지 우리가 어찌 너희를 배반한 것인가? 아직도 만족하지 못하고 갈수록 행패를 부려서 지금 우리 성부(城府)를 침범하고, 우리 백성들을 살해하고 재물과 가축을 약탈하는 행위가 한이 없으니 실로 하늘의 이치를 거스르고 나라 법을 어기는 자들로서 이보다 더 심한 자들은 없었다. 그러니 하늘이 이미 그들을 미워하고 사람들도 그들을 죽이려 하였다. 듣건대 너희들이 우리나라에 전교(傳敎)를 행하려고 한다는데 이는 더욱 안 될 일이다. 수레와 서책이 같지 않으며 각기 숭상하는 것이 있으니 정사곡직(正邪曲直)에 대해서는 아예 거론할 필요가 없다. 우리는 우리의 학문을 숭상하고 너희는 너희의 학문을 행하는 것은 사람마다 각기 자기 조상을 조상으로 섬기는 것과 같다. 그런데 어떻게 감히 남에게 자기 조상을 버리고 남의 조상을 조상으로 섬기라고 가르칠 수 있겠는가? 이것은 만약 죽음을 면할 수 있다면 하늘도 없다고 말할 수 있는 것과 같다.

우리는 너희를 은(殷) 탕(湯) 임금이 갈백(葛伯)에게 하듯이 대해 주었는데, 너희는 우리를 험윤(玁狁)이 주(周) 나라 선왕(宣王)를 배반하듯이 포악하게 대하고 있다. 그러니 우리가 지인지덕(至仁至德)하더라도 제멋대로 난동을 부리게 내버려둘 수는 없다. 그러므로 천만(千萬)의 대병(大兵)을 거느리고 지금 바닷가에 나와 하늘의 이치를 받들어 토벌의 뜻을 펴려고 한다. 우선 내일 이른 아침에 서로 대면하자는 약속을 급히 보내니 군사의 곡직(曲直)과 승패(勝敗)가 결정되리라. 너희들은 퇴각하여 달아나지 말고 머리를 숙이고 우리의 명령을 들어라."라고 답하였다.

홍선대원군은 묘당(廟堂)에 "사람이 죽고 나라가 망하는 것은 고금(古今) 천지(天地)의 상경(常經)이다. 양이(洋夷)들이 여러 나라들을 침략한 것은 본래 있었지만 지금까지 몇 백 년간 이 적들은 감히 뜻을 이루지 못하였다. 그러다가 몇 해 전 중국이 화친을 허락한 다음부터 제멋대로 날뛰는 것이 곱절이나 더해져서 도처에서 포악한 행동을 감행하여 모두 그들의 해를 입게 되었다. 오직 우리나라에 대해서만 감행하지 못한 것은 실로 옛 성인이 하늘에서 음덕으로 도와주기 때문이다. 그들이 이곳에 와서 알게 된 것은 우리의 예의(禮義)이고 우리가 의지할 바는 여러 사람들의 마음을 하나로 굳게 뭉치는 것이다. 지금 상하(上下)의 사람들이 만약 의심하거나 겁을 먹는다면 모든 일은 와해(瓦解)되고 국사(國事)는 그르치게 된다. 나에게 마음속으로 굳게 정한 세 가지 일이 있으니, 이 굳은 맹세를 알고 나의 뒤를 따르라. 첫째, 고통을 참지 못하고서 화친하는 것은 나라를 팔아먹는 행위이다. 둘째, 그들의 해악을 참지 못하고 교역을 허락한다면 이는 나라를 망하게 하는 행위이다. 셋째, 적들이 도성에 쳐들어왔다고 해서 만약 도성을 버리고 간다면 이는 나라를 위태롭게 하는 행위이다."라는 글을 보내었고, 집의 벽에 "洋夷侵犯 非戰則和 主和賣國"이라는 글을 붙였다.[79)]

천주교에 대한 박해는 1868년 오페르트 등의 남연군 분묘 훼손 사건, 1871년 신미양요 등으로 더욱 강화되었다가, 1873년 말 홍선대원군이 물러나면서 완화되었다. 한편 나폴레옹 3세는 1870년 보불전쟁에 패배하였고, 1871년 출범한 제3공화국에서는 가톨릭을 국교로 인정하였던 1802년의 정교협약을 1905년의 법률로 폐지하고 정교를 분리하였다. 리델 신부는 1877년 조선에 재차 밀입국하였다가 체포되었으나, 청국의 권유로, 재입국하지 않는다는 서약을 받고 1878년 석방되어, 청국으로 인도되었다.[80)]

---

79) "양이침범 비전즉화 주화매국"(고종실록 3권, 고종 3년 9.11. 정묘 9번째 기사).
80) 고종실록 15권, 고종 15년 5.4. 계축 1번째 기사.

(4) 조불수호통상조약의 체결

프랑스와의 수교는 병인양요로 지체되었다. 1881. 4. 15. 프랑스 정부는 주중 공사 부레(Frédéric-Albert Bourée)에게 조선 침투에 있어서 최선두 주자도 아니고 최후 주자도 아니기를 바란다는 전문을 보내었다. 1882년 조미수교 진전이 알려지자 부레는 주중 영국공사 웨이드(Thomas Wade)를 통하여 이홍장·장수성(張樹聲) 등에게 천주교 전교(傳敎) 허락을 포함하는 조선 수교를 희망하는 의사를 전달하였고, 청국측은 전교문제에 대하여 부정적인 대답을 하였다. 천진에 체류 중이던 조선 총리아문 주사 어윤중(魚允中)은 병인양요에 대한 책임과 배상을 요구하였다.[81)]

1882. 5. 22. 조미수호조약이 체결되자, 주중 프랑스 영사 디용(Charles Dillon)은 이홍장의 소개장을 가지고 뤼텡(Lutin)함으로 6월 5일 제물포에 도착하여, 조영수교 건으로 와 있던 영국 전권 윌리스 제독을 통하여 마건충에게 연락하였고, 6일 조영 1차 조약이 체결된 다음 날 우여곡절 끝에 김홍집과 회담하였는데, 김홍집은 전교는 거부하고 미영조약의 예에 따르기를 바란다고 답하였고, 청국은 조선이 중국 속방임을 분명히 할 것을 요구하였다.

프랑스는 7월 조약체결을 위하여 부레 공사를 파견하려 하였으나, 7월 23일 경부터 조선에 임오군란이 일어나 더 이상 진전되지 못하였다. 임오군란으로 조선에 진출한 청군이 1882. 8. 26. 대원군을 천진으로 납치 감금하고, 10월 4일에는 매우 불평등한 '중조상민수륙무역장정(中朝商民水陸貿易章程)' 체결을 강제하는 등 속방정책을 강화하자, 10월 13일 개화파 김옥균·서광범·민영익 등과 함께 일본에 사죄단(謝罪團)으로 파견된 박영효는 제1차 조영조약의 비준을 미루고 있던 주일 영국공사 파아크스에게 영국이 조선을 자주독립국가로 인정해 주면 조약의 수정을 검토하겠다는 태도를 밝혔고, 12월 19일에는 프랑스 공사관에도 서면으로 수교에서 전교문제를 완화할 것을 시사하였다.[82)]

고종은 1883년 5월에 부임한 미국의 초대 전권공사 푸트(Lucius Harwood

---

81) 朴日根(1987), "韓佛條約 締結過程에 對한 硏究", 「한국정치외교사논총」 제3집, 한국정치외교사학회, 31~32면.

82) 朴日根, 앞의 글, 39면.

Foote)에게 프랑스와의 수교 주선을 부탁하였고, 묄렌도르프도 11월 북경 주재 프랑스 공사와 러시아 공사에게 조약체결 알선을 청하는 편지를 보내었다.

프랑스 정부는 1885년 주 북경 공사 코고르당(François Georges Cogordan)에게 조불조약에 관한 전권을 위임하였고, 그는 일본측으로부터 한반도에서의 청국의 영향을 약화시키기 위하여 구미강대국들이 조선과 수교하는 것을 반대하지 않는다는 의사를 확인하였다. 코고르당은 1886. 4. 30. 프랑스 쾌속함 프리모게(Promauget)로 제물포에 도착하였고, 5월 11일부터 전권대사 김윤식과 회담을 시작하였는데, 전교(傳敎)문제로 다시 교착상태로 되었다.

고종은 전권대사를 김윤식의 종형인 김만식(金晩植)과 데니로 바꾸었고, 데니는 전교문제에 관하여 제9관의 "양국의 시민이 언어 · 문화 · 법률 · 예술 및 공업을 학습하기 위한, 그리고 모든 과학적 연구를 하기 위한 적절한 편의를 제3국에 앞서 제공한다" 부분에 제2항으로 "불국인이 조선에 가서 이러한 언어 · 문화 · 법률 · 예술 등을 학습하거나 가르치는 것(敎誨)은 모두 보호를 받고 서로 협조한다"를 추가하고, 제4관 제6항에 "불국시민만은 관광이나 무역상의 일이 아니더라도 여권만 소지하면 조선의 각처를 여행할 수 있다"를 추가함으로써 간접적으로 모호하게 표현하는 것으로 제안하여 합의되었다. 그러나 관세율 문제로 다시 교착상태가 발생하였는데, 미국 대리공사 풀크(George Clayton Foul)가 고종과 데니의 면담을 주선해주어 해결되었고, 1886. 6. 4. 「대조선국대법민주국통상조약(大朝鮮國大法民主國通商朝約)」이 조인되었으며, 1887. 5. 31. 플랑시(Victor Collin de Plancy)가 비준서를 교환하여 효력이 발생되었다.[83)]

플랑시는 1887. 6. 12. 초대 주한 프랑스 대리 공사로 임명되어, 6월 28일 고종 황제에게 신임장을 제정하였으며, 카르노(Sadi Carnot) 대통령의 도자기 선물도 전달했다. 플랑시는 1891년 도쿄로 임지를 옮겼다가, 1892년 되돌아와 1896년 1월까지 재임하였으며, 직지심경을 수집하여 '주조된 글자로 인쇄된 책으로 가장 오래된 한국 책, 연대=1377년'이라는 글로 그 문명사상 가치를 서구에 소개하기도 하였다.

83) 고종실록 24권, 고종 24년 윤4월 9일 병신 2번째 기사.

신부들은 그 동안 입고 다녔던 상주(喪主) 옷과 방갓을 벗고, 검은 신부복을 입고 자유롭게 전교를 하게 되었다.

8. 이탈리아 왕국과의 수교

이탈리아는 1884년 움베르토 1세(Umberto I 재위 1878.1.9.~1900.7.29.)의 주청 공사였던 루카(Ferdinando de Luca)를 조선에 파견하여, 조선의 전권대신이었던 김병시(金炳始)와 접촉하여 6월 26일 전문 13조로 된 조이수호통상조약(朝伊修好通商條約)을 체결하였다. 내용은 조미조약과 대동소이하였다.

국왕의 3남 아브루치 공작 루이지 아메데오는 1895년에 조선을 방문하여 한양 경복궁 건청궁에서 고종을 알현했다.[84]

9. 오스트리아 헝가리 제국과의 수교[85]

오스트리아-헝가리 제국의 프란츠 요셉 1세(Franz Joseph I 재위 1848.12.2.~1916.11.21.)의 청·일 주재 전권공사였던 비겔레벤(Rüdiger von Biegeleben)과 일본 주재 조선 전권대신 권재형 사이에서 1892. 5. 29. 동경에서 타결되었고, 1893년 5월 오스트리아 의회의 승인을 얻어 8월 26일 베커 제독이 비준서를 교환하였으며, 총 20자루와 탄약 3상자를 선물로 접수시켰다. 오스트리아는 1892. 2. 3. 보낸 1891. 11. 25.자 속방조회를 접수하지 아니하였고, 이홍장은 속방조회를 할 것을 고집하여 절차가 지연되었다.

10. 한백수호통상조약(韓白修好通商條約)

벨기에가 통상조약 체결을 요구하자, 대한제국은 외부대신 박제순을 특명전권대신으로 임명하였고 벨기에에서 특명전권대신으로 벵가르트(Léon Vincart)를 파견하여 1901년 양국이 수호통상조약을 체결하였다.

---

84) '1895년 대한 개국 504년 외부 협판 윤치호에게 이탈리아 국왕의 조카 아부리(阿夫里)가 본국으로 돌아갈 때 인천항에 나아가 전별하라고 명하였다'(고종실록 33권, 고종 32년 6.3. 임신 1번째 기사).

85) 박상만(2006), "조선 개항기의 대외관계와 수교과정 연구", 「정치정보연구」 제9권 제2호, 한국정치정보학회, 273~304면.

11. 한정수호통상조약(韓丁修好通商條約)

1902년 외부대신 임시서리 유기환을 특명전권대신으로 하여, 덴마크의 특명전권대신 러시아 제국의 궁내부 특관인 특간전권공사대신 파블로프(A. Pavlof) 간에 1902년 한정수호통상조약(韓丁修好通商條約) 일명 한단수호통상조약(韓丹修好通商條約)이 체결되었고, 1903년에 발효되었다.

제2절 조선의 몰락과 자유민주주의 개혁론의 등장

1. 임오군란과 청국 · 일본의 조선 진출

(1) 도봉소 사건(都捧所事件)과 군란으로의 확대

1882. 7. 19. 선혜청 도봉소에서 훈련도감에 소속되었던 구식 군졸들이 13개월이나 밀린 급료로 쌀을 지급받게 되었는데, 쌀의 품질이 부실하고 양도 부족하여 충돌이 발생하였다.

관련자 중 체포를 면한 자 몇 명이 7월 22일 흥선대원군에게 구명을 탄원하자 대원군은 이들을 후원하여 일본공사관을 습격, 13명을 살해하게 하고, 영의정 이최응 · 병조판서 겸 선혜청 제조 민겸호 · 경기도 관찰사 김보현 등 중전을 지지하던 중신 여러 명도 살해하게 하였으며, 도피한 민 중전의 장례를 지내기도 하였다. 고종은 7월 25일 대원군에 대한 의절(儀式節次)을 새로 정하고 전권을 위임하였다.[86)]

(2) 청국과 일본의 개입

8월 1일 주일 청국 공사 여서창(黎庶昌)으로부터 "일본 병선이 조선으로 가니 중국 병선을 앞서 파견해야 한다"는 내용의 전보를 받은 북양대신 직무대리 장수성(張樹聲)은 2일 북양함대 제독 정여창(丁汝昌)에게 출동을 명령했고, 그 경

86) 고종실록 19권, 고종 19년 6.11. 을축 9번째 기사; 장영숙(2022), "고종과 대원군의 정치적 갈등과 명성황후", 「숭실사학」 제49집, 숭실사학회, 106면.

영선사로 청국에 체류 중이던 김윤식 · 어윤중 등도 청국의 원조를 요청하는 전갈을 받았다.

8월 10일 정여창이 북양함대의 함선 3척에 병력 500명가량과 이홍장의 사신 자격으로 마건충을 싣고 제물포에 도착했고, 20일에는 오장경(吳長慶)이 영선사 김윤식을 대동하고 회군(淮軍) 3,000명과 함께 남양만에 상륙했다.

일본군은 12일 300명이 제물포에 상륙했는데, 병력 차이로 인하여 별다른 활동을 할 수 없었고, 일본 정부는 대원군의 쿠데타 정권을 인정하도록 비밀리에 훈령하였다.

25일 오장경이 한양에 입성하여 흥선대원군을 초청하여 억류시킨 다음 톈진으로 보냈다. 29일 청군은 왕십리와 이태원 일대에 주둔하던 임오군란 가담자들을 공격하여 170여 명을 체포하고 11명을 처형했다. 민 중전은 8월 1일 장례까지 당하였지만, 8월 30일 무사함을 고종에게 알렸고, 9월 12일 환궁하였다.

(3) 제물포조약과 조일수호조규속약의 체결

임오군란으로 도피하였던 하나부사 요시모토(花房義質) 일본 공사는 진주한 병력을 배경으로 하여 조선 정부를 압박하여, 1882. 8. 30. 제물포에서 김홍집과 제물포조약을 체결하는 한편, 조선 전권대신 이유원(李裕元)과 조일수호조규속약도 체결하였다.

제물포조약에서 조선 측의 일본 피해자 측에 대한 5만 원 배상과 일본국에 대한 50만 원 보상(일본으로부터 차입하여 지급하기로 밀약), 일본 공사관에의 일본 경비병 주둔, 조선 정부의 공식 사과를 위한 수신사 파견, 임오군란 주모자 처벌(20일 내에 체포하지 못하는 경우 일본이 처리) 등이 약정되었다.

수호조규속약은 조일수호조규 부록을 협상할 때 조선 측의 반대로 후퇴하였던 간행이정(間行里程)의 확대와 일본인 외교관과 그 수행원 및 가족의 조선 내지여행권의 확보에 대한 것이었다. 이로써 1883년 양화진(楊花津)이 개시(開市)되어 일본 상인들이 서울로 진출할 수 있게 되었다.

(4) 청국의 내정간섭과 조청상민수륙무역장정의 체결

청국은 중전의 민씨 세력을 복원시켜 준 대가로, 원세개의 군대를 조선에 상주시키고, 군사 고문을 보내 조선 군대를 감시하였으며, 1882. 10. 4.에는 조청상민수륙무역장정(朝淸商民水陸貿易章程)을 강요하여 청국 상인의 통상 특권을 설정하고, 조선을 속방으로 명시하는가 하면 북양대신과 조선 국왕을 동격으로 만들었으며, 12월에는 마건충의 형인 마건상(馬建常, 마젠창)과 묄렌도르프를 내정 및 재정 고문으로 파견해 내정과 외교에 세세히 간섭하기 시작하였다.

조청상민수륙무역장전(朝淸商民水陸貿易章程)은 서문에 "조선은 오랜 동안의 제후국으로서 전례(典禮)에 관한 것에 정해진 제도가 있다는 것은 재론할 여지가 없다. 다만 현재 각국이 수로를 통하여 통상하고 있어 해금(海禁)을 속히 열어, 양국 상인이 일체 상호 무역하여 함께 이익을 보게 해야 한다. 변계(邊界)에서 호시(互市)하는 규례도 시의에 맞게 변통해야 한다. 이번에 제정한 수륙무역장정은 중국이 속방(屬邦)을 우대하는 뜻이며, 각국과 일체 같은 이득을 보도록 하는 데 있지 않다."라고 하고, 그 제1조에서는 "앞으로 북양 대신의 신임장을 가지고 파견된 상무위원(商務委員)은 개항한 조선의 항구에 주재하면서 전적으로 본국의 상인을 돌본다. 해원(該員)과 조선 관원이 내왕할 때에는 같이 평등한 예로 우대한다. 중대한 사건을 맞아 조선 관원과 마음대로 결정하기가 편치 않을 경우 북양 대신에게 청하여 조선 국왕에게 자문(咨文)을 보내 그 정부에서 처리하게 한다. 조선 국왕도 대원(大員)을 파견하여 천진(天津)에 주재시키고 아울러 다른 관원을 개방한 중국의 항구에 나누어 파견하여 상무위원으로 충당한다. 해원이 도(道) · 부(府) · 주(州) · 현(縣) 등 지방관과 왕래할 때에도 평등한 예로 상대한다. 해결하기 어려운 사건을 만나면 천진에 주재하는 대원에게 상세히 청하여 정탈(定奪)한다. 이들 관원이 멋대로 고집을 부려 일 처리가 부당할 때에는 북양 대신(北洋大臣)과 조선 국왕은 피차 통지하고 즉시 소환한다."라고 하였으며, 조선 상인이 북경(北京)에서 규정에 따라 교역하고, 청나라 상인이 조선의 양화진과 한성(漢城)에 들어가 영업소를 개설한 경우를 제외하고 각종 화물을 내지로 운반하여 상점을 차리고 파는 것을 허가하지 않는다고 하였고(제4조), 일반관세는 5%, 홍삼은 15%로 하였다(제5조, 제6조).[87]

그러나 청국 상인들은 점차 내지로 들어와 상업활동을 하였고, 일본과 영국 등도 조청(朝淸) 간에 특별히 인하된 관세를 더 인하할 것을 요구하여 조선의 시장은 무방비로 개방되고 말았다.

2. 갑신정변[88]과 일본 · 청국의 간섭, 고종의 자주외교 추진

(1) 갑신정변의 전말

제물포조약에서 정한 배상금의 지급을 위하여 김옥균은 1883년 일본에서 17만원을 연 8% 이자 등 매우 불리한 조건으로 빌렸지만, 그것으로는 부족하여 300만원의 국채를 얻고자 하였으나, 실패하였다.

이 일로 곤경에 처한 김옥균을 위시한 급진개화파[89]는 일본공사 다케조에 신이치로(竹添進一郞), 언론인 이노우에 가쿠고로(井上角五郎)[90] 등과 내통하여, 청국이 1884년 8월경부터 베트남 문제로 인한 프랑스와의 전쟁으로 곤경에 처한 기회를 이용하여, 청국 세력과 결탁한 민 중전을 위시한 민씨 척족 세력과 위정척사를 주장하는 수구파를 제거하고 개화파를 중심으로 하는 새로운 정권을 세울 것을 획책하고, 1884. 12. 4. 우정총국의 낙성식을 계기로 하여 갑신정변을 일으켰다.

연회가 무르익은 밤 10시 경, 미리 준비한 150명가량의 병력으로 우정국 주변에 불을 질러 혼란을 야기하고, 김옥균 등이 창덕궁으로 가 폭발을 야기하고

---

87) 고종실록 19권, 고종 19년 10.17. 경오 2번째 기사.

88) 유바다(2017), "갑신정변(甲申政變) 전후(前後) 청(淸) · 일(日)의 조선보호론(朝鮮保護論) 제기와 천진조약(天津條約)의 체결", 「역사학연구」 제66권, 호남사학회, 99~130면; 한승훈(2016), "영국의 거문도 점령 과정에 대한 재검토 – 갑신정변 직후 영국의 간섭정책을 중심으로 –", 「영국연구」 제36권, 영국사학회, 61~96면.

89) 평양감사로서 제너럴셔먼호를 불태운 박규수는 중국을 왕래한 결과 서양의 기술과 제도를 도입해야 하는 것으로 보고, 오경석 · 유대치 · 유흥기 · 김윤식 · 김홍집 · 어윤중 등과 함께 충의계(忠義契) 등으로, 김옥균 · 홍영식 · 박영교 · 박영효 · 서광범 · 서재창 · 서재필 · 유길준 · 윤웅렬 · 윤치호 등 소장파와 교류하였고, 이들은 1880년대 이후 개화정책을 주장하는 정치세력을 형성하였다.

90) 김종학(2014), "이노우에 가쿠고로(井上角五郎)와 갑신정변(甲申政變) 미간사료 『井上角五郎自記年譜』에 기초하여", 「한국동양정치사상사연구」 제13권 제1호, 한국동양정치사상사학회, 147~196면.

는 사대당과 청국군이 변을 일으켰다고 허위 보고하고 고종과 왕비를 부근 경우궁(景祐宮)으로 피신, 일본공사에게 보호 요청을 하게 하였다. 일본공사가 이끄는 일본군 200명이 경우궁을 에워쌌고, 대신들을 급히 불러들여 후영사 윤태준 · 전영사 한규직 · 좌영사 이조연 · 판돈녕부사 겸 해방총관(海防總管) 민영목 · 좌찬성 민태호 · 지중추부사 조영하 · 내시 유재현 등을 살해하였다.

5일에는 고종의 사촌형제 이재원과 이재완을 영의정과 병조판서 · 고종의 이복형 이재면을 의정부좌찬성 겸 우참찬 · 홍영식을 좌의정 · 철종의 사위인 박영효를 전후양영사(前後兩營使) 겸 한성판윤(漢城判尹) · 헌종 계비의 조카인 홍순형을 공조판서 · 신기선을 이조판서 겸 홍문관제학 · 김윤식을 예조판서 · 서광범을 좌우양영사 겸 서리외무독판 · 김옥균을 호조참판 · 서재필을 병조참판 겸 정령관 · 윤치호를 외무아문참의 · 박영교를 승정원 도승지 · 김홍집을 한성부 판윤으로 하는 새 정부를 구성하였다.

6일에는 새 정책 발표가 추진되었으나, 6일 오후 청군 1,500명이 창경궁에 돌입, 일본군을 제압함으로써 정변은 실패하였고,[91] 흥분한 민중 등이 일본 공사관을 불태우고 공사관의 서기관들과 일본 거류민을 죽였다. 홍영식 · 박영교 등은 전사했고, 김옥균 · 서광범 · 서재필 · 박영효 등은 일본군을 따라 인천으로 가 일본으로 망명했으며, 윤치호 등은 외국 유학 형식으로 망명하였다.

김옥균의 「갑신일록」에는 '중국 간섭 배제 · 문벌과 신분제 타파 · 능력에 따른 인재 등용 · 인민 평등권 확립 · 조세 제도' 등 14개 개혁정책이 기재되어 있

---

91) 고종실록 21권, 고종 21년 10.19. 경인 1번째 기사에는 "밤에 상께서 북묘(北廟)로 거처를 옮겼다가 그 길로 또 선인문(宣仁門) 밖에 있는 청나라 통령(統領) 오조유(吳兆有)의 영방(營房)으로 옮겼으며, 각전(各殿)과 각궁(各宮)도 노원(蘆原)으로 옮겼다. 이날 신시(申時)에 청나라 병사들이 대오를 나누어 궁문으로 들어오면서 총포(銃砲)를 쏘았고 우리나라 좌영(左營)과 우영(右營)의 병사들도 따라 들어오니 일본 병사들이 힘을 다해 막았다. 유시(酉時)에 상께서 후원에 있는 연경당(演慶堂)으로 피하였는데 각 전과 각 궁과 서로 연계를 잃고 옮겨 피하여 옥류천(玉流泉) 뒤 북쪽 담문에 이르렀다. 이때에 무예청 및 위사(衛士), 별초군(別抄軍)이 비로소 들어와서 호위하여 문을 열고 나가 북묘(北廟)로 향하였다. 일본 공사가 병사를 거느리고 궁을 떠났는데, 김옥균 · 박영효 · 서광범 · 서재필 등은 모두 따라 나갔고, 오직 홍영식과 박영교 및 생도 7인만이 뒤따라 북묘로 갔다. 해시(亥時)에 오통령(吳統領)은 상께서 북묘에 계시다는 말을 듣고 대오를 거느리고 맞이하러 갔다. 홍영식 등이 어의를 끌어당기면서 가지 말라고 청하였다. 여러 사람들이 상을 모시고서 사인교(四人轎)에 태우니 홍영식 등은 또 성을 내며 고함쳤다. 우리 병사가 홍영식과 박영교를 쳐 죽이고, 또 생도 7인도 죽였다. 원세개(袁世凱) 또한 병사를 보내어 임금을 영접하였다. 자시(子時)에 선인문 밖에 이르러 오통령의 영방에서 머물렀다."라고 되어 있다.

다. 조선 정부는 갑신정변 관련자들을 역모로 엄벌하였고, 김옥균은 1894. 3. 28. 상하이에서 홍종우의 총격으로 사망하였으며, 김옥균의 집과 서재필의 집은 몰수되어 후일 관립한성고등학교(이전 전의 경기고)의 부지가 되었다.

(2) 한성조약

조선 정부는 예조참판 서상우(徐相雨)를 특차전권대신으로 일본에 보내 일본의 정변개입에 항의하고, 김옥균(金玉均) 등의 송환을 요구하였으나, 일본의 이노우에 가오루(井上馨) 전권대신은 군함 7척의 호위 아래에 1884. 1. 2. 2개 대대 병력으로 인천에 상륙하여, 고종을 예방하고 일본이 입은 피해에 대한 손해배상 등을 요구하였다.

조선 정부는 김홍집을 전권대사로 임명하여 1885. 1. 2.부터 일본 측과 협상하였으나, 일본의 무력시위에 굴복하여 1월 9일 김홍집과 이노우에 사이에 전문 5개 조의 한성 조약(漢城條約)이 체결되었다. 일본에 대한 조선 정부의 사과·사망자 및 기물 손괴 배상금 10만 원 지급·일본 공사관 수축비 부담 등이 주요 내용이었다.

(3) 톈진 조약

1885. 4. 18. 청국 전권 대신 이홍장과 일본 전권 대신 이토 히로부미가 톈진에서 갑신정변을 정리하는 조약을 체결하였다. 일본 거류민 사상자들의 피해 보상 문제와 책임자 처벌 그리고 철병 등이 주요 논점이었는데, 일본 측은 고종의 요청에 의하여 출병한 것을 원세개의 호위병력이 공격한 데 대한 사과를 요구하고, 일본 거류민들이 살해 약탈당한 것에 대한 보상과 조선 반도에서의 양국 군대 철병 및 책임자 처벌을 요구했다.

청국은 일본의 선제 공격이 충돌의 원인이라고 주장하고, 정변의 주모자들인 개화파와 일본이 서로 공모했다는 소문이 있다고 하면서 군을 움직인 다케조에 공사를 비난했다. 일본 거류민 사상자의 발생은 일본 민간인들이 정변 도중 폭도로 돌변했기 때문이고, 청군이 아니라 조선군이 가해하였다고 주장하였다,

철병에는 양국이 모두 공감했지만, 재파병에 관해서는 이토는 제삼국의 침공

등 불가피한 사유가 아니면 불가하다고 주장하였고, 이홍장은 조선 정부의 요청이 있는 경우 청국은 조선의 종주국으로서 파병할 수 있다고 하면서 임오군란과 갑신정변 같은 내란이 발생할 시 청국은 자동으로 개입할 것이라고 주장하였다. 결국 재파병 조건을 결정하지 않은 채 '일단 양국 군대를 철수시키고 재파병 시에는 서로 통보한다'로 합의하였다.

청국은 이토가 주장했던 양국 주둔군의 영구 철수를 거절했고, 일본 거류민 살상사건에 대하여는 사건 재조사와 책임자가 있을 경우의 처벌만을 약속하였다.

조약의 내용은 "① 중국은 조선에 주둔하는 군대를 철수하고, 일본국은 조선에서 공사관을 호위하던 군대를 철수한다. 서명하고 날인한 날로부터 4개월 이내에 각기 모든 인원을 철수시킴으로써 양국 간 분쟁이 생겨날 우려를 없애고, 중국은 마산포(馬山浦)를 통하여 철수하고 일본은 인천항을 통하여 철수할 것을 의정(議定)한다. ② 양국은 조선 국왕이 군사를 훈련시키도록 권고하여 자위와 치안을 유지하게 하고, 조선 국왕이 다른 나라 무관을 1명, 혹은 여러 명을 선발 고용하여 훈련을 위임하게 하되, 이후 중국과 일본 양국은 관원을 파견하여 조선에서 훈련하는 일이 없도록 상호 승인한다. ③ 장래 조선국에 변란이나 중대한 사건이 일어나 중국과 일본 양국이나 혹은 어떤 한 나라가 파병이 필요할 때는 우선 상대국에 공문을 보내 통지해야 하며, 사건이 진정되면 곧 철수하여 다시 주둔하지 않는다."이다.

(4) 조러밀약 사건과 거문도 사건

고종은 갑신정변 사죄 사절로 파견한 묄렌도르프로 하여금 주일 러시아 공사 다비도프(Davidoff)와 비밀리에 협상할 것을 지시하였는데, 묄렌도르프는 러시아 군사교관의 파견과 청 · 일 양국이 조선에서 충돌할 경우 조선에 대한 러시아의 보호를 요청하였다. 다비도프 공사는 영흥만(永興灣; 원산 앞바다)의 조차를 조건으로 응하였으며, 1885. 3. 5. 묄렌도르프는 서울에 도착해 고종에게 동경 협의의 승인을 얻었다.

1885. 3. 29. 밤에 러시아는 영국의 지원을 받는 아프가니스탄 군을 공격해 국경지대 북부 조그만 오아시스 마을 판데(Panjdeh)를 기습 점령했다.

예상 밖의 사태에 놀란 영국은 러시아의 조선 점령을 예방하기 위하여 1885. 4. 15. 3척의 동양 함대를 파견하여 거문도를 점령하였고, 이후 영국기를 게양하고 포대와 병영을 쌓는 등 섬 전체를 요새화하였다. 섬 주위에는 수뢰를 부설하고 급수로와 전선을 가설하였으며, 청국으로부터 허가를 받아 상해까지 해저케이블을 설치하여 통신을 가능하게 하였고, 동도의 남단과 고도를 연결하는 제방 축조 공사도 벌였다. 주둔군은 수백명이었고, 정박한 군함도 10척에 이르렀다. 영국 정부는 4월 18일 청나라와 일본에 거문도 점령 사실을 통고하였고, 조선 정부에는 주청 영국 공사관을 통해 5월 19일 통고하였다. 그러나 조선은 이미 청국으로부터 4월 24일 통고받았었다.[92)]

영국은 이홍장에게 거문도 조차를 요청하였으나, 이홍장은 러시아와 일본이 조선 내의 영토 점령을 요구하고 나설 경우 국제분쟁으로 커질 것을 우려하여 강력히 반대하였다. 영국은 서울 주재 총영사 애스턴(Aston,W. G.)에게 '거문도를 영국의 급탄지로서 임차 교섭하되 금액은 1년에 5,000 파운드 이내로 할 것'을 훈령하였고, 애스턴은 5월 7일 김윤식 등 통리아문 관원들과 회담하였으나 거부되었다.

러시아 대표 스페이에르(de Speyer, A.)는 조러밀약이 탄로나 통리아문에 의해 거부당하자, 영국의 거문도 점령에 대해 강력히 항의하면서 러시아도 제주도 등 조선의 영토를 점령하겠다고 위협하였다.

4월 말부터 아프가니스탄 문제에 대한 영·러 협상이 개시되었고, 8월 2일 협정이 조인되어 영국의 거문도 점령의 명분이 없어졌다. 영국 외상 로즈베리(5th Earl of Rosebery)는 1886년 3월 청나라가 다른 나라들로 하여금 거문도를 점령하지 못하도록 보장해주면 거문도에서 철수할 의사가 있음을 밝혔다. 이홍장은 주청 러시아공사 라디젠스키(Ladygensky)와 회담하여 영국이 거문도에서 철수한다면 러시아는 조선 영토를 침범하지 않겠다는 3개조의 약속을 받았다. 청국은 1886. 10. 5. 영국 공사관에 러시아 측의 보증을 전달하고 영국의 철수를 촉구하였다. 영국은 10월 29일 청국에, 11월 28일 조선에 철수 의사를 통고

---

92) 고종실록 22권, 고종 22년 3.10. 기유 3번째 기사.

하였고, 1887. 2. 5. 거문도에서 완전히 철수하였다. 조선은 2월 7일 이원회(李元會)를 거문도에 파견하여 철수 사실을 확인하였다.

거문도에는 사고 등으로 사망한 10명의 영국 선원과 해병대의 무덤이 남아 있어 영국인들이 왕래하고 있다.[93]

(5) 청국의 원세개 파견

이홍장은 조선의 배화(背華) 정책을 억제하기 위하여, 톈진의 보정부(保定府)에 억류하고 있던 대원군을 1885. 10. 5. 원세개의 호위로 귀환시켰는데, 고종은 대원군이 정치관여를 할 수 없도록 조정 신하들의 대원군 접촉을 제한하는 등 의절을 고쳐 정하였다.[94]

1885. 10. 28. 원세개를 '주찰조선총리교섭통상사의(駐紮朝鮮總理交涉通商事宜)'라는 직책을 부여하여 노골적인 내정 간섭을 시작하였고,[95] 조로밀약 등을 이유로 1886년 4월 묄렌도르프를 소환하고 후임으로 미국인 데니(Owen Nickerson Denny)와 메릴(Henry Ferdinand Merrill)을 파견하여, 각각 외교고문과 해관총세무사(海關總稅務司)에 임명하였다.

원세개는 1886. 8. 13. 이홍장에게 '러시아의 개입을 호소한 고종의 밀서'라는 것을 전보로 보고하였는데, 그 요지는 "조선은 자주독립국인데도 타국의 압력을 받고 있다. 지금 우리 대군주는 나라의 진흥에 힘써 영구히 타국의 구속을 받지 않으려고 한다. 이에 혹 타국이 반대할 경우 귀정부에 보고하면 우리나라를 극력 보호하고 병선을 파견해 상조하기 바란다."는 것이었다. 이홍장이 주청 러시아공사에게 이 사건에 대해 조회하자, 러시아는 8월 16일 한로밀약은 사실무근이며 그러한 고종의 밀서를 접수한 사실도 없다고 회신하여 이 사건은 종결되었다.

---

93) 이영호(2016), "거문도가 경험한 제국주의와 근대", 「島嶼文化」 제48권, 국립목포대학교 도서문화연구원, 101~136면.

94) 고종실록 22권, 고종 22년 9.10. 을사 2번째 기사.

95) 유바다(2017), "1885년 주찰조선총리교섭통상사의(駐紮朝鮮總理交涉通商事宜) 원세개(袁世凱)의 조선 파견과 지위 문제", 「사총」 제92권, 고려대학교 역사연구소, 49~82면.

(6) 고종의 자주외교 정책

고종은 조약을 체결한 구미 각국에 전권공사를 파견하여 청국의 간섭을 견제하고자, 1887년 8월에는 박정양을 미국에 파견하려 하였는데, 청국은 여러 가지로 방해하다가 '영약삼단(另約三端)'을 준수할 것을 조건으로 허락하였고, 박정양은 11월 26일 워싱턴에 도착하여 12월 5일 제22대 클리블랜드(Grover Cleveland) 대통령에게 국서를 봉정하였고 1889. 7. 24. 고종에게 복명(復命)하였으며, 최초의 미국 견문기인 「미속습유(美俗拾遺)」를 남겼다.

영약삼단은 "① 조선 공사는 주재국에 도착하면 먼저 청국공사를 찾아와 그의 안내로 주재국 외무성에 간다. ② 회의나 연회석상에서 조선 공사는 청국공사의 밑에 자리한다. ③ 조선 공사는 중대 사건이 있을 때 반드시 청국 공사와 미리 협의한다."였으나, 박정양은 이에 따르지 아니하였고, 국서에 고종 스스로 '짐(朕)'이란 칭호를 사용하였다. 박정양은 알렌의 도움을 받아 데이비스(Robert H. Davis)를 조선정부의 필라델피아 영사로 임명하였고, 각종 공식 외교행사와 연회에 참석하여 독자적인 외교를 전개하였으며, 행정・입법・사법부의 주요 공공기관과 대학교・신문사・박물관 등 근대적 사회시설, 그리고 워싱턴기념비, 남북전쟁 전적지 등을 시찰하였다.

청국은 박정양이 영약삼단을 위반한 것을 이유로 소환하고 징벌을 요구했다. 고종은 그와 함께 갔던 이하영・이완용・이상재 등을 차례로 서리공사로 임명함으로써 대미외교를 지속시켜 나갔고, 이들 친미 개화파는 미국인 참찬관 알렌 및 친러 인사들과 정동파(貞洞派)를 형성하여 구한말의 자주외교를 시도하였다. 고종은 유럽에도 전권대사를 파견하려고 심상학・유신희・박제순 등을 선발하였으나, 모두 중국 측의 반대로 실패하였고, 고종의 폐위를 추진하였던 원세개를 교체하려 하였으나, 그것도 이루지 못하였다.

3. 갑오농민운동과 청일전쟁

(1) 갑오농민운동과 청일의 파병, 청일전쟁

1894. 2. 15. 고부의 농민들이 군수 조병갑의 학정에 항거하여 '보국안민'과

'폐정개혁'을 구호로 하여 봉기하였다. 동학군이 5월 31일 전주성까지 점령하자 정부는 청국에 파병을 청하였고, 청국은 6월 6일 2,460여 명의 군대를 아산만으로 보내고 일본 정부에 파병을 알렸다. 8일 조선과 청국의 항의에도 불구하고 일본군 약 4,500명이 제물포에 상륙하였다. 11일 전주성에서 정부군과 농민군사이에 화의가 성립되어, 조선정부는 청국과 일본에 철병을 요구하였으나, 일본은 22일 군대를 증파하였고, 7월 3일 철병을 거부하고 조선의 내정개혁안을 제시하였다.

고종은 미국에게 일본을 제지해 줄 것을 요청하고 미국공관으로의 파천도 시도하였으나, 미국은 일부 지원을 시도하다가 중지하고 중립을 표방하였다.[96]

7월 23일 일본군은 변리전권공사 이노우에 가오루의 지휘로 경복궁을 점령, 고종을 감금하고, 흥선대원군을 내세워 민씨 척족을 축출하고, 김홍집을 총재관으로 하는 군국기무처를 설치하였으며, 박정양 · 민영달 등의 친일 인사로 내각을 교체하여 갑오경장을 실시하였다.

동학군은 9월 재봉기하였으나, 11월 9일부터 공주 우금치 고개에서 시작된 전투에서 주력군 2만이 관군과 일본군의 기관포 등 신식무기에 궤멸당하여 패배하였고, 지도자 전봉준 · 김개남 · 손화중 · 최경선 · 성두환 · 김덕명 등은 1895년 4월까지 처형되었다.

(2) 조일동맹조약(朝日同盟條約)

일본은 1894. 7. 22.부터 고종을 압박하여 26일 조선과의 방수동맹을 체결하였는데. 청일이 전쟁하는 상황에서 일본과 동맹함으로써 공식적으로 청과의 관계가 단절되었고, 암묵적으로 청국에 선전포고를 한 결과로 되었다. 조약문은 아래와 같다.

조선국 정부에서 청나라(淸) 군사를 철퇴시키려는 문제를 조선국 경성(京城)주재 일본국 특명전권공사(日本國特命全權公使)에게 위탁하여 대신 힘써 주도록 약속한

96) 장경호(2018), "청일전쟁 직전 고종의 대미의존 심화와 美館播遷 시도", 「한국근현대사연구」 제86집, 한국근현대사학회, 41~67면; 김현철(2002), "청일전쟁시 미국의 대한반도 전략분석 – 공사관 활동을 중심으로 –, 「군사」 제47호, 국방부 군사편찬연구소, 149~179면.

이래 두 나라 정부에서 청나라에 대한 공격과 방어에 서로 도와주는 입장에 서게 되었다. 이와 관련하여 관계되는 사항을 명백히 밝힘과 아울러 두 나라가 일을 함께 이루어 갈 것을 기약한다. 이에 두 나라 대신(大臣)은 각각 전권(全權)을 위임받아 체결한 조약은 다음과 같다.

제1조 이 동맹조약은 청나라 군사를 조선 국경 밖으로 철퇴시키고 조선국의 독립(獨立)과 자주(自主)를 공고히 하며 조선과 일본 두 나라가 누릴 이익을 확대하는 것을 기본으로 삼는다.

제2조 일본국이 청나라에 대한 공격과 방어 전쟁을 담당할 것을 승인했으므로, 군량을 미리 마련하는 등 여러 가지 일에 돕고 편의를 제공하기에 힘을 아끼지 말아야 한다.

제3조 이 동맹조약은 청나라와 평화 조약이 체결되는 날에 가서 폐기한다. 이를 위하여 두 나라 전권 대신(全權大臣)들은 이름을 쓰고 도장을 찍어서 증빙 문건으로 삼는다.

대조선국(大朝鮮國) 개국(開國) 503년 7월 26일 외무대신(外務大臣) 김윤식(金允植)

대일본국(大日本國) 메이지(明治) 27년 8월 26일 특명전권공사(特命全權公使) 오토리 게이스케(大鳥圭介)

(3) 청일전쟁

청국은 아산만으로 군을 증파하려 하였으나 7월 25일 일본 해군이 풍도해전으로 제지하였고, 8월 1일 쌍방의 선전포고로 청일전쟁이 시작되었다. 청군은 평양으로 후퇴하였다가 9월 15일 항복하였고, 일본군은 11월 21일 여순항을, 1895년 2월에는 웨이하이 요새를 점령하였으며, 3월에는 타이완도 점령하였다.

일본은 청일전쟁 선전포고문에 청국이 조선의 독립을 침해하여 동양평화를 저해한다는 것을 주요 이유로 내세웠지만, 일본은 6월 파병 때 이미 조선을 보호국으로 하기로 방침을 정하고 침략을 개시하였고, 선전포고시에는 이미 경복궁을 점령하는 등 침략 상태였다.

(4) 시모노세키 조약과 3국 간섭

청일 양국은 1895. 4. 17. 시모노세키 조약으로 종전하였는데, 청국은 조선이 자주독립국임을 확인하였고, 일본에 배상금 2억 냥(兩)을 지불하고, 요동반도와

타이완 · 평후 제도 등을 할양하였으며, 구미 각국에 부여한 통상상의 특권도 부여하였다.

그러나 일본에 주재하고 있던 러시아 · 프랑스 · 독일의 대사들은 4월 23일 일본의 외무차관 다다스를 방문하여 "요동반도를 일본이 소유하는 것은 청의 수도에 대한 항구적인 위협일 뿐만 아니라 조선의 독립을 유명 무실하게 만드는 것"이라 주장하면서 요동의 반환을 요구하였고, 일본은 실무 협상 끝에 5월 5일 3천만냥 추가 배상금을 받는 대신 요동반도를 반환하는 수정 조약을 체결하고 일본 주재 3국 공사에게 전달했다.

미국은 중립을 선언하고 3국 간섭에 관여하지 아니하였고, 영국은 간섭에 반대하였다.

프랑스는 러시아 · 독일과 합세하여 일본의 조선 침략을 비판하고 견제하였다. 프랑스 신문 'Le Matin'은 1894. 7. 30. "우리 정부는 중립국으로서 합동 경무를 위해 유럽 열강과 협상하였고, 우려할 만한 사태가 발생할 경우 필요한 함대를 파견할 것"이라고 보도하였고, 프랑스 정부는 "영국의 방패 역할을 하고 있다는 어떤 동양 국가의 이름으로 극동에서 유럽 열강대국이 세운 균형을 망가뜨리지 말라"라고 일본 정부에 경고하였다.[97)]

러시아는 삼국 간섭의 대가로 1895년에는 만주 동청 철도 부설권, 1898년에는 여순, 대련의 조차권을 얻었으며, 만리장성 이북과 만주에 세력권을 확대하는 등 영향력을 증대시켰고, 독일은 1897년에 선교사 살해를 이유로 자오저우만을 점령하여 이듬해 조차하였다.

일본은 전쟁에 승리하였으나, 3국 간섭에 굴복한 결과 위신이 실추되었고 조선에 대한 영향력도 약화되었다.

4. 을미사변 · 춘생문 사건 · 아관파천 그리고 대한제국

(1) 을미사변 당시의 정세

청일전쟁 후 일본의 압박이 증대되었다. 군국기무처의 법무아문 산하에 설치

97) 그럿트 파스깔(Grotte Pascal) (2007), "고종과 프랑스(1866~1906)", 「한국문화연구」 제12권, 이화여자대학교 한국문화연구원, 252면.

된 검찰과 권설재판소가 수사와 재판을 전담하게 됨으로써, 형조와 의금부를 통하여 행사되던 국왕의 형벌권이 제한되는 등 국왕의 권력이 형해화되었다.

한때 친일로 기울었던 민씨 일파는 태도를 바꾸어 일본의 내정 간섭에 저항하고 인아거일(引俄拒日, 러시아 세력을 끌어들이고 일본 세력을 물리침) 정책을 취하여 러시아에 접근하였다.

한편 고종의 동생 이재면의 아들 준용을 왕으로 추대하고 대원군으로 하여금 섭정하게 하려는 음모가 1894. 7. 23. 대원군 복권 시부터 시도되었는데, 고종과 민 중전은 12월 이 음모를 적발하고 내무대신 박영효와 법무대신 서광범으로 하여금 이준용과 그의 당여를 처벌하도록 하였다. 이준용은 12월 30일 주차일본 전권공사로 일본에 파견되었다가 1895. 4. 19. 체포되어, 1894. 10. 31. 자행된 법무협판 김학우 암살사건으로 1895. 5. 13. 특별재판소에서 종신유형 판결을 받았다가 왕명으로 10년 유형으로 감형되었으며, 그의 당여 중 박준양・이태용 등 5명은 교수형에 처하여졌다.

5월 31일 총리대신 김홍집이 박정양으로 교체되었고, 7월 6일에는 내부대신 박영효가 반역 음모에 가담한 것이 발각되어 일본으로 도주하였으며, 이노우에는 사태에 책임을 지고 일본으로 소환되었다.[98]

8월 24일 김홍집이 다시 총리대신으로 되었고, 박정양은 내부 대신이 되었으며, 친일파인 유길준은 의주부 관찰사로 좌천시키고 친러파인 이범진을 농상공부 대신으로 승진시키는 등 정동파(貞洞波)를 중용하였다. 10월에는 일본이 장악하고 있던 훈련대를 해산시키고, 시위대(侍衛隊)만을 남겨두기로 결정하고 이를 일본에 통보하였다.

(2) 을미사변의 경과

1895. 10. 8. 새벽 일본 공사 미우라 고로(三浦梧樓)의 지휘 아래 일본군 한성수비대의 미야모토 다케타로(宮本竹太郎) 등 수백명이 경복궁 건청궁 곤녕합에

98) 박영효는 민 중전이 러시아와 결탁하여 군국기무처의 업무를 방해하는 데 격분하여 1895년 7월 날짜를 잡아 계책을 정하고 일본에 병력을 요청하고는 유길준에게 뜻을 알렸는데, 유길준이 이를 고종에게 밀고하였고, 박영효는 일이 누설된 것을 알고 그의 일당 신응희・이규완 등도 함께 일본으로 도주하였다(고종실록 33권, 고종 32년 윤5월 14일 갑인 1번째 기사).

난입하여 민 중전을 칼로 시해하고 시신을 소훼하였는데, 을미사변에는 대원군과 그 일파도 일본에 이용당하여 연루되었다.[99)]

사건의 전말은 시해 과정을 체험한 경비대 지휘관 다이(William McEntyre Dye) 장군과 우크라이나인 건축기사 사바틴(Afanasii Ivanovych Seredin-Sabatin)에 의하여 세계에 알려졌고, 근자에는 일본 측의 자료에 의하여 소상한 내용도 밝혀졌다.[100)]

사건 직후 이완용 등은 미국 공사관으로, 이범진 등은 러시아 공사관으로 피신하였고, 김홍집을 수반으로 하는 친일파 내각이 다시 수립되었다.

미국 공사 씰(John Malhelm Berry Sill)과 알렌(Horace Newton Allen), 러시아 공사 베베르(Karl Ivanovich Wäber) 등이 9일부터 매일 고종을 알현하여 안위를 지켰다.

김홍집은 민 중전의 폐위를 추진하였으나,[101)] 태자의 완강한 반대 등으로 무산되었고, 장례도 아관파천 등으로 미루어졌다. 점차 일본의 만행이 드러나고, 열강의 견제로 일본의 위신이 실추되어, 10월 30일에는 일본이 장악하고 있던 훈련대가 해산되고 새로 친위대(왕궁)와 진위대(지방)가 설치되었다. 11월 26일에는 중전을 복위하였고, 시해사건에 관계한 군부대신 조희연과 경무사 권형진

99) 유길준은 흥선대원군과 민 중전 시해를 사전 모의하였다고 진술하였으나, 1896.4.15. 고등재판소 판사 권재형이 법부에 제출한 <권재형 보고서>에는 흥선대원군은 입궐하면서 간사한 무리를 몰아낸다는 요지의 유시를 내렸다고만 되어있고, ≪한국통사≫에는 대원군이 입궐하는 일본인들에게 "오늘의 일은 단지 왕실을 호위하는 것뿐이다. 궁중에서 폭거를 행하지 말라."고 하였다고 되어 있는 등 다른 자료도 있다. 그 밖에 조선군 1대대장 우범선 · 2대대장 이두황 · 3대대장 이진호(李軫鎬) · 전 군부협판 이주회(李周會) · 국왕 친위대 부위(副尉) 윤석우(尹錫禹) · 일본 공사관 통역관 박선 등도 가담한 것으로 알려져 있다.

100) 김종헌(2010), "근대한러관계연구: 아관파천과 한러관계의 진전; 을미사변 이후 아관파천까지 베베르의 활동", 「성대사림」 제35권, 수선사학회, 29~58면; 김영수(2009), "을미사변, 그 하루의 기록 – 대원군의 침묵과 명성황후암살의 배후 –", 「이화사학연구」 제39권, 이화사학연구소, 193~225면; 박선영(2022), "김옥균과 민비의 죽음 그리고 일본 – '친일'/'반일' 담론의 불모와 허구 –", 「비교일본학」 제54집, 한양대학교 일본학국제비교연구소, 19~51면.

101) 김홍집은 10월 10일 고종의 서명없이 조희연을 군부 대신 · 권형진을 치안을 담당하는 경무사 · 유길준을 서리 내무 대신 · 어윤중을 탁지부 대신 · 장박을 법부 대신 · 서광범을 학부 대신 · 정병하를 농상공부 대신으로 임명하였고, '왕후'를 서인(庶人)으로 폐위하는 조서를 작성하여 고종 명의로 발표했다. 그 가짜 조서에 "옛날 임오 때와 마찬가지로 짐을 떠나 피난했다."라는 거짓도 기재하였는데, 김홍집을 비롯하여 김윤식 · 조희연 · 서광범 · 정병하 등이 서명하였고, 탁지부 대신 심상훈(沈相薰)만은 벼슬을 버리고 낙향하면서 "나라의 원수를 갚지 않으면 벼슬하지 않겠다."라고 하였다.

을 파면하였다. 대원군도 스스로 은퇴하고, 이준용(李埈鎔)은 일본에 유학 명목으로 망명하였다. 친일 내각은 12월 1일 왕후시해 사실과 국상을 공표하였으나, 국상은 아관파천 등으로 지연되었다. 윤석우·박선·이주회 등은 불경죄 등으로 처형되었고, 우범선·이두황·이진호는 일본으로 망명했는데, 우범선은 일본에서 자객 고영근에게 암살되었다.

일본인 가담자 48명에 대하여 1896. 1. 20. 히로시마에서 열린 예심과 그 경 8명의 일본군 현역 군인들에 대한 군사재판 결과는 '증거 불충분'으로 '전원 불기소 석방'이었고, 그 후 관련자 다수가 영달하였다.[102)]

김홍집 내각은 10월 27일 1896. 1. 1.부터 양력을 사용하기로 결정하였고, 12월 30일에는 성년 남자의 상투를 자르고 서양식 머리를 하라는 단발령을 내리는 등 개혁조치를 추진하였다. 이에 반발한 백성들이 10월 10일부터 민 중전 폐위를 반대하는 을미의병(乙未義兵)을 시작하였고, 단발령이 내려지자 1896년 1월부터는 '신체발부 수지부모 불감훼상 효지시야'를 주장하면서 전국적으로 의병이 확산되었다.[103)]

한편 ≪백범일지≫에 따르면, 김창수는 1896. 3. 9. 안악군 치하포에서 일본인 스치다 조시케(土田讓亮)를 살해하여 동년 10월 사형을 선고받았으나, 국모의 원수를 갚았다는 주장을 한 결과 고종이 궁전에 설치된 전화기로 사형집행을 면제시켰다고 한다.[104)]

민 중전은 1897. 10. 12. 대한제국의 황후로 책봉되었고 11월 6일 명성황후

102) 당시 참모차장 가와카미 소로쿠(川上操六, 1848년생)는 1897년 육군참모총장·공사 미우라 고로(三浦梧樓, 1847년생)는 추밀원 고문관 겸 궁내관·일등서기관 스기무라 후카시(杉村 濬, 1848년생)는 대만총독부 내무부장·공사 참모 시바 시로(柴 四郞, 1853년생)는 중의원 10선 의원·농상무 차관·외무 참정관·무관 구스노세 유키히코(楠瀨幸彦, 1858년생)는 육군대신·영사관보 호리구치 구마이치(堀口 九萬一, 1865년생)는 스페인 공사·고문관 이시즈카 에이조(石塚英藏, 1866년생)는 대만 총독·한성신보 사장 아다치 겐조(安達謙藏, 1864년생)는 중의원 14선 의원, 체신·내무 대신 등이 되었다.

103) 오영섭(2001), "을미의병의 결성과정과 군사활동-제천의병을 중심으로", 「군사」 제43호, 국방부 군사편찬연구소, 101~135면.

104) 김창수(金昌洙)는 원래 김창암(金昌巖)이었는데 1893년 동학 입교시 개명하였고, 1912년 김구(金龜)로 하였다가 임시정부 시절 구(九)로 다시 개명하였다.

(明成皇后)로 시호(諡號)가 내려졌다. 11월 21일 발인하여 홍릉에 장례하고, 12월 6일까지 9우제(九虞祭)를 지냈으며, 12월 9일 부알례(祔謁禮)도 지냈다. 1919년 1월 고종 별세 후 1921. 3. 30. 고종과 명성황후의 신주가 태묘(太廟) 제18실에 부묘되었다. 고종은 1898. 2. 22. 흥선대원군이 별세하였을 때 장례에 참여하지 아니하였다.

(3) 춘생문 사건

일본과 친일 세력에 의하여 경복궁에 감금당한 고종은 신변의 위협에서 벗어나기 위하여 미국 공사관으로 피신하기로 계획하고, 시종 임최수(林取洙)에게 밀지를 내려 1895. 11. 28. 새벽 동북쪽 춘생문(春生門)을 통하여 경복궁을 탈출하려 하였으나, 친위대장 이진호의 배신으로 실패하였다.

밀지를 받든 친위대 중대장 남만리 · 이규홍 등 33명이 체포되어 12월 26일 임최수 · 이도철은 사형, 홍병진 · 이충구 · 이민굉 등 4명은 종신유배형, 시종원경 이재순 등은 징역 3년형 등을 선고받았다.[105)]

고종은 아관파천 후 임최수 · 이도철 등을 복권시키고 벼슬을 추증하였으며, 그들을 체포하고 처벌하는데 관계한 자들을 역적으로 처단하였다.[106)] 이 계획에는 정동파 관료 이범진 · 이윤용 · 이완용 · 윤웅렬 등이 참여하였고 언더우드(Underwood, H. G.) · 에비슨(Avison, O. R.) · 헐버트(Hulbert, H. B.) · 다이(Dye, W. Mc) 등 외국인들도 가담하였다.

(4) 아관파천

고종과 세자는 1896. 2. 11. 새벽 궁녀들이 타는 가마 두 채를 타고 몰래 경복궁 영추문을 빠져 나와 정동 언덕마루에 있었던 러시아공사관으로 이어(移御)하였다. 이범진 · 이완용 · 이윤용 등과 러시아 공사가 모의하였다.

을미의병으로 서울의 경비군이 지방으로 파견되어 감시가 소홀히 된 틈을 이

---

105) 고종실록 33권, 고종 32년 11.15. 신해 7번째 기사; 한철호(2005), "아관파천의 전주곡, 춘생문 사건의 진상과 그 영향", 「내일을 여는 역사」 제19호, 내일을여는역사재단, 111~125면.

106) 고종실록 34권, 고종 33년 4.17. 양력 2번째 기사; 고종실록 34권, 고종 33년 12.19. 양력 3번째 기사 등.

용하였고, 러시아 공관에는 미리 공관 경비 명목으로 군인 100명과 대포를 준비시켰으며, 미국 공관에도 해병대가 준비되었다.

고종은 러시아공사관에 도착한 즉시 당시 김홍집 내각을 모두 파면하고, 김병시를 총리대신·이재순을 궁내부 대신·박정양을 내부 대신·이완용을 외부 대신·조병직을 법부 대신·이윤용을 군부 대신·윤용구를 탁지부 대신에 임용하였고, 다시 박정양에게는 총리대신과 궁내부대신의 사무를 임시로 서리하게 하고, 이완용에게는 학부대신과 농상공부 대신의 사무도 임시로 서리하게 하였다.[107] 김홍집과 어윤중·정병하는 당일 백성들에게 살해되었고, 일본으로 도망한 유길준·조희연·우범선·장박 등에게는 체포령이 내려졌다.

고종은 환궁을 요구하는 상소를 받고 2월 13일 러시아공사관으로 옮길 수밖에 없었던 사정을 설명하고, 정세가 안정되면 즉각 환궁할 것을 약속하였으며, 환궁 준비를 위하여 경운궁(덕수궁)을 수리하기 시작하였다.

고종은 5월 26일 니콜라이 2세의 대관식에 민영환(閔泳煥)을 특사로 파견하여, 러시아 경비병의 증파와 군사교관 파견 등 5개 사항을 교섭하게 하였는데, 러시아는 푸차타(Putiata) 대령이 이끄는 13명의 군사고문단을 보내는 정도로 소홀히 응하였고, 오히려 일본과 조선을 완충지대로 남겨둘 것을 골자로 하는 로바노프-야마가타 협정을 맺었다.

(5) 대한제국

독립협회와 최익현이 환궁을 청원하고, 러시아가 지원하는 궁궐 호위군이 갖추어지자 고종은 아관파천 1년 만인 1897. 2. 20. 경운궁(慶運宮, 지금의 덕수궁)으로 환궁하였다.

1897. 10. 12.(음력 9. 17.) 자시에 고종과 왕태자가 환구(圜丘)에서 천지에 고하는 제사를 지내고 고종이 대한제국 광무(光武) 황제로 즉위하였다.

---

107) 고종실록 34권, 고종 33년 2.11. 3번째 기사.

5. 독립협회의 반러시아 운동과 자유민주주의적 개혁 운동

(1) 서재필의 독립협회 창설

갑신정변 후 망명하여 미국에서 의사가 된 서재필[108]은 1895. 12. 26. 제물포로 귀국하여, 1896년 1월 중추원(中樞院) 고문이 되었고, 독립신문을 창간하여 4

108) 서재필(徐載弼, 字 允卿, 호 松齋 · 雙慶, 미국명 Philip Jaisohn-皮堤仙, 필명 N. H. Osia; 1864.1.7.~1951.1.5.)은 전남 보성 외가 마을에서 노론 가계로 태어나 논산에서 자랐고, 7세 때 7촌숙 서광하의 양자로 입양되었으며, 한양부로 이주하여 이조참판 金聲根의 집에서 과거공부를 하면서, 12세 위인 金玉均을 만났고 이후 봉원사(住持 李東仁) 등지에서 박영효 · 홍영식 · 윤치호 · 이상재 · 박정양 · 유길준 등 개화파와 교분을 갖고 박규수 · 유대치 · 오경석 등의 지도를 받았다. 1882년(고종 20년) 증광시에 급제하여 교서관부장자(校書館副正字) · 승문원부정자 · 훈련원부봉사를 거쳐 1883년 5월 일본으로 가 게이오 의숙(慶應義塾)에서 일본어와 영어 기초를 배웠고, 1884년 1월에 게이오 의숙 1년과정을 수료하였으며 토야마 육군 하사관학교에서 총검술 · 제식훈련 · 폭탄 투척 등 신식 군사 훈련을 받았고 6월 수료하였다. 6월 20일 귀국하여 30일 操鍊局 士官長이 되었다가. 사관생도들과 함께 궁궐수비대가 되었고, 8월 20일 다시 조련국 사관생도 교관 · 사관장이 되었다. 7월부터 갑신정변을 계획하였고, 12월 4일 저녁 우정국 낙성식 연회 종료 즈음에 훈련시킨 생도 등을 동원하여 정변에 가담하였으며, 12월 9일 일본공사 다케조에의 도움으로 일본 공사관 등지에 숨었다가 12월 12일 제물포항에서 치토세마루(千歲丸)호에 승선하여 일본으로 도망하였으며, 서재필의 가족들은 살해당하였다. 일본에서 자객을 피해 걸인 생활을 하고 지내다가, 1885.5.26. 박영효 · 서광범과 함께 요코하마에서 미국 화물선 차이나 호를 타고 샌프란시스코로 갔다. 박영효 · 서광범은 일본으로 돌아갔지만, 그는 윤치호와 언더우드의 도움을 받기도 했으나, 막노동으로 버티면서 감리교 신자가 되었고 YMCA 야간부에서 영어를 배웠다. 교회 신자를 통해 알게 된 존 홀렌벡(John Wells Hollenbeck)이라는 펜실베이니아 탄광사업가의 도움으로 1886년 9월 펜실베이니아 명문고등학교 'Harry Hillman Academy'에 입학하였고, 1889년 6월에는 워싱턴D.C.의 컬럼비안 대학 (Columbian University, 현 조지워싱턴 대학교의 전신)의 야간부인 코크란 단과대학(Corcoran Scientific School) 물리학과를 졸업하였다. 1890년 라파예트(Lafayette) 대학에 입학하였다가 기독교선교사가 되기를 바라는 은인과 결별하고, 워싱턴D.C. 미 육군 의학박물관에서 중국과 일본에서 온 의서들을 영어로 번역하는 일을 하다가, Columbian University 의과대학 야간학부에 입학하였고, 1890.6,10, 한인 첫 미국 시민권자, 1893년 한인 최초 세균학 전공 의무박사로서 의사면허를 받았다. 1894.6.20. 과외지도를 받던 Muriel Mary Armstrong과 결혼하여 Stephanie Jaisohn와 Muriel Jaisohn 두 딸을 두었는데, 그녀의 父 George Buchanan Armstrong은 미 초대 철도우체국장이었고, 미국 제15대 대통령 James Buchanan Jr.(재위 1857~1861)의 從弟였다. 1895.3.1. 사면되었고, 박영효의 설득을 받아들여 12.26, 귀국하였으며, 1896년 1월 김홍집 내각으로부터 10년 계약으로 총리대신과 동액인 연봉 3,600원을 받는 중추원 고문에 임명되었다. 1896.4.7. 《독립신문》을 발간하였고 7월 독립협회를 설립했으며, 1897.11. 20.에는 독립문도 세웠다. 배재학당에서 이승만 등에게 특강도 하였고, 러시아 간섭 축출에도 기여하였다. 그러나 1897년 시작된 만민공동회로 인하여 조정과 불화가 생겼고, 1898년 5월 다시 미국으로 가서 의사생활을 하였다. 경술국치 후 독립운동을 지원하였고, 1919년 4월 필라델피아 한인자유대회에도 관여하였다. 태평양 전쟁 중에는 징병검사관으로 봉사하였고, 해방 후 미군정과 남조선과도정부의 최고고문역을 하였다. 1948년 다시 미국으로 돌아가 1951년 후두암과 방광암 등으로 병사하였다. 1977.11.30. 대한민국 건국공로훈장 대한민국장에 추서되었다.

월 7일 창간호를 발행하였으며, 7월 2일에는 독립협회를 창설하였고, 11월 21일에는 독립문을 착공하여 1897. 11. 20.경 준공하였다.

중추원은 고려에서 유래된 중추부를 갑오개혁에서 왕의 자문기구로 개편하여 1895. 4. 19.의 칙령 40호 중추원 관제와 사무장정에 의하여, 총리대신의 추천으로 왕이 임명하는 의장과 부의장 각 1인과 50인 이하의 의관(議官)으로 구성하고, 내각의 자문에 응하여 법률과 칙령안 및 임시로 내각에서 문의하는 사항에 관하여 심의 결정하는 권한이 부여되었고[109] 이후 여러 차례 개정되었으나, 그 임무는 대동소이하였다. 독립문은 청일전쟁에서 패배한 청나라가 1895년 시모노세키 조약에서 조선이 자주 독립국임을 인정한 것을 계기로 하여 청 사신을 환영하던 영은문(迎恩門)을 헐고 새로 지었고, 청 사신 접대소였던 모화관을 개수하여 독립관을 건립하여 중추원 사무소 겸 독립협회 집회장으로 사용하였다.

(2) 독립협회의 반 러시아 활동

러시아는 자국 군사교관이 지휘하는 군대가 왕궁을 호위하는 상황을 이용하여, 1898년부터 광산・석탄채굴권을 요구하는 한편, 군사교관 증파・재정고문 알렉세예프(K. A. Alexeiev)의 파견을 강력히 추진하는 등 조선의 내정에 간섭하기 시작하였다. 목포(木浦)와 진남포(鎭南浦)에서 토지를 매입하고, 경원군과 경성군의 채굴권・압록강 두만강 및 울릉도의 채벌권・부산 절영도 석탄고 기지 조차(租借)를 요구하였으며, 한러은행(韓露銀行) 설립 등도 적극 추진하였다.

독립협회는 국가 독립 문제를 토론회 주제로 상정하여 러시아의 국권 침탈을 비판하였고, 2월 21일에는 안경수 등 135명 회원이 연명 상소를 올렸다. 이 상소는 "자립하여 타국에 의뢰하지 않고 자수(自修)하여 일국(一國)에 정법(政法)을 행하는 것"이 국가의 요체임에도 불구하고 재정・군사・인사권을 상실했을 뿐 아니라 전장(典章)과 법도(法度)를 실현하지 못하고 있는 현실을 개탄하면서 "안으로는 장정(章程)을 실천하고 밖으로는 타국에 의뢰함이 없게 하여 우리의 황권을 자주하고 국권을 자립할 것"을 촉구하는 내용을 담고 있었다. 2월 27일에도 독립협회는 러시아의 절영도 석탄고기지 조차요구를 성토하고 외부대신에게

109) 고종실록 33권, 고종 32년 3.25. 병신 4번째 기사. 조선총독부에서도 존속하였다.

전말을 묻는 공한을 발송하였다.

러시아 측은 한국 측이 군사교관과 재정고문이 불필요하다고 여긴다면 철수하겠다며 24시간 내에 회답하라는 통첩을 정부에 보냈다. 이에 이완용과 서재필은 정부의 러시아 군사교관 · 재정고문 철수 결정을 유도하기 위한 민중집회 개최를 결정하였다.

3월 10일 종로에서 열린 이 집회는 '만민공동회'로 칭하였는데, 만민공동회는 러시아의 군사교관과 재정고문 철수 결의안을 채택해 정부에 제출하였고, 고종은 11일 주한러시아공사에게 재정고문과 군사교관의 철수를 요구하는 회답을 보내게 하였으며, 러시아 군사교관과 재정고문을 해임하고 한러은행도 폐쇄하였다.

(3) 독립협회의 자유민주주의적 개혁 시도와 좌절

1898년 3월 러시아가 물러나고 5월 27일 서재필이 미국으로 돌아간 후 윤치호가 회장이 된 독립협회는 고종에게 중추원을 중심기구로 하여 법률 제정 · 행정과 자문 · 여론 수렴 · 대신 임명권 · 군주가 내리는 칙령의 개정과 폐지 · 모든 지방의 건의가 군주에게 올라가는 것을 검열하는 권한 등을 주는 입헌군주제로 변경할 것을 주장하는 등 급진적인 개혁을 추구하다가 안경수 등의 쿠데타 음모사건, 고종 암살을 기도하였다는 김홍륙 독다(毒茶) 사건 등으로 세력이 약화되고, 조병식(趙秉式) 등의 공화정 수립 무고(誣告)[110]에 이은 보부상의 폭력탄압 등 우여곡절을 겪다가 고종이 10월 30일 헌의6조(獻議六條)[111]를 받아들이고, 12월 16일 종친 이종건(李鍾健)을 의장 · 윤치호를 부의장으로 한 중추원 제1회 회의를 개최하기에 이르렀다.

그 회의에서 민영준 · 민영환 · 이중하 · 박정양 · 한규설 · 윤치호 · 김종한 · 박영효 · 서재필 · 최익현 · 윤용구 등 11명을 정부 대신으로 적합한 인재라고 투표

110) 익명서 무고로 이상재 · 방한덕 · 유맹 · 정항모 · 현제창 · 홍정후 · 이건호 · 변하진 · 조한우 · 염중모 · 한치유 · 남궁억 · 정교 · 김두현 · 김귀현 · 유학주 · 윤하영 등 17명이 체포되었고 윤치호는 아펜젤러의 집으로 피신하여 구속을 면하였다.

111) 그 내용은 "① 외국인에게 의지하지 말고 관민이 한마음으로 힘을 합하여 전제 황권을 견고하게 할 것, ② 외국과의 이권에 관한 계약 · 조약은 각 대신과 중추원 의장이 합동 서명하고 시행할 것, ③ 국가 재정은 탁지부에서 전관하고, 예산과 결산을 국민에게 공표할 것, ④ 중대 범죄를 공판하되, 피고의 인권을 존중할 것, ⑤ 칙임관을 임명할 때에는 정부에 그 뜻을 물어서 중의에 따를 것, ⑥ (홍범 14조 등) 정해진 규정을 실천할 것"이었다.

로 선출하였는데, 그 중에 박영효가 포함된 것에 대하여 수구파들이 크게 반발하여 고종은 23일 군대와 보부상을 동원해 만민공동회를 강제 해산시켰고, 25일에는 독립협회도 최종적으로 해산하였으며, 이승만 등 여러 의원에게 형벌을 가하였다.[112)]

처음에는 삼국간섭(三國干涉) 이후 반일적 입장을 취하던 정동파(貞洞派)를 중심으로 한 내각이 정부 시책을 국민에게 알릴 수단으로 서재필의 독립신문 창간(1896. 4. 7.)과 배포를 적극 지원하였고, 고종도 아관파천으로 손상된 군주 및 왕실 권위를 회복하려는 조치의 일환으로 독립문을 세워 세계 만국에 조선이 독립국임을 보여주려는 독립협회의 창립을 허가하였다. 창립 직후 독립문 건립 모금에 왕실은 왕태자 명의로 1,000원을 하사하였고, 1897. 5. 23.에는 왕태자가 국문으로 친서하여 하사한 '독립관' 현판식도 가졌다. 독립협회는 고종의 황제 즉위도 지원하였고. 1898년 말에는 독립문도 완공하였다.

그러나 1898년 3월 러시아의 내정 간섭을 물리친 후 내정 개혁을 추진하면서 황제와 마찰을 빚기 시작하였고, 1898년 12월 해산되고 말았다.

6. 러일전쟁과 일본의 조선 강점

(1) 러일전쟁

– 러시아의 만주진출과 1904년 용암포 조차 사건

아관파천 중이던 1896년 4월 러시아인 니시첸스키(Nisichensky)가 함경북도 경원과 경성의 광산채굴권을 차지하였고, 9월 블라디보스토크에 거주하던 상인 브린너(Bryner, Y.I.)가 두만강유역 · 압록강유역 · 울릉도의 삼림채벌권을 획득하였다.

한편 러시아는 1898년에 뤼순 · 다롄만을 조차한 다음, 이미 확보한 동청(東淸) 철도부설권을 활용, 하얼빈 역에서 뤼순에 이르는 남만주 지선의 부설권까

---

112) 고종실록 38권, 고종 35. 12. 25. 양력 1번째 기사; 고종실록 39권, 고종 36. 1. 2. 양력 2번째 기사; 고종실록 39권, 고종 36. 7. 27. 양력 1번째 기사; 이승만은 탈옥 사건으로 태형 100과 종신 징역에 처하여졌다가(死刑 說은 사실무근임), 1904.7.8.자 특별대사령으로 8.4.(9일이라는 다른 자료도 있음) 한성감옥에서 석방되었고, 민영환 · 한규설의 주선으로 미국 루스벨트 대통령에게 조선독립 지원을 탄원하라는 고종의 밀명을 받고 이중혁과 함께 11월 4일 제물포항을 떠났다.

지 차지하였다. 뿐만 아니라 1900년 부청멸양(扶淸滅洋)을 외치며 봉기한 의화단을 진압한다는 구실로 열강과 함께 공동 출병한 러시아는, 이를 타도한 다음에도 대병력을 그대로 만주에 주둔시켜 만주를 자국의 세력범위로 만들었다.

일본은 1898년 9월 경부철도 부설권을 획득하였고, 1905년 1월에는 부산 초량에서 영등포까지 442.4㎞의 부설을 완료하였으며, 1906년 3월에는 신의주까지 총연장 1,027㎞, 정차장 98개소의 철도를 개통시켰다.

– 영 · 일동맹

일본은 1902년 1월 영국과 '조선에서의 일본의 특수권익'을 인정하고,[113] 러시아가 일본과 전쟁을 벌이는 동안 러시아와 동맹을 맺는 나라가 있으면, 영국이 일본의 편으로 참전할 수 있다는 취지의 동맹을 체결하고, 영국으로부터 전비와 최신 군함을 지원받았다. 러시아는 '중국과 한국의 독립과 영토 보전'을 강조하면서 3월 러시아 · 프랑스 공동 선언을 발표하였다.

영 · 일은 노일전쟁 승리 후인 1905. 8. 12. 제2차 동맹을 체결하여, 일본의 한국 지배를 승인하고[114] 양국협력의 범위를 동아시아와 인도 지역까지 확대하였고, 한일 합병후인 1911년에는 미국과의 조정을 위하여 제3차 동맹을 체결하여 조약의 제3국에서 미국은 제외하는 취지의 개정을 하고 독일을 주된 대상으로 삼도록 하였다. 일본은 제1차 대전에서 연합국 측에 서서 독일식민지를 취득하는 등 혜택을 누렸으나, 만주 침략과 캘리포니아지역 일본 이민제한 문제 등으로 미국과 갈등을 일으키자 1921년경의 영국 · 일본 · 미국 · 프랑스간의 워싱턴 해군군축조약으로 영일동맹은 파기되었고 1923. 8. 17. 비준서기탁과 함께 실효되었다.

---

113) 그 내용은 "1. 영 · 일 양국은 韓 · 淸 양국의 독립을 승인하고, 영국은 청에, 일본은 한국에 각각 특수한 이익을 갖고 있으므로, 제3국으로부터 그 이익이 침해될 때는 필요한 조치를 취한다. 2. 영 · 일 양국 중 한 나라가 전항의 이익을 보호하기 위해 제3국과 개전할 때는 동맹국은 중립을 지킨다. 3. 위의 경우에서 제3국 혹은 여러 나라들이 일국에 대해 교전할 때는 동맹국은 참전하여 공동 작전을 펴고 강화(講和)도 서로의 합의에 의해서 한다. 4. 본 협약의 유효 기간은 5년으로 한다."이다.

114) 제3조 "일본국은 한국에서 정치상 · 군사상 탁월한 이익을 가지고 있으므로 영국은 일본이 이 이익을 옹호 증진하기 위하여 정당하고 필요하다고 인정하는 지도 · 감리 및 보호의 조치를 한국에서 취할 권리를 승인한다."

1931년 만주 사변 때까지만 해도 영국은 일본을 비호했지만 1936년의 방공협정과 1937년 중일전쟁을 기점으로 양국의 관계는 빠르게 악화일로를 걸었고 일본이 1941. 12. 25. 홍콩을 점령하고 나아가 싱가포르, 말라카 등의 말레이 연방 식민지들도 모두 점령함으로써 영국과 일본은 적으로 돌아섰다.

– 러일전쟁의 경과

러시아와 교섭에 나선 이토오 히로부미는 러시아의 만주에 대한 권한을 인정하는 대신 일본의 한반도에 대한 권한을 인정할 것을 제안하였으나, 러시아가 만주에 대한 독점권·한반도의 북위 39도 이북에 대한 중립지역 설정·한반도의 군사적 이용 불가를 주장하자, 1904. 2. 4. 협상중지를 선언하였고, 2월 8일에는 여순항의 러시아 극동함대를 어뢰로 공격하고 9일에는 제물포항의 전함 2척을 격침시키고 5만 병력으로 상륙하여 한성을 점령하였다.

대한제국은 2월 12일 러시아와의 국교를 단절하였다. 일본군은 5월 1일 압록강을 넘었고 1905. 1. 2. 연 120만 명가량의 일본군이 여순항을 함락시켰다. 여순의 러시아 함대는 일본 함대에 포위되었다가 1904. 8. 10. 황해 해전에서 피해를 입고 다시 여순항에 돌아와 갇혀있다가 육군의 포격에 격침되었다. 3월에는 60만 이상의 대규모 육전이 벌어진 봉천 전투에서도 일본군이 승리하였다.

러시아의 발트 함대가 희망봉을 거친 29,000㎞의 긴 항해 끝에 쓰시마 바다에 도착하였으나 진해만에서 대기하고 있던 일본의 도고 헤이하치로 사령관은 1905. 5. 27. 04:45부터 24시간 계속된 해전에서 전함 8척을 비롯한 발틱 함대 대부분을 격침시키고 사령관 로제스트벤스키(Rozhestvensky, Z. P.) 제독을 포로로 잡는 대승을 거두었다.

러시아가 패전을 받아들이지 아니하자 일본은 7월 7일 사할린 상륙을 결행하여 러시아를 압박하였다.

– 포츠머스 강화

일본은 여러 전투에서 승리하였지만 탄약과 지휘관의 소모가 극심하여 전쟁을 계속하기 어려운 상황이었고, 국제정세도 일본이 비대해지는 것을 견제하는 분위기였으므로, 일본은 미국의 시어도어 루스벨트 대통령에게 중재를 요청하였다.

미국은 태프트 국방장관을 일본에 보내었고 7월 29일 가쓰라 수상은 일본이 조선에 특별한 이해관계를 가지고 있다는 등의 대화를 하였다.

1905. 9. 5. 뉴햄프셔 주의 군항 포츠머스에서 체결된 강화조약의 내용은 아래와 같다.

1. 러시아 제국은 일본 제국이 조선에서 정치 · 군사 · 경제적인 우월권이 있음을 승인하고 또 조선에 대해 지도 · 보호 · 감독에 필요한 조치를 취할 수 있음을 승인한다.
2. 러 · 일 양군은 랴오둥 반도 이외의 만주 지역에서 철수하며 만주에서 청나라의 주권과 기회균등 원칙을 준수한다.
3. 러시아 제국 정부는 청국 정부의 승인을 얻어 랴오둥 반도(뤼순, 다롄) 조차권 · 창춘－뤼순 간의 철도와 그 지선 그리고 이와 관련된 모든 권리와 특권을 일본 제국에 양도한다.
4. 양국은 만주의 철도들을 비군사적인 목적으로 경영한다. 단 랴오둥 반도 지역은 예외로 한다.
5. 일본 제국이 배상금을 청구하지 않는 대신, 북위 50° 이남의 사할린섬 · 그 부속도서를 일본 제국에 할양한다. 그러나 이 지역은 비무장 지역으로 하며, 소오야(宗谷) – 타타르 해협의 자유 항행을 보장한다.
6. 동해 · 오호츠크해 · 베링해의 러시아 제국령 연안의 어업권을 일본인에게 허용한다.

국제 사회는 위 제1항으로 러시아 제국이 일본 제국의 한국 식민지화를 공인한 것으로 인식했으나 러시아 제국은 한국에서 일본 제국의 권익을 인정한 것일 뿐, 한국 병합을 용인한 것은 아니라는 태도를 보였다. 제2~제4 조항은 러시아 제국과 일본 제국이 하얼빈을 경계로 만주를 남북으로 분할한다는 취지이다.

(2) 한일협약

제1차 한일협약은 1904. 8. 22. 외무 대신 서리 윤치호와 일본 전권 공사 하야시 사이에 조인되었다.

1. 대한(大韓) 정부는 대일본(大日本) 정부가 추천한 일본인 1명을 재정 고문(財政顧問)으로 삼아 대한 정부에 용빙(傭聘)하여 재무에 관한 사항은 일체 그의 의견을 물어서 시행해야 한다.
2. 대한 정부는 대일본 정부가 추천한 외국인 1명을 외교 고문으로 삼아 외부(外部)에 용빙하여 외교에 관한 중요한 사무는 일체 그의 의견을 물어서 시행해야 한다.
3. 대한 정부는 외국과 조약을 체결하거나 기타 중요한 외교 안건 즉 외국인에 대한 특권 양여와 계약 등의 문제 처리에 대해서는 미리 대일본 정부와 상의해야 한다.

재정고문으로 메가타 다네타로(目賀田 種大郎)·외교고문으로 미국인 더럼 W. 스티븐스가 부임하였다.

(3) 을사 늑약

제2차 한일 협약 또는 을사늑약에는 1905. 11. 17. 외부대신 박제순과 일본 공사 하야시 곤스케가 서명하였으나, 어새는 날인되지 아니하였다.

한국정부 및 일본국정부는 양 제국을 결합하는 이해공통의 주의를 공고히 하고자 한국의 부강의 실(實)을 인정할 수 있을 때에 이르기까지 이를 위하여 이 조관(條款)을 약정한다.

제1조 일본국정부는 재 동경 외무성을 경유하여 금후 한국의 외국에 대한 관계 및 사무를 감리(監理) 지휘하며, 일본국의 외교대표자 및 영사는 외국에 재류하는 한국의 신민(臣民) 및 이익을 보호한다.

제2조 일본국정부는 한국과 타국 사이에 현존하는 조약의 실행을 완수할 임무가 있으며, 한국정부는 금후 일본국정부의 중개를 거치지 않고는 국제적 성질을 가진 어떤 조약이나 약속도 하지 않기로 상약한다.

제3조 일본국정부는 그 대표자로 하여금 한국 황제폐하의 궐하에 1명의 통감(統監)을 두게 하며, 통감은 오로지 외교에 관한 사항을 관리하기 위하여 경성(서울)에 주재하고 한국 황제폐하를 친히 내알(內謁)할 권리를 가진다.

일본국정부는 또한 한국의 각 개항장 및 일본국정부가 필요하다고 인정하는 지역에 이사관(理事官)을 둘 권리를 가지며, 이사관은 통감의 지휘하에 종래 재 한국 일본영사에게 속하던 일체의 직권을 집행하고 아울러 본 협약의 조관을 완전히 실행하는 데 필요한 일체의 사무를 장리(掌理)한다.

제4조 일본국과 한국 사이에 현존하는 조약 및 약속은 본 협약에 저촉되지 않는 한 모두 그 효력이 계속되는 것으로 한다.

제5조 일본국정부는 한국 황실의 안녕과 존엄의 유지를 보증한다.

이 조약에 따라 한국은 외교권을 일본에 박탈당하여 외국에 있던 한국 외교 기관이 전부 폐지되고 영국 · 미국 · 청국 · 독일 · 벨기에 등의 주한공사들은 공사관에서 철수하여 본국으로 돌아갔다. 1906년 2월에는 서울에 통감부가 설치되고, 이토가 초대통감으로 취임하여 외교뿐만 아니라 내정에까지 간섭하기 시작하였다. 장지연(張志淵)은 1905. 11. 20.자 황성신문에 논설 「시일야방성대곡(是日也放聲大哭)」을 발표하여 일본의 침략성을 규탄하고 조약체결에 찬성한 대신들을 공박하였다.

고종은 22일 미국에 체재중이던 황실고문 헐버트(Hulburt, H. B.)에게 "짐은 총칼의 위협과 강요 아래 최근 양국 사이에 체결된 이른바 보호조약이 무효임을 선언한다. 짐은 이에 동의한 적도 없고 금후에도 결코 아니할 것이다. 이 뜻을 미국정부에 전달하기 바란다."라고 통보하며 이를 만방에 선포하라고 하였다. 1906. 1. 13. 「런던타임즈」지가 이토의 협박과 강압으로 조약이 체결된 사정을 보도하였고, 프랑스 공법학자 레이도 프랑스 잡지 「국제공법」 1906년 2월호에 쓴 특별 기고에서 이 조약의 무효를 주장하였다.

민영환(閔泳煥) 등 여러 지사들이 항의표시로 자결하였고, 충청도에서는 민종식(閔宗植)이, 전라도에서는 최익현(崔益鉉)이, 경상도에서는 신돌석(申乭石)이, 강원도에서는 유인석(柳麟錫)이 의병을 일으켰고, 유교와 기독교 단체들이 국민의 계몽과 항일구국 운동을 전개하기 시작하였다.

(4) 헤이그 밀사파견과 한일 신협약(정미 7조약), 고종의 퇴위

고종은 을사조약의 무효를 주장하기 위하여 1907. 6. 15.부터 헤이그에서 열린 제2차 만국평화회의에 이상설(李相卨) · 이준(李儁) · 이위종(李瑋鍾)을 밀사로 파견하였다. 그러나 그들의 회의참석은 거부되었고, 이준은 7월 14일 헤이그에서 순국하였다.

이 사건이 전해지자 통감 이토 히로부미는 7월 18일 외무대신 하야시 다다스를 서울로 불러들여 그와 함께 고종에게 특사파견의 책임을 추궁, 20일 강제로 퇴위시키고 순종을 등극시켰다. 또한 24일에는 정미7조약[115]을 체결하고, 27일에는 언론탄압을 위한 「신문지법」을, 29일에는 집회 결사를 금지하는 「보안법」을 연이어 공포하였으며, 31일에는 군대까지 해산하여 대한제국을 무력화시켰다.

(5) 기유각서

조선의 재판권은 최종적으로 국왕에게 있었고, 각급 수령이 하급심재판을 하였으나, 갑오경장의 하나로 1894년 12월 의금부를 군국기무처 법무아문권설재판소로 변경하고 처음으로 검사와 판사를 둠으로써 사실상 국왕의 재판권을 폐지하였다.

1909. 7. 12.에는 제2대 통감 소네(曾禰荒助)가 총리 대신 이완용(李完用)에게 5개 조의 각서를 강제하여, 한국의 사법과 감옥 사무를 일본에 위탁하게 하였다.

안중근은 1909. 10. 26. 하얼빈 역에서 이토 히로부미를 사살하고 1910. 3. 26. 처형되었다.

(6) 경술국치

1910. 5. 30. 제3대 통감으로 부임한 육군대장 데라우치 마사타케(寺內正毅)는 6월 24일 한국 경찰사무를 완전히 위탁하는 협정을 강요한 다음 8월 22일에 내각총리대신 이완용 등에게 '대한제국의 통치권을 완전히 또 영구히' 일제에게 넘기기로 하는 조약 체결을 강제하였고, 29일 이 조약을 공표하는 황제의 조칙을 발표하게 하여 조선을 병합하였다. 그러나 그 조칙에는 조선의 국새가 아니라 칙명지보(勅命之寶)라는 행정 결재용 옥새가 찍혔고, 황제의 서명은 없었다.

---

115) 조약문의 요지는 "제1조 한국 정부는 시정 개선에 관해 통감의 지도를 받을 것 제2조 한국 정부의 법령 제정 및 중요한 행정상의 처분은 미리 통감의 승인을 거칠 것 제3조 한국의 사법 사무는 보통 행정 사무와 이를 구분할 것 제4조 한국 고등 관리의 임면은 통감의 동의에 의해 이를 집행할 것 제5조 한국 정부는 통감이 추천하는 일본인을 한국 관리에 임명할 것 제6조 한국 정부는 통감의 동의 없이 외국인을 용빙하지 말 것 제7조 1904.8.22. 조인한 일한협약 제1항을 폐지할 것"이다.

제3절 대한민국 건국과 자유민주주의 정치체제 도입

1. 독립운동과 자유민주주의

기미독립선언서에 표현된 자주독립의 정신과 임시정부헌장[116]에 표현된 대한민국의 국호와 국체[117]·자유권[118]·참정권[119] 등은 모두 자유민주주의적인 것이었다.

(1) 기미독립운동

– 이승만의 민족자결주의 독립운동 기획

미국 대통령 윌슨(W. Wilson)이 1918년 1월 제1차대전 패전국의 식민지 처리 방안으로 국회에서 연두교서로 '민족자결주의'를 주장하자, 그의 제자로서 약소민족해방론을 호소해 왔던 이승만은 그것이 연합국의 일원이 된 일본의 지배하에 있는 한국에는 적용되기 어렵다는 것을 잘 알면서도, 그 정신을 활용하여 독립운동을 전개하기로 계획하고, 미국의 한인들을 궐기시키는 한편 국내 인사들에게 '거사'를 일으키도록 밀서를 보냈다. 여운홍·평북의 선교사 샤록스(Alfred M. Sharrocks) 등을 통하여 이상재(李商在)·송진우(宋鎭禹)·함태영(咸台永)·양전백(梁甸伯)·이종일(李鍾一) 등에게 알렸고, 일본과 중국에도 연락하도록 종용하였다.

독일제국이 1918. 11. 11. 항복하고 전후처리를 위한 파리 강화회의(Paris Peace Conference)가 1919년 1월에 열리기로 되자 이승만은 11월 정한경과 연명으로 대한인독립청원서를 윌슨대통령에게 보내고, 12월 김성수(金成洙)·송진우(宋鎭禹)·현상윤(玄相允) 등 곳곳에 "민족 총궐기의 때가 왔다"는 지령과 밀서를

116) 1919.4.11. 공표된 조소앙이 초안한 10개 조의 상해임시정부 헌장으로 이후 5차례 개정됨.
117) 제1조 大韓民國은 民主共和制로 한다; '大韓'은 3.1운동이 고종의 인산을 계기로 벌어진 것과 관련하여 '大韓帝國'에서 따왔고, '民國'은 자유민주주의 국가라는 의미였다.
118) 제4조 大韓民國의 人民은 信敎·言論·著作·出判·結社·集會·信書·住所·移轉·身體及所有의 自由를 享有함.
119) 제5조 大韓民國의 人民으로 公民資格이 有한 자는 選擧權及 被選擧權이 有함.

보내어 궐기를 촉구하였다.[120] 안창호는 1919. 1. 17. 대한인국민회의 중앙총회 총회장 명의로 이승만에게 프랑스 버실쓰 만국평화회의에 파송하는 대한민족의 전권대표자로 위촉장을 수여하기도 하였다.

– 기미독립선언과 만세운동

1919. 1. 21. 고종 황제가 의문스럽게 붕어하여 큰 충격을 주었고, 3월 3일이 인산일(因山日)로 정해졌다.

일본 유학생들이 2월 8일 도쿄 간다구(神田區) 소재 조선기독교청년회관에서 이광수가 초안한 독립선언서를 발표하였다.

비밀리에 독립선언서에 서명한 33인 중 29인이, 3월 1일 14시에 인사동 태화관에서 최남선이 기초하여 보성사에서 인쇄한 독립선언서를 선포하였고,[121] 파

120) 서정주(2017), 「미당서정주전집」 제19권 우남 이승만전, 은행나무, 403면; 동아일보사(1985), 「仁村 金性洙－사상과 일화」, 121면; 김성수가 받은 밀서는 "윌슨 대통령의 민족자결론의 원칙이 정식으로 제출될 이번 강화회의를 이용하여 한민족의 노예생활을 호소하고 자주권을 회복시켜야 한다. 미국에 있는 동지들도 이 구국운동을 추진시키고 있으니 국내에서도 이에 호응해주기 바란다."였고, 임영신(任永信)이 받은 쪽지는 "미국의 윌슨 대통령은 세계평화를 위하여 14조문을 선언하였다. 그 중 한 조문이 민족자결권이다. 여러분은 이 조문을 최대한으로 이용해야만 된다. 여러분의 의사 표시가 국제적으로 알려져야만 한다. 윌슨 대통령은 확실히 여러분을 도울 것이다."였다. 그러나 박명수, "3·1 운동과 대한민국 임시정부 수립에 미친 미주 독립운동의 영향", 「한국정치외교사논총」 제45권, 49~96면에서는 여윤홍이 1919년 1월에야 귀국한 것을 들어 반대하나 귀국하여 직접하지 않고서는 지령을 전달하지 못한다고 단정할 이유는 없을 것이다.

121) 독립선언 거사는 손병희가 주도하였으나, 대표 33인 선정과 서명에는 용성(龍城)스님과 그의 시자격인 한용운의 역할이 컸다. 용성이 "강고(强固)한 일본으로부터 독립하려면 사람의 힘만으로 안 된다. 33천(天; 불교적 우주관의 하늘) 하느님의 도움을 받아야 한다. 대표는 꼭 33인으로 구성해야 한다"고 주장하자, 손병희는 천도교 30인·불교 3인으로 하자고 했다. 용성이 기독교계 포용을 주장하여, 천도교 11인·기독교 11인·불교 11인으로 잠정 합의하였다. 가톨릭은 참여하지 않았다. 그런데 기독교 장로교와 감리교 측에서 각각 대표 11인씩을 요구했다. 결국 불교가 양보하여 용성과 만해 한용운 두 분만 들어갔고, 천도교 15인·장로교와 감리교 각 8인으로 되었고 서명 심부름은 한용운이 하였다. 용성은 태화관에서 독립선언서를 낭독하는 것으로 그쳐서는 아니되고 민족대표가 잡혀가서 고초(苦楚)를 치러야만 만민(萬民)이 일어설 것이라고 보아, 동헌스님을 시켜 일본헌병대에 신고하게 하고. 태화관 기생들에게 민족대표의 신발과 두루마기를 감추도록 하였다. 민족대표들이 만세를 부르고 있을 때, 일본 헌병대가 들이닥쳐 모두 잡혀갔고, 이를 계기로 3.1 만세운동이 전국에 들불처럼 번져나갔다. 그 사건으로 용성은 서대문형무소에서 1년 6월 형을 포함하여 2년 2월의 옥고(獄苦)를 치렀다. 출소후 호남 만석군(萬石君) 임동수(林東秀, 1903~1933; 도문 스님의 증조부)·순종의 계후인 순정효황후 등의 후원금으로 비밀리에 상해임시정부를 지원하였다가 1939년 조직이 적발되었고, 1940.2.24. 별세하였다. 용성의 속명은 백상규(白相奎)이고, 1864.5.8. 남원(현 장수군)에서 출생하였는데 출생지는 현재 죽림정사로 되어 있다. 대각(大覺)을 이룬 선승으로 알려져 있고, 용성(龍城)은 남원의 다른 이름으로서 자작(自作) 법호이며, 법명은 진종(震鍾)이다. 용성과 동학 창시자 수운 최제우와는 수운이 남원 덕밀암 은적당(隱迹堂) 혜월스님 거처에 숨어 지낼 때 함께 수도한 인연이 있어, 수운의 제자인 손

고다공원에서도 선포되었으며, 이어서 전국적으로 독립만세운동이 일어났다. 만세운동은 5월에도 계속되었고 오랜 기간 간헐적으로 재발하였으며, 무력진압으로 다수의 사상자가 발생하였고,[122] 형사처벌된 인원도 수만 명에 달하였다.[123]

민중의 대대적 항의와 잔인한 진압이 세계에 널리 알려졌고, 중국 베이징 학생들이 1919. 5. 4. 시작한 54운동에도 큰 영향을 미쳤으며, 독립운동 조직으로 7개의 임시정부가 발족하였다.

3월 1일은 1946년 국가 경축일로 되었다가, 1949. 10. 1. 국경일로 지정되었다.

독립선언서는 국민주권과 자유의 사상을 전제한 것으로서 자유민주주의적 가치를 담고 있다.[124]

(2) 필라델피아 한인자유대회의 자유민주주의 원칙의 채택

서재필 · 이승만을 중심으로 1919년 4월 14일부터 16일까지 3일간 미국 필라

병희가 용성의 주장에 따랐다고 한다. 용성은 1910년 혜경궁 홍씨 가문에서 사 준 한옥에 최초의 4대문 안 새 사찰인 대각사(大覺寺)를 열고 포교활동을 하였는데, 독립선언서는 최남선이 대각사에 숨어서 작성하였고, 천도교 측 '보성사'의 인쇄와 배포에도 한용운이 지원하였다[월조효신(2024), "머문 바 없이 행한 대각(大覺)보살, 용성 스님", 「불광」 제602권, 테라북스, 211~212면].

122) 상해임시정부가 1919.9.23. 간행한 「한일관계사료집」과 박은식이 1920.12.30. 간행한 「한국독립운동지혈사」를 종합해보면 1919년 5월경까지 총 1,500회가량의 시위가 있었고, 연인원 200만 명가량이 참가하였으며, 7,000명가량이 살해되었고, 15,000 또는 4,5000명이 상해를 입었으며, 5만 명가량이 구금된 것으로 보인다. 그러나 일제 총독부 법무부가 1920년 1월 발표한 「妄動事件處分表」 322~323면에는 4월 30일까지 시위회수 760회, 참가자수 463,086명, 사상자 1,199명으로 되어 있고, 대한민국 정부에 사망자로 신고하여 보훈된 인원은 300명 미만이다[박걸순(2018), "3.1운동, 국가의 기억과 기록", 「한국근현대사연구」 제87집, 한국근대사학회, 7~41면].

123) 독립선언서에 서명한 33인과 당일 파고다공원 시위를 주도한 지휘자 15명 등 48명은 주모자로서 출판법 제11조, 보안법 제7조에 의하여 최고형인 징역 3년으로부터 징역 1년까지를 선고받았고, 송진우 등 11명은 증거불충분으로 무죄판결을 받았다. 검거자 중 19,054명이 검찰로 송치되었고, 그 중 7,816명이 유죄판결을 받았는데, 보안법위반과 소요죄 그리고 출판법위반이 대부분이었고, 살인죄 · 방화죄 · 소요죄로 무기형 또는 5년 이상을 선고받은 자가 69명이었지만, 대체로 2년 이하의 형이었다. 4월 15일 제령 제7호로 10년 이하의 징역형을 정한 '정치에 관한 범죄처벌의 건'을 공포 · 시행하였으나, 큰 성과는 없었다[장신(2007), "삼일운동과 조선총독부의 사법(司法) 대응", 「역사문제연구」 제18권, 역사문제연구소, 141~160면].

124) 독립선언서에는 '민족' 용어가 16회나 사용되어 민족주의가 두드러지고 있는데, 이것은 이승만이 활용한 윌슨의 '민족자결주의' 외에도 공인된 정부가 없어 운동의 주체를 민족으로 삼은 것에 이유가 있을 것이다. 그러나 주문(主文)이라 할 "조선인의 '자주민(自主民)'임을 선언하노라"라는 표현과 "민족의 항구여일한 '자유발전'" · "아(我)의 고유한 '자유권'" · "오직 '자유적 정신'을 발휘할 것이오", 등 3회나 사용된 '자유(自由)' 용어는 국민주권과 천부인권인 자유권의 표명으로서 자유민주주의적 원칙이라 할 것이다.

델피아에서 독립운동과 임시정부 수립을 선전하기 위해 150여 명의 한국인 대표로 개최한 한인자유대회(Korean Liberty Conference)에서는 결의문의 하나로 '한국인의 목표와 열망(Aims and Aspiration of the Korean)'이 채택되었다. 그 결의문은 유일한이 초안하고 낭독하였는데, 아래와 같은 자유민주주의 원칙이 처음으로 표명되었다.[125)]

1. 우리는 정부의 권력이 통치를 받는 국민에게서 나온다고 믿는다. 따라서 정부는 국민의 복리를 위해 통치권을 행사해야 한다.
2. 우리는 가급적 미국의 정체를 모방한 정부를 수립하기를 원한다. 정부 수립 후 초창기 10년 동안에는 권력을 중앙정부에 집중하는 것이 필요하다. 정부 수립 후 국민의 의식 수준을 미국식 정체 운영에 걸맞게끔 국민교육을 실시한다.
3. 국민의 교육 수준이 향상되고 그들의 민주주의 자치 경험이 축적됨에 따라 그들에게 참정권의 폭을 넓혀 준다.
4. 국민에게 군과 도 단위 지방의회의 의원을 선출할 보통 선거권을 부여한다. 도의원들은 국회의원을 선출한다.
5. 국회의원들은 행정부와 권력을 적절히 분담하면서 그들이 대표하는 국민에게 책임을 지고 국법을 제정하는 권한을 행사한다.
6. 행정부는 대통령·부통령 및 내각 각료들로 구성되며 이들은 국회에서 제정한 법률에 따라 행정을 한다. 대통령은 국회의원이 선출한다. 대통령은 내각 각료·도지사·외교사절 등 행정부의 주요 관리들을 임명하는 권한을 가진다.
7. 우리는 국민교육이 정부의 어떠한 업무보다 더 중요하다고 믿는다.
8. 우리는 언론과 출판의 자유를 믿는다. 우리는 민주주의 원칙을 준수하고, 기회균등의 보장·건실한 경제정책의 추구와 세계 각국과의 자유로운 교역 등으로 전 국민의 생활 수준을 무한히 높이고자 한다.
9. 우리는 그 행동이나 표현이 다른 국민의 권리를 저해하거나 국가의 법이나 이

---

125) 유일한은 유한양행의 창업자. 결의문은 요지를 의역. 유일한은 경북 예천 출신으로서 평양에서 견직물공장을 경영하면서 독립운동을 지원하였던 기독교인 유기연(柳基淵)의 장남으로 1895년 출생하였다. 독립운동가 박용만의 숙부인 박장현을 따라 이승만의 아들 이태산과 함께 1904년 미국으로 갔고, 네브라스카 커니(Kearney)에서 초등학교를 다니고, 한인소년병학교에서 군사훈련도 받았다. 초명 유일형(一馨)이 "I'll hang you"로 들릴 수 있다는 이유 등으로 1908년경 유일한(一韓), "ILHAN NEW"로 개명하였다. 위 선언문 작성 당시 그는 미시간 대학 상과에 재학 중이었다. 위 선언문은 그가 초안·낭독하였고, 대회에서 채택되기도 하였으나, 구속력있는 결의이기보다는 핵심원칙(cardinal principles) 천명이었다. 국민훈장 무궁화장과 건국훈장 독립장이 추서되었다[유승흠 지음(2019), 『유일한 정신의 행로』, 한국의학원. 27~60면].

익을 저촉하지 않는 한, 모든 행동의 자유를 믿는다.

10. 우리는 세계 모든 국가와의 무역의 자유를 믿으며, 모든 나라들에게 그들과 한국 국민들 간의 상업과 산업을 증진할 기회를 주고 보호할 것이다.

(3) 임시정부 헌장의 자유민주주의 도입
– 상해임시정부

대한민국의 자유민주주의 도입의 기원에 관하여는 여러 견해가 있지만,[126] 1919. 4. 11.자 아래 상해임시정부의 헌장이 최초의 구체적 문헌이라 할 것이다. 상해임시정부는 1919. 4. 10.부터 중국 상하이의 프랑스 조계인 김신부로(金神父路)에서 신익희 · 조소앙 등 27명의 각 지역 대표가 참석하여 제1차 대한민국 임시의정원 회의를 개최하고, 11일 임시헌장[127]을 채택하는 한편 임원을 선출하였다. 임시헌장 제1조의 "대한민국은 민주공화제로 한다"와 제4조의 "대한민국 인민은 종교 · 언론 · 저작 · 출판 · 결사 · 집회 · 통신 · 주소 이전 · 신체 및 소유의 자유를 누린다." 부분 등은 자유민주주의적인 것이었다.

상해임시정부는 임시헌장을 제정하면서 참석대표의 1인인 현순 목사를 통하여 이승만과 연락하였다.[128] 임시의정원은 임시국회에 상당하는 것으로서, 조소

---

126) 신용인(2022), "대한민국 헌법의 기원－동학농민혁명의 「폐정개혁안들」을 중심으로", 「원광법학」 제38권 제1호, 원광대학교 법학연구소, 3~30면; 허완중(2021), "시간의 흐름에 따라 살펴본 한국 헌법전사", 「법과정책」 제27권 제3호, 제주대학교 법과정책연구원, 163~222면: 최병덕(2021), "한말 근대국가 건설을 위한 개화파의 정치체제 개혁: 내각제도 수립과 의회설립을 중심으로", 「국제정치연구」 제24집 제4호, 동아시아국제정치학회, 1~30면; 허완중(2020), "한국 헌법사의 출발점 고찰", 「헌법학연구」 第26卷 第4號, 한국헌법학회, 1~53면; 최형익(2004), "한국에서 근대 민주주의의 기원－구한말 「독립신문」, '독립협회', '만민공동회' 활동", 「정신문화연구」 제27권 제3호, 한국학중앙연구원, 183~209면 등 참조.

127) 내용은 아래와 같다.
신인일치로 중외 협응하여 한성에서 기의한 지 30유여일(有餘日)에 평화적 독립을 300여 주에 광복하고, 국민의 신임으로 완전히 다시 조직한 임시정부는 항구 완전한 자주독립의 복리로 아 자손 여민(黎民)에게 세전(世傳)키 위하여 임시의정원의 결의로 임시헌장을 선포하노라. 제1조 대한민국은 민주공화제로 한다. 제2조 대한민국은 임시정부가 임시의정원의 결의에 의하여 통치한다. 제3조 대한민국의 인민은 남녀, 귀천 및 빈부의 계급이 없고 일체 평등하다. 제4조 대한민국의 인민은 종교, 언론, 저작, 출판, 결사, 집회, 통신, 주소 이전, 신체 및 소유의 자유를 누린다. 제5조 대한민국의 인민으로 공민 자격이 있는 자는 선거권과 피선거권이 있다. 제6조 대한민국의 인민은 교육, 납세 및 병역의 의무가 있다. 제7조 대한민국은 신(神)의 의사에 의해 건국한 정신을 세계에 발휘하고 나아가 인류문화 및 평화에 공헌하기 위해 국제연맹에 가입한다. 제8조 대한민국은 구 황실을 우대한다. 제9조 생명형, 신체형 및 공창제(公娼制)를 전부 폐지한다. 제10조 임시정부는 국토 회복 후 만 1개년 내에 국회를 소집한다.

앙의 제안과 신석우의 재청으로 명명하였고, 의장에 이동녕·부의장에 손정도 등을 선출하였다. 국호는 신석우가 제안하고 이영조가 재청한 대한민국으로 되었고, 행정부에 해당하는 국무원 선거에서 국무총리 이승만·내무총장 안창호·외무총장 김규식·법무총장 이시영·재무총장 최재형·군무총장 이동휘·교통총장 문창범을 선출하였다.

– 통합임시정부 헌장 등

그러나 상해임시정부는 한성정부가 집정관총재로 정한 이승만이 국무총리 취임을 거부하고, 신한민국정부가 집정관으로 정한 이동휘도 군무총장 취임을 거부하며, 다른 주요 각료들도 취임을 유보하여 정체에 빠지게 되었다.

상해에 도착한 안창호의 노력 등으로 한성임시정부의 집정관제와 인선을 존중하여 이승만을 대통령·이동휘를 국무총리로 하고, 노령(露領)국민회의도 통합하여 9월 11일 상해에 통합임시정부가 수립되었다. 헌장은 총8장 58개조로서 자유민주주의적 내용이 더욱 구체화되었다.[129]

그러나 1925년 3월 이승만이 대통령직에서 탄핵된 후 '인민의 권리' 장은 삭제되었다가 1944년 4월의 개정에서 다시 일부 복구되었다.

2. 자유민주주의 대한민국의 건국

(1) 해방정국의 상황

– 카이로 선언(1943 Cairo Declaration)

1943. 11. 22.부터 26일까지 이집트 카이로에서 루스벨트·처칠·장제스가 전

---

128) 박명수, 앞의 글 83~84면에는 처음에 제1조는 "대한공화국은 미국의 정부를 모방하여 민주정부를 채택한다"로 되어 있었는데, 신익희 조소앙 이광수 3인의 소위심의에서 "대한민국은 민주공화제로 한다"로 변경되었다고 되어 있다.

129) 특히 제2장 인민의 권리와 의무 제8조 대한민국의 인민은 법률범위 내에서 좌예 각항의 자유를 향유함. 1. 신교의 자유 2. 재산의 보유와 영농의 자유 3. 언론 저작 출판 집회 결사의 자유 4. 서신비밀의 자유 5. 거주이전의 자유, 제9조 대한민국의 인민은 법률에 의하여 좌열 각항의 권리를 유함. 1. 법률에 의치 아니하면 체포 사찰 신문 처벌을 수치 아니하는 권 2. 법률에 의치 아니하면 가택의 침입 또는 수색을 수치 아니하는 권 3. 선거권 및 피선거권 4. 입법부에 청원하는 권 5. 법원에 소송하여 그 재판을 수하는 권 6. 행정관서에 소원하는 권 7. 문무관에 임명되는 권 또는 공무에 취하는 권.

후 처리에 관하여 회담하고 합의 내용을 12월 1일에 발표했다. 승전하더라도 더 이상 영토 확장을 도모하지 않을 것을 명시했고 일본이 제1차 세계 대전 후 점령한 영토나 과거 중국으로부터 침탈한 영토를 반환할 것과 무조건 항복할 것을 요구했다.

그 중에 "한국민(韓國民)이 노예적 상태에 놓여있음을 상기하면서 한국을 적당한 시기에 자유롭고 독립적인 국가로 만들 것을 굳게 다짐한다."라는 내용이 들어 있다.[130)]

– 얄타회담

1945. 2. 4.부터 11.까지 흑해 연안 크림 반도에 있는 휴양도시 얄타에서 루스벨트 · 처칠 · 스탈린이 회담하였는데, 주로 독일 등 유럽의 전후처리 문제를 논의하였고 동유럽의 세력 재편성에 관한 스탈린의 제안이 수용되었다.

그 때까지 일본과 불가침협약[131)]을 유지하고 있었던 소련은 대일본전에 참전하기로 하였다.[132)] 그러나 소련은 미국이 7월 7일 핵무기를 사용한 다음날에야 대일본 선전포고를 하였고 별 전투 없이 일본군이 점령하였던 지역을 점령하기만 하였다.

– 포츠담 선언

1945. 7. 17.부터 8. 2.까지 연합군 점령하의 베를린 근교 포츠담의 체칠리엔호프 궁전(Schloss Cecilienhof)에서 트루먼 대통령 · 애틀리 총리 · 스탈린 서기장이 유럽의 재건과 태평양 전선 종결을 의제로 회담하였고, 합의사항을 트루먼 · 애틀리 · 장제스 이름으로 발표하였다.[133)]

선언문은 13개항인데, 일본군이 무조건적 항복을 하지 않으면 즉각적으로 완

---

130) "The aforesaid three great powers, mindful of the enslavement of the people of Korea, are determined that in due course Korea shall become free and independent." [장박진(2016), "카이로선언의 기초와 한반도 독립 조항의 의미 = 전후 단순 분리 독립의 기원", 「東北亞歷史論叢」 제54권, 동북아역사재단, 247~289면].

131) 1941.4.13.의 일소중립조약. 유효기간 5년. 5년 자동연장 가능.

132) 李暎煥(1990), "「얄타」體制의 形成과 韓半島分斷 要因", 「環太平洋硏究」 제3권, 경북대학교 환태평양연구소, 85~94면.

133) 스탈린은 얄타회담에서 약속한 대일본전 참전을 실행하지 않고 있었기 때문에 발표자로 포함되지 못하였고, 장제스는 회담에는 참여하지 못하였으나 대일본 전쟁중이었으므로, 포함되었다.

전히 파멸될 것이라는 것이 결론이고(제13항), 카이로 선언의 요구 조건의 이행[134]과 일본 주권범위를 혼슈·홋카이도·규슈·시코쿠 및 선언국이 결정하는 부속 도서로의 제한(제8항), 포로 학대자를 포함한 전범에 대한 재판과 민주주의를 가로막는 모든 장애물 제거 그리고 기초적 인권 존중과 언론·종교·사상의 자유 확립(제10항), 점령군의 목표 완수 후 철수(제12항) 등이 포함되었다.

천황제는 유지시키기로 합의되었으나 표시되지는 않았고, 베트남은 북위 16° 이북은 장제스의 국민정부군·이남은 영국군이 진주해 일본군의 항복과 무장해제를 담당하기로 하였다. 그러나 중국과 영국은 국내여건상 여력이 없어 프랑스에게 맡겼는데, 프랑스는 원만히 처리하지 못하여 결국 베트남은 공산화되었다. 한반도에 대한 일본 지배를 종식시킨다는 것이 명확히 되었으나 구체적 절차는 여전히 언급되지 않았다.

– 소련군의 북한 진출과 공산정권 수립

치스차코프(I. M. Chistiakov) 대장의 소련 제25군은 8월 12일경부터 함경북도 지역에 진입하였고 24일에는 평양을, 9월 8일경에는 38°선 이북 전지역을 장악하였다. 8월 23일부터 이남과의 도로·철도·인적 물적 왕래를 차단하였고, 9월 6일에는 통신과 전력도 차단하였다.

38°선은 소련군 진출을 제한할 목적으로 급히 설정되었는데, 미군총사령관 맥아더는 9월 2일 '전후처리를 위한 미국육군 태평양지역 총사령부 일반명령 제1호'로 일본군은 38°선 이남에서는 맥아더 사령관 본인에게, 이북에서는 소련극동군 총사령관에게 항복하라고 명령하였고, 9월 8일에야 인천에 도착한 주한미군사령관 하지(John R. Hodge) 중장은 9일 아베 노부유키(阿部信行) 조선총독으로부터 항복문서를 접수하였다.

9월 20일 스탈린은 극동군 총사령관 바실레프스키에게 북한정권을 수립하도록 암호로 지령하였다. 소련군정은 1945. 10. 14. 김일성을 내세워서 조선공산당 북조선분국을 세웠고, 1946. 2. 5.에는 북조선임시인민위원회를 설치하여 행정을 하게 하였다. 토지 개혁법·8시간 노동제·주요 산업의 국유화령 등을 제정하였

134) 이 부분 원문은 "The terms of the Cairo Declaration shall be carried out"이다.

고, 3월 5일 제정한 토지개혁법으로 20여일 만에 전 지역의 토지를 무상 몰수하였으며 8월 10일에는 주요 산업도 국유화하였다. 1947. 12. 16.에는 화폐개혁도 하였다. 1946년 8월 북조선로동당으로 재편하였고, 1947년 2월 북조선인민위원회를 세웠으며, 1948년 2월경에는 조선인민군도 창설하였다.[135)]

'조선민주주의인민공화국'은 자유대한의 출범을 민족분단으로 매도할 목적으로 대한민국 출범 후인 1948. 9. 9.에 공식적으로 수립한 것으로 하였지만, 실질적으로는 1946년 2월부터 공산정권은 수립되었고, 대한민국 정부를 세우지 못하였다면 전국이 공산화될 형편이었다.

– 모스크바 3상회의

1945. 12. 16.부터 26일까지 모스크바에서 미국의 제임스 번즈 국무장관 · 영국의 어니스트 베빈 외상 · 소련의 뱌체슬라프 몰로토프 외상이 전후문제의 처리와 대한민국의 독립 문제 등을 협의하였는데, 한국에 대하여는 "한국을 독립국가로 재건설하며 그 나라를 민주주의적 원칙하에 발전시키는 조건을 창조하고 가급적 속히 일본의 조선통치의 참담한 결과를 청산하기 위하여 한국의 공업 · 교통 · 농업과 한국인의 민족문화의 발전에 필요한 모든 시책을 취할 임시 민주주의 정부를 수립할 것이다. 한국 임시정부 구성을 원조 및 적절한 방책의 초안 구체화를 위하여 남한 미합중국 사령부 · 북한 소련 사령부의 대표자들로 공동위원회가 설치될 것이다. 제안서 준비에 대해 위원회는 한국의 민주주의 정당 및 사회단체와 협의할 것이다. 위원회가 작성한 건의서는 공동위원회에 대표를 둔 두 정부의 최후 결정 전에 미 · 영 · 소 · 중 정부의 참작을 위해 제출되겠다. 한국인의 정치적 · 경제적 · 사회적 진보와 민주주의적 자치 발전 및 독립 국가 수립을 돕고 협력(신탁통치)하기 위한 방안을 만드는 것은 한국 임시 민주주의

---

135) 9월 12일 시작된 런던외상회의에서 소련은 패전국인 일본의 통치에 대한 참여와 북아프리카 트리폴리타니아(현 리비아 북서부)의 할양을 요구하여 태평양과 지중해 진출을 시도하였으나, 영미가 거절하자 스탈린은 방향을 바꾸어 9월 20일 북한 주둔 소련군 사령관에게 "한반도 북부에 소련의 이익을 영구히 구축할 정권을 수립하라"는 취지의 비밀지시를 내렸다. 이에 따라 1946년 2월 평양에 세워진 '북조선 임시 인민위원회'는 사실상 38선 이북의 공산당 정부가 되었다[김선호(2017), "1945~1946년 북한의 부르주아민주주의혁명과 혁명동력의 설정 · 배제", 「한국민족운동사연구」 제92권, 한국민족운동사학회, 211~250면].

정부 및 민주주의 단체의 참여하에 공동위원회가 할 역할이겠다. 공동위원회의 제안은 최고 5년 기간의 4개국 신탁통치 협약을 작성하는 데 대해 미·영·소·중 정부와 공동으로 참작할 수 있게 한국 임시 정부와 협의 후 제출되겠다. 남북한과 관련된 긴급한 제 문제 남한의 미합중국 사령부와 북한의 소련 사령부 사이의 행정·경제 문제의 영원한 조화를 확립하는 조치의 구체화를 위해 2주 이내에 미국과 소련 사령부 대표 회의가 소집될 것이다."라고 발표하였다.

위 결정은 '미·소공동위원회 설치 → 미·소공동위원회와 한국의 정당·사회단체가 협의하여 임시정부 수립 권고안 제출 → 4대국 심의 → 임시정부 수립 → 임시정부는 미·소공동위원회 밑에서 구체적인 신탁통치 협정의 작성에 참가 → 4대국의 신탁통치 협정 공동심의' 등의 절차를 예정하였다.

– 반탁(신탁통치반대) 운동과 미·소공동위원회의 결렬

이승만은 신탁통치안을 반대하기 위하여 1945. 10. 23. 조선호텔에서 65개 단체와 여러 정당 대표 200명으로 '독립촉성중앙협의회(독촉)'를 결성하고, 11월 2일 미국과 소련에 "총선거를 통한 즉시 독립·38선의 철폐·신탁 통치 반대'" 내용의 결의문을 보냈다.

11월 16일 박헌영의 조선공산당이 독촉에서 탈퇴하였다. 1945. 11. 23. 임시정부 구성원 1차 서울 귀환을 계기로 중앙집행위원회 구성을 시작했는데, 여운형도 위원 7명 중 5명이 한국민주당 당원인 것을 문제삼아 11월 28일 탈퇴하였다.

환국한 김구의 임시정부는 12월 27일 동아일보에 신탁통치안이 보도되자 각계 대표자 회합을 열었고, 29일 '신탁통치반대 국민총동원위원회'를 결성하여 격렬한 반대운동을 시작하였다. 신중론자 송진우는 12월 30일 살해되었고, 1946. 1. 8.에는 이승만의 독립촉성회와 연합하여 '대한독립촉성국민회'[136]로 확대되었다. 좌익은 처음 반탁을 주장하였다가 1월 2일 찬탁으로 돌아섰다.

---

136) 발족 당시 간부는 총재 이승만, 부총재 김구, 고문 권동진(權東鎭)·김창숙(金昌淑)·함태영(咸台永)·조만식(曺晩植), 참여(參與) 김관식(金觀植)·김의한(金毅漢)·김여식(金麗植)·김법린(金法麟)·김성수(金性洙)·남상철(南相喆)·이규갑(李奎甲)·이규채(李圭彩)·이극로(李克魯)·이중환(李重煥)·이승복(李昇馥)·민정기(閔鼎基)·배은희(裵恩希)·서세충(徐世忠)·신백우(申伯雨)·안재홍(安在鴻)·최규동(崔奎東)·최태용(崔泰瑢) 등이었다가 수차례 변경되었고, 이것이 제헌의회 총선에서 총 198석(제주도 2석은 추후 재선) 중 55석을 얻어 제1당이 되었다.

1946. 1. 16. 예비회담을 거쳐 3월 20일 덕수궁 석조전에서 미소공동위원회가 개최되었는데, 임시정부 수립을 위해 협의할 정당 및 사회단체를 선택하는 문제로 미소가 대립하였다. 소련군정 측은 신탁통치 반대 단체를 제외시키고 좌파 단체와만 협의하고자 하였고, 미군정 측은 이를 반대하였다. 이승만 · 김구는 신탁통치 문제로 인하여 미소공동위원회 자체를 반대했다. 같은 대립이 계속되다가 5월 8일 무기휴회하여 1차 미소공동위원회는 결렬되었다. 5월 15일 조선정판사 위폐사건 진상발표가 있었다.

1947. 5. 21. 제2차 미소공동위원회가 다시 열렸으나, 진전은 없었다. 미군정 자문기관인 과도입법회의가 1947. 8. 6. 혼합적 대통령제의 조선임시약헌을 마련하였으나 미군정청의 승인을 받지 못하였다.

– 유엔의 남북총선거 결의

이승만은 1946. 6. 3. 정읍에서 "무기 휴회된 공위(共委)가 재개될 기색도 보이지 않으며, 통일 정부를 고대하나 여의케 되지 않으니, 우리는 남방(南方)만이라도 임시정부 혹은 위원회 같은 것을 조직하여 38 이북에서 소련이 철퇴하도록 세계 공론에 호소하여야 할 것"이라고 했고,[137] 그 경 '대한독립촉성국민회 총재', '남조선 민주주의 의장' 자격으로 임영신을 미국에 파견하여 한국문제를 '미소공동위원회'에서 'UN'으로 이관해 처리하도록 교섭하고 트루만(Harry S. Truman) 대통령에게 '카이로 선언' 이행을 촉구하였으며, 1946년 12월 뉴욕 유엔 총회에 참석하여 UN감시하의 선거를 통한 조속한 한국정부 수립을 촉구하였다.

미국은 1947년 9월 한국문제를 유엔에 회부하였고, UN 총회는 9월 23일 한국문제 UN이관을 결정하였다. 유엔총회는 11월 14일 제112호 결의로 "한반도에서 총선거를 실시하여 정부를 수립하며 이를 감시할 유엔한국임시위원단을 파견"하기로 결정하고 중국 · 인도 · 프랑스 · 호주 · 필리핀 · 시리아 등 10개국 대

137) 이를 두고 당시부터 지금까지 이승만이 한반도 분단을 초래하였다고 매도하는 주장이 계속되고 있다. 그러나 북측에 1946년 2월 이미 공산정권이 수립되었고, 1950.6.25.의 남침준비까지 하고 있었던 점에 비추어 볼 때, 대한민국을 건국하지 않은 경우의 통일정부는 공산정부일 수밖에 없었을 것이다.

표를 위원단으로 선출하였다. 위원단이 1948. 1. 8. 서울에 도착하였으나, 소련이 입북을 허가하지 아니하여 2월 26일 유엔 소총회는 '유엔한국위원회의 접근가능지역에서만의 총선거안'을 가결하였다.[138)]

김일성이 '전조선 제(諸)정당 사회단체 대표자 연석회의'를 개최하자 김구(임시정부 주석)·김규식(과도입법회의 의장) 등은 남한 단독정부를 반대하고 김일성과의 협상을 주장하여 4월 19일 방북하여 회의에 참석하고 통일방안협상을 시도하였으나 실패하였다. 북한은 5월 14일 대남 송전을 중단하였다.

(2) 대한민국 건국 혁명

– 제헌 국회의원 선거

남로당 제주도위원회가 1948. 4. 3. 제주에서 폭동을 일으켜 제헌의원 선출을 방해한 것 등 좌파들의 각종 방해가 있었지만,[139)] 1948. 5. 10. 처음으로 민주적

---

138) 정인섭(2021), "대한민국 정부 수립과정상 UN 총회의 역할: 제기되었던 국제법적 쟁점", 「국제법학회논총」 제66권 제2호, 대한국제법학회, 171~197면.

139) 남로당은 2월 7일부터 총파업 투쟁에 돌입하여 "조선의 분할침략계획 획책하는 UN위원단 반대한다!"·"남조선 단독정부 수립 반대한다!"·"정권을 인민위원회에 넘겨라!"·"조선민주주의 인민공화국 만세!"·"분단에 반대한다" 등의 구호로 시위하였다. 4월 3일 02시 남로당 제주도위원회 김달삼 등 350여 명은 단선단정 반대·통일조국 수립·완전한 민족해방을 주장하면서, 한라산 정상과 주요 고지의 봉화(烽火)를 신호로 제주도 내 경찰지서 24곳 중 12곳·우익 인사 집·우익 청년 단체 등을 일제히 공격하였다.

4월 16일까지 선거인 명부에 등록해야 했는데, 남로당이 "단선에 참여하는 것은 죽음으로 단죄해야 할 매국행위"라고 겁박하고는, 등록사무소를 습격하여 등록명부를 탈취하고, 선거사무원을 구타·협박·살해하기까지 하였는데도, 총유권자 983만여 명의 79.7%인 784만여 명이 기간 내에 선거인등록을 마쳤다. 제주도에서도 유권자의 64.9%가 등록하였다.

김일성이 4월 19일부터 26일까지 평양에서 '전조선 제(諸)정당 사회단체 대표자 연석회의'(남북연석회의)를 개최했는데, 남측에서 김구와 김규식을 비롯한 151명이 참석했다. 이승만은 "김일성 뒤에는 소련이 있다. 소련과 직접 회담한다면 몰라도 그 앞잡이인 김일성과 회담해서 무슨 성과가 있겠느냐"며 김구의 방북을 안타까워했다.

치안당국은 5월 10일 선거에 대하여 '대체로 큰 사고 없이' 진행되었다고 평가했지만, 남로당의 '단선 저지 투쟁'은 선거당일에도 이어졌다. 20시 40분 광희동 투표소에 괴한 4명이 수류탄을 투척하여 유리창을 파손하고 선거위원장에게 부상을 입혔는데, 경찰과 향보단이 3명을 체포하고, 1명을 사살했다. 09시 장충동 투표소에 괴한 2명이 침입해 권총을 발사했는데, 경찰과 향보단이 1명을 체포하고, 1명을 사살했다. 13시 영등포구 선거사무소에 괴한들이 침입해 선거위원의 복부를 단도로 찔러 중상을 입히고 도주했다. 16시 마포 공덕동 제7 선거사무소에 괴한들이 침입하여 수류탄을 투척해 아이 2명에게 부상을 입혔다. 3월 30일 이후 총선거 때까지 선거사무소 134곳·관공서 301곳이 피습당했고 선거공무원 15명·후보자 2명·경찰관 51명·경찰가족 7명이 피살되었다. 남산·북악산 등 전국 86곳에서 봉화가 올랐고, 방화 135건·도로 및 교량 파괴 48건·전화선 절단 541건 등이 발생하였다.

총선거 후 남로당은 관권을 동원한 총체적 부정선거였다고 선동했다. 제주도의 선거구 3곳 중 2

투표에 의한 선거가 실시되어 임기 2년의 국회의원 198명이 선출되었다. 북제주군의 2명은 1949. 5. 10. 재선출하였다. 김구와 김규식이 선거를 반대하여 불참하였지만 투표율은 놀랍게도 95.5%에 이르렀고,[140] 참여정당은 46개나 되었다. 제1당은 반탁운동을 주도하였던 대한독립촉성국민회 55석, 제2당은 김병로 · 김성수 등의 한국민주당 29석, 제3당은 지청천의 대동청년단 12석이었고 무소속이 85석이었다. 이승만은 동대문구에서 당선되어 초대 국회의장이 되고, 건국헌법 제정을 주도하였다.

북한지역에 배정된 100석의 의석은 소련의 선거거부로 공석으로 남겨두었다.

– 제헌 국회의 건국활동

1948. 5. 31. 제헌 국회가 개원되어 제1회 본회의에서 이승만이 의장으로 선출되었고, 이승만은 의장 취임인사 전에 종로에서 당선된 이윤영 목사에게 개원기도를 하게 하였다.[141] 이승만은 의장 취임사에서 1919. 3. 1. 선포하여 세우려 하였으나 성공하지 못한 대한민주국을 재건설하고 민국연호를 기미년으로부터 기산할 것이라는 점, 국회는 全民族을 대표하고 탄생시킬 민국정부는 '완전한 한국 전체를 대표한 중앙정부'이며 이북5도 대표가 합석치 못한 것을 통념히 여기나 월남한 450만 이재 동포가 선거에 참가하였고 피선(被選)된 대표도 다수라는 점과 공산당 한인들도 개과회심해서 합심합력하기를 종용한다는 것 및 정부 출범과 동시에 미군정은 폐지된다는 점을 밝히고 오늘이 있게 된 데 대하여 하나님의 은혜와 애국선열들의 희생 및 여러 우방 특히 미국과 유엔의 원조에 감사하고 나라의 안위와 민중의 화복이 전적으로 우리 각 개인의 손에 달렸으니 분투하여 나갈 것을 맹서하자고 하였다.

국회는 7월 12일 건국헌법을 제정하여 17일 공포하였고, 16일에는 정부조직

곳은 4 · 3사건의 영향으로 투표율이 과반을 넘기지 못해 당선자를 내지 못했다.
김구와 김규식은 선거 자체를 거부하였다. 임정요인 중에서는 신익희와 조소앙이 출마하여 당선되었다.

140) 21세 이상 유권자 813만 명 중 784만 명이 투표하였는데, 이는 등록유권자의 95.5%였다.

141) 이윤영 의원의 기도는 순서에 없던 것을 이승만 의장이 취임사 전에 즉석 의뢰하였고, 그는 하나님께 감사드리고 의장과 의원들이 업무를 완수하게 해 달라는 요지의 기도를 하였다(국회 제1차 본회의 회의록). 전광훈 목사는 이를 근거로 기독교 입국론을 주장하고 있으나 그 기도에 그러한 법적 의미는 없고, 그는 당일의 부의장 선거에서 낙선하였고, 총리 인준 투표에서도 부결되었다.

법도 제정하였다. 7월 20일 이승만이 초대 대통령,[142] 이시영이 부통령으로 선출되어 24일 취임하였다. 9월 22일 반민족행위자처벌법·9월 25일 연호에 관한 법률·10월 2일 국회법·11월 15일 국군조직법·11월 17일 국적법·12월 1일 국가보안법·1949. 6. 21. 농지개혁법·7월 30일 법원조직법·9월 21일 국경일에 관한 법률·12월 3일 검찰청법·1950. 3. 19. 선거법 등 건국에 따른 주요 법률을 제정하였다.

연호는 1948. 9. 25. 단기로 하였다가, 1962. 1. 1.부터 서기로 변경되었고, 국경일에 관하여 광복절은 독립기념일로 제안되었던 것을 변경하였다.

– 1948년 8월 15일 대한민국 건국

7월 24일 조각에 착수하여, 8월 2일 이범석이 국무총리로 승인되었고, 8월 4일 이화장에서 외무 장택상·내무 윤치영·재무 김도연·법부 이인·국방 이범석(겸임)·문교 안호상·농림 조봉암·상공 임영신·사회 전진한·교통 민희식·체신 윤석구·무임소 이청천과 이윤영으로 조각하였다. 또한 국회의장에 신익희·부의장에 김약수가[143] 선출되었고, 8월 5일 김병로 대법원장이 인준되었다. 3부 요인 전부가 저명한 항일투사였는데, 김일성의 조직 다수가 일제 관료인 것과 대조되었다.

8월 15일 중앙청에서 정부 수립식을 거행하였다. 대통령은 민주주의·민권·개인의 자유를 지키겠다는 것 그리고 공업과 국제교역을 발전시킨다는 것 등을 밝혔고, 맥아더 극동최고사령관과 하지 군정장관이 축사를 하였다.

미군정청의 업무는 공식적으로 15일 24시로 종식되었지만, 행정권의 현실 인수는 지체되었다. 경찰권 등 행정업무는 대체로 9월 13일의 '남조선과도정부 인수에 관한 대통령령 제3호'에 의하여 인수되었다.

12월 12일 파리에서 열린 제3회 유엔총회에서 대한민국은 '한반도의 유일 합법 정부'로 승인되었다.[144]

---

142) 91.8%(180표) 지지로 초대 대통령으로 선출되었는데, 다른 후보는 김구와 안재홍이었다.

143) 그는 공산당 활동 등으로 일제시 9년 7개월을 복역하였다가 조선공화당으로 동래선거구에서 당선되어 적극적으로 반민특위활동을 하였고, 1949년 6월 남로당 국회프락치 사건으로 복역하다가 6.25때 월북하였다. 1959년 반당반혁명분자로 숙청되어 평북 벽지로 추방되었다.

144) 정인섭(2022), "UN 총회 한국정부 승인 결의(제195호) 성립 과정과 의미 분석", 「서울국제법연구」

(3) 건국헌법상의 자유민주주의

– 건국 헌법의 제정

6월 3일 '헌법 및 정부조직법기초위원회'가 설치되었는데 위원장은 서상일(徐相日), 위원은 유성갑 · 윤석구 · 김상덕 · 허정 · 조헌영 · 조봉암 · 이청천 등 30인이었고, 전문위원으로 유진오(俞鎭午) · 권승렬 · 윤길중 등 10명이 선임되었다. 22일까지 16차의 회의를 열어 전문 10장 102조의 초안을 마련 23일 본회의에 제출하였는데, 초안 작성에는 김성수의 측근인 유진오 안이 중요한 영향을 주었다.[145] 유진오 안은 바이마르 헌법의 색채가 강한 것으로서, 국호를 '조선'으로, 국민을 '인민'으로, 권력구조를 민의원과 참의원의 2원제 국회와 대통령의 임명과 국회의 승인으로 선임되는 국무총리가 내각을 주도하는 내각책임제로 하였으나, 기초위원의 심의에서 국호는 '대한민국'[146]으로, 인민은 '국민'으로, 권력구조는 단원제 국회와 정부통령을 두는 대통령제에 국무총리가 덧붙여진 복합구조로 변경되었고,[147] 반민족행위자처벌을 위한 소급입법권이 신설되었다.

13차에 걸친 본회의 심의에서 기미독립운동과 대한민국 건국의 관계가 "기미 3 · 1 독립운동으로 대한민국을 건립하여 세계에 선포한 위대한 독립정신을 계승하여 이제 민주독립국가를 재건함에 있어서"로 정리되었고,[148] 초안의 '독립혁

제29권 제1호(통권 제56호), 서울국제법연구원, 241~277면.

145) 서희경(2003), "대한민국 건국헌법의 기초와 수정: 정부형태에 관한 논의를 중심으로", 「공법연구」 제31권 제4호, 한국공법학회, 27~47면.

146) 대한민국 외에 '고려(高麗)', '조선(朝鮮)', '새한' 의견도 있었다. 영문국명은 한 때 'Democratic Republic of Korea'였다가, 미군정 정치고문 제이콥스의 의견에 따라 'Republic of Korea'로 되었고 법률고문 프랭켈이 7월 28일 국회사무총장 전규홍과 최종 합의하였다고 한다[문준영(2018), "미군정기 및 정부수립시기 에른스트 프랭켈의 지위와 역할", 「世界憲法硏究」 제24권 제1호, 세계헌법학회 한국학회, 105~106면].

147) 유진오는 "의원 6할을 대선거구 단위로 지방의회 의원이 선출하고 나머지 4할을 경제 · 교육 · 사회 · 종교 · 노동 · 문화의 사회각계에서 선출한 의원으로 구성되는 參議院과 民議院의 2원제 국회를 제안하였는데, 헌법제정위원회에서는 2원제의 필요성은 인정하였으나, 건국초의 산적한 제문제를 신속히 처리하는데 방해가 될 우려가 있고 또한 선출방법이 곤란하여 부패의 우려가 있다는 이유로 단원제로 결정되었고, 정부형태는 정국불안의 우려는 있지만 정부와 국회의 대립을 막고 상호연락을 긴밀히 할 수 있다는 점을 내세워 의원내각제로 추진하였으나, 정당의 기초가 확립되지 못하여 정국불안정의 우려가 있다는 '일부유력정치가'의 주장으로 '종결 순간에 급전직하적으로' 대통령제로 변경되었지만, 의원내각제적 요소를 가미하였다"고 하였다[유진오(1949), 「憲法解義」, 明世堂, 1~5면]; [서희경(2003), "대한민국 건국헌법의 기초와 수정: 정부형태에 관한 논의를 중심으로", 「공법연구」 제31권 제4호, 한국공법학회, 27~47면].

명'이 '독립운동'으로 고쳐졌으며, 노동자의 이익균점제가 추가되었다.[149] 조속한 정부수립을 위해 7월 12일 본회의 의결을 마쳤다.

건국헌법은 임시정부 헌장의 개정이 아니라 새 헌법의 제정이었고, 대한민국은 신생국가로 건국되었으며, 반만년 민족사의 대혁명이었던 자유민주주의 정치체제는 이승만이라는 거인의 일생을 통한 투쟁으로 도입되었다.

– 건국헌법상의 자유민주주의

건국헌법은 그 전문에서 "民主主義 諸制度를 수립하여"라고 하고, 제1조에서 "대한민국은 민주공화국이다."라고 하여 민주주의가 국헌의 기본임을 표명하였고, 입헌주의·선거에 의한 국가기관 선출·기본권 보장·3권분립에 의한 정부구성 등을 정하여 자유민주주의 체제를 분명히 하였고, 재산권을 명확히 보장하였다(제15조).

다만 경제부문에서 "대한민국의 경제질서는 모든 국민에게 생활의 기본적 수요를 충족할 수 있게 하는 사회정의의 실현과 균형있는 국민경제의 발전을 기함을 기본으로 삼는다. 각인의 경제상 자유는 이 한계 내에서 보장된다(제84조). 광물 기타 중요한 지하자원·수산자원·수력과 경제상 이용할 수 있는 자연력은 국유로 하고 공공필요에 의하여 일정한 기간 그 개발 또는 이용을 특허하거

148) 권영성(1996), 「헌법학원론」, 법문사, 125면; 이인수(1995), "대한민국 건국의 정통화 과정에 대한 연구", 「사회과학논총」 제10권, 명지대학교 사회과학연구소, 96~127면.

149) 유진오는 건국헌법의 특징 첫 번째로 "균등사회의 수립을 기한 것(경제적 민주주의의 수립)"을 들고 정치적·법률적 민주주의뿐만 아니라 경제적·사회적·실질적으로 민주주의 국가를 수립하고자 하였다고 하고, 특히 타국에 유례가 없는 제18조 제2항의 노동자의 이익균점권 등 여러 복지적 조항과 경제조항에 관하여, "18, 19세기의 자유주의와 개인주의 만능시대에는 도저히 상상도 하지 못하는 규정"이라고 하였다(앞의 책, 10~11면). 그러나 전후 독일의 자유민주주의 헌법 제정에 관여하고 미군정청의 법률고문으로서 대한민국 건국에도 관여한 독일 정치학자이자 법률가였던 프랭켈(Ernst Fraenkel, 1898~1975)은 "한국을 공산주의자로부터 보호하고자 한다면 민주주의를 강화시키기 위한 적극적 조치를 취해야 한다"는 등 사회주의적 조항 삽입에 우려를 표하고 자유민주주의 지향을 강조하였다[문준영(2018), "미군정기 및 정부수립시기 에른스트 프랭켈의 지위와 역할", 「世界憲法硏究」 제24권 제1호, 세계헌법학회 한국학회, 77~122면; 崔京玉(2005), "美軍政下의 司法部와 制憲憲法의 成立過程－Ernst Frankel의 論評과 관련하여－", 「공법연구」 제34권 제2호, 한국공법학회, 117~142면; 이진일(2017), "해방공간을 살다간 한 독일 지식인의 민주주의 인식: 에른스트 프랭켈", 「사림」 제60호, 수선사학회, 433~476면]; 최종고(1982), 「한국의 서양법수용사」, 박영사; "특집 에른스트 프랭켈과 서울법대", 「Fides」 제8권(2019), 서울법대문우회, 특히 최종고, "에른스트 프랭켈의 발자취를 찾아서", 앞의 책, 100~112면 참조; Fraenkel Ernst(1999), 「Neuaufbau der Demokratie in Deutschland und Korea」, Nomos].

나 또는 특허를 취소함은 법률의 정하는 바에 의하여 행한다(제85조). 농지 분배(제86조), 중요한 운수 · 통신 · 금융 · 보험 · 전기 · 수리 · 수도 · 까스 및 공공성을 가진 기업의 국영 또는 공영, 그리고 대외 무역에 대한 국가통제(제87조), 국방상 또는 국민생활상 긴절한 필요에 의한 사영기업을 국유 또는 공유화(제88조), 사기업에서 근로자의 이익 분배 균점권 보장(제18조②항)" 등의 조항을 두었으나, 법률에 근거하게 하였다. 공산세력의 치열한 선전선동 공세가 있었던 당시의 정치적 상황을 고려할 때 그것이 자유민주주의 이외의 체제를 포함한 것이라고는 할 수 없다.[150)]

그러나 건국헌법은 바이마르 헌법이 히틀러에 의하여 유린되어 세계대전을 초래하는 결과로 된 점을 반성하여 독일이 2차대전 후에 방어적 자유민주주의 체제를 확립한 것을 충분히 반영하지 못하여, 자유와 민주의 남용으로 인한 정치적 불안정을 극복할 수 있는 수단을 갖추지 못하였는데, 그로 인한 폐단은 지금까지도 해결되지 못하고 있다.

3. 자유민주주의 수호와 발전

(1) 공산침략과 자유민주체제 수호

– 독립운동과 건국과정에서의 좌파의 방해

소련 공산당원이었던 이동휘는 1925. 3. 23.자 이승만의 임시정부 대통령직 파면과 박은식 임시 대통령 선출을 주도하였다. 주요 이유는 이승만이 1919. 3. 3.경 윌슨대통령에게 국제연맹이 조선에 대하여 위임통치를 해 줄 것을 요청하는 청원서를 보냈다는 것이었다.

그 청원서는 대한인국민회 중앙총회장 안창호의 지시에 의하여 1918년 11월 정한경이 초안한 것이었고, 김규식도 비슷한 청원서를 4월 5일 파리 강화회의에

150) 문지영은 이를 정치적 자유주의와 경제적 민주주의의 조화라고 하고 있으나[문지영(2019), "'자유민주적 기본질서'와 한국의 헌법이념 : 헌법전문개정의 쟁점을 중심으로", 「인간 · 환경 · 미래」 제23호, 인제대 인간환경미래연구원, 113면], 정치적 민주주의가 규정되어 있었음은 말할 것도 없고, 위 사회주의성 조항은 당시의 공산세력의 선동에 대한 대응에 기본취지가 있었던 것이었다 할 것이며, 유진오가 앞의 저서에서 '경제적 민주주의'를 건국헌법의 주요 특색으로 거론하였지만, 그 구체적 의미는 불명확한 것이었다.

제출하였는데, 이를 두고 이승만이 한미합방을 추진하였다고까지 비난한 것은 정당하지 아니하였다.

이동휘는 또한 만주지역 독립군을 소련에 복속시키려고 하다가 자유시 참변 사건 등을 야기하여, 독립군 대부분을 소멸시켰다.[151]

– 공산군의 6.25 침략에 대한 방어

북한에는 1948년 10월 소련군이 철수할 때까지 4개 보병사단과 기갑대대가 편성되었고, 1949. 3. 17.에는 소련과 북한 간에 조소군사비밀협정이, 3월 18일에는 중공과 상호방위조약이 체결되었다. 중공군 산하의 조선군 25,000명이 북한에 인도되어[152] 10개 사단 13만 명이 38선에 배치되었고, 10만 명의 예비군까지 후방에 조직되었다.

소련은 1949. 8. 29. 카자흐 세미팔라틴스크의 실험장에서 22kt급의 RDS-1 프로토늄탄 실험을 성공하였다. 마오쩌둥은 1945. 10. 10. 장제스와 쌍십협정(雙十協定)을 체결하였으나 바로 내전에 들어가 승리하고 1949. 10. 1. 천안문에서 중화인민공화국 수립을 선언하였으며, 장제스는 공산군에게 패퇴하여 1949. 12. 7. 타이베이로 천도하였다. 김일성은 그 경부터 소련에 남침계획을 제시하였다가 1950년 4월경 마오쩌둥의 지원을 조건으로 스탈린의 승인을 받았고, 내부적으로도 미리 남침계획과 필요한 행정적 대비를 완료하였다.[153]

---

151) 자유시는 러시아령 아무르 주 스보보드니 свобóдный /svobódnyj)로서, 1920년 2월 볼셰비키 적군(赤軍)이 백군(白軍)을 몰아내고 '알렉세옙스크(Алексеевск)'를 점령한 뒤 소비에트 정부가 해방구의 상징으로 삼기 위해 '자유로운'이라는 의미의 '스보보드니'로 개칭하였던 것인데, '자유시'로 번역하고 있다. '자유시 참변'은 1921.6.28. 자유시 인근인 수라젭카(Суражевка)에서 사할린 한인 부대 상당수를 소련 적군 편에 선 인민혁명군이 사살한 사건인데, 이후 김좌진 · 지청천 등 소수 탈출자 외에는 쌍방 대부분이 결국 시베리아에서 강제노동 등을 하다가 소멸되었다[신주백(2021), "자유시 참변 후 100년] 독립전쟁과 1921년 6월의 자유시 참변", 「지식의 지평」 제31호, 대우재단, 95~109면; 김익성(2020), "독립군 활동을 통해 본 우리의 대비 방향–자유시 참변 전개과정을 중심으로–", 「군사논단」 제104호, 한국군사학회 등].

152) 1949년 7월말 중국인민해방군 제166사단이 북한에 들어와 조선인민군 제6사단(사단장 방호산 1916~1959)으로 재편되었고, 8월에는 164사단이 들와와 인민군 제5사단으로 재편되었다[와다 하루키 저 남상구 · 조윤수 역(2023), 「한국전쟁전사」, 청아출판사, 98면]. 위 제6사단은 1950.8.2. 경 마산 부근 진동(鎭東) 지역에 도착하여 9월 14일까지 대한민국 최후 거점이었던 진해와 부산을 공략하기 위하여 유엔군 · 한국 해병대와 치열한 전투를 벌였는데, 당시 노무현 대통령의 장인 권오석(權五石 1921~1971)은 창원군 로동당 부위원장 · 반동 조사위원회 부위원장으로서 위 제6사단 지원과 양민학살을 주도하였다.

153) 앞의 책, 98~172면.

남한에 진주하였던 미군은 1949. 6. 29. 모두 철수하였고,[154] 1950년 1월 미국무장관 애치슨은 극동방어선에서 한국과 대만을 제외시킨다는 성명을 발표하였다. 당시 대한민국군은 약 10만이었으나, 장비가 빈약하였고, 절반가량이 후방에서 공산 게릴라 소탕에 종사하고 있었다.[155]

1950. 6. 25. 새벽 북한공산군은 38선 전역에서 전면 남침을 개시하였다. 전쟁 발발 소식을 접한 미국은 25일 유엔안전보장이사회를 긴급 소집하여 북한의 무력공격은 평화를 파괴하는 '침략행위'라고 선언하고, 북한의 전투행위 중지와 철군을 요청하는 결의를 채택하였고 유엔회원국에 한국지원을 요청하였다. 6월 27일 트루만 대통령은 미군의 한국군 지원을 명령하였다.[156] 같은 날 안전보장이사회는 유엔 회원국들에게 북한의 무력공격을 격퇴하고 국제 평화와 한반도의 안전을 회복하기 위하여 필요한 원조를 한국에 제공할 것을 내용으로 하는 권고문을 채택하였고, 28일에는 맥아더 원수가 내한하여 전선을 시찰하였다. 7월 7일에 안전보장이사회가 한반도에서의 유엔 군사활동을 위하여 유엔군사령부를 설치하고 미국에 최고지휘권을 위임하는 제84호 결의를 채택하여, 맥아더가 유엔군 총사령관에 임명되었고 유엔군 파견이 결정되었다. 순차로 영국 · 캐나다 · 오스트레일리아 · 뉴질랜드 · 프랑스 · 네델란드 · 벨기에 · 룩셈부르크 · 필리핀 · 터키 · 타일랜드 · 그리스 · 에티오피아 · 남아공 · 콜롬비아 등 16개국이 참전하였고, 이승만(李承晩) 대통령도 7월 14일 한국군의 지휘권을 유엔군사령부에 넘겼다.

9월 15일 유엔군이 인천에 상륙하였고, 28일 서울을 수복하여 이승만에게 인계하였다. 국군 3사단은 10월 1일 38선을 돌파하였고, 유엔군도 10월 7일자 북한지역 선거 등 조치권을 정한 유엔총회 376(V)호 결의[157]에 의하여 8일 북진을 개

154) 조이현(1996), "1948~1949년 주한미군의 철수와 주한미군사고문단(KMAG)의 활동", 「한국사론」 제35권, 서울대학교 국사학과, 265~328면.

155) 앞의 책, 173~188면.

156) 트루만 대통령은 전쟁발발보고를 받고 바로 "We've got to stop the sons of bitches no matter what(우리는 어떤 희생을 치루더라도 그 개자식들을 막아야 한다)"라고 대답한 것으로 알려져 있다.

157) 동 결의는 전 한반도에 걸친 안정 조건을 확보하고, 주권국가로서의 통일되고, 독립적이며 민주적인 한국정부를 구성하기 위한 총선 실시를 포함한 모든 조치를 취하기 위해 유엔군이 활동하도록 권고하였고, 또한 오스트레일리아 · 칠레 · 네덜란드 · 파키스탄 · 필리핀 · 태국 · 터키 7개국으로 구성되는 유엔한국통일부흥위원단(UNCURK, '부흥단'으로 약칭)도 설치하였다. 정일화(2014), 「휴전회담과 이승만」, 선한약속, 338면; Acheson, 「The Korean War」(W.W. Norton &.Company,

시하였다. 19일에는 국군이 평양을 점령하였고, 이승만은 29일 C47 미군 특별비행기로 평양으로 가 시청 앞 환영군중대회에서 70분간 훈화하고 돌아왔다.

유엔군 10군단이 28일 원산상륙을 마치고, 중공군의 개입을 저지할 목적으로 백두산 방면으로 진격하였으나, 영하 30도의 혹한에 미리 잠입하여 포진한 팽덕회 지휘의 중공군 제9병단 등 15만 명가량의 병력에 미해병 1사단 등 3만 명가량의 유엔군이 11월 26일부터 장진호 부근에서 포위공격을 당하여 큰 피해를 입었고, 12월 15일부터 24일까지 흥남부두에서 피난민 10만 명을 포함한 대규모 철수를 하였다. 북한군은 괴멸되었으므로, 이후의 전투는 대부분 중공군을 상대로 행해졌다.

12월 23일 미8군 사령관 워커(Walton Harris Walker, 1889~1950) 중장이 교통사고로 사망하였고, 1951. 1. 4. 서울을 중공군에게 내주었다가 3월 중순 수복하였다. 유엔군 사령관이 1951. 4. 11. 리지웨이(Matthew Bunker Ridgway, 1895~1993) 중장으로, 1952. 5. 12.에는 클라크(Mark Wayne Clark, 1896~1984) 대장으로 교체되었다. 1951. 4. 14, 리지웨이의 후임으로 미8군 사령관이 된 밴플리트(James Alward Van Fleet, 1892~1992)가 외아들을 잃는 희생까지 치르면서 용전하였고, 38도선 부근에서 장기간 전투가 계속되다가 1953. 7. 27. 유엔군과 북한 및 중공군 간에 정전협정이 체결되었다.[158] 국군 137,899명과 유엔군 37,902명이 사망하였고, 민간인 사망 실종자는 100만에 달하였으며 1,000만 명가량의 이산가족이 발생하였다. 북한군은 52만 명가량이 사망하였고, 중공군 사망은 마오쩌둥의 아들을 포함하여 40만에 이르렀다.

이승만 대통령은 정전협정에 반대하여 1953. 6. 18. 37,000명의 포로 중 반공포로 27,092명을 석방하였다. 1953. 10. 1. 한미간에 상호방위조약이 체결되었고, 1954. 11. 18. 조약 제34호로 발효되었으며, 이후 동 조약에 의하여 한국군의 현대화가 진행되었다.[159] 1954. 4. 26.부터 제네바에서 참전 19개국 대표간에

New York, 1971) 58면.

158) 대한민국은 정전협정에 서명하지 아니하였으나, 동 협정은 참전국가의 대표가 아니라(당시 미국은 중공은 국가로 승인하지 않고 있었다) 참전군대의 지휘관들이 서명하였는데, 대한민국을 주된 당사자로 하는 협정일 뿐만 아니라 대한민국 군대도 대표하였던 유엔군 사령관이 서명하였으므로, 대한민국도 협정의 당사자이다.

159) 동 조약 제4조 "상호적 합의에 의하여 미합중국의 육군, 해군과 공군을 대한민국의 영토내와 그

한국재통일을 위한 한반도 평화협정 등을 위한 회담이 벌어졌는데, 미국은 100명 · 중공은 200명 · 소련은 300명의 대표를 파견하였으나, 대한민국은 10명만 파견하였고, 1954. 7. 20. 베트남분단협약만 체결되고 한국전쟁에 관해서는 아무 결론없이 종결되었다.[160)]

6.25 전쟁이 북침 또는 미국의 남침유도로 발발하였다는 주장이 거짓이라는 점이 구 소련의 비밀문서 등에 의하여 명확히 된 오늘날에도, 유사한 주장을 하는 세력이 있지만 이것은 사실과는 매우 동떨어진 억지 주장이다.[161)]

– 정전 후의 북한의 각종 대남도발

북한은 1968. 1. 21.의 청와대 공격과 23일의 푸에블로호 납치 · 11월 2일의 울진삼척 무장공비 파견 · 1969년 대한항공 납북 · 남침땅굴 설치 · 1976. 8. 18.의 판문점 도끼만행 · 1983. 10. 9.의 아웅산 테러 · 1987. 11. 29. 대한항공 폭파 · 1996. 9. 18. 강릉 무장공비 파견 · 1999. 6. 15. 제1차 연평해전 · 2006. 10. 9. 이래 6차에 걸친 핵실험 · 2010. 3. 26. 천안함 폭파 · 2020. 6. 16. 남북연락사무소 폭파 · 수없는 미사일과 방사포 등 발사 · 무인기 파견 등 43만 건 이상의 정전협정 위반행위를 해왔고, 3,200회 이상의 군사도발도 자행하였다.[162)]

– 유엔군사령부(United Nations Command)의 변천

유엔은 국제연맹이 국제분쟁에 대한 실효적 제재방법을 갖추지 못한 결과 제

주변에 배치하는 권리를 대한민국은 이를 허락하고 미합중국은 이를 수락한다"라는 조항에 의하여 미군이 주둔하게 되었고, 이후 한민족 역사상 처음으로 한반도에서 전쟁이 억제되고 있다.

160) 오정현(2021), "1954년 제네바 정치회담과 한반도 국제관계: 전후 분단체제의 형성", 「통일정책연구」 제30권 제1호, 통일연구원, 1~30면.

161) 정경환(2010), "6.25전쟁의 기본성격과 그 의미에 관한 연구", 「통일전략」 제10권 제1호, 한국통일전략학회, 45~78면; 김재석(Zae Suk Kim, 2012), "Der Koreakrieg und Weltmachtsystem in der Sicht von Dr. Fraenkel", 「한독사회과학논총」 제22권 제4호, 한독사회과학회, 311~332면; 성낙인은 "강만길의 「해방전후사의 인식」에 6.25전쟁에 관하여 남침유도설 같은 미국 브루스 커밍스(Bruce Cumings)가 주장한 수정주의적 관점이 대거 수록되어 논란을 빚었지만 공산권 붕괴 후 구소련의 기밀문서가 공개되면서 남침설이 정설이 되었다."라고 한다[최종고 · 성낙인 · 김승욱 · 이헌환(2021), 「자유민주주의와 유기천의 자유사회론」, 법문사, 5면]. 프랑스에서도 북침설을 주장하였던 사르트르(Jean-Paul Sartre는 명예가 실추되었고, 남침을 주장하였던 레이몽 아롱(Raymond Claude Ferdinand Aron)의 「지식인의 아편(L'Opium des intellectuels,1955)」이 다시 주목을 받게 되었다.

162) 김재한(2013), "한반도 정전 60년, 실패한 정전협정 혹은 성공한 정전체제?", 「국가안보와 전략」 제13권 제2호, 국가안보전략연구원, 1~39면.

2차 세계대전이 발생하는 과정에서 아무런 역할도 하지 못하였던 것을 반성하여, 헌장에 "세계평화와 안전보장을 위해 평화를 깨뜨리고 타국을 침략 점령하려는 세력에 대한 집단무력행사를 강제할 수 있도록" 명시하였는데, 한국전쟁에 파견된 유엔군은 그 처음이었고, 그 후 소련과 중공의 무도한 거부권 행사로 인하여 사실상 마지막 군대가 되고 말았다.

정전협정 체결 후에도 한국유엔군사령부는 정전협정을 관리함으로써 전쟁을 억제하고, 유사시 다국적 전력을 제공함으로써 전쟁지속능력을 제공하는 임무를 수행하여 왔고, 이에 관하여 유엔 총회에서 14회, 경제사회이사회에서 8회의 결의로 유엔사의 지위를 확인한 바 있다.

한미간에 1978. 11. 7. 한미연합군사령부를 창설하고 한반도 방위임무를 유엔군사령부에서 한미연합군사령부로 이관하였으므로, 현재는 유엔사는 정전관리를 통한 전쟁 억제를 주 임무로 하고 있으나, 유사시 국제연합군의 동원과 일본에 위치한 7개 후방기지의 활용 등 여전히 중대한 권한과 책무를 보유하고 있다. 유엔군사령부는 도쿄에 위치하고 있었다가, 1957. 7. 1. 서울로 이전하였고, 지금은 평택에 위치하고 있다.

(2) 경제와 산업의 발전

– 경제발전

건국 초기의 한국경제 상황은 매우 암담하였다.

1948년 남한의 인구는 20,027,000명가량, 주요 경제지표는 국민총생산 1,330억원가량, 1인당 GNP는 6,657원(15 달러가량), 수출액 1,900억 달러였다.[163] 소득수준도 매우 낮았지만, 급격한 인구증가와 경제구조의 붕궤가 큰 문제였다.

미군정이 점령지역 내에서 1867년 개항 이후 일본과 일본인이 취득·보유한 공·사유재산 전부를 몰수하여, 총 경지의 12.3%, 전체 기업의 28%(생산액 기준 35%, 고용기준 40%) 등을 대한민국에 귀속시킨 것[164]은 큰 도움이 되었으나, 그

163) 구본호·이규억 외(1991), 「韓國經濟의 歷史的 照明」, 한국개발연구원, 129면; 1948년 10월의 「한미간 환금에 관한 잠정협정」 제5조에 따른 공정환율 1달러당 450圓으로 환산하면, 15달러도 되지 않는다(암거래 환율은 2배가량이나 되어 7달러 정도에 불과하다).

164) 최종고·성낙인·김승욱·이헌환(2021), 「자유민주주의와 유기천의 자유사회론」, 법문사, 183면;

것으로는 매우 부족하였다.

해방 후 일본 · 만주 · 북한 등지에서 온 귀향민과 피난민이 약 250만 명, 6.25 전쟁시의 월남인 150만 명 등 약400만 명의 사회적 인구증가가 발생하였다. 주로 북한에서 생산되는 화학비료의 공급중단으로 미곡생산은 9% 이상, 대맥생산은 48%나 감소하였고, 북측의 전력공급 중단 또한 1948년도의 공업생산이 1940년도의 21.1%에 불과하게 된 정도로 큰 지장을 주었다. 전반적으로 총독부가 설계하였던 엔블럭 경제권이 해체되었고, 남한 농업 · 북한 공업 위주로 하여 상보적으로 계획되었던 경제운용이 불가능하게 되었으며, 그 나마 6.25 전쟁으로 대부분이 파괴되어 버렸다. 1953년 서울의 도매물가지수는 1945년의 508배에 이르렀다.[165)]

이후 한국경제는 미국과 유엔으로부터 1961년까지 지원받은 총 31억 3,900만 달러의 원조에 크게 의존하였다.[166)]

이러한 사정은 5.16이 일어난 1961년에도 별 차이가 없었다. 인구가 25,402,000명가량으로 늘어났고, 제일모직(1954년) · 금성사(1958년) · 한국항공(1960년) 등 여러 기업이 발족하였지만, 국민총생산 2,290억원가량, 1인당 GNP 9,086원(17달러가량), 수출액 4,090만 달러에 불과하였다.[167)]

5.16 후의 경제개발로 경제가 급속도로 발전하였는데, 1977년 수출 100억불을 달성하였고, 1996년에는 1인당 GNP 10,543 달러가 되었다. 1967년 설립된 호남정유 등의 석유제품, 1968년 창립된 포항제철의 철강, 1969년 설립된 삼성전자공업 등의 전자제품 등과 1968. 2. 1. 착공해 1970. 6. 30.에 완공된 경부고속국도 등을 기초로 건설 · 조선 · 항공 · 방위산업 등 다양한 산업이 발전하여 2023년에

미군정청은 1945.12.6.의 군정법령 제33호로 모든 일본인의 재산처분을 동결하고 관리하다가 1948.8.15. 대한민국에 무상 이양하였다[공미희(2021), "해방직후 남한 거주 일본인의 귀환양상과 재산처리 과정 고찰", 「인문사회과학연구」 제22권 제1호, 부경대학교 인문사회과학연구소, 53-84면].

165) 위 「韓國經濟의 歷史的 照明」, 127~132면.

166) 위 「韓國經濟의 歷史的 照明」, 127~132면. 위 원조 액수는 6.25 전쟁 피해추정액 30억 3,200만 달러와 거의 같다고 되어 있다.

167) 위 「韓國經濟의 歷史的 照明」, 129면(1961년 인상된 환율 550원에 의함); 이태욱(1999). "분단 후 한국에서의 경제적 , 사회적 발전", 「시장경제연구」 제28권 제1호, 서강대학교 경제연구소, 15면에는 1961년의 1인당 GNP가 82달러였다가 1996년 10,543달러로 약 129배 증가하였다고 되어 있으나, 관련 기초자료는 표시되지 않았다.

는 무역규모 8,200억 달러로 세계 10위, 국민총생산 1조 8,700억 달러로 세계 12위에 이르렀고, 1인당 GNP 36,000달러 이상으로서 일본을 추월하였다.

이에 비하여 1970년대 초반까지도 각종 경제지표가 앞서 있았던 2023년 북한의 무역규모는 27억 7,000만 달러, 국민총생산은 300억 달러가량, 1인당 GNP는 1,200달러가량에 불과한데, 이러한 차이를 낸 가장 중요한 요인은 자유시장경제 체제와 재산권 보장이었다고 한다.[168)]

– 원자력 산업

1955년 미국과 '원자력 협정'을 체결하였고, 1956년 7월 미국원자력산업회의 의장 등을 역임한 시슬러(Walker Lee Cisler)를 초빙하여, 원자력 발전에 관한 자문을 받았고, 미국 아르곤연구소(Argonne National Laboratory)에 1,200명의 '원자력 유학생'을 보냈다.

1958년 2월 '원자력법'을 제정하고 문교부 기술교육국에 '원자력과'를 신설하였다. 1959년에는 '원자력원'과 '원자력연구소'를 설립하였고, 서울대와 한양대에 '원자력공학과'를 설치하였으며, 미국 제너럴아토믹(GA)사로부터 연구용 원자로도 도입하기로 약정하였는데 1962년 트리가 마크2(Triga MK.2)가 설치되었다.

1969년 원자력위원회에서 '원자력 연구개발 및 이용의 장기계획'(1972-1989)을 수립하였다. 1978년 고리 1호기 원자력발전소가 최초로 상업운전을 시작하였고, 1980년대에는 고리와 영광, 울진에 가압경수로가 건설되고 월성에는 캐나다로부터 중수로가 도입 건설되었다. 1987년 중수로핵연료와 경수로핵연료의 국산화가 완성되었고, 1995년에는 다목적 연구로인 '하나로'를 자력으로 건설하였다. 1,000MW의 한국표준형원전 'OPR1000'(Optimized Pressurized water Reactor, 후에 APR-1000으로 개량됨)이 개발되어 최초로 1998년, 1999년에 각각 한울 3·4호기가 건설되었고, 후에 'APR-1400'(Advanced Power Reactor-1400MW)이 개발되어 신고리 3·4호기가 건설되었으며, 2009년에는 아랍에미리트에 원전 4기

---

168) 신도철(2013), "번영과 발전을 위한 제도적 장치: 시장경제와 자유민주주의", 「월간 국회도서관」 제50권 제11호, 국회도서관, 18~25면; 신도철(2017), "한국의 새로운 국가전략: 좌파전략에서 우파전략으로," 최광 편저 「오래된 새로운 비전: 대한민국 바로 세우기」, 기파랑, 67~96면; 김승욱(2021), "한국 경제와 자유민주주의", 앞의 최종고 외3인, 「자유민주주의와 유기천의 자유사회론」, 174~176면.

수출을 하였다.

(3) 역대 헌법의 인권 보장

– 건국헌법의 인권조항

건국헌법은 기본권에 관하여 제8조 평등권 · 9조 신체의 자유 · 제10조 거주이전의 자유와 주거의 보호 · 제11조 통신비밀의 보호 · 제12조 신앙과 양심의 자유 · 제13조 언론 · 출판 · 집회 · 결사의 자유 · 제14조 학문과 예술의 자유 · 제15조 재산권의 보장 · 제16조 교육받을 권리 · 제17조 근로의 권리와 의무 · 제18조 근로자의 단결 · 단체교섭 · 단체행동의 자유와 이익분점권 · 제19조 생활무능력자에 대한 국가의 보호 · 제20조 혼인에서의 남녀동권과 혼인의 순결과 가족의 건강에 대한 국가의 보호 · 제21조 청원권 · 제22조 법관과 법률에 의한 재판을 받을 권리 · 제23조 죄형법정주의 · 제24조 형사공개재판을 받을 권리와 형사보상청구권 · 제25조 선거권 · 제26조 공무담임권 · 제27조 공무원의 지위와 국가공공단체의 손해배상책임 · 제28조 지유와 권리에 대한 법률유보 · 제29조 납세의 의무 · 제30조 국방의 의무를 규정하였다.

건국헌법의 위 조항들은 제2공화국의 제4차 개정 제5호 헌법까지 그대로 유지되었으나, 1960. 6. 15.의 제3차 개정에서, 아래와 같이 내용 일부가 개정되었다.

제13조는 “모든 국민은 법률에 의하지 아니하고는 언론, 출판, 집회, 결사의 자유를 제한받지 아니한다”에서 “모든 국민은 언론, 출판의 자유와 집회, 결사의 자유를 제한받지 아니한다. 정당은 법률의 정하는 바에 의하여 국가의 보호를 받는다. 단, 정당의 목적이나 활동이 헌법의 민주적 기본질서에 위배될 때에는 정부가 대통령의 승인을 얻어 소추하고 헌법재판소가 판결로써 그 정당의 해산을 명한다.”로 전문 개정되었다.

제10조 거주이전의 자유와 주거의 보호 및 제11조 통신비밀의 보호 조항에서는 “법률에 의하지 아니하고는”이라는 문구가 삭제되었고 제28조 법률유보 조항의 제2항에는 “단, 그 제한은 자유와 권리의 본질적인 내용을 훼손하여서는 아니되며 언론, 출판에 대한 허가나 검열과 집회, 결사에 대한 허가를 규정할 수 없다.”가 추가되었다.

제25조 선거권 조항에는 "20세에 달하면"이 추가되었고, 제27조 공무원의 지위 조항에는 "② 공무원의 정치적 중립성과 신분은 법률의 정하는 바에 의하여 보장된다."가 추가되었다.

– 제5차 개정 헌법의 인권 보장

기본권 조항은 1962. 12. 26. 공포된 제5차 개정 제6호 헌법 세칭 제3공화국 헌법에서 대폭 변경되었다.

기본권과 국민의 의무에 관한 조항은 2개 조항이 증가되어 제9조로부터 제34조까지 배치되었다.

제9조 인간의 존엄과 국가의 기본권 보장의무 조항이 신설되었고, 정당해산에 관한 부분은 신설된 제7조 정당조항으로 이전되었다.

제10조 신체의 자유 조항에 변호인의 조력을 받을 권리 · 구속적부심사 청구권 · 자백에 대한 증거제한 등 형사절차상의 기본권이 대폭 강화되었고, 제24조 재판청구권 조항에 군법회의의 예외적 재판권도 새로 규정되었다. 제14조로 직업선택의 자유 조항이 신설되었고, 거주 이전의 자유는 제13조로, 주거에 대한 보호는 제15조로 분리되었고, 신앙의 자유는 제16조 종교의 자유로 변경되었으며, 양심의 자유는 제17조로 분리되었다. 언론 · 출판 · 집회 · 결사의 자유도 허가나 검열을 제한하는 등 보강되었다(제18조).

제19조 생활무능력자 보호에 관한 조항은 제30조 인간다운 생활을 할 권리와 사회보장증진 조항으로 대폭 강화되었고, 혼인에 관하여는 남녀동권 문구를 빼고 "모든 국민은 혼인의 순결과 보건에 관하여 국가의 보호를 받는다"로 되었다(제31조).

법률의 범위 내에서 보장되었던 "근로자의 단결, 단체교섭과 단체행동의 자유"가 헌법적 단결권 · 단체교섭권 · 단체행동권으로 크게 변경되었다(제31조). 다만, 단체행동권의 행사는 법률이 정하는 바에 의하고, 공무원인 근로자는 법률로 인정된 자를 제외하고는 단결권 · 단체교섭권 · 단체행동권을 가질 수 없는 것으로 되었다.

교육에 관하여 교육의 자주성과 정치적 중립성 보장 조항이 신설되었다(제27

조 제4항).

– 제8차 개정헌법의 인권 보장

1980. 10. 27. 공포된 제8차 개정 제9호 헌법 세칭 제5공화국 헌법에서도 기본권이 확충되었다.

기본권과 국민의 의무에 관한 조항은 3개 조항이 증가되어 제9조로부터 제37조까지 배치되었다.

제9조에 인간의 존엄과 가치 외에 행복추구권[169]이 추가되었고, 기본권 보호의무의 표현도 "국가는 국민의 기본적 인권을 최대한으로 보장할 의무를 진다."에서 "국가는 개인이 가지는 불가침의 기본적 인권을 확인하고 이를 보장할 의무를 진다."로 강화되었다.

"언론 · 출판에 대한 허가나 검열과 집회 · 결사에 대한 허가는 인정되지 아니한다."라는 조항(제18조 제2항)과 환경권(제33조) · 평생교육 진흥의무(제29조 제5항)도 신설되었다.

혼인과 가족생활은 "개인의 존엄과 양성의 평등을 기초로 성립되고 유지되어야 한다"라고 변경되었다(제34조).

– 현행 헌법의 인권 보장

1987. 10. 29. 공포된 현행 헌법은 기본권을 더욱 확충하였다.

선거권자 연령을 법률에 위임하였고(제24조), 타인의 범죄행위로 인하여 생명 · 신체에 대한 피해를 받은 국민의 국가에 대한 구조요청권을 신설하였으며(제30조), 교육에 관하여는 자주성과 정치적 중립성 외에도 전문성과 대학의 자율성도 보장하였다(제31조 제4항).

형사피해자의 재판절차 진술권(제27조 제5항), 국가유공자 · 상이군경 · 전몰군경의 유가족이 우선적으로 근로의 기회를 부여받을 권리(제31조 제6항)도 신설되었다.

혼인과 가족에 관하여는 "① 혼인과 가족생활은 개인의 존엄과 양성의 평등을

169) 행복추구권에 관하여는 현행 헌법의 헌법재판소에서 2021. 2. 25.까지 1,331건에 달하는 헌법쟁송이 발생하였고, 다수의 기소유예처분이 행복추구권 침해를 이유로 취소되었다.

기초로 성립되고 유지되어야 하며, 국가는 이를 보장한다. ② 국가는 모성의 보호를 위하여 노력하여야 한다." 등으로 변경되었다(제36조).

근로자의 단체행동권의 행사에 관하여 "법률이 정하는 바에 의하도록" 되어 있었던 것을 삭제하고, 다만 법률이 정하는 주요방위산업체에 종사하는 근로자의 단체행동권은 법률이 정하는 바에 의하여 이를 제한하거나 인정하지 아니할 수 있게 하였다(제33조).

(4) 역대 헌법의 재산권 보장과 경제조항

현행 헌법 제23조는 "① 모든 국민의 재산권은 보장된다. 그 내용과 한계는 법률로 정한다. ② 재산권의 행사는 공공복리에 적합하도록 하여야 한다. ③ 공공필요에 의한 재산권의 수용·사용·제한 및 그에 대한 보상은 법률로써 하되, 정당한 보상을 지급하여야 한다."라고 규정하고 있는데, 역대 헌법이 대체로 동일하고, "정당한 보상" 문구는 1963년의 제5차 개정헌법(제6호 헌법)에서도 사용되었다.

경제에 관하여는 건국헌법 제84조의 "대한민국의 경제질서는 모든 국민에게 생활의 기본적 수요를 충족할 수 있게 하는 사회정의의 실현과 균형있는 국민경제의 발전을 기함을 기본으로 삼는다. 각인의 경제상 자유는 이 한계 내에서 보장된다"를 1962년의 개정에서 "제111조 ① 대한민국의 경제질서는 개인의 경제상의 자유와 창의를 존중함을 기본으로 한다. ② 국가는 모든 국민에게 생활의 기본적 수요를 충족시키는 사회정의의 실현과 균형있는 국민경제의 발전을 위하여 필요한 범위 안에서 경제에 관한 규제와 조정을 한다."로 개정하였다가, 현행 헌법에서 제2항이 "국가는 균형있는 국민경제의 성장 및 안정과 적정한 소득의 분배를 유지하고, 시장의 지배와 경제력의 남용을 방지하며, 경제주체간의 조화를 통한 경제의 민주화를 위하여 경제에 관한 규제와 조정을 할 수 있다"로 개정되었다. "경제의 민주화"는 재산권보장과 자유경제 원칙을 전제한 것이고, 사회주의 경제체제와의 혼합을 의미하는 것은 아니다.[170]

170) 김용섭(2018), "헌법 제119조의 경제질서와 경제민주화에 대한 법적쟁점", 「법학연구」 제55호, 전북대 법학연구소, 1~32면; 곽관훈(2015), "경제민주화에 대한 재검토와 법적 과제", 「법학연구」 제43호, 전북대 법학연구소, 1~26면; 김상조(2012), "경제민주화의 의미와 과제", 「경제와 사회」

광물 등의 국유 부분(제헌헌법 제87조)은 제3호 헌법에서 "제85조 광물 기타 중요한 지하자원, 수산자원, 수력과 경제상 이용할 수 있는 자연력은 법률이 정하는 바에 의하여 일정한 기간 그 채취, 개발 또는 이용을 특허할 수 있다."로 개정된 뒤 변경이 없고, 무역의 국가 통제 부분(제헌 헌법 제87조 후단)은 제3호 헌법에서 "대외무역은 법률의 정하는 바에 의하여 국가의 통제하에 둔다."로 되었다가 1962년 "국가는 대외무역을 육성하며 이를 규제 · 조정할 수 있다(제116조)."로 개정된 뒤 변경이 없으며, 농지분배 부분은 1962년에 "제113조 농지의 소작제도는 법률이 정하는 바에 의하여 금지된다(제115조)."로 개정되어 현재에 이르고 있다.

제헌 헌법 제18조의 이익 균점 조항은 1962년 개정에서 삭제되었고, 같은 개정에서 농지와 산지의 효율적 이용을 위한 제한 등(제114조) · 농어민 중소기업의 협동조합 조항(제116조) · 경제과학심의회의 조항(제118조)이 신설되어 현행헌법에 이르고 있다.

(5) 역대헌법의 권력구조

건국헌법의 단원제 국회와 국무총리를 둔 정부대통령제는 이후 여러 차례 변경되었다.

1952년의 제1차 개헌에서 국회는 민의원과 참의원 양원으로, 대통령과 부통령은 직선하도록 변경되었고, 1954년의 제2차 개헌에서는 중임제한이 철폐되고, 대통령 유고시 부통령이 자동 승계하게 되었으며, 국무총리제는 폐지되었다.

4.19 후 1960년 6월의 제3차 개헌에서는 내각제가 채택되어 임기 5년의 대통령은 양원합동회의에서 선출하고, 정부는 대통령의 지명과 민의원의 동의로 선출되는 국무총리가 장악하도록 변경되었고 중앙선거위원회와 헌법재판소가 신설되었고, 대법원장과 대법관을 선거인단이 선출하고 대통령이 확인하는 것으로 변경되었다. 중앙선거위원회는 대법관 중에서 호선한 3인과 정당에서 추천한 6

제96권, 비판사회학회, 112~140면; 민경국(2012), "경제민주화의 역사적 고찰: 독일을 중심으로", 「한국경제연구원 세미나자료」 제12권 제10호, 한국경제연구원, 2~13면; 장용근(2012), "경제민주화에 대한 헌법변천사 및 헌법적 의미", 「한국경제연구원 세미나자료」 제12권 제11호, 한국경제연구원, 3~13면.

인의 위원으로 조직하고 위원장은 대법관인 위원 중에서 호선하게 하였고, 1960년 6월 15일 제정 시행된 '대법원장 및 대법관선거법'은 법관 50인과 법관자격이 있는 법관 아닌 자 50인 총 100인으로 구성된 선거단인이 대법원장과 대법관을 선거로 선출하는 것으로 정하였다. 헌법재판소 심판관은 대통령 · 대법원 · 참의원이 각 3인씩 선임하게 하였다.

5.16 후 1963년 12월에 국민투표로 확정된 제5차 개정헌법에서는 국회는 단원제로 되었고, 행정권은 대통령 중심제로 하되 대통령이 임명하는 국무총리가 국무위원을 추천하게 되었다. 감사원을 신설하였고, 헌법재판업무는 대법원에 이관하고 헌법재판소를 폐지하였다.

1972년 12월에 국민투표로 확정된 유신헌법에서는 통일주체국민회의를 두어 국회의원의 1/3을 선출하게 하였고, 대통령과 국회의원의 임기가 6년으로 되었다. 헌법위원회를 신설하였다.

1980년 10월의 제8차 개정 세칭 제5공화국헌법에서는 통일주체국민회의를 폐지하였고, 국회의원의 임기는 4년, 대통령은 선거인단이 선출하고 임기는 7년 단임으로 하였다. 국무총리의 임명에 국회의 동의를 거치도록 하였다.

6.29 후 1987년 10월에 개정된 현행헌법에서는 대통령의 국회해산권이 폐지되었고, 대통령은 직선하고 임기는 5년 단임으로 되었으며, 헌법재판소가 다시 설치되었다.

제7장

자유민주주의 무엇이며 왜 어떻게 지킬 것인가?

1. 민주주의 · 자유민주주의 무엇인가?
2. 자유민주주의 개념에 대한 왜곡
3. 왜 자유민주주의인가?
4. 자유민주주의 어떻게 지키고, 발전시킬 것인가?

제 7 장

자유민주주의 무엇이며 왜 어떻게 지킬 것인가?

1. 민주주의 · 자유민주주의 무엇인가?

(1) '민주주의'의 개념

민주주의라는 말은 희랍어 demos(국민)와 kratein(지배)의 합성어 'Damokratie'에서 유래한 것으로서, 일반적으로 군주나 귀족이 아니라 전체국민이 통치하는 정치형태를 의미한다고 일컬어지고 있다.

그러나 전체국민의 통치라고 하는 것은 모호한 개념으로서 외세의 침략이나 절대 독재와 같이 국민 일반의 공적이 존재하는 때에 항의적으로 사용되는 경우를 제외하고는 현실적으로는 그 의미 내용이 명백하지 못하여 그 내용과 평가에 관하여 견해차를 초래하는 실정에 있는 것도 사실일 것이다. 민주주의의 구체적 의미에 관하여는 "국가기관인 전체국민이 국가권력을 가지는 통치형태", "소위 총의, 국민적 합의 등 국민의 통일된 전체의사에 개별 국민이 복종함으로써 치자와 피치자가 동일하게 되는 통치형태", "다수결 원칙에 의한 다수의 지배형태" 등으로 설명하는 견해도 있었으나, 근자에 와서는 "사랑 · 관용 · 신의칙 · 책임감 · 대아적 자세 · 순수성 · 사리사욕을 구별할 줄 아는 생활태도 · 협상의 자세 등 일정한 윤리적 · 도덕적 생활태도에 입각하여, 국민주권 · 자유 · 평등 및 정의의 실현 등 인간존엄의 보장을 가치의 핵으로 삼아 권력을 행사하고, 국민의 참여로 권력을 형성하며 권력창설과 행사의 최종적 정당성을 국민의 일반적 승인에서 구하는 통치형태"라고 보는 견해가 유력하다.[1)]

---

1) 구상진(1988), "법원의 독립 · 검찰의 중립과 민주화", 「대한변호사회지」 제148호, 대한변호사회, 22면.

즉 민주주의는 다수결이라는 절차만을 의미하는 것이 아니고, 일정한 인간관 · 국가관 · 세계관을 토대로 하는 "선한 사람들의 공동체"[2]를 위한 실질적 가치지향적 정치체제로서, 대체로 개개 인간의 존엄과 가치를 기본 전제로 하고, 그러한 개인의 동의와 참여를 근거로 하고 권력의 행사를 제한하는 지배형태를 말하는 것이다.

이와 같이 볼 때 인민민주주의 · 사회민주주의 등 그 이름에 민주주의를 표방한 정치체제라고 하더라도 개개인의 존엄과 가치가 아니라 특정 계급 기타 특정 집단의 이익이나 견해를 근거로 하거나, 개개 인간의 존엄과 가치와는 별개인 다른 가치체계를 근거로 하는 지배체제라면 이것은 결코 민주주의일 수 없다.[3]

현실 정치형태로서의 민주주의는 고대 아테네에서 시행되었던 정치의 일부, 그리고 근세 시민혁명 이후 영국 · 미국 · 프랑스 · 독일에서 각각 다른 경로를 통하여 형성된 정치제도에서 공통되는 정치원리를 의미하는 것으로 보아야 할 것이고, 결국 자유민주주의만이 진정한 민주주의라 할 것이다.[4]

(2) 영미의 '자유민주주의' 개념

미국 헌법에는 '자유민주주의(liberal democracy)'는 물론이고, '민주주의(democracy)'라는 어휘도 사용되고 있지 않다. 영미 법학에서도 '자유민주주의(liberal democracy)'의 용어를 사용하는 경우는 흔하지 않으나, 냉전시대에 구소련 등이 민주주의를 참칭하여 혼란을 야기하였기 때문에 서구의 정통민주주의 즉 'western democracy'를 표현하는 말로 사용하게 되었다.

미국의 정치학교수 래리는 민주주의의 요소를 1. 자유롭고 공정한 선거에 의한 정부의 선출과 교체, 2. 정치적 시민적 생활에서의 시민의 적극적 참여, 3.

---

2) 최종고 · 성낙인 · 김승욱 · 이헌환(2021), 「자유민주주의와 유기천의 자유사회론」, 법문사, 74~76면.

3) 성낙인은 "프랑스의 정치학 및 헌법학 기본서는 개별국가의 헌정체제를 자유민주주의 체제와 권위주의 체제(전제주의 체체 포함)로 분류한다."라고 하고 권위주의체제로 마르크스 사회주의체제, 파시스트 체제 및 개발도상국의 제3세계 신대통령제를 들고 있다(앞의 「자유민주주의와 유기천의 자유사회론」, 43면); 미국의 전복활동방지법은 공산주의 체제를 "공산주의자 전체주의 독재체제(Communist totalitarian dictatorship)"로 규정하고 있다(같은 법 제1조 등).

4) 이진우(2019), "민주주의는 자유민주주의다", 「철학과현실」, 철학문화연구소, 131~145면.

모든 시민의 인권 보호, 4. 모든 시민에게 동등한 법과 절차를 적용하는 법의 지배로 들고 있고, 자유민주주의는 민주주의의 발전형태로서 ① 개인을 위한 신앙·의견·논의·언론·출판·방송·집회·시위·청원 그리고 인터넷의 실질적 자유, ② 민족·종교·인종, 그리고 기타 소수파 집단들이 그들의 종교를 신봉하고 문화를 실천하며 차별없이 대등하게 정치적 및 사회적 삶에 참여할 수 있는 자유, ③ 모든 성년 시민들이 (일정한 최저연령과 자격조건들을 충족하는 경우) 투표하고 선출직에 입후보할 수 있는 권리, ④ 선거분야에서 합헌원칙에 따르는 어떠한 집단도 정당을 창당하고 민선관직의 경쟁을 할 수 있게 하는 순수한 개방성과 경쟁, ⑤ 법치에 따른 모든 시민들의 법적인 평등, ⑥ 불편부당으로, 그리고 일관되게 법을 적용하고 개인과 집단의 권리를 보호하는 독립적인 사법부, ⑦ 이렇게 해서 법의 합당한 절차와 국가나 국가 아닌 행위자에 의한 고문·테러·부당한 구금·추방 또는 개개인 생활에 대한 간섭으로부터의 자유, ⑧ 독립적인 입법부·법 시스템 그리고 기타 자율적인 기관들이 민선관직자들의 권력을 제도적으로 견제, ⑨ 국가에서 독립한 정보원(源)과 조직체들의 실질적인 다원주의, 이렇게 해서 활력있는 '시민사회', ⑩ 궁극적으로 선거를 통해 국민에게 책무를 지는 민간인들에 대한 대(對) 군부 및 국가안보기구의 통제 등을 그 요소로 하는 것으로 설명하고 있는데,[5] 민주주의 개념과 본질적 차이가 있는 개념이라고 할 수는 없다.

(3) 독일 헌법의 '자유민주적 기본질서'

'자유민주주의'라는 법적 개념은 전후 독일의 기본법에서 '자유민주적 기본질서(Die freiheitliche demokratische Grundordnung)'로 처음 등장하였다는 점과 그 의미는 "모든 폭력적 지배 및 자의적 지배를 배제하면서 그때 그때의 다수 의사에 의한 국민의 자결과 자유와 평등에 기초하는 법치국가적 지배질서로서, 기본법에 구체화되어 있는 인권, 특히 인격권, 곧 생명권 및 인격의 자유로운 발현권의 존중·국민주권·권력분립·정부의 책임성·행정의 법률적합성·사법의

5) Larry Diamond, 김지운 역(2009), 「*The Spirit of Democracy* – 민주주의 선진화의 길」, 광림북하우스, 23면.

독립성 · 복수정당제 원리 및 합헌적인 야당 형성권을 포함한 모든 정당에 대한 기회균등 등을 최소한의 기본원리로 하는 질서"라고 해석되고 있다는 점, 그리고 자유민주주의는 라드부르흐의 가치상대주의 기조 위에서[6] 정치와 사상의 자유를 절대적으로 보장하려 하였던 바이마르 헌법체제에서 나치와 공산주의자들의 횡포를 뼈저리게 경험한 독일인들이 2차대전 후에 헌법질서를 재정비하면서 다시는 "양의 탈을 쓴 늑대"에게 민주체제를 파괴당하는 일이 없도록 하기 위하여, 민주주의 파괴세력에 대하여는 관용하지 않고 방어하기로 원칙을 변경하면서 도입한 새로운 개념으로서, 방어적 민주주의 또는 투쟁적 민주주의로도 불리고 있고, 종래의 민주주의 개념에 민주주의 파괴활동에 대한 규제원칙과 규제장치를 추가한 개념이다.

독일의 기본법에는 ① '자유민주적 기본질서'에 반하는 개정의 금지(제79조 제3항), ② '자유민주적 기본질서'를 공격하는 자의 기본권 상실(제18조), ③ '자유민주적 기본질서' 침해 정당(제21조), 단체(제9조 제2항)에 대한 위헌선언과 금지, ④ '자유민주적 기본질서' 방어를 위한 기본권 제한(제10조 제2항, 제11조 제2항), ⑤ '자유민주적 기본질서' 방어를 위한 무력사용 등(제87a조 제4항, 제91조) 등이 정해져 있을 뿐만 아니라 ⑥ 최종적으로 헌법질서 침해에 대한 국민의 저항권(제20조 제4항)까지 명시되어 있다. 또한 독일 형법은 위헌 선언된 정당에 관하여 제84조(위헌정당유지) · 제85조(결사금지위반) · 제86조(위헌조직 선전물 반포) · 제86조a(위헌조직 표시 사용) 등의 조항을 두어 처벌하고 있고, 엄격한 단체법의 규제조항도 두고 있다.

독일 기본법상 '자유민주적 기본질서'의 구체적 내용은 여러 조항에 걸쳐 표

---

6) 라드브루흐에 대하여는 자유 중심의 개인주의적 법질서, 국민 중심의 전체주의적 법질서 그리고 문화 중심의 가치주의적 법질서 중 어느 것이 절대적으로 타당하다고 할 수 없고 "무엇이 정당한 것인가를 아무도 확인할 수 없다면 누군가 확정하지 않으면 안된다"는 입장을 취하여 바이마르공화국의 법질서가 나치의 전체주의 체제에 의하여 파괴되도록 방치하였다는 비판이 있었는데[심헌섭(1982), 「법철학」, 법문사, 84면; 구스타브 라드브루흐 저 최종고 역(2007), 「법철학」, 삼영사, 87~116면], 그는 전후에 "법적 안정성도 정의에 참을 수 없을 정도로 모순될 때는 예외로 후퇴되어야 하고, 인권의 절대적 부정은... 절대적 불법이다"(심헌섭, 앞의 책, 85면), "부정의함과 유해함 때문에 효력이 박탈당해야만 하는 법이 있을 수 있고, 법률도 자연법 · 이성법에 반하면 그 효력을 잃는다"라고 견해를 변경하여[박은정(1989), 「라드브루흐의 법철학」, 문학과지성사, 260~261면] 방어적 민주주의의 이론적 기초를 제공한 것으로 알려져 있다.

현되어 있으나, 제1조의 "인간의 존엄성은 침해되지 아니한다. 모든 국가권력은 이 존엄성을 존중하고 보호할 의무를 진다(제1항), 그러므로 독일 국민은 이 불가침·불가양의 인권을 세계의 모든 인류공동체, 평화 및 정의의 기초로 인정한다(제2항), 다음에 열거하는 기본권은 직접 적용되는 법으로서 입법권·행정권을 구속한다(제3항)"와 제20조의 "모든 국가권력은 국민으로부터 나온다(제1항) 국가권력은 국민에 의하여 선거와 투표로, 그리고 입법·행정·사법의 특별 기관을 통하여 행사된다(제2항), 입법은 헌법질서에, 행정 및 사법은 법률 및 권리에 구속된다(제3항)"가 핵심 조항이다.

그 밖에 독일 형법 제92조 제2항은 독일형법에서의 '헌법상 제원칙'을 "1. 선거와 투표를 통하여 또는 입법부·행정부·사법부의 특별기관에 의하여 국가권력을 행사하고 보통·직접·자유·평등 및 비밀 선거에 의하여 국민의 대표를 선출할 국민의 권리, 2. 입법부의 헌법질서에의 기속·행정부 및 사법부의 법률에의 기속, 3. 야당의 조직 및 그 활동수행에 관한 권리, 4. 정부의 해산 가능성[7]과 국민대표에 대한 책임, 5. 법원의 독립, 6. 모든 폭력적·자의적 지배의 배제"로 열거하고 있다.

(4) 대한민국 헌법·법률상의 '자유민주적 기본질서'

– 역대 헌법상 '자유민주적 기본질서'의 문언

'민주적 기본질서'의 용어는 1960년의 제3차 개정 제4호 헌법에서 "정당의 목적이나 활동이 헌법의 민주적 기본질서에 위배될 때에는 정부가 대통령의 승인을 얻어 소추하고 헌법재판소가 판결로써 그 정당의 해산을 명한다"(제13조)를 신설하여 처음 도입하였고 현행 헌법은 제8조 제4항에서 "정당의 목적이나 활동이 민주적 기본질서에 위배될 때에는 정부는 헌법재판소에 그 해산을 제소할 수 있고, 정당은 헌법재판소의 심판에 의하여 해산된다"로 하고 있다.

1972년 제7차 개정 소위 유신헌법 전문에서 "조국의 평화적 통일의 역사적 사명에 입각하여 '자유민주적 기본질서'를 더욱 공고히 하는 새로운 민주공화국

---

7) 독일의 정부형태는 대한민국과 달리 내각책임제이어서, 국회의 불신임으로 총리를 해임할 수 있고, 대통령은 국회를 해산하고 총선거를 실시할 수도 있다(독일기본법 제67조, 제68조).

을 건설함에 있어서"라고 '자유민주적 기본질서'의 용어를 처음 도입하였고, 현행 헌법 전문에는 "자율과 조화를 바탕으로 자유민주적 기본질서를 더욱 확고히 하여"로 되어 있다. 또한 현행 제10호 헌법은 제4조로 "…(전략)… 자유민주적 기본질서에 입각한 평화적 통일 정책을 수립하고 이를 추진한다"라는 새로운 조항을 두었다.

3차 개정에서 민주적 기본질서의 용어를 도입한 취지는 독일이 '방어적 민주주의'의 일부로서 나치 정당과 같은 '민주주의의 적'이 민주적인 절차를 통해 정권을 잡는 것을 방지하겠다는 의도로 정당해산제도를 도입한 것과는 다르게, 자유당 정부에서 1958. 2. 25. 공보실의 결정만으로 조봉암의 진보당의 등록을 취소했던 사례의 재발을 방지하려는 데에 있었다고 한다.

그러한 연유 때문인지 독일이 '자유민주적 기본질서' 개념을 도입하면서 그 침해에 대한 법적 방어장치를 완비하여 공산주의 파괴활동 등 적대세력을 철저히 제지하였던 것에 비하여 볼 때 대한민국 헌법과 형벌법의 방어체제는 매우 완만 미약하다.

– 법률상의 '자유민주적 기본질서'

국가보안법 제2조 제1항의 '국가 변란'의 개념에는 자유민주적 기본질서의 침해가 포함된다 할 것이고,[8] 제5조(자진지원 · 금품수수) 제2항 · 제6조(잠입 · 탈출) 제1항 · 제7조(찬양 · 고무등) 제1항 · 제8조(회합 · 통신등) 제1항 등에는 "자유민주적 기본질서를 위태롭게 한다는 정을 알면서"라는 주관적 구성요건이 명시되어 있다. '통일교육지원법'에는 "'통일교육'이란 자유민주주의에 대한 신념과 민족공동체의식 및 건전한 안보관을 바탕으로 통일을 이룩하는 데 필요한 가치관과 태도를 기르도록 하기 위한 교육을 말한다(제2조 제1호), 통일교육은 자유민주적 기본질서를 수호하고 평화적 통일을 지향하여야 한다(제3조 제1항), 통일부장관은 통일교육을 하는 자가 자유민주적 기본질서를 침해하는 내용으로 통일교육을

8) 국가보안법 1조에서 말하는 「국가를 변란」한다 함은 자유민주주의에 입각한 헌법상의 제도, 즉 국가형태에 관한 규정, 주권의 소재에 관한 규정, 권력의 분립에 관한 규정, 의회제도에 관한 규정 등으로 표상된 대한민국의 정치적 기본조직을 불법으로 파괴하는 것을 의미한다고 해석하는 것이 타당하다(대법원 1966.4.21. 선고 66도152 국가보안법위반 · 반란예비음모 사건 판결 중 반대의견).

하였을 때에는 시정을 요구하거나 수사기관 등에 고발하여야 한다(제11조).”라고 규정되어 있다.

그 외에 ‘민주화운동 관련자 명예회복 및 보상 등에 관한 법률’ 제2조 제호에 ‘민주화운동’을 “1964. 3. 24. 이후 ‘자유민주적 기본질서’를 문란하게 하고 헌법에 보장된 국민의 기본권을 침해한 권위주의적 통치에 항거하여 헌법이 지향하는 이념 및 가치의 실현과 민주헌정질서의 확립에 기여하고 국민의 자유와 권리를 회복·신장시킨 활동을 말한다”라고 정의한 부분 등 맥락을 달리하는 입법도 있다.

– ‘자유민주적 기본질서’의 내용

헌법재판소는 “자유민주적 기본질서에 위해를 준다 함은 모든 폭력적 지배와 자의적 지배 즉 반국가단체의 일인독재 내지 일당독재를 배제하고 다수 의사에 의한 국민 자치·자유·평등의 기본원칙에 의한 법치주의적 통치질서의 유지를 어렵게 만드는 것으로서 구체적으로는 기본적 인권 존중·권력분립·의회제도·복수정당제도·선거제도·사유재산과 시장경제를 골간으로 한 경제질서 및 사법권의 독립 등 우리의 내부체재를 파괴·변혁시키려는 것이다.”라고 함으로써 자유민주적 기본질서의 내용을 명시하였고,[9] 그 결정은 계속 유지되고 있다.[10]

– ‘민주적 기본질서’와 ‘자유민주적 기본질서’의 관계

헌법재판소는 헌법 제8조 제4항의 ‘민주적 기본질서’에 대하여, “개인의 자율

9) 헌법재판소 1990.4.2. 선고 89헌가113 전원재판부, 국가보안법제7조에대한위헌심판 사건 결정.

10) 헌법재판소 2005.11.24. 선고 2004헌가28 결정; 동 2008.4.24. 선고 2006헌바43,44 결정; 동 2008.5.29. 선고 2005헌마1173 결정; 동 2013.3.21. 선고 2010헌바70,132,170(병합) 결정; 동 2013.3.21. 선고 2010헌바70,132,170(병합) 결정; 동 2015.4.30. 선고 2012헌바95,261,2013헌가26,2013헌바77,78,192,264,344, 2014헌바100,241,2015헌가7(병합) 결정; 동 2015.4.30. 선고 2012헌바95,261,2013헌가26,2013헌바77,78,192,264,344,2014헌바100,241,2015헌가7(병합) 결정; 동 1999.9.16. 선고 97헌바73,98헌바62,98헌바60(병합) 결정; 동 2001.9.27. 선고 2000헌마238·302(병합) 결정; 동 2002.7.18. 선고 2000헌바57 결정; 동 2004.5.14. 선고 2004헌나1 결정; 동 2020.4.23. 선고 2018헌마551 결정; 대법원 1993.9.28. 선고 93도1730 판결; 동 1990.6.8. 선고 90도646 판결; 동 1990.9.25. 선고 90도1451 판결; 동 1990.9.25. 선고 90도1586 판결; 동 1990.9.25. 선고 90도1613 판결; 동 1990.10.12. 선고 90도1812 판결; 동 1991.11.22. 선고 91도2341 판결; 동 1992.7.14. 선고 91도41 판결; 동 대법원 1992.8.14. 선고 92도1211 판결 등.

적 이성을 신뢰하고 모든 정치적 견해들이 각각 상대적 진리성과 합리성을 지닌다고 전제하는 다원적 세계관에 입각한 것으로서, 모든 폭력적 · 자의적 지배를 배제하고, 다수를 존중하면서도 소수를 배려하는 민주적 의사결정과 자유 · 평등을 기본원리로 하여 구성되고 운영되는 정치적 질서를 말하며, 구체적으로는 국민주권의 원리, 기본적 인권 존중 · 권력분립제도 · 복수정당제도 등이 현행 헌법상 주요한 요소라고 볼 수 있다"[11]라고 하여 위 '자유민주적 기본질서'와 실질적으로 동일한 개념인 것으로 해석하고 있고, 그렇게 보는 것이 통설이다.[12]

– '자유민주적 기본질서'의 시간적 효력범위

헌법재판소는 "자유민주적 기본질서는 우리 헌법의 지도이념이고, 현재 우리가 누리고 있는 자유와 번영의 초석이다. …(중략)…이러한 자유민주적 기본질서는 우리 헌정사상 여러 차례 도전을 받았는데, 위에서 본 것처럼 제주4 · 3사건은 자유민주적 기본질서의 수립에 필수적이었던 제헌의회선거를 조직적으로 저지하려는 시도였고, 가장 심각한 위협이었던 북한의 6.25 남침은 자유민주적 기본질서에 대한 결정적인 도전이었다.…(중략)…우리 국민들의 정치적 결단인 자유민주적 기본질서 및 시장경제원리에 대한 깊은 신념과 준엄한 원칙은 현재뿐 아니라 과거와 미래를 통틀어 일관되게 우리 헌법을 관류하는 지배원리"[13]라고 함으로써 '자유민주적 기본질서'가 1972년의 제7차 개정에 의하여 그 문언이 헌법에 도입되기 전부터, 또한 건국헌법이 제정되기 전부터 대한민국 헌법의 근본원리로 채택되었고, 미래에도 우리헌법을 지배하는 원리라고 보았다.

– '자유민주적 기본질서'와 다원주의

헌법재판소가 "모든 인간은 잘못을 저지르며 불완전하고 편견을 가지며 누구

11) 헌법재판소 2014.12.19. 선고 2013헌다1 통합진보당해산 사건 결정.

12) 민주적 기본질서 아래에 자유민주적 기본질서와 사회민주적 기본질서가 있어 경제적 사회적민주질서가 포함된다는 異見도 있었으나[김철수(1979), "민주적 기본질서", 「서울대학교 법학」 제20권 제1호, 112면], 성낙인은 "자유민주적 기본질서이건 민주적 기본질서이건 간에 그 표현 여하를 떠나서 한국헌법이 지향하는 기본원리는 다름 아닌 자유민주주의라는 점을 염두에 두어야 한다"라고 한다[최종고 · 성낙인 · 김승욱 · 이헌환(2021), 「자유민주주의와 유기천의 자유사회론」, 법문사, 59면].

13) 헌법재판소 2001.9.27. 선고 2000헌마238 · 302(병합) 제주4 · 3사건진상규명및희생자명예회복에관한특별법의결행위취소등 사건 결정.

도 완벽한 진리를 알 수 없다는 인식을 '민주주의의 기반을 이루고 있는 인간 본성에 대한 깊은 통찰'이라고 기술한 부분"과 "민주주의 원리는 하나의 초월적 원리가 만물의 이치를 지배하는 절대적 세계관을 거부하고, 다양하고 복수적인 진리관을 인정하는 상대적 세계관(가치상대주의)을 받아들인다"라고 한 부분[14]에 대하여는 "누구나 불완전하고 누구도 완벽한 진리를 알 수 없다고 해서 모든 주의·주장이 동일한 가치를 갖는다거나 우열을 가릴 수가 없다는 식의 가치상대주의로 귀착하는 것은 오류다. 그런 면에서 상대주의적 헌법관은 결국 '자살에 이르는 중립성'으로 귀결될 수 있다. 다원주의적 세계관이 상대주의로 연결될 이유는 없다. 인간 존엄성 및 다원주의가 반지성적 집단주의보다 우월한 이유는 그것이 '완벽한 진리'이기 때문이 아니라 인류의 역사적인 경험에 비추어 봤을 때 다원주의가 압살되고 지성이 마비되면 폭정이 뒤따른다는 교훈과 지혜에 근거하고 있기 때문이다. 자유민주적 기본질서는 초월적 진리 내지 초역사적 원리라고 파악할 필요도 없고, 그렇다고 가치에 대한 불가지론적 상대주의에 근거한다고 볼 필요도 없다. 역사로부터 얻은 교훈에 근거한 원리라고 보는 것으로 족하기 때문이다."라는 비판이 있다.[15]

– 통일·민족과 자유민주적 기본질서

헌법재판소는 북한에 대하여 "형식적으로는 권력분립·의회제도·복수정당제도·선거제도를 유지하면서 실질적으로는 권력집중을 획책하여 비판과 견제기능을 무력화하고, 자유·비밀선거의 외형만을 갖춰 구성된 일당독재를 통하여 의회제도를 형해화하거나, 또는 헌법상 보장된 기본권을 인정하지 아니함으로써 사유재산 및 시장경제질서를 부정하는 공산주의를 신봉하는 정당이나 집단은 우리 헌법의 이념과 배치되고, 이러한 이념을 추구한 정당 또는 단체와 그 구성원들의 활동도 헌법과 법률에 의하여 보호되지 아니한다"[16]라고 하고 또 "현 단계에서의 북한은 조국의 평화적 통일을 위한 대화와 협력의 동반자임과 동시에

14) 앞의 2013헌다1 통합진보당해산 사건 결정.
15) 함재학(2024), "자유민주적 기본질서의 도입과 변용", 「통일과 헌법가치(자유와 인권) 세미나 자료집」, 헌법을 생각하는 변호사 모임, 17면.
16) 위 2000헌마238 등 제주4·3사건진상규명및희생자명예회복에관한특별법의결행위취소등 사건 결정.

대남적화노선을 고수하면서 우리 자유민주주의체제의 전복을 획책하고 있는 반국가단체의 성격도 함께 가지고 있다"고 보았다.[17]

통일에 관하여는 "우리 헌법에서 지향하는 통일은 대한민국의 존립과 안전을 부정하는 것이 아니고, 또 자유민주적 기본질서에 위해를 주는 것이 아니라 그것에 바탕을 둔 통일인 것이다."라고 설시하여 '자유민주적 기본질서'는 통일과정과 통일 후의 헌법에서도 지도원리가 되어야 한다는 점을 분명히 하였다.[18]

자유민주적 기본질서를 희생해 가면서 통일을 추구하는 것은 헌법적으로 용납될 수 없고, 민족주의적 통일담론도 헌법적 기준인 자유민주적 기본질서의 범위 안에서만 그 정당성이 인정되는 것이며, 대한민국 헌법의 주체는 자유민주적 기본질서를 채택하고 이를 '더욱 확고히' 하고자 다짐한 '대한국민'이지, '한민족'이 아니라고 밝힌 견해도 있다.[19]

'민족'의 개념은 조선왕조 몰락으로 국제적으로 한민족의 국가가 부인되었던 기간에 독립운동 등에서 애용되었다. 그러나 원래 민족이란 개념은 명확한 것이 아니고,[20] 또한 국가를 넘어서는 규범력의 주체가 될 수는 없다.[21]

특히 공산주의는 민족 개념을 노골적으로 부인 · 적대시하거나 종족적 · 문화적 개념이 아닌 계급적 개념으로 변경하였고,[22] 남북관계에 관하여 북측에서 거론하는 민족 개념은 대한민국에서 통용되는 혈통적 민족개념이 아니거나, 속임

---

17) 헌법재판소 1997.1.16. 선고 92헌바6등 국가보안법 위헌소원 시건 결정.

18) 헌법재판소 2000.7.20. 선고 98헌바63 남북교류협력에관한법률제9조제3항위헌소원 사건 결정; 동 2005.6.30. 선고 2003헌바114 결정; 동 2004.1.29. 선고 2002헌가20,21(병합) 사건 결정 등.

19) 헌법상 '민족' 용어는 전문(前文) 중의 "정의 인도와 동포애로서 민족의 단결을 공고히 하고"와 제9조 제69조의 "민족문화의 창달"에 모두 3회 사용되었는데, 이것에서 민족의 단결이나 통일이 자유민주적 기본질서를 넘어서는 대한민국의 지상과제라는 명제가 도출된다고 할 수는 없다[함재학(2024), 앞의 글, 4면]; 윤성현(2018), "통일헌법의 기본원리로서의 민주주의 연구", 「헌법학연구」 제24권 제2호, 한국헌법학회, 235~278면 그리고 정영철(2018), "국가 - 민족 우선의 통일론에 대한 성찰", 「통일인문학」 제74권, 건국대학교 인문학연구원, 227~260면도 같은 취지.

20) 민족 개념은 근세 서구에서 형성된 혈통적 종족공동체 또는 언어등 문화공동체 등 다양한 의미를 가지고 있고, 민족 구성원을 결정할 명확한 기준은 애매하다[조홍식(2005), "민족의 개념에 관한 정치사회학적 고찰", 「한국정치학회보」 제39집 제3호, 한국정치학회, 129~145면].

21) 다민족 국가에서의 민족은 그 국가의 법질서를 넘어설 수 없고, 게르만 · 슬라브 · 아랍 족 등에서 보는 바와 같이 동일 민족의 국가가 여럿인 경우 민족별이 아니라 국가별로 법질서가 형성된다.

22) 이희을(2024), "1920년대 조선공산당의 민족개념과 '민족해방운동'의 성격", 「영남학」 제88권, 경북대학교 영남문화연구원, 239~276면; 김진향(2000), "한반도 통일과 남북한의 민족개념 문제", 「아세아연구 학술저널」 제104호, 고려대학교 아세아문제연구원, 111~141면 등.

수 또는 전략에 불과하다.[23)]

(5) 자유민주적 기본질서에 대한 왜곡

'자유민주주의'의 용어는 법학뿐만 아니라 사회·인문과학에서도 광범위하게 사용되고 있으나, 놀라울 정도로 오해되거나 오용되고 있다. 성서에는 바벨탑을 쌓는 자들을 "말을 뒤섞어 놓아, 서로가 남의 말을 알아듣지 못하게 만듦"으로써 흩어버렸다는 구절이 있는데,[24)] 이와 유사한 방법으로 공산주의 유령이 자유사회를 파멸시키기 위한 계략의 하나로 자유민주주의 등 언어를 왜곡하고 있다는 주장도 제기되고 있다.[25)] 종북좌파(從北左派)들은 "민주주의가 망할 때까지 민주주의를 외쳐라. 공산주의자는 법률위반·거짓말·속임수·사실은폐 따위를 예사로 해치우지 않으면 안된다."고 한 레닌의 말대로 용어혼란전술·속임수전술 등을 통하여 북한식 사회주의의 실현을 '민주혁명의 과업'으로 바꾸어 말하고 있기도 하다.[26)]

소위 민주화운동세력도 6.29 이전까지는 자유민주주의를 투쟁 구호로 사용하였으나,[27)] 6.29 이후, 특히 통합진보당 해산사건 후에는 자유민주주의를 타도 내지 극복해야 할 억압체제라고 공격하거나,[28)] 자유민주적 기본질서를 '자유롭고

---

23) 김정일은 "우리 민족끼리"라는 구호 아래 "김일성과 김정일에 대한 강한 존경과 흠모심" 등을 그 민족개념의 핵심 요소로 제시하고 '백두민족'이라는 용어까지 사용하였으나, 김정은은 2023년말부터 민족 용어를 전면 삭제하고 민족주의 통일노선을 폐기하였다.

24) 창세기 제11장.

25) 김선식 책임편집(2019), 「공산주의 유령은 어떻게 우리 세계를 지배하는가? 상권」 중 "제7계 언어를 왜곡해 어지럽히다", 에포크미디어코리아, 34면.

26) 앞의 2013헌다1 통합진보당해산 사건 결정.

27) 윤보선은 "우리는 가식적 이질적 민주주의와 대결하고 있습니다.…(중략)…박의장은 '서구의 민주주의가 대한민국에 맞지 않는다'고 말했는데 이것은 무엇을 말하는 것입니까?…(중략)…나세르를 찬양하고 히틀러도 '쓸 만한 사람'이라고 했는데 과연 이 사람이 민주주의를 신봉하는 사람인가 의심하지 않을 수 없습니다.…(중략)…여순반란 사건은 민주주의와 민족주의를 신봉하는 사람이 한 것은 아니라고 봅니다"라고 박정희를 공격하였다[윤보선(1991), 「의로운 선택의 나날: 윤보선 회고록」, 동아일보사, 245면].

28) 김면희는 "…(중략)…1987년을 기점으로 하여 한국 자유민주주의는 새로운 지평에 기반하였다,…(중략)…이후의 논의는 더 이상 독재권력에 대항한다는 의미로 다가오지 않게 된 것이다. 오히려 보다 중요하게 다가온 것은 자유민주주의 이념이 지니는 정치경제적인 기초와 그에 의한 경제 및 사회발전과 관련한 문제 및 한계 등에 관한 의문이었다" [송병헌, 이나미, 김면희(2005), 「한국자유민주주의의 전개와 성격」, 민주화운동기념사업회, 175~176면], "…(중략)…시장질서에 여전히 무게중심을 두고 있는 한국 자유민주주의가 앞으로 봉착할 문제는 명백하고, 더욱이…(중략)…사회적 불평등과 갈등의 심화에 대해 한국 자유민주주의가 그 해결책을 올바르게 제시하지 못하는

민주적인 기본질서' 등으로 자의적으로 해석하여 자유민주주의의 방어적 전투적 속성을 배제하려 시도하고 있다.[29)]

심지어는 자유민주주의가 사회민주주의 · 인민민주주의 등과 대비되는 민주주의의 한 유형이라거나, 자유민주적 기본질서가 1972년 유신헌법에서 처음 도입된 것으로서 민주주의를 억압하는 유신 독재의 잔재이므로 헌법의 근본원리라고 할 수 없다느니, 자유민주주의는 민주주의의 일부만 의미하므로 자유민주주의는 민주주의로 고쳐야 한다느니 하는 터무니 없는 주장까지 있다.

문재인은 헌법 제8조의 민주적 기본질서는 자유민주적 기본질서라고 보는 헌법학계의 통설을 거꾸로 원용하여 헌법 제4조의 '자유민주적 기본질서에 입각한 통일' 조항을 '민주적 기본질서에 입각한 통일'로 바꾸려 하였는데, 이것은 자유민주주의가 아닌 민주주의, 예컨데 인민민주주의에 입각한 통일은 금지한다는 헌법의 취지를 중대하게 훼손하는 시도였다.

자유민주주의가 아닌 것은 그 이름이 무엇이든 민주주의가 아니며, 자유민주주의만이 진정한 민주주의이다.[30)]

– 자유민주주의가 자유주의와 민주주의의 결합이라는 왜곡

예컨대, 위키백과에는 "서구 근대 시민혁명 시대에 자유주의와 민주주의는 모두 군주제에 반대하는 협력관계였으나, 중시하는 가치에는 차이가 있다. 기본이념적으로 자유주의는 개인의 권리보호(自由)를 최우선으로, 민주주의는 다수대중에 의한 통치(民主)를 추구한다. 자유주의는 개인주의에 훨씬 밀접하고 민주주의는 집단주의에 가깝기에 서로 긴장관계에 있다."[31)]라고 되어 있고, 학자들 중에도 자유민주주의가 자유주의와 민주주의의 결합이라고 소개하는 이가 적지

상황 속에서 놓여 있다는 판단 아래에서 그 역량과 위상에 대한 평가는 자연스럽게 도출될 수 있을 것이다"(위 같은 책 189면)라고 하고 있다.

29) 이인재(2011), 앞의 글, 455~488; 한상권(2012), 「민주주의와 '자유민주주의'」, (http://cafe.daum.net/historyact) 2012/On3A/4).

30) 성낙인은 "프랑스의 정치학 및 헌법학 기본서는 개별국가의 헌정체제를 자유민주주의 체제와 권위주의 체제(전제주의 체체 포함)로 분류한다."라고 하고 권위주의체제로 마르크스 사회주의체제, 파시스트 체제 및 개발도상국의 제3세계 신대통령제를 들고 있다(성낙인, 앞의 "왜 자유민주주의인가", 30~32면).

31) 위키백과 최근 수정 시각: 2020-09-20 03:44:10의 자유민주주의 설명 참조.

않다.[32)]

이것은 자유민주주의의 사상적 토대에 자유주의가 있다는 점을 지적하는 점에서는 타당하지만, 자유주의에 입각하지 아니한 '그리스식 민중의 지배'라는 민주주의가 인류 역사상 존속해 오고 있었거나 존재하고, 자유가 억제된 민주주의도 민주주의의 한 형태라는 거짓 전제를 기초로 하는 점에서는 바르지 않다.[33)]

고대 그리스는 주민 다수가 노예였던 국가로서 정치 일부분에서 자유민의 선거가 행하여졌지만 그것으로 민주주의 국가라고 할 수는 없다. 현실의 민주주의는 1689년의 영국 명예혁명, 1774년의 미국의 독립선언 그리고 1789년의 프랑스 대혁명을 통하여 근세의 새로운 정치원리로 등장하였고, 이후 영국・미국・프랑스・독일의 정치발전과 함께 성장한 것이다. 그 과정에서 주장된 이념은 자유・평등・박애 그리고 행복추구권 등이었고, 그 토대가 되는 사상 구조는 개인주의적 국가사회관과 천부인권설적 인권개념이었으며, 그 기초는 자유주의였으므로, 민주주의는 자유주의와 결합한 것이 아니라, 자유주의를 본체로 하여 발생・발전한 정치원리인 것이다. 근세 시민혁명기의 주요 사상가라고 할 로크・제퍼슨・아담스・루소・몽테스키외・라파예트 등도 이와 다른 민주주의 사상을

---

32) 이한구・이돈희・이지순・이병기・최병조・안병준・이정복 공저(2022), 「민주주의란 무엇인가」, 지학사, 63~66면에는 "...자유주의와의 관계에서 민주주의를 분류하는 방식이 필요하다. …(중략)…자유주의자에게는 자유가 중심적 가치이고, 민주주의자에게는 평등이 중심가치이기 때문이다.…(중략)…비자유민주주의 영역에는 민주주의를 표방하는 여러 형태의 독재체제들이 포함되며, 권위주의 체제와 전체주의 체제가 이 영역을 대표한다"라고 되어 있는데, 그 전체 취지는 '비자유민주주의'를 부정하는데 있지만, 권위주의나 전체주의 체제는 그 책 다른 부분 여러 곳에 제시된 기준에 의하더라도 민주주의 체제가 아닌데도 불구하고, 이론 전개의 편의를 위하여 '비자유민주주의'를 민주주의의 한 유형으로 든 것에는, '비민주적 민주주의'와 다를 바 없는 모순이 있다 할 것이다; 성낙인도 별 다른 설명 없이 '보수적 자유주의와 민주주의의 결합'이라는 중간 제목을 사용하고 있다[최종고・성낙인・김승욱・이헌환(2021), 「자유민주주의와 유기천의 자유사회론」, 법문사, 37면]; 한국정치연구회 사상분과 편저, 손호철 감수(1992), "자유민주주의란 무엇인가?", "자유민주주의의 성격과 한계", 「현대민주주의론 제1권」, 창작과 비평사; 송병헌・이나미・김면희(2005), 「한국자유민주주의의 전개와 성격」, 민주화운동기념사업회, 38면; 안정수(2005), "자유민주주의 : 본질, 기본질서, 자기방어", 「한국민주주의시민교육학회보」 제10권, 한국민주주의시민교육학회, 5~6면; 앞의 한상권, "민주주의와 '자유민주주의'"; 김동근(2010), "자유민주주의의 한계와 가망성", 「윤리교육연구」 제23집, 한국윤리교육학회, 205~207면 등.

33) 경제평론가 마틴 울프(Martin Wolf)는 "비자유주의적 민주주의(illiberal democracy)는 선동적 독재(demagogic autocracy) 또는 기껏해야 '다수결독재' 또는 '대의적 독재'라고 하면서 다른 학자들은 과거의 '공포 독재(fear dictatorship)'와 구별하기 위해 '스핀 독재(spin dictatorship)'로 부르기도 한다"고 하고 있다[마틴 울프 저・고한석 역(2024), 「민주주의적 자본주의의 위기」, 페이지2북스, 15~16, 31면].

가진 바 없다.

민주주의에서 다수결의 원리는, 개개 국민이 모두 존엄한 존재이기는 하나 단일한 결론을 내릴 필요가 있는 경우에는 부득이 다수의 의견을 더 존중할 수밖에 없지만, 이 경우에도 가능한 한 소수자의 의견과 이익을 존중하여야 하며, 그 결정이 아닌 다른 사안에서는 다수에 속하였던 사람이라도 소수로 될 수 있고 소수에 속하였던 사람도 다수로 될 수 있음을 원칙으로 한다는 의미이지, 다수 집단과 대립된 다른 소수 집단이 있어서 다수집단이 소수집단을 통치 · 지배한다는 식의 집단주의적 이론은 민주주의가 아니다.[34] 후자의 견해는 필연적으로 국민 중 일부에 대하여 인간의 존엄과 기본권을 부정하거나 제한하게 되고, 정부가 인간의 존엄과 기본권을 부정당하거나 제한받게 될 집단을 정할 권한을 가지게 되면, 결국 모든 국민이 인간의 존엄과 기본권을 부정당하거나 제한받게 될 수 있어서 최종적으로는 1인 독재로 귀결될 수밖에 없는 것이다.[35]

이것이 관용(mutual toleration)과 자제(tolerance)를 민주주의를 지켜온 보이지 않는 규범으로 드는[36] 이유이다. 관용이란 잘못이 있는 사람을 용서한다는 의미가 아니라, 이 사안에서의 승자가 다른 사안에서는 패자로 될 수 있다는 규칙 즉 지배정당의 변동 가능성을 규칙으로 받아들이는 것을 말하고, 자제란 소수자에 대한 규제를 함에 있어서 불필요한 규제를 가하지 않는 것은 물론이고, 부득이 규제를 하게 되는 경우에도 상대방의 본질적인 권리는 침해하지 않기로 하는 것을 의미하는 것이다.

1848년 공산당선언 이후 등장한 각종의 공산세력이 부르주아 민주주의로서 이루지 못한 실질적 평등을 실현하는 진정한 민주주의라고 선동하면서, 그들의 정치체제를 인민민주주의 · 사회민주주의 등 민주주의라고 참칭하였다.[37] 그러나

---

34) 앞의 이한구 등 7인 공저(2022), 「민주주의란 무엇인가」, 지학사, 7면에는 "열린 사회는 윤리적 측면에서 전통적 공리주의를 용인하지 않는다, …(중략)…열린 사회는 다수의 행복을 위하여 소수의 고통을 요구하지 않으며,…(중략)…누구든지 사회적으로 희생되어야 한다고 전제하는 것은 열린사회의 기본원리인 개인의 불가침성을 부정하는 것이다"라고 표현되어 있다.

35) 북측이 "사람이 먼저다"의 구호를 내세우고 있지만, 개개인의 절대적 존엄성을 근본전제로 하는 민주주의 원리를 본질적으로 부인하는 반문명적 용어인 '최고존엄'을 아무런 부끄러움도 느끼지 않고 애용하는 점만 보더라도 그 체제는 민주주의일 수 없다.

36) Steven Levisky and Daniel Ziblatt, 박세연 역(2018), 「*How democracies die* – 어떻게 민주주의는 무너지는가」, 어크로스, 127~149면.

공산주의 정치체제는 민주주의 원리를 전면적으로 부인하고 있어 학술상으로 권위주의적 전체주의 체제라는 것에 이론이 없고,[38] 실제로도 불만계층을 선동하여 권력을 탈취한 다음에는 1당 독재 나아가 1인 독재체제로 운영된 것이 명확한 역사적 사실이므로, 그 이름에 민주(주의)를 사용하였다 하더라도 이들 정치체제는 결코 진정한 민주주의일 수는 없는 것이다.

요컨대 민주주의는 자유주의를 본체로 한 정치체제이고, 자유주의를 떠난 민주주의란 자유투표[39]가 아닌 공정선거라는 말과 같이 무의미한 선동용어에 불과하다. 그리고 우리 헌법이 취하는 자유민주주의는 독일 기본법 상의 자유민주주의와 궤를 같이 하는 것으로서, 종래의 민주주의 개념에 민주주의 파괴세력에 대한 규제원칙과 규제장치를 추가한 개념이므로, 자유민주주의는 우리 헌법의 근본 원리이고, 자유민주주의 이외의 민주주의는 대한민국 헌법상 조금도 인정될 수 없는 것이다.[40]

그럼에도 불구하고 자유민주주의를 자유주의와 민주주의의 결합이라고 하는 것은 평등주의와 민주주의가 결합한 사회민주주의 등도 다른 유형의 민주주의로 존재한다고 주장하기 위한[41] 거짓이론에 불과한 것이다.

---

37) 앞에서 본 명예혁명, 미국 독립, 프랑스 혁명 당시에는 공산주의식 민주주의 개념은 존재한 일이 없거나 철저히 배격되었고, 1948년 이후의 각종의 공산주의는 민주주의 파괴체제이지 민주주의의 발전 성숙형태가 아니다. 오늘날 대부분의 국가가 민주주의 정체를 취하고 있지만, 국명에 민주(주의)를 표방한 국가는 조선민주주의인민공화국, 독일민주(주의)공화국(＝동독), 베트남민주공화국(＝월맹)등 모두 공산주의 국가였다.

38) 성낙인 칼럼, "자유민주주의가 정답이다", 중앙일보 2011. 8. 29.

39) 독일기본법이 '보통 · 직접 · 자유 · 평등 · 비밀 선거'를 명시하고 있는데 비하여(제38조 제1항, 제28조 제1항), 우리 헌법은 '보통 · 평등 · 직접 · 비밀선거'만을 규정하고 있지만(제41조 제1항), '자유'선거가 요건이 아니라는 견해는 없다. 의무투표제 논의도 투표참여를 강제하자는 것이지, 투표의 강제나 선택의 강제를 의미하는 것은 아니다[이준한(2007), "의무투표제에 대한 고찰", 「21세기정치학회보」 제17권 제1호, 21세기정치학회, 2면].

40) "피청구인은 민중주권이 단지 '민중'이라는 특정계층의 이익을 대변하기 위한 개념이라고 주장하나, 특정 계층만의 이익 보호를 종국적인 목적으로 삼고 나머지 국민에 대하여는 적대적 태도를 보이는 것은 국민주권주의와 일치하지 않으며, 피청구인의 주도세력이 내세우는 민중주권주의는 인민민주주의국가에서 인민민주주의혁명과 인민민주주의독재를 통해 인민의 주권을 확립한다는 의미로 보일 뿐이다. 피청구인 주도세력이 주장하는 진보적 민주주의체제는 프롤레타리아독재의 범주에 해당하는 계급독재 또는 '민중독재'가 실현된 사회를 의미하므로, 피청구인의 최종 목적인 북한식 사회주의뿐만 아니라 피청구인의 1차(중간) 목적인 진보적 민주주의 역시 민주적 기본질서에 저촉된다."(헌법재판소 2014.12.19. 선고 2013헌다1 통합진보당해산 사건 결정); 이진우(2019), "민주주의는 '자유'민주주의다", 「철학과 현실」 제120권, 철학문화연구소, 131~145면.

41) 이나미는 "'자유민주주의'는 '다른' 민주주의가 있다는 것을 의미하며, 그것과의 구별을 위한 이념이

– 자유민주주의는 사회민주주의 · 인민민주주의 등과 대비되는 민주주의의 한 유형이라는 왜곡

공산계열에서는 언어를 왜곡하고 학술적 검토를 선전 선동 방식으로 진행하고 있어, 어려움이 많지만 사회민주주의 · 인민민주주의 등은 본질적으로 민주주의가 아니고, 자유민주주의 이외의 민주주의는 그 이름에 '민주주의'가 포함되어 있다 하더라도 진정한 민주주의가 아니며, 대한민국 헌법에 위반된다는 점은 위에서 본 바와 같다.[42)]

언제부터인가 "새는 좌우의 날개로 난다"는 말을 자유민주주의와 사회민주주의가 공존해야 한다는 주장의 근거로 사용하는 경향이 있지만,[43)] 새는 하나의 통일된 뇌의 지휘 하에 좌우의 날개를 사용하는 것이지, 서로 분열되고 대립 투쟁하는 좌우 뇌의 지휘 하에 나는 것이 아니며, 그러한 새가 존재한다면 날기는 커녕 목숨을 부지하기도 어려울 것이다.

좌파들은 박정희 정부의 경제개발계획이 사회주의 정책이라고 거짓선전하기도 하나 이 역시 사실이 아니다. 경제에 관한 계획은 정부뿐만 아니라 기업이나 소시민도 세우는 것이고, 경제에 관하여 계획하기만 하면 사회주의 계획경제가

다. 2차대전 후…(중략)…프로레타리아 민주주의, 인민민주주의, 아시아 아프리카 민주주의라는 이름의 혁명이 발생하자, 서구 민주주의는 이들과 구별되는 이름이 필요해지기 시작했다. 따라서 자유민주주의는 처음부터 긍정적인 그 무엇이 아닌, 자신과 다른 것을 구별 짓기 위한 소극적 방어적인 이유로 출발했다고 할 수 있다. 이렇게 볼 때 자유민주주의의 중요한 내용 중 하나는 '반공'과 '반독재'이다"라고 하고 있는데[송병헌, 이나미, 김면희(2005), 「한국자유민주주의의 전개와 성격」, 민주화운동기념사업회, 67면], 자유민주주의에 긍정적인 그 무엇이 없다는 부분과 다른 민주주의가 있다는 부분은 위에서 본 바와 같이 타당하다고 할 수 없다.

42) 대법원은 "…(전략)…어떤 단체가 추구하는 이념이나 목적이 자유민주적 기본질서에 위해를 주고 우리나라의 내부 체제를 파괴 · 변혁시키는 데 있다면 이는 헌법의 이념이나 가치의 실현, 민주헌정질서의 확립, 국민의 자유와 권리의 회복 · 신장과는 상충하거나 저촉되는 것으로서 민주화운동에 해당한다고 할 수 없고, 그러한 단체의 활동이 권위주의적 통치에 항거하는 외관을 일부 갖고 있다고 하더라도 자신의 목적을 달성하기 위한 과정에서 나타난 일시적, 수단적인 것에 불과한 것이라면 이를 이유로 그 단체의 구성원으로서 한 활동이 전체적으로 민주화운동이라고 섣불리 평가해서는 안 된다."라고 판시하여 자유민주주의가 아닌 민주화운동은 명예회복과 보상의 대상이 아님을 밝힌바 있다(대법원 2014.10.06. 선고 2012두26456 민주화운동관련상이 불인정처분등취소 사건 판결).

43) 「새는 좌 우의 날개로 난다」라는 리영희의 수필집(리영희 저, 한길사, 2006.8.30.)도 있고, 이찬희 대한변호사협회 회장은 2020.9.28. 한반도인권과통일을위한변호사모임 창립 7주년 기념식에서 "새는 좌우의 날개로 난다"고 하면서 민변과 한변이 서로 인신공격을 하지는 않는 것에 고마움을 표한 바도 있다.

되는 것은 아니다. 생산수단과 생산물의 사적소유와 시장을 부정하는 사회주의 체제에서는 물건이나 용역의 시장가격이 존재할 수 없으므로, 권력의 계획에 의하지 아니하고는 생산이나 유통을 할 방법이 없다. 그러한 명령경제체제에서 사용되는 계획경제는 생산수단과 생산물의 사적소유를 전제하는 시장경제체제에서 시장가격을 중심으로 하여 세우는 경제계획과는 근본적으로 다르다. 사회주의의 무자비한 권력이 계획경제에서 모두 실패한 것은 이기심을 제거하지 못한 것 때문이 아니라 자유시장경제의 합리성을 가지지 못한 것에 근본적 이유가 있는 것인데, 박정희 정부의 경제개발계획을 좌파의 계획경제라고 우기는 것은 완전한 억지요 거짓말이다.

그리고 자유민주주의는 '자유민주적 기본질서'로 표현된 제반 민주주의 원칙을 지키는 한, 그 밖의 점에 관하여는 개방적이므로, 자유민주주의를 준수한다면 사회주의자들이 주장하는 평등·복지 등의 정책도 대부분 시행할 수 있고 경제발전의 뒷받침으로 오히려 더욱 성공적으로 시행되기도 하므로,[44] 엄청난 폐단이 따르게 마련인 전체주의적 권위주의 정치체제를 사용할 이유나 필요도 없다.

– 자유민주주의는 1972년의 소위 유신헌법에서 도입된 것으로서 대한민국 헌법의 중심원리가 아니라는 왜곡[45]

자유민주주의가 대한민국 헌법의 중심원리라는 점은 헌법학계의 통설이다. 홍익인간이나 민심이 곧 천심 등 한민족 전래의 정치신조나 유가의 민본사상[46]에도 일부 자유민주주의와 맥락을 같이 하는 점이 있지만, 그것은 왕정체제를 전제한 것이고, 본격적인 자유민주주의 사상은 개화 이후에 특히 독립운동 과정에서 이승만을 중심으로 하여 도입되었다. 기미독립선언서에 표현된 자주독립의

---

44) 이러한 점에서 자유민주주의는 다원적 민주주의로 불리기도 한다; 성낙인은 "자유민주주의와 다원적 민주주의는 동의어로 혼용된다. 즉 자유민주주의가 더 일반적 용례이지만 다원적 민주주의라는 표현에 대하여도 부정하거나 배척하지 아니한다."라고 하고 있다[최종고·성낙인·김승욱·이현환(2021), 「자유민주주의와 유기천의 자유사회론」, 법문사, 37면].

45) 이인재(2011), 앞의 글, 455~488면; 강경선(2011), "헌법 전문을 통해 본 대한민국의 과거와 미래", 「역사비평」, 역사비평사, 36~60면.

46) 대표적으로 '정도전의 愛民, 爲民, 安民, 保民의 사상' [권정호(2014), "조선조 위민정치와 복지사상의 탐색", 「한국동양정치사상사연구」 제13권 제2호, 한국동양정치사상사학회, 81~120면].

정신과 임시정부헌장[47]에 표현된 대한민국의 국호와 국체[48] · 자유권[49] · 참정권[50] 등은 모두 자유민주주의적인 것이었다.[51] 건국헌법 전문의 "기미3 · 1독립운동으로 대한민국을 건립하여 세계에 선포한 위대한 독립정신을 계승하여 이제 민주독립국가를 재건함에 있어서"와 "民主主義 諸制度를 수립하여" 부분, 제1조의 "대한민국은 민주공화국이다." 부분, 그리고 입헌주의 · 선거에 의한 국가기관 선출 · 기본권과 재산권 보장 · 3권분립에 의한 정부구성 · 시장경제 질서 등 모든 조항이 자유민주주의에 입각한 것이었다.

'민주적 기본질서'의 용어는 민주당 정권이 주도한 1960년의 제3차 개헌에서 "정당의 목적이나 활동이 헌법의 민주적 기본질서에 위배될 때에는 정부가 대통령의 승인을 얻어 소추하고 헌법재판소가 판결로써 그 정당의 해산을 명한다(제13조)"로 도입된 것이고, 1972년 소위 유신헌법 전문에서 "…(전략)…조국의 평화적 통일의 역사적 사명에 입각하여 '자유민주적 기본질서'를 더욱 공고히 하는 새로운 민주공화국을 건설함에 있어서…(후략)…"라고 '자유민주적 기본질서'의 용어를 도입하였고, 6.29 당시 여야의 합의로[52] 현행 헌법 제4조에 "…(전략)… 자유민주적 기본질서에 입각한 평화적 통일 정책을 수립하고 이를 추진한다"라

47) 1919.4.11. 공표된 조소앙 초안의 전문 제10개조의 상해임시정부 헌장으로 이후 5차례 개정됨.

48) 제1조 大韓民國은 民主共和制로 한다; '大韓'은 3.1운동이 고종의 인산을 계기로 벌어진 것과 관련하여 '大韓帝國'에서 따왔고, '民國'은 '자유민주주의 국가'라는 의미였다.

49) 제4조 大韓民國의 人民은 信教 · 言論 · 著作 · 出判 · 結社 · 集會 · 信書 · 住所 · 移轉 · 身體及所有의 自由를 享有함.

50) 제5조 大韓民國의 人民으로 公民資格이 有한 자는 選擧權及 被選擧權이 有함.

51) 이헌환은 "자유민주주의라는 직접적 표현은 없었으나, 내용적으로 보아 자유민주주의를 표방한 것으로, 자유민주주의가 임시정부헌법의 기본원칙으로 인식되고 있었다고 하여도 무방하다 할 것이다"라고 한다(이헌환(2019), "자유민주주의와 사법권의 독립", 「자유민주주의와 유기천의 자유사회」, 유기천교수기념사업출판재단, 104면; 미국의회의 한미동맹 결의안(2019.4.10.자 H.Res.301 및 S.Res.152)에도 "100년 전 임시정부 수립을 오늘날 대한민국 민주주의의 맥동과 성공 · 번영의 토대로 인식한다"라고 적시되어 있다(www.yna.co.kr view AKR20190411001751071).

52) 헌법개정안에 대하여 발의자 대표 채문식 의원은 "…(중략)…이 헌법 개정안은 여야 각 정당 간에 합의된 내용을 기초로 해서 국회 내의 모든 교섭단체가 참여한 헌법개정특별위원회에서 만장일치로 기초 성안한 것을 그대로 제안하는 등 국민적 합의를 도출하는 데 필요한 모든 절차를 거친 것이며 참다운 민주화 시대의 전개를 향한 국민적 여망과 정치인의 시대적 사명이 함께 담겨진 것으로서.…(중략)…분단된 조국의 현실을 감안 민족통일이 지상과제임을 인식하여 '대한민국은 통일을 지향하며 자유민주적 기본질서에 입각한 평화적 통일정책을 수립 · 추진'하도록 안 제4조를 신설하였으며..."라고 설명하였다(1987.10.12.자 제137회 5차 국회본회의 회의록 2면). 개헌안은 재적의원 272인 총 투표자 258표 중 가 254표, 부 4표로 가결되었고(같은 회의록 16면), 발의자는 264인이었다.

는 새로운 조항도 두었으나, 그 의미는 위 민주적 기본질서와 같고, 역대 헌법이 모두 자유민주주의를 원리로 하고 있는 것이며, 결코 자유민주주의를 유신헌법에서 도입된 한국적 민주주의라고 해서는[53] 아니된다.

변한 것이 있다면 현행 헌법의 제정 이전에는 자유민주주의를 주요 투쟁 구호로 사용하였던 민주화운동세력 중 좌파세력이 노선을 달리하여 6.29 이후, 특히 통합진보당 해산사건 후에는 자유민주주의를 타도 내지 극복해야 할 억압체제라고 공격하고 있는 새로운 사태와 자유민주적 기본질서를 '자유롭고 민주적인 기본질서'라고 마음대로 해석하여 자유민주주의의 방어적 전투적 속성을 배제하려는 견해가 대두된 점일 뿐인데,[54] 그것은 위와 같은 주장을 합리화할 이유가 될 수 없다.

– 자유민주주의는 민주주의의 일부만 의미하므로 '자유민주주의'와 '자유민주적 기본질서'는 '민주주의'·'민주적 기본질서'로 고쳐야 한다는 왜곡

2011. 8. 9. 교육과학부가 '2009 개정 교육과정에 따른 사회과 교육과정'을 고시하면서 '민주주의'를 '자유민주주의'로 바꾸자 동월 16일 '역사교육과정 개발정책 연구위원회'가 "한국사 부분의 '자유민주주의'라는 표현을 '민주주의'라는 개념으로 되돌려야 한다"고 다투었고, 교육부는 2018. 7. 26.자 교육부고시 제2018-162호로 '자유민주주의' 부분을 '민주주의'로 되돌렸다.

국회의 자문위원회에서 헌법 제4조의 '자유민주적 기본질서'를 보다 넓은 의미인 '민주적 기본질서'로 수정하자는 안이 제안되었고,[55] 2018. 3. 18.에는 더불어민주당이 개헌 의총을 거쳐 개헌안에 대한 당론을 밝히면서 '자유민주적 기본질서'에서 '자유'를 뺀 '민주적 기본질서'로 헌법 4조를 수정한다고 했다가 4시간 만에 브리핑 실수였다며 '자유'를 유지한다고 번복한 바도 있다.

---

53) 박명림은 "'자유민주적 기본질서' 표현은…(중략)…독재체제의 안정을 위해 종래 헌법 속에 있었던 '민주주의'를 약화하고 반공적 태제로 시장경제질서를 포함하고 있는 것으로 보인다. …(중략)…현행 6월항쟁 헌법 및 87년 체제 하의 한국민주주주의는 아직도 '자유민주적 기본질서'…(중략)…라는 핵심 영역에 있어 여전히 박정희 독재의 기본 유산에서 벗어나지 못하고 있다고 할 수 있다"고 하고 있다[박명림(2011), "박정희 시기의 헌법 정신과 내용의 해석: 절차, 조항, 개념, 의미를 중심으로", 「역사비평」 통권 96호, 역사비평사, 109~139면].

54) 이인재, 앞의 글 472~474면.

55) 2016년 구성된 국회의 헌법개정특별위원회 자문위원회 기본권 총강분과 보고서(2017.10.20.).

독일헌법의 문언 “freiheitliche demokratische Grundordnung”을 엉터리로 번역하여 ‘자유민주적 기본질서’는 ‘자유롭고 민주적인 기본질서’라고 고쳐야 한다는 황당한 주장도 제기되었다.[56)]

헌법에 ‘자유민주적 기본질서’의 용어가 사용되고 있고, 자유민주주의는 독일헌법의 방어적 민주주의를 의미하는 것으로 해석하는 것이 통설이므로, 인민민주주의 · 사회민주주의 · 민중민주주의 기타 이름에 민주주의가 들어 있더라도 그 내용이 자유민주적 기본질서에 부합하지 아니하는 것은 허용될 수 없다.

따라서 자유민주주의 또는 자유민주적 기본질서로 명시되어 있는 부분을 ‘민주주의’ 또는 민주적 기본질서 등으로 변경할 이유는 없다.[57)] 변경론자들은 논거가 궁해지면 민주주의나 자유민주주의나 차이가 없다고도 하나, 차이가 없다면 번거롭게 헌법을 고칠 이유가 없는 것이고, 조금이라도 차이가 있다면 헌법의 기본질서인 자유민주적 기본질서가 거꾸로 위헌으로 될 것이므로 결코 변경론은 허용될 수 없는 것이다. 헌법 제8조 제4항의 ‘민주적 기본질서’ 용어에 대하여는 헌법학계와 실무가 ‘자유민주적 기본질서’를 의미하는 것으로 해석하는데 이견이 없으므로, 특별한 계기가 없는 한 굳이 동 조항에 ‘자유’를 삽입하기 위한 헌법개정을 할 필요는 없을 것이다.

---

56) 문지영, 앞의 글 117면; 1963. 6. 11.자 제4대 제35회 제34차 국회본회의에서 정헌주 헌법개정안 기초위원장이 ‘민주적 기본질서’의 의미에 대하여 “자유스럽고 민주적인 사회질서와 정치질서를 말하는 것입니다.” 등의 설명을 한 바 있으나, 그것이 헌법의 ‘민주적 기본질서’가 독일의 자유민주적 기본질서와 다른 개념이라고 단정할 근거는 되지 못한다. 정헌주는 3회 헌법개정위원이 되었고, 일본 주오대학 법학부를 졸업하고 중학교 교장을 역임하기도 하였지만 법률가나 법학자는 아니다.; 성낙인도 “freiheitliche demokratische Grundordnung”은 “자유민주적 기본질서”로 번역하는 것이 한국헌법학계의 주류적 입장이고, ‘자유로운 민주주의’나 ‘자유주의적 민주주의’는 타당하지 않다고 한다[최종고 외3인(2021), 「자유민주주의와 유기천의 자유사회론」, 법문사].

57) 성낙인은 “민주주의도 틀린 말은 아니다. 다만 자유민주주의로 쓰는 것이 더 정확하다. 헌법적 진실, 우리 근현대 역사의 진실을 더 정확히 표현한 용어가 자유민주주의이다”라고 하고 있다(2011. 9. 22.자 중앙일보, 성낙인 교수 배영대 기자 대담); 문지영은 “‘자유민주적 기본질서’라는 표현이 빠진다고 해서 우리 헌법이 자유민주주의 대신 전체주의(/북한식 인민민주주의)를 지향하게 되는 것이라고 말하는 것도 어불성설이다.”(문지영, 앞의 글 117면)라고 하나, 적어도 법학전문가가 아닌 사람에게 북한의 체제는 민주주의공화국을 자칭하고 있다 하더라도 ‘민주적 기본질서’에 위배된다고 설명하기가 복잡해지는 것은 부인할 수 없을 것이다.

2. 왜 자유민주주의인가?

(1) 자유민주주의에 대한 일반적 평가

자유민주주의가 문명국가의 일반적 헌법원리이고, 대한민국 헌법의 중심원리라는 점은 헌법학계의 통설이고, 헌법재판소와 대법원의 누적된 판례라는 점은 앞에서 여러 번 기술하였지만, 자유민주주의에 대한 비판도 만만치 않다.

세상사에는 여러 가지 의미가 있기 마련이고, 어떤 체제를 절대적으로 좋기만 하거나 절대적으로 나쁘기만 하다고 하기는 어려울 것이다. 아무리 좋은 자동차라도 정비하지 않거나 잘못 운전하면 사고를 낼 수 있듯이, 운용자가 누구인지, 어떻게 운용하는지와 무관하게 항상 좋은 결과를 내는 제도 또한 존재할 수 없는 것이다.

자유민주주의에 대하여는 방종과 무질서 · 탐욕과 이기심으로 인한 무한경쟁과 승자독식으로 인한 폐해 · 이웃과 공동체에 대한 배려의 부족과 공동체에 대한 헌신의 결핍[58] · 심지어는 "위버멘쉬적 고귀한 삶에 미치지 못하는 사이비 자유와 원한에 뿌리를 둔 니힐리즘[59]" 등 여러 가지의 비판이 있지만,[60] 그럼에도 불구하고 자유민주주의는 인류가 만든 가장 지혜로운 정치원리로 일컬어지고 있다.

본질적인 반대론은 자유민주주의를 극복되어야 할 불완전한 체제라고 보는 좌파 견해이다. 1848년 공산당선언 이후 등장한 각종의 공산세력이 부르주아 민주주의로서 이루지 못한 실질적 평등을 실현하는 진정한 민주주의라고 선동하면서, 그들의 정치체제를 인민민주주의 · 사회민주주의 등 민주주의라고 참칭하였다.[61] 김면희는 "1987년을 기점으로 하여 한국 자유민주주의는 새로운 지평에

---

58) 김진만(2009), "공동체주의 윤리관의 자유주의적 가치 수용에 관한 일고", 「윤리교육연구」 제20권, 한국윤리교육학회, 142면.

59) 최순영(2014), "니체의 민주주의 이념 비판－자유, 평등, 박애 비판을 중심으로", 「니체연구」 제26권, 한국니체학회, 185~210면; 최순영(2012), "프리드리히 니체의 자유민주주의 비판", 「니체연구」 제22권, 한국니체학회, 187~214면; 김진석(2008), "니체는 왜 민주주의를 비판했을까?", 「니체연구」 제13권, 한국니체학회, 7~34면; 정낙림(2007), "니체의 민주주의 비판", 「철학연구」 제101집, 대한철학회, 273~296면.

60) 양동안(1999), "자유주의의 이론적 분열에 관한 연구", 「한국학」 제22권 제4호, 한국학중앙연구원, 195~225면.

61) 앞에서 본 명예혁명, 미국 독립, 프랑스 혁명 당시에는 공산주의식 민주주의 개념은 존재한 일이

기반하였다. …(중략)…이후의 논의는 더 이상 독재권력에 대항한다는 의미로 다가오지 않게 된 것이다. 오히려 보다 중요하게 다가온 것은 자유민주주의 이념이 지니는 정치경제적인 기초와 그에 의한 경제 및 사회발전과 관련한 문제 및 한계 등에 관한 의문이었다. …(중략)…시장질서에 여전히 무게중심을 두고 있는 한국 자유민주주의가 앞으로 봉착할 문제는 명백하고, 더욱이 …(중략)…사회적 불평등과 갈등의 심화에 대해 한국 자유민주주의가 그 해결책을 올바르게 제시하지 못하는 상황 속에서 놓여 있다는 판단 아래에서 그 역량과 위상에 대한 평가는 자연스럽게 도출될 수 있을 것이다"[62]라고 하였고, 인터넷의 "자유민주주의란 무엇인가?"라는 글[63]에는 "자유민주주의는 다른 계급들에 대한 부르주아 계급의 정치적 지배를 '민주적 방식'으로 관철하는 정치형태"로서 "자유민주주의 체제의 정착은 동시에 자유민주주의의 내용을 실질적으로 훼손하는 억압적 · 권위주의적 요소들의 강화를 아울러 수반한다. 역사적 현실 속에 정착된 자유민주주의 체제는 …(중략)…합법적인 절차를 통해 체제를 파시즘 체제로 전화시킬 준비가 되어 있는 체제다"라고 하면서 "자유민주주주의 체제의 그러한 결함들은 결코 자유민주주의에 의해 극복될 수 없다"라고 공공연히 자유민주주의를 비난하고 있다.

이들 반대론의 논지는 결국 사회주의 지향이라 할 것인데, 자유민주주의 이외의 민주주의 예컨대 대중민주주의 · 인민민주주의 · 사회민주주의 등은 그 이름에 민주주의가 있다고 하더라도 결코 민주주의일 수 없고 결국 권위주의 나아가 1인 또는 소수집단의 독재체제로 귀결되고 만다는 것이 헌법학계의 통설이라는 점, 독일 등 자유민주주의 국가에 사회민주당이 있지만, 이들은 자유민주적 기본질서에 입각한 정당이라는 점은 누차 기술한 바이고, 사회주의 계열의 그러한 비판은 아래에서 보는 바와 같이 타당하지 못하다.

없고, 1948년 이후의 각종의 공산주의는 민주주의 파괴체제이지 민주주의의 발전 성숙형태라고 할 수 없다.

62) 송병헌 · 이나미 · 김면희; 앞의 「한국자유민주주의의 전개와 성격」, 175~176면, 189면.

63) cafe.daum.net/bookreading/Dsm/13472.

(2) 사회주의 · 공산주의 경제체제의 불합리성에 대한 학술적 분석

오스트리아 학파의 후예인 미제스(Ludwig von Mises 1881~1973)는 1922년 「사회주의: 경제학적 사회학적 분석(Socialims: An Economic and Sociological Analysis)」이라는 책으로 사회주의가 합리적으로 비용을 계산할 수 없고, 생산요소를 필요한 과제에 효율적으로 할당할 수도 없어서, 산업경제로서의 생명력을 가질 수 없는 체제임을 논증하였고, 하이에크(Friedrich Hayek 1899~1992)는 사회주의가 독재와 노예로 가는 길인 이유를 밝혔다.[64]

2024년도 노벨경제학상 수상작 「국가는 왜 실패하는가」에는 '착취적' 또는 '포용적' 경제 · 정치제도라는 새로운 개념을 사용하고, '자유시장경제'와 '사회주의 계획경제'로 구분해 온 종래의 분석과 다른 접근을 하여 포용적 경제 · 정치제도가 지속적 번영의 길이라고 되어 있다. 이러한 기준으로 보더라도 필연적으로 권위주의적인 권력적 명령경제체제[65]로 될 수밖에 없는 사회주의 · 공산주의 체제는 포용적 경제 · 정치제도라고 할 수는 없다.[66]

(3) 자유민주주의는 자유를 기초원리로 하여 인간의 본성에 부합된다.[67]

자유민주주의는 자유주의를 기초로 한 정치체제이다.

인간은 누구나 행복을 추구한다. 무엇이 행복인지, 어떻게 하면 행복하게 되는지는 기계적으로 정해지는 것이 아니라 개개인이 스스로의 사고와 감정으로 판단할 수밖에 없다. 행복한 상태에 이르기 위하여는 외부의 도움도 유익할 수 있지만, 그것은 하나의 여건일 뿐이고 종국적으로는 본인의 선택에 달려 있다.

---

64) 프리드리히 A. 하이에크 저 · 김이석 역(2024), 「노예의 길」, 자유기업원 참조, 역자의 서문 8면에는 "하이에크는 영국의 지식인과 정치인 등에게 사회주의의 길이 '자유'의 길이 아니라 '독재'와 '노예'로 가는 길임을 밝히기 위해 이 책을 썼다"라고 되어 있다; 이상헌(1999), "방법론적 시각에서 본 사회주의 계산 논쟁 – 미제스 · 하이에크의 사회주의 비판 재해석", 「경제학의 역사와 사상」 제2권, 한국경제학사학회, 285~323면은 미제스 하이에크의 주장을 반박하고 있으나, 사회주의 경제로 성공한 역사적 사례는 없고, 러시아와 중화인민공화국도 경제정책을 수정하였다.

65) 하이에크, 앞의 책 133~136면 등.

66) 대런 애쓰모글루 제임스 A. 로빈슨 저 · 최완규 역(2024), 「국가는 왜 실패하는가」, SIGONGSA, 111~146 · 605~633면.

67) 수바쉬 C. 카샵 편집, 허우성 · 허주형 역(2023), 「달라이 라마의 정치철학」, 도서출판 운주사, 723면에는 "완벽한 정부 시스템은 없지만, 민주주의는 우리의 본질적인 인간본성에 가장 가깝습니다." 라고 되어 있다.

예컨대 산해진미를 가져다 놓는다고 해서 입맛이 없는 사람이 배불리 먹을 리도 없고 먹지 않고 만족할 수도 없는 것이다.

자유의 의미에 대해서는 흔히 '외부로부터 속박이 없는 상태'를 가리키는 '소극적 의미'의 자유와 '자신이 하고자 하는 바를 적극적으로 할 수 있는 상태'를 의미하는 '적극적 의미'의 자유로 나누고 liberty를 전자에 freedom을 후자에 연관 짖기도 하고, 개인적 자유 이외에 사회적 자유[68]의 개념을 주장하기도 한다. 그러나 자유에는 반드시 다른 사람의 자유로 인한 한계와 상호절제가 따르기 마련이며, 여러 사람의 공동의 자유를 위한 규제도 필요하기 마련이다.[69]

그러나 그러한 자유에 대한 제한이 개개인의 자유의 본질을 부인하게 되면, 부인을 당하는 그 개인에게는 제한을 할 이유가 없게 되고, 결국 누구를 위하여도 의미가 없게 되므로, 그러한 제한은 인정될 수 없다.

자유민주주의는 그러한 원리를 표현한 것이고, 칸트에서 헤겔에 이르는 관념론적 자유론[70]이나 그린(T. H. Green, 1836-1882)의 인격주의적 자유론[71]도 이러한 원리 이외의 것이 아니다.

그런데 자유민주주의가 아닌 정치체제는 결국 권위주의 체제로 될 수밖에 없는데, 원리상으로도 권위주의체제는 자유민주주의 체제보다 사람을 행복하게 하기 어려운 체제이므로 취하지 말아야 하는 것이다.

---

68) 구상진(2021), "개인적 자유와 사회적 자유", 「불교문화」 제156호, 대한불교진흥원, 16~21면 참조.
69) 앞의 이한구 등 7인 공저(2022), 「민주주의란 무엇인가」, 지학사, 6면에는 "자유방임의 사회는, 우리가 남에 대한 배려 없이 무제한으로 자신의 자유만을 추구할 때 결국 모두가 자유롭지 못한 상태에 빠지고 만다고 하는, '자유의 역설'에 의해 유지되기 어렵다"라고 표현되어 있다.
70) 문성학(2010), "칸트 도덕철학의 자율적 자유 개념의 루소적 기원", 「철학연구」 제116권, 대한철학회, 79~110면: 한단석(1983), "칸트 철학에 있어서의 물자체와 자유", 「철학연구」 제36권, 대한철학회, 29~42면; 이윤복(2006), "칸트에 있어서 자유와 도덕성", 「철학연구」 제99권, 대한철학회, 241~264면; 김준수(2010). 헤겔의 자유 개념의 구조와 의미. 「사회와 철학」 제19권, 사회와철학연구회, 155~184면; 조극훈(2010), "헤겔 역사철학에 나타난 자유와 필연의 변증법", 「철학탐구」 제27권, 중앙대학교 중앙철학연구소, 29~56면; 나종석(2012), "헤겔의 공공적 자유 이론과 현대적 공공철학의 가능성", 「철학연구」 제123권, 대한철학회, 111~134면 등.
71) 조승래(2011), "토머스 힐 그린과 아이제이아 벌린, 그리고 공화주의", 「영국연구」 제25권, 영국사학회, 145~170면; 박성진(2016), "고전적 자유주의의 '개인'에 대한 존재론적 분석과 토마스 힐 그린(T. H. Green)의 정치사상", 「人文硏究」 제77권, 영남대학교 인문과학연구소, 295~318면 등.

(4) 사회주의 · 공산주의는 불합리하다.

사회주의체제를 주장하는 사람들은 자유민주주의 체제가 빈부의 격차를 해소하기 어렵다는 점을 주요 결함으로 들고 있다. 그러나 그 주장에는 빈부의 격차가 발생하는 원인에 대하여 무리한 주장을 하는 점, 빈부 격차만 해소되면 영구적 낙원이 도래하는 것처럼 주장하는 점, 빈부 격차해소를 위하여 취하는 대책이 낳는 새로운 폐단을 고려하지 않는 점 등에 엄청난 문제가 있다.

공산주의자들은 기업가의 이익은 노동력의 착취로부터 발생한다고 주장하나, 현실의 부는 모두 가난한 사람을 착취하여 발생한 것이고, 가난한 사람에게는 착취당한 것 외에는 아무 잘못도 없다는 것은 사실과 거리가 멀다. 그와 같이 부의 발생과정을 왜곡하는 견해는 결국 도덕적 해이를 초래하여 경제침체 나아가서 인격파괴를 야기한다는 것은 널리 알려진 사실이다.

경제적 차이를 없애는 것이 인생의 궁극목표라고 할 수도 없다. '자본주의'라는 용어 자체가 마르크스가 기존의 사회경제체제를 공격하기 위하여 만들어 낸 것이듯이, 이 세상이 궁극적으로 자본에 의하여 운영되고 있다는 주장은 독자적 견해라고 하지 않을 수 없다. 이렇다 할 자본을 가지지 아니한 대부분의 사람들이 노예로서가 아닌 의미 있는 인생을 살고 있다. 자본가들을 숙청하고 소유권을 부정함으로써 부의 평등을 이룩하였다는 공산주의 국가에서 과연 진정한 평등이 이루어지는지도 중대한 문제이다. 자본가를 숙청할 수 있는 폭력을 가진 권력이라면 그 사회의 어느 누구라도 박해할 수 있고, 심지어는 권력자 자신조차도 그러한 권력체계에서 인간적인 삶을 영위할 수는 없게 되는 것이 엄연한 역사적 사실이다.

사회주의가 인간의 이기심이라는 악덕으로 인하여 실패하는 경우가 많지만 이론 자체로는 자유민주주의보다 우월하다는 주장도 있지만,[72] 이것은 좌파들의

---

72) 예컨대 허우성은 "(전략)…. 탐진치라는 것이 뭐예요? 자본주의는 이 속성을 권장하잖아요. 저는 자본주의가 공산주의를 이겨낸 것은 공산주의 이념이 잘못되서가 아니라 그것이 비실재적이기 때문이라고 생각해요. 인간의 자연적인 성격은 내 이익과 내 가족 내 사람을 위하는데 그것이 탐(貪)인 것이죠. 그런데 불교는 바로 그런 탐에 대해 도전하고 있는 것이라고 보는 거죠. 현대문명이라고 하는 것은 탐진치로 가득차 있습니다. 이것이 질적으로 개선되지 않는다면 다른 가능성은 결국 하나밖에 없어요. 그것은 우리가 적당하게 탐욕을 부리고 분노도 하고 하는 것이죠. 그런 것 때문

거짓 변명에 현혹된 잘못된 견해이다. 사회주의는 그 제도를 지배하고 운영하는 세력 또는 개인의 이상이 평가의 기준이 되고, 그들의 힘이 원동력으로 되는 제도이어서 원천적으로 합리성이 없어서 열등한 것이지, 인간의 이기심으로 인하여 실패하는 것이 아니다. 예컨대 토지소유권을 부정하면, 권력이 모든 토지의 사용방법을 결정하게 될 것인데, 그러한 방법과 개별 소유자가 정성을 다하여 사용방법을 정하는 것 어느 쪽에 합리성이 더 많을 것인가? 개인적 결정에는 공공의 가치판단이 소홀히 될 위험이 있으나, 이 점에 대하여는 보충할 방도를 만들 수 있다. 그러나 권력의 무능이나 오류는 바로잡기 어려운 법이다.

2차 대전 후에 공산주의체제와 자유민주주의 체제간의 종합적 체제경쟁이 치열하게 전개되었고 많은 논쟁도 있었지만, 구소련을 포함한 동유럽 공산국가들이 전체적으로 공산주의체제를 포기하였고, 러시아와 중화인민공화국도 자유주의 경제체제를 도입하는 개혁개방으로 살길을 찾은 지가 오래이다. 문재인도 2020. 6. 25. “남북 간 체제경쟁은 이미 오래전에 끝났다”,[73] “우리의 국내총생산(GDP)은 북한의 50배가 넘고, 무역액은 북한의 400배를 넘는다”고 말했고,[74] 김정은 또한 “인민에 생필품조차 제공 못하는 우리, 한심하다”고 솔직히 시인하였다.[75]

자유민주주의는 국민 일반에게 1인 1표의 투표권을 부여하는데, 시장경제체제는 경쟁에 참가하는 기업의 소유주와 경영진에게 의사결정권을 부여하고 경쟁에서 성공한 자가 보상을 받으며, 민주주의는 일국적이지만, 시장경제는 전세계적이어서 양자의 원동력이나 결과가 같지 않다.[76] 그 결과 자유민주주의 정치와 시장경제 간에 갈등이 발생하는 경향이 적지 않고 정치논리로 경제를 지배할

에 법이나 제도가 더욱 중요해지고…. 그러나 이를 통해서 과연 질적인 변화가 가능할까요. 현상을 유지는 할 수 있겠지만 그 성격이 변하거나 질적으로 개선될 수 있는 삶이나 사회가 될 수 있을까요?”…(중략)…자본주의가 안고 있는 혹은 인간이 안고 있는 탐진치에 대해 도전하겠다는 생각이 없다면 수행자라고 이야기할 수 없어요.”라고 하였다(“자본주의에 던지는 불교의 물음”, https://www.dropbox.com/scl/fi/9nk5xnsq5kohayw7ta6uy/.hwp?rlkey=hchgblpprdh4enfzrzwrwrv87&st=n88cadwy&dl=0).

73) 조선일보(https://www.chosun.com/site/data/html_dir/2020/06/25/).

74) 일요서울(http://www.ilyoseoul.co.kr).

75) 2924.1.24.자 대전일보 유가인 기자 기사.

76) 마틴 울프 저 · 고한석 역(2024), 「민주주의적 자본주의의 위기」, 페이지2북스, 27면.

것인지, 또는 경제세력이 정치를 지배할 것인지 심각한 대립이 생기기도 하지만, 이것은 공산사회주의에 내재해 있는 것과 같은 조절불가능한 근본적 불합리는 아니다. 여러 문제에도 불구하고 자유민주주의와 시장경제체제는 100억에 달하는 인류의 생활을 지탱하고 있는데, 이것은 인류역사상 어떠한 체제도 이루지 못하였던 높은 효율인 것이다.

그럼에도 불구하고 공산주의자들은 공산주의의 우월성을 맹신하면서, 지속적으로 자유민주주의체제를 붕괴시키기 위하여 투쟁하고 있고, 실제로도 자유민주주의 국가의 운영을 중대하게 교란하고 있는 것 또한 사실이지만, 그것은 증오의 과학으로서의 체제전복의 효율일 뿐 국가운영의 효율이라고는 할 수 없다.

이론적으로 공산주의체제는 공산주의와 공산당에는 오류가 없고, 공산정권에는 국가사회적 비용이 들지 않는다는 거짓 위에 서 있을 뿐만 아니라, 잘못을 저질러도 이를 수정하는 것이 거의 불가능하여, 그렇지 아니한 자유민주주의 체제와 효율을 비교할 여지조차 없다.

이승만은 공산주의 체제의 본질이 제대로 알려지지 아니하였던 1923년에 "공산당의 당부당(當不當)"이라는 글로, 공산주의가 평등을 중시하는 것에는 일리가 있으나, 자본가를 없애고 재산을 나누어 가지자는 주장, 지식계급을 없애고 종교도 부정하는 것 그리고 국가를 없애자는 것은 온당하지 않다고 설파한 바 있다.[77)]

"정직하고 머리 좋은 사람은 절대로 좌파가 될 수 없다. 정직한 좌파는 머리가 나쁘고, 머리 좋은 좌파는 정직하지 않다 모순투성이인 사회주의의 본질을 모른다면 머리가 나쁜 것이고, 알고도 추종한다면 거짓말쟁이다"라는 말도 회자되고 있다.

(5) 사회주의·공산주의는 자유민주주의와 양립될 수 없다.

공산주의의 권력체계는 무산계급 독재를 명분으로 하는 권위주의이고, 자유민주주의 체제의 기본원리인 천부인권·법 앞의 평등·권력분립·법치주의 등을 부정하므로, 공산주의와 자유민주주의는 공존할 수 없다.

---

77) 태평양잡지(The Korean Pacific Magazine) 1923년 3월호.

경제적으로도 공산주의나 사회주의의 경제체제는 토지를 비롯한 생산수단의 사적소유를 철폐하고 시장을 통한 교역을 금지하며 중앙권력의 명령으로 경제를 운용하는 것을 기본 원칙으로 하므로, 사적 생산과 자유시장경제를 원칙으로 하는 자유민주주의 경제체제와는 양립될 수 없다.

독일 · 오스트리아의 법조사회주의 운동이나 독일 · 스웨덴 등의 사회민주당도 자유민주주의의 대원칙 하에 있고, 결코 자유민주주의를 침해하는 입장을 가지거나 활동을 하지는 않는다.[78)]

좌파들은 자유민주주의 경제체제를 '자본주의'로 부르면서 자본가의 물질소유욕망이 무산대중을 핍박하는 체제라고 비난하나, 자본주의라는 말 자체가 마르크스 등이 자유시장경제체제를 적대시하기 위하여 만들어낸 용어일 뿐이고, 자본의 지배는 자유시장경제의 핵심이 아니다. 자유민주주의 국가에서도 자본의 횡포를 방지하기 위하여 각종 경제규제법과 조세정책이 시행되고 있고, 자본가가 아닌 많은 사람도 자유롭게 행복을 누리고 있다.

3. 자유민주주의 어떻게 지키고, 발전시킬 것인가?

(1) 대한민국 자유민주주의 안전한가?

1979년의 미중 국교정상화, 1989. 11. 9. 베를린 장벽의 붕괴로 시작된 폴란드 · 체코 · 헝가리 등 동구의 자유화와 1990. 10. 3.의 독일통일, 1991년 12월 구소련연방 해체 등으로 한 때 공산주의는 종말을 고한 것으로 인식되었지만, 실상은 그렇지 않은 것으로 드러나고 있다.

공산주의자들은 교묘히 변신하여, 전 세계에 걸쳐 정치 · 법률 · 언론 · 경제 · 사회 · 문화 예술 · 종교 · 교육 · 시민운동 · 가족질서 등 온갖 분야에 침투하여 자유체제의 정신적 · 문화적 · 사회경제적 토대를 파괴해왔고, 이제는 중국공산당을 중심으로 하여 초한전(超限戰) · 하이브리드전(Hybrid warfare)[79)] 등의 수법으

---

78) 조국이 청문회에서 대한민국 헌법을 준수하는 사회주의자라는 취지로 주장하였으나[제20대 국회 제371회 제4차 법제사법위원회 (2019.9.6.) 국무위원후보자(법무부장관 조국) 인사청문회 회의록], 그와 문재인 정부의 행적에는 자유민주적 기본질서에 위배되는 점이 허다하다.

79) 정치 · 경제 · 외교 · 군사적인 수단을 모두 사용하며, 국가 · 비국가 행위자를 모두 포함하는 복합적인 형태의 전쟁[박일송 · 나종남(2015), "하이브리드 전쟁(Hybrid War): 새로운 전쟁 양상?", 『한국

로 국제적 침략에 나섬으로써 세계 지배의 야욕을 노골적으로 드러내고 있는 실정이다.

특히 북한은 주체사상이라는 변종 공산주의와 핵무장으로 대한민국의 적화를 호시탐탐 노려 왔고, 대한민국의 방어체계는 거의 해제되어, 한미동맹마저 무너진다면 국민이 맨몸으로 저항하는 것 외에 대책이 없는 지경에 이르고 있는데도, 우리 사회는 목전에 다가온 급박한 위험을 은폐하는 가짜 평화전술에 농락당하고 있다.

아래의 글들이 근자에 널리 유포되었다.

> "한국 민중은 36년간의 일제 식민통치에 항거하여 영웅적인 민족해방 투쟁을 전개해 왔으나, 해방의 감격이 소용돌이치는 시점에서 미제라는 새로운 제국주의 침략의 비극의 역사를 맞이하게 되었다. 한국 민족의 반제 민족해방투쟁은 미제의 군화발과 총칼에 철저히 탄압되었고, 미제는 자신의 정치, 경제, 군사적 이익을 철저히 대변하는 괴뢰정권을 수립했다. …(중략)… 대한민국은 미국의 식민지고 태어나서는 안될 국가였다. …(중략)… 역대정권은, 괴뢰정권이다"[80)]

> "우리의 최대 강령의 핵심적 내용은 공산주의 사회의 건설을 위해 투쟁한다는 것이다. 우리들은 얼마나 자유 민주주의, 민중 민주주의, 민족 민주주의의 외피를 뒤집어쓰려고 노력해 왔던가. 우리들은 대중들 앞에서, 또는 법정에서 스스로가 빨갱이는 아니라고, 공산주의자는 아니라고 변명하기 위해 얼마나 약삭빠르게 노력해 왔던가. 저들의 좌경매도에 구구하게 변명하거나 발뺌하기에, '민가협 어머니들의 용공조작음모 분쇄하자'라는 투쟁을 칭찬하기에 우리의 세치 혀는 얼마나 잽싸게 움직여 왔던가. 우리들 전위는 마르크스 레닌주의자이며 따라서 공산주의자이다. 그런데 대중 앞에서, 법정에서, 유인물에서 우리가 빨갱이가 아니라고 말한다면, 그럼 과연 우리는 누구인가, 대중의 의식을 고려해서 그렇다고?… 드디어 여기서도 그놈의 의식수준이라는 함정에 빠지고 말았구나. 그 의식은 깨어져야 할 것이지, 거기에 주저

군사학논집』 제71권 제3호, 육군사관학교 화랑대연구소, 1~32면; 위훙위 · 강준영(2021), "중국-대만 간 정보전 사례로 본 하이브리드 전쟁 연구", 『국제지역연구』 제25권 제1호, 한국외국어대학교 국제지역연구센터, 195~220면; 오현철(2020), "하이브리드전쟁의 등장과 사이버무기의 국제법적 적법성", 『평화학연구』 제21권 제1호, 한국평화연구학회, 35~57면].

80) 이재호(1986), "반미 자주와 반파쇼 민주화투쟁 선언문", 서울대 반미자주화반파쇼민주화투쟁위원회(자민투), 「해방선언」 제2호(1986.4.17.), [양동안(2001), "한국사회의 사상 상황과 남북관계", 한국발전연구원 「제103회 조찬강연자료집」]에서 재인용.

앉아야 할 의식은 아니다. 그것을 깨기 위해서는 가장 공공연하게 가장 대대적으로 자신의 사상의 본질, 공산주의 사상에 대해 선전 선동해야 한다. 그것이 진리임을 알려야 한다"[81)]

"나는 부자들을 증오하고 저주하고 골려주고 때려눕혀 시궁창에 쑤셔 박아넣기 위해 존재하오. 내가 이 땅에 존재해야 할 다른 이유는 없소. 자본가에게서 인간성을 기대한다는 것은 악마에게서 선의를 기대하는 것보다도 어리석은 일입니다. 놈들은 타협이나 화해의 대상이 아니라 오직 타도의 대상일 뿐입니다. 놈들은 가난에 있어서 우리 민족의 불구대천의 원수입니다. 놈들은 왜적의 앞잡이고, 해방과 통일의 길에 놓인 장애물입니다. 이 장애물이 거대한 뱀이라면 우리 모두 식칼을 가지고 나와서 천 토막 만 토막으로 동강 내어버려야 합니다. 이 장애물이 거대한 짐승이라면 우리 모두 낫을 들고 나와 천 갈래 만 갈래로 갈기갈기 찢어놔야 합니다. 이 장애물이 어디서 굴러온 바위라면 우리 모두 망치며 곡괭이를 들고 나와서 천조각 만조각 조삼조삼 쪼아놓아야 합니다. 이 장애물이 거대한 벌레라면 우리 모두 나와 발로 천 번 만번 지근지근 밟아버려야 합니다. 나는 확신합니다. 언젠가는 이놈들이 머리끝에서 발가락 끝까지 구멍이라는 구멍에서 피를 토하고 뻗으리라는 것을."[82)]

최후자는 조국이 민정수석으로서 거론하였던 죽창가의 작사자 김남주가 쓴 것인데, 그는 광주 5.18묘역에 민주화 유공자로 묻혀있고, 전남대학교에 기념홀까지 설치되어 있으며,[83)] 국민의 힘 당도 2020년 9월 당헌을 개정하여 5.18정신을 계승한다고 하고 있다.[84)]

자유민주주의에 입각한 통일교육을 정한 헌법 제4조와 통일교육지원법[85)]의 명문의 규정에도 불구하고, 각급 학교나 공무원은 물론이고, 군에서도 자유민주주의를 배제한 평화통일만을 교육함으로써 사실상 공산통일을 교육하고 있을 뿐

81) 윤석양(1989), '사회주의 혁명을 위한 노동자 동맹', '혁명의 불꽃' 제5호(1989. 7), (양동안, 앞의 글에서 재인용).
82) 金南柱(1987), 「산이라면 넘어 주고 강이라면 건너 주고－김남주 옥중연서」, 삼천리, 181～182면.
83) blog.naver.com/kimnamjuhall 별명: 김남주기념홀 | 개설일: 2019.05.10.
84) 국민의 힘당, '모두의 내일을 위한 약속'(2020.9.2.전면개정)에는 "…(전략)…5·18 민주화 운동…(중략)…등 현대사의 '민주화 운동 정신'을 이어간다고 되어 있다.
85) 통일교육지원법 제2조(정의) 제1호 "'통일교육'이란 자유민주주의에 대한 신념과 민족공동체의식 및 건전한 안보관을 바탕으로 통일을 이룩하는 데 필요한 가치관과 태도를 기르도록 하기 위한 교육을 말한다".

만 아니라, 뜬금 없는 종전선언과 국가보안법 폐지까지 추진하고 있고, '미국은 우리 민족의 철천지 원쑤'라고 주장하면서 미국기(旗)를 짓밟고 불사르던 사람들이 버젓이 고위 공직자로 행세하고 있다.

또한 교육부 고시[86]로 4.19 · 5.18 · 6.29만 민주주의 역사라고 가르치고, 1948년 자유민주주의 건국, 6.25 국제공산세력의 침략을 분쇄하고 자유민주 체제를 수호한 것, 5.16 후 일제 법제를 청산하고, 1.21 청와대습격 · 울진삼척침투 등 공산세력의 집요한 직간접 침략을 이겨내면서 경제건설에 매진하여 중화학공업과 원자력 발전까지 달성시킴으로써 자유민주주의의 토대를 구축한 것 등 대한민국의 진정한 역사는 교과서에서 배제하여 가르치지도 못하게 함으로써, 6.29 이전에는 반민주적 폭정만 있었고, 6.25는 민족해방전쟁이었던 것처럼 날조된 역사교육을 하고 있고, 왜곡된 성교육 · 종교교육 등 온갖 방법으로 청소년들을 오도하고 있다.

자유민주적 기본질서의 주요 부분인, 국민의 선거권에 관하여는 부정선거 논란이 정리되지 않고 있고, 근자에 국회가 졸속 제정한 수천 건의 법률에 위헌논란이 있으며, 행정에도 과거사위원회의 국정 농단 · 9.19 군사합의와 이에 뒤따른 각종 조치 · 대규모 적자예산으로 인한 국가채무 폭증[87] · 노동의 질과 양에 무관한 무분별한 최저임금인상 등에 의한 기업활동 저해 · 위법한 반원자력 정책과 태양광발전 정책의 무리한 추진 등 에너지정책의 난맥상 · 자유민주주의를 훼손하는 역사교과서 편성과 부적법한 역사교육 · 북한인권법과 감찰관제도의 사문화 등 전반적으로 헌법주의와 법치주의를 침해하였으며, 사법에서는 대법관과 헌법재판관 다수를 특정성향의 인사로 구성하고, 각종 위헌적 사건처리를 하였으며, 국가사회의 주요 문제에 관하여 집권세력의 문제제기－시위대의 규탄－

---

86) 앞의 교육부고시 제2018-162호 [별책 7] 공동 교육과정 중 [6사-04-05].

87) 국가부채증가액은 김대중 정부(1998~2003) 85.4조, 노무현 정부(2003~2008) 165.8조, 이명박 정부(2008~2013) 180.8조, 박근혜 정부(2013~2017) 170.4조, 문재인 정부(2017~2022) 410.1조(추정)로서 문재인 정부에서 국가부채가 폭증하여 2017년 출범 당시 국가부채 660조원이 집권 5년차인 2022년에는 1200조원에 달하였다. 예산도 폭증하여 박근혜 정부에서는 2016년 386조원, 2017년 400조원이었던 것이, 2018년 428조, 2019년 470조, 2020년 512조, 2021년 556조로 되었고(추가경정 예산 제외), 종래에 발행하지 않던 국채도 2019년에는 33.8조, 2020년에는 60.3조, 2021년에는 89.7조원을 발행하였다(자료: 기획재정부).

언론 보도－권력자의 지시－불응자에 대한 시위대의 규탄－언론의 반대의견 묵살 등의 순서로 폭력적인 처리를 하여 자유민주적 기본질서를 크게 침해하였다.

경제질서에서도 과도한 상속세로 재산권을 위태롭게 하고 있고, 주택에 관한 과도한 보유세와 양도소득세로 서민의 주택소유권을 침해하였으며, 공적자금을 통한 대기업 지배구조의 침해, 노란봉투법에 의한 노조의 불법활동 조장 시도 등 기업경영의 자유도 크게 침해하였다.

1971년 버지니아의 검사였던 루이스 파월이 상공회의소 교육위원장 유진 시드노어에게 보냈다는 파월 메모에 기재된 아래 글이 근자의 우리의 상황과 크게 다르지 않다.

> "미국의 경제체제를 반대하고 사회주의나 국가주의를 선호하는 사람은 늘 있었다. 하지만 지금 우리가 우려하는 것은 미국 역사상 아주 새로운 현상이다. 자유기업체제에 대한 공격은 광범위한 기반 위에서 일관되게 추진되고 있으며 추종자를 늘려가며 강력한 힘을 얻고 있다. 공격의 근원은 다양하다. 가장 불안한 것은 겉으론 아주 반듯해 보이는 사회구성원들이다. 대학가 · 종교계 · 언론계 · 지식인 · 문학계 · 학계 · 정계 인사들이 나서 미국체제를 비판하고 있는 것이다. 이러한 견해가 결집되고 영향력을 발휘하면 우리의 체제가 갈수록 약화돼 결국 파괴에 이르고 마는 치명적 결과가 나타날 것이다."[88]

미국은 위 글을 계기로 하여 '헤리티지 재단(The Heritage Foundation)'을 결성하는 등 다각적 대책을 시행함으로써 구소련 해체, 중국공산당 견제 등의 성과를 거두고 있지만, 대한민국에서는 경제계도 아무런 대응을 하지 않고 있어 매우 위험하다.

특히 김대중 정부(1998~2003) · 노무현 정부(2003~2008) · 문재인 정부(2017~2022)를 거치면서 노동 · 언론 · 교육문화 · 복지 · 기타 각 분야 민간 조직뿐만 아니라 정치[89] · 입법 · 행정 · 사법 · 정보 · 군경 기타 국가 요로에도 좌파세력이

---

88) https://reclaimdemocracy.org/powell_memo_lewis.

89) 법사위원장 정청래는 미국문화원 방화사건 등으로 징역형을 복역한 자이고, 국회의원 23명이 국가보안법위반 전과자이다(https://www.wikitree.co.kr/articles/1029130).

침투하여 자유민주적 기본질서를 훼손시켜 왔는데,[90] 이와 관련하여 2014. 12. 19. 통합진보당이 헌법재판소에 의하여 위헌정당으로 해산되었고,[91] 2024. 12. 3.에는 윤석열 대통령이 비상계엄을 선포하자 더불어민주당의 이재명 대표를 비롯한 야권 등이 대통령을 탄핵소추하고 내란혐의로 구속시키기까지 하여 자유민주주의 질서 보존 여부는 국가존망의 문제로 되고 있다.[92]

---

90) 전국에 17개 지역본부를 둔 전국언론노동조합(언노련) · 전국교직원노동조합(전교조) · 전국공무원노동조합(전공노) 등 16개 산업별노동조합연맹인 전국민주노동조합총연맹(약칭 민노총)은 미군철거 · 연방제 통일 등의 북측과 같은 정치적 주장을 내걸고 과격투쟁을 해 왔는데, 이것은 노동조합의 활동영역에 속하지 않는 반국가활동이라 할 것이다. 2024.11.6. 수원지방법원 형사14부는 민노총 간부 등 3인에 대하여 국가보안법위반(간첩 등)으로 징역 15년 등의 형을 선고하였는데, 범죄사실 중에는 "청와대 등 주요 통치기관들에 대한 송전망체계 자료를 입수하여 이를 마비시키기 위한 준비 사업을 추진하라. 화성 · 평택지역 군사기지, 화력발전소, LNG 저장시설, 항만 등 관련 비밀 자료를 수집하여 유사시에 대비하라(2019년 1월)"; "방사능 오염수 방류 문제를 걸고 반일 민심을 부추겨 일본 것들을 극도로 자극하는 한편, 집권 세력을 압박해 이남당국과 일본 사이의 대립과 갈등을 되돌릴 수 없는 지경으로 몰아넣도록 조치하라(2021년 5월)"; "각급 노조들을 발동해 윤석열 패들을 반대하는 투쟁 등을 적극적으로 벌이라(2022년 4월)"; "'한 · 미 동맹은 전쟁동맹', '평화파괴범 윤석열을 탄핵하자', '남북 합의 이행' 등의 구호를 들고 용산 대통령실 · 정부청사 · 윤석열 자택 주변에서 도로차단 · 포위행진 · 연좌시위들을 지속적으로 조직 · 전개하라(2022년 6월)"; "양경수 민주노총 위원장을 지지하라"; "이태원 참사를 세월호 사건처럼 각계각층의 분노 분출 계기로 만들 것, 촛불시위 · 추도문 등 다양한 항의 투쟁에 집중하라(2022.11.15. 민주노총 조직쟁의국장에게)" 등이 포함되었다(수원지방법원 2023고합273 사건 판결, 이 사건은 현재 항소심 계류중임).
위 사건 공범인 민주노총 전 · 현직 간부 2명 또한 2025년 1월 국가보안법 위반(특수잠입 · 탈출, 회합)죄로 불구속 기소되었는데, 이들은 북한의 지시에 따라 민노총 위원장 선거에 출마한 후보들의 성향과 동향 · 국회의원 전원의 휴대전화 번호 등을 북한 공작원에게 넘겼고 평택 미군기지와 오산 공군기지 등 군사시설을 근접 촬영해 전달하였으며, 북한의 지령문 90건 · 북한에 보낸 보고문 24건도 확보되었다고 한다. 그 외에도 '청주 간첩단' 사건으로 불리는 '자주통일 충북동지회' 관계자 · '창원 간첩단'으로 불리는 자주통일민중전위(자통) 관계자의 간첩사건 등도 있다.

91) 2013헌다1 사건 결정; 같은 당 대표였던 이석기 전 의원은 2015.1.22. 내란선동죄 등으로 징역 9년형이 확정되었는데(2014도10978 사건판결), 이석기의 조직인 '경기동부연합'은 2006년의 '일심회 간첩단', 2011년 8월 적발된 '왕재산간첩단' 등과 연결되었다[이희천(2025), 「대통령 탄핵과 체제전쟁」, 도서출판 대추나무, 45면].

92) 이재명이 민주당 대선후보로 출마할 즈음 종북단체인 경기동부연합의 통합진보당(통진당) · 한국대학총학생회연합(한총련) 세력이 대거 더불어민주당에 입당 · 당권을 장악하였으므로 더불어민주당은 종북적 정당이 되었다. 이재명은 2017년 1월 간행한 「대한민국 혁명하라」 책자에서 대한민국 70년의 역사를 "적폐의 역사"라고 규정하여 반대한민국 역사관을 드러내었고, 미군을 '점령군'으로 부르고 '미군철수'도 주장하였다. 종북세력은 윤대통령 취임직후부터 수백회에 걸쳐 대통령 퇴진 또는 탄핵을 위한 촛불집회 등을 열었는데, 총선직후인 2024.4.13. 집회에서는 "윤석열 숨통 틔워주면 안된다" · "틈만 주면 살아난다 쉬지 말고 몰아치자" · "윤석열 탄핵 그날까지 굳건하게 투쟁하자" 등 표어를 내걸었고, 권오혁 촛불행동공동대표는 "촛불행동은 총선에서 확인된 민심을 철저히 받들어 윤석열 탄핵에 총력을 다할 것"이라 하였다. 윤 대통령은 2024.12.3. 계엄선포시에 '종북 반국가세력'을 공격포인트로 들었는데, 그 직후의 탄핵의결 · 대통령 구속 · 탄핵 심리 과정에서 국민들이 알지 못하였던 반국가세력의 놀라운 실상이 드러나면서 남녀노소와 신분의 구분 없이 많은 국민이 '계몽'되어 연말연시 엄동설한에도 불구하고 아스팔트 위에서 철야로 '탄핵각하 또는 기

(2) 국민의 자유민주주의에 대한 이해의 증진과 민주적 품성 함양발전의 필요

민주화에서 왕왕 주장되는 참여 확대, 규제 해제의 이면에는, 방종주의나 이권탈취의 욕구가 도사리고 있는 경우가 많다. 진정한 민주화를 위해서는 개개 정치인, 공무원 나아가서는 국민 전체가 민주적 윤리에 입각하여 민주적 가치관에 따라 각자가 자기를 고치는 솔선한 노력이 있어야 한다.

또한 타인의 자유를 침해하지 않는다는 소극적인 기준뿐만 아니라, 이웃 나아가 공동체 전체의 행복을 증진시킬 수 있도록 자유를 가치있게 사용할 수 있도록 자유민주주의 자체를 성숙시켜나가야 한다.

라드브루흐는 “국민의 의사에 궁극적으로 근거하지 않는 정부는 없고, 자기 분에 맞는 정부를 갖고 있지 않은 국민도 없으며, 국민주권이 사회적 사실이 되어 있지 않은 정부도 없다.”라고 하였고,[93] 마틴 루터 킹 목사는 “이 사회적 전환기의 최대 비극은 악(惡)한 사람들의 거친 아우성이 아니라, 선(善)한 사람들의 소름끼치는 침묵이다.”라고 하였으며, 아인슈타인은 “세상은 악(惡)한 일을 행하는 자들에 의해 멸망하는 것이 아니라, 아무 것도 안 하며 그들을 지켜보는 사람들에 의해 멸망할 것이다.”라고 하였고, 플라톤은 “정치를 외면한 가장 큰 대가는 가장 저질스러운 인간들에게 지배당한다는 것이다.”라고 하였다고 한다.[94]

자유민주주의는 권력자나 자본가를 위한 것이 아니라 국민 모두의 바람직한 삶을 위한 것이다. 각종 국가사회장치가 제대로 작동되지 않는 지금 자유민주주의는 양식있는 국민이 모두 나서서 지키지 않고서는 존속할 수 없는 형편이다.

각' · '대통령 석방' 등을 외치고 분신자살까지 하는 등으로 '자유민주주의 수호'와 '대통령 구출'에 나섰다. 박근혜 탄핵과 이승만 · 박정희 · 전두환 정권에 대한 매도의 본질도 좌파의 자유민주체제에 대한 공격이라는 주장, 그리고 선거관리위원회가 세계선거기관협의회(Association of World Election Bodies; A-WEB)라는 국제적 조직을 통하여 세계적인 부정선거를 자행해 왔다는 주장도 대두되었다(이희천, 앞의 책 47~116면); 학생시국선언에서는 “우리는 자유민주주의를 지켜야 하고, 선배들이 피와 땀으로 지켜온 대한민국을 지켜내야 합니다.…(중략)…침묵하는 순간 대한민국은 무너질 것입니다”라는 표현도 사용되었다(2025.2.17. 서울대학생 탄핵반대 시국선언문; https://www.fntoday.co.kr/news/articleView.html?idxno=345412).

93) G. Radbruch, 「*Grundzüge der Rechtsphilosopie*」, Leipzig 1914, s166(심헌섭, 앞의 책, 102면에서 재인용).

94) https://blog.naver.com/utk0415/222088019033.

맨 주먹 붉은 피로 공산침략에 맞섰던 6.25 때나 태극기를 들고 일제에 항거하였던 3.1운동 때를 생각하지 않을 수 없는 실정인 것이다. 선대의 표현을 빌리자면 "사람마다 제 인격을 올바르게 가꾸어 나가려면, 가엾은 아들딸들에게 괴롭고 부끄러운 유산을 물려주지 아니하려면, 자자손손이 완전한 행복을 길이 누리도록 이끌어 주려면, 가장 크고 급한 일이 자유민주주의 체제를 보전하는 것이니, 국민 각자가 사람마다 마음의 칼날을 품고" 자유민주주의 수호의 전선에 나서야 한다.

(3) 자유민주주의 국민교육

자유민주주의 헌법질서는 근세 시민혁명과 이후 여러 정부의 경험과 지혜가 집결되어 만들어진 것이어서, 평범한 사람이 그 역사와 이론을 배우지 아니하고 자유민주주의의 진정한 의미와 가치를 체득하려면 오랜 기간 많은 시행착오를 거쳐야하기 마련이다. 또한 국민 일반이 자유민주주의에 대한 올바른 견해를 가지지 못하고 이를 지키기 위하여 헌신하지 않는 경우에는 자유민주주의 헌법질서는 유지되기 어렵다.

이 점에 관하여 미국 제3대 대통령 제퍼슨은 "문명을 이룬 상태에서 무지하고 자유로워지기를 원하는 나라가 있다면, 그 나라는 과거에 결코 없었고 미래에도 결코 존재하지 않을 나라를 원하는 것이다"라고 교육의 중요성에 대해 역설했고,[95] 토크빌은 "민주주의 제도는 시민들의 계몽된 의식과 자유로운 관습 그리고 개인의 사적 이익의 추구와 공공이익 사이의 적절한 균형에 의존한다,"[96] "미국 국민에 대한 교육이야말로 미국의 민주주의를 지탱하는 강력한 수단이다"라고 하였다.[97]

미국의 지도자들은 보수와 진보에 무관히 건국 초기부터 민주주의 이념과 정치체제를 국민에게 이해시키고 정치과정과 사회관계에서 그들이 민주적으로 행

---

95) 신형식(2011), "미국 시민교육의 헌법적 가치", 「미국헌법연구」 제22권 제3호, 미국헌법학회, 218면에서 재인용.

96) A. de Tocqueville, 임효선 · 박지동 역(1997), 「*De la Démocratie en Amérique*, – 미국의 민주주의 Ⅰ.Ⅱ.」, 한길사, 제2권 제2부 제7장.

97) 신형식, 앞의 글, 251면에서 재인용.

동할 수 있는 능력과 태도를 함양시키기 위한 시민교육이 필요하고, 국가의 발전은 교육받은 시민의 존재가 전제되어야 한다고 믿었기 때문에 새로운 민주 국가 체제에 요구되는 정치적 덕목과 지식을 가진 시민을 양성하는데 매진하였다.

그 교육의 중심은 민주주의의 역사 그리고 헌법적 기본원칙과 가치에 두고 있고,[98] 그러한 교육은 각급 학교에서는 물론이고, 각종 민간조직을 포함하여 국가적으로 시행되고 있는데, 근래에는 1988. 9. 16.의 Constitution Heritage Act에 의하여 설립된 국립헌법센터(National Constitution Center)가 중심이 되어 'We the People' 프로그램 등으로 초당파적으로 헌법에 대한 인식과 이해를 높이는 교육활동을 하고 있고, 2008년에는 법교육지원법을 제정하여 전미변호사협회(ABA) · 대법원과 법원행정처 · 미국시민교육센터 · 헌법권리재단 등 여러 법 관련 기관이 연계하여 '우리들'(We People Citizens and Constitution) 프로그램 · 헌법 제정일 기념 수업 프로그램 · 각급학생용 헌법교육 프로그램 · Ben의 학생들을 위한 연방 정부 소개 프로그램 등 다양한 헌법교육 프로그램을 활발하게 진행하고 있다.[99]

미국 시민교육의 목적은 미국 입헌 민주주의의 기본 가치와 원리에 헌신하는 역량 있는 시민들이 정보에 근거하여 책임감 있게 정치생활에 참여하도록 장려하는 데 있다. 학생들은 독립선언서와 헌법, 그리고 기타 문헌에 나와 있는 미국 입헌정부의 핵심사상을 설명할 수 있고, 헌법 전문에서 밝힌 정부의 목적과 미국 헌법의 조항들이 어떻게 정부수립의 목적을 구현하는 데 필요한 권한을 정부에 부여하는지 설명할 수 있으며, 미국 헌법 하에서 정부의 권한을 제한하는 방법들을 설명할 수 있게 되는 것이다.

독일은 정치적 자유주의에 경도된 바이마르 헌법체제가 공산당의 봉기로 어

98) 박용조, "미국 사회과에서 헌법의 교육적 의미 – 교과서 분석을 중심으로 –", 「법과인권교육연구」 제8권 제1호, 한국법과인권교육학회, 45~69면; 홍윤기, "민주공화국의 입헌정치에 있어서 헌법교육/민주시민교육 – 그 특정한 위상의 규명과 추진방안의 제안", 「사회와 철학」 제34권, 사회와철학연구회, 27~96면.

99) 이대성(2011), "미국 헌법교육 동향과 시사점", 「미국헌법연구」 제22권 제3호, 미국헌법학회, 283~316면; 전윤경(2011), "미국 법교과서(Street Law) 헌법 단원 분석", 「미국헌법연구」 제22권 제3호, 미국헌법학회, 403~432면.

려움을 겪었고, 히틀러의 전체주의에 정복되어 독일 국민은 물론 전 인류가 전란에서 벗어날 수 없게 되었던 뼈저린 경험을 바탕으로 전후 새 헌법을 제정하면서 '자유민주적 기본질서' 개념을 새로이 도입하고, 이에 개정 금지 · 침해세력에 대한 기본권제한과 정당 · 단체해산 · 진압을 위한 군사력 사용 등 엄격한 방어 장치를 설정하였다.[100)]

이러한 헌법이념을 국민들에게 철저히 교육하기 위하여 학교교육을 획기적으로 개선하고, 1952년 연방정부와 16개 연방주가 각각 연방 내무성 산하 '연방정치교육원'(Bundeszentrale für politische Bildung)과 주 정부 산하 '주 정치교육원'(Landes-zentrale für politische Bildung), 연방 내독성 산하 '전독연구소'(Gesamtdeutsches Institut)를 설립하여 국민정치교육을 시행하였다.[101)] 독일은 국가 가사 첫 단어로 'Einigkeit(일치 · 단결, 조화 · 화합)'를 사용하여 통일의 염원을 명시하고 있지만, 정치인들은 통일을 입에 담는 대신, 국가를 부흥시키는 한편 국민정치교육으로 정치적 성숙을 이룩하고 통일국가의 국민을 형성하여 통일역량을 배양하는 데에만 주력한 것으로 알려져 있다.

프랑스는 혁명과정에서 루소 · 콩도르세[102)] 등의 활약으로 국민교육제도를 창안 · 발전시켰고, 정파의 대립에도 불구하고 학교의 공화주의 교육 전통은 확고히 자리 잡고 있다.[103)]

전통 존중을 내세우고 정치교육에 관하여 소극적이었던 영국도 1988년 교육개혁법을 제정한 후 시티즌십 교육을 필수과목으로 만들어 시민교육을 하고 있다.[104)]

---

100) 구상진(2021), "민주주의 지켜갈 것인가?", 「변호사」 제53집, 서울지방변호사회, 297~348면.

101) 오일환, "통일을 전후한 독일의 전치교육에 관한 연구", 「한국정치학회보」 제29집 제2호, 한국정치학회, 523~548면; 심익섭, "독일정치교육 조직체계에 관한 연구: 연방정치교육원을 중심으로", 「민주시민논총」 제3권, 한국민주시민교육학회, 281~305면.

102) Marie Jean Antoine Nicolas de Caritat marquis de Condorcet, 1743~1794. 파리 나바르대학교에서 수학을 전공하였다. 16세 때부터 적분 · 해석 등 수학적 업적을 쌓았으며, 26세에 과학아카데미 회원이 되었다. J.R.달랑베르 · 볼테르 · A.R.T.튀르고 등과 교유하면서, 「백과전서」 편찬에서 경제학 항목을 담당하였다. 프랑스 혁명에서 입법의회와 국민공회 의원이 되었다. 1791.10.1.부터 공공교육위원회(Comite d'instruction publique) 초대 위원장을 맡아 '공공교육의 전체 조직에 관한 보고서와 법안'(세칭 콩도르세안)을 제출했다. 헌법안도 작성하였으나, 지롱드 당 몰락으로 숨어 지내다가 자살한 것으로 알려지고 있다.

103) 홍태영, "프랑스 시민교육과 정치교육", 「정치와 평론」 제10집, 한국정치평론학회, 81~104면.

104) 한규선(2013), "영국의 정치교육: 시티즌십 교육의 국가교육과정 필수교과 제정을 중심으로", 「정

위 외국의 사례들에 대비해 볼 때 대한민국의 시민 정치교육은 매우 낙후되어 있다.

초중등과정의 사회과 교과서 헌법관련사항 집필은 전교조가 장악하여 헌법학자 등 전문가는 배제되어 있고, 달리 헌법질서를 교육할 정규과정도 없어서 국민은 대학에서 헌법과목을 이수하지 않고서는 헌법에 대한 기본적 이해도 할 수 없게 되어 있다. 그 결과 국민들은 제멋대로의 헌법 인식으로 행동하고 있는데, 대표적으로 국민주권의 담당자인 '국민'에 대한 이해의 부족으로[105] 사람마다 자신이 주권적 존재인 것으로 주장하여 '민주' 용어를 오남용하는 등 갈등을 증폭시키고 있다. 바이마르 헌법을 이상적 헌법으로 오인하여 정치적 자유방임을 주장하기도 하고 박정희 대통령의 경제개발계획이 좌파정책을 빌린 것이라느니, 새가 좌우의 날개로 날 듯 나라에도 좌우 세력이 균형이 되어야 한다느니 등 자유민주적 기본질서를 부정하는 완전한 거짓말을 많은 국민이 별 생각없이 받아들이고 있기도 하다.

좌파조직은 이러한 약점을 파고들어 자유민주주의를 자유주의에 결합된 민주주의로서 사회주의와 결합된 사회민주주의 · 대중민주주의 · 인민민주주의 등과 동열에 있는 민주주의의 한 형태에 불과하고 기득권 수호 장치라고 공격하는 등 자유민주적 기본질서를 침해하는 각종 교묘한 의식화 교육을 공공연히 하고 있다.

한국의 정치인들은 건국 초부터 계속 '통일'을 주문처럼 되뇌고 있지만, 통일을 할 수 있는 실질적 준비보다는 통일팔이에만 열중하여 자유민주주의 체제교

치와 평론」 제12집, 정치와평론학회, 45~76면.

105) 한국어는 흔히 단복수를 혼용하고 있어, 주권담당자도 국민이고, 기본권 보유자도 국민으로 되어 있다. 그러나 전자의 국민은 전체국민이어서 개개인은 주권보유자일 수 없지만(그렇지 않다면 국민 수만큼의 서로 다른 주권이 존재하게 되어 매우 불합리하다), 후자의 국민은 대체로 개개국민이다[정상우(2023), "헌법상 국민 개념의 형성 과정과 영향", 「憲法學硏究」 제29권 제2호, 한국헌법학회, 26면] ; 국민주권에 관한 독일 기본법의 문언은 "Art 20 (2) Alle Staatsgewalt geht vom Volke aus. Sie wird vom Volke in Wahlen und Abstimmungen und durch besondere Organe der Gesetzgebung, der vollziehenden Gewalt und der Rechtsprechung ausgeübt.(제20조 제2항 모든 국가권력은 국민(Volke)으로부터 나온다. 국가권력은 국민에 의하여 선거와 투표로, 그리고 입법 · 행정 및 사법의 특별기관에 의하여 행사된다)"인데, Volke는 더러 민족으로 번역되기도 하지만 결코 개개 국민은 아니다. 이에 비하여 기본권보유자에 관하여는 'Alle Menschen(모든 사람)'이라는 다른 표현을 사용하고 있다.

육을 소홀히 해 왔고, 자유민주적 기본질서에 입각한 평화통일교육을 하도록 설립된 통일교육원 마저 자유민주주의는 등한시하고, 용공통일 교육의 본산 역할을 해 왔다.

자유대한을 안정적으로 보전하려면 지금부터라도 독일·미국 등 자유민주주의 선진국의 선례를 본받아 자유민주적 기본질서에 입각한 제대로 된 시민정치교육을 체계적으로 해나가야만 한다.

헌법질서에 입각한 시민정치교육본부로 가칭 '국립헌법교육원' 또는 '국립헌법센터'를 시급히 설치하고 국가적 사업으로 유아로부터 노인에 이르기까지 전 국민적인 국민 만들기 교육을 지속적으로 강력히 실시하여야 할 것이다.

정치적 악용에 대하여는 독일의 보이텔스바흐 합의 원칙 등을 거울삼아 방지조치를 할 수 있을 것이다.[106)]

(4) 자유민주주의 수호 장치의 강화

독일에서의 헌법의 수호자 논쟁에서 한스 켈젠은 대통령과 의회 특히 헌법재판소를 들었지만, 칼 슈미트는 통상 의회다수파에 의하여 자행되는 헌법침해에서 헌법 수호자는 대통령이어야 한다고 역설한 바 있다.[107)]

이와 관련하여 전후 독일 기본법은 ① 자유민주적 기본질서에 반하는 기본법 개정의 금지(제79조 제3항), ② 자유민주적 기본질서를 공격하는 자의 기본권 상실(제18조), ③ 자유민주적 기본질서 침해 정당에 대한 위헌선언(제21조)과 단체금지(제9조 제2항), ④ 자유민주적 기본질서 방어를 위한 기본권 제한(제10조 제2항, 제11조 제2항), ⑤ 자유민주적 기본질서 방어를 위한 군사력 사용(제87a조 제4항, 제91조) 등을 정하고 그 위에 최종적으로 ⑥ 헌법질서 침해에 대한 국민의 저항권(제20조 제4항)[108)]을 명시하였다. 또한 독일 형법은 위헌 선언된 정당에 관

---

106) 강구섭(2023), "독일 정치교육의 보이텔스바흐 합의원칙 적용연구", 「통일교육연구」 제20권 제2호, 한국통일교육학회, 134~164면; 허영식 외 2인, "자유민주적 기본질서를 지향한 보이텔스바흐 합의(Beutelsbacer Konsens)의 함의와 적용방안", 「한독사회과학논총」 제31집 제1호, 한독사회과학회, 174~203면.

107) Carl Schmitt, 金孝全 역(1990), "Der Hüter der Verfassung(1929) 憲法의 守護者 論爭", 「東亞法學」 第11號, 동아대학교 법학연구소, 227~294면.

108) 제20조(연방공화국의 원칙, 저항권) 제4항 "Gegen jeden, der es unternimmt, diese Ordnung zu beseitigen, haben alle Deutschen das Recht zum Widerstand, wenn andere Abhilfe

련하여 제84조(위헌정당유지) · 제85조(결사금지위반) · 제86조(위헌조직 선전물 반포) · 제86조a(위헌조직 표시 사용) 등의 조항을 두어 처벌하고 있고, 엄격한 단체법도 두고 있다.[109)]

프랑스에서도 헌법 수호자로 대통령의 비상대권 · 헌법재판소의 위헌법률심판 · 의회 그리고 '국민'을 들고 있다.[110)]

일제시부터 발생하여 남북분단과 6.25전쟁으로 극한적으로 된 좌우이념 대결이 엄존하는 대한민국에서 자유민주적 기본질서를 실효적으로 확보하려면, 헌법재판소의 현명한 법리해석 등 각계의 역할도 중요하지만, 국가 원수인 대통령이 주된 헌법수호자가 되어야 하고, 국민의 자유민주주의에 대한 확신과 지지가 근본적이고 최종적인 헌법수호 원동력이 되어야 할 것이다.

독일 등 자유민주주의 선진국가들에 못지않는 자유민주주의 수호 장치를 시급히 설치하고 충실히 실천해야 하며, 애국 국민이 자유민주주의 최종 수호자의 중임을 다할 수 있도록 단결하고, 자유민주 우방과의 이념적 협력도 강화해 나가야 할 것이다.

---

nicht möglich ist.(이러한 질서의 제거를 감행하는 이에 대하여 다른 대응수단이 가능하지 아니한 경우 모든 독일인은 저항할 권리를 가진다.)"

109) 정극원(2008), "독일의 헌법수호제도", 「世界憲法研究」 第14卷 第3號, 세계헌법학회, 473~494면.

110) 전학선(2008), "프랑스에서의 헌법의 수호", 「憲法學研究」 제14권 제3호, 한국헌법학회, 241~270면.

참고 문헌

〈단행본〉

구본호 · 이규억 외(1991), 「韓國經濟의 歷史的 照明」, 한국개발연구원.

구스타브 라드브루흐 저 · 최종고 역(2007), 「법철학」, 삼영사.

구연상(임학성 · 배성수 번역 역주, 2007), 「소성진중일지(邵城陣中日誌)」, 인천광역시 역사자료관 역사문화연구실.

권영성(1996), 「헌법학원론」, 법문사.

金南柱(1987), 「산이라면 넘어 주고 강이라면 건너 주고-김남주 옥중연서」, 삼천리.

김선식 책임편집(2019), 「공산주의 유령은 어떻게 우리 세계를 지배하는가?」, 에포크미디어코리아.

김응종(2022), 「프랑스혁명사는 논쟁중」, 도서출판푸른역사.

대런 애쓰모글루 제임스 A. 로빈슨 저 · 최완규 역(2024), 「국가는 왜 실패하는가」, SIGONGSA.

동아일보사(1985), 「仁村 金性洙-사상과 일화」.

루드비히 폰 미제스 저 · 안재욱 · 이은영 역(2020), 「자유를 위한 계획이란 없다」, 자유기업원.

마틴 울프 저 · 고한석 역(2024), 「민주주의적 자본주의의 위기」, 페이지2북스.

박은정(1989), 「라드브루흐의 법철학」, 문학과지성사.

박지향(2021), 「클래식 영국사」, 김영사.

서정주(2017), 「미당서정주전집」 제19권 우남 이승만전, 은행나무.

宋炳基(1985), 「近代 韓中關係史 硏究 -19世紀末의 聯美論과 朝淸交涉-」, 檀國大學校 出版部.

송병헌 · 이나미 · 김면희(2005), 「한국자유민주주의의 전개와 성격」, 민주화운동기념사업회.

수바쉬 C. 카샵 편집 · 허우성 허주형 역(2023), 「달라이 라마의 정치철학」, 도서출판 운주사.

심헌섭(1982), 「법철학」, 법문사.

안응렬 · 최범우 역(1980), 「한국천주교회사 下」, 가톨릭출판사.

앙드레 모루아 저 · 신용석 역(2017), 「영국사」, 김영사.

______(2021), 「미국사」, 김영사.

______(2022), 「프랑스사」, 김영사.

와다 하루키 저 · 남상구 · 조윤수 역(2023), 「한국전쟁전사」, 청아출판사.

유승흠(2018), 「유일한 정신의 행로」, 한국의학원.

이승만 저 · 박기봉 교정(2018), 「독립정신」, 비봉출판사.
이인호(2024), 「대한민국 건국은 혁명이었다」, 도서출판 세이지.
이한구 등 7인 공저(2022), 「민주주의란 무엇인가」, 지학사.
이한구(2017), 「역사와 철학의 만남」, 세청출판사.
이희천(2025), 「대통령 탄핵과 체제전쟁」, 도서출판 대추나무.
자끄 엘륄 저 · 황종대 역(2013), 「혁명의 해부 – 시대가 원하는 혁명에 메스를 대다 –」, 대장간.
정일화(2014), 「휴전회담과 이승만」, 선한약속.
조만제(2002), 「독일근대형성사연구」, 경성대학교출판부.
조병제(2024), 「위기인가 기회인가 트럼프의 귀환」, 월요일의 꿈.
최종고(1982), 「한국의 서양법수용사」, 박영사.
_____(1995), 「G. 라드브루흐 연구」, 박영사.
최종고 · 성낙인 · 김승욱 · 이헌환(2021), 「자유민주주의와 유기천의 자유사회론」, 법문사.
크레인 브린튼 저 · 차기벽 역(1983), 「혁명의 해부」, 학민사.
클라이브 해밀턴 – 머라이커 올버그 저 · 홍지수 역(2021), 「보이지 않는 붉은 손(Hidden Hand) 세계의 자유와 평화를 위협하는 중국 공산당의 야욕」, 실레북스.
프리드리히 A. 하이에크 저 · 김이석 역(2024), 「노예의 길」, 자유기업원.
하겐 슐체 저 · 반성완 역(2023), 「새로 쓴 독일 역사」, 지와 사랑.
홍지수(2017), 「트럼프를 당선시킨 PC의 정체」, 북앤피플.
A. de Tocqueville · 임효선 · 박지동 역(1997), 「*De la Démocratie en Amérique*, – 미국의 민주주의 Ⅰ.Ⅱ.」, 한길사.
Fraenkel Ernst(1999), 「Neuaufbau der Demokratie in Deutschland und Korea」, Nomos.
Paul K. Ryu(劉基天) · 음선필 역(2014), 「세계혁명」, 지학사.
Steven Levisky and Daniel Ziblatt · 박세연 역(2018), 「*How democracies die* – 어떻게 민주주의는 무너지는가」, 어크로스.

〈논문〉

강경선(2011), "헌법 전문을 통해 본 대한민국의 과거와 미래", 「역사비평」, 역사비평사.
_____(2013), "노예제 폐지에 관한 연구 – 영국의 경우 –", 「민주법학」 제52권, 민주주의법학연구회.
강구섭(2023), "독일 정치교육의 보이텔스바흐 합의원칙 적용연구", 「통일교육연구」 제20권 제2호, 한국통일교육학회.
강미경(2021), "영국의 여성 참정권 운동과 에멀린 팽크허스트(Emmeline Pankhurst)", 「복현사림」 제39권, 경북사학회.

강선주(2020), “미국 주도의 자유주의 국제질서: 과거, 현재, 그리고 미래”, 「국제정치논총」 제60권 제2호, 한국국제정치학회.

강일휴(2000), “중세 프랑스 도시의 자치 및 농촌과의 관계”, 「서양중세사연구」 제7호, 한국서양중세사학회.

고바야시 레이코(2011), “만보산 사건과 『리턴 보고서』 - 재만 조선인에 관한 조사결과를 중심으로 -”, 「만주연구」 제11권, 만주학회.

공미희(2021), “해방직후 남한 거주 일본인의 귀환양상과 재산처리 과정 고찰”, 「인문사회과학연구」 제22권 제1호, 부경대학교 인문사회과학연구소.

곽관훈(2015), “경제민주화에 대한 재검토와 법적 과제”, 「법학연구」 제43호, 전북대 법학연구소.

곽상은(1959), “英國에 있어서의 選擧權擴大에 關한 硏究”, 法政論叢 제8권, 中央大學校 法政大學 學生聯合學會.

구상진(1988), “법원의 독립 · 검찰의 중립과 민주화”, 「대한변호사회지」 제148호, 대한변호사회.

______(2021), “개인적 자유와 사회적 자유”, 「불교문화」 제156호, 대한불교진흥원.

______(2021), “민주주의 지켜갈 것인가?”, 「변호사」 제53집, 서울지방변호사회.

권윤경, “1763년 2월 10일, 파리 조약 체결과 7년 전쟁의 끝”, 「프랑스사 연구」 제42호, 한국프랑스사학회.

권정호(2014), “조선조 위민정치와 복지사상의 탐색”, 「한국동양정치사상사연구」 제13권 제2호, 한국동양정치사상사학회.

권형기(2022), “민주주의관과 민주주의 붕괴: 바이마르 공화국의 붕괴에 대한 재고찰”, 「국제지역연구」 제31권 제2호, 서울대학교 국제학연구소.

그럿트 빠스깔(Grotte Pascal) (2007), “고종과 프랑스(1866~1906)”, 「한국문화연구」 제12권, 이화여자대학교 한국문화연구원.

금장태 · 강동구(1994), “기독교의 전래와 서양철학의 수용”, 「철학사상」 제4권, 서울대학교 철학사상연구소.

길상돈(2014), “파벌정치와 매디슨의 민주공화국 -양원제의 정치이념을 중심으로”, 「한국정치학회보」 제48집 제4호, 한국정치학회.

김가영(2016), “제2차 세계대전에 관한 독일과 일본 역사교과서의 비교분석 -전쟁에 대한 기억과 반성”, 「역사교육연구」 통권 24호, 한국역사교육학회.

김동근(2010), “자유민주주의의 한계와 가망성”, 「윤리교육연구」 제23집, 한국윤리교육학회.

김래영 · 강승식(2005), “美國憲法上 選擧制度에 관한 硏究”, 「憲法學硏究」 제11권 제4호, 한국헌법학회.

김범주(1988), “대한민국임시정부 헌정사”, 「한국헌법사(상)」, 한국정신문화연구원.

김봉진(1994), “바이마르시대의 준군사조직과(準軍事組織) 히틀러 폭동”, 「역사교육논집」 제19권 제1호, 역사교육학회.

김상조(2012), “경제민주화의 의미와 과제”, 「경제와 사회」 제96권, 비판사회학회.

김선호(2017), “1945~1946년 북한의 부르주아민주주의혁명과 혁명동력의 설정·배제”, 「한국민족운동사연구」 제92권, 한국민족운동사학회.

김수정(2016), “아리스토텔레스의 『정치학』 I 권에 나타난 자연적 노예에 대한 주인의 독재적 통치에 대한 정당화 고찰”, 「윤리학」 제5권 제2호, 한국윤리학회.

김승욱(2021), “한국 경제와 자유민주주의”, 최종고 외3인, 「자유민주주의와 유기천의 자유사회론」, 법문사.

김영명(2017), “4.19의 성격”, 「한국정치외교사논총」 제39권, 한국정치외교사학회.

김영수(2009), “을미사변, 그 하루의 기록 – 대원군의 침묵과 명성황후암살의 배후 –”, 「이화사학연구」 제39권, 이화사학연구소.

김영호(2008), “국가론의 관점에서 본 대한민국 건국의 특징과 의의”, 「한국정치외교사논총」 제30권, 한국정치외교학회.

김용민(2016), “영연방의 역사적 변천과 그 현대적 의미 – 정치적 함의를 중심으로 –”, 「영국연구」 제36권, 영국사학회.

김용섭(2018), “헌법 제119조의 경제질서와 경제민주화에 대한 법적쟁점”, 「법학연구」 제55호, 전북대 법학연구소.

김운태(2000), “21세기 韓國政治研究의 회고와 전망”, 「한국정치학회보」 제34집 제3호, 한국정치학회.

김원모(1994), “이홍장(李鴻章)의 열국입약통상권고책(列國立約通商勸告策)과 조선의 대응 (1879~1881) – 조미수교 교섭을 중심으로 –”, 「동양학」 제24권 제1호, 단국대학교 동양학연구원.

김응종(2017), “프랑스혁명과 가톨릭교회의 수난”, 「역사와 담론」 第83輯, 호서사학회.

______(2022), 「프랑스 혁명사는 논쟁중」, 푸른역사.

김익성(2020), “독립군 활동을 통해 본 우리의 대비 방향 – 자유시 참변 전개과정을 중심으로 –”, 「군사논단」 제104호, 한국군사학회 .

신형식, “미국 시민교육의 헌법적 가치”. 「미국헌법연구」 제22권 제3호, 미국헌법학회.

김일수(2006), “F. D. 루즈벨트 대통령의 개입정책과 전후구상”, 「동서연구」 제18권 1호, 연세대학교 동서문제연구원.

김재석(Zae Suk Kim, 2012), “Der Koreakrieg und Weltmachtsystem in der Sicht von Dr. Fraenkel”, 「한독사회과학논총」 제22권 제4호, 한독사회과학회.

김재한(2013), “한반도 정전 60년, 실패한 정전협정 혹은 성공한 정전체제?”, 「국가안보와 전략」 제13권 제2호, 국가안보전략연구원.

김정민·김명섭(2019), “만주사변 발발 이후 대한민국 임시정부의 국제연맹외교: 이승만의 외교활동을 중심으로", 「한국정치학회보」 제53집 제1호, 한국정치학회.
김종학(2014), "이노우에 가쿠고로(井上角五郎)와 갑신정변(甲申政變) 미간사료 『井上角五郎自記年譜』에 기초하여", 「한국동양정치사상사연구」 제13권 제1호, 한국동양정치사상사학회.
김종헌(2010), "근대한러관계연구: 아관파천과 한러관계의 진전; 을미사변 이후 아관파천까지 베베르의 활동", 「성대사림」 제35권, 수선사학회.
김준수(2010), "헤겔의 자유 개념의 구조와 의미", 「사회와 철학」 제19권, 사회와철학연구회.
김진만(2009), "공동체주의 윤리관의 자유주의적 가치 수용에 관한 일고", 「윤리교육연구」 제20권, 한국윤리교육학회.
김진석(2008), "니체는 왜 민주주의를 비판했을까?", 「니체연구」 제13권, 한국니체학회.
김진향(2000), "한반도 통일과 남북한의 민족개념 문제", 「아세아연구 학술저널」 제104호, 고려대학교 아세아문제연구원.
김철수(1979), "민주적 기본질서", 「서울대학교 법학」 제20권 제1호, 서울대학교 법학연구소.
김치온(2024), "원효의 불성유무 화쟁과 일심과의 관계에 대한 연구", 「선문화연구」 제37권, 한국불교선리연구원.
김현수(2004), "파아크스(Sir Harry Parkes) 관련 사료들을 통해 본 '한영수호통상조약' 체결 과정", 「영국 연구」 제11권, 영국사학회.
김현철(2002), "청일전쟁시 미국의 대한반도 전략분석 – 공사관 활동을 중심으로 –, 「군사」 제47호, 국방부 군사편찬연구소.
김희강(2006), "미국 독립선언문의 사상적 기원과 제퍼슨 공화주의", 「한국정치논총」 제46권 제2호, 한국국제정치학회.
나종석(2012), "헤겔의 공공적 자유 이론과 현대적 공공철학의 가능성", 「철학연구」 제123권, 대한철학회.
남철호(1999), "영국 노동자 계급의 참정권 운동 –'후기 차티즘 (1849~58)'을 중심으로 –", 「대구사학」 58권, 대구사학회.
문성학(2010), "칸트 도덕철학의 자율적 자유 개념의 루소적 기원", 「철학연구」, 제116권, 대한철학회.
문우식(2009), "미국의 국제금융리더십과 달러체제의 운명", 「황해문화」 통권 제62호, 새얼문화재단.
문지영(2003), "개화기 조선의 '자유주의' 수용론?: 기존 논의들에 대한 비판과 제언", 「사회과학연구」 제11권, 서강대학교 사회과학연구소.
______(2019), "'자유민주적 기본질서'와 한국의 헌법이념: 헌법전문개정의 쟁점을 중심으로", 「인간 · 환경 · 미래」 제23호, 인제대 인간환경미래연구원.

민경국(2012), “경제민주화의 역사적 고찰: 독일을 중심으로”, 「한국경제연구원 세미나 자료」 제12권 제10호, 한국경제연구원.

민경헌(2008), “수교와 교섭의 시기 한러관계 19세기 후반 러시아의 조선정책과 조러수호통상조약”, 「대동문화연구」 제61권, 성균관대학교 대동문화연구원.

민유기(2012), “파나마운하 정경유착 비리와 1890년대 프랑스의 정치변화”, 「史叢(사총)」 제76권, 고려대학교 역사연구소.

박걸순(2018), “3.1운동, 국가의 기억과 기록”, 「한국근현대사연구」 제87집, 한국근대사학회.

박경산(2003), “미국의 정치개혁과 민주주의; 미국 정당의 변화와 개혁에 관한 연구”, 「미국학」 제26권, 서울대학교 미국학연구소.

박구병(2011), “제국의 초상: 미국의 파나마 운하 건설과 파나마의 은폐”, 「국제지역연구」 제20권 제4호, 서울대학교 국제학연구소.

박동천(2004), “영국 대의정치의 진화 과정: 대의 개념의 재조명을 위한 하나의 시론”, 「성곡논총」 제35집, 성곡언론문화재단.

박명림(2011), “박정희 시기의 헌법 정신과 내용의 해석: 절차, 조항, 개념, 의미를 중심으로”, 「역사비평」 통권 96호, 역사비평사.

박명수(2019), “31운동 기독교 그리고 대한민국 - 대한민국의 기독교적 기원에 대한 소고”, 「신학과교회」 제11권, 혜암신학연구소.

______(2020), “1860년대 중반의 국제관계에서 본 제너럴 셔먼호와 로버트 J. 토마스”, 「사학연구」 제140호, 한국사학회.

______(2021), “한미관계의 기원에 대한 재고찰: 제너럴셔먼호 사건 이후의 동북아 정세와 와츄세트호의 내항”, 「史學硏究」 제143권, 한국사학회.

______(2023), “3 · 1 운동과 대한민국 임시정부 수립에 미친 미주 독립운동의 영향”, 한국정치외교사논총 45권, 한국정치외교사학회.

박상만(2006), “조선 개항기의 대외관계와 수교과정 연구”, 「정치정보연구」 제9권 제2호, 한국정치정보학회.

박선영(2022), “김옥균과 민비의 죽음 그리고 일본 - ‘친일’/‘반일’ 담론의 불모와 허구 -”, 「비교일본학」 제54집, 한양대학교 일본학국제비교연구소.

박성진(2016), “고전적 자유주의의 ‘개인’에 대한 존재론적 분석과 토마스 힐 그린(T. H. Green)의 정치사상”, 「人文硏究」 제77권, 영남대학교 인문과학연구소.

박영준(2023), “미국과 일본 간 태평양전쟁 개전과정 재조명, 1906~1941: 패권전쟁 발발의 다층적 요인을 중심으로”, 「국제정치논총」 제63집 제2호, 한국국제정치학회.

박용조(2015), “미국 사회과에서 헌법의 교육적 의미 - 교과서 분석을 중심으로 -”, 「법과인권교육연구」 제8권 제1호, 한국법과인권교육학회.

박용진(2007), “중세 말 프랑스 왕권과 파리의 부르조아”, 「서양중세사연구」 제20권, 한국서양중세사학회.
박윤덕(1999), “프랑스 혁명과 전쟁”, 「프랑스사연구」 제30호, 한국프랑스사학회.
_____(2020), “도(道)의 창설과 행정 구획 개편”, 「프랑스사연구」 제42권, 한국프랑스사학회.
박은진(2011), “남북전쟁 전 미국의 아프리카계 노예들과 기독교”, 「아프리카 硏究」 제29호, 한국외국어대학교 아프리카연구소.
朴日根(1987), “韓佛條約 締結過程에 對한 硏究”, 「한국정치외교사논총」 제3집, 한국정치외교사학회.
박일훈(1995), “韓末 改新敎의 傳來와 그 意義에 관한 硏究”, 「釜山女子專門大學 論文集」 제17권, 부산여자대학.
박재영(2018), “유럽 중세도시: 의미와 해석”, 「인문학연구」 제24집, 제주대학교 인문과학연구소.
박정신(2014), “기독교와 구한말 개화기의 역사 변동”, 「본질과 현상」 통권35호, 본질과 현상사.
박태원(2013), “『십문화쟁론(十門和諍論)』‘불성(佛性) 유(有)/무(無) 화쟁’의 해석학적 번역과 논지 분석”, 「철학논총」 제72권 제2호, 새한철학회.
방상근(2020), “1868년 ‘남연군묘 도굴사건’과 조선 신자”, 「敎會史硏究」 第57輯, 한국교회사연구소.
백기완 · 김명인(2010), “광복절과 건국절: 보수권력의 역사인식과 식민주의 극복의 과제”, 「황해문화」 제68권, 새얼문화재단.
변은진(2021), “38도선 이북 일본인의 식민지·귀환 경험과 기억의 표상 : 이소가야 스에지의 저술을 중심으로”, 제22권 제1호, 부경대학교 인문사회과학연구소.
서희경(2003), “대한민국 건국헌법의 기초와 수정: 정부형태에 관한 논의를 중심으로”, 「공법연구」 제31권 제4호, 한국공법학회.
석진상(1976), “原始佛敎의 中道說”. 「석림」 제10권, 동국대학교 석림회.
성낙인(1999), “프랑스 인권선언과 헌법”, 「영남법학」 제5권 제1호, 영남대학교 법학연구소.
_____(2020), “왜 자유민주주의인가”, 최종고 외3인, 「자유민주주의와 유기천의 자유사회론」, 법문사.
성일권(2010), “올랭프 드 구주의 말과 글, 그리고 혁명적 페미니즘”, 「프랑스 문화 연구」 제21권, 한국프랑스문화학회.
소요한(2012), “조선 후기 개신교 전래와 수용 연구 1876~1884년, 서북지역을 중심으로”, 「교회사학」 第11卷 第1號, 한국기독교회사학회.
송병권(2020), “연합국 최고사령관 총사령부의 한일 점령과 통치구조의 중층성”, 「아세아연구」 제63권 제1호(통권 제179호), 고려대학교 아세아문제연구원.

송병기(1984), “김윤식(金允植) 이홍장(李鴻章)의 보정(保定) 천진회담(天津會談)(상, 하) - 조미조약(朝美條約) 체결(1882)을 위한 조청교섭”, 「동방학」 44~45권, 연세대학교 국학연구원.

______(1985), 「近代 韓中關係史 硏究 - 19世紀末의 聯美論과 朝淸交涉 -」, 檀國大學校 出版部.

송석윤(1997), “독일바이마르공화국의 정당구조와 그 헌법적 의의”, 「社會科學論文集」 제16권 제2호, 大田大學校 社會科學硏究所.

______(2010), “1870/71년 독일통일과 연방제헌법”, 「法史學硏究」 第41號, 한국법사학회.

신도철(2013), “번영과 발전을 위한 제도적 장치 : 시장경제와 자유민주주의”, 월간 국회도서관」 제50권 제11호, 국회도서관.

______(2017), “한국의 새로운 국가전략: 좌파전략에서 우파전략으로,” 「오래된 새로운 비전: 대한민국 바로 세우기」, 최광 편저.

신성장(2019), “미(美)·중(中) 갈등의 역사적 원인과 최근 중남미 정세 변화의 시사점”, 「POSRI 이슈리포트(N/A)」 제2019권 제6호, 포스코경영연구원.

신용인(2022), “대한민국 헌법의 기원 - 동학농민혁명의 「폐정개혁안들」을 중심으로”, 「원광법학」 제38권 제1호, 원광대학교 법학연구소.

신원봉(2011), “박영효 태극기의 유래와 그 발견의 의미”, 「동양고전연구」 제43권, 동양고전학회.

신주백(2021), “[자유시 참변 후 100년] 독립전쟁과 1921년 6월의 자유시 참변”, 「지식의 지평」 제31호, 대우재단.

신형식(2011), “미국 시민교육의 헌법적 가치”, 「미국헌법연구」 제22권 제3호, 미국헌법학회

심익섭(1998), “독일정치교육 조직체계에 관한 연구: 연방정치교육원을 중심으로”, 「민주시민논총」 제3권, 한국민주시민교육학회.

아이버제닝스경·안경환·이동민 역(1994), “마그나카르트타와 그 영향”, 「저스티스」 제7권, 한국법학원.

안외순(2001), “19세기말 조선에 있어서 민주주의 수용론의 재검토-동서사상 융합의 관점에서”, 「정치사상연구」 제4집, 한국정치사상학회.

안정수(2005), “자유민주주의: 본질, 기본질서, 자기방어”, 「한국민주시민교육학회보」 제10권, 한국민주시민교육학회.

양동안(1999), “자유주의의 이론적 분열에 관한 연구”, 「한국학」 제22권 제4호, 한국학중앙연구원.

______(2001), “한국사회의 사상 상황과 남북관계”, 한국발전연구원 「제103회 조찬강연 자료집」.

______(2008), "이승만과 대한민국 건국", 「한국학」 통권112호, 한국학중앙연구원.

양태건 · 송석윤(2013), "번역: 1850년 프로이센 헌법", 「서울대학교 法學」 제54권 제2호, 서울대학교 법학연구소.

오일환, "통일을 전후한 독일의 전치교육에 관한 연구", 「한국정치학회보」 제29집 제2호, 한국정치학회.

오정우(2012), "韓末 朝鮮의 對英修交 考察", 「전북사학」 통권 제40호, 전북사학회.

오정현(2021), "1954년 제네바 정치회담과 한반도 국제관계: 전후 분단체제의 형성", 「통일정책연구」 제30권 제1호, 통일연구원.

월조효신(2024), "머문 바 없이 행한 대각(大覺)보살, 용성 스님", 「불광」 제602권, 테라북스.

유바다(2017), "1885년 주찰조선총리교섭통상사의(駐紮朝鮮總理交涉通商事宜) 원세개(袁世凱)의 조선 파견과 지위 문제", 「사총」 제92권, 고려대학교 역사연구소.

______(2017), "갑신정변(甲申政變) 전후(前後) 청(淸) · 일(日)의 조선보호론(朝鮮保護論) 제기와 천진조약(天津條約)의 체결", 「역사학연구」 제66권, 호남사학회.

윤석양(1989), '사회주의 혁명을 위한 노동자 동맹', '혁명의 불꽃' 제5호(1989. 7).

윤성현(2018), "통일헌법의 기본원리로서의 민주주의 연구", 「헌법학연구」 제24권 제2호, 한국헌법학회.

윤정란(2006), "해방 후 국가건설과정에서 우익 진영 여성들의 의회진출운동", 「역사문화연구」 제24집, 한국외국어대학교 역사문화연구소.

윤정인 · 김선택(2015), "마그나 카르타와 저항권," 「법학논총」 제32집 제4호, 한양대법학연구소.

이대성(2011), "미국 헌법교육 동향과 시사점", 「미국헌법연구」 제22권 제3호, 미국헌법학회.

이동기(2008), "11월혁명기 로자 룩셈부르크의 혁명적 실천='민주주의적 사회주의'의 논의와 관련하여", 「마르크스주의 연구(Marxism 21)」 제5권 제4호, 경상대학교 사회과학연구원(마르크스주의 연구).

이동수(2018), "16세기 위그노전쟁과 정치적 정의로서의 화해", 「정치와 공론」 제23권, 한국정치평론학회.

이만열(2015), "이수정의 성경번역과 한국교회사의 의미", 「한국기독교와 역사」 제43호, 한국기독교역사연구소.

이상헌(1999), "방법론적 시각에서 본 사회주의 계산 논쟁-미제스 · 하이에크의 사회주의 비판 재해석", 「경제학의 역사와 사상」 제2권, 한국경제학사학회.

이상호(1987), "중세도시의 의의과 성격", 「원우론집」 제15권 제1호, 연세대학교 대학원.

이상환(2022), "세계화와 탈세계화 그리고 국제관계의 변화", 「정치정보연구」 제25권 제

3호, 한국정치정보학회.

이상희(1989), "영국의회정치의 발전과정", 「사회과학논총」 제4권, 부산외국어대학교 사회과학연구소.

이영호(2016), "거문도가 경험한 제국주의와 근대", 「島嶼文化」 제48권, 국립목포대학교 도서문화연구원.

李暎煥(1990), "「얄타」體制의 形成과 韓半島分斷 要因", 「環太平洋硏究」 제3권, 경북대학교 환태평양연구소.

이영효(2014), "미국 남부 흑인의 재건 경험", 「역사학연구」 제56권, 호남사학회.

이윤복(2006), "칸트에 있어서 자유와 도덕성", 「철학연구」 제99권, 대한철학회.

이은창 · 이용주(2021), "교회와 자유민주주의 국가의 관계연구-하우어워스와 바르트의 비교를 중심으로", 「기독교사회윤리」 제51권, 한국기독교사회.

이인수(1995), "대한민국 건국의 정통화 과정에 대한 연구", 「사회과학논총」 제10권, 명지대학교 사회과학연구소.

이인재(2011), "역대 대한민국 헌법의 민주주의와 자유민주적 기본질서", 「역사와 현실」 제82호, 한국역사연구회.

이재호(1986), "반미 자주와 반파쇼 민주화투쟁 선언문", 서울대 반미자주화반파쇼민주화투쟁위원회(자민투), 「해방선언」 제2호.

이주천 · 김진환(2007), "병인양요(丙寅洋擾)의 재조명(再照明) 조선과 프랑스의 대격돌(大激突)", 「열린정신 인문학연구」 제8집, 원광대학교 인문학연구소.

이준한(2007), "의무투표제에 대한 고찰", 「21세기정치학회보」 제17권 제1호, 21세기정치학회.

이진우(2019), "민주주의는 '자유'민주주의다", 「철학과 현실」 제120권, 철학문화연구소.

이진일(2021), "통사 쓰기와 민족사 서술의 대안들 – 독일의 '특별한 길'(Sonderweg)에서 '서구에의 안착'까지 –", 「성대사림」 제77권, 수선사학회.

이태욱(1999), "분단 후 한국에서의 경제적, 사회적 발전", 「시장경제연구」 제28권 제1호, 서강대학교 경제연구소.

이헌환(2019), "자유민주주의와 사법권의 독립", 유기천교수기념사업출판재단, 「자유민주주의와 유기천의 자유사회.

이화용(2008), "영국 민주화의 여명(1832~1880): 정치, 교회, 민주주의", 「국제정치논총」 제46권 제1호, 한국국제정치학회.

이희을(2024), "1920년대 조선공산당의 민족개념과 '민족해방운동'의 성격", 「영남학」 제88권, 경북대학교 영남문화연구원.

임상래(2014), "미국-멕시코 전쟁의 이해: 간과된 성격들과 멕시코사적 의의를 중심으로". 「라틴아메리카연구」 제24권 제3호, 라틴아메리카연구학회.

임상우(2018), "베르사유 조약(Treaty of Versailles)과 유럽의 국가체제", 「통합유럽연구회 학술대회 자료집」, 통합유럽연구회.
임승택(2017), “긍정성 과잉의 문제와 중도(中道): 기불교에 근거한 이 시대의 중도 모색”, 「불교학연구」 제51권.
임승휘(2008), “프랑스 종교전쟁과 관용개념의 탄생 – 푸아시(Poissy) 회담(1562)에서 낭트칙령(1598)까지 –”, 「이화사학연구」 제37권, 이화여자대학교 이화사학연구소.
임형백(2012), “미국 이민정책 연구–시기 구분과 특징”, 「한국정책연구」 제12권 제2호, 경인행정학회.
장경호(2018), “청일전쟁 직전 고종의 대미의존 심화와 美館播遷 시도”, 「한국근현대사연구」 제86집, 한국근현대사학회.
장박진(2016), “카이로선언의 기초와 한반도 독립 조항의 의미 = 전후 단순 분리 독립의 기원”, 「東北亞歷史論叢」 제54권, 동북아역사재단.
장 신(2007), “삼일운동과 조선총독부의 사법(司法) 대응”, 「역사문제연구」 제18권, 역사문제연구소.
장영수(2019), “종교인의 정치참여와 정교분리의 원칙”, 「고려법학」 제94호, 고려대학교 법학연구원.
장영숙(2022), “고종과 대원군의 정치적 갈등과 명성황후”, 「숭실사학」 제49집, 숭실사학회.
장용근(2012), “경제민주화에 대한 헌법변천사 및 헌법적 의미”, 「한국경제연구원 세미나자료」 제12권 제11호, 한국경제연구원.
장은주(2007), “라팔로 조약 이후 소–독 외교”, 「이화사학연구」 제35권, 이화여대 이화사학연구소.
전경선(2014), “리튼조사단의 來滿과 만주국의 대외선전”, 「역사와경계」 제92집, 부산경남사학회.
전보람(2022), “합리주의와 실용주의: 영국 보통선거권의 역사를 중심으로”, 「인문사회과학연구」 제30권 제3호, 세명대학교 인문사회과학연구소.
전윤경, “미국 법교과서(Street Law) 헌법 단원 분석”, 「미국헌법연구」 제22권 제3호, 미국헌법학회.
전학선(2008), “프랑스에서의 헌법의 수호”, 「憲法學硏究」 제14권 제3호, 한국헌법학회.
정경환(2010), “6.25전쟁의 기본성격과 그 의미에 관한 연구”, 「통일전략」 제10권 제1호, 한국통일전략학회.
정구연(2022), “트럼피즘과 트럼프 독트린”, 「한국과 국제사회」 제6권 제2호, 한국정치사회연구소.
정극원(2008), “독일의 헌법수호제도”, 「世界憲法硏究」 第14卷 第3號, 세계헌법학회.
정낙림(2007), “니체의 민주주의 비판”, 「철학연구」 제101집, 대한철학회.
정승현(2017), “이승만과 한국 자유주의–중기 사상을 중심으로”, 「현대정치연구」 통권 제19호, 서강대학교 현대정치연구소.

정영철(2018), "국가-민족 우선의 통일론에 대한 성찰", 「통일인문학」 제74권, 건국대학교 인문학연구원.

정용길(1997), "獨逸의 政黨構造와 政黨統合", 「한국정치학회보」 제30집 제4호, 한국정치학회.

정원래(2018), "종교개혁과 30년 전쟁", 「神學指南」 제85권 제2집(통권 제335호), 신학지남사.

정인섭(2021), "대한민국 정부 수립과정상 UN 총회의 역할: 제기되었던 국제법적 쟁점", 「국제법학회논총」 제66권 제2호, 대한국제법학회.

______(2022), "UN 총회 한국정부 승인 결의(제195호) 성립 과정과 의미 분석", 「서울국제법연구」 제29권 제1호(통권 제56호), 서울국제법연구원.

정태욱(2000), "프랑스 혁명과 인권선언 - 로베스피에르에 의해 제안된 1793년의 인권선언을 중심으로 -", 「영남법학」 제6권 제1호, 영남대학교 법학연구소.

정형아(2019), "1945년 유엔창설회의와 중국대표단", 「중국근현대사연구」 제81집, 중국근현대사학회.

조극훈(2010), "헤겔 역사철학에 나타난 자유와 필연의 변증법", 「철학탐구」 제27권, 중앙대학교 중앙철학연구소.

조승래(2011), "토머스 힐 그린과 아이제이아 벌린, 그리고 공화주의", 「영국연구」 제25권, 영국사학회.

조용석(2019), "30년 전쟁과 베스트팔렌 평화 조약 연구", 「신학사상」 제184권, 한신대학교 신학사상연구소.

조이현(1996), "1948~1949년 주한미군의 철수와 주한미군사고문단(KMAG)의 활동", 「한국사론」 제35권, 서울대학교 국사학과.

조홍식(2005), "민족의 개념에 관한 정치사회학적 고찰", 「한국정치학회보」 제39집 제3호, 한국정치학회.

______(2016), "한국・프랑스 관계의 역사와 전략: 수교 130주년을 맞아", 「EU연구」 제43권, 한국외국어대학교 EU연구소.

주명철(2010), "루이 16세 재판과 죽음", 「서양사론」 제104권, 한국서양사학회.

주섭일(1995), "해방 50주년 기념 2 프랑스의 나치협력자 대숙청", 「역사비평」 통권 제30호, 역사비평사.

차영선(2004), "조선과 프랑스의 우호관계(주어사 강학회(1779)에서 한불수호 조약(1886)까지) - 서학(천학)과의 교류를 중심으로 -", 「한국프랑스학논집」 제48권, 한국프랑스학회.

최갑수(2021), "루이 16세의 재판: 혁명권과 합법성", 「서양사연구」 제64권, 한국서양사연구회.

崔京玉(2005), "美軍政下의 司法部와 制憲憲法의 成立過程 - Ernst Frankel의 論評과 관련하여-", 「공법연구」 제34권 제2호, 한국공법학회.

최덕규(2020), "미국해군제독 슈펠트와 조미수교(朝美修交) - 동아시아 국제관계를 중심으로(1880~1882)", 「군사」 제115권, 국방부군사편찬연구소.

최병덕(2021), "한말 근대국가 건설을 위한 개화파의 정치체제 개혁: 내각제도 수립과 의회설립을 중심으로", 「국제정치연구」 제24집 제4호, 동아시아국제정치학회.

최병욱(2019), "19세기 후반 서세동점 하의 상해(上海) 상황과 오페르트 도굴 사건의 국제적 배경", 「정신문화연구」 통권 제155호, 한국학중앙연구원.

최석우(1977), "韓佛關係資料 중 "朝鮮政府의 回文", 「敎會史硏究」 I, 한국교회사연구소.

최순영(2012), "프리드리히 니체의 자유민주주의 비판", 「니체연구」 제22권, 한국니체학회.

______(2014), "니체의 민주주의 이념 비판 - 자유, 평등, 박애 비판을 중심으로", 「니체연구」 제26권, 한국니체학회.

최정수(2010), "특사 태프트의 제2차 대일방문과 미일조약체제, 1907~1908 - 한국병합을 중심으로 -", 「동북아역사논총」 제29권, 동북아역사재단.

______(2013), "태프트-가쓰라 협정의 국제법적 기원 - 미일중재조약과 헤이그협약(1899) -", 「서양사론」 제118권, 한국서양사학회.

최형익(2004), "한국에서 근대 민주주의의 기원-구한말 「독립신문」, '독립협회', '만민공동회' 활동", 「정신문화연구」 제27권 제3호, 한국학중앙연구원.

하성수(2010), "니사의 그레고리우스의 노예제도 이해", 「신학과 철학」 제16권, 서강대학교 신학연구소.

한국정치연구회 사상분과 편저, 손호철 감수(1992), "자유민주주의란 무엇인가?", "자유민주주의의 성격과 한계", 「현대민주주의론 제1권」, 창작과 비평사.

한규선(2013), "영국의 정치교육: 시티즌십 교육의 국가교육과정 필수교과 제정을 중심으로", 「정치와 평론」 제12집, 정치와평론학회.

한단석(1983), "칸트 철학에 있어서의 물자체와 자유", 「철학연구」 제36권, 대한철학회.

한동훈(2010), "프랑스의 왕정복고체제와 의원내각제의 태동", 「法史學硏究」 第41號, 한국법사학회.

한상권(2012), 「민주주의와 '자유민주주의'」, (http://cafe.daum.net/historyact) 2012/On3A/4).

한승훈(2016), "영국의 거문도 점령 과정에 대한 재검토 - 갑신정변 직후 영국의 간섭정책을 중심으로 -", 「영국연구」 제36권, 영국사학회.

한철호(2005), "아관파천의 전주곡, 춘생문 사건의 진상과 그 영향", 「내일을 여는 역사」 제19호, 내일을여는역사재단.

______(2008), “우리나라 최초의 국기(‘박영효 태극기’ 1882)와 통리교섭통상사무아문 제작 국기(1884)의 원형 발견과 그 역사적 의의”, 「한국독립운동사연구」 제31집, 독립기념관 한국독립운동사연구소.

함재학(2009), “대한민국 헌법사를 어떻게 읽을 것인가?”, 「憲法學硏究」 제15권 제2호, 한국헌법학회.

______(2024), “자유민주적 기본질서의 도입과 변용”, 「통일과 헌법가치(자유와 인권) 세미나 자료집」, 헌법을 생각하는 변호사 모임.

허명섭(2010), “한국기독교와 대한민국 정부의 수립”, 「神學과 宣敎」 제37권, 서울신학대학교 기독교신학연구.

허영식 외 2인, “자유민주적 기본질서를 지향한 보이텔스바흐 합의(Beutelsbacer Konsens)의 함의와 적용방안”, 「한독사회과학논총」 제31집 제1호, 한독사회과학회.

허완중(2020), “한국 헌법사의 출발점 고찰”, 「헌법학연구」 第26卷 第4號, 한국헌법학회.

______(2021), “시간의 흐름에 따라 살펴본 한국 헌법전사”, 「법과정책」 제27권 제3호, 제주대학교 법과정책연구원.

허 현(1999), “미국 연방의회와 재건정책: 연방헌법 수정조항 제14조를 중심으로”, 「미국사연구」 제9권, 한국미국사학회.

홍순호(1996), “征韓論 – 근대 일본의 침략사상과 조선정벌정책”, 「한국정치외교사논총」 제14권, 한국정치외교사학회.

홍윤기, “민주공화국의 입헌정치에 있어서 헌법교육/민주시민교육–그 특정한 위상의 규명과 추진방안의 제안”, 「사회와 철학」 제34권, 사회와철학연구회.

홍태영(2008), “프랑스 대의제민주주의와 의회의 위상과 역할”, 「현대사회와 정치평론」 제3권, 한국정치평론학회.

______(2012), “프랑스 시민교육과 정치교육”, 「정치와 평론」 제10집, 한국정치평론학회.

홍형호(1983), “韓·獨條約締結과 兩國의 政治·經濟關係發展(1883~1905)에 관한 硏究: 韓·獨修交 100周年을 맞이하여”, 「社會科學論集」 제3권, 梨花女子大學校 法政大學.

황우선·김성해(2016), “종교공동체를 통해서 본 한국 민주주의 원형: 초기 한국기독교 공회의 공론장 역할을 중심으로”, 「커뮤니케이션학연구」 제24권, 한국커뮤니케이션학회.

황한식(2019), “마그나 카르타”, 「법조」 제68권 제1호, 법조협회.

Carl Schmitt, 金孝全 역(1990), “Der Hüter der Verfassung(1929) 憲法의 守護者 論爭”, 「東亞法學」 第11號, 동아대학교 법학연구소.

Paul K. Ryu.·Helen Silving, 음선필 역(1995), “민주주의의 기초–그 기원과 본질적 요소”, 「저스티스」 제28권 제2호, 한국법학원.

저자 약력

■ **구상진**

서울대학교 법학 학사 · 석사 · 박사
1972년 사법시험(제14회) 합격, 1974년 사법연수원(제4기) 수료
군법무관, 광주 · 서울 지방검찰청 검사 역임
서울시립대학교 법학교수, 법학전문대학원장 역임
헌법을 생각하는 변호사 모임 명예회장, 자유수호포럼 상임대표
법률사무소 화창 대표변호사

자유민주주의 역사 · 이념 · 과제

2025년 4월 25일 초판 인쇄
2025년 4월 30일 초판 발행

저 자 구 상 진
주 관 유기천교수기념사업출판재단
발행인 배 효 선
발행처 도서출판 法 文 社
주 소 10881 경기도 파주시 회동길 37-29
등 록 1957년 12월 12일/제2-76호(윤)
전 화 (031)955-6500~6 FAX (031)955-6525
E-mail (영업) bms@bobmunsa.co.kr
(편집) edit66@bobmunsa.co.kr
홈페이지 http://www.bobmunsa.co.kr
조 판 법 문 사 전 산 실

정가 39,000 ISBN 978-89-18-91600-2